Contratação Direta sem Licitação

COLEÇÃO
JORGE ULISSES
Jacoby
FERNANDES
DE DIREITO PÚBLICO

7513

Coleção Jacoby de Direito Público

Coleção Jacoby de Direito Público, v. 6

J. U. Jacoby Fernandes

Contratação Direta sem Licitação

- dispensa de licitação
- inexigibilidade de licitação
- comentários às modalidades de licitação, inclusive o pregão
- procedimentos exigidos para a regularidade da contratação direta

9ª edição revista, atualizada e ampliada
3ª reimpressão

Belo Horizonte
EDITORA Fórum
2014

1ª tiragem 2006: 2000 exemplares
2ª tiragem 2007: 500 exemplares

1º tiragem 2007: 1500 exemplares
1º tiragem 2008: 2000 exemplares

1ª tiragem: 2000 exemplares

1ª tiragem: 2000 exemplares

1ª reimpressão: 2000 exemplares

2ª reimpressão: 500 exemplares

3ª reimpressão: 1.000 exemplares

Capa
Criação: Murilo Queiroz Melo Jacoby Fernandes
Interferência de capa: Walter Santos

Editoração eletrônica: AJ & Jacoby Fernandes Advogados Associados

Dados Internacionais de Catalogação na Publicação (CIP)

F363c	Jacoby Fernandes, J. U. Contratação direta sem licitação: dispensa de licitação: inexigibilidade de licitação: comentários às modalidades de licitação, inclusive o pregão: procedimentos exigidos para a regularidade da contratação direta / Jorge Ulisses Jacoby Fernandes. 9. ed. rev. atual. ampl. 3. reimpr. Belo Horizonte: Fórum, 2014. (Coleção Jacoby de Direito Público; v. 6). 796 p. ISBN 978-85-7700-070-8 (Coleção) ISBN 978-85-7700-426-3 1. Contrato administrativo - Brasil. 2. Licitação pública - Brasil. 3. Brasil. [Lei de licitação (1993)]. I. Fernandes, Jorge Ulisses Jacoby. II. Fernandes Jacoby, Jorge Ulisses. III. Coleção Jacoby de Direito Público. IV. Título. CDD: 342.81 ....CDU: 351.12(81)

Informação bibliográfica deste livro, conforme a NBR 6023:2002 da Associação Brasileira de Normas Técnicas (ABNT):

JACOBY FERNANDES, Jorge Ulisses. *Contratação direta sem licitação*: dispensa de licitação: inexigibilidade de licitação: comentários às modalidades de licitação, inclusive o pregão: procedimentos exigidos para a regularidade da contratação direta. 9. ed. rev. atual. ampl. 3. reimpr. Belo Horizonte: Fórum, 2014. 796 p.(Coleção Jacoby de Direito Público; v. 6). ISBN 978-85-7700-426-3.

Nota à 9ª edição

As alterações legislativas e os novos entendimentos consagrados pela jurisprudência obrigaram a alteração desta obra. O compromisso com o leitor de oferecer a melhor informação justifica o esforço da atualização.

A nona edição desta obra reafirma não só a sua importância teórica, mas, sobretudo, a sua indubitável utilidade. É um instrumento hoje indispensável ao trabalho e a ação, construído e aperfeiçoado com paciência e dedicação pelo seu autor, Jorge Ulisses Jacoby Fernandes, hoje consagrado como um dos mais abalizados escritores da área jurídico-administrativa. Os que o conhecem sabem de sua tenacidade e obstinação por alcançar sempre os melhores resultados naquilo que faz, como neste livro, que esgotou várias tiragens de suas edições e hoje desponta como imprescindível aos estudiosos e utentes dos sistemas de contratação na esfera pública. Vale recordar o que disse o autor em sua nota à segunda edição: *"Continuamos com o firme propósito de fazer deste trabalho um guia seguro para todos quantos enfrentam o tema. A maior recompensa que almejamos é que ele seja verdadeiramente útil"*.

O editor.

Sumário

Apresentação

O estudo que este livro condensa procura sistematizar de forma objetiva as possibilidades de contratação direta sem licitação, iniciando-se com um capítulo que estabelece o alcance da Lei nº 8.666, de 21 de junho de 1993 – com as alterações das Leis nºs 8.883/1994; 9.032/1995; 9.648/1998; 9.854/1999; 10.438/2002; 10.973/2004; 11.079/2004; 11.107/2005; 11.196/2005; 11.445/2007; 11.481/2007; 11.484/2007; 11.783/2008, 12.188/2010 e 12.349/2010 – e a Lei nº 10.520, de 17 de julho de 2002, além de outra parcela significativa da legislação, com destaque à Lei nº 8.987, de 13 de fevereiro de 1995, com as alterações das Leis nºs 9.074/1995; 9.648/1998; 9.791/1999; 11.196/2005 e 11.445/2007, e as Instruções Normativas nºs 01 e 04 de 2010 do Ministério do Planejamento, Orçamento e Gestão - MPOG.

Os comentários e a jurisprudência indicada têm por objetivo assegurar ao Administrador a possibilidade de contratar diretamente, com fiel observância aos ditames da lei.

Além desse aspecto, outro começa a ser decantado pela doutrina pátria que aqui se pretende colocar em evidência: pode a lei, no caso de licitações, ser instrumento de eficiência da Administração Pública, quando aplicada com sabedoria.

Executar leis não é privilégio do Poder Executivo. Todas as atividades administrativas dos três Poderes e de todas as esferas do governo exercem esse mister, fato que bem demonstra a necessidade de dinamização e popularização dos processos de interpretação das leis, para que não fiquem restritos ao seletíssimo círculo dos hermeneutas.

Os procedimentos e as exegeses consagradas pelo Tribunal de Contas da União, além de outras Cortes de Contas, têm atendido a essas necessidades, faltando, contudo, um processo de sistematização. O objetivo que se pretende, nas páginas a seguir, é estabelecer, com base na melhor jurisprudência e doutrina, um norte seguro para a contratação direta sem licitação, no âmbito da Administração Pública, em sua mais larga acepção. Foram inseridas noções teóricas no capítulo primeiro, elementares e suficientes para lembrar ou recordar os parâmetros à interpretação da lei e os pontos genéricos do alcance e sentido da Lei de Licitações e Contratos, passando por uma rápida visão sobre as modalidades de licitação, até atingir o exame dos dispositivos desse diploma que tratam da dispensa e da inexigibilidade de licitação. Acresceu-se, ainda, um capítulo tratando dos procedimentos que não podem deixar de ser adotados na contratação direta.

A meta principal deste trabalho é mostrar como pode proceder-se à contratação direta, sem prévio processo licitatório, com segurança e eficiência, guiada pela Lei de Licitações e Contratos e pela jurisprudência dos órgãos de controle.

O autor.

Capítulo 1

Aspectos legais da contratação direta

Este capítulo trata do exame da constitucionalidade da Lei de Licitações e Contratos e dos entendimentos do Supremo Tribunal Federal sobre o assunto. Analisa, também, a possibilidade das demais pessoas jurídicas de direito público – Estados, Municípios e Distrito Federal – editarem leis regulando a matéria e quais os limites desse poder normativo. Finalmente, considera a extensão do poder regulatório das demais entidades, inclusive das empresas estatais e do Sistema "S".

O estudo sobre um instituto jurídico, que se pretende prático, deve iniciar-se pela verificação de sua conformidade com o ordenamento legal. No presente caso, impõe-se examinar o fundamento constitucional que dá suporte de validade e eficácia à atual Lei de Licitações para, em seguida, verificar quais entes jurídicos detêm competência para abrir exceção à regra da licitação e, por fim, quais são essas exceções.

1.1. a Constituição Federal

Repartindo a competência legislativa, a Constituição Federal elencou, no art. 22, aquela que deve ser exercida, em caráter privativo, pela União. Nos temas do Direito Administrativo, discriminou, especificamente, a área de atuação do Congresso Nacional em vários subtemas, *v.g.*, desapropriação, águas, radiodifusão, serviço postal, competência da polícia federal etc. Em dois assuntos do rol desse artigo, a Assembleia Nacional Constituinte fez preceder a expressão "normas gerais". Assim dispôs no art. 22, incisos XXI e XXVII:[1]

> Art. 22. Compete privativamente à União legislar sobre:
>
> [...]
>
> XXI - normas gerais de organização, efetivos, material bélico, garantias, convocação e mobilização das polícias militares e corpos de bombeiros militares;
>
> [...]

[1] BRASIL. **Constituição da República Federativa do Brasil**. Organização dos textos e índice por J. U. JACOBY FERNANDES. 1. ed. Atualizada até Abril de 2007. Belo Horizonte: Fórum, 2007. Com a redação dada pela Emenda Constitucional nº 19, de 4 de junho de 1998, que modifica o regime e dispõe sobre princípios e normas da Administração Pública, servidores e agentes políticos, controle de despesas e finanças públicas e custeio de atividades a cargo do Distrito Federal, e dá outras providências. **Diário Oficial da União [da] República Federativa do Brasil,** Brasília, DF, 05 jun. 1998.

> XXVII - normas gerais de licitação e contratação, em todas as modalidades, para as administrações públicas diretas, autárquicas e fundacionais da União, Estados, Distrito Federal e Municípios, obedecido o disposto no art. 37, XXI, e, para as empresas públicas e sociedades de economia mista, nos termos do art. 173, § 1º, III.

1.1.1. normas gerais

Alguns aspectos devem ser destacados.

Em primeiro plano, cabe asserir que a expressão "normas gerais", utilizada no art. 22, tem significado próprio e bastante diferente do mesmo termo utilizado nos quatro parágrafos do art. 24 da Constituição Federal - CF, que versa sobre a competência concorrente.

A falta dessa distinção tem ensejado equívocos de alguns intérpretes que sustentam a tese de que a competência da União para editar normas sobre licitação e contratação não exclui a competência dos Estados, Municípios e Distrito Federal, numa alusão indireta e, em alguns casos, direta ao conteúdo do § 2º do art. 24 da CF. Outros vêm insistindo que as "normas gerais" referidas no art. 22 deveriam ser poucas e bastante concisas, tal como dispõe o § 1º do art. 24. Incorrem esses hermeneutas no erro de interpretar a norma do art. 22 em conformidade com os parágrafos do art. 24, inadmissível no caso. É que o art. 22 tem regramento próprio e sensivelmente diverso dos dois artigos que o sucedem na Constituição.

A competência privativa da União, nos termos elencados no art. 22, inadmite, em regra, competência legislativa concorrente de outras esferas de governo. Só mediante lei complementar da União é que os Estados poderão legislar sobre questões específicas. Essa regra é uma condição suspensiva, imposta no parágrafo único do art. 22, que demonstra, a toda evidência, que a competência do Estado-membro para legislar sobre os assuntos desse artigo não é regra, mas exceção.[2]

---

[2] a) Neste sentido deliberou o TJDF: "[...] O Distrito Federal – conquanto disponha de competência supletiva para, na ausência de legislação federal, legislar sobre licitação – não pode ampliar os casos de dispensa e inexigibilidade da licitação, vez que as exceções à regra da obrigatoriedade da licitação são fixadas na lei federal". DISTRITO FEDERAL. Tribunal de Justiça do Distrito Federal e Territórios. Processo nº 4711297/DF. Acórdão nº 109.703 - 4ª Turma Cível. Relator: Desembargador Jair Soares **Diário da Justiça [da] República Federativa do Brasil**, Brasília, DF, 11 nov. 1998.

b) No trato deste assunto, noutro processo, o TJDF decidiu que: "no caso das normas gerais, citadas pela Lei de Licitações e Contratos da Administração Pública, não afasta, porém, a competência residual do Distrito Federal para legislar sobre essa matéria, no que a lei geral não for contrária, de modo que não há se falar em excesso legislativo por parte do Distrito Federal." DISTRITO FEDERAL. Tribunal de Justiça do Distrito

Como já referido, porém, há dois casos, previstos no precitado artigo, em que a competência privativa da União se exerce com a elaboração de "normas gerais". A localização dos incisos XXI e XXVII no conjunto do art. 22 demonstra que o Constituinte quis dar tratamento diferenciado aos assuntos relacionados nos arts. 23 e 24.

Esse aspecto leva ao questionamento dos conceitos jurídicos possíveis de serem atribuídos à expressão "normas gerais".[3]

Propugna uma corrente de pensamento que ser "geral" é da própria natureza da norma jurídica. Assim, se o legislador insiste no pleonasmo, o faz "para deixar patente sua deliberação no sentido de que essa competência se restrinja, realmente, àquelas normas cujo caráter de generalidade excluísse, de toda norma, as minúcias, os pormenores, a abrangência a qualquer aspecto particular".[4]

Sem opor-se radicalmente a essa tese, sustenta outra corrente, amparada em Baleeiro e Sá Filho, que:

> Casos haverá em que a regulamentação do detalhe estará na própria essência da norma geral, a fim de assegurar a observância do princípio no próprio funcionamento do instituto jurídico por ele regulado. Em suma, a norma geral não é necessariamente regra de conceituação apenas, mas também regra de atuação.[5]

A melhor exegese do inciso XXVII do art. 22 da Constituição Federal é aquela que assegura à expressão "normas gerais", conteúdo diverso do que é utilizado segundo o art. 24 da CF.

Admite-se a competência legislativa dos Estados apenas para normatizar "questões específicas", nos casos em que a matéria "privativa" elencada no art. 22 seja precedida da expressão "normas gerais" e, ainda assim, só após a expedição da lei complementar referida no parágrafo único.

Nesse âmbito das "questões específicas", a competência legislativa está contida até o advento da lei complementar referida. Até esse momento, as

---

Federal e Territórios. Processo nº 7423/1997. **Diário da Justiça [da] República Federativa do Brasil**, Brasília, DF, 20 maio 1998.

[3] Sobre o conceito de normas gerais, o autor serve-se da monografia de Raimundo de Menezes Vieira, assessor legislativo do Senado Federal, publicada pela Gráfica do Senado Federal em 1993.

[4] ATALIBA, Geraldo. Normas Gerais de Direito Financeiro. **Revista de Direito Administrativo**, out/dez/1965. São Paulo: NDJ, p. 82.

[5] SOUZA, Rubens Gomes de. Normas Gerais de Direito Financeiro. **Revista Forense**, nº 155, ano 51, Rio de Janeiro: Forense, 1954, p. 23.

unidades da federação só possuem competência supletiva. Não concorrem, nem complementam o texto legal em condições de igualdade com a esfera federal.

Vários Estados da federação vêm editando leis de licitação em cumprimento ao art. 118 da Lei nº 8.666/1993. Em alguns casos essas normas têm estabelecido procedimento diferenciado do que consta na lei federal, limitando o número de modalidades de licitação, autorizando a inversão das fases do procedimento, impondo a modalidade do pregão como obrigatória, restringindo o uso da contratação direta.

É correta a legislação supletiva; é permitida a edição de normas sobre o procedimento. Não é correta a edição de normas concorrentes, salvo as que regulem questões específicas, de natureza regional e ainda assim, nesse último caso somente após a edição da lei complementar a que se refere o parágrafo único do art. 22 da CF.

Os limites jurídicos dessa competência hão de ser avaliados caso a caso. Um exemplo elucidará melhor a questão: a permissão para legislar sobre o procedimento pode perfeitamente legitimar a que se invertam as fases de julgamento da habilitação e da proposta; não pode, porém, retirar do processo essas duas fases, porque deformaria o instituto da licitação a ausência de qualquer dessas; a lei estadual pode impor uma modalidade como obrigatória e não autorizar o uso de outra, mas não pode criar nova modalidade ou criar nova hipótese de dispensa.

1.1.2. competência legislativa do Distrito Federal e dos Municípios

Tema interessante a ser enfrentado diz respeito, ainda, à possibilidade de o Distrito Federal e os Municípios editarem leis sobre licitações e contratos administrativos. Em princípio, o Constituinte limitou a possibilidade de uma adventícia lei complementar autorizar apenas os Estados a legislarem sobre questões específicas, omitindo-se em relação às demais unidades da federação.

Sobre o caso, descabem quaisquer interpretações construtivas, ampliativas ou analógicas que busque assegurar competência legislativa a esses entes não citados, porque a Constituição Federal, expressamente, refere-se aos mesmos em diversas outras passagens, inclusive bastante próximas, como é o caso dos arts. 23, *caput* e seu parágrafo único, e 24, entre outros. A literalidade, no caso, não pode ser elastecida para alcançar pessoas jurídicas de direito público que não são citadas. Este é um típico caso em que vale ressuscitar o brocardo *cum in verbis nulla ambiguitas est, nom debet admitti voluntatis quaestio*.[6]

Esse entendimento pode até surpreender leigos afeiçoados à legislação local ou regional disciplinadora das licitações e contratos, sem qualquer oposição na ordem jurídica. É que a maioria das legislações foi emitida antes da Constituição de 1988, em acatamento ao amplo poder de regulamentar previsto no Decreto-Lei nº 2.300, de 21 de novembro de 1986. Como exposto, após o advento da nova Carta Política, não cabe qualquer legislação concorrente das unidades federadas, exceto, para os Estados, se lei complementar autorizar.

No caso do Distrito Federal, pode este exercitar a competência legislativa que for reservada aos Estados, pois, de acordo com o § 1º do art. 32, esse ente da federação acumula a competência legislativa destinada aos Estados e Municípios. Logo, pode legislar supletivamente e, após a lei complementar, referida no parágrafo único, do art. 22, concorrentemente, também sobre questões específicas.

É importante salientar, porém, que a própria Lei nº 8.666, de 21 de junho de 1993, autoriza a edição de normas de natureza supletiva.

1.1.3. normas de natureza supletiva

Em princípio, faz-se necessário distinguir entre o que o constituinte considerou como "questões específicas" (no parágrafo único do art. 22) e a possibilidade do exercício da competência legislativa de natureza supletiva. Esse último termo diz respeito a edições de normas que visem a suprir as omissões do texto legal, regulamentando os detalhes imprevistos, e sempre o fazendo sem contrariar a norma genérica. Se a regulamentação de "questões específicas" depende da edição da norma complementar, a edição de normas supletivas pode ser feita sob o pálio do art. 118 da própria Lei nº 8.666/1993.[7] Nesse caso, os Estados-membros, o Distrito Federal e também os Municípios podem dispor sobre o campo no qual esse diploma legal expressamente admitiu ou foi omisso, sem afrontá-lo, sendo dispensável prévia lei complementar autorizadora.

Desse modo, a edição de norma supletiva, prevista no art. 118, não pode contrariar as normas gerais da Lei nº 8.666/1993, enquanto que para normatizar

---

[6] Que em vernáculo corresponde a: "quando nas palavras não existe ambiguidade, não se deve admitir pesquisa acerca da vontade ou intenção" (Digesto, liv. 32, tít. 3. frag. 25, § 1º).

[7] Ver comentários específicos a este artigo no subtítulo 1.7.

as questões "específicas" o legislador poderá dispor até contra as normas gerais.

Também reconhece a competência legislativa apenas supletiva dos Estados-membros Clèmerson Merlin Clève, em artigo publicado no *Boletim de Licitações e Contratos*.[8]

1.1.4. uso de recursos federais pelos Estados e Municípios

Quando um Estado ou Município utiliza recursos federais deve observar certas particularidades definidas na Lei nº 8.666/1993 como, por exemplo, veicular os avisos do edital no Diário Oficial da União.[9]

Essas regras têm por objetivo permitir aos órgãos de controle federal o conhecimento dos procedimentos referentes à aplicação de despesa, em especial obras.

Se a unidade federativa possuir lei própria, com procedimentos estabelecidos de modo diferente, deve prevalecer a norma desse ente, desde que não altere o processo ou as regras de caráter geral da Lei nº 8.666/1993. Assim, por exemplo, lei local não pode dispensar o dever de publicar o aviso do edital no Diário da União, mas pode estabelecer a obrigatoriedade do pregão, como modalidade.

Há que se observar, ainda, que no instrumento de repasse de recursos de transferência voluntária ou em particular de convênios, pode o repassador definir outras regras mais severas. Por tratar-se de acordo entre as partes tem plena validade.

1.1.5. conclusão parcial

Pelas considerações expendidas, conclui-se que a Lei nº 8.666/1993 contém normas gerais no sentido *lato* – que se dissocia do significado coloquial do mesmo termo – toda a autonomia legislativa das unidades federadas foi bastante restringida pelo Constituinte. Em termos práticos, deve essas legislações repetir o que dispôs a Lei nº 8.666/1993, acrescentando-lhe regramentos de caráter integrativo e supletivo dos procedimentos, em nada alterando a sua essência ou conteúdo básico.

---

[8] CLÈVE, Clèmerson Merlin. Submissão de Sociedade de Economia Mista, prestadora de serviço administrativo instrumental, ao princípio licitatório. **Boletim de Licitações e Contratos**, nº 9/1994. São Paulo: NDJ, p. 422.

[9] BRASIL. **Lei nº 8.666/93 (Versão Bolso).** Organização dos textos e índice por J. U. JACOBY FERNANDES. 12. ed. amp., rev. e atual. Belo Horizonte: Fórum, 2010. Art. 21, inciso I.

Essa visão, que acolhe como constitucional a regulamentação das normas gerais insculpidas na Lei nº 8.666/1993, é a mais correta juridicamente e é também a mais adequada ao interesse público, escopo perpétuo da atividade administrativa.

É de Celso Bastos[10] a precisa lição: "[...]a regra de ouro da nossa federação tornou-se a de que a União cumpre um papel hegemônico na atividade legislativa em todos os níveis". Não há, a rigor, prejuízo decorrente dessa hegemonia, mormente em se tratando de um país pobre e com escassez de orientação técnica e material jurídico que possam auxiliar o administrador a adaptar a lei ao caso concreto.

Não apenas, portanto, sob o aspecto constitucional, a regulamentação da Lei nº 8.666/1993 não invadiu a competência legislativa das unidades federadas, como também é conveniente, sob o aspecto prático, que a diversificação de normas se restrinja às peculiaridades locais onde a lei federal seja inaplicável, por fatos típicos regionais.[11]

1.2. art. 37, inciso XXI, da Constituição Federal

O art. 37 da Constituição Federal estabeleceu o delineamento básico da Administração Pública brasileira, seja direta, indireta ou fundacional, de qualquer dos Poderes da União, dos Estados, do Distrito Federal e dos Municípios.

No seu inciso XXI, fixou a licitação como princípio básico a ser observado por toda a Administração Pública, com a amplitude definida no *caput*.[12]

Verifica-se que a edição da Lei nº 8.666/1993, com a finalidade de regulamentar o precitado inciso, não pode ter limite diverso do pretendido pela Constituição Federal. Todas as unidades da federação e todos os Poderes

---

[10] BASTOS, Celso. **Curso de Direito Constitucional**. 21ª ed. São Paulo: Saraiva, 2001, p. 295.

[11] No ano de 2005, o Estado da Bahia aprovou a Lei nº 9.433/2005, usando intensamente o poder da legislação supletiva, sistematizando as regras de licitação e contratos com melhores procedimentos.

[12] BRASIL. **Constituição da República Federativa do Brasil**. Organização dos textos e índice por J. U. JACOBY FERNANDES. 1. ed. Atualizada até Abril de 2007. Belo Horizonte: Fórum, 2007. *In verbis*: "Art. 37. A administração pública **direta** e **indireta** de qualquer dos Poderes da **União**, dos **Estados**, do **Distrito Federal** e dos **Municípios** obedecerá aos princípios da legalidade, impessoalidade, moralidade, publicidade e eficiência, e também ao seguinte: [...] XXI - ressalvados os casos específicos na legislação, as obras, serviços, compras e alienações serão contratados mediante processo de licitação pública que assegure igualdade de condições a todos os concorrentes, com cláusulas que estabeleçam obrigações de pagamento, mantidas as condições efetivas da proposta, nos termos da lei, o qual somente permitirá as exigências de qualificação técnica e econômica indispensáveis à garantia do cumprimento das obrigações." - (grifos nossos)

dessas unidades, assim como, obviamente, da própria União, assujeitam-se à obrigatoriedade de licitar.

Mais do que impor esse procedimento seletivo aos contratos da Administração, a Constituição Federal estabeleceu que caberia à União editar normas para o fiel acatamento das demais esferas de governo, nos termos do art. 22, inciso XXVII, como foi visto no subtítulo 1.1.

1.3. a contratação direta e a legislação não federal

A questão relevante para os tópicos que serão desenvolvidos a seguir diz respeito à possibilidade ou não de serem ampliadas as hipóteses de contratação direta, criando-se novos casos de dispensa ou inexigibilidade de licitação.

As hipóteses definidas pela Lei nº 8.666/1993 não resistem a um exame rigoroso dos estudiosos que pretendam estabelecer um denominador comum. Antes, constituem-se em três agrupamentos:

- alienação dos bens e serviços da Administração sem licitação, denominada pela lei de casos de "licitação dispensada";
- contratação para a Administração, sem licitação, cognominada de hipótese de "licitação dispensável";
- inviabilidade de competição, também referida como caso de "inexigibilidade de licitação", na qual se pode, em tese, e apenas em tese, definir um parâmetro comum como precitado. Mesmo com boa vontade do intérprete, o exame quedará pelo número de exceções que serão estabelecidas nesse elenco.

A doutrina, contudo, não deixa de reconhecer, nesse amplo rol de hipóteses disformes em relação à natureza jurídica, o caráter de norma geral.

Nesse sentido é a autorizada palavra de Jessé Torres, quando preleciona que a norma do art. 24 é:

> [...] induvidosamente geral, visto que excepciona o dever de licitar, em rol que somente lei federal de normas gerais pode fixar, no exercício da competência privativa da União (Constituição Federal/88, art. 22, XXVII).[13]

As normas gerais de licitação, como referido anteriormente, têm o condão de regular o tema e estabelecer as restritas hipóteses em que licitar não

[13] PEREIRA JÚNIOR, Jessé Torres. **Comentários à Lei das Licitações e Contratações da Administração Pública**. 6 ed. Rio de Janeiro: Renovar, p. 258.

é necessário.[14] Por uma questão mais lógica do que propriamente jurídica, não se conceberia que o legislador regulasse o tema deixando ao inteiro alvedrio das demais esferas de governo a conveniência de abrir exceções. Para ilustrar, basta referir que as hipóteses de dispensa de licitação tentadas por alguns municípios acabaram por violar frontalmente relevantes princípios constitucionais, como o da livre iniciativa, quando buscaram estabelecer privilégios a entidades paraestatais ou favorecimentos, e quando criaram cadastro para a contratação direta, no qual só poderiam participar entidades com sede na localidade, entre outros infelizes casos.

Como à União compete privativamente regular o tema, cabe-lhe por dedução lógica definir quando a norma geral não deve ser aplicada, mormente quando essa tem conteúdo de princípio constitucional, como é o caso do dever de licitar.

Com base nas considerações expendidas, concluíamos outrora com a seguinte afirmativa: "Não podem as demais esferas de governo, sejam Estados, Municípios ou Distrito Federal, tentar elastecer ou criar novas hipóteses de contratação direta, sob pena de serem inquinadas de inconstitucionalidade".

À luz da atual sistematização procedida pela Lei nº 8.666/1993, é correto, portanto, concluir que as hipóteses dos arts. 24 e 25 não podem ser, sob qualquer forma, ampliadas ou inovadas, ao contrário do que sucede com o art. 17.

1.4. alienação de bens

É inafastável o acerto desse entendimento, se visto como premissa fundamental. Evoluímos, porém, a partir da 2ª edição para considerar possível a todas as esferas de governo legislarem no caso específico da alienação de bens – móveis ou imóveis – integrantes do seu respectivo patrimônio.

Esse, aliás, é o fundamento da ADI nº 927-3, cujo exato teor será examinado nos comentários ao art. 17 da Lei nº 8.666/1993, no capítulo 4.

A conclusão precisamente mais correta é que somente a União pode legislar sobre a contratação direta de bens, obras e serviços, mas todas as

---

[14] Neste sentido o TCU se manifestou: "[...] adote medidas adequadas e suficientes para evitar a contratação por dispensa de licitação ou inexigibilidade, quando o procedimento licitatório deva ser utilizado, observando que os agentes administrativos que praticarem atos em desacordo com os preceitos legais ou visando frustrar os objetivos da licitação, sujeitam-se às sanções previstas em lei e nos regulamentos próprios, sem prejuízo das responsabilidades civil e criminal que seu ato ensejar, conforme estabelecido no art. 82 da Lei nº 8.666/93. [...]." BRASIL. Tribunal de Contas da União. Processo nº TC-007.964/2003-3. Acórdão nº 1.613/2004 - 2ª Câmara. Relator: Ministro-Substituto Lincoln Magalhães da Rocha. **Diário Oficial da União [da] República Federativa do Brasil**, Brasília, DF, 13 set. 2004. Seção 1.

esferas de governo podem legislar sobre a alienação direta dos bens integrantes dos seus respectivos patrimônios, desde que observados os princípios do art. 37, *caput*, da Constituição.[15]

O detalhadamento do tema está no capítulo 4.

1.5. art. 115 da Lei nº 8.666/1993

O artigo permite aos órgãos da Administração editarem regulamentos próprios.[16] A norma é complementada pelos arts. 117 a 119 da mesma lei.

Essa faculdade apresenta-se como singular oportunidade para disciplinar os procedimentos operacionais internos que tantas dúvidas causam na sua aplicação.

Reconhecendo a relevância da edição de regulamento próprio, e tendo ciência do seu poder de orientar a eficácia da Administração Pública, o Tribunal de Contas da União deu firme passo encorajando esse regramento. A colenda Corte chegou a determinar a edição de normas e, no caso particular das empresas estatais, antes da Emenda Constitucional nº 19, assentou que:

> [...] as ENTIDADES PARAESTATAIS deverão editar Regulamentos próprios, os quais, consoante disposto no art. 115, do citado diploma legal, somente poderão disciplinar aspectos operacionais ou operar mudanças que não contrariem dispositivos da Lei nº 8.666, de 21.06.93.[17]

Não se inclui no poder regulamentar, aqui estabelecido, a possibilidade de criar novas hipóteses de contratação direta ou deixar de aplicar, por exemplo, a norma do art. 26, que exige a decisão e a ratificação na imprensa oficial.

Temos insistido na conveniência da aplicação desse dispositivo, como maneira de uniformizar, nas grandes organizações, procedimentos que poderão, a exemplo do que se pretendia com a Lei nº 8.666/1993, ter por diretrizes a manualização e o regramento didático.

---

[15] Consulte subtítulo 1.1.1.: normas gerais.

[16] Por exemplo: BRASIL. Decreto nº 4.176, de 28 de março de 2002. Estabelece normas e diretrizes para a elaboração, a redação, a alteração, a consolidação e o encaminhamento ao Presidente da República de projetos de atos normativos de competência dos órgãos do Poder Executivo Federal, e dá outras providências. **Diário Oficial da União [da] República Federativa do Brasil**, Brasília, DF, 01 abr. 2002.

[17] BRASIL. Tribunal de Contas da União. Processo nº TC-013.483/92-7. Decisão nº 522/1993 – Plenário. Relator: Ministro Homero Santos. **Diário Oficial [da] República Federativa do Brasil**, Brasília, DF, 13 dez. 1993. Seção 1, p. 19082. **No mesmo sentido**: Processo nº TC-625.018/1996-6. Acórdão nº 181/1996 - Plenário e Processo nº TC-928.097/1998-6. Decisão nº 807/2001 – Plenário. Relator: Ministro Marcos Vinicios Vilaça. **Diário Oficial da União [da] República Federativa do Brasil,** Brasília, DF, 15 out. 2001. Seção 1.

No tema contratação direta, a norma deveria:

a) promover a organização sistemática dos incisos do art. 24;

b) acrescer novos exemplos ao rol de inexigibilidade de licitação, já consagrados;[18]

c) definir como deverá ser comprovado/justificado o preço da contratação, fonte perpétua de dúvidas para os que vivenciam o tema;

d) definir – na aplicação dos arts. 24 e 17, quando houver mais de um fornecedor, existindo, portanto, a viabilidade de competição – porque foi escolhida determinada pessoa;

e) definir quando deverá ser emitido parecer jurídico e quando será obrigatório o parecer técnico, ou ambos, e quem emitirá o parecer;[19]

f) definir a quem compete decidir pela contratação direta;[20]

g) definir a quem compete a ratificação da decisão pela contratação direta;[21]

h) definir quais tipos de contratos estão fora do regramento da Lei nº 8.666/1993;[22]

i) definir qual é o veículo de divulgação a ser considerado como imprensa oficial;[23]

j) definir quais documentos devem ser exigidos como suficientes para a habilitação do contratado;

k) definir parâmetros para o projeto básico.[24]

Como se verifica, somente nesse restrito tema "contratação direta", há fundados motivos para a expedição de regulamentação própria.[25]

---

[18] Vide capítulo 6: inexigibilidade de licitação.

[19] BRASIL. **Lei nº 8.666/93 (Versão Bolso).** Organização dos textos e índice por J. U. JACOBY FERNANDES. 12. ed. amp., rev. e atual. Belo Horizonte: Fórum, 2010. Vide art. 38, VI.

[20] a) *Ibidem*, art. 26, *caput*.

b) em coerência com o que defendemos nas edições anteriores, o TCU editou a Súmula nº 257: "O uso do pregão nas contratações de serviços comuns de engenharia encontra amparo na Lei nº 10.520/2002." BRASIL. Tribunal de Contas da União. Súmula nº 257. **Diário Oficial da União [da] República Federativa do Brasil**, Brasília, DF, 05 de maio de 2010, seção 1, p. 93.

[21] BRASIL. Tribunal de Contas da União. Súmula nº 257. **Diário Oficial da União [da] República Federativa do Brasil**, Brasília, DF, 05 de maio de 2010, seção 1, p. 93. Confira alínea "a".

[22] BRASIL. **Lei nº 8.666/93 (Versão Bolso).** Organização dos textos e índice por J. U. JACOBY FERNANDES. 12. ed. amp., rev. e atual. Belo Horizonte: Fórum, 2010. Vide art. 62, § 3º da Lei nº 8.666/1993.

[23] *Ibidem*, arts. 6º, XIII e 27 a 31.

[24] *Ibidem*, arts. 6º, IX; 7º, §2º, I e § 9º e 40, § 2º, I.

[25] MOTTA, Carlos Pinto Coelho. **Eficácia nas Licitações & Contratos**: Estrutura da Contratação, Concessões e Permissões, Responsabilidade Fiscal, Pregão – Parcerias Público-Privadas, 10ª Ed. Belo Horizonte: Del Rey, 2005. Sobre o tema, consulte comentários na página 209.

1.6. art. 117 da Lei nº 8.666/1993

O artigo mencionado utiliza a expressão "no que couber", não referida nos demais dispositivos destinados a determinar o alcance da Lei nº 8.666/1993.

Esse aspecto, que sobressai numa interpretação literal, demonstra que as normas da Lei nº 8.666/1993 podem ter dispositivos não aplicáveis aos órgãos do Poder Judiciário, do Poder Legislativo e do Tribunal de Contas.

A aplicação das normas de licitação e contratos, com esse maior elastério, constitui inclusive uma tradição oriunda do Decreto-Lei nº 2.300/1986, e, portanto, não pode, como já chegaram a sustentar comentaristas menos avisados, ser atribuída a um lapso do legislador pátrio.

Que tipos de peculiaridades detêm os órgãos citados e qual a possibilidade de adaptação que motivou esse artigo de natureza diferenciada?

Em princípio, há duas peculiaridades comuns aos órgãos referidos que não são encontradas nos órgãos vinculados ao Poder Executivo.

A primeira concernente à natureza de suas atribuições: elaboração de leis; julgamento da aplicação das leis e controle externo da Administração Pública, em síntese, respectivamente. A diferença coloca a execução de tais atividades administrativas em contexto diverso do existente no amplo leque de atribuições dos órgãos do Poder Executivo, podendo ensejar o desempenho de atividades com características peculiares não previstas na Lei de Licitações, quando vinculadas às atividades-fim de tais órgãos. Caso típico seria a contratação de consultoria para auxiliar o desempenho de determinada atividade de perícia dos Tribunais de Contas que, pelo volume ou especificidade, não pudesse ser alcançada pelos seus órgãos instrutivos; ou ainda a contratação de advogado por uma Casa Legislativa para um processo de *impeachment*.

A segunda peculiaridade desses órgãos diz respeito à sua estrutura orgânica. Enquanto a estruturação dos órgãos vinculados ao Poder Executivo tem por substrato rígidas linhas hierárquicas, a relação entre os órgãos do Poder Judiciário e do Legislativo, assim como a dos Tribunais de Contas têm subjacentes laços de coordenação. Isso porque, nas palavras do renomado Cretella Júnior:[26]

> [...] em contraste com o que se passa no círculo do Executivo, onde os órgãos se estruturam em cadeias de

---

[26] CRETELLA JÚNIOR, José. **Administração indireta brasileira**. 4 ed. Rio de Janeiro: Forense, 2000.

> subordinação, ao longo das rígidas linhas hierárquicas - na dimensão do Legislativo, como de resto na do Judiciário, prepondera uma organização composta por coordenação; não há pensar em instituições superiores ou inferiores, órgãos principais e auxiliares.

Essa nota diferenciadora tem reflexos na atividade-fim, pois quando um magistrado nomeia um perito, não segue os ditames da Lei de Licitações, por exemplo.[27]

No desempenho da atividade administrativa dos órgãos do Poder Judiciário, do Poder Legislativo e dos Tribunais de Contas, em regra, as normas da Lei nº 8.666/1993 são aplicáveis. A característica peculiar das obras, serviços, compras ou alienações desses órgãos podem obrigar ao afastamento da incidência das normas da Lei de Licitações. Será preciso, contudo, que a incompatibilidade fique demonstrada, pois "a lei é aplicável no que couber e não aplicável no que for conveniente no entendimento dos dirigentes de tais órgãos".

Jessé Torres observa, numa comparação com o art. 1º, que o disposto no art. 117 em comento não faz referência a locações, extraindo daí duas ilações possíveis:

> [...]
>
> (a) a definição de serviço (art. 6º, II) abrange a locação de bens, pelo que basta a referência a serviço para que as locações aí se insiram; neste caso, o excesso seria do art. 1º;
>
> (b) as locações pelos Poderes Judiciário e Legislativo, e pelos Tribunais de Contas, configurariam sempre hipótese de dispensabilidade de licitação (art. 24, X), dadas as características específicas que o prédio deve preencher para atender às necessidades do serviço; neste caso, desprezar-se-ia, inadvertidamente, a possibilidade de não se materializar, em determinado caso concreto, a hipótese de dispensa.[28]

Para se ter adequada noção do alcance da Lei de Licitações para os órgãos referidos – do Poder Judiciário, do Poder Legislativo e do Tribunal de Contas – deve-se apreciar a questão tendo por fundamento as regras

---

[27] a) O Supremo Tribunal Federal realizou credenciamento para tradutores (Edital disponível no sítio: www.jacoby.pro.br). Esse fato revela que, sendo frequente a contratação de peritos e intérpretes, há possibilidade de adequação à Lei nº 8.666/1993.

b) Sobre Credenciamento consulte o capítulo 6, subtítulo 2.1.: inviabilidade de competição por contratação de todos.

[28] PEREIRA JÚNIOR, Jessé Torres. **Comentários à Lei das Licitações e Contratações da Administração Pública**. 6 ed. Rio de Janeiro: Renovar, p. 956.

constitucionais sobre o assunto, em especial a do art. 37, inciso XXI, a qual, como preceitua o *caput* do artigo, abrange os Poderes da União, dos Estados, do Distrito Federal e dos Municípios.

A norma é, portanto, que esses órgãos se submetam à regra geral das licitações, aplicando as disposições da Lei nº 8.666/1993, "no que couber", justificando os casos de não aplicação de tais normas. Como se depreende de uma exegese literal, esses órgãos não necessitam editar normas próprias, fazendo para cada caso a construção interpretativa que for necessária.

As autoridades desses órgãos devem, sempre que possível, regulamentar o exercício da competência pela gestão administrativa das unidades, sob pena de sofrerem diretamente as sanções preconizadas pela Lei nº 8.666/1993 e pela Lei de Responsabilidade Fiscal.[29] Isso porque, quando, *v.g.*, um Ministro de um Tribunal Superior participa de atos de licitação ou de dispensa de licitação, despoja-se da sua condição de agente político do Estado, representando parcela de Poder, para assumir a condição de mera autoridade administrativa, responsável pela realização de um ato administrativo. No futuro, sua conduta será contrastada, pelo Tribunal de Contas, gerando inconvenientes das mais diversas ordens, vez que, por um lado, se submete à Corte de Contas; por outro, no mínimo, iguala-se à autoridade de seus membros na interpretação de leis. Aliás, é mesmo um princípio que o desempenho das atividades-fim deve ficar dissociado da realização das atividades-meio, conforme preceituava o próprio Decreto-Lei nº 200/1967,[30] ao inaugurar a reforma administrativa.

Não raro, porém, algumas autoridades afastam servidores da prática de atos administrativos e avocam para si essa competência e, mais tarde, quando flagrados pelo controle, pretendem eximir-se invocando sua condição de agente político. Esse absurdo contrassenso foi invocado por determinada autoridade, olvidando que o exame de atos administrativos se faz pela natureza do ato e não pela qualidade do agente.[31]

---

[29] A propósito da Lei Complementar nº 101/2000, consulte: JACOBY FERNANDES, Jorge Ulisses. **Responsabilidade Fiscal:** na função do ordenador de despesas, na terceirização de mão-de-obra, na função do controle, Questões Práticas. 3 ed. Belo Horizonte: Fórum, 2009.

[30] BRASIL. Decreto-Lei nº 200, de 25 de fevereiro de 1967. Dispõe sobre a organização da Administração Federal, estabelece diretrizes para a Reforma Administrativa e dá outras providências. **Diário Oficial [da] República Federativa do Brasil**, Brasília, DF, 27 fev. 1967 (complemento) Art. 10.

[31] BRASIL. Tribunal de Contas da União. Processo nº TC-003.236/94-3. Decisão nº 642/1995 - Plenário. Relator: Ministro Carlos Átila Álvares da Silva, **Diário Oficial [da] República Federativa do Brasil**, Brasília, DF, 22 dez. 1995.

Também é importante regulamentar em norma interna, constituída sob o pálio desse artigo e do poder de autogoverno dos tribunais,[32] a competência para aplicar as sanções do art. 87, ainda que se admita a normatização via edital. A omissão poderia ensejar discussão tendente a submeter os órgãos dos demais poderes ao chefe do Poder Executivo.[33]

1.7. art. 118 da Lei nº 8.666/1993

Como referido, ao tratar do art. 22 da Constituição Federal, não podem as unidades federadas distinguir, na Lei nº 8.666/1993, quais normas seriam "gerais" e quais não seriam para, ao editar sua legislação, desprezar partes desse novo diploma legal. Em consonância com o exposto, os Estados, os Municípios e o Distrito Federal não detêm competência constitucional para inovar o tema, ressalvada, obviamente, como explicitado, a competência de caráter supletivo e a do tema versado no art. 17.[34]

Compreende-se, assim, por que a Lei nº 8.666/1993, no seu art. 118, em tela, simplesmente determina que as sobreditas unidades adaptem suas normas aos preceitos por ela estatuídos.

Podem e devem, ao promover essa adaptação, suprir vários dispositivos desse regramento, em estrita consonância com a autorização do art. 115. Seriam válidos os seguintes exemplos de área possível à atuação legislativa:

a) estabelecer qual é o órgão jurídico que examinará e aprovará os contratos e os editais (v. art. 38, parágrafo único);
b) colocar no artigo correspondente às definições (art. 6º) vários conceitos que estão esparsos na Lei nº 8.666/1993, como, por exemplo, os conceitos de: contrato (art. 2º, parágrafo único); notória especialização (art. 25, § 1º); licitação simultânea e sucessiva (art. 39, parágrafo único); serviços técnicos profissionais especializados (art. 13); adimplemento de obrigação (art. 40, § 3º); servidor público (art. 84);
c) estabelecer critérios para a escolha e remuneração dos membros da Comissão de Licitação;

[32] BRASIL. **Constituição da República Federativa do Brasil**. Organização dos textos e índice por J. U. JACOBY FERNANDES. 1. ed. Atualizada até Abril de 2007. Belo Horizonte: Fórum, 2007. Vide art. 96, I.
[33] Q. cfr. art. 87, § 3º, da Lei nº 8.666/1993. A jurisprudência firmou-se após vários debates assentando que o Presidente do Tribunal pode aplicar essa penalidade. Neste sentido: TJSP. MS nº 54003.0-4/SP. Voto nº 9.445. Relator: Desembargador Luiz Elias Tâmbara.
[34] Conforme será visto no capítulo 4: alienação de bens com dispensa de licitação.

d) impor a prévia audiência do órgão jurídico, como medida indispensável às rescisões de contrato;

e) agrupar em um único dispositivo todas as vedações que incidem sobre o edital, que se encontram esparsas na Lei nº 8.666/1993, como é exemplificado a seguir;

f) detalhar e melhor organizar os procedimentos da licitação, como fez, por exemplo, o Estado da Bahia;[35]

g) podem ainda agrupar em um único dispositivo todas as vedações que incidem sobre o edital, que se encontram esparsas na Lei nº 8.666/1993, como é exemplificado a seguir.

1.7.1. vedações ao edital (o que o edital não deve conter)

1. art. 3º, § 1º, I - restrições à competitividade:
   - preferências ou distinções em razão da naturalidade, sede ou domicílio;[36]
   - circunstância impertinente ou irrelevante.[37]
2. art. 3º, § 1º, II - distinções entre empresas brasileiras e estrangeiras;[38]

---

[35] BAHIA. Lei nº 9.433, de 1º de março de 2005. Dispõe sobre as licitações e contratos administrativos pertinentes a obras, serviços, compras, alienações no âmbito dos Poderes do Estado da Bahia e dá outras providências. **Diário Oficial do Estado,** Salvador, BA, 2 mar. 2005.

[36] a) O TJDF admitiu como válida, em permissão ou concessão, a exigência de comprovação de residência no Distrito Federal por período mínimo de dois anos. DISTRITO FEDERAL. Tribunal de Justiça do Distrito Federal e Territórios. Processo nº RMO 94198. Acórdão nº 108475 - 2ª Turma. Relator: Desembargador Getúlio Moraes Oliveira. **Diário da Justiça [da] República Federativa do Brasil**, Brasília, DF, 30/09/1998, Seção 3, p. 142.

b) O art. 48 da Lei Estadual nº 7.291/1978 de Minas Gerais, instituiu os "tributos devidos ao Estado" como critério de julgamento para as licitações. O STF declarou inconstitucional a expressão "tributos devidos ao Estado", contida no referido dispositivo legal. BRASIL. Supremo Tribunal Federal. Processo Rp nº 1308/MG - Pleno. Relator: Ministro Néri da Silveira. **Diário da Justiça [da] República Federativa do Brasil**, Brasília, DF, 25 nov. 1988. Seção 1, p. 31057. **No mesmo sentido**: Processo RE nº 152449-9/MG - 1ª Turma. Relator: Ministro Ilmar Galvão. **Diário da Justiça [da] República Federativa do Brasil**, 09 abr. 1999, p. 34.

[37] "O edital de licitação não deve conter quaisquer exigências que sejam impertinentes ou irrelevantes para o específico objeto a ser licitado, por constituírem restrições ao caráter competitivo, nos termos do art. 3º, § 1º, inciso I, da Lei nº 8.666/1993." BRASIL. Tribunal de Contas da União. Processo nº 001.645/2004-2. Acórdão nº 1.748/2004 - Plenário. Relator: Ministro Benjamin Zymler. **Diário Oficial da União [da] República Federativa do Brasil,** Brasília, DF, 23 nov. 2004. Seção 1.

[38] O TCU determinou a observância do art. 3º, inc. I, e a omissão de inserções, nos editais, de cláusulas que impeçam a cotação de produtos que não sejam de fabricação nacional. BRASIL. Tribunal de Contas da União. Processo nº TC-018.783/93-7. Decisão nº 147/1994 - Plenário. Relator: Ministro Luciano Brandão Alves de Souza, **Diário Oficial [da] República Federativa do Brasil**, Brasília, DF, 11 abr. 1994. Seção 1; BRASIL. Tribunal de Contas da União. Processo nº TC-349.006/93-8. Acórdão nº 122/1998 - 1ª Câmara. Relator: Ministro Marcos Vinicios Vilaça. **Diário Oficial [da] República Federativa do Brasil**, 30 mar. 1998; BRASIL. Tribunal de Contas da União. Processo nº TC-013.992/96-1. Decisão nº 103/1998 - Plenário. Relator:

3. art. 7º, § 3º - obrigação do licitante de obter recursos;
4. art. 7º, § 4º - obrigação de fornecer materiais ou serviços sem previsão de quantidades[39] ou em desconformidade com o previsto;
5. art. 7º, § 5º - objeto sem similaridade:[40]
   - com indicação de marca. Nesse caso o exemplo a ser seguido é o do Estado de Minas Gerais que, em decreto, disciplinou quando e como indicar marcas e exigir amostras;[41]
   - com características exclusivas.
6. art. 9º - [...] possibilidade de participação direta[42] ou indireta na licitação ou execução,[43] salvo no caso previsto no art. 31 da Lei nº

Ministro Humberto Guimarães Souto. **Diário Oficial [da] República Federativa do Brasil**, 30 mar. 1998. Seção 1, p. 72.

A respeito do mesmo tema, consultar: Parecer CONJUR/MICT nº 231/1995. **Revista Informativo de Licitações e Contratos,** nº 22 de dez. 1995, p. 831/859; Parecer da PGFN /CAT nº 1615/1996 do Procurador-Geral da Fazenda Nacional, Dr. Luiz Carlos Sturzennegger, **Diário Oficial [da] República Federativa do Brasil,** 10 dez. 1996, p. 20302; BRASIL. Tribunal de Contas da União. Processo nº TC-003.319/97-0. Decisão nº 305/1997 - Plenário. Relator: Ministro Iram Saraiva. **Diário Oficial [da] República Federativa do Brasil**, 12. jun. 1997. Seção 1, p. 12179.

[39] a) O TCU recomenda a definição adequada do objeto a ser licitado, inclusive quanto a quantitativos, não permitindo apenas a inclusão de limite máximo de serviços a serem contratados. BRASIL. Tribunal de Contas da União. Processo nº TC-625.132/97-1. Decisão nº 733/1998 - Plenário. Relator: Ministro Humberto Guimarães Souto. **Diário Oficial [da] República Federativa do Brasil**, 06 nov. 1998. Seção 1, p. 47.

b) TCU anulou concorrência, realizada sem a definição precisa da quantidade de material a ser fornecida para a execução do objeto licitado. Foram beneficiadas as empresas que, havendo se comprometido a utilizar menos material, apresentaram menor preço global, nada obstante cotassem preços unitários superiores às demais licitantes. BRASIL. Tribunal de Contas da União. Processo nº TC-000.988/99-5. Decisão nº 621/1999 - Plenário. Relator: Ministro José Antônio Barreto de Macedo, **Diário Oficial [da] República Federativa do Brasil**, 20 set. 1999, Seção 1, p. 50-51.

[40] O TCU determinou que se evite a inclusão de expressões que caracterizem, na prática, preferência por marca devendo, nos casos em que for imprescindível a indicação de marca, fazer constar dos respectivos processos, previamente ao lançamento do edital, a justificativa técnica. BRASIL. Tribunal de Contas da União. Processo nº TC-013.992/1996-1. (Apensos: TC's 010.407/1996-0. 011.333/96-0 e 005.144/1996-5). Decisão nº 103/1998 - Plenário. Relator: Ministro Humberto Guimarães Souto. **Diário Oficial [da] República Federativa do Brasil**, 30 mar. 1998. Seção 1, p.72.

[41] MINAS GERAIS. Decreto nº 44.786, de 18 de abril de 2008. Regulamenta a modalidade de licitação denominada pregão, nas formas presencial e eletrônica, para aquisição de bens e serviços comuns, no âmbito do Estado. Disponível em http://jacoby.pro.br/MG_Decreto_Pregao_publicado.pdf

[42] a) O TJDF entendeu que a exigência de declaração de ausência de vínculo empregatício decorre da discricionariedade da Administração, não afrontando os princípios da igualdade e da competitividade. Não se configura a invalidade da declaração de inidoneidade, ante a expressa previsão legal. DISTRITO FEDERAL. Tribunal de Justiça do Distrito Federal e Territórios. Processo APC nº 1998.01.1.017211-8/DF. Acórdão nº 116916. 1ª Turma Cível. Relatora: Desembargadora Vera Andrighi,. **Diário da Justiça [da] República Federativa do Brasil**, 25. ago. 1999, p. 42.

b) O TCU recomendou que não se permitisse a participação de servidores do órgão em processos de alienação de bens do patrimônio da entidade, sob pena de violar os princípios da moralidade e da impessoalidade. Processo nº TC-625.194/1996-9. Decisão nº 116/1999 - 2ª Câmara. Relator: Ministro Benjamin Zymler. **Diário Oficial [da] República Federativa do Brasil**, 14 jun. 1999. Seção 1, p. 99.

9.074/1995.[44] (observar que a lei não definiu a participação indireta dos membros da comissão, limitando-se a definir o que é participação indireta entre autor do projeto);[45]

7. art. 20, parágrafo único - impedir a habilitação de interessados residentes ou sediados em outros locais (atentando para a questão da inexigibilidade quando pode ser exclusiva na região);
8. art. 22, § 8º - criar/combinar modalidade de licitação;
9. art. 30, § 3º - recusar certidões de comprovação de aptidão similar;
10. art. 30, § 5º - limitar no tempo, época ou local a comprovação de atividade;[46]

---

c) Em processo de Tomada de Contas Especial, consta que os servidores teriam constituído a firma com objetivo de participar de licitações promovidas pelo órgão, com a finalidade de obtenção de lucros e benefícios. Embora a empresa não tenha sido convidada, participou do certame, na modalidade Carta-Convite, obtendo classificação. Os servidores foram imediatamente demitidos e obrigados ao ressarcimento. BRASIL. Tribunal de Contas da União. Processo nº TC-011.868/1993-7. Acórdão nº 091/1999 - Plenário. Relator: Ministro Valmir Campelo. **Diário Oficial [da] República Federativa do Brasil**, 02 jul. 1999, Seção 1, p. 28-29.

d) O STJ manteve decisão em ação popular que anulou licitação (convite) porque empresas tinham sócio em comum. BRASIL. Superior Tribunal de Justiça. Processo REsp nº 51.540-8/RS - 1ª Turma. Relator: Ministro Demócrito Reinaldo. **Diário da Justiça [da] República Federativa do Brasil**, 02 mar. 1998, p. 12. Contrariamente, Marçal Justen Filho entende que é possível participar da licitação empresa e consórcio da qual a mesma participe, sem ofensa ao princípio da moralidade, em alguns casos. Artigo publicado no **Informativo de Licitações e Contratos - ILC**, nº 30 ago./1996. Curitiba: Zênite, p. 596 a 608.

e) O TCU entendeu não haver restrições na Lei nº 8.666/1993, no § 3º do art. 9º, sobre a classificação da empresa pertencente à irmã do prefeito municipal, asserindo que o referido dispositivo legal acha-se inserido na Seção III, cujo título é "Das Obras e Serviços", cabendo destacar ainda, que o próprio texto da lei delimita a restrição aos vínculos existentes. BRASIL. Tribunal de Contas da União. Processo nº TC-560.049/98-5. Decisão nº 877/1998 - Plenário. Relator: Ministro Humberto Guimarães Souto. **Diário Oficial [da] República Federativa do Brasil**, Brasília, DF, 30 mar. 1998. Seção 1, p. 224/225.

[43] O TCU entendeu que o art. 9º da Lei nº 8.666/1993 não pode ter interpretação ampliativa de seu conteúdo. Proibiram a participação de empresa com ex-empregado desligado a menos de 180 dias. BRASIL. Tribunal de Contas da União. Processo nº TC-450.050/1997-1. Decisão nº 603/1997 - Plenário. Relator: Ministro Humberto Guimarães Souto. **Diário Oficial [da] República Federativa do Brasil,** Brasília, DF, 07 out. 1997. Seção 1, p. 22499.

[44] Dispõe o art. 31 que "nas licitações para concessão e permissão de serviços públicos ou uso de bem público, os autores ou responsáveis economicamente pelos projetos básico ou executivo podem participar, direta ou indiretamente, da licitação ou da execução de obras ou serviços."

[45] Neste sentido, o TCU julgou irregular a participação no processo licitatório de empresa, que tinha como subcontratada empresa de empregado que elaborara o projeto básico, licenciara-se e constituiu a subcontratada. BRASIL. Tribunal de Contas da União. Processo nº TC-700.385/1996-7 e TC-700.002/1997-9 (apenso). Decisão nº 133/1997 - Plenário. Relator: Ministro Bento José Bugarin. **Diário Oficial [da] República Federativa do Brasil,** Brasília, DF, 15 abr. 1997. Seção 1, p. 7395.

Ver, a propósito, a Resolução nº 7 do Conselho Nacional de Justiça, com a redação dada pela Resolução nº 9 de 6 de dezembro de 2005.

[46] Decidiu o STJ que disposição editalícia que impõe pontuação negativa por quantidade de outorga de serviços explorados pelas proponentes não padece de ilegalidade e tem por objetivo evitar o monopólio. BRASIL. Superior Tribunal de Justiça. Processo MS nº 5763/DF - 1ª Seção. Relator: Ministro Garcia Vieira. **Diário da Justiça [da] República Federativa do Brasil**, Brasília, DF, 28 jun. 1999, p. 42.

11. art. 30, § 6º - exigir propriedade e localização de máquinas, equipamentos;[47]
12. art. 31, § 1º - exigência de valores mínimos de faturamento anterior, índices de rentabilidade ou lucratividade;[48]
13. art. 32, § 5º - recolhimento prévio de taxas ou emolumentos, salvo[...];[49]
14. art. 57, § 3º - contrato com vigência indeterminada.[50]

1.7.2. procedimento - competência para legislar

Como observado em subtítulo anterior,[51] no atual ordenamento jurídico constitucional, os Estados não detêm competência concorrente, mas supletiva sobre processo de licitação e contratação. Contudo, podem legislar sobre o tal

---

[47] O TCU julgou regular a previsão editalícia de critério de julgamento por meio da justificativa do ganho de produtividade com a utilização de equipamentos de alta tecnologia. BRASIL. Tribunal de Contas da União. Processo nº TC-015.010/1997-0. Decisão nº 572/1998 - Plenário. Relator: Ministro Marcos Vinicios Rodrigues Vilaça. **Diário Oficial [da] República Federativa do Brasil**, Brasília, DF, 04. set. 1998. Seção 1, p. 73.

[48] a) TCU determinou a observância das disposições contidas no § 3º, art. 31 da Lei nº 8.666/1993, para evitar a exigência de patrimônio líquido, registrado na data da publicação do edital e não na data da abertura da proposta. BRASIL. Tribunal de Contas da União. Processo nº TC-004.797/1995-7. Decisão nº 767/1998 - Plenário. Relator: Ministro Adhemar Paladini Ghisi. **Diário Oficial [da] República Federativa do Brasil**, Brasília, DF, 20 nov. 1998. Seção 1, p. 33.

b) O TCDF exigiu justificativa para a adoção dos índices contábeis: não podem ser aleatórios ou imotivados. DISTRITO FEDERAL. Tribunal de Contas. Processo nº 5.722/96. Decisão nº 1363/1997. Relator: Conselheiro José Eduardo Barbosa. **Diário Oficial [do] Distrito Federal**, Brasília, DF 27 mar. 1997.

c) O TCU reafirmou que a exigência de capital integralizado deve ser até a data da apresentação da proposta, e não até a data de publicação do edital. BRASIL. Tribunal de Contas da União. Processo nº TC-004.797/95-7. Decisão nº 767/1998 - Plenário. Relator: Ministro Adhemar Paladini Ghisi. **Diário Oficial da União [da] República Federativa do Brasil**, Brasília, DF, 20 nov. 1998. Seção 1, p. 33.

d) Não tendo o Poder Executivo definido a complexidade e o volume da operação a ser contratada, não pode a Administração exigir dos licitantes capital superior ao valor estimado da contratação. Inteligência do § 6º do art. 32 do Decreto-Lei nº 2.300/1986. BRASIL. Tribunal Regional Federal da 5ª Região. Processo REO nº 501642/1990. Relator: Juiz Nereu Santos. **Diário da Justiça [da] República Federativa do Brasil**, Brasília, DF, 26 abr. 1991, p. 8839.

[49] A cobrança de taxas ou adicionais, além do custo da reprodução do edital é vedada. Nota nº 01/1989, **Diário Oficial [da] República Federativa do Brasil,** Brasília, DF, 24 jan. 1989; Art. 16 do Decreto 449/1992, reproduzido na Lei nº 8.666/1993, art. 32, § 5º; e TCU Processos nºs TC-029.817/1991-9, TC 008.142/92-0 e TC-023.818/1991-3 Decisão nº 418/1992 - Plenário. Relator: Ministro Luciano Brandão Alves de Souza. **Diário Oficial [da] República Federativa do Brasil,** Brasília, DF, 16 set. 1992. Seção 1, p. 12903.

[50] a) O arrendamento de imóvel rural da União não se vincula ao prazo mínimo de 3 anos, previsto no Estatuto da Terra, podendo a Administração, agindo com potestade pública, rescindi-lo a qualquer tempo. BRASIL. Tribunal Regional Federal da 4ª Região. Processo AC nº 9404480894/PR - 4ª Turma. Relator: Juiz Dirceu de Almeida Soares. **Diário da Justiça [da] República Federativa do Brasil**, Brasília, DF, 31 mar. 1999, p. 298.

b) Também não estão sujeitos a essa vedação os contratos de seguro, financiamento e locação em que o Poder Público seja locatário, e os demais regidos, predominantemente, pelo Direito privado, bem como os de prestação de serviço público em que a Administração Pública for usuária, por força do art. 62, § 3º, da própria Lei nº 8.666/1993.

[51] Vide subtítulo 1.1.3: normas de natureza supletiva.

procedimento definindo regras de melhor qualidade para o processo, sem desnaturá-lo.

Para evitar repetições, consulte esses limites de atuação legislativa no subtítulo referido.

1.8. art. 119 da Lei nº 8.666/1993

Para disciplinar as licitações e contratações das empresas públicas, sociedades de economia mista e fundações públicas, bem como as das demais entidades controladas direta ou indiretamente pela União, Estados, Municípios e Distrito Federal, o Decreto-Lei nº 2.300/1986 adotou como normativo o estabelecimento de normas gerais, de modo bastante restrito e, em seguida, permitiu-lhes a adoção de procedimentos simplificados, condicionando essa maior liberdade de ação à edição de regulamentos próprios, que deveriam ser publicados. Para a regularidade dessa normatização seria suficiente que se acolhessem os princípios básicos da licitação.[52]

Esse pouco propósito de açambarcar tais entidades no contexto da estreita regulamentação estava permeado pela filosofia de que elas deveriam possuir uma liberdade de gestão similar à ostentada pelas empresas privadas, aliada a um panorama em que a repartição constitucional das competências legislativas não previa como assunto destacado o tema "licitação e contratos" e estabelecia para a União campo restrito para editar normas gerais de Direito Financeiro.

A Lei nº 8.666/1993, revogando expressamente o Decreto-Lei nº 2.300/1986, inaugurou um momento em que o controle mostrou-se necessário como instrumento essencial à preservação do interesse público, e encontrando definida a competência legislativa sobre o tema, em caráter privativo para a União Federal, não tardou em subjugar as precitadas entidades ao regramento idêntico ao estabelecido para a administração direta, fazendo-o nos seguintes termos:

> Art. 119. As sociedades de economia mista, empresas e fundações públicas e demais entidades controladas direta ou indiretamente pela União e pelas entidades referidas no artigo anterior editarão regulamentos próprios devidamente publicados, ficando sujeitas às disposições desta lei.

---

52 BRASIL. Decreto-Lei nº 2.300, 21 de novembro de 1986. Dispõe sobre licitações e contratos da Administração Federal e dá outras providências. **Diário Oficial [da] República Federativa do Brasil,** Brasília, DF, 25 nov. 1986. Art. 86.

> Parágrafo único. Os regulamentos a que se refere este artigo, no âmbito da Administração Pública, após aprovados pela autoridade de nível superior a que estiverem vinculados os respectivos órgãos, sociedades e entidades, deverão ser publicados na imprensa oficial.

Toda vez que se impõe uma regulamentação sobre entidades da administração indireta, erguem-se vozes em dissonância. Lincoln Pinto da Luz asseriu que:

> [...] a descentralização funcional da atividade do Estado importa fundamentalmente num conflito, em seu âmago irredutível, entre forças que tendem a objetivos diametralmente contrapostos: de um lado, a liberdade de gestão segundo os padrões informais de procedimento que tornam ágeis e flexíveis os movimentos da empresa privada e, no outro polo, o escrupuloso controle dos atos administrativos *lato sensu* praticados por essas entidades, que, com personalidade jurídica de direito público ou de direito privado, em nenhuma hipótese refogem ao largo domínio da Administração Pública. Independentemente do grau de autarquização que ostentem, as pessoas jurídicas a que o governo comete a prossecução de fins de algum modo estatais precisam ser alvo de controle eficiente, já quanto à exação no emprego dos recursos financeiros públicos que manejam, já quanto ao adequado casamento de sua atuação com as metas político-administrativas globais do Estado.[53]

Se a regulamentação, da forma como foi procedida, é ou não adequada para garantir razoável ponto de equilíbrio entre essas correntes de pensamento, parece uma questão a ser enfrentada após a solução de outra: a licitação é um instrumento de eficácia na administração? A resposta parece afirmativa, pois qualquer um, responsável por gerir recursos alheios, na condição de gestor ou mandatário diligente, empregará seu esforço para reduzir despesas e fazer o melhor, da forma mais eficiente possível, com o menor custo. O que difere o simples gestor de negócios de um agente administrativo, quando dissociados do fim das atividades respectivas – se possível fosse imaginar o segundo, sem o interesse público a alcançar, apenas por abstração – vislumbraríamos no segundo a preocupação de melhor documentar a sua diligência, vez que os recursos que o remuneram são oriundos dos impostos que se extraem do contribuinte pela via compulsória. Essa singela analogia efetiva uma

[53] ZAIDMAN, Luiz; LUZ, Lincoln Teixeira Mendes Pinto da. **Estudos para uma lei orgânica da administração federal**. Brasília: IPEA, 1978, p. 74.

proposição no sentido de que a Lei de Licitações, quando bem compreendida e aplicada, pode ser um valioso instrumento da Administração e, nas palavras de Filomusi Guelfi, constitui uma obra do Direito, uma "força ética de coesão entre as partes e o todo, entre o indivíduo, os grupos e o Estado". Enquanto não se acomodam as pretensões dos demolidores, a lei – máxima expressão da vontade do povo – não encontrará ressonância para gerar a possibilidade de ser admirada pelo que tem de harmônico, justo e moral.

O art. 119 da Lei nº 8.666/1993, aproveitando símile preceito do Estatuto anterior, quanto aos sujeitos, extinguiu a margem de simplificação dos procedimentos da licitação e dos contratos, impondo coercitivamente a adaptação das normas à Lei nº 8.666/1993. Na esfera federal, a regulamentação anterior tinha encontrado, na eficiente atuação do Tribunal de Contas da União, uma feliz possibilidade de equilíbrio, suficiente para apaziguar as forças antagônicas por meio da imposição de diretrizes estáveis, inauguradas a partir do exame das regulamentações efetivadas com base no art. 86 do Decreto-Lei nº 2.300/1986.[54]

Pelo atual diploma legal, não foi erigida a possibilidade de simplificação ou qualquer redução de eficácia da norma, mas apenas e tão-somente a incidência direta da Lei nº 8.666/1993 sobre tais regulamentos das entidades. Nesse sentido, colhe-se o seguinte escólio do colendo Tribunal de Contas da União:[55]

> Depreende-se do artigo em questão que não há ressalvas, como havia no Decreto-Lei nº 2.300/86. Consequentemente, a Lei nº 8.666/93, de acordo com a redação de seu art. 119, conferiu caráter impositivo a todas as suas disposições[56] e não apenas aos princípios da licitação ou ao que previam os arts. 85 e 86 do Decreto-Lei nº 2.300/86.

---

[54] Exemplo dessa atuação encontra-se na Ata nº 39, anexo I, do TCU, publicada no Diário Oficial da União de 30 de agosto de 1990, que examinou o Regulamento de Licitações do Banco do Brasil, do Banco do Nordeste e da Casa da Moeda e no Diário Oficial da União de 23 de julho de 1991, que examinou os regulamentos da Secretaria de Administração Federal, entre outros.

[55] BRASIL. Tribunal de Contas da União. Processo nº TC-013.483/1992-7. Decisão nº 522/1993 - Plenário. Relator: Ministro Homero Santos. **Diário Oficial [da] República Federativa do Brasil**, Brasília, DF, 13 dez. 1993. Seção 1, p. 19082. **No mesmo sentido**: Processo nº TC-625.018/1996-6. Acórdão nº 181/1996 - Plenário e Processo nº TC-928.097/1998-6. Decisão nº 807/2001 - Plenário. Relator: Ministro Marcos Vinicios Vilaça. **Diário Oficial da União [da] República Federativa do Brasil,** Brasília, DF, 15 out. 2001. Seção 1.

[56] "Mesmo que explorem atividade econômica, já decidiu o TCU que as empresas públicas e sociedades de economia mista assujeitam-se à Lei nº 8.666/1993." BRASIL. Tribunal de Contas da União. Processo nº TC-017.881/93-5. Decisão nº 268/1996 - 2ª Câmara. Relator: Ministro José Antônio Barreto de Macedo. **Diário Oficial [da] República Federativa do Brasil,** Brasília, DF, 05 set. 1996. Seção 1, p. 17501.

Contudo, na mesma linha do equacionamento apontado anteriormente, para os limites da atuação legislativa dos Estados e Municípios, acrescenta o magistério do douto corpo instrutivo daquela Corte:

> Ressalte-se, ainda, que as entidades paraestatais deverão editar regulamentos próprios, que poderão disciplinar aspectos operacionais ou operar mudanças que não contrariem dispositivos da nova Lei.[57]

Com fundamento nas considerações expendidas, o TCU decidiu:

> [...] deixar, ainda, assente, nos termos do parecer da Unidade Técnica, que as ENTIDADES PARAESTATAIS deverão editar Regulamentos próprios, os quais, consoante o disposto no art. 115, do citado diploma legal, somente poderão disciplinar aspectos operacionais ou operar mudanças que não contrariem dispositivos da Lei nº 8.666/93, de 21.06.93.

A rigor, inclusive, o ideal seria não apontar como fundamento o art. 115, pois este trata de órgãos da Administração, expressão que a Lei nº 8.666/1993 resguardou, para indicar uma parte não personalizada, seguindo o magistério do saudoso Hely Lopes Meirelles, para quem os órgãos integram a estrutura do Estado e das demais pessoas jurídicas como partes desses corpos vivos. Por isso mesmo, os órgãos não têm personalidade jurídica nem vontade própria:

> [...] que são atributos do corpo, e não das partes, mas na área de suas atribuições e nos limites de sua competência funcional expressam a vontade da entidade a que pertence e a vinculam por seus atos, manifestados através dos seus agentes (pessoas físicas).[58]

Mesmo sem apontar o art. 115 da Lei nº 8.666/1993, na fundamentação, a conclusão estaria correta apenas com referência ao próprio art. 119, pois não seria concebível que o legislador mencionasse a expressão "regulamento próprio" se o interesse fosse simplesmente copiar a lei, sem qualquer margem para acrescer a regulamentação, no campo não normatizado, que é a legislação supletiva.

Esse artigo, guardando alguma relação com o art. 85 do Decreto-Lei nº 2.300/1986, dele se distanciou quando partiu da pressuposição de que tais entidades necessitam de regulamentos próprios. Nesse ponto, o diploma anterior foi mais feliz, na medida em que definiu que, na ausência de normas do próprio órgão, aplicar-se-lhes-ia a lei federal.

---

[57] Vide, nesse capítulo, o subtítulo 1.11.: serviços sociais autônomos - Sistema "S".

[58] MEIRELLES, Hely Lopes. **Direito Administrativo Brasileiro**. 32ª ed. atualizada. São Paulo: Malheiros, 2006, p. 68.

A Emenda Constitucional nº 19, de 5 de junho de 1998, ao promover alteração nos artigos 22, inciso XXVII, e 173 da Constituição Federal, alterou profundamente o regramento do instituto das licitações e contratos para as empresas públicas e sociedades de economia mista.

Estabeleceram as precitadas normas:

> Art. 22. Compete privativamente à União legislar sobre:
>
> [...]
>
> XXVII - normas gerais de licitação e contratação em todas as modalidades, para as Administrações públicas diretas, autárquicas e fundacionais da União, Estados, Distrito Federal e Municípios, obedecido o disposto no art. 37, XXI, e para as **empresas públicas e sociedades de economia mista**, nos termos do art. 173, § 1º, III;
>
> [...]
>
> Art. 173. Ressalvados os casos previstos nesta Constituição, a exploração direta de atividade econômica pelo Estado só será permitida quando necessária aos imperativos da segurança nacional ou a relevante interesse coletivo, conforme definidos em lei.
>
> § 1º A lei estabelecerá o estatuto jurídico da empresa pública, da sociedade de economia mista e de suas subsidiárias que explorem atividade econômica de produção ou comercialização de bens ou de prestação de serviços, dispondo sobre:
>
> I - sua função social e formas de **fiscalização** pelo Estado e pela sociedade;
>
> II - a sujeição ao regime jurídico próprio das empresas privadas, inclusive quanto aos direitos e obrigações civis, comerciais, trabalhistas e tributários;
>
> III - licitação e contratação de obras, serviços, compras e alienações, observados os princípios da administração pública;[59]
>
> [...]

Quando se iniciaram os trabalhos de reforma administrativa, almejavam vários segmentos da sociedade dar elastério muito amplo às empresas públicas e sociedades de economia mista, o que de fato inocorreu. Tiveram essas entidades jurídicas, apenas, o privilégio de contar com um estatuto próprio e

---

[59] Grifos nossos.

diferenciado para reger o tema licitações e contratos, o qual deverá submeter-se aos princípios que regem a Administração Pública.

O eminente Professor Carlos Pinto Coelho Motta, em obra pioneira, comentando a reforma administrativa, asseriu que:

> [...] o significado dessa mudança, em suma, é que as empresas públicas e sociedades de economia mista não mais se submeterão aos ditames estritos da Lei nº 8.666/93 para realizar licitações e formalizar contratos. Reger-se-ão, precisamente, pelo inciso III do § 1º do art. 173, voltado para as estatais e suas subsidiárias exploradoras de atividade econômica.[60]

A iniciativa de elaborar estatuto único regendo todas as empresas públicas e sociedades de economia mista parecem-nos salutar, pois, dar-se-á uma sistematização orgânica mais apropriada e uniformidade de procedimentos.

Mostra-se evidente que o referido estatuto regerá as empresas públicas e sociedades de economia mista de todas as esferas de governo, não podendo cada esfera adotar estatuto legal próprio, porque a norma do art. 173 está inserida no campo de regência da ordem econômica do País, de tal sorte que o disciplinamento só pode ser feito para preservar a hegemonia nacional. Eventuais diferenças deverão ser normatizadas em regulamento, na forma do art. 119 da Lei nº 8.666/1993.

Esse estatuto poderá restringir o alcance dos casos de contratação direta na Lei nº 8.666/1993 – o que nos parece pouco provável – ou ampliá-los – o que nos parece muito provável.

A experiência tem demonstrado que os debates no Congresso Nacional aprimoraram as normas e, por certo, também neste caso, quando vierem a ocorrer, imporão uma linha evolutiva sobre o tema.

Antes da aprovação do dito estatuto, pode lei federal abrir exceções à licitação em favor das empresas públicas e sociedades de economia mista, pois a reforma administrativa não estabeleceu exceção ao início do inciso XXI do

---

[60] BRASIL. **Constituição da República Federativa do Brasil**. Organização dos textos e índice por J. U. JACOBY FERNANDES. 1. ed. Atualizada até Abril de 2007. Belo Horizonte: Fórum, 2007. Texto Base: "Emenda Constitucional nº 19, de 4 de junho de 1998. Modifica o regime e dispõe sobre princípios e normas da Administração Pública, servidores e agentes políticos, controle de despesas e finanças públicas e custeio de atividades a cargo do Distrito Federal, e dá outras providências." **Diário Oficial [da] República Federativa do Brasil**, Brasília, DF, 05 jun. 1998.

art. 37. Essa norma permite que lei federal ressalve a aplicação do princípio da licitação.[61]

1.9. agências reguladoras

Muito se tem debatido sobre a possibilidade das agências reguladoras, que no Brasil enquadram-se como autarquias especiais e, por isso, sujeitas à Lei nº 8.666/1993, poderem exercer a competência regulamentar autônoma.

As agências reguladoras vinham desde sua criação,[62] no discutível exercício de sua competência regulamentar, inovando o processo licitatório, mediante sua simplificação, ou mesmo criando novas modalidades de licitação, como a consulta e o pregão, este último estendido à toda Administração.[63]

O Supremo Tribunal Federal pronunciou-se sobre o assunto por meio da Decisão Liminar de 20 de agosto de 1998, proferida pelo Plenário do STF na ADI nº 1.668,[64] o que embasou o entendimento do TCU, determinando que a ANATEL procedesse à adaptação de seu regulamento de contratações, bem como quaisquer outras normas vigentes.[65]

1.10. conselhos de fiscalização do exercício de profissão regulamentada

Sobre a abrangência da Lei de Licitações e Contratos, eventualmente retorna à balha a situação jurídica peculiar das entidades de fiscalização do exercício de profissões regulamentadas.

Essas entidades exercem uma parcela do poder do Estado, na medida em que se encarregam da fiscalização das profissões, constituindo uma autarquia de natureza especial.

---

[61] A propósito ver o art. 67 da Lei nº 9.478/1997 e Decreto 2.745/1998, que tratam do regulamento das licitações e contratos da Petrobrás e os correspondentes: BRASIL. Tribunal de Contas da União. Acórdão nº 549/2006. Relator: Ministro Walton Alencar Rodrigues. **Diário Oficial da União [da] República Federativa do Brasil**, 24 maio 2006, e Mandado de Segurança nº 25.888 do Supremo Tribunal Federal.

[62] BRASIL. Lei nº 9.472, de 16 de julho de 1997. Dispõe sobre a organização dos serviços de telecomunicações, a criação e funcionamento de um órgão regulador e outros aspectos institucionais, nos termos da Emenda Constitucional nº 8, de 1995. **Diário Oficial [da] República Federativa do Brasil,** Brasília, DF, 17 jul. 1997. Art. 8º.

[63] Através da MP nº 2026 de 28 de julho de 2000. **Diário Oficial [da] República Federativa do Brasil,** Brasília, DF, 30 jul. 2000. Seção 1 em edição extra e regulamentada pelo Decreto nº 3.555, de 08 de agosto de 2000. **Diário Oficial [da] República Federativa do Brasil,** Brasília, DF, 09 ago. 2000. Seção 1.

[64] Publicada no Diário da Justiça da República Federativa do Brasil, Brasília, 09 out. 1997. Seção 1.

[65] BRASIL. Tribunal de Contas da União. Processo nº TC-005.346/1998-3. Decisão nº 497/1999 - Plenário. Relator: Ministro Bento José Bugarin. **Diário Oficial [da] República Federativa do Brasil,** Brasília, DF, 13 ago. 1999. Seção 1, p. 136.

Com relação aos recursos de que se utilizam, embora oriundos de membros restritos de uma comunidade, ainda assim têm natureza pública, razão pela qual se sujeitam à fiscalização pelos Tribunais de Contas. Até o advento da Lei nº 9.649/1998, estavam sujeitas à observância das normas sobre licitações e contratos, conforme iterativa jurisprudência do TCU.[66]

A Lei nº 9.649/1998 deu nova personalidade jurídica a essas entidades, as quais, embora continuem sujeitas à fiscalização do Tribunal de Contas da União, não estão mais jungidas à aplicação da Lei nº 8.666/1993, pois não se encontram arroladas no parágrafo único do art. 1º. Pela remansosa doutrina e jurisprudência anterior, eram consideradas autarquias de natureza especial e, em princípio, sujeitas à Lei de Licitações e Contratos; agora, como pessoas jurídicas de direito privado, sem nenhuma vinculação hierárquica e funcional à Administração Pública, não mais se obrigam a aplicar a Lei nº 8.666/1993. Recomendável, no entanto, que editem normas próprias para regular suas aquisições e contratações.

Esse entendimento justifica-se em face da natureza pública dos recursos, pois, oriundos de arrecadação compulsória, devem obedecer aos princípios da impessoalidade e da isonomia. Muito embora o procedimento da licitação não seja o único meio de garantir a eficácia de tais princípios, parece indispensável a sua prevalência sobre outros meios, como a juntada de várias propostas aos processos de aquisição ou a justificativa pela inviabilidade de competição. A simplificação dos procedimentos poderá ser instituída com vantagens, como redução de prazos, inversão da fase de habilitação com a da proposta, redução de exigências pertinentes à regularidade fiscal e à seguridade social. Também não estarão obrigadas a publicarem todos os atos pertinentes ao procedimento licitatório. Como ensina o eminente Professor Leon Frejda Szklarowsky,[67] pode-se guardar semelhança entre esse entendimento e aquele, sufragado pelo TCU, em relação às entidades jurídicas integrantes do chamado sistema "S", às quais foi concedido maior elastério no campo regulamentador. Enquanto não

---

[66] Na qual se destacam: Tribunal de Contas da União. Ata nº 56/1986, Sessão Plenária de 14 ago. 1986; Ata nº 25/1991, Sessão Plenária de 05 jun. 1991; Decisões nºs 234/1992 e 237/1992, Sessão Plenária de 13 maio 1992, e, em especial, os Processos nºs TC-012.930/1995-4. **Diário Oficial [da] República Federativa do Brasil,** Brasília, DF, 13 ago. 1996. Seção 1, p. 15.312; TC-012.930/1995-4. Decisão nº 444/1996 - Plenário. Relator: Ministro-Substituto Lincoln Magalhães da Rocha. **Diário Oficial [da] República Federativa do Brasil,** Brasília, DF, 13 ago. 1996. Seção 1, p. 15.312; TC-013.710/1991-5. Decisão nº 234/1992 - Plenário. **Diário Oficial [da] República Federativa do Brasil**, Brasília, DF, 01 jun. 1992, p. 6863. Relator: Ministro Fernando Gonçalves e TC-019.696/90-6. Decisão nº 237/1992 - Plenário. Relator: Ministro Homero dos Santos. **Diário Oficial [da] República Federativa do Brasil,** Brasília, DF, 01 jun. 1992. Seção 1, p. 6863.

[67] Em artigo publicado nos sites www.teiajuridica.com; www.jusnavegandi.com.br; www.comunidadejurídica.com.br e em Anais do III Congresso Goiano de Direito Tributário, realizado em 21 nov. 98, entre outros.

editarem regulamento próprio, os conselhos de fiscalização de exercício de profissão regulamentada ficam adstritos ao fiel cumprimento da Lei nº 8.666/1993.

Corroborando essa posição, o TCU manifestou seu entendimento, no sentido de que os conselhos profissionais preenchem todos os requisitos essenciais consignados no art. 5º, inciso I, do Decreto-Lei nº 200/1967, porquanto cada um deles constitui serviço autônomo. A doutrina, a jurisprudência e a própria Lei nº 9.649/1998, no § 2º do seu art. 58, evidenciam essa característica.[68]

1.11. serviços sociais autônomos – Sistema "S"

Motivo de bastante e aprofundado estudo foi a questão pertinente à aplicabilidade da Lei nº 8.666/1993 ao chamado Sistema "S", composto pelas entidades paraestatais SESI, SENAI, SESC, SENAC, SEBRAE e o SENAR.

Vários acórdãos do Tribunal de Contas da União impuseram a obediência a esse diploma,[69] e, a partir de dezembro de 1997, firmou-se definitivamente o entendimento pela inaplicabilidade integral da referida norma.[70] Amparados nesse entendimento, os serviços sociais editaram seus respectivos regulamentos[71] flexibilizando a aplicação da Lei nº 8.666/1993.

---

[68] BRASIL. Tribunal de Contas da União. Processo nº TC-022.779/1994-9. Acórdão nº 11/1999 - Plenário. Relator: Ministro-Substituto José Antonio Barreto de Macedo. **Diário Oficial [da] República Federativa do Brasil**, Brasília, DF, 26 fev. 1999. Seção 1, p. 24. A controvérsia acerca da extensão do art. 58 e de sua constitucionalidade foi enfrentada tanto pelo Processo nº TC-625.260/1998-8 (Decisão nº 121/1999 - 2ª Câmara. Relator: Ministro Benjamin Zymler. **Diário Oficial [da] República Federativa do Brasil**, Brasília, 14 jun. 1999. Seção 1, p. 110 a 113) quanto pelo STF em sede da ação direta de inconstitucionalidade ADI nº 1.717/DF (Relator: Ministro Sydney Sanches. **Diário da Justiça [da] República Federativa do Brasil**, Brasília, 25 fev. 2000). Em síntese, manteve o primeiro o entendimento de que nada obstante ter a lei conferido às entidades de classe personalidade jurídica de direito privado, o dever de prestar contas é inafastável, dada a natureza dos recursos arrecadados. O segundo, suspendeu a eficácia em medida cautelar dos dispositivos que poderiam vir a dar sustentação a pretensões de não serem submetidas aos órgãos de controle. Desse modo, inequivocadamente, a fiscalização dessas entidades está na competência do Tribunal de Contas da União sem prejuízo do sistema de controle interno e do controle social.

[69] BRASIL. Tribunal de Contas da União. Processo nº TC-009.468/1997-8. Acórdão nº 170/1997 - Plenário. Relator: Ministro-Substituto Lincoln Magalhães da Rocha. **Diário Oficial [da] República Federativa do Brasil**, Brasília, DF, 28, ago. 1997. Seção 1, p. 18845.

[70] BRASIL. Tribunal de Contas da União. Processo nº TC-011.777/1996-6. Decisão nº 907/1997 - Plenário. Relator: Ministro-Substituto Lincoln Magalhães da Rocha. **Diário Oficial [da] República Federativa do Brasil**, Brasília, DF, 26 dez. 1997. Seção 1, p. 31457.

[71] "A partir da Decisão nº 907/1997 - Plenário (Ata nº 53/1997), firmou-se o entendimento de que os Serviços Sociais Autônomos não se subordinam aos estritos termos da Lei nº 8.666/1993 e sim, aos seus regulamentos próprios. [...] Dá-se que a decisão derivou do não cumprimento a tais regulamentos próprios, como se depreende da leitura da sua fundamentação e do subitem 8.4.1 da sua parte dispositiva." BRASIL. Tribunal de Contas da União. Processo nº TC-008.595/1999-2. Acórdão nº 1.337/2003 - 1ª Câmara. Relator Humberto Guimarães Souto. **Diário Oficial da União [da] República Federativa do Brasil**, Brasília, DF, 2 jul. 2003. Seção 1.

Esses regulamentos foram criteriosamente analisados pelo eminente Ministro-Substituto Lincoln Magalhães da Rocha, direcionando-se com sabedoria a aplicação dos princípios constitucionais vinculados ao princípio da licitação.[72]

A partir dessa regulamentação, deixou de ser aplicável a tais entidades a Lei nº 8.666/1993, e, por conseguinte, às hipóteses de contratação direta.

Do exame atento do regulamento, publicado no Diário Oficial da União de 16 de setembro de 1998, página 65, verifica-se que guardam estreita simetria com a Lei nº 8.666/1993, as hipóteses ali consagradas para contratação sem licitação.

1.12. sistema de contrato de gestão

O denominado Sistema de Contrato de Gestão, como forma de administração de atividade ou serviço público, não altera a personalidade jurídica das entidades. Assim, as pessoas jurídicas constituídas sob a forma de autarquia continuam sendo autarquias; as empresas públicas e sociedades de economia mista continuam com a mesma personalidade jurídica. Por isso, é de se estranhar que se pretenda eximir do cumprimento da Lei nº 8.666/1993 as entidades que se relacionam com a Administração Pública sob a forma de contrato de gestão.

O que conta para estar ou não submetido à Lei nº 8.666/1993 é a personalidade jurídica – na forma do parágrafo único do art. 1º desse diploma – ou, ainda, conforme pacífica jurisprudência do TCU, a origem fiscal do patrimônio que as constituiu.

Ao tempo do Decreto-Lei nº 2.300/1986, o TCU firmou entendimento no mesmo sentido do que foi exposto.[73]

Mesmo com o advento da Emenda Constitucional nº 19, de 5 de junho de 1998, que acrescentou o § 8º ao art. 37, parecem subsistir os mesmos fundamentos expostos.[74]

---

[72] Exame do regulamento do Sistema "S" pelo TCU: BRASIL. Tribunal de Contas da União. Processo nº TC-001.620/1998-3. Decisão nº 461/1998 - Plenário. Relator: Ministro-Substituto Lincoln Magalhães da Rocha. **Diário Oficial [da] República Federativa do Brasil**, Brasília, DF, 07 ago. 1998. Seção 1, p. 46-50.

[73] O Sistema de Contrato de Gestão de Empresas Públicas não pode inibir a aplicação da Lei de Licitações. BRASIL. Tribunal de Contas da União. Processo nº TC-010.982/1992-2. Decisão nº 24/1993 - Plenário. Relator: Ministro Luciano Brandão Alves de Souza. **Diário Oficial [da] República Federativa do Brasil**. 09 mar. 1993. Seção 1, p. 2795.

[74] BRASIL. **Constituição da República Federativa do Brasil**. Organização dos textos e índice por J. U. JACOBY FERNANDES. 1. ed. Atualizada até Abril de 2007. Belo Horizonte: Fórum, 2007. *In verbis*: "Art. 37. [...] § 8º A autonomia gerencial, orçamentária e financeira dos órgãos e entidades da administração direta poderá ser ampliada mediante contrato, a ser firmado entre seus administradores e o poder público, que tenha

Infere-se facilmente que o objetivo do contrato de gestão é conceder maior autonomia gerencial,[75] o que se faz perante a entidade à qual estava vinculada, não frente à lei, imposta soberanamente a todos os que aplicam recursos públicos. Não poderia, evidentemente, buscar afrontar os princípios da isonomia que regem a Administração frente aos particulares, por isso, acertadamente, a Constituição, ao indicar o objeto da futura lei regulamentadora, adstringiu seu alcance ao relacionamento entre os órgãos e seus agentes. Frente aos particulares – licitantes ou fornecedores – o contrato de gestão nada pode afetar.

1.13. aplicação de recursos internacionais

Também os contratos firmados com organismos internacionais, como UNESCO, BID e BIRD, para financiamento de atividades e projetos pela Administração Pública brasileira, embora não obrigados às disposições da Lei nº 8.666/1993, submetem-se aos princípios da Constituição Federal.[76]

O tema evoluiu para estabelecer um conjunto de normas que indicam quais regras internacionais ou nacionais devem prevalecer no caso concreto, denominado "normas de convergência."[77]

2. Conceitos fundamentais

Alguns conceitos estabelecidos pela Lei nº 8.666/1993, utilizados na contratação direta sem licitação, merecem observações.

Há uma regra fundamental em Direito, segundo a qual não compete ao legislador conceituar ou definir, devendo essa tarefa ser desenvolvida pela doutrina. No caso da Lei de Licitações, porém, alguns conceitos transladados da melhor doutrina foram bastante aplaudidos, como foi o caso da "notória especialização," conceituada no § 1º do art. 25, mas outros, nem tanto. Se o

por objeto a fixação de metas de desempenho para o órgão ou entidade, cabendo à lei dispor sobre: I - o prazo de duração do contrato; II - os controles e critérios de avaliação de desempenho, direitos, obrigações e responsabilidades dos dirigentes; III - a remuneração de pessoal."

[75] Em relação às organizações sociais, os contratos de gestão foram referidos no art. 24, inc. XXIV, da Lei nº 8.666/1993 com a alteração introduzida pela Lei nº 9.648/1998. Consulte o capítulo 5. Dispensa de Licitação.

[76] a) BRASIL. Tribunal de Contas da União. Processo nº TC-000.635/1998-7. Decisão nº 695/1998 - Plenário. Relator: Ministro Valmir Campelo. **Diário Oficial [da] República Federativa do Brasil**, 19.out. 1998. Seção 1, p. 29. Consulte ainda o art. 42, § 5º da Lei nº 8.666/1993.

b) Vide no capítulo 5, os comentários ao inciso XIV, do art. 24, da Lei nº 8.666/1993, subtítulo 15: aquisição de bens ou serviços nos termos de acordo internacional específico.

[77] Sobre o assunto ver: TCU. Processo nº TC-009.140/2002-9. Acórdão nº 588/2004 - 2ª Câmara. Relator: Ministro Adylson Motta. **Diário Oficial da União [da] República Federativa do Brasil,** Brasília, DF, 04 maio 2004. Seção 1.

legislador violou esse postulado do Direito, é forçoso reconhecer que teve um móvel bastante nobre, consistente em almejar um diploma legal didático, que dispensasse o recurso a dicionários de termos jurídicos e pudesse ser seguido nos mais diversos rincões do País.

Expendidas essas considerações, observa-se os seguintes conceitos:

a) contratante e contratado

No art. 6º, incisos XIV e XV, o legislador conceituou "contratante e contratado." [78]

Se o primeiro conceito nada esclarece, porque no contrato ambas as partes assinam o termo ou instrumento contratual, o segundo levou alguns comentaristas a ignorar o contrato em que ambas as partes integram a Administração Pública *lato sensu*.[79]

Quando o ajuste envolve um particular em um órgão ou entidade vinculado à Administração Pública, a questão não permite dúvidas: o particular é o contratado e a Administração contratante. Quando, porém, em um polo da relação contratual está, por exemplo, o Tribunal de Contas da União (TCU) e do outro a Empresa Brasileira de Correios e Telégrafos (ECT) a situação merece mais detido exame.

A precisa lição advém do fato de que a Lei de Licitações e Contratos estabelece que o contraente poderá servir-se de cláusulas exorbitantes do direito privado para melhor resguardar o interesse público. Cláusulas exorbitantes são as que inexistem no direito privado e permitem ao Poder Público alterar as condições de execução do contrato, independentemente da anuência do contratado, para melhor resguardar o interesse público, podendo, inclusive, suspender sua execução. Constitui uma viga-mestra do Direito Administrativo contratual, que só é compreensível na sua inteireza quando se tem em linha de consideração que a outra viga-mestra é a garantia do equilíbrio econômico-financeiro assegurada ao contratado.[80] Enquanto no contrato

---

[78] BRASIL. **Lei nº 8.666/1993 (Versão Bolso).** Organização dos textos e índice por J. U. JACOBY FERNANDES. 12. ed. amp., rev. e atual. Belo Horizonte: Fórum, 2010. *In verbis*: "art. 6º [...] XIV - Contratante - é o órgão ou entidade signatária do instrumento contratual; XV - Contratado - a pessoa física ou jurídica signatária de contrato com a Administração Pública."

[79] Parte da doutrina inclina-se a não aceitar o contrato entre órgãos da Administração.

[80] "O direito do particular, *in casu*, é restrito à composição de eventuais prejuízos que a alteração ou a rescisão unilateral do ajuste lhe causar. O mandado de segurança não pode servir de substituto de ação ordinária de cobrança por ausência de ilegalidade ou abuso de poder e não havendo direito líquido e certo a ser amparado por esta via, denega-se a segurança". DISTRITO FEDERAL. Tribunal de Justiça do Distrito Federal e Territórios. Processo MS nº 688996/DF. Acórdão nº 91.047. Relator: Desembargador Nívio Gonçalves. **Diário da Justiça [da] República Federativa do Brasil**, Brasília, DF, 12 mar. 1997. Seção 3, p. 3.729.

administrativo o particular obriga-se a aceitar a alteração do objeto ou até a sua supressão sumária por parte da Administração, possibilidade inexistente no direito comum, por outro lado encontra no Poder Público uma garantia que não se vislumbra também no direito privado, qual seja, a de que não sofrerá ruína em decorrência do poder de império da Administração.

Se somente o contratante pode se valer das cláusulas exorbitantes, quando nos dois polos da relação contratual encontram-se entidades vinculadas à Administração Pública, é necessário verificar qual está detendo em relação ao objeto do contrato o Poder de Estado: o "poder de império". É a própria lei que equaciona a questão ao dispor, no art. 62, § 3º, II, que se aplicam as normas da Lei nº 8.666/1993, no que couber, aos contratos em que a Administração Pública for usuária de serviço público. E assim é porque o executor do serviço público, no desempenho de sua função, está executando uma atividade de interesse público predominante. No caso exemplificado, se o TCU contrata a ECT para prestar serviços de transporte e distribuição de correspondência, deverá sujeitar-se às condições do serviço estabelecidas pela ECT, que é a titular do serviço público, no caso. O poder de império do Estado estará ao lado da ECT, que poderá, inclusive, utilizando-se das cláusulas exorbitantes, alterar o horário e dias de recolhimento dos malotes, data de vencimento da fatura etc. O contrato-padrão ao qual se sujeitará o TCU poderá inclusive prever multas moratórias, porque não é justo, por exemplo, que toda a coletividade seja prejudicada na prestação dos serviços dos Correios porque os órgãos públicos são inadimplentes contumazes.[81]

Quando a Administração é usuária de serviço público, submete-se às condições-padrão impostas pelo prestador do serviço; quem se submete é o contratado, que não detém poder de império; quem continua dispondo das prerrogativas de Estado, titular do serviço público, é o contratante.

A Administração poderá comprar, vender, prestar ou tomar serviços, pouco importa, pois se o órgão ou entidade está integrado à Administração Pública, esses serão denominados contratantes. Se ambas as partes estão

---

[81] Em sentido contrário, inadmitindo, como regra, multa contra a Administração, salvo expressa previsão em lei, o TCU vinha decidindo reiteradamente. Processo nº TC-003.319/1997-0. Decisão nº 305/1997 - Plenário. Relator: Ministro Iram Saraiva. **Diário Oficial da União [da] República Federativa do Brasil,** Brasília, DF, 28 nov. 1997. Seção 1, p. 12179. Com base, entretanto, em julgamento do STF, o TCU vem admitindo a cobrança de multa quando a Administração é contratante e, no caso, figura simplesmente como usuária, sem possibilidade de exercer seu poder de *imperii*. BRASIL. Tribunal de Contas da União. Processo nº TC-014.714/1996-5. Decisão nº 686/1999 - Plenário. Relator: Ministro Bento José Bugarin. **Diário Oficial [da] República Federativa do Brasil,** Brasília, DF, 08 nov. 1999. Seção 1, p. 38.

integradas à Administração Pública, será denominado aquele que possuir o poder de império ou não estiver na condição de mero usuário do serviço.

Esses conceitos renovam-se aqui para estabelecer a noção básica elementar de que as entidades da Administração podem ocupar qualquer dos polos da relação contratual, mas apenas uma é, no estrito âmbito da legalidade, a "contratante" e a outra "contratada," sendo que à primeira cabe a utilização de cláusulas exorbitantes, como regra.

b) imprensa oficial

Estabelece o inciso XIII do mesmo artigo 6º da Lei 8.666/1993 o conceito de "imprensa oficial" como "o veículo oficial de divulgação da Administração Pública, sendo para a União o Diário Oficial da União, e para os Estados, o Distrito Federal e os Municípios o que for definido nas respectivas leis".[82]

No tema contratação direta, é prevista no art. 26 a publicação de atos de ratificação na imprensa oficial. À luz desse conceito, pode-se afirmar que as publicações serão feitas onde a lei – no caso, da respectiva esfera de governo – determinar.[83] Pode, portanto, lei municipal estabelecer como veículo o Diário Oficial Municipal, o qual terá validade para esse efeito, embora para fim de publicação do edital seja optativa a veiculação no Diário Oficial da União, porém obrigatória no Diário Oficial do Estado, conforme art. 21.

---

[82] O TCU decidiu que a prestação dos serviços de distribuição da publicidade legal dos órgãos e entidades da Administração Federal, quando divulgada em veículos da imprensa comum ou geral, deverá ser obrigatoriamente feita por intermédio da RADIOBRÁS (art. 25, *caput*, da Lei nº 8.666/1993). BRASIL. Tribunal de Contas da União. Processo nº TC-002.751/1999-2. Decisão nº 538/1999 - Plenário. Relator: Ministro Adylson Motta. **Diário Oficial [da] República Federativa do Brasil,** Brasília, DF, 02 set. 1999. Seção 1, p. 33. Pela Lei nº 11.652, de 7 abril de 2008, a Radiobrás passa a integrar a EBC - Empresa Brasileira de Comunicação.

[83] O TCU recomenda que, quando da realização de licitação internacional, se faça constar do processo comprovante de publicação do instrumento convocatório na imprensa internacional ou agências de divulgação de negócios no exterior. BRASIL. Tribunal de Contas da União. Processo nº TC-825.056/1997-7. Decisão nº 289/1999 - Plenário. Relator: Ministro Benjamin Zymler. **Diário Oficial [da] República Federativa do Brasil**, Brasília, 14 jun. 1999. Seção 1, p. 74.

Capítulo 2

Modalidades de Licitação

Este capítulo trata do exame das modalidades de licitação, apresentando as respectivas características, vantagens, desvantagens e restrições legais, com base no entendimento jurisprudencial. Apresenta, ao final, critérios – quantitativos e qualitativos – para definir a modalidade de licitação a cada caso.

O enfoque ao apresentar o tema é prático e busca estabelecer paradigmas para a gestão mais eficiente.

Desde o Decreto-Lei nº 200/1967, ficaram assentadas no Direito Administrativo brasileiro cinco modalidades de licitação. A essas foram acrescidas mais duas: o pregão e a consulta. Assim, dispõe o ordenamento de sete modalidades, a saber:

1. convite;
2. tomada de preços;
3. concorrência;
4. concurso;
5. leilão;
6. pregão;[84]
7. consulta.[85]

Essas terminologias são próprias do Direito positivo brasileiro, exigindo-se adequada cautela na adaptação dos postulados da doutrina estrangeira sob pena de tentar acolher escólios impróprios ao regramento pátrio.

A Lei nº 8.666/1993 foi categórica ao vedar a criação de outras modalidades de licitação ou a combinação das existentes, conforme preceitua o art. 22, § 8º.[86]

Em regra, muitos dão pouca atenção a essa vedação, mas não é raro observar a sua violação pelas imaginações mais férteis no âmbito do serviço

[84] Para a Agência Nacional de Telecomunicações, regido pela Lei nº 9.472, de 16 de julho de 1997 e no âmbito da União, Estados, Distrito Federal e Municípios pela Lei Federal nº 10.520 de 17 de julho de 2002, regulamentada pelo Decreto nº 3.555 de 08 de agosto de 2000 (pregão presencial) e pelos Decretos nº 5.450, de 31 de maio de 2005 e 5.504, de 5 de agosto de 2005 (pregão eletrônico).

[85] BRASIL. Lei nº 9.472, de 16 de julho de 1997, Dispõe sobre a organização dos serviços de telecomunicações, a criação e funcionamento de um órgão regulador e outros aspectos institucionais, nos termos da Emenda Constitucional nº 8, de 1995. **Diário Oficial [da] República Federativa do Brasil**, Brasília, DF, 17 jul. 1997

[86] Leis federais podem criar outras modalidades de licitação, como fez a Lei nº 9.472/1997, que regulamenta as licitações da Agência Nacional de Telecomunicações (ANATEL).

público. Caso ocorreu em que, empresa estatal, com o objetivo de melhor repartir o mercado das firmas prestadoras de serviços de digitação, estabeleceu no edital que os licitantes deveriam inscrever-se para concorrer do seguinte modo:

Exemplos:

- empresas com até 100 digitadores serviço do tipo A;
- empresas com até 500 digitadores serviço do tipo B;
- empresas com até 1.000 digitadores serviço do tipo C;
- empresas com mais de 1.000 digitadores serviço do tipo D;
- e, na medida da quantidade de digitadores que precisasse para cada serviço, contratava empresa do porte correspondente.

Clara está a manifesta combinação de modalidades de licitação, no caso com convite e tomada de preços e objeto indefinido, violando o caráter competitivo. Esse tipo de situação é resolvida pelo sistema de registro de preços.[87]

Outro exemplo encontrado no serviço público, diz respeito ao órgão que promoveu uma tomada de preços, do tipo menor preço, e, após a abertura dos "envelopes-proposta", visando reduzir ainda mais o preço cotado, conforme constava do edital, promoveu entre os ofertantes uma espécie de leilão, dando-lhes a possibilidade de rever seus preços para baixo. Pretendia combinar assim as vantagens do leilão com a tomada de preços. Obviamente, sendo a licitação um procedimento formal, conforme determina o art. 4º, parágrafo único, da Lei nº 8.666/1993, descabe violar o regramento estabelecido, devendo todas as peculiaridades do caso concreto ajustarem-se à modalidade de licitação adequada. Nesse ponto, o exercício criativo foi banido! No caso concreto, violou-se o princípio do julgamento objetivo.[88]

O contrato a ser assinado deve corresponder exatamente ao somatório das cláusulas do edital e da proposta,[89] inadmitindo-se aumento[90] ou redução de

---

[87] Ver, a propósito: JACOBY FERNANDES, Jorge Ulisses. **Sistema de Registro de Preços e Pregão Presencial Eletrônico.** 3 ed. Belo Horizonte: Fórum, 2009.

[88] Princípio segundo o qual o administrador não se desvia das propostas descritas anteriormente no ato convocatório. Pensando neste princípio juntamente com o da publicidade, o TCU determinou ao Senac que estabelecesse dispositivos no seu regulamento de Licitações, de forma a permitir o controle dos certames pelos participantes e órgãos de controle. BRASIL. Tribunal de Contas da União. Processo nº TC-010.041/2000-7. Acórdão nº 858/2003 - 1ª Câmara. Relator: Ministro Marcos Vinicios Vilaça. **Diário Oficial da União [da] República Federativa do Brasil**, Brasília, DF, 14 maio 2003. Seção 1.

[89] Esquematicamente: contrato = ato convocatório + proposta mais vantajosa.

[90] O TCU julgou irregular a contratação com reequilíbrio de preços, sob a alegação de que a proposta estava com validade vencida. BRASIL. Tribunal de Contas da União. Processo nº TC-018.874/1996-7. Decisão nº

preço – mesmo que em favor da Administração. Só o contrato pode ser alterado, a proposta não.[91]

Para alcançar o objetivo dessa negociação depois de julgadas objetivamente as propostas, a Administração proporia ao vencedor a redução de preços e assinaria o contrato e, até no mesmo ato, o respectivo aditivo contratual.

Em breves linhas, à guisa de introdução, destacam-se as principais características das modalidades de licitação para, em seguida, promover-se o estudo de um critério que permita definir com absoluta precisão qual a modalidade de licitação a ser utilizada em cada caso.

2. Convite

2.1. particularidades

Dentre as modalidades de licitação, a mais utilizada era o convite, se considerado o número de licitações realizadas até o surgimento do pregão. Embora a Lei nº 9.648/1998 tenha mais que duplicado os valores para essa modalidade, o volume de recursos movimentados em convite representou considerável queda iniciada nos anos de 1996 (12,60%), 1998 e 1999 (9%), permanecendo inferior a 10% nos anos seguintes. O fato pode ser atribuído ao incremento da contratação por inexigibilidade de licitação, que em 1996 era 24,20%, chegando a 27% no último ano e, modestamente, à criação e utilização da nova modalidade do pregão.

Em síntese, podem ser destacadas as seguintes particularidades do tema:

- é a modalidade de licitação com procedimento mais simplificado e menores prazos para a sua realização;

586/1998 - Plenário. Relator: Ministro Adhemar Paladini Ghisi. **Diário Oficial [da] República Federativa do Brasil**, Brasília, DF, 15 set. 1998.

Nada obstante esse precedente parece possível o realinhamento de preços quando efetivado no contrato, por força do dever constitucional – art. 37, XXI da Constituição Federal de 1988 – de a Administração Pública manter as condições efetivas da proposta, mas o contrato originário deve ser assinado no preço da proposta mais vantajosa e em seguida, procedida à alteração se ocorrerem as excepcionais hipóteses do art. 65, inciso II, d, da Lei nº 8.666/1993.

[91] Neste sentido o TCU julgou ilícito o procedimento da CPL ao proporcionar a oportunidade de determinada empresa reduzir os preços das suas propostas, desrespeitando o princípio da isonomia entre os licitantes. A atitude foi formalizada pelo acréscimo de nova proposta, advindo daí o descumprimento do § 3º do art. 43 da Lei nº 8.666/1993. BRASIL. Tribunal de Contas da União. Processo nº TC-001.646/1996-6. Acórdão nº 130/1999 - Plenário. Relator: Ministro Walton Alencar Rodrigues. **Diário Oficial [da] República Federativa do Brasil**, Brasília, DF, 13 ago. 1999. Seção 1, p.118.

- é empregada para compras e serviços de menor vulto, conforme se observa nos valores-limite das modalidades de licitação estabelecidos no art. 23;
- é o procedimento licitatório menos sistematizado na lei;
- é a modalidade que tem, nos Tribunais de Contas, maior volume de jurisprudência, quando comparada ao Poder Judiciário.

2.2. conceito

Se permitido fosse explicitar um conceito, em poucas palavras, poder-se-ia afirmar que no convite a Administração escolhe ao seu arbítrio empresas ou profissionais e os convida a participar da licitação, requerendo que os mesmos apresentem propostas e informando, desde logo, quais critérios[92] adotará para julgá-las, buscando obter pelo menos três propostas válidas.

A lei traz conceito mais detalhado, nos seguintes termos:

> [...] é a modalidade de licitação entre interessados do ramo pertinente ao objeto, cadastrados ou não, escolhidos e convidados em número mínimo de 3 (três) pela unidade administrativa, a qual afixará, em local apropriado, cópia do instrumento convocatório e o estenderá aos demais cadastrados na correspondente especialidade que manifestarem seu interesse com antecedência de até 24 horas da apresentação das propostas.[93]

2.3. fase de habilitação no convite?

Um dos pontos fixados em estudos doutrinários costuma indicar que, no caso de convite, a habilitação é presumida pela Administração, razão pela qual essa modalidade cingir-se-ia à apresentação da proposta. De tal modo, essa presunção "contaminou" a noção de convite que, ainda hoje, encontram-se casos em que a Administração só avalia a capacidade contratual do licitante no momento da contratação.

---

[92] É irregular estabelecer prazo de entrega como critério de desempate. TCU. Processo nº TC-550.790/1991-8. Decisão nº 60/1997 - 2ª Câmara. Relator: Ministro Fernando Gonçalves. **Diário Oficial [da] República Federativa do Brasil**, Brasília, DF, 15 abr. 1997. Seção 1, p. 7472.

[93] BRASIL. **Lei nº 8.666/93 (Versão Bolso).** Organização dos textos e índice por J. U. JACOBY FERNANDES. 12. ed. amp., rev. e atual. Belo Horizonte: Fórum, 2010. Art. 22, § 3º.

Corroborando esse entendimento, que o convite não tem habilitação, encontra-se o art. 41 da Lei de Licitações, que, ao dispor sobre os prazos para impugnação do edital, estabeleceu, no § 2º, que:

> [...] decairá do direito de impugnar os termos do edital de licitação perante a Administração o licitante que não o fizer até o segundo dia útil que anteceder a abertura dos envelopes de habilitação em concorrência, a abertura dos envelopes com as propostas em convite, tomada de preços ou concurso, ou a realização de leilão [...].

Logo, a literalidade da norma parece conduzir ao entendimento de que somente na modalidade de concorrência haveria a fase da habilitação; no convite e na tomada de preços, apenas existiria a fase de apresentação de propostas; no concurso, o oferecimento da proposta técnica.

Por esse motivo, muitos sustentam que a Administração pode fazer o convite colhendo tão só a proposta de preços, pois se o licitante não estiver com sua situação jurídica regularizada, o órgão não terá prejuízo, uma vez que o art. 64, § 2º, autoriza a convocar o licitante classificado em segundo lugar e os outros remanescentes. Chegaram até a propor que a Administração, no caso de convite, dispensasse o licitante do dever de comprovar sua regularidade com a seguridade social.

Seria efetivamente prático que se dispensasse a verificação da habilitação em seus quatro desdobramentos, previstos nos arts. 28 a 31 da Lei nº 8.666, se, mais tarde,[94] antes da assinatura do contrato ou termo equivalente, não fosse

---

[94] a) O TCU firmou o entendimento de que é obrigatória a regularidade com a seguridade social, face o disposto no art. 195, § 3º, da Constituição Federal de 1988. Exigência cabível em relação a dispensa e inexigibilidade, mesmo para convite de pronta entrega. Também nos contratos de prestação continuada, a cada pagamento deve ser verificada a regularidade. BRASIL. Tribunal de Contas da União. Processo nº TC-020.032/1995-3. Decisão nº 705/1994 - Plenário. Relator: Ministro Paulo Affonso Martins de Oliveira. **Diário Oficial [da] República Federativa do Brasil**, Brasília, DF 6 dez. 1994. Seção 1, p. 18613.

b) Entendendo pela "[...] possibilidade de a Administração Pública contratar os entes paraestatais detentores do monopólio de serviços públicos essenciais, mesmo sem a apresentação das citadas certidões do INSS e FGTS." BRASIL. Tribunal de Contas da União. Processo nº TC-004.389/1996-4. Decisão nº 431/1997 - Plenário. Relator: Ministro Bento José Bugarin. **Diário Oficial [da] República Federativa do Brasil**, Brasília, DF, 04 ago. 1997. **No mesmo sentido**: Processo nº TC-002.994/2004-8. Acórdão nº 1.105/2006 - Plenário. Relator: Marcos Vinicios Vilaça. **Diário Oficial [da] República Federativa do Brasil**, Brasília, DF, 10 jul. 2006

c) Confirmando o mesmo entendimento recentemente firmado pelo TCU, é o seguinte excerto de decisão do STJ no sentido de que "a exigência de regularidade fiscal para a participação no procedimento licitatório funda-se na Constituição Federal, § 3º, art. 195 [...] O descumprimento de cláusula contratual pode até ensejar, eventualmente, a rescisão do contrato (art. 78 da Lei de Licitações), mas não autoriza a recorrente a suspender o pagamento das faturas e, ao mesmo tempo, exigir da empresa contratada a prestação do serviço". BRASIL. Superior Tribunal de Justiça. Processo RESP nº 633.432. Relator: Ministro Luiz Fux. **Diário da Justiça [da] República Federativa do Brasil**, Brasília, DF, 20 jun. 2005. Seção 1.

obrigatório verificar se o licitante atende às condições legais e constitucionais para contratar com a Administração Pública, com a agravante de que, a esse tempo, a proposta escolhida já se tornou intangível e, portanto, se convocado o licitante remanescente, na forma do art. 64, § 2º, deverá este, se pretender ser contratado, aceitar as condições oferecidas pelo primeiro colocado. A prática tem demonstrado que, nesses casos, o segundo colocado aceita contratar, mas seguindo os termos da sua proposta. Aliás, normalmente, sonegadores de impostos são capazes de concorrer deslealmente, oferecendo preço inviável para quem recolhe todos os tributos, e isto o Poder Público não pode tolerar.

Como será visto, há documentos que a Administração não pode deixar de analisar para considerar regular a contratação. Por isso, verificamos que os órgãos têm adotado um dos três procedimentos seguintes.

2.3.1. consulta ao SIAFI

Os órgãos federais vinculados ao Sistema de Serviços Gerais - SISG passaram a se sujeitar às prescrições da Instrução Normativa nº 5 – IN nº 5 – do Ministério da Administração e Reforma do Estado - MARE[95] que instituiu o Sistema de Cadastramento Unificado de Fornecedores - SICAF. Embora tal normatização encontre opositores, o fato é que nesse procedimento só podem ser convidados os que estiverem cadastrados no SICAF, no qual a regularidade com o Instituto Nacional do Seguro Social - INSS e o Fundo de Garantia do Tempo de Serviço - FGTS é indispensável. Assim, breve consulta evidenciará quem possui a habilitação exigida, extraindo-se uma via impressa para ser juntada ao processo e expedindo-se o convite para os que estão em situação regularizada.[96]

A vantagem desse procedimento é a sua celeridade; as desvantagens são o fato de ser prática restrita aos órgãos federais integrantes do SISG e as limitações de número de inscritos no SICAF, como possíveis licitantes em algumas áreas.

Por oportuno, cabe lembrar que, de acordo com o subitem 1.3 da referida IN nº 5, os órgãos integrantes do SISG só podem contratar com quem estiver inscrito no SICAF.

---

[95] BRASIL. Instrução Normativa/MARE nº 5, de 21 de julho de 1995. **Diário Oficial [da] República Federativa do Brasil**, Brasília, DF, 19 abr. 1996, alterada pela Instrução Normativa/MARE nº 07. **Diário Oficial [da] República Federativa do Brasil**, Brasília, DF, de 17 nov. 1996. Atualmente as regras do SICAF estão no Decreto nº 3.722, de 10 de janeiro de 2001. Seção 1.

[96] Neste sentido: BRASIL. Tribunal de Contas da União. Processo nº 014.511/2005-4. Acórdão nº 989/2006 - 1ª Câmara. Relator: Ministro Valmir Campelo. **Diário Oficial da União [da] República Federativa do Brasil**, Brasília, DF, 2 maio 2006. Seção 1, p. 67.

2.3.2. habilitação tradicional

É possível que, mesmo em casos de convite, a Administração exija desde logo dois envelopes: um contendo os documentos da habilitação e outro com a proposta. Pode, ainda, se for o caso, exigir um terceiro com a descrição do produto ou serviço. Esse procedimento aproxima o convite de outros tipos de licitação.

As vantagens desse procedimento são:

- formalização detalhada;
- possibilidade de obter maior amplitude de competição do que em relação ao sistema anterior.

As desvantagens são:

- demora com recursos e prazos, pela obrigatoriedade de formalizar a fase de julgamento da habilitação;
- formalismo da licitação convencional, afastando possíveis licitantes.

2.3.3. convidar só habilitados

Alguns órgãos desenvolveram a sistemática de convocar possíveis licitantes a comparecerem à Administração para só então serem convidados a participar de licitação se oferecerem os documentos indicados na convocação. Como a lei estabelece o poder discricionário para a Administração convidar quem quiser; e o poder vinculado de estender o convite a quem estiver cadastrado no próprio órgão, quem comparecer, mas não ofertar os documentos, não receberá o convite.

Essa praxe, que vem sendo desenvolvida, consiste em convocar os licitantes para participar do convite, apresentando uma relação dos documentos exigidos para a entrega do mesmo. Assim, por exemplo, determinado órgão convoca certo número de empresas, informando que vai realizar uma compra de material elétrico e quem manifestar interesse em retirar o convite deve apresentar os documentos até o dia definido. Quando o licitante comparecer, a Administração, sem a burocracia e a formalidade dos envelopes, verifica se o interessado possui a regularidade jurídica e fiscal exigida, decidindo então convidá-lo ou não. O informalismo desse procedimento se reverte com a possibilidade de o licitante reapresentar documentos, corrigindo falhas que a habilitação formal não admite, homenageando o princípio do abrandamento do rigor formal.[97] O desinteresse em comparecer para receber o convite pode ser utilizado, como será visto adiante, para justificar a aplicação do art. 22, § 7º, da Lei nº 8.666/1993.

As vantagens desse procedimento são:

- verificação desburocratizada da regularidade;
- possibilidade de corrigir equivocadas interpretações dos licitantes; e
- possibilidade de reapresentação de documentos.

A desvantagem é o atraso de, em média, dois dias em relação ao procedimento de consulta ao SICAF.

As vantagens desse procedimento correspondem aos dois procedimentos anteriores. Não há desvantagem, pois não há fase de habilitação oficial, descabendo recurso.

Os documentos entregues pelo licitante como condição para receber o convite ficam no processo, devidamente autuados.

2.4. o que deve ser exigido para a habilitação no convite?

2.4.1. a regra deve ser a redução de documentos

Sustentaram alguns que o art. 32, § 1º, da Lei nº 8.666/1993 autoriza que a Administração dispense, no todo ou em parte, nos casos de convite, concurso, fornecimento de bens para pronta entrega e leilão, a documentação exigida pelos arts. 28 a 31 do mesmo diploma legal.

Não só nessa hipótese, mas sempre, a orientação deve ser no sentido de exigir o mínimo possível para a verificação da habilitação e da regularidade.

---

[97] a) O licitante apresentou no envelope uma fotocópia de cópia autenticada de certidão, sendo desclassificado. O TCU entendeu que houve rigor, apesar de estar o motivo previsto no edital, sustou o contrato. BRASIL. Tribunal de Contas da União. Processo nº TC-004.809/1999-8. Decisão nº 695/1999 - Plenário. Relator: Ministro Marcos Vinicios Vilaça. **Diário Oficial [da] República Federativa do Brasil**, Brasília, DF, 8 nov. 1999. Seção 1, p. 49.

b) Em outro processo admitiu a desclassificação, quando o licitante apresentou no envelope de habilitação o documento sem autenticação, mesmo considerando que a Administração possuía o original. BRASIL. Tribunal de Contas da União. Processo nº TC-009.097/1995-3. Decisão nº 085/1998 - Plenário. Relator: Ministro Adhemar Paladini. **Diário Oficial [da] República Federativa do Brasil**, Brasília, DF, 24 mar. 1998. Seção 1, p.72.

c) O licitante trocou, equivocadamente, o conteúdo dos envelopes destinados à documentação de habilitação e proposta. O TCU entendeu relevável o equívoco evidente, com base na inexistência de má-fé e de desrespeito ao princípio da isonomia de tratamento aos licitantes, posto que inalterável a proposta do impetrante. **Boletim de Licitações e Contratos** - BLC, nº 08, ano XI. São Paulo: NDJ, ago./98, p. 421/22.

2.4.2. documentos que não podem deixar de ser exigidos

Os documentos referentes à habilitação jurídica devem ser exigidos porque é por meio deles que o Direito avalia se a pessoa pode contratar. Não faria sentido que a Administração negociasse e viesse a firmar contrato com pessoa jurídica inexistente ou com menores de idade considerados juridicamente incapazes.

Outra dessas exigências tem índole constitucional, fato que impede a aplicação da simplificação tentada pelo § 1° do art. 32, referido. Efetivamente, por exemplo, a Certidão Negativa de Débito deve ser exigida em atenção ao disposto no art. 195, § 3°, da Constituição Federal, o qual estabelece que a pessoa jurídica em débito com o sistema da seguridade social, como definido em lei, não poderá contratar com o Poder Público nem dele receber benefícios ou incentivos fiscais ou creditícios.

Nesse sentido, o Tribunal de Contas da União firmou o entendimento de que a apresentação de tais documentos é obrigatória nas licitações públicas, "ainda que na modalidade convite, para contratação de obras, serviços ou fornecimentos, e mesmo que se trate de fornecimento para pronta entrega''.[98]

A Secretaria do Tesouro Nacional, por intermédio da CONED, há muito tempo tem orientado os órgãos vinculados no sentido de que também o FGTS, nos termos do art. 195, § 3°, da Constituição Federal, deve ser considerado como extensão da Seguridade Social, mais precisamente como parte integrante das ações do poder público na área de assistência social. Assim, entendemos que o FGTS é uma das contribuições sociais previstas no § 3° do sobredito art. 195 da nossa Carta Magna.[99]

---

[98] a) BRASIL. Tribunal de Contas da União. Processo n° TC-020.032/93-5. Decisão n° 705/1994 - Plenário. Relator: Ministro Paulo Affonso Martins de Oliveira. **Diário Oficial [da] República Federativa do Brasil**, Brasília, DF, 06 dez. 1994. Seção 1, p. 18599. **No mesmo sentido**: Processo n° TC-449.038/1993-9. Acórdão n° 562/1994 - 1ª Câmara. Relator: Ministro Olavo Drummond. **Diário Oficial [da] República Federativa do Brasil**, Brasília, DF, 21 dez. 1994.

b) Entendendo pela "[...] possibilidade de a Administração Pública contratar os entes paraestatais detentores do monopólio de serviços públicos essenciais, mesmo sem a apresentação das citadas certidões do INSS e FGTS." BRASIL. Tribunal de Contas da União. Processo n° TC-004.389/1996-4. Decisão n° 431/1997 - Plenário. **No mesmo sentido**: Processo n° TC-002.994/2004-8. Acórdão n° 1.105/2006 - Plenário.

c) Confirmando o mesmo entendimento recentemente firmado pelo TCU, é o seguinte excerto de decisão do STJ no sentido de que "a exigência de regularidade fiscal para a participação no procedimento licitatório funda-se na Constituição Federal, § 3°, art. 195 [...] O descumprimento de cláusula contratual pode até ensejar, eventualmente, a rescisão do contrato (art. 78 da Lei de Licitações), mas não autoriza a recorrente a suspender o pagamento das faturas e, ao mesmo tempo, exigir da empresa contratada a prestação do serviço". BRASIL. Superior Tribunal de Justiça. Processo RESP n° 633.432. Relator: Ministro Luiz Fux. **Diário da Justiça [da] República Federativa do Brasil** Brasília, DF, 20 jun. 2005. Seção 1.

[99] Neste sentido, entendendo que tais comprovantes podem ser dispensados em se tratando de pessoas físicas, em face da literalidade da Constituição Federal. Mensagem CONED/Secretaria do Tesouro Nacional s/n° de 12

Não propriamente pelo motivo exposto, mas particularmente porque a regularidade com a previdência social e com o FGTS são exigíveis para qualquer contratação na esfera federal,[100] é que se exige os respectivos comprovantes no ato de assinatura dos contratos, ou fechamento do negócio, quando dispensável o instrumento do contrato.

Cabe ainda considerar, em relação aos documentos apresentados por filial, que o TCU determinou que seja evitado inabilitar participantes de processos licitatórios em razão somente de diferenças entre números de registro de Cadastro Nacional da Pessoa Jurídica - CNPJ das respectivas matriz e filiais,[101] nos comprovantes pertinentes ao Certidão Negativa de Débito - CND, FGTS, INSS e Relação de Empregados, quando a empresa interessada comprovar a centralização do recolhimento de contribuições, tendo em vista a legalidade desse procedimento.[102]

É imperioso ainda salientar que a jurisprudência do Tribunal de Contas da União é pacífica no sentido de ser possível à Administração Pública contratar os entes paraestatais, detentores do monopólio de serviços públicos essenciais, mesmo sem a apresentação das citadas certidões do INSS e do FGTS. A contratação deverá ocorrer mediante justificativas e tendo em vista, ainda, o interesse público e o princípio da continuidade administrativa.[103]

Na atualidade os órgãos que não aderiram ao SICAF podem obter a comprovação da regularidade na própria Administração mediante consulta direta pelo número do CNPJ nos sítios da Presidência e da Caixa Econômica Federal.

---

de novembro de 1993, interessado: DRTN/SE e Decreto nº 3.048/1999. **Diário Oficial [da] República Federativa do Brasil**, Brasília, DF, 07 maio 1999. Seção 1, p. 50.

[100] BRASIL. Secretaria do Tesouro Nacional. Mensagem CONED/STN nº 264.177, de 17 de novembro de 1993.

[101] A obrigação deverá ser cumprida pela vencedora do certame, ou seja, pela empresa matriz, a qual emitirá notas fiscais em seu nome.

[102] **Boletim de Licitações e Contratos** - BLC, Fev/98. São Paulo: NDJ, p. 104.

[103] a) BRASIL. Tribunal de Contas da União. Processo nº TC-004.389/96-4. Decisão nº 431/1997 - Plenário. Relator: Ministro Bento José Bugarin. **Diário Oficial [da] República Federativa do Brasil**, Brasília, DF, 04 ago. 1997. Seção 1, p. 16667. **No mesmo sentido**: Processo nº TC-002.994/2004-8. Acórdão nº 1.105/2006 - Plenário; Secretaria do Tesouro Nacional. Mensagem CONED/STN nº 842.259, de 21 de dezembro de 1994; e Revista da Procuradoria Geral do INSS, v. 4 nº 2, jul./set. Brasília, p. 111.

b) Confirmando o mesmo entendimento recentemente firmado pelo TCU, é o seguinte excerto de decisão do STJ no sentido de que "[...] a exigência de regularidade fiscal para a participação no procedimento licitatório funda-se na Constituição Federal, § 3º, art. 195 [...] O descumprimento de cláusula contratual pode até ensejar, eventualmente, a rescisão do contrato (art. 78 da Lei de Licitações), mas não autoriza a recorrente a suspender o pagamento das faturas e, ao mesmo tempo, exigir da empresa contratada a prestação do serviço". BRASIL. Superior Tribunal de Justiça. RESP nº 633.432. Relator: Ministro Luiz Fux. **Diário da Justiça [da] República Federativa do Brasil**, Brasília, DF, 20 jun. 2005. Seção 1.

2.4.3. pessoas físicas

A Constituição Federal veda manter contrato com pessoa jurídica em débito com o sistema de seguridade social, [104] sendo, portanto, omissa em relação à pessoa física.[105]

No regulamento de benefícios da previdência social[106] passou-se a exigir a prova da inscrição na previdência. Caso o contratado não a possua o órgão deverá providenciar a inscrição diretamente, o que pode ocorrer por meio de acesso ao sítio oficial, na *Internet*.

2.4.4. microempresas

O Estatuto da pequena e microempresa[107] permite três vantagens a esse tipo de empresa:

a) possibilidade diferenciada de regularizar a situação fiscal - expressão que abrange a seguridade social;[108]
b) oportunidade de cobrir a proposta vencedora, se formulada por empresa não enquadrada como pequena ou microempresa;
c) possibilidade de a Administração promover licitação destinada para licitantes apenas desse tipo de empresa.

2.4.5. cooperativas de trabalho

A Lei Complementar nº 84/1996,[109] inseriu as cooperativas de trabalho no rol das empresas sujeitas ao recolhimento do INSS e, portanto, também lhes é exigida a comprovação de regularidade.

---

[104] BRASIL. **Constituição da República Federativa do Brasil**. Organização dos textos e índice por J. U. JACOBY FERNANDES. 1. ed. Atualizada até Abril de 2007. Belo Horizonte: Fórum, 2007. Vide art. 195, § 3º.

[105] As pessoas físicas, entretanto, contratadas para prestação de serviço contínuo, deverão apresentar prova de regularidade fiscal.

[106] BRASIL. Decreto nº 3.048, de 6 de maio de 1999. Aprova o regulamento da Previdência Social e dá outras providências. **Diário Oficial [da] República Federativa do Brasil**, Brasília, DF, 7 maio 1999. Art. 216-A.

[107] BRASIL. Lei Complementar nº 123, de 14 de dezembro de 2006. Institui o Estatuto Nacional da Microempresa e da Empresa de Pequeno Porte; altera dispositivos e revoga Leis. **Diário Oficial da União [da] República Federativa do Brasil**, Brasília, DF, 15 dez. 2006 e Decreto nº 6.204, de 5 de setembro de 2007. Regulamenta o tratamento favorecido, diferenciado e simplificado para as microempresas e empresas de pequeno porte nas contratações públicas de bens, serviços e obras, no âmbito da administração pública federal. **Diário Oficial da União [da] República Federativa do Brasil**, Brasília, DF, 5 set. 2007.

[108] Nesse sentido consulte, do autor, o Parecer jurídico sobre a regulamentação dos direitos das Microempresas e Empresas de pequeno porte quanto à aplicabilidade da Lei Complementar nº 123/2006 – e as inovações introduzidas nas licitações e contratos administrativos, subitem 2.4., no endereço eletrônico: http://www.jacoby.pro.br/PARECER_JUJF_SEBRAE_MEs_e_EPPs.pdf.

[109] Posteriormente revogada pela Lei nº 9.876, de 26 de novembro de 1999.

2.4.6. regularidade fiscal

Em princípio, a comprovação de regularidade fiscal pode ser dispensada, nos termos do art. 32, § 1º, da Lei nº 8.666/1993.

Caso não seja conveniente dispensá-la, deverá ser restringida à relação dos tributos que incidem sobre a atividade, sendo absolutamente desarrazoado exigir-se, genericamente, a regularidade fiscal para com a Fazenda federal,[110] estadual, municipal e distrital, pois o art. 193 do Código Tributário Nacional,[111] norma de natureza especial, evidencia sua prevalência sobre a Lei de Licitações e restringe de forma notável a possibilidade dessa exigência tão ampla.[112]

2.5. consulta ao PROCON

Providência salutar que se vem desenvolvendo consiste em, antes de proceder à emissão do convite, fazer breve consulta ao PROCON, para que se avalie a situação da empresa. Como é a Administração que, discricionariamente, escolhe os licitantes, não há qualquer prejuízo em antes buscar as referências no mercado local.

O que não se admite, por constituir restrição à competitividade, sem amparo em lei,[113] é a diferenciação dos licitantes pelo local onde prestam serviços, ou ainda, que a Administração, através de decreto, determine que não poderão participar da licitação os que estiverem inscritos nas "listas negras" do PROCON.

Nesse sentido, o autor da presente obra, quando no desempenho das funções institucionais, ofereceu ao Plenário do TCDF a representação MP nº 005/1995, pugnando pela ilegalidade do Decreto nº 14.641/1993 - GDF, que

---

[110] O TCU firmou entendimento de que, na aplicação do inc. III do art. 29 da Lei nº 8.666/1993, a prova de regularidade para com a Fazenda Nacional deverá incluir obrigatoriamente, além da certidão de quitação de tributos e contribuições federais, a certidão da quitação da dívida ativa da União. Processo nº TC-775.024/1995-3. Decisão nº 246/1997 - Plenário. Relator: Ministro Marcos Vinicios Vilaça. **Diário Oficial da União [da] República Federativa do Brasil**, Brasília, DF, 21 maio 1997. Seção 1, p. 10498. Em sentido contrário e anterior à decisão que firmou entendimento: Processo nº TC-003.539/1996-2. Decisão nº 166/1997 - Plenário. Relator: Ministro Iram Saraiva. **Diário Oficial da União [da] República Federativa do Brasil**, Brasília, DF, 22 abr. 1997. Seção 1, p. 7980/1.

[111] BRASIL. Lei nº 5.172, de 25 de outubro de 1966. Dispõe sobre o Sistema Tributário Nacional e institui normas gerais de direito tributário aplicáveis à União, Estados e Municípios. **Diário Oficial da União [da] República Federativa do Brasil**, Brasília, DF, 27 out. 1966.

[112] Dispõe o Código Tributário Nacional: "Art. 193. Salvo quando expressamente autorizado por lei, nenhum departamento da administração pública da União, dos Estados, do Distrito Federal, ou dos Municípios, ou sua autarquia, celebrará contrato ou aceitará proposta em concorrência pública sem que o contratante ou proponente faça prova da quitação de todos os tributos devidos à Fazenda Pública interessada, relativos à atividade em cujo exercício contrata ou concorre".

[113] Incidindo na vedação do art. 3º.

exigia para habilitação em todas as licitações, certidão negativa de violação dos direitos do consumidor.

Decidiu o Plenário, guiado pelo voto do Conselheiro José Milton Ferreira, determinar:

> [...] aos órgãos e entidades da Administração do Distrito Federal que deixem de consignar nos atos convocatórios de licitações a exigência consistente na apresentação de "Certidão Negativa de Violação dos Direitos do Consumidor" ou equivalente, prevista no art. 34, inc. V, do Decreto nº 10.996/88, introduzida pelo Decreto nº 14.641/93, por se tratar de norma conflitante com disposições da Lei nº 8.666/93 (arts. 28 a 31) e, portanto, ilegal.[114]

2.6. o ramo de atividade do licitante e a pertinência com o objeto

Outro aspecto que exige comentário é a expressão "interessados do ramo pertinente ao seu objeto", contida no conceito legal em destaque: é preciso que o ramo de atividade da empresa seja compatível com o objeto que a Administração tem interesse em contratar. O TCU já se pronunciou a respeito ao entender que só pode ser convidada empresa do ramo.[115]

A propósito, cabe obtemperar que, se a Administração contrata objeto fora do ramo de atividade, fica inibida de usar em sua defesa o Código de Defesa do Consumidor, conforme vem entendendo o Poder Judiciário:

> Um prestador de serviço que faz negócio diverso de sua profissão, tal como um agente de viagens que vende seu automóvel particular, não pode ser considerado fornecedor nos termos do Código de Defesa do Consumidor. Do contrário, desapareceria a especialidade da tutela regida pela Lei nº 8.078/90.
>
> Não ficando comprovado que o agravante exercia atividade comercial com profissionalidade, não devem ser aplicadas as

---

114 DISTRITO FEDERAL. Tribunal de Contas. Processo nº 5.377/1995. Decisão nº 14368/1995. Relator: Conselheiro José Milton Ferreira. **Diário Oficial do Distrito Federal**, Brasília, 28 nov. 1995. Disponível em: http://www.tc.df.gov.br. Acesso em 26/01/2011.

115 BRASIL. Tribunal de Contas da União. Processo nº TC-275.059/1995-2. Decisão nº 071/1996 - Plenário. Relator: Ministro Homero Santos. **Diário Oficial [da] República Federativa do Brasil**, Brasília, DF, 18 mar. 1996. **No mesmo sentido**: Processo nº 014.229/1997-8. Acórdão nº 114/2003 - Plenário. Processo nº TC-625.138/96-1. Acórdão nº 628/2005 - 2ª Câmara. Relator: Ministro-Substituto Lincoln Magalhães da Rocha. **Diário Oficial da União [da] República Federativa do Brasil**, Brasília, DF, 5 maio 2005.

> normas de competência jurisdicional contidas no Código de Defesa do Consumidor.[116]

Aliás, parece indiscutível a aplicação do Código de Defesa do Consumidor à Administração Pública, em face do art. 15, inciso III, da Lei nº 8.666/1993 e dos arts. 2º e 3º da Lei nº 8.078, de 11 de setembro de 1990.[117]

Não são raros os casos em que empresas se especializam em licitar com a Administração, formando negócios de "fachada"[118] que vendem de tudo, mas só para órgãos públicos. Exemplo significativo ocorreu no âmbito do GDF,[119] em que uma empresa de ferragens e material de construção venceu licitação para a venda de uniformes escolares. Caso semelhante foi referido no relatório de uma comissão de tomada de contas especial, em que uma empresa pública dirigiu convite a uma microempresa que fornecia refeições e a duas grandes lojas de departamentos da cidade, visando contratar a entrega de pequeno número de marmitas, sendo fácil prever qual foi o vencedor dessa licitação dirigida, e as dificuldades dos gestores envolvidos em justificar o fato. Constitui sério indício de irregularidade, convite dirigido a empresa que não opera no ramo de atividade do objeto pretendido, servindo de ponto de partida para o aprofundamento de investigações pelos órgãos de controle.

2.7. alterações

A Lei nº 8.666/1993, em relação ao Decreto-Lei nº 2.300/1986, promoveu as seguintes inovações, em tema de convite.

2.7.1. a exibição do convite ao público

É a reafirmação do princípio da publicidade que deve, a rigor, permear toda a atividade administrativa. A lei refere-se a "local apropriado", numa alusão a um critério subjetivo para o administrador, mas de certo modo

---

[116] Referida no **Diário da Justiça [da] República Federativa do Brasil**, Brasília, 09 abr. 1997. Seção 3, p. 6063.

[117] Neste sentido, consulte artigo de Leon Frejda Szklarowsky, publicado sob a coordenação de Mukai, Toshio. *Curso Avançado de Licitações e Contratos*. São Paulo: Juarez de Oliveira, 2000, p. 210.

[118] O TCU pronunciou-se nestas mesmas palavras: "[...] verificou-se um grande número de empresas desconhecidas em certa localidade, as quais vieram a ser classificadas pela auditoria como empresas de "fachada", já que não tinham atividade econômica regular e seus endereços eram inexistentes ou residenciais [...]. Nenhuma das empresas tradicionais existentes na localidade foi convidada a participar das mencionadas licitações realizadas na modalidade convite. [...]". BRASIL. Tribunal de Contas da União. Processo nº TC-002.933/2001-8. Acórdão nº 1.168/2004 - Plenário. Ministro Relator Augusto Sherman Cavalcanti. **Diário Oficial da União [da] República Federativa do Brasil**, Brasília, DF, 26 ago. 2004. Seção 1.

[119] DISTRITO FEDERAL. Tribunal de Contas. Processo nº 2.537/1990. Relator: Conselheiro-Substituto José Roberto de Paiva Martins. Disponível em http://www.tcdf.gov.br.

vinculado, pois é elementar que a exibição tem por objeto atrair o maior número de interessados, para que a Administração alcance a proposta mais vantajosa. A lei só não obriga a publicação do convite na imprensa devido ao princípio da economicidade, embora muitos órgãos já o estejam fazendo, em periódicos especializados nesse tipo de publicação, sem qualquer ônus. No Rio de Janeiro, o Decreto estadual nº 19.912/1994, que regulamenta a licitação através de convite, dispensou a publicação do ato convocatório, determinando, todavia, que seja dada ciência aos órgãos de classe, para alcançar a publicidade devida.

Com certeza, não se deve considerar local apropriado corredores internos da repartição, locais fechados ou restritos a certas categorias de pessoas. Conquanto a lei não se refira ao tempo em que o convite deve ser exibido, para assegurar o princípio da publicidade, isso deverá ocorrer pelo período mais longo possível. Está correto o órgão de controle, por exemplo, ao considerar não cumprida a formalidade da exibição quando o convite é afixado, por apenas um dia, no quadro de avisos interno do corredor que conduz ao banheiro masculino dos servidores do próprio órgão. O convite, como modalidade de licitação, deveria em sua essência atender ao sentido etimológico da palavra: atrair, buscar a participação.

O original do convite que fica no processo deve ter um termo que registre onde, em que data e hora ficou exibida a cópia, para comprovar o cumprimento de disponibilidade referido no art. 21, § 3º, em face do que dispõe o art. 113, *caput*, da Lei nº 8.666/1993.

2.7.2. a participação de interessados que não foram convidados

Sendo o princípio da isonomia o ponto angular do procedimento licitatório, resguardado inclusive pela Constituição Federal de 1988, natural que o novo conceito de convite fosse elastecido para permitir o acesso de outros que manifestem interesse em contratar com a Administração Pública comparecendo ao cadastramento. Para esses, que manifestarem o interesse até 24 horas antes da data aprazada para a entrega das propostas, a Administração foi expressamente obrigada a estender o convite.[120]

[120] Em Acórdão formulado pelo Ministro Valmir Campelo, o TCU observou que: "[...] efetuar consulta ao (SIASG), visando estender o convite somente às empresas do ramo pertinente ao objeto licitado, conforme exigência do art. 22, § 3º da Lei nº 8.666/93 [...]." BRASIL. Tribunal de Contas da União. Processo 008.399/2000-6. Acórdão nº 216/2002 - Plenário. Relator: Ministro Valmir Campelo. **Diário Oficial da União [da] República Federativa do Brasil**, Brasília, DF, 24 jun. 2006.

Tem-se questionado se é indispensável que a Administração o "estenda" oficialmente, ou se bastaria que o licitante expressasse perante a Administração, no prazo referido, seu interesse em participar do processo seletivo e, no dia determinado, entregue a proposta. Sem laivo de dúvida, para que o licitante não fique ao arbítrio do agente público, resguardando-se dos seus direitos, é prudente que manifeste seu propósito por escrito, em duas vias, obtendo o recibo da unidade que promove a licitação em uma das vias, que guardará consigo. Não é obrigatório esse procedimento, mas não raro licitantes são afastados com os mais sórdidos argumentos. Para a Administração, o mais conveniente, em se tratando de licitante cadastrado, é que permita sua participação, bastando que apresente a sua proposta em local e hora determinados no convite, vez que essa manifestação de interesse, referida pela lei, não exige forma escrita, sendo, pois desprovida de utilidade prática, nem mesmo sendo justificável sob o aspecto lógico.

E se um não cadastrado tiver interesse? Afirma Marçal Justen Filho a presunção de que, se o interessado não estava cadastrado, é porque não tinha interesse em participar de licitações. A lógica sustenta o escólio do eminente autor, mas cabe obtemperar que o registro, frequentemente, se processa com periodicidade, no mínimo anual (v. art. 34, § 1º), e a realização de convite em vários órgãos ocorre quase que semanalmente.

Deve ser assinalado que, em tempos de prosperidade, todos os meses são criadas centenas de empresas, fatia considerável do mercado que será desprezada pelo rigor da interpretação literal do dispositivo em comento. Forçoso é reconhecer que não há qualquer obrigação da Administração Pública em acolher manifestação de interesse de empresa que não integre o cadastro do órgão em participar da licitação na modalidade de convite. Assim como os novos interessados não têm qualquer direito subjetivo a invocar em defesa do seu interesse de contratar. Em favor dos interessados, entretanto, o TCU já admitiu que o fato de não estar cadastrada a empresa, não impede que esta seja convidada, principalmente se for considerada a necessidade de a cada novo convite ser realizado chamamento de nova empresa, diversa das convidadas anteriormente.[121]

Alguns órgãos têm obviado esse tipo de problema com o registro cadastral aberto, que permite a qualquer interessado, a qualquer tempo,

[121] BRASIL. Tribunal de Contas da União. Processo nº TC-009.823/1997-2. Acórdão n 113/1999 - Plenário. Relator: Ministro Benjamin Zymler. **Diário Oficial [da] República Federativa do Brasil**, Brasília, DF, 22 jul. 1999. Seção 1, p. 56 a 61.

cadastrar-se na unidade e, de posse do comprovante, participar o seu interesse na forma do art. 22, § 3º.

Com relação aos circunscritos ao SICAF, deve-se notar que, pelo subitem 1.3 da IN nº 5, só podem participar da licitação os que estiverem cadastrados e, portanto, expressamente não lhes pode ser estendido o convite.

2.7.3. extensão de convite a cadastrados com desempenho insatisfatório

Outra questão relevante diz respeito à possibilidade de a Administração deixar de estender o convite aos licitantes que já firmaram contratos com a Administração Pública e não cumpriram regularmente suas obrigações. De acordo com o art. 36, § 2º, da Lei nº 8.666/1993, "a atuação do licitante no cumprimento de obrigações assumidas será anotada no respectivo registro cadastral". Sabe-se que o ideal é que essas anotações sejam precedidas da garantia do contraditório – que o contratado seja ouvido e se manifeste a respeito. Se o interessado não estiver cadastrado, mas tem anotado em sua ficha mau desempenho referente a contrato anterior,[122] a Administração não está jungida ao dever de lhe estender o convite; diversamente, porém, se estiver cadastrado, mas apresentar no registro cadastral desempenho insatisfatório, pela literalidade da norma constante do art. 22, § 3º, da Lei nº 8.666/1993, pode se entender que prevalece a obrigação de estender o convite, quando provocada a Administração. Também parece possível sustentar que, mesmo cadastrado, se tiver fatos desabonadores assentados no seu cadastro, ainda que não tenham gerado suspensão, pode a Administração deixar de convidá-lo.

Temos reiteradamente sugerido que a Administração não convide todos os cadastrados, excluindo os que não apresentaram desempenho anterior satisfatório, esclarecendo no processo o motivo dessa restrição para os efeitos do art. 113 da Lei nº 8.666/1993.

A justificativa de restringir a competição aos que demonstraram anteriormente desempenho satisfatório não é suficiente para afastar novos licitantes, embora, o contrário o seja. Assim, por exemplo, se determinada empresa atrasou injustificadamente a entrega de produtos adquiridos pela Administração e chegou a ser multada, não é necessário convocá-la novamente, podendo a Administração servir-se do poder discricionário que a lei expressamente lhe confere ao conceituar o convite "[...] escolhidos e convidados [...]". No caso de esse mau fornecedor apresentar desempenho insatisfatório, a Administração tem o privilégio de excluí-lo do cadastro

[122] BRASIL. **Lei nº 8.666/93 (Versão Bolso).** Organização dos textos e índice por J. U. JACOBY FERNANDES. 12. ed. amp., rev. e atual. Belo Horizonte: Fórum, 2010. Vide art. 60.

referido, extinguindo o seu direito de obter a extensão do convite. É de todo conveniente que a exclusão seja feita ao tempo da prestação do serviço, e não às vésperas da nova licitação, embora inexista óbice legal a essa providência a destempo.

2.7.4. praça com mais de três possíveis interessados

A Lei nº 8.883/1994, alterando a redação do § 6º do art. 22, da Lei nº 8.666/1993, passou a exigir que na praça onde exista mais de três possíveis interessados, a cada novo convite realizado para objeto idêntico ou assemelhado, é obrigatório o convite a, no mínimo, mais um interessado, enquanto existirem cadastrados não convidados nas últimas licitações.

Preliminarmente, insta salientar que a redação em tela constituiu avanço entre as medidas provisórias que se arriscaram a regular o tema entre o tempo que mediou a aprovação da Lei nº 8.666/1993 e a atual Lei nº 8.883/1994. A exigência legal objetivou pôr termo aos eternos convidados por alguns órgãos que, sob os mais diversos "motivos", repetiam indefinidamente o convite aos mesmos licitantes. Pode ainda o Administrador continuar convidando os mesmos três, mas deverá acrescentar mais um, ainda não convidado, mesmo que não esteja cadastrado.[123] Imaginando-se um cadastro de oito fornecedores de ar-condicionado para automóveis, numa primeira licitação convidam-se as empresas A, B e C; numa segunda, A, B, C e D; numa terceira, A, B, C e E; numa quarta licitação, A, B, C e F. É jurídico continuar repetindo o convite para as mesmas três, desde que, na dicção do precitado parágrafo, acresça-se a cada convite um cadastrado ainda não convidado. O TCU alinhou-se a esse entendimento, denominando-o de "rotatividade".[124] Na 4ª edição dessa obra, lamentávamos que a redação teve sua força moralizadora contida, ao condicionar a obrigatoriedade de convidar mais um licitante à existência de um cadastro. Elementar que, não possuindo cadastro, não haveria como dar cumprimento à norma. Essa não parece, contudo, ser a exegese mais razoável. O Digesto prescrevia: *Scire leges non est verba earum tenere, sed vim ac*

---

[123] BRASIL. Tribunal de Contas da União. Processo nº TC-009.823/1997-2. Acórdão nº 113/1999 - Plenário. Relator: Ministro Benjamin Zymler. **Diário Oficial [da] República Federativa do Brasil**, Brasília, DF, 22 jul. 1999. Seção 1, p. 56.

[124] A ausência de rotatividade para encaminhamento das cartas-convite (alíneas "d" e "h") constitui irregularidade passível de sanção, uma vez que, em assim agindo, a Administração fere o princípio da impessoalidade e restringe a competitividade dos certames. Ademais, ao restringir o universo de participantes, dá azo a possíveis fraudes, praticadas pelos licitantes. A rotatividade entre os licitantes deve ser promovida na forma do § 6º do art. 22. BRASIL. Tribunal de Contas da União. Processo nº TC-013.889/2002-4. Acórdão nº 901/2004 - Plenário. Ministro Relator Benjamin Zymler. **Diário Oficial da União [da] República Federativa do Brasil**, Brasília, DF, 16 jul. 2004. Seção 1.

potestam, que, em nosso vernáculo, corresponde a "Saber as leis é conhecer-lhes não as palavras, mas sua força e poder''.

Efetivamente, a pretensão de coibir a aplicação da moralizadora regra do § 6º do art. 22 pela simples ausência de um cadastro autorizando a Administração a perpetuar convite a determinados grupos merece ressalva quanto à regularidade. Afronta o princípio da impessoalidade e da própria isonomia. Se a Administração recorre a uma lista telefônica ou a um jornal classificado para extrair dali os seus três licitantes – pois, como será visto, não é prudente convidar só o número mínimo[125] – ou mesmo se é notório que existem mais de três fornecedores no local, é inadmissível que os órgãos de controle chancelem como regular esse procedimento. Argumentos como "eu sei que só esses são profissionais sérios[...] idôneos[...] que honram seus compromissos[...]" podem estar travestindo interesses inconfessáveis e merecem maior verificação, especialmente no que se refere à razoabilidade dos preços. O TCU já vinha decidindo que, mesmo que fossem convidados somente três, era preciso ampliar a competitividade,[126] e conforme mencionamos anteriormente, completou o entendimento, fazendo valer o princípio da isonomia e impessoalidade, recomendando que também sejam convidadas empresas não cadastradas,[127] quando o órgão não tem cadastro.

2.7.5. limitações do mercado ou desinteresse dos convidados

Trata-se de inovação da Lei nº 8.666/1993. O Tribunal de Contas da União, sob a égide do Decreto-Lei nº 2.300/1986, havia firmado o entendimento de que, para a validade da licitação, na modalidade de convite, era indispensável que a Administração obtivesse, no mínimo, três propostas válidas.[128] À essa época, vigorava o Decreto-Lei nº 2.300/1986, cujo art. 79, § 2º, estabelecia que o Tribunal de Contas da União, no exercício de sua

---

[125] O TCU entendeu que deve haver aumento de fornecedores para observância do § 6º do art 22 da Lei nº 8.666/1993. BRASIL. Tribunal de Contas da União. Processo nº TC-013.889/2002-4. Acórdão nº 901/2004 - Plenário. Ministro Relator Benjamin Zymler. **Diário Oficial da União [da] República Federativa do Brasil**, Brasília, DF, 16 jul. 2004. Seção 1.

[126] BRASIL. Tribunal de Contas da União. Processo nº TC-011.846/1995-0. Decisão nº 136/1997 - Plenário. Relator: Auditor Lincoln Magalhães da Rocha. **Diário Oficial [da] República Federativa do Brasil**, Brasília, DF, 15 abr. 1997. Seção 1, p. 7395; Processo nº TC-01.846/95-0. Acórdão nº 055/1997 - Plenário. Relator: Auditor Lincoln Magalhães da Rocha. **Diário Oficial [da] República Federativa do Brasil**, Brasília, DF, 15 abr. 1997. Seção 1, p. 7442.

[127] BRASIL. Tribunal de Contas da União. Processo nº TC-009.823/1997-2. Decisão nº 113/1999 - Plenário. Relator: Ministro Benjamin Zymler. **Diário Oficial [da] República Federativa do Brasil**, Brasília, DF, 22 jul. 1999. Seção 1, p. 56.

[128] BRASIL. Tribunal de Contas da União. Processo nº TC-024.572/1990. Relator: Ministro Luciano Brandão Alves de Sousa. **Diário Oficial [da] República Federativa do Brasil**, Brasília, DF, 09 jul. 1991. Seção 1, p. 13339.

competência de controle da administração financeira e orçamentária (art. 70, §§ 1º e 3º da Constituição), poderá expedir instruções complementares, reguladoras dos procedimentos licitatórios e dos contratos administrativos.

A propósito, com seu habitual brilho e judiciosidade, o saudoso Ministro Ivan Luz, que à época ilustrava a Corte Federal de Contas, manifestou-se no sentido de que essa competência era inexercitável em face da sua inconstitucionalidade, sendo seguido unanimemente pelo egrégio Plenário. Com o notável pragmatismo que marcou sua presença naquele Tribunal, propôs S. Exa. que as deliberações em sede de licitações e contratos fossem sistematizadas, passando a constituir precedentes na jurisprudência. Corolário do procedimento adotado foi a segurança que os órgãos jurisdicionados passaram a ter na condução do assunto e o fato de a interpretação do Tribunal de Contas da União apresentar uma peculiaridade condizente com o poder vinculatório de suas decisões como precedente de julgamento.

Feita essa breve observação sobre a gênese do dispositivo, cabe observar que a lei, acolhendo em parte essa orientação, dispôs:

> § 7º Quando, por limitações do mercado ou manifesto desinteresse dos convidados, for impossível a obtenção do número mínimo de licitantes exigido no § 3º deste artigo, essas circunstâncias deverão ser devidamente justificadas no processo, sob pena de repetição do convite.

A redação tem suscitado algumas dúvidas, impondo exame mais detido do tema.

2.7.5.1. limitações do mercado

O que é limitação de mercado e como caracterizá-la?

Quando se tem definido um mercado limitado, insuficiente para a obtenção de três propostas válidas?

Mercado deve ser entendido como expressão equivalente a região ou praça que facilite o contato direto entre os polos da relação comercial pelas condições dos meios de transporte e comunicação.

Em regra, equivalente a Município ou, ampliativamente, a região geoeconômica. Aconselhável é a determinação por uma área sujeita à vinculação a uma mesma junta comercial ou jurisdicionada a um mesmo órgão do Judiciário de primeira instância.

Essa última expressão, mais ligada à área jurídica, pode constituir-se em adequado parâmetro de definição, porque possui regras bastante balizadas há longo tempo, para definir "comarca" e "jurisdição". Se, contudo, a autoridade identificar o mercado com a área municipal, não haverá irregularidade, do mesmo modo que é incensurável a decisão do administrador que, percebendo o aviltamento de preços em determinado setor do comércio, decide convidar comerciantes estabelecidos em municípios circunvizinhos ou de grandes mercados, como São Paulo, por exemplo.

Não se pode afirmar que há limitação do mercado quando o catálogo telefônico publica mais de três empresas operando no ramo de atividade; o mesmo ocorre se a junta comercial tem mais de três registros de pessoas jurídicas atuando naquela área de consumo; não há, igualmente, limitação, se o sindicato de atividade similar declara que há outras empresas com capacidade para atender a Administração.

Como no convite, a amplitude de sua divulgação é restrita, sendo suficiente o exame do mercado local para definir a questão da limitação de mercado.

Por vezes, questiona-se a forma de comprovação do fato – limitação do mercado – no processo e até se isso é imprescindível. A resposta é que, efetivamente, é de todo conveniente que o agente da Administração demonstre no processo o fato, por força do art. 113 da Lei nº 8.666/1993. A forma de demonstração poderá ser a juntada de cópia de catálogo de fabricantes/fornecedores, revistas especializadas, lista telefônica, declaração da junta comercial, de sindicatos, e até do clube de diretores lojistas. Tais elementos servem de começo de prova, que deve, sempre que possível, ser confirmada, ratificada ou acrescida do entendimento do órgão requisitante. Parece, efetivamente, mais razoável que a demonstração dessa limitação do mercado seja feita com o apoio do órgão requisitante e não pela comissão de licitação, porque aquele conhece melhor o mercado da área específica do que a generalíssima comissão referida.

De qualquer modo, parece ser suficiente uma breve demonstração do fato no processo, sem maiores rigores formais, porque aos órgãos de controle ficará o dever de oferecer a contraprova, diante da alegação de que o mercado não era limitado, segundo a secular regra: *Onus probandi ei incumbit qui dicit*, ou, em vernáculo, "o ônus da prova incumbe a quem alega." Há de se notar que os meios aqui referidos para comprovação são apenas começo de prova, não tendo força plena nenhum deles, razão pela qual deve ficar externado nos autos o entendimento de técnicos da área envolvida.

2.7.5.2. manifesto desinteresse dos convidados

Essa hipótese tem permitido mais de uma interpretação. Para uma corrente, se a Administração expedir um convite a uma empresa e esta não comparecer, caracterizado estará o desinteresse em participar da licitação; para outra, é necessário que o convidado manifeste, por escrito, o seu desinteresse.

Sustentam uns, amparados na literalidade da lei, que se a Administração convida pelo menos três, pode aplicar diretamente esse dispositivo, porque a lei se refere a "convidados". Assim, se a Administração expedir um convite a uma empresa e esta não comparecer, caracterizado estará o desinteresse em participar da licitação, bastando a prova da entrega do convite no estabelecimento. Para outra, mostra-se necessário que o convidado manifeste, por escrito, o seu desinteresse.

Sem dúvida, a atenção em responder ao convite, informando não possuir interesse em participar da licitação, facilita o trabalho da Administração, constituindo um gesto de cortesia. Não há, porém, como obrigar o convidado a se manifestar.

A melhor exegese, *in casu*, leva ao entendimento de que o "manifesto desinteresse" caracteriza-se quando presente algo mais que o simples silêncio. Aliás, é regra elementar de hermenêutica que a lei não contém palavras inúteis, ou melhor, na dicção de Ferrara: "presume-se que a lei não contenha palavras supérfluas; devem todas ser entendidas como escritas adrede para influir no sentido da frase respectiva."[129]

"Manifesto desinteresse" é uma expressão voltada para uma situação particular do mercado e não isoladamente de um licitante.

Mas qual seria o procedimento que justificaria o atendimento à caracterização do "manifesto desinteresse"? Seria necessário repetir o convite para que ficasse configurado o desinteresse?

Em princípio, a questão da necessidade de obter três propostas válidas é fundamental para que a licitação possa ser denominada "convite", pois o próprio conceito legal exige tal número mínimo para que se caracterize essa modalidade de licitação. Mas cada caso concreto poderá indicar, pelas suas particularidades, que está ou não caracterizado o "manifesto desinteresse" dos convidados.[130] Não estará, *v.g.*, se o órgão limitou-se a expedir o convite para

---

[129] MAXIMILIANO, Carlos. **Hermenêutica e Aplicação do Direito**, 16ª ed. Rio de Janeiro: Forense, p. 110.

[130] Valendo-se desta exceção, o Tribunal de Justiça de Minas Gerais manifestou seu entendimento julgando: "[...] se no momento de abertura dos envelopes das propostas a Administração toma ciência de que apenas uma das empresas concorrentes no certame permaneceu na disputa, e ainda assim abre ele e consigna o valor apresentado em ata, nasce o direito do licitante à adjudicação do objeto, posto que o interesse do serviço público não poderá quedar-se inerte ou subjugado diante da inércia ou do capricho das empresas." MINAS GERAIS. Tribunal de Justiça de Minas Gerais. AC nº 000.312.161-3/2000 - 5ª Câmara Cível **Diário Oficial do Estado**, 25 abr. 2003. Importante ressaltar que o direito de adjudicação surge somente caso o órgão tenha necessidade de contratar.

apenas três empresas; igualmente, não estará se foi convidado número restrito de licitantes em relação ao universo de possíveis proponentes. Também não será regular o procedimento, se os convidados informarem que não trabalham com o produto ou não atuam no ramo, vez que isso apenas caracterizará que a Administração não escolheu adequadamente quem convidar.

Como no convite há parcela de discricionariedade, não se pode pretender que seja o certame considerado regular quando menos de três licitantes se apresentam. Ora, quem convida é a Administração, e esta não pode pretender valer-se de um convite mal formulado para validar uma escolha.

Alguns estudiosos pretendem impor uma exegese, que não encontra apoio nas Cortes de Contas, considerando regular a recusa ou o simples silêncio, abrindo portas a fraudes de toda ordem, pois qualquer um de nós é capaz de convidar três empresas, dirigindo o convite para aquele que pretende contratar, bastando apenas razoável conhecimento do mercado.

Também não se poderia ficar impondo a repetição *ad eternum*, afrontando a real possibilidade de que ninguém, num mercado razoável, pretenda ignorar a possibilidade que a lei considera.

Assim, num mercado de 500 ou 50 papelarias, se um órgão convida 5 ou 10 empresas não se pode, com segurança, afirmar que há manifesto desinteresse dos convidados, como também não se pode afastar de plano a possibilidade de que a Administração tenha dirigido mal o convite. Por outro lado, certamente ocorreria a caracterização do manifesto desinteresse, se o órgão, encaminhando o convite a número razoável de empresas não consegue três propostas válidas, porque a maioria declinara, sob a alegação de dificuldades de contratar com órgão público, mantendo-se outras em silêncio, sem responder ao convite.

Noutra hipótese, aproveitando o caso das papelarias, se a Administração esclarece no processo[131] que, embora existam muitas outras, apenas aquelas 5 ou 10 estão em dia com suas obrigações trabalhistas e tributárias, pode ser considerado regular o convite que abrange apenas essas e obtém menos de três propostas válidas. Do mesmo modo, pode registrar-se que deixou de convidar

---

[131] O TCU reafirmou sua jurisprudência no sentido da necessidade de três propostas válidas. Se houver limitação do mercado deve ficar o fato justificado no processo nos termos do art. 22, § 7º, da Lei nº 8.666/1993. BRASIL. Tribunal de Contas da União. Processo nº TC-225.184/1993-1. Decisão nº 274/1994 - Plenário. Relator: Ministro Homero Santos. **Diário Oficial [da] República Federativa do Brasil**, Brasília, DF, 16 maio 1994. Seção 1, p. 7152. Após esse primeiro precedente a jurisprudência firmou-se a ponto de justificar a edição da Súmula nº 248. BRASIL. Tribunal de Contas da União. Súmula nº 248. **Diário Oficial [da] República Federativa do Brasil**, Brasília, DF, 2 set. 2005.

tais e tais porque forneceram material de má qualidade,[132] ou estão na "lista negra" do PROCON etc.

2.8. publicação do convite na imprensa

Defende o eminente professor Carlos Pinto Coelho Motta[133] que a publicação do aviso do convite na imprensa oficial "poderá motivar a sequência do processo de convite com menos de três propostas". Efetivamente, a publicidade tem o condão de assegurar que o universo de licitantes foi, pelo menos teoricamente, atingido e garantir, além de facilitar, o acolhimento da justificativa fixada como condição para a validade pela lei.[134]

Tal prática inclusive já é adotada em alguns Estados, como Pernambuco e Rio de Janeiro, em que, por determinação (a propósito, válida) contida em decreto estadual, o convite deve ser publicado na imprensa oficial. O Rio de Janeiro também adotou a mesma determinação, elastecendo-a mais tarde, quando dispensou a publicação do edital se fosse dada ciência do certame aos órgãos de classe.[135]

Não parece, porém, imprescindível essa prática para evitar a repetição do convite, mostrando-se suficiente que seja justificado o atingimento do mercado, de tal modo amplo, que se não possa inferir qualquer mácula de tendenciosidade.

Em acórdão, o TCU condenou o procedimento de determinado órgão, que não remetia o convite a ninguém, limitando-se a publicar um aviso do convite no jornal. Segundo o eminente relator, Min. Marcos Vilaça, que acolheu a posição do órgão instrutivo, não se pode prescindir, no convite, pelo menos da remessa de três cartas.[136]

---

[132] Ver Lei nº 8.666/1993, art. 113, § 7º inciso I.

[133] Consulte os comentários de Carlos Pinto Coelho Motta, no livro Eficácia nas Licitações & Contratos: Estrutura da Contratação, Concessões e Permissões, Responsabilidade Fiscal, Pregão – Parcerias Público-Privadas, 10ª edição, Belo Horizonte da editora Del Rey, 2005 na página 195.

[134] O STF instaurou inquérito para apurar fato que envolvia um senador da República, ex-prefeito de uma cidade do interior de Rondônia, e o secretário da Fazenda do Município, em conluio com o Diretor da Imprensa oficial do Estado, que promovia as publicações do Diário Oficial do Estado publicando os editais de licitação em suplemento que somente era entregue aos "interessados". STF. Inquérito nº 1001-4. Relator: Ministro Carlos Veloso, publicado inicialmente no **Diário da Justiça [da] República Federativa do Brasil** , Brasília, 17 out. 1996. Seção 1, p. 39584.

[135] RIO DE JANEIRO. Decreto nº 19.912 de 05 de maio de 1994. Estabelece normas especiais para as licitações sob a modalidade de Convite promovidas no âmbito da Administração Pública Estadual e dá outras providências. **Diário Oficial [da] República Federativa do Brasil**, Brasília, DF, 06 maio 1994.

[136] BRASIL. Tribunal de Contas da União. Processo nº TC-025.590/1992-8. Decisão nº 325/1993 - Plenário. Relator: Ministro Marcos Vinicios Vilaça. **Diário Oficial [da] República Federativa do Brasil**, Brasília, DF, 17 ago. 1993. Seção 1, p. 11999. **No mesmo sentido**: Processo nº TC-009.578/2000-1. Acórdão nº 1.089/2003 -

2.9. justificativa nos autos do processo

Se, por limitações de mercado ou manifesto desinteresse dos convidados, não for possível a obtenção do número mínimo de três licitantes, essa circunstância deverá ser justificada no processo, sob pena de repetição do convite, conforme dispõe o § 7º do art. 22. Adiante, será vista a questão da necessidade de se obter três propostas válidas, ficando neste passo o registro de que "propostas válidas" e "licitantes" podem, de certo modo, ser entendidos como expressões equivalentes, no caso. Não podem ser considerados licitantes os que não possuam capacidade jurídica para contratar ou, por qualquer motivo, não possam ser habilitados.

Como deve ser a justificativa? O dispositivo em exame fixa apenas que a justificativa deve ser feita no processo, e este deve ser entendido como o conjunto de documentos, sob a forma do art. 38 da mesma lei.

Na elaboração dessa peça, deve o administrador demonstrar as razões de seu convencimento sobre a limitação do mercado ou o desinteresse dos licitantes, de forma clara, objetiva e documentada, sempre que possível. A preocupação do administrador em realizar o interesse público deve sempre ser equivalente à de comprovar seus atos. Com frequência, os órgãos de controle examinam os fatos somente após o decurso de um razoável período de sua realização, oportunidade em que, muitas vezes, o agente nem mais está vinculado à Administração e, ao ser citado, encontrará dificuldades extremas em arcar com o ônus da prova de suas alegações.

Não obrigatório, mas aconselhável, é que essa justificativa, por analogia com o disposto no art. 26, caracterize e, se possível, demonstre a limitação do mercado (declaração da junta comercial, do sindicato da cidade ou outro meio adequado e idôneo para comprovar ou servir de "início de prova", sendo aceitável até, por exemplo, cópia da página do catálogo telefônico comercial) ou documento que comprove o desinteresse dos licitantes (carta abdicando de participar da licitação, com motivos ponderáveis e estranhos à eficiência da escolha da unidade, ou simplesmente a juntada de cópia dos comprovantes de entrega dos convites); razão da escolha do fornecedor ou executante (sendo mais de um, deverá haver julgamento, na forma preconizada no próprio convite) e, principalmente, a justificativa do preço;[137] sob este aspecto é que,

---

Plenário. Relator Ministro Augusto Sherman Cavalcanti. **Diário Oficial da União [da] República Federativa do Brasil**, Brasília, DF, 18 ago. 2003. Seção 1.

[137] O TCU determinou que se observassem, rigorosamente, as disposições da Lei nº 8.666/1993, e alterações posteriores, no tocante à realização de licitações e contratos administrativos, em especial: "[...] a comprovação nos processos licitatórios, da compatibilidade dos preços propostos com os praticados no mercado, através de

existindo sistema de controle eficiente, o gestor poderá ser responsabilizado pelo eventual prejuízo causado ao erário em decorrência de contratação com preços abusivos.

2.10. ausência de justificativa

Estabelece a lei, no § 7º do art. 22, que mesmo ocorrendo limitação do mercado ou manifesto desinteresse dos convidados, se essas justificativas não constarem expressamente do processo, o procedimento de convite deverá ser repetido. É a sanção que o precitado dispositivo impõe categoricamente, merecendo críticas da doutrina especializada.[138]

Sob o aspecto prático, a sanção é de pouca ou nenhuma eficácia, vez que a justificativa sucede à convocação, mas deve anteceder a homologação da licitação[139] e, esta, a contratação. Por isso, a obrigatoriedade de repetir o convite deverá ser decretada entre a homologação e a contratação para que seja eficaz. Posteriormente, poderá até acarretar a nulidade do procedimento licitatório, mas será difícil retornar ao *status quo ante*. Razoável, portanto, a corrente de pensamento que sustenta que a ausência de justificativa no processo, quando de fato configurada a limitação do mercado ou o manifesto desinteresse, não constitui vício capaz de anular o procedimento licitatório.

O Tribunal de Contas da União, apreciando contratação promovida por órgão que procedeu à contratação com dispensa de licitação, com base no fato de que ao convite só responderam duas empresas, julgou o procedimento irregular, fazendo recomendação no sentido de que o órgão, em casos semelhantes, observasse o disposto no art. 22, § 7º, ou seja, procedesse à justificativa no processo.[140] Esse precedente esclarece dois aspectos: primeiro,

pesquisa de preços em pelo menos duas empresas do ramo, nos termos do art. 6º do Decreto nº 449/1992 e da Decisão TCU nº 431/1993 - Plenário, Ata nº 48/93 (Diário Oficial de 13/10/1993);". Processo nº TC-625.090/1994-2. Decisão nº 193/1995 - 1ª Câmara. Relator: Ministro Olavo Drumond. **Diário Oficial [da] República Federativa do Brasil**, Brasília, DF, 18 ago. 1995, p. 12661. **No mesmo sentido**: Processo nº TC-600.247/1998-8. Acórdão nº 688/2001 - 2ª Câmara. Relator: Ministro Ubiratan Aguiar. **Diário Oficial [da] República Federativa do Brasil**, Brasília, DF, 21 jan. 2001

[138] JUSTEN FILHO, Marçal. **Comentários à lei de licitações e contratos administrativos**. 11 ed. São Paulo: Dialética, 2005, p. 249-250; JUNQUEIRA, Wolgran. **Licitações e Contratos na Administração Pública**: Comentários à Lei nº 8.666/1993. Bauru/SP: Edipro, 1994, p. 97/98.

[139] Após a homologação, é feita a adjudicação. A respectiva autoridade passa a responder por todos os efeitos e consequências da Licitação, notadamente MS contra o julgamento. Tese de Hely Lopes Meirelles, acolhida pelo TCDF isentando a CPL de responsabilidade. TCDF. Processo nº 4.448/1995. Conselheiro Relator: Maurílio Silva. Disponível em: http://www.tc.df.gov.br. Acesso em 26 jan 2011.

[140] O processo foi iniciado por representação da Secretaria de Controle Externo do Estado do Amazonas, a partir de leitura da publicação da dispensa de licitação no Diário Oficial da União. TCU. Processo nº TC-225.184/1993-1. Decisão nº 274/1994 - Plenário. Relator: Ministro Homero Santos. **Diário Oficial [da] República Federativa do Brasil**, Brasília, DF, 16 maio 1994. Seção 1, p. 7228.

que para caracterizar o desinteresse não é necessário repetir o convite, mas adequadamente justificá-lo; o segundo, que não cabe dispensa, ou inexigibilidade, em razão de desinteresse, em princípio. Para algumas correntes de pensamento, a hipótese de dispensa, prevista no art. 24, inciso V, não pode ser aplicada ao caso de convite.[141]

2.11. três propostas válidas

Sob a égide do Decreto-Lei nº 2.300/1986, o Tribunal de Contas da União firmou o entendimento de que, sem a obtenção de três propostas válidas, a licitação, na modalidade convite, não seria regular, ordenando a repetição do procedimento.[142] Embora essa posição não tenha merecido o aplauso da melhor doutrina,[143] é inconteste que passou a ser observada por muitos órgãos, especialmente pela força vinculante das decisões do TCU, oriunda do art. 87 do Decreto-Lei nº 2.300/1986, então em vigor.

Merece especial destaque, o fato de que a jurisprudência da Corte Federal de Controle tem abrangência maior no tema licitações e contratos, conforme se extrai do seguinte enunciado da Súmula nº 222, da sua jurisprudência uniforme:

> As decisões do Tribunal de Contas da União, relativas à aplicação de normas gerais de licitação, sobre as quais cabe privativamente à União legislar, devem ser acatadas pelos administradores dos Poderes da União, dos Estados, do Distrito Federal e dos Municípios.[144]

Na vigência da Lei nº 8.666/1993, o colendo TCU voltou a apreciar sua jurisprudência firmada sobre o assunto, decidindo, por meio de uma de suas Turmas, que continua válido o entendimento de que, para a regularidade da licitação, na modalidade convite, é imprescindível que se apresentem três

---

[141] Ver capítulo 5, subtítulo 6: licitação deserta/fracassada que não pode ser repetida.

[142] BRASIL. Tribunal de Contas da União. Processo nº TC-024.572/1990. Relator: Ministro Luciano Brandão Alves de Souza. **Diário Oficial [da] República Federativa do Brasil**, Brasília, 09 jul. 1991, p. 13339, reiterada em 02 dez. 1991, p. 27478. **No mesmo sentido**: Processo nº TC-279.077/1994-7. Acórdão nº 257/1997 - 1ª Câmara; Processo nº TC-425.112/1996-9. Decisão nº 445/1996 - Plenário e Processo nº TC-007.809/1999-9. Acórdão nº 1.438/2004 - 1ª Câmara. Em sentido contrário: Processo nº 009.621/2001-2. Acórdão nº 784/2002 - 1ª Câmara. Relator: Ministro Walton Alencar Rodrigues. **Diário Oficial da União [da] República Federativa do Brasil**, Brasília, DF, 3 dez. 2002.

[143] MOTTA, Carlos Pinto Coelho. **Eficácia nas Licitações & Contratos**: Estrutura da Contratação, Concessões e Permissões, Responsabilidade Fiscal, Pregão - Parcerias Público-Privadas, 10ª ed., Belo Horizonte: Del Rey, 2005. Sobre o tema, consulte os comentários na página 197.

[144] Fundamento: BRASIL. **Constituição da República Federativa do Brasil**. Organização dos textos e índice por J. U. JACOBY FERNANDES. 1. ed. Atualizada até Abril de 2007. Belo Horizonte: Fórum, 2007 Vide arts. 22, XXVII; 37, *caput* e XXI; 71, II e 73.

licitantes devidamente qualificados.[145] Havendo limitação do mercado ou manifesto desinteresse, deve o fato ficar justificado no processo, nos termos do art. 22, § 7º, da Lei nº 8.666/1993,[146] sob pena de repetição do certame. Por fim, após extenso rol de decisões no mesmo sentido acabou sumulando a matéria.

Se o órgão federal de controle externo, responsável pelo julgamento das contas dos administradores públicos, tem esse entendimento com força de precedente de seus julgamentos, e se a lei estabeleceu a necessidade de justificar o "manifesto desinteresse" ou a "limitação do mercado", quando não for possível obter o número mínimo de três licitantes, a exegese mais adequada para a questão em exame deve ser a consolidada na sumula nº 248 do TCU *in verbis:*

Não se obtendo o número legal mínimo de três propostas aptas à seleção, na licitação sob a modalidade Convite, impõe-se a repetição do ato, com a convocação de outros possíveis interessados, ressalvadas as hipóteses previstas no parágrafo 7º, do art. 22, da Lei nº 8.666/1993.

a) expedição e recebimento

Como proposta válida, deve-se entender aquela que efetivamente concorre com as demais, atendendo o seu formulante às condições de habilitação e ofertando, nos termos requeridos no convite, o produto pretendido em preço razoável. Propostas desclassificadas, seja em razão da capacidade do licitante, do produto ou serviço ofertado ou do preço exorbitante ou inexequível oferecido, não são computadas para se apurar o número mínimo de três propostas válidas. O Tribunal de Contas do Distrito Federal, divergindo da interpretação consagrada pelo TCU, já decidiu que a proposta desclassificada pode ser computada para alcançar o mínimo exigido.[147] Esse quantitativo, *data venia* de respeitáveis entendimentos diversos, é necessário para caracterizar inclusive a modalidade da licitação. De fato, o próprio conceito legal de

[145] BRASIL. Tribunal de Contas da União. Processo nº TC-449.024/1992-0. Acórdão nº 136/1993 - 2ª Câmara. Relator: Ministro Marcos Vinicios Vilaça. **Diário Oficial [da] República Federativa do Brasil**, Brasília, DF, 11 ago. 1993.

[146] BRASIL. Tribunal de Contas da União. Processo nº TC-225.184/1993-1. Decisão nº 274/1994 - Plenário. Relator: Ministro Homero Santos. **Diário Oficial [da] República Federativa do Brasil**, Brasília, DF, 16 maio 1994. Seção 1, p. 7228. **No mesmo sentido**: Processo nº 625.334/1996-5. Decisão nº 370/1997 – Plenário; Processo nº 625.561/1996-1. Decisão nº 119/1998 - 2ª Câmara, que esclarece que se está comprovado que a obtenção de pelo menos três propostas válidas é completamente inviável, lícita será a atuação do gestor público, em conformidade com o § 7º do art. 22 da Lei nº 8.666/1993. O que se está a exigir é que a não obtenção do número mínimo de propostas válidas seja devidamente justificada.

[147] DISTRITO FEDERAL. Tribunal de Contas. Processo nº 2.046/1994. Disponível em: http://www.tc.df.gov.br. Acesso em 26 jan 2011.

convite estabelece que essa modalidade de licitação deve ter no mínimo três convidados para sua caracterização. Não alcançado esse número mínimo, não se deveria, a rigor, aceitar a terminologia de convite.

b) não obtenção das três propostas válidas

Justificando o fato no processo, poderá a Administração contratar com os ofertantes, ainda que não tenha obtido esse número de propostas válidas.[148]

Alguns órgãos, desconhecendo a possibilidade de aplicação da norma inscrita no art. 22, § 7º, repetem inúmeras vezes um convite, mesmo quando há limitação de mercado ou manifesto desinteresse, numa interpretação incorreta da jurisprudência do TCU acerca da exigência de três propostas válidas.

Corroborando o entendimento exposto, e na tentativa de facilitar a aplicação da norma, esclarecendo o exato entendimento de sua jurisprudência, o TCU recomendou à DATAMEC que passasse a utilizar a faculdade prescrita no já citado dispositivo da Lei nº 8.666/1993.

Teve o seguinte teor, a recomendação:

> [...] atente para a necessidade de justificar devidamente a impossibilidade da obtenção do número mínimo de licitantes nas licitações realizadas mediante convite, quer por limitações do mercado ou manifesto desinteresse dos convidados, conforme estabelecido no art. 22, § 7º, da Lei nº 8.666/93.[149]

c) três propostas válidas no total dos itens

Pouco importa que, para isso, em determinado item tenha-se obtido apenas uma proposta válida. Assim, se para a compra de pneus e baterias, itens de um só convite, obtêm-se três propostas válidas, sendo três para o primeiro item e apenas uma para o segundo, o convite é válido se compareceram três licitantes diferentes e ambos os itens podem ser adjudicados.

Esse é o entendimento que parece defluir do seguinte silogismo: a exigência do número de propostas válidas é para o convite. Aceitável e plenamente justificável é que a jurisprudência, consolidada ante dezenas de

---

[148] BRASIL. Tribunal de Contas da União. Processo nº TC-005.653/1998. Decisão nº 45/1999 - Plenário. Relator: Ministro Benjamin Zymler. **Diário Oficial [da] República Federativa do Brasil**, Brasília, DF, 05 mar. 1999. Seção 1.

[149] BRASIL. Tribunal de Contas da União. Processo nº TC-625.357/1995-7. Decisão nº 524/1996 - Plenário. Relator: Ministro Adhemar Paladini Ghisi. **Diário Oficial [da] República Federativa do Brasil**, Brasília, DF, 09 set. 1996. Seção 1, p. 17814.

casos de "dirigismo" de convites, tenha-se firmado exigindo três propostas válidas. Argumentando em sentido contrário, sustentam uns que, como cada item é, na prática, uma licitação autônoma, cada item exige a concorrência, entre si, de pelo menos três licitantes, pelos mesmos fundamentos que justificam tal exigência para o convite; acrescentam, ainda, que se pode dirigir um convite colocando item impertinente aos demais itens. Ambos os argumentos não procedem, *data venia*, visto que, quando a lei se referiu a número de licitantes, o fez em relação à modalidade; com referência ao segundo argumento, se numa licitação para compra de peças de automóveis for colocado, por exemplo, item referente à peça de manutenção de cadeiras, o fato deverá ser coibido mediante a ação do controle. Na prática, exigir-se três propostas válidas por itens é condenar o administrador a ficar repetindo indefinidamente vários convites. Aliás, o TCU, na sua esfera administrativa, tinha assentado entendimento de que a busca das três propostas válidas deveria ser feita em cada convite e não em cada item desse.

Em sentido diametralmente oposto, porém, existem algumas esparsas decisões do Tribunal de Contas da União, considerando irregular inclusive o procedimento pelos seus próprios órgãos administrativos, reafirmando a necessidade do número de propostas por item de cada convite,[150] o que sem dúvida não são bons precedentes da melhor hermenêutica.

Para viabilizar o entendimento dessa jurisprudência, uma das alternativas viáveis é no sentido de que pode ser publicada notícia do convite na imprensa oficiosa, para validar o atingimento do mercado, ou remetido o convite para todos os possíveis proponentes.

2.12. faixa de valores

Luiz Alberto Blanchet faz uma conclusão interessante ao asserir que o convite é a modalidade de licitação a ser empregada entre o valor estipulado nos incisos I e II do art. 24 e o limite mínimo de tomada de preços.[151] Em termos práticos, é mesmo o que ocorre: só se promove a licitação na modalidade do convite entre essa faixa de valores, mas não há impedimento a que se realize, mesmo naqueles casos em que o legislador elegeu como

[150] Neste sentido consulte: BRASIL. Tribunal de Contas da União. Ata nº 29 - Plenário, de 07 de julho 1999. **Diário Oficial [da] República Federativa do Brasil**, Brasília, DF, 19 jul. 1999. Seção 1, p. 34.

[151] BLANCHET, Luiz Alberto. **Licitação**: o edital à luz da nova lei. 3 ed. 2 tir. Curitiba: Juruá, p. 192.

dispensável a licitação, em razão do reduzido valor do objeto pretendido pela Administração (v. art. 24, I e II).[152]

2.13. comissão ou apenas um servidor

Para a habilitação preliminar, inscrição em registro cadastral, sua alteração ou cancelamento e as avaliações das propostas, o art. 51 exige que sejam processadas e julgadas por comissão permanente ou especial, constituída por no mínimo três membros, sendo dois deles servidores qualificados, pertencentes aos quadros permanentes dos órgãos da Administração. Para convite, porém, em caráter excepcional, admite o § 1º deste artigo que, nas pequenas unidades administrativas, e em face da exiguidade de pessoal disponível, substitua-se a comissão por um só servidor. Há, portanto, dois requisitos legais: que se trate de pequena unidade administrativa e que esta seja carente de servidores disponíveis para esse mister.

2.14. prazo

Entre a expedição do convite ou a sua efetiva disponibilidade, abrangendo seus anexos e a apresentação das propostas, deve mediar o prazo de cinco dias úteis, conforme o art. 21, § 2º, IV.

Há possibilidade de extensão do convite a outros cadastrados que manifestarem seu interesse até 24 horas antes da apresentação das propostas, conforme preceitua o § 3º do art. 22. Essa extensão, entretanto, não autoriza a Administração a descumprir o prazo previsto no art. 20. Nesse sentido já decidiu o TCU pela irregularidade.[153]

3. Tomada de preços

3.1. noções gerais

Essa modalidade de licitação, em sua concepção histórica, pressupunha que a Administração possuísse um cadastro dos possíveis contratantes. A partir da necessidade de contratar, convocava-os para oferecerem a sua proposta. O procedimento mostrava-se mais simplificado que a concorrência porque a habilitação era demonstrada uma única vez, à época da inscrição no cadastro

---

[152] Alguns Estados, como o Rio de Janeiro, passaram a exigir convite acima de determinado valor, ainda que inferior ao estabelecido no art. 24, I e II da Lei nº 8.666/1993.

[153] BRASIL. Tribunal de Contas da União. Processo nº TC-400.038/1995-1. Decisão nº 527/1995 - Plenário. Relator: Ministro José Antônio Barreto de Macedo. **Diário Oficial [da] República Federativa do Brasil**, Brasília, DF, 31 out. 1995. Seção 1, p. 17332.

do órgão. Todas as convocações posteriores dispensavam a comprovação da regularidade dos elementos necessários à habilitação e o exame de centenas de documentos.

O novo ordenamento jurídico estabeleceu que tanto podem participar da licitação os inscritos, quanto os demais que tiverem interesse no certame e preencherem as condições necessárias ao cadastramento, até três dias antes do prazo fixado para o oferecimento de todas as propostas, ensejando uma fase antecedente para os não inscritos, a fim de que seja avaliada a capacidade, nos termos definidos no edital. A habilitação deverá ser sempre compatível com o objeto licitado, fato que leva à inexorável conclusão de que inclusive os licitantes cadastrados poderão ou não estar habilitados para determinada licitação, como adiante será visto.

3.2. conceito legal

Dispõe a Lei nº 8.666/1993, art. 22, § 2º, *in verbis*:

> É a modalidade de licitação entre interessados devidamente cadastrados ou que atenderem a todas as condições exigidas para cadastramento até o terceiro dia anterior à data do recebimento das propostas, observada a necessária qualificação.[154]

3.3. inovações

A Lei nº 8.666/1993 instituiu as seguintes inovações:

3.3.1. licitantes não cadastrados

A Lei nº 8.666/1993 inovou também o conceito de tomada de preços ao permitir a participação de licitante não cadastrado,[155] buscando ampliar a competitividade e garantir a isonomia, princípio fundamental da licitação. Para efetivar a operacionalização desse princípio, dispôs que tanto podem participar da licitação os licitantes cadastrados, quanto os que atenderem a todas as condições exigidas para cadastramento até o terceiro dia anterior à data do recebimento das propostas.

---

154 BRASIL. **Lei nº 8.666/93 (Versão Bolso).** Organização dos textos e índice por J. U. JACOBY FERNANDES. 12. ed. amp., rev. e atual. Belo Horizonte: Fórum, 2010. Ver art. 22, § 2º.

155 A comissão de licitação é a legitimada passiva para responder a mandado de segurança que ataque ato de indeferimento de pedido de registro cadastral, podendo também responder a mandado de segurança impetrado contra atos que desconhecem recursos administrativos, por ilegitimidade ou intempestividade. Publicado no Informativo de Licitações e Contratos - ILC. nº 47, Jan./1998. Curitiba: Zênite, p. 10.

O processo de licitação, na modalidade de tomada de preços, portanto, passou a ter uma fase de habilitação prévia, destinada aos licitantes não cadastrados. Aqui é necessário abordar especial questão sobre a empresa que não pretende passar a integrar o cadastro da unidade. Pode, e não é raro, uma empresa ter interesse em participar de uma licitação específica, mas não querer integrar o cadastro da unidade licitante pois há órgãos que cobram a inscrição e a manutenção em cadastro. Esse direito está amplamente tutelado pela lei, na medida em que impôs como exigência "atender" às condições de cadastramento, requisito bem diverso de "cadastrar-se" até o terceiro dia.[156] Nada obstante a literalidade da lei, é comum flagrar-se editais obrigando ao cadastramento, como os que a Petrobrás editou no ano de 1993, após a Lei nº 8.666/1993.

A intenção de não se cadastrar pode, inclusive, encontrar-se justificada pelo disposto no § 9º do mesmo art. 22, que será examinado a seguir.

Relevantes considerações dizem respeito à exigência da lei, no sentido de que o licitante reúna as condições para cadastrar-se até o terceiro dia anterior ao recebimento das propostas. A primeira, está na razão jurídica justificadora da restrição, a qual teria por objetivo afastar o licitante que cria empresa para participar de uma licitação. Ao estabelecer esse prazo, afastam-se os aventureiros que formalizam a criação de empresas em última hora, acabando apenas por tumultuar e perturbar o processo licitatório. É possível assegurar que nada impedirá a criação de uma empresa para uma tomada de preços, pois os prazos do art. 21, § 2º, incisos II, b, e III, em algumas cidades, podem até assegurar a rápida criação de uma firma.

Sobre o prazo estabelecido, deve-se atentar que a noção de proposta é, em alguns casos, utilizada pela lei em sentido amplo, abrangendo a habilitação e, em outros, como equivalente à oferta de preços. Entendendo-se que a tomada de preços deve oferecer uma prévia habilitação, onde o licitante demonstrará que atende às condições de cadastramento pertinentes ao específico objeto licitado, a situação será resolvida, fixando-se a data de entrega dos documentos de habilitação, em envelope ou não, com três dias de antecedência à apresentação dos envelopes da proposta técnica,[157] se houver, e de preços. A

---

[156] A Administração deve deixar claro, em editais de tomada de preços, que também poderão tomar parte do certame as empresas que, embora não cadastradas, atenderem a todas as condições exigidas para cadastramento até o terceiro dia anterior a data do recebimento das propostas, observadas as necessárias qualificações. BRASIL. Tribunal de Contas da União. Processo nº TC-017.184/2002-8. Acórdão nº 310/2004 - 2ª Câmara. Relator: Ministro Ubiratan Aguiar. **Diário Oficial da União [da] República Federativa do Brasil**, Brasília, DF, 22 mar. 2004.

[157] a) É legal a exigência de apresentação de dois atestados de capacidade técnica, conforme estipulado na tomada de preços, de acordo com o disposto no art. 30, II, da Lei nº 8.666/1993. BRASIL. Tribunal de Contas

interposição de recurso não prejudica a licitação, porque é até três dias antes da data estimada para a apresentação da proposta "de preços" que se deve aferir a habilitação dos licitantes. Exemplificando: se uma licitação tem a data de entrega da proposta estabelecida para o dia 10, e por qualquer motivo é adiada para o dia 18, o prazo para o licitante demonstrar que reuniu os documentos nas condições para participar da tomada de preços não é reaberto pelo motivo de adiamento; os três dias continuam tendo por marco o dia 6.

Merece registro, ainda, o fato de que esse prazo é de dias corridos, úteis ou não, que deve ser contado com observância das regras do art. 110 da Lei nº 8.666/1993.

Ao ensejo, destaca-se dúvida que normalmente tem surgido acerca da comprovação de que o licitante possui condições de se cadastrar. As certidões apresentadas podem ter data até do próprio dia da apresentação, mas os fatos nela certificados é que devem referir-se até o 3º dia antes da apresentação das propostas de preços, admitindo-se certa razoabilidade de interpretação. Numa licitação em que se estabeleça que os envelopes de "habilitação" e "preços" sejam entregues na mesma data, as certidões devem atestar que o licitante, três dias antes, estava, por exemplo, em dia com a Fazenda Federal, mas a data de emissão dessa certidão pode ser a da própria apresentação. A lei exige que o licitante atenda às condições de cadastramento até três dias antes, como regra, não que apresente comprovantes de preenchimento das condições com datas anteriores a três dias. Verifica-se, na prática, que nem todas as unidades licitantes atentam para esses aspectos, que podem trazer alguns complicadores, e procedem à licitação, obrigando sumariamente os interessados a se cadastrarem, sendo surpreendidos com eventual resistência ao cadastramento. Por várias razões, algumas agora expostas, é que se tem sugerido que em toda tomada de preços se fixe o prazo para "apresentação dos documentos, para os licitantes não cadastrados que preencham as condições de cadastramento até o

---

da União. Processo nº TC-450.408/1996-5. Decisão nº 217/1997 - Plenário. Relator: Ministro Fernando Gonçalves. **Diário Oficial [da] República Federativa do Brasil**, Brasília, DF, 12 maio 1997. Seção 1, p. 9670.

b) Em sentido contrário, o TCU também tem entendimento de que deve ser exigida apenas a comprovação da aptidão para seu desempenho, a qual será procedida por atestado(s) que indique(m) semelhança de objeto, sendo indevida a exigência de quantitativos de comprovantes. BRASIL. Tribunal de Contas da União. Processo nº TC-675.330/1996-3. Decisão nº 249/1998 - 2ª Câmara. Relator: Ministro Valmir Campelo. **Diário Oficial [da] República Federativa do Brasil**, Brasília, DF, 09 nov. 1998. Seção 1, p. 25057.

c) Neste sentido entendeu o TCU que, em relação à qualificação técnica disciplinada no art. 30, § 1º, não está prevista a existência de um número mínimo e/ou certo de atestados, mesmo porque a comprovação de aptidão poderá ser feita por um ou mais atestados, dependendo dos seus conteúdos, os quais a Administração não tem como avaliar antes de proceder à abertura dos envelopes de habilitação. BRASIL. Tribunal de Contas da União. Processo nº TC-003.062/1997-0. Decisão nº 162/1998 - Plenário. Relator: Ministro Iram Saraiva. **Diário Oficial [da] República Federativa do Brasil**, Brasília, DF, 05 maio 1998. Seção 1, p. 93 a 98.

dia [...]", e que essa data não seja superior a três dias da apresentação das propostas de preços e de técnica, se houver.

O Tribunal Superior do Trabalho instituiu procedimento diferente do que normalmente se encontra, mas em princípio válido e, em termos práticos, bastante proveitoso: ao invés de criar uma fase de habilitação, esclarece no edital que os licitantes deverão comprovar até três dias antes que possuem as condições exigidas para cadastramento, no setor de cadastro, criando, por assim dizer, um cadastro específico para uma e determinada licitação. Tal procedimento parece vantajoso, porque retira a formalidade de uma fase de habilitação feita nos estritos termos legais, com envelope lacrado, quando por mera formalidade o licitante poderá ser excluído do certame.

Com esse procedimento, se o licitante esquece de apresentar algum documento que demonstra possuir as condições exigidas para cadastramento, poderá, antes do tríduo legal, voltar à Administração e completar a documentação, validando a sua participação. É importante notar que a prova de que o licitante, antes dos três dias, possuía as condições exigidas para cadastramento deverá ser formalmente documentada, por termos nos autos, anexando-se os comprovantes. Na abertura do procedimento de julgamento das propostas, deverá, ainda, ser informado quem atendeu às condições, oferecendo-se, inclusive, a documentação para os demais licitantes, se requerido, pois não se pode olvidar que todos têm direito de impugnar a participação e documentação dos demais. Como praxe, pode-se adotar mero registro em ata de tantos quantos estejam cadastrados, e, após essa etapa, retornar os documentos originais ao setor de cadastro, deixando registro do fato no processo de licitação.

3.3.2. limitação à exigência de documentos dos licitantes não cadastrados

Como referido, a tomada de preços era, nos termos da legislação anterior, restrita às empresas e profissionais cadastrados, em posição diametralmente oposta à lei atual, que permite a participação do licitante que preencha as condições para cadastramento até o terceiro dia anterior à apresentação das propostas.

Ocorre que a Administração não poderá exigir do licitante não cadastrado os mesmos documentos necessários para o cadastramento normal. Deverá exigir menos ou mais! Essa situação decorre do disposto no § 9º do art. 22 da Lei nº 8.666/1993.[158]

Para efetivar esse comando normativo, deverá a Administração, a cada tomada de preços, se já possuir cadastro devidamente regularizado, nos termos dos arts. 34 a 37 da Lei nº 8.666/1993, selecionar, dentre os documentos que exigiu para o cadastramento, aqueles que são compatíveis com o objeto da licitação. Avalia-se a compatibilidade em cada caso *de per si*, enquanto que, para o cadastramento, o estabelecimento dos requisitos é genérico para o empreendimento geral definido pela Administração. Exemplificando: em uma determinada tomada de preços, a exigência do art. 30, inciso II, poderá ser total ou parcialmente dispensada, segundo a natureza da obra, mas para o cadastramento foi estabelecido um requisito médio para a categoria. Para compreensão adequada, deve-se ter em conta que, na formação do registro cadastral, em acatamento ao disposto no art. 36, a Administração seleciona por categorias os inscritos e os subdivide em grupos, segundo a avaliação que procede da qualificação técnica e econômica, dos elementos dos arts. 30 e 31. Para edificações, por exemplo, pode-se estabelecer a categoria de construção civil, subdividindo-a em três grupos, segundo a capacidade técnica e econômica demonstrada pelo licitante na época da convocação para a formação do registro cadastral. Admite-se, portanto, que uma empresa cadastrada que aumentou sua capacidade técnica ou econômica após o período de cadastramento, ou não se inscreveu para determinada categoria, participe da licitação atendendo aos requisitos "reduzidos", especificados para uma determinada tomada de preços, na condição de "não cadastrada".

Assim se, por exemplo, o menor grupo, no caso citado, é para edificações de 100 a 500 metros quadrados e a obra específica for de 80 metros quadrados, deverá haver compatibilidade entre a exigência de qualificação e o objeto de fato pretendido. Quem não se cadastrou, mas possui condições de fazer essa pequena obra, agora poderá participar da licitação.

Por outro lado, se a tomada de preços visa edificar uma obra de 1000 m^2, os que estão cadastrados até 500 metros, em verdade, não estão aptos a participar da licitação, embora literalmente atendam o art. 22, § 2º, da Lei nº 8.666/1993, por estarem formalmente cadastrados. Do mesmo modo, se por

---

[158] BRASIL. **Lei nº 8.666/93 (Versão Bolso).** Organização dos textos e índice por J. U. JACOBY FERNANDES. 12. ed. amp., rev. e atual. Belo Horizonte: Fórum, 2010. *In verbis*: "Art. 22 [...] § 9º: Na hipótese do § 2º deste artigo, a Administração somente poderá exigir do licitante não cadastrado os documentos previstos nos art. 27 a 31, que comprovem habilitação compatível com o objeto da licitação, nos termos do edital."

exemplo, o cadastramento era por categoria de pontes com vão livre de 5 metros (com faixa de 1-5; 6-10; 11-15 m) e a obra pretendida, de 8 m. Os cadastrados na primeira faixa não atendem às condições compatíveis com o objeto licitado e, portanto, não podem participar.

3.3.3. outras peculiaridades

Cabe ressaltar, em relação à tomada de preços, que o seu valor constitui um divisor para adoção de procedimentos mais formalizados, como, por exemplo, referente à execução dos contratos de compras que, a partir do valor mínimo da tomada de preços, exige para o recebimento do material comprado a constituição de uma comissão de, no mínimo, três membros,[159] conforme o art. 15, § 8º. Também, a partir do valor mínimo fixado para a tomada de preços, é exigido o instrumento do contrato, conforme preceitua o art. 62, *caput*. Essa regra comporta exceção quando se trata de compra com entrega imediata e integral dos bens adquiridos, dos quais não resultem obrigações futuras, inclusive assistência técnica, na dicção do art. 62, § 4º.

3.4. prazo

A Lei nº 8.883/1994 mudou a definição de prazos para tomada de preços, dispondo que, se a mesma for do tipo "melhor técnica" ou "técnica e preço", deverá mediar 30 dias entre a publicação do edital[160] ou entre sua disponibilidade ou a disponibilidade de seus anexos, e a data aprazada para o recebimento das propostas. Todavia, se a tomada de preços não for desses tipos, o prazo será de apenas quinze dias.[161]

---

[159] O TCDF decidiu recomendar que se evite nomear para compor a comissão permanente de licitação servidores responsáveis pela execução de contratos ou aqueles que, devido ao exercício da função, tenham relacionamento direto e frequente com fornecedores de bens ou serviços, atendendo, dessa forma, o princípio da segregação de funções. DISTRITO FEDERAL. Tribunal de Contas. Processo nº 2.995/1996. Decisão nº 10.368/1996. Relator: Conselheiro José Milton Ferreira. **Diário Oficial do Distrito Federal**, 29 nov. 1996. Disponível em: http://www.tc.df.gov.br. Acesso em 26 jan 2011.

[160] Sobre a publicação dos avisos de edital de tomada de preços, o TCU recomendou que a mesma se faça em jornal diário de grande circulação no país, a fim de ampliar a área de competição. BRASIL. Tribunal de Contas da União. Processo nº TC-825.056/97-7. Decisão nº 289/1999 - Plenário. Relator: Ministro Benjamin Zymler. **Diário Oficial [da] República Federativa do Brasil**, Brasília, DF, de 14 jun. 1999. Seção 1, p. 74.

[161] Em processo julgado pelo TCU, o edital de tomada de preços foi disponibilizado somente no dia fixado para apresentação da proposta. A apresentação foi adiada por cinco dias úteis. O TCU apenas orientou. Processo nº TC-450.027/1998-8. Decisão nº 573/1998 - Plenário. Relator: Ministro Marcos Vinicios Vilaça. **Diário Oficial [da] República Federativa do Brasil**, Brasília, DF, 04 set. 1998. Seção 1, p. 73.

3.5. uso de tomada de preços para contratações na faixa de convite

Nos termos do art. 23, § 4º, é possível à Administração utilizar a tomada de preços quando couber convite. Esse dispositivo vem sendo bastante útil para a Administração quando há restrições no mercado, ou quando percebe-se que as empresas não demonstram interesse em licitar, facilitando a comprovação da regularidade do procedimento licitatório. Em um caso concreto, verificou-se que certo Município praticamente deixou de realizar convite durante algum tempo porque as empresas não mais tinham interesse em licitar com uma determinada Secretaria, tendo em vista o conceito de má pagadora que deteve durante uma época. Para restabelecer a credibilidade e atender ao interesse da Administração, o uso da tomada de preços, no lugar do convite, foi bastante eficaz.

Outra hipótese comum ocorre quando a estimativa de preço situa o valor do objeto muito próximo ao limite máximo do convite, mostrando-se prudente que a Administração, nesse caso, adote a modalidade de licitação superior, como será visto a seguir.

4. Concorrência

4.1. noções gerais

Essa é a modalidade de licitação que busca a participação do maior conjunto de ofertantes, podendo concorrer qualquer um que preencha as condições estabelecidas no edital.[162]

Em síntese, apresenta as seguintes características:

- procedimento mais complexo;[163]
- prazos mais dilatados;
- habilitação indispensável;
- regulamentação mais detalhada;
- empregada para compras, obras, serviços e alienações de maior vulto, sem limitação superior de preços para sua utilização;

[162] O TCU entendeu correta a inabilitação em concorrência de empresa que se inscreveu no SICAF a tempo, mas não foi colocada *on line* a tempo da abertura. Processo nº TC-005.085/1998-5. Decisão nº 639/1999 - Plenário. Relator: Ministro José Antonio B. de Macedo. **Diário Oficial [da] República Federativa do Brasil**, 28 set. 1999. Seção 1, p. 232.

[163] A resposta de consulta a respeito de cláusula de edital de concorrência pública é vinculante desde que tenha sido comunicada a todos os interessados. BRASIL. Superior Tribunal de Justiça. Processo Resp. nº 19.866-5 - 2ª Turma. Relator: Ministro Ari Pargendler. **Diário da Justiça [da] República Federativa do Brasil**, Brasília, DF, 03 maio 1999, p. 137.

- ampla publicidade;
- estende-se as empresas do exterior;
- não possui valor máximo;
- a concessão limita-se ao uso somente desta modalidade.

4.2. conceito legal

Dispõe a Lei nº 8.666/1993, art. 22, § 3º, *in verbis*:

> É a modalidade de licitação entre quaisquer interessados que, na fase inicial de habilitação preliminar, comprovem possuir os requisitos mínimos de qualificação exigidos no edital para execução de seu objeto.[164]

4.3. uso de concorrência na faixa de preços inferiores

Uma das principais e já assentadas características dessa modalidade de licitação – a concorrência – é poder ser utilizada para as faixas de preços inferiores, ou seja, convite e tomada de preços, conforme dispõe o art. 23, § 4º. Evidentemente, tal literalidade deve ser aplicada com cautela, não só porque existem critérios próprios para se definir a modalidade de licitação cabível, como porque os atos administrativos são guiados pelo princípio da economicidade, e é antieconômico utilizar-se para qualquer caso a concorrência, mormente quando o contrato possui valor ínfimo. O precitado dispositivo autoriza o Administrador a servir-se dessa modalidade quando, à vista do amplo ordenamento jurídico, tem-se em conta outros valores igualmente tutelados, como ocorre quando a tomada de preços apresenta o valor estimado próximo da faixa de concorrência, quando o setor apresenta indícios de cartelização entre os cadastrados, quando se pretende ampliar a competitividade, visando reduzir a interferência de determinado setor da economia.

É também cabível a realização de licitação pública, na modalidade concorrência, para a alienação de materiais e equipamentos de emprego específico e de uso restrito, cujo mercado seja limitado e com características peculiares, qualquer que seja o valor do objeto, sendo tal modalidade obrigatória nos casos em que a soma dos valores de seus itens ou unidades

---

[164] Vide: BRASIL. **Lei nº 8.666/93 (Versão Bolso).** Organização dos textos e índice por J. U. JACOBY FERNANDES. 12. ed. amp., rev. e atual. Belo Horizonte: Fórum, 2010.

autônomas ultrapassarem o limite estabelecido no art. 24, inciso II, da Lei nº 8.666/1993.[165]

4.4. inexistência de limite superior de preço para sua utilização

Outra importante característica da concorrência é que não há valor máximo para o seu emprego, tendo apenas a lei estabelecido algumas peculiaridades para licitações de grande vulto, conceituada no art. 6º, inciso V, como dispõem os arts. 30, § 8º, 46, § 3ºe 73, § 1º.

4.5. prazo

Também foi alterado pela Lei nº 8.883/1994, estabelecendo que será de 45 dias quando se trate do tipo melhor técnica ou técnica e preço, e trinta dias nos demais casos, contados sempre na forma do art. 110 da Lei nº 8.666/1993.

4.6. licitações internacionais

O assunto será abordado adiante, no critério qualitativo de seleção da modalidade de licitação, mas impõe-se destacar que existem peculiaridades nas licitações internacionais, onde a concorrência assume relevo.

4.7. licitações para imóveis

A Lei nº 8.666/1993, seguindo o Decreto-Lei nº 2.300/1986, estabeleceu que a concorrência é a modalidade de licitação adequada para a alienação de imóveis. Essa regra, assentada na doutrina e na jurisprudência, foi radicalmente modificada pela Lei nº 8.883/1994, que alterou a Lei nº 8.666/1993. Em decorrência das modificações experimentadas pela lei, passou a ser admissível o leilão para a alienação de imóveis quando a aquisição do bem haja derivado de procedimentos judiciais ou de dação em pagamento.

Ao tempo do Decreto-Lei nº 2.300/1986, a Secretaria de Administração Federal promoveu consulta ao TCU sobre a possibilidade de utilizar o leilão para a alienação de imóveis, tendo aquela Corte, em decisão não unânime, firmado o entendimento de que, para a:

> alienação dos bens imóveis da União, das autarquias, das sociedades de economia mista, empresas e fundações públicas e demais entidades controladas direta ou

---

[165] BRASIL. Tribunal de Contas da União. Processo nº TC-016.731/1995-6. Decisão nº 655/1995 - Plenário. Relator: Ministro Adhemar Paladini Ghisi. **Diário Oficial [da] República Federativa do Brasil**, Brasília, DF, 28 dez. 1995. Seção 1, p. 22.555.

> indiretamente pela União, salvo expressa determinação legal, deve ser processada mediante concorrência, independentemente de seu valor.[166]

Com a permissão legal, oriunda da Lei nº 8.883/1994, para que a Administração utilize o leilão quando a aquisição do bem haja derivado de processo de dação em pagamento ou procedimento judicial, não haverá limitação de valor máximo para o emprego dessa modalidade. A origem do bem, e não o valor, é que permite à Administração servir-se da modalidade leilão para aliená-los. Nesse sentido, cabe lembrar que o valor limitativo ao emprego de leilão só existe para alienação de bens móveis, conforme expressamente estabelece o art. 17, § 6º, da Lei nº 8.666/1993.

Quando se trata de concorrência para a venda de bens imóveis, a fase da habilitação limitar-se-á à comprovação do recolhimento de quantia correspondente a 5% (cinco por cento) da avaliação, conforme textualmente consta do art. 18 da Lei nº 8.666/1993 e, por isso, são bastante simplificadas, pois foram afastadas as exigências dos arts. 27 a 31.

Questão interessante ocorreu no Distrito Federal, onde, em determinada concorrência, a Administração exigiu o depósito de valor como garantia do cumprimento do contrato, na forma permitida pelo art. 31, inciso III, da Lei nº 8.666/1993,[167] estabelecendo em cláusula do edital a perda da caução em caso de desclassificação do licitante.[168] A Justiça do Distrito Federal firmou o entendimento de que:

> [...] a caução não é meio de auferir-se renda, e sua apropriação constitui enriquecimento sem causa. Somente na hipótese de recusa de assinatura do contrato ou de inexecução deste, com prejuízo para o órgão que procedeu à

---

[166] a) BRASIL. Tribunal de Contas da União. Processo nº TC-425-189/1990-2. Anexo IX da Ata nº 16, de 21 de novembro de 1990. Relator: Ministro Homero Santos. **Diário Oficial [da] República Federativa do Brasil**, Brasília, 19 dez. 1990. Seção 1, p. 24781.

b) Em outro processo o TCU recomendou: "não permita a participação de seus servidores em processos de alienação de bens do patrimônio da entidade, sob pena de violar os princípios da moralidade e da impessoalidade." BRASIL. Tribunal de Contas da União. Processo nº TC-625.194/1996-9. Decisão nº 116/1999 - 2ª Câmara. Relator: Ministro Benjamin Zymler. **Diário Oficial [da] República Federativa do Brasil**, Brasília, DF, 14 jun. 1999. Seção 1, p. 99.

[167] Vide Lei nº 8.666/1993, art. 18.

[168] No âmbito do Direito Civil aquele que se arrepender fica sujeito à condenação em perdas e danos, tendo, entretanto o direito de reaver o que pagou a título de arras, já que esse valor constitui princípio de pagamento. Em relação às arras penitenciais, as partes convencionam o direito de arrependimento, sujeito à perda da quantia paga a título de sinal, que nesse caso servirá à indenização pelo descumprimento do contrato. BRASIL. Lei nº 10.406, de 10 de janeiro de 2002. Institui o Código Civil. **Diário Oficial da União [da] República Federativa do Brasil**, Brasília, DF, 11 jan. 2002. Arts. 417 a 420.

> licitação, seria viável a perda da caução, como compensação indenizatória.[169]

Em uma outra concorrência, a Administração se viu impedida de entregar o bem arrematado. O Tribunal Regional Federal da 3ª Região decidiu que a solução seria o desfazimento do ato, com a restituição do valor pago pelo licitante com seus acréscimos legais.[170]

Questão também relevante, diz respeito à cessão de parte de imóvel da Administração para uso por particular em desenvolvimento de atividade de interesse da Administração, como ocorre, por exemplo, com a cessão de espaço para exploração de serviço de lanchonete para alimentação de servidores.[171] Registre-se que espaço é elemento acessório do contrato principal e, portanto, não deve constituir objeto próprio ou autônomo da licitação ou dispensa/inexigibilidade.

Assim, dever-se-ia licitar o serviço de lanchonete/restaurante, colocando-se no edital que este deverá ser prestado no local indicado – área com planta baixa e memorial descritivo – e posteriormente, no próprio contrato, deixar autorizado o uso, em caráter precário, mediante o reembolso de despesas incidentes – água, luz, telefone – proporcionalmente definidas.[172]

Esse tema, entretanto, será tratado mais detalhadamente no capítulo 4, subtítulo 4, alínea "a.2".

---

[169] DISTRITO FEDERAL. Tribunal de Justiça do Distrito Federal e Territórios. Processo APC nº 31.156/1993-DF. Acórdão nº 71.024 - 3ª Turma Cível. Relator: Desembargador Campos do Amaral. **Diário da Justiça [da] República Federativa do Brasil**, Brasília, 22 maio 1994. Seção 3, p. 7.131.

[170] BRASIL. Tribunal Regional Federal da 3ª Região. Processo AC nº 03001701/1989 - 4ª Turma. Relator: Juiz Oliveira Lima. **Diário Oficial do Estado**, São Paulo, 04 nov. 1991, p. 102.

[171] "[...] Realize certame licitatório para a ocupação de espaço para lanchonete e cobre do Banco do Brasil um valor mensal para custear as despesas geradas pela agência bancária." BRASIL. Tribunal de Contas da União. Processo nº TC-012.030/2003-7. Acórdão nº 2.184/2004 – 2ª Câmara. Relator: Ministro-Substituto Lincoln Magalhães da Rocha. **Diário Oficial da União [da] República Federativa do Brasil**, Brasília, DF, 12 nov. 2004.

[172] Em recente acórdão seguindo essa mesma linha de entendimento, o TCU considerou que: "[...] a cessão graciosa de uso de espaço público, uma vez justificada a preponderância do atendimento do interesse público sobre o caráter mercantil da contratação, não importa em dano efetivo à Administração, visto que todas as despesas concernentes ao consumo de água, energia elétrica e telefonia são ressarcidos ao erário pela concessionária. Ao contrário, a Administração granjeia maiores oportunidades de incrementar a sua eficiência e produtividade no atendimento ao público." BRASIL. Tribunal de Contas da União. Processo nº TC-016.097/2005-0. Acórdão nº 1443/2006 - Plenário. Relator: Ministro Walton Alencar Rodrigues. **Diário Oficial da União [da] República Federativa do Brasil**, Brasília, DF, 18 ago. 2006. Seção 1.

5. Concurso

5.1. conceito legal

Dispõe a Lei nº 8.666/1993, art. 22, § 4º, *in verbis*:

> É a modalidade de licitação entre quaisquer interessados para a escolha de trabalho técnico, científico ou artístico, mediante a instituição de prêmios ou remuneração aos vencedores, conforme critérios constantes de edital publicado na imprensa oficial com antecedência mínima de 45 dias.

5.2. distinção entre concurso público modalidade de licitação e concurso para ocupação de cargo ou emprego

Preliminarmente, insta ressaltar que a modalidade de licitação denominada concurso pouca relação apresenta com o concurso público para recrutamento de pessoal, estabelecido pela Constituição Federal no art. 37, inciso II. Entre as afinidades desses institutos, destacam-se que ambos são obrigatórios para a Administração Pública direta, indireta e fundacional, dos Três Poderes, de todas as esferas de governo. Ambos visam concretizar o princípio da isonomia e podem ser de provas e títulos. O concurso como modalidade de licitação, porém, permite outros meios de julgamento. Além disso, resta pouca semelhança.

De fato, enquanto o concurso público de seleção de pessoal visa preencher cargo ou emprego[173], o concurso - modalidade de licitação - não visa a objetivo continuado da Administração. Os cargos ou empregos da Administração Pública são criados visando à satisfação de necessidades perenes da Administração; seus selecionados passam a reger-se pelo estatuto próprio[174] ou pelo regime da Consolidação das Leis do Trabalho - CLT,[175] conforme trate-se de cargo ou emprego. Outra característica é que os

---

[173] Determinada contratação de servidor se deu com base no artigo 10, "d", da Lei nº 8.666/1993, tendo por objeto a prestação de serviços específicos. O TCU entendeu que o fundamento utilizado para contratar pessoal não foi adequado por se tratar de contratação laboral, para a qual há necessidade de concurso público. BRASIL. Tribunal de Contas da União. Processo nº TC-007.252/1999-4. Decisão nº 720/1999 - Plenário. Relator: Ministro Humberto Guimarães Souto. **Diário Oficial [da] República Federativa do Brasil**, Brasília, DF, 05 nov. 1999. Seção 1, p. 72.

[174] Na esfera federal: BRASIL. Lei nº 8.112, de 11 de dezembro de 1990. Dispõe sobre o regime jurídico dos servidores públicos civis da União, das autarquias e das fundações públicas federais. **Diário Oficial [da] República Federativa do Brasil**, Brasília, DF, 12 dez. 1990 e Republicada em 18 mar. 1998.

[175] Instituído pelo Decreto-Lei nº 5.452, de 1º de maio de 1943. Aprova a consolidação das leis do trabalho. **Diário Oficial [da] República Federativa do Brasil**, Brasília, DF, 09 ago. 1943.

selecionados sempre receberão vencimentos ou salários com periodicidade mensal. Por fim, no concurso público para seleção de pessoal, almeja-se um trabalho contínuo, não um resultado em si mesmo, e sempre restrito a pessoas físicas.

Já o concurso modalidade de licitação, de que se ocupa a Lei nº 8.666/1993, tem outro propósito: a Administração pretende um resultado concreto do trabalho predominantemente intelectual, técnico, científico ou artístico. Por isso, a regra é o prêmio, pago de uma só vez. Se no concurso seleção de pessoal, o trabalho inicia-se após a contratação, no concurso modalidade de licitação, o trabalho, ao tempo do julgamento, como regra, já está realizado, cabendo apenas a premiação.

A propósito, a Secretaria de Administração Federal, no Parecer nº 503/1992,[176] esclareceu que a mão de obra contratada mediante locação de serviços não é regida pela CLT, nem pelo estatuto do servidor, não fazendo jus às vantagens de quaisquer dos regimes, nem devendo os descontos de PIS/INSS. É matéria regida pelos arts. 593 a 609 do Código Civil e arts. 232 a 235, da Lei nº 8.122/1990. As sucessivas reformas da legislação e da Constituição Federal parecem ter superado esse entendimento.[177]

5.3. inovações

Necessário se faz um registro, nesse passo, sobre a inovação da Lei nº 8.666/1993, ao admitir a "remuneração" como forma de pagamento. Quando deve ser utilizado o prêmio ou a remuneração?

A noção primitiva do termo prêmio, parcialmente coincidente com a consagrada na linguagem coloquial, diz respeito a uma recompensa que não guarda rigorosa correspondência sinalagmática, podendo ser até muito maior do que o esforço despendido. Tal noção é, muitas vezes, desenvolvida no âmbito da Administração Pública quando institui um determinado trabalho com

---

[176] Publicado no **Diário Oficial [da] República Federativa do Brasil**, Brasília, DF, 03 nov. 1992. Seção 1, p. 15.396.

[177] Corroborando esse entendimento, consulte: art. 195. § 3º, da Constituição Federal; Lei nº 9.032 de 28 de abril de 1995 que alterou o art. 71 da Lei nº 8.666/93 e Decreto nº 3.048/1999 art. 216-A, que dispõe: "Os órgãos da administração pública direta, indireta e fundações públicas da União, bem como as demais entidades integrantes do Sistema Integrado de Administração Financeira do Governo Federal ao contratarem pessoa física para prestação de serviços eventuais, sem vínculo empregatício, inclusive como integrante de grupo-tarefa, deverão obter dela a respectiva inscrição no Instituto Nacional do Seguro Social, como contribuinte individual, ou providenciá-la em nome dela, caso não seja inscrita, e proceder ao desconto e recolhimento da respectiva contribuição, na forma do art. 216." e o art. 219, que trata da Previdência Social e da Seguridade Social.

o objetivo de utilizá-lo, mas também com o propósito de incentivar, por exemplo, o meio acadêmico, despertando o interesse pelo tema.

O mesmo termo, contudo, abriga em seu conteúdo a noção equivalente à de remuneração, conforme o magistério de De Plácido e Silva, inserido no Vocabulário Jurídico, segundo o qual:

> Prêmio. Do latim *praemium* (dinheiro, benefício, vantagem), é, em sentido geral, que está conforme com a origem do vocábulo, empregado para exprimir toda espécie de recompensa monetária ou remuneração por ato ou por serviço, que se tenha praticado. Mas o prêmio, uma retribuição ou uma contribuição em dinheiro a favor ou em benefício da pessoa, que tenha praticado ou feito alguma coisa, para que o mereça, não se confunde com o ordenado, o vencimento ou a paga normal, a que se tem direito por força de um contrato ou por determinação legal.[178]

Ensina Marçal Justen Filho:

> O prêmio corresponde a uma contrapartida (econômica ou não) pela atividade técnica ou artística - até porque, em regra, o produto dessa atividade não será economicamente avaliável. O prêmio não significa uma mera liberalidade da Administração. No concurso, a premiação final funciona como fator de incentivo aos possíveis interessados em participar do concurso. O prêmio tanto poderá consistir em bem economicamente avaliável como em uma honraria de outra natureza.[179]

Outra particularidade diz respeito ao julgamento que, no caso de concurso, deve ser feito por uma comissão especial integrada por pessoas de reputação ilibada e reconhecido conhecimento da matéria[180] em exame, podendo ser servidores públicos ou não, de acordo com o art. 51, § 5º.

As demais regras peculiares do concurso estão expostas no art. 52 da Lei nº 8.666/1993, ao qual remetemos o leitor.

---

[178] SILVA, De Plácido e. **Vocabulário Jurídico**. 26 ed. 3ª tiragem. Rio de Janeiro: Forense, p. 1.081.

[179] JUSTEN FILHO, Marçal. **Comentários à lei de licitações e contratos administrativos**. 11 ed. São Paulo: Dialética, 2005, p. 202.

[180] O TCDF entendeu regular contratar o Instituto dos Arquitetos do Brasil, para julgar o concurso que escolheria o projeto de construção da 3ª Ponte. DISTRITO FEDERAL. Tribunal de Contas. Processo nº 4499/1998. Decisão nº 3548/2001. Relator: Conselheiro José Eduardo Barbosa. **Diário Oficial do Distrito Federal**, Brasília, 01 jun. 2001. Disponível em: http://www.tc.df.gov.br. Acesso em 26 jan 2011.

5.4. prazo

Sobre o prazo, ressalta-se que, na forma do art. 21, § 2º, I, é no mínimo de 45 dias, contados entre a publicação do edital e o recebimento das propostas. O período em tela, junto com o estabelecido para a concorrência do tipo "melhor técnica" e "técnica e preço", constitui o maior prazo estabelecido pela lei.

Mas esse prazo poderá ser maior e deverá ser suficiente para que os interessados realizem o objeto pretendido ou elaborem a proposta técnica.

5.5. a execução do serviço é posterior?

Em escólio ao mencionado artigo, obtempera o Dr. Marçal Justen Filho, com o habitual senso de oportunidade, que:

> [...] o prazo entre a divulgação do concurso e a apresentação dos trabalhos deve ser compatível com o exaurimento de atividade técnica ou artística. Assim, será inválido o concurso que inviabilizar, através do prazo reduzido, a ampla participação dos interessados.[181]

Complementando, o mesmo autor assere que "não cabe ao vencedor desenvolver, após o julgamento, alguma atividade de execução. Essa é a posição que, em regra, se colhe na doutrina pátria".

O assunto, contudo, merece maior reflexão, quando se discute a possibilidade de a Administração escolher, mediante concurso, a empresa ou profissional para a realização do serviço do seu interesse. Deve-se reconhecer em tal possibilidade, embora aceitável como regra, a noção de que a execução do serviço é posterior ao edital e anterior ao julgamento.

Ensina Carlos Maximiliano que "não se encontra um princípio isolado, em ciência alguma; acha-se cada um em conexão íntima com outros."[182]

Em consonância com o exposto e, à luz do art. 13, § 1º, é possível admitir que a Administração promova a escolha de um serviço técnico profissional especializado mediante concurso em que a seleção ocorreria sob essa modalidade, mas a execução poderia ser posterior. Exemplo ocorreria para a contratação de uma perícia para avaliar os riscos de vazamento em uma usina nuclear ou fiscalização de uma obra, hipóteses em que, preliminarmente, se

---

[181] JUSTEN FILHO, Marçal. **Comentários à lei de licitações e contratos administrativos**. 11 ed. São Paulo: Dialética, 2005, p. 202.

[182] MAXIMILIANO, Carlos. **Hermenêutica e aplicação do direito**. 19 ed. 2ª tiragem. Rio de Janeiro: Forense, p. 105.

obtém o candidato ou empresa mais apto e aparelhado para a execução do pretendido contrato.

5.6. serviços técnico-profissionais e notória especialização

Normalmente, algumas Administrações têm decretado a inexigibilidade de licitação, por notória especialização, ou promovido, em casos semelhantes, a concorrência do tipo "melhor técnica" ou "técnica e preço". Esses procedimentos vêm tornando vazio de significado o *caput* do art. 13 e o respectivo § 1º.[183]

Recomendável, porque sempre atual, o exemplo a seguir é citado na obra do eminente Dr. Ernesto Silva, sobre a construção de Brasília,[184] em que o autor relata como foi realizado o concurso do Plano Piloto de Brasília e a razão pela qual foi escolhido o projeto de Lúcio Costa. É fácil perceber que, se o projeto para construção da Capital do Brasil foi escolhido mediante concurso, mostra-se verdadeiramente injustificável a reiterada seleção dos serviços enumerados no art. 13, por notória especialização.

A própria lei determinou que fosse dada preferência a essa modalidade de licitação e, por ausência de controle, se vem fazendo tábula rasa de uma ordem legal.[185]

---

[183] BRASIL. **Lei nº 8.666/93 (Versão Bolso).** Organização dos textos e índice por J. U. JACOBY FERNANDES. 12. ed. amp., rev. e atual. Belo Horizonte: Fórum, 2010. *In verbis*: "Art. 13. Para fins desta lei, consideram-se serviços técnicos profissionais especializados os trabalhos relativos a: I - estudos técnicos, planejamento e projetos básicos ou executivos; II - pareceres, perícias e avaliações em geral; III - assessorias ou consultorias técnicas e auditorias financeiras; IV - fiscalização, supervisão ou gerenciamento de obras ou serviços; V - patrocínio ou defesa de causas judiciais ou administrativas; VI - treinamento e aperfeiçoamento de pessoal; VII - restauração de obras de arte e bens de valor histórico. §1º Ressalvados os casos de inexigibilidade de licitação, os contratos para a prestação de serviços técnicos profissionais especializados deverão, preferencialmente, ser celebrados mediante a realização de concurso, com estipulação prévia do prêmio ou remuneração".

[184] SILVA, Ernesto. **História de Brasília**: um sonho, uma esperança, uma realidade. Brasília: Senado Federal/Centro Gráfico, 1985, p. 151 .

[185] a) O GDF, para execução do projeto "Nova Brasília", contratou o arquiteto Oscar Niemayer, em detrimento de todos os arquitetos que poderiam executar obras similares e seguindo o estilo inovador que marca a Capital brasileira, contrariando entendimento já firmado pelo TCU de que é irregular a contratação, com base no art. 25, II, se ausente a singularidade do objeto e inviabilidade de competição. No caso, julgava-se contratação direta de empresa do mesmo arquiteto, para prestação de serviço de acompanhamento, fiscalização, supervisão e assistência técnica à execução de obras de reforma de prédios, cujos projetos eram de autoria do arquiteto. BRASIL. Tribunal de Contas da União. Processo nº TC-015.327/1996-5. Decisão nº 161/1997 - Plenário. Relator: Ministro Humberto Guimarães Souto. **Diário Oficial [da] República Federativa do Brasil**, Brasília, DF, 22 abr. 1997. Seção 1, p. 7973 a 7974.

b) Consulte, a propósito, a opinião deste autor sobre o caso. Correio Braziliense, Caderno Opinião de 23 maio 1999, p. 32.

Afigura-se recomendável estudar as disposições existentes em legislações esparsas sobre a obrigatoriedade da realização de concurso, como modalidade de licitação, para a contratação de serviços específicos.[186]

5.7. serviços advocatícios[187]

A mesma hipótese cabe no caso de patrocínio de causas judiciais,[188] embora o Tribunal de Contas da União tenha recomendado a pré-qualificação.[189]

Como distinguir, então, se é o caso de contratar, por exemplo, advogado mediante concurso, modalidade de licitação, para prestar serviço, sob contrato de prestação de serviços, regido pelo Código Civil,[190] ou contratar, mediante concurso público, meio de seleção, para exercer cargo ou emprego público?

A questão dependerá essencialmente, no caso específico, do interesse da Administração e do grau de terceirização que pretenda adotar. Considerando a profissão em comento, é indiscutível a alternatividade proposta. Situação diferente ocorreria com os profissionais que, pela natureza das atribuições, exercem atividades predominantemente subordinadas, com supervisão constante e horário prefixado. Nessa hipótese, a contratação mediante contrato de prestação de serviços poderia estar almejando burla à legislação obreira ou à própria noção de serviço público. Sobre o assunto, firmou-se a melhor jurisprudência no sentido de que, mesmo quando provada a relação de subordinação, se não precedida de concurso público, a Justiça do Trabalho não pode reconhecer a relação de emprego, porque está ausente a formalidade essencial.

Eis o seguinte elucidativo acórdão:

> Servidor Público. Admissão sem concurso. Consequências. - Por imposição constitucional, a única forma de ingresso no serviço público é através de concurso público de provas ou de provas e títulos, ressalvadas as hipóteses previstas no inciso II do art. 37 da Constituição Federal. A não

---

[186] MOTTA, Carlos Pinto Coelho. **Eficácia nas licitações e contratos**, 10ª ed., Belo Horizonte: Del Rey, 2005. Sobre o tema, consulte os comentários na página 196.

[187] Consulte sobre este tema o subitem 4.2.5.1 no capítulo 6.

[188] Sobre o assunto, não deixe de consultar o subtítulo 21.2.3.2 do capítulo 5, sobre contratação não eventual – terceirização, e subtítulo 4.2.5.1 do capítulo 6, sobre inexigibilidade de licitação para serviços advocatícios.

[189] BRASIL. Tribunal de Contas da União. Processo nº TC-012.154/1993-8. Decisão nº 137/1994 - 1ª Câmara. Relator: Ministro Olavo Drumond. **Diário Oficial [da] República Federativa do Brasil**, Brasília, 13 maio 1994. Seção 1, p. 7143.

[190] BRASIL. Lei nº 10.406, de 10 de janeiro de 2002. Institui o Código Civil. **Diário Oficial da União [da] República Federativa do Brasil**, Brasília, DF, 11 jan. 2002. Arts. 593 e ss.

> observância de tais pressupostos poderá implicar na nulidade do ato, mas jamais no reconhecimento da relação de emprego.[191]

Sob outro enfoque, o Tribunal de Contas da União tem firme entendimento considerando irregular a contratação de empresa prestadora de serviços – terceirização[192] – quando para atribuições idênticas, havia cargo permanente previsto para o seu desempenho, expressando-se nos seguintes termos:

> [...] Decide: [...] determinar a adoção de providências para exclusão do contrato firmado com a empresa [...] para limpeza e conservação das dependências daquela unidade, dos serviços dos profissionais cujas atividades guardam identidade com as atribuições próprias de cargos integrantes do quadro de pessoal permanente da unidade ou não possuem correlação com o objeto da citada avença, dando ciência a esta Corte, no prazo de 30 (trinta) dias, das medidas tomadas.[193]

Assim, poderão ocorrer peculiaridades nos casos concretos que recomendem a adoção de concurso público, em que o contratante seja escolhido por meio dessa modalidade de licitação para a realização de serviço futuro. Se, contudo, o objeto do serviço pretendido guarda correlação com as tarefas dos cargos constantes, por exemplo, do Plano de Cargos e Carreira, como regra, a prática deverá ser coibida, exceto em se tratando de preenchimento provisório, enquanto se aguarda a conclusão do processo seletivo, ou se o cargo estiver em extinção.

Nesse sentido, se o serviço jurídico pode ser desempenhado pelo órgão jurídico da unidade é vedado terceirizá-lo.[194]

---

[191] a) RONDÔNIA. Tribunal Regional do Trabalho. Processo nº 5.995/1990. **Diário da Justiça do Estado**, 10 jul. 1992. Seção 2, p. 20.851;

b) Enunciado nº 331 do TST, citado nos comentários do subtítulo 21.2.3.2. contratação não eventual – terceirização, do capítulo 5; e

c) TCU. Processo nº TC-425.069/1993-1. Acórdão nº 305/1996 - 2ª Câmara. Relator: Ministro Paulo Affonso Marins de Oliveira. **Diário Oficial [da] República Federativa do Brasil**, Brasília, DF, 30 maio 1996. Seção 1, p. 9.426.

[192] Consulte a propósito: JACOBY FERNANDES. A terceirização no Serviço Público. **Revista de Informação Legislativa** nº 130, ano 33, Brasília: Ed. Senado Federal, p. 115 – 120.

[193] BRASIL. Tribunal de Contas da União. Processo nº TC-575.098/1992-9. Decisão nº 153/1994 - Plenário. Relator: Ministro - Substituto Bento José Bugarin. **Diário Oficial [da] República Federativa do Brasil**, Brasília, DF, 11 abr. 1994. Seção 1, p. 5180.

[194] BRASIL. Tribunal de Contas da União. Processo nº TC-009.373/1996-9. Decisão nº 296/1998 - 2ª Câmara Relator: Ministro-Substituto Benjamin Zymler. **Diário Oficial [da] República Federativa do Brasil**, Brasília, DF, 24 nov. 1998. Seção 1, p. 93-94.

Outro elucidativo acórdão do Tribunal de Contas da União não pode ser olvidado quando se tem em referência a distinção entre a possibilidade da contratação eventual e a não eventual, pela clareza com que aborda o tema, firmado sobre a questão da possibilidade de entidade que possui quadro de advogados próprio,[195] promover a contratação de profissionais dessa área sem vinculação de trabalho de forma continuada. Da decisão daquela Corte de Contas, colhe-se o seguinte magistério sobre esta questão:

> 1º) a circunstância de entidade pública ou órgão governamental contar com quadro próprio de advogados não constitui impedimento legal a contratar advogado particular para prestar-lhe serviços específicos, desde que a natureza e as características de singularidade e de complexidade desses serviços sejam de tal ordem que se evidencie que não poderão ser normalmente executados pelos profissionais de seus próprios quadros, justificando-se, portanto, a contratação de pessoa cujo nível de especialização a recomende para a causa;
>
> 2º) o exame da oportunidade e da conveniência de efetuar tal contratação compete ao administrador, a quem cabe analisar e decidir, diante da situação concreta de cada caso, se deve promover a contratação de profissional cujos conhecimentos, renome ou grau de especialização sejam essenciais para a defesa do interesse público que lhe cabe resguardar, e que não encontrem paralelo entre os advogados do quadro de pessoal da entidade sob sua responsabilidade;
>
> 3º) a contratação deve ser feita entre advogados pré-qualificados como os mais aptos a prestar os serviços especializados que se pretende obter;
>
> 4º) a contratação deve ser celebrada estritamente para prestação se serviço específico e singular, não se justificando, portanto, firmar contratos de espécie visando à prestação de tais serviços de forma continuada.[196]

---

[195] Por quadro próprio de advogados deve entender-se aquele formado por titulares de cargos efetivos de Procurador Autárquico, de Advogado, de titulares de cargos em comissão. O exercício da advocacia, por meio de procuração *ad judicia* conferida a servidores, bacharéis em Direito e lotados em cargos diversos dos já mencionados é irregular. Parecer AGU/MF nº 06/1998, Processo nº 00400001719/98-89, **Diário Oficial [da] República Federativa do Brasil**, Brasília, DF, 24 set. 1998. Seção 1, p. 4.

[196] BRASIL. Tribunal de Contas da União. Processo nº TC-019.893/1993-6 (sigiloso). Decisão nº 494/1994 - Plenário. Relator: Ministro Carlos Átila Álvares da Silva. **Diário Oficial [da] República Federativa do Brasil**, Brasília, DF, 15 ago. 1994. Seção 1, p. 12.304. **No mesmo sentido**: Decisão nº 624/1994 - Plenário e Decisão nº 278/1995 - Plenário.

É possível, porém, e, por exceção, que a Administração Pública terceirize parte do serviço jurídico reservando aos integrantes do quadro as causas cuja relevância jurídica ou econômica tornem inviável à terceirização. Recomendável que, antes de proceder à terceirização, a Administração explicite, de modo claro, a parcela que realizará diretamente e a que será executada por terceiros.[197]

5.8. serviços artísticos

O tema "serviços artísticos" será abordado com mais profundidade no capítulo 6, título 6, mas impõe registrar desde logo que a Lei nº 8.666/1993 manda contratá-los mediante concurso, como foi visto na transcrição do art. 13, inciso VII, c/c o § 1º, e é um dos casos em que a realização será posterior ao julgamento final do concurso. Apesar da literalidade e clareza do dispositivo, em determinado Município, segundo relato do presidente da Câmara de Vereadores, a Prefeitura, pretendendo evitar essa modalidade, promoveu a contratação, justificando como inexigível a licitação, tendo em vista a qualidade e preço da obra a ser restaurada. Obviamente incorreu em duplo equívoco: primeiro, porque não é o objeto a ser restaurado que justificaria a ausência do processo licitatório, mas o objeto do contrato, ou seja, o que a Administração queria de fato; o que caracteriza a absoluta inviabilidade jurídica de disputa entre os possíveis contratados para que se promovesse a licitação é o objeto, e não o preço. Segundo, por que a inexigibilidade por notória especialização só é possível se o objeto – serviço – for de tal modo singular que inviabilize a competição.

5.9. consultoria

Servem à compreensão do tema consultoria as mesmas considerações que foram expendidas sobre a contratação de advogado, citadas anteriormente. Há, porém, um requisito adicional que vem sendo inserido na Lei de Diretrizes Orçamentárias, exigindo divulgação de mais elementos desses contratos.[198]

---

[197] BRASIL. Tribunal de Contas da União. Processo nº TC-007.476/1993-0. Decisão nº 128/1993 - Plenário. Relator: Ministro Adhemar Paladini Ghisi. **Diário Oficial [da] República Federativa do Brasil**, Brasília, DF, 20 set. 1993; Processo nº TC-625.075/1995-1. Decisão nº 209/1998 - 2ª Câmara. Relator: Ministro Adhemar Paladini Ghisi. **Diário Oficial [da] República Federativa do Brasil**, Brasília, DF, 15 set. 1998. Seção 1, p. 44-46.

[198] BRASIL. Lei nº 11.178, de 20 de setembro de 2005. Dispõe sobre as diretrizes para a elaboração da Lei Orçamentária de 2006 e dá outras providências. **Diário Oficial da União [da] República Federativa do Brasil**, Brasília, DF, 21 set. 2005 - Edição extra. Na Lei de Diretrizes Orçamentárias, para o exercício de 2006, em seu art. 30, inciso VIII, foi estabelecido que na transferência de verbas para o setor privado não poderão ser destinados recursos para "pagamento, a qualquer título, a militar ou servidor público, da ativa, ou a empregado

Justifica-se tal providência pois, conforme apurado pelo Tribunal de Contas da União, vem ocorrendo muitas distorções nesses contratos, especialmente de natureza ética, quando servidores de órgãos repassadores de recursos eram contratados para prestar consultoria em órgãos recebedores dos recursos ou, ainda, quando se contratavam servidores do órgão para prestar consultoria, via organismos internacionais, no próprio órgão, recebendo duas vezes pelo mesmo trabalho.[199]

6. Leilão

6.1. conceito legal

Dispõe a Lei nº 8.666/1993, art. 22, § 5º, *in verbis*:

> É a modalidade de licitação entre quaisquer interessados para a venda de bens móveis inservíveis para a Administração ou de produtos legalmente apreendidos ou penhorados, ou para a alienação de bens imóveis prevista no art. 19, a quem oferecer o maior lance, igual ou superior ao da avaliação.[200]

6.2. limite de valor

Essa modalidade de licitação tem gerado equívocos por parte de alguns administradores, em razão da amplitude que dão ao conceito, olvidando-se de coordená-lo com os demais dispositivos da própria lei, dando vida própria e independente à parte isolada da norma.

A exata dimensão dessa modalidade de licitação exige que se coordene o conceito acima com o disposto no art. 17, § 6º, que estabelece:

> Para a venda de bens móveis avaliados, isolada ou globalmente, em quantia não superior ao limite previsto no art. 23, inciso II, alínea "b" desta lei, a Administração poderá permitir o leilão.

---

de empresa pública ou de sociedade de economia mista, por serviços de consultoria ou assistência técnica, inclusive os custeados com recursos provenientes de convênios, acordos ou instrumentos congêneres, firmados com órgãos ou entidades de direito público privados ou nacionais".

[199] Relatório Geral do TCU aponta irregularidades na contratação de consultorias no Brasil. BRASIL. Tribunal de Contas da União. Processo nº TC-005.168/2000-5. Decisão nº 32/2001 - Plenário. Relator: Ministro Iram Saraiva. **Diário Oficial [da] República Federativa do Brasil**, Brasília, DF, 23 fev. 2001. Seção 1.

[200] BRASIL. Lei nº 8.883, de junho de 1994. Altera dispositivos da Lei nº 8.666, de 21 de junho de 1993, que regulamenta o art. 37, inciso XXI, da Constituição Federal, institui normas para licitações e dá outras providências. **Diário Oficial da União [da] República Federativa do Brasil**, Brasília, DF, 09 jun. 1994. Art. 22, § 5º.

Portanto, leilão é a modalidade de licitação que a Administração poderá utilizar para alienar bens:

- móveis inservíveis para seu próprio uso;[201]
- móveis legalmente apreendidos ou penhorados; ou
- imóveis cuja aquisição haja derivado de procedimentos judiciais ou de dação em pagamento.

O leilão, na dicção da lei, é uma modalidade facultativa para alienação de móveis que pode ser substituída por concorrência ou tomada de preços, e até por convite.[202]

Na primeira e segunda hipótese, porém, o valor dos bens móveis, isolada ou globalmente, não poderá exceder o limite máximo estabelecido para a tomada de preços em geral. Se exceder esse valor, será obrigatória a concorrência. "Somente a avaliação prévia das coisas ensejará ao administrador decidir por uma ou outra, não desejando lançar mão imediata do leilão."[203]

Na terceira hipótese, que foi acrescida pela Lei nº 8.883/1994, não há limite em termos de valor, bastando que os bens imóveis tenham passado a ser propriedade do órgão, em decorrência dos procedimentos referidos.

6.3. bens penhorados

Em Direito Processual, um bem penhorado não pode ser alienado extrajudicialmente, como corolário dessa assertiva, estaria a lei incorrendo em erro ao permitir que a Administração alienasse bens penhorados pela Justiça. Isso porque, quando o Poder Judiciário determina a penhora de um bem, seja em processo cautelar, seja em processo de execução, estará apenas reservando bens que, posteriormente, serão vendidos em hasta pública, e o produto arrecadado entregue ao credor conforme decisão do Juiz. A simples determinação para que um bem seja penhorado não transfere a propriedade e, sem ser proprietária, a Administração não pode alienar ou vender bem que não lhe pertence.

---

[201] Consulte o Decreto nº 99.658 de 30 de outubro de 1990. Regulamenta, no âmbito da Administração Pública Federal, o reaproveitamento, a movimentação, a alienação e outras formas de desfazimento de material. **Diário Oficial [da] República Federativa do Brasil,** Brasília, DF, 31 out. 1990, e a Resolução ANEEL nº 20, de 03 de fevereiro de 1999, que autoriza as concessionárias do serviço público de energia elétrica a desvincular do seu acervo patrimonial bens móveis e imóveis considerados inservíveis. **Diário Oficial [da] República Federativa do Brasil**, Brasília, DF, 04 fev. 1999. Seção 1, p. 35.

[202] Vide subtítulo 4.3. uso de concorrência na faixa de preços inferiores.

[203] PARAÍBA. Tribunal de Contas do Estado. Processo nº 0037/1996. Parecer nº 2.138/1997 da Dra. Sheyla Barreto Braga de Queiroz. Informativo do MPJTC/PB.

Para preservar o valor do bem perecível ou se houver perigo da demora – hipóteses em que a Administração, detendo o direito, pode tornar efetivo o penhor, sem autorização do juiz. Mesmo assim, para a alienação é necessária prévia ordem judicial, em sede cautelar ou não. Importante esclarecer que a forma de alienação será a do processo judicial comum e, portanto, não poderá a Administração promover o leilão como modalidade de licitação.

De ordinário, o administrador não tem dúvidas de que o bem penhorado na forma dos arts. 659 e seguintes do Código de Processo Civil não pode ser alienado extrajudicialmente, até porque é um procedimento distinto que se passa no âmbito de um processo judicial.

A confusão se instala quando a nomenclatura é erroneamente utilizada em relação aos bens objetos de penhor, figura jurídica disciplinada pelo Código Civil nos artigos 1.431 e ss., que constitui espécie de direito real de garantia, tendo como principal característica a tradição da coisa dada em garantia, salvo casos específicos como penhor agrícola ou rural em que a posse direta do bem permanece com o devedor.

Os bens, entregues pelo devedor ao credor como garantia do cumprimento da obrigação, devem ser devolvidos assim que satisfeita a obrigação. São chamados de apenhados ou empenhados e vulgarmente, de forma errônea, penhorados. Esses mesmos bens poderão ser objetos de penhora quando não satisfeita a obrigação. Nesses casos o credor tem o direito de excutir o penhor, ou seja, promover a rescisão do contrato com a apreensão dos bens e a competente venda em juízo.

A apreensão nesse caso é procedimento contido no conceito de penhora, que, de acordo com o magistério de Plácido e Silva é o ato judicial pelo qual se apreendem ou se tomam os bens do devedor para que neles se cumpra o pagamento da dívida ou da obrigação executada.[204]

Em alguns municípios em que existe alto grau de diversificação das atividades, também o penhor legal, espécie daquele já mencionado e disciplinado no art. 1.467 do Código Civil, dá sua contribuição à confusão instalada.

O diploma legal estabelece a favor do credor, independentemente de convenção entre as partes, para os hospedeiros, estalajadeiros ou fornecedores de pousada ou alimento, direitos sobre as bagagens, móveis, joias ou dinheiro que seus consumidores ou fregueses tiverem consigo nas respectivas casas ou estabelecimentos pelas despesas ou consumo que aí tiverem feito. Igual direito

[204] SILVA, De Plácido e. **Vocabulário Jurídico**, vol. III. Rio de Janeiro: Forense, p. 343.

é também conferido ao dono do prédio rústico ou urbano sobre os bens móveis que o rendeiro ou inquilino tiver guarnecendo o mesmo prédio pelos aluguéis ou rendas. Nesses casos, o penhor se constitui pela tradição, apreensão efetiva do bem por parte do credor, que deverá, ato contínuo, requerer em juízo a homologação do penhor.

Homologado o penhor, os objetos empenhados servirão à satisfação do crédito, constituindo para o credor direito de preferência sobre o valor que for apurado em hasta pública, após a penhora dos bens que, conforme o art. 655, § 2º do CPC, recairá preferencialmente sobre a coisa dada em garantia, no caso de execução de crédito pignoratício, hipotecário ou anticrético.

A praxe, contudo, tem consagrado o penhor legal como uma espécie de guarda do bem até que o devedor tenha condições de arcar com o débito, ficando este bem, às vezes indefinidamente, com o credor, até que um dia, desconhecendo-lhe a origem, resolve o administrador aliená-lo.

Mesmo tendo legitimamente o penhor legal do bem e sua posse, não pode a Administração pretender aliená-lo sem prévia autorização judicial no respectivo processo de execução da dívida, porque, para que possa alienar, é necessário ter disposição da coisa e esta somente pode ter o proprietário. Embora o credor tenha um crédito a ser satisfeito, não pode em razão deste, tornar-se proprietário do bem dado em garantia, porque a lei proíbe a cláusula ou pacto comissório, quando estabelece no art. 1.428 do Código Civil que é nula a cláusula que autoriza o credor pignoratício, anticrético ou hipotecário a ficar com o objeto da garantia se a dívida não for paga no vencimento.[205]

Assim, mesmo que a apreensão dos bens tenha sido feita como medida cautelar visando preservar o valor do bem perecível ou em decorrência de perigo da demora, hipótese em que a Administração, detendo o direito, pode tornar efetivo o penhor sem autorização do juiz, situação versada no art. 1.470 do Código Civil; ainda assim, para a alienação, deverá ter prévia ordem judicial em sede cautelar ou não. Mesmo nesse caso, a forma de alienação será a do processo judicial comum e, portanto, não poderá a Administração promover o leilão como modalidade de licitação.

Entendemos, assim, que o legislador ao incluir entre os objetos de leilão – modalidade de licitação os bens penhorados deixou de atentar para o fato de que esses somente podem ser alienados por meio de venda judicial, seja na forma de leilão ou hasta pública. No último caso, na forma de pregão,

[205] O mesmo se aplica à alienação fiduciária, embora a propriedade já tenha se transferido ao credor no ato da constituição da garantia. É necessário, entretanto, que por meio de um procedimento judicial essa propriedade se consolide nas mãos do devedor, para somente depois o bem ser alienado em satisfação do crédito.

procedimento também previsto no CPC e agora também utilizado pela Administração, guardadas as devidas diferenças.

6.4. disciplinamento específico para divulgação

O leilão tem disciplinamento específico no art. 53[206] da Lei nº 8.666/1993 cabendo registrar o dever de dar ampla divulgação[207] no Município e de promover avaliação prévia.[208] Além disso, deve ser estabelecido que o licitante pagará o preço à vista ou o percentual estabelecido no edital, que não pode ser inferior a 5% do valor do bem.

Esse percentual que a lei estabeleceu para o órgão licitante exigir em garantia do negócio deve ser entendido com analogia às arras penitenciais ou sinal, de que trata o art. 420 do Código Civil.

Sobre a escolha do leiloeiro[209] e a necessidade de licitação, consulte o capítulo 3, subtítulo 5.3.

7. Pregão

O pregão é a modalidade de licitação, instituída de forma restrita inicialmente à Agência Nacional de Telecomunicações - ANATEL por força da Lei nº 9.472/1997.

---

[206] BRASIL. **Lei nº 8.666/93 (Versão Bolso).** Organização dos textos e índice por J. U. JACOBY FERNANDES. 12. ed. amp., rev. e atual. Belo Horizonte: Fórum, 2010. *In verbis*: "Art. 53. O leilão pode ser cometido a leiloeiro oficial ou a servidor designado pela Administração, procedendo-se na forma da legislação pertinente. § 1º Todo bem a ser leiloado será previamente avaliado pela Administração para fixação do preço mínimo de arrematação. § 2º Os bens arrematados serão pagos à vista ou no percentual estabelecido no edital, não inferior a 5% (cinco por cento) e, após a assinatura da respectiva ata lavrada no local do leilão, serão imediatamente entregues ao arrematante, o qual se obrigará ao pagamento do restante no prazo estipulado no edital de convocação, sob pena de perder em favor da Administração o valor já recolhido. § 3º O edital de leilão deve ser amplamente divulgado, principalmente no Município em que se vai realizar".

[207] O TCU anulou leilão que foi feito com menos de 15 dias entre a última publicação e o certame. BRASIL. Tribunal de Contas da União. Processo nº TC-300.147/1998-8. Decisão nº 640/1999 - Plenário. Relator: Ministro José Antônio Barreto de Macedo. **Diário Oficial [da] República Federativa do Brasil**, Brasília, DF, 28 set. 1999. Seção 1, p. 232.

[208] a) O TCU julgou irregular: a) ausência de avaliação prévia pela comissão própria, conforme previsto no art. 17, *caput*, inciso II e § 6º, e § 1º do art. 53; b) ausência de ampla divulgação do leilão conforme previsto no § 4º do art. 53, e inciso III do art. 213. BRASIL. Tribunal de Contas da União. Processo nº TC-300.147/1998-8. Decisão nº 880/1998 - Plenário. Relator: Ministro José Antonio B. Macedo. **Diário Oficial [da] República Federativa do Brasil**, Brasília, DF, 30 dez. 1998. Seção 1, p. 226. c) Não é necessário mais de uma avaliação. BRASIL. Tribunal de Contas da União. Processo nº TC-001.025/1998-8. Acórdão nº 045/1999 - Plenário. Relator: Ministro Adhemar Paladini Ghisi. **Diário Oficial [da] República Federativa do Brasil**, Brasília, DF, 19 maio 1999. Seção 1, p. 23.

[209] Sobre a matrícula de leiloeiro, seu cancelamento, e outras providências, consulte a Instrução Normativa nº 83, de 07 de janeiro de 1999, do Ministério do Desenvolvimento Indústria e Comércio. **Diário Oficial [da] República Federativa do Brasil**, Brasília, DF, 12 jan. 1999. Seção 1, p. 89.

Por Medida Provisória,[210] foi também instituído para a União, de forma autônoma, como modalidade de licitação. E, tendo em vista que a União não pode mais legislar para todas as esferas de governo, em matéria de licitações e contratos, porque esta matéria foi objeto de emenda, a modalidade ficou durante algum tempo restrita à União.[211]

Após quase dois anos de tramitação no Congresso Nacional, a citada Medida Provisória foi convertida na Lei nº 10.520, de 7 de julho de 2002, que instituiu para a União, Estados, Distrito Federal e Municípios esta modalidade de licitação.

Sob o aspecto jurídico, o mais correto à luz da Lei Complementar nº 95 de 26 de fevereiro de 1998, seria incluir essa modalidade na Lei nº 8.666/1993, para que apenas uma norma tratasse da licitação.

O Pregão admite o uso subsidiário da Lei geral de Licitações[212] quando houver lacuna em suas regras. Recomendável que o intérprete considere que só cabe aplicar regras da Lei nº 8.666/1993, quando a lei do pregão e seus regulamentos forem omissos sobre o assunto. É que neste caso os decretos regulamentadores – normas específicas – tem maior força integradora do que a Lei nº 8.666/1993 – norma geral.[213]

---

[210] É sempre bom lembrar que:

a) o uso de Medida Provisória é restrito aos casos de relevância e urgência – art. 62 da Constituição Federal; o Congresso Nacional deve apreciá-las com prioridade; regular, por Decreto legislativo, as relações jurídicas decorrentes de Medida Provisória não convertida em lei no prazo de sessenta dias, prorrogável uma vez por igual período;

b) o Supremo Tribunal Federal tem precedente admitindo o exame da urgência e relevância: ADI-MC nº 1.910, que teve como relator o Ministro Sepúlveda Pertence. Afinal, a lembrança se impõe porque admitimos e banalizamos a exceção da regra jurídica e o poeta legou-nos a sábia lição: "Na primeira noite eles entram no nosso jardim, roubam nossas flores e não dizemos nada. Na segunda noite, já não se escondem; entram e pisam nosso jardim, matam nosso cão e não dizemos nada. Até que um dia, o mais frágil deles, entra em nossa casa e vendo nosso medo, rouba-nos a voz da garganta e a luz de nossos olhos e porque não dissemos nada já não podemos dizer mais nada." Vladimir Maiakovski

[211] BRASIL. **Constituição da República Federativa do Brasil**. Organização dos textos e índice por J. U. JACOBY FERNANDES. 1. ed. Atualizada até Abril de 2007. Belo Horizonte: Fórum, 2007. O art. 246, com a redação dada pela Emenda Constitucional nº 32, de 2001, estabelece que: "É vedada a adoção de medida provisória na regulamentação de artigo da Constituição cuja redação tenha sido alterada por meio de emenda promulgada entre 1º de janeiro de 1995 até a promulgação desta emenda, inclusive."

[212] BRASIL. Lei nº 10.520 de 17 de julho de 2002. Institui, no âmbito da União, Estados, Distrito Federal e Municípios, nos termos do art. 37, XXI, da Constituição Federal, modalidade denominada pregão, para aquisição de bens e serviços comuns, e dá outras providências. **Diário Oficial [da] República Federativa do Brasil**, Brasília, DF, 18 jul. 2002. Art. 9º.

[213] Confira: JACOBY FERNANDES, Jorge Ulisses. **Sistema de Registro de Preços e Pregão Presencial Eletrônico.** 3 ed. Belo Horizonte: Fórum, 2009.

7.1. conceito legal

Pregão é a modalidade de licitação para aquisição de bens e serviços comuns, qualquer que seja o valor estimado da contratação, em que a disputa é feita por meio de propostas e lances em sessão pública.

7.2. características do pregão

A licitação na modalidade de pregão tem as seguintes características:[214]

- caráter facultativo,[215] podendo a Administração Pública utilizar-se das modalidades convencionais;
- não tem limite de valor, o que afasta os riscos de fracionamento;
- permite a alteração da proposta de preços, por meio de lances verbais;
- antecede a fase de julgamento da proposta à da habilitação, enquanto nas demais modalidades o julgamento da proposta sucede a fase de julgamento da habilitação;
- limita o julgamento da habilitação aos documentos oferecidos pelo licitante que ofereceu a proposta mais vantajosa. Neste caso, só haverá o julgamento das habilitações dos licitantes remanescentes se foram inabilitados os licitantes vencedores;
- valoriza o comportamento idôneo das partes envolvidas no pregão, na medida em que admite negociação pública entre pregoeiro e licitante vencedor e institui penalidade específica para violação desse comportamento.

7.3. órgão licitador – uso do pregão

Nos termos da legislação em vigor podem utilizar a modalidade de pregão a União, os Estados, os Municípios e o Distrito Federal.

Na esfera federal, há esforços de alguns setores para que também entidades privadas, em especial integrantes do terceiro setor, sejam obrigadas a cumprir o rito de licitação sempre que estiverem aplicando recursos federais.

---

[214] Embora seja legalmente limitado aos objetos comuns, serviços e compras, propusemos que essa restrição fosse retirada das normas bastando, como suficiente, a possibilidade de o objeto ser objetivamente definido no edital e licitado por menor preço.

[215] Na esfera federal, o Decreto nº 5.450, de 31 de maio de 2005 tornou obrigatório o uso do pregão preferencial à realização sob a forma eletrônica.

7.4. licitantes

Podem participar do pregão:

- empresas que atendam as condições exigidas no edital do pregão;
- consórcio de empresas que atendam as condições exigidas no edital do pregão.

Para os órgãos federais, integrantes do SISG, poderá o edital definir, como condição prévia à participação no pregão, a inscrição no registro cadastral do SICAF.[216]

7.5. objeto do pregão

A Medida Provisória, que instituiu o pregão, estabeleceu que seu uso seria restrito aos "bens e serviços comuns",[217] conceituando-os como "aqueles cujos padrões de desempenho e qualidade possam ser objetivamente definidos pelo edital, por meio de especificações usuais no mercado".

Sendo o pregão modalidade em que o preço é o fator decisivo na aquisição, não poderá ser utilizado para os casos em que a qualidade mínima exigida admite variações extremas, inviabilizadoras da comparação de preços. Também não poderão ser adquiridos bens fora do mercado comum ou especiais da Administração Pública que pelas suas características não sejam encontráveis no mercado comum.

Ao contrário de outras modalidades, o pregão não se aplica:

- às alienações de bens;
- às obras em geral, embora não seja vedado seu uso para serviços de engenharia;[218]
- aos objetos que devam ser definidos por técnica.

---

[216] Sistema integrado de cadastro de fornecedores, regulamentado pela Instrução Normativa/MARE nº 05, de 21 julho 1995 e alterada pela Instrução Normativa nº 07 de 16 de novembro de 1996.

[217] O TCU entendeu que o único condicionamento que a Lei do Pregão estabelece é a configuração do objeto da licitação como bem ou serviço comum. BRASIL. Tribunal de Contas da União. Processo nº 013.896/2004. Acórdão nº 817/2005 – 1ª Câmara. Relator Valmir Campelo. **Diário Oficial da União [da] República Federativa do Brasil**, Brasília, DF, 9 maio. 2005. Seção 1. **No mesmo sentido**: Processo nº TC-011.256/2004-8. Acórdão nº 1.395/2005 – 2ª Câmara. Relator: Ministro-Substituto Lincoln Magalhães da Rocha. **Diário Oficial da União [da] República Federativa do Brasil**, Brasília, DF, 24 ago. 2005.

[218] O art. 5º, do Decreto 3.555/2000, vedava o uso, mas o TCU entendeu que essa vedação não encontra amparo legal. Acórdão nº 817/2005 – 1ª Câmara. Relator Ministro Valmir Campelo.

Ver também: JACOBY FERNANDES, Jorge Ulisses. **Manual de Gestão e Contratos Administrativos da Justiça Eleitoral**, 2 ed., Belo Horizonte: Fórum, 2006.

Nesse último aspecto, parece, inclusive, que poderiam ser licitados até bens e serviços de informática, desde que pudessem ser definidos por padrões usuais no mercado, mesmo quando a regulamentação infralegal do pregão estabelece de modo diferente. É que, na atualidade, o estabelecimento de condições de aquisição de computador, incluída aí a garantia de fábrica a ser juntada pelo fornecedor e o atestado de fornecimento equivalente, pode perfeitamente ser considerada condição comum de aquisição.[219]

Sustentável, portanto, a ilegalidade da restrição feita pelo Decreto.

Hoje, a Administração Pública deve ocupar-se de comprar produtos de qualidade,[220] pois não se admite que recursos públicos, já escassos, sejam gastos com produtos com padrões insatisfatórios de rendimento, durabilidade, compatibilidade. O princípio da isonomia assim como os demais princípios do ordenamento jurídico não operam isoladamente, nem de forma absoluta. Deve ser coordenado com os demais princípios para que do seu conjunto e harmonia provenha a luz que ilumina o Direito.[221]

Nesse ponto, os Tribunais de Contas na apreciação de casos concretos vem oportunizando o salutar avanço da Administração Pública no equilíbrio da avaliação, mostrando a eficácia de princípios como o da razoabilidade e proporcionalidade, revelando que o exame estrito da legalidade, embora necessário e indispensável, não é, muitas vezes, suficiente para a avaliação da legitimidade e economicidade.

7.6. procedimentos do pregão

O pregão tem uma fase interna, comum a todas as modalidade de licitação, e uma fase externa, onde se acentuam as diferenças. Para facilitar a compreensão, nessa modalidade será desenvolvido um roteiro prático, seguindo o mesmo ideário dos instituidores dessa nova modalidade.

---

219 Embora a regulamentação tenha expressamente disposto que o pregão não se aplica a bens e serviços de informática, o objetivo de demonstrar o conflito da regulamentação além da Medida Provisória e, portanto, ilegal, é possibilitar à Administração Pública melhor forma de aquisição de tais bens. Na atualidade, a licitação envolvendo esse tipo de bens e serviços, quando se processa por técnica e preço se protrai no tempo, ensejando muitas vezes a aquisição de produtos que no ato de entrega – em média seis meses depois – já estão ultrapassados. Sobre o direito de preferência consulte a Lei nº 8248/1991 com as alterações da Lei nº 11.107 de 6 de abril de 2005, Lei nº 11.196 de 21 de novembro de 2005, e processo do TCU nº TC-012.986/2004-0, Acórdão nº 2.138/2005 - Plenário. Relator: Ministro Walton Alencar Rodrigues. Publicado no Diário Oficial [da] República Federativa do Brasil, Brasília, DF, em 23 de dezembro de 2005.

220 Sobre qualidade, consulte esse verbete no índice de assuntos.

221 MAXIMILIANO, Carlos. **Hermenêutica e aplicação do Direito**. Rio de Janeiro: Forense, 1988, p. 128.

7.6.1. fase interna

7.6.1.1. definição do objeto

O processo licitatório inicia-se com a requisição do objeto, com a respectiva justificativa da necessidade da aquisição.

Há dois modos usuais de definir objeto:

- prévia definição em catálogo, listagem, tabelas, fornecidas pela administração ao órgão requisitante, cabendo a esse indicar os produtos segundo codificação usual e a quantidade desejada;
- definição pelo próprio órgão requisitante do produto ou serviço pretendido.

O órgão ou agente responsável por definir o objeto deve considerar o seguinte:

- é dever zelar pela qualidade do produto ou serviço;
- é dever zelar pela adequação entre a quantidade requisitada e sua compatibilidade com a real necessidade do serviço;
- as definições de qualidade ou quantidade, incompatíveis com os princípios da isonomia ou que acarretem dano ao erário, serão imputadas ao agente requisitante, à autoridade que aprova o pedido, conforme o caso, e também ao ordenador de despesas. No caso particular do pregão, considerando a restrita definição de atribuições e o elevado nível de responsabilidade, não parece possível responsabilizá-lo, salvo manifesta ilegalidade ou erro grosseiro.

A regulamentação do pregão, ao tratar da definição do objeto estabeleceu que:

a) precisa, suficiente e clara

Não pode haver licitação, nem mesmo isonomia, quando a Administração Pública não define com clareza o objeto pretendido. Aliás, o Tribunal de Contas da União já sumulou que:

"a definição precisa e suficiente do objeto licitado constitui regra indispensável da competição, até mesmo como pressuposto do postulado de igualdade entre os licitantes, do qual é subsidiário o princípio da publicidade, que envolve o conhecimento, pelos concorrentes potenciais das condições básicas da licitação, constituindo, na hipótese particular da licitação para compra, a quantidade demandada uma das especificações mínimas e essenciais à definição do objeto do pregão."[222]

b) especificações que limitem ou frustrem a competição

É corolário do princípio da isonomia que não pode a Administração Pública incluir no objeto circunstâncias que restrinjam injustificadamente a competição.[223] Quando for justificável a restrição, por motivo de compatibilidade, durabilidade, segurança, padronização, é indispensável que a justificativa conste do processo.

c) termo de referência

Esse novo instrumento de trabalho deverá conter:

- a precisa definição do objeto;
- os padrões mínimos de desempenho esperados do objeto, incluindo, conforme o caso, a definição dos métodos, a estratégia de suprimento e o prazo de execução do contrato;
- orçamento detalhado com os elementos capazes de propiciar a avaliação do custo pela Administração;
- cronograma de desembolso.

O termo deverá ser elaborado pelo órgão requisitante, em conjunto com a área de compras, obedecidas as especificações praticadas no mercado.

No caso do cronograma de desembolso, este será incluído no termo de referência no momento da passagem dos autos pela unidade orçamentária ou quando for apreciado pelo ordenador de despesas.

Ao instituir o termo de referência, em princípio afastou a norma a necessidade de elaboração de projeto básico, exigível para obras e serviços em geral, nos termos da Lei de Licitações.[224]

Para serviços o ideal é que seja elaborado o projeto básico, do qual se extraia o resumo para o termo de referência.

---

[222] BRASIL. Tribunal de Contas da União. Súmula nº 177. **Diário Oficial [da] República Federativa do Brasil**, Brasília, DF, 09 nov. 1982.

[223] Para maiores detalhes, consulte, no índice de assuntos, os verbetes qualidade, marca, amostra e similar.

[224] BRASIL. **Lei nº 8.666/93 (Versão Bolso).** Organização dos textos e índice por J. U. JACOBY FERNANDES. 12. ed. amp., rev. e atual. Belo Horizonte: Fórum, 2010. Art. 7º, § 2º, I, c/c 40, § 2º, I.

d) pré-qualificação do objeto

O Decreto do Estado de Minas Gerais que regulamentou o pregão acolheu proposta da autoria deste jurista de permitir que a definição do objeto fosse precedida de pré-qualificação.

A esse tempo essa prática vinha sendo utilizada pelo Ministério da Saúde que na contratação de medicamentos e equipamentos antecedia ao pregão a pré-qualificação do objeto.

Para saber mais consulte o nosso livro *Sistema de Registro de Preços e Pregão Presencial e Eletrônico*, em "Pré-qualificação do objeto".

7.6.1.2. orçamento

Depois de a Administração Pública ter uma precisa determinação do objeto, no que se refere à qualidade, quantidade e quanto custará, caberá analisar se possui recursos necessários e suficientes a execução da contratação.

Por isso, o termo de referência exige a pré-definição do cronograma de desembolso, que nas modalidades tradicionais denomina-se cronograma físico financeiro.[225]

Algumas regras têm enfatizado, no Brasil, a necessidade de prever a totalidade do custo do objeto,[226] para evitar a tão danosa proliferação de obras inacabadas. A Lei de Responsabilidade Fiscal deu novo alento a esse objetivo ao estatuir que o ordenador de despesas deve expressamente declarar que a despesa decorrente do empenho ou da licitação tem adequação orçamentária e financeira com a Lei Orçamentária Anual e compatibilidade com o Plano Plurianual e com a Lei de Diretrizes Orçamentárias.[227]

É bem de ver que a própria Lei de Licitações e Contratos em alguns momentos contentava-se com a existência de recursos orçamentários,[228] mas em outros faz alusão também à previsão da disponibilidade de recursos financeiros.[229]

---

[225] Exigível nas licitações convencionais, nos termos do art. 7º, § 2º, III, da Lei nº 8.666/1993.

[226] BRASIL. **Lei nº 8.666/93 (Versão Bolso).** Organização dos textos e índice por J. U. JACOBY FERNANDES. 12. ed. amp., rev. e atual. Belo Horizonte: Fórum, 2010. Art. 8º e 7º § 2º, III.

[227] BRASIL. Lei Complementar nº 101, de 4 de maio de 2000. Estabelece normas de finanças públicas voltadas para a responsabilidade na gestão fiscal e dá outras providências. **Diário Oficial [da] República Federativa do Brasil**, Brasília, DF, 05 maio. 2000. Art. 16, II, c/c §4º.

[228] Vide lei nº 8.666/1993, art. 7º § 2º III, 14 e 55, V,

[229] Neste sentido o art. 40, inc. XIV, da Lei nº 8.666/1993, exige que o edital preveja condições de pagamento com apresentação de cronograma de desembolso máximo por período, em conformidade com a disponibilidade de recursos financeiros.

7.6.1.3 ato convocatório

O ato convocatório – edital ou convite – é a lei interna da licitação, na clássica manifestação de Hely Lopes Meirelles.[230]

Tanto não pode a Administração descumpri-lo[231] quanto é vedado ao licitante, que não o impugnou no momento processualmente adequado, vir a fazê-lo, pois o exercício desse direito é sujeito à decadência.[232] Aliás não há, *data maxima venia*, amparo jurídico para justificar liminar obstativa de processo licitatório[233] quando o licitante, numa manifesta atitude de má-fé, deixa escoar o prazo de impugnação e busca, por meio de mandado de segurança, impugnar a norma.

É permitido à comissão de licitação, nas modalidades convencionais, corrigir de ofício erro em edital, em face do princípio da autotutela, havendo decisões judiciais que valorizaram até sobremaneira o exercício da autotutela administrativa.[234]

Segundo a experiência tem revelado, é mais prático antes de elaborar o edital proceder à elaboração da minuta do contrato. Essa aparente inversão facilita muito a elaboração do ato convocatório e reduz as disposições do edital, aumentando a clareza nas regras da convocação.

O edital deve conter os elementos definidos na regulamentação do pregão e outros previstos no art. 40 da Lei nº 8.666/1993.

---

[230] MEIRELLES, Hely Lopes. **Direito Administrativo Brasileiro**. 32ª ed. atualizada. São Paulo: Malheiros, 2006, p. 288.

[231] a) Vide Lei nº 8.666/1993, art. 41, *caput*.

b) O edital vincula aos seus termos não só a administração mas também os próprios licitantes. BRASIL. BRASIL. Tribunal Regional Federal da 5ª Região. Processo AC nº 518715 - 1ª Turma. Relator: Juiz Francisco Falcão, **Diário da Justiça [da] República Federativa do Brasil**, Brasília, 07 abr. 1993, p. 16765 e **Revista Licitações & Contratos**, nº 12, ano II, Consulex, Brasília, Jun./1999, página 42.

[232] a) Vide Lei nº 8.666/1993, art. 41, § 2º.

b) A vinculação ao edital é princípio basilar de toda licitação. Não impugnado o edital, no prazo legal, decai o direito, não podendo fazê-lo após decisão da comissão, que lhe foi desfavorável. BRASIL. Tribunal de Justiça do Distrito Federal e Territórios. Processo AC nº 1998.01.1.017211-8 - 1ª Turma Cível. Registro do Acórdão nº 116916. Relatora: Desembargadora Vera Andrighi. **Diário da Justiça [da] República Federativa do Brasil**, Brasília, 25 ago. 1999. Seção 3, p. 42.

[233] Temerário sustentar despacho que suspende, liminarmente, todos o atos licitatórios e seus desdobramentos, pois, se prejuízo ocorre nesta fase, é do órgão licitador, que se vê, assim, impedido de agir nos estritos termos de sua competência. BRASIL. Tribunal de Justiça do Distrito Federal e Territórios. Processo AGI nº 678996/DF. Registro do Acórdão nº 86576 Relator: Desembargador Eduardo de Moraes Oliveira. **Diário da Justiça [da] República Federativa do Brasil**, Brasília, 14 ago. 1996. Seção 3 p. 13.602.

[234] O edital exigia inscrição no CRM para prestar serviço médico, excluindo a possibilidade de participação de empresas de seguro saúde. O TCU entendeu possível alterar o edital por nota de esclarecimento feita diretamente ao interessado. BRASIL. Tribunal de Contas da União. Processo nº TC-014.945/1995-9. Acórdão nº 18/1998 - Plenário. Relator: Ministro Adhemar Paladini Ghisi. **Diário Oficial [da] República Federativa do Brasil**, Brasília, DF, 17 mar. 1998. Seção 1, p. 64.

São elementos específicos do ato convocatório do pregão:

- a forma de credenciamento do representante do licitante e o expresso direito de apresentar lances;[235]
- interstício mínimo de oito dias úteis entre a divulgação do edital e dia e hora definidos para apresentação da habilitação e proposta;
- as exigências de habilitação;
- os critérios de aceitação das propostas;
- os critérios para apresentação de lances, a ordem de convocação que será observada na sessão e como será realizada, bem como que os lances deverão ser feitos em valores distintos e decrescentes, afim de evitar o interesse, nocivo ao pregão, dos lançadores buscarem o empate;
- a decadência do direito de recorrer para os licitantes que expressamente não se manifestarem declarando, no momento oportuno, os motivos;
- as sanções administrativas que, além das tradicionais, inseridas no art. 87 da Lei nº 8.666/1993, ainda devem observar as específicas previstas na norma instituidora do pregão.[236]

Além dessas regras, temos sugerido:

- regulamentar o uso do fac-símile – fax – como instrumento de comunicação entre a Administração Pública e os licitantes;[237]
- informar que os itens que não tiverem cotação serão considerados desertos para fins de aplicação do art. 24, inciso V, da Lei nº 8.666/1993, como forma de antecipar providências e aumentar transparência da ação administrativa;
- informar que a Administração se reserva ao direito de documentar a sessão com o uso de gravadores de imagem e som, inclusive usar as gravações como meio de prova, administrativo e judicial, e ainda para treinamento e

---

[235] O TCU, ao discutir sobre a quantidade de lances que um licitante poderia ofertar, decidiu não ser viável a limitação do número de lances por licitante. BRASIL. Tribunal de Contas da União. Processo nº TC-005.854/2002-4. Acórdão nº 57/2004 - Plenário. Relator: Ministro Marcos Bemquerer. **Diário Oficial da União [da] República Federativa do Brasil**, Brasília, DF, 12 fev. 2004. Seção 1.

[236] BRASIL. Lei nº 10.520 de 17 de julho de 2002. Institui, no âmbito da União, Estados, Distrito Federal e Municípios, nos termos do art. 37, XXI, da Constituição Federal, modalidade denominada pregão, para aquisição de bens e serviços comuns, e dá outras providências. **Diário Oficial [da] República Federativa do Brasil**, Brasília, DF, 18 jul. 2002.

[237] Consulte no Capítulo 5 o subtítulo 12.4.3: observância da ordem de classificação da licitação.

qualificação dos demais servidores, em circuito fechado, preservando em ambos os casos a dignidade das pessoas envolvidas.[238] Também admitindo, quando for efetivada a gravação, o fornecimento de cópias, gravadas em fitas fornecidas pelos próprios licitantes, mediante termo de compromisso de tratamento recíproco de preservação da dignidade da imagem;

- determinar que os documentos e as propostas sejam entregues numerados, na forma número da folha, separado por barra, e total de número de folhas;
- informar se serão aceitas propostas de licitantes não presentes a sessão e/ou por via postal;[239]
- definir que o pregoeiro pode estabelecer tempo máximo para oferta de propostas e, antes da fase de lances, o intervalo mínimo de preços entre lances;
- se será ou não permitido o uso de telefones celulares. Nesse caso, a definição de tempos para lances resolve com mais objetividade a questão;
- informar que o pregoeiro e a comissão de apoio zelarão pelo ambiente no recinto, podendo fazer retirar, inclusive com perda do direito de fazer lance, os licitantes que adotarem comportamento incompatível com o decoro da repartição e, uma vez advertidos, insistirem na conduta, sem prejuízo das penalidades previstas no art. 93 da Lei nº 8.666/1993;
- regulamentar a desistência de proposta ou lance.

A Lei nº 8.666/1993, aplicável subsidiariamente ao pregão, veda ao licitante desistir da proposta após a fase de habilitação. Interpretado a contrário senso, a norma admite que, sem sofrer penalidades, na licitação convencional, o licitante desista da proposta até o julgamento da habilitação ou, se for o caso, da decisão final dos recursos interpostos nessa fase. Compreende-se que assim seja, porque a desistência não se reveste de má-fé, uma vez que os licitantes ainda não conhecem as propostas dos concorrentes. No caso do pregão, é consabido que foram invertidas a ordem de julgamento da proposta e dos

[238] A providência se justifica pela celeridade e dinamismo da sessão do pregão, onde nem sempre os fatos relevantes conseguem ser expressados em ata.

[239] Vide o livro: JACOBY FERNANDES, Jorge Ulisses. **Sistema de Registro de Preços e Pregão Presencial Eletrônico.** 3 ed. Belo Horizonte: Fórum, 2009.

documentos, motivo porque, para guardar simetria com o modelo anterior, o licitante só pode desistir da sua proposta, inclusive com recebimento dos envelopes apresentados, se manifestar o interesse até o momento do início da abertura da primeira proposta. Aberto o primeiro envelope, não mais cabe ao licitante desistir e, se o fizer, poderá ser denunciado pelo crime previsto no art. 93, vez que inequívoco o comportamento perturbador da regularidade do certame.

Desse modo, sugere-se a inclusão da seguinte cláusula no edital: "é vedado ao licitante desistir da proposta após a abertura do primeiro envelope de preços de qualquer licitante."

Dispõe a regulamentação do leilão que "a desistência em apresentar lance verbal, quando convocado pelo pregoeiro, implicará exclusão do licitante do certame." Esse dispositivo deve ser entendido em consonância com a regra fundamental do pregão, no sentido de que as normas disciplinadoras da licitação serão sempre interpretadas em favor da ampliação da disputa entre os interessados, desde que não comprometam o interesse da Administração, a finalidade e a segurança da contratação. Assim, exclusão do certame, numa licitação por itens,[240] deve significar apenas que para aquele item em que o licitante não quis fazer lance, estará excluído. Mas a exclusão não ocorrerá para os demais itens.

Questão relevante consiste em saber se o licitante pode desistir do lance realizado. A resposta é: absolutamente não. Ora, assim, como a proposta deve ser certa, também o lance deve atender a essa regra, pois do contrário simplesmente seria comprometido todo o procedimento. A exemplo do que ocorre com o leilão, o lançador não pode desistir do seu lance, equivalendo o fato a desistência da proposta.

De fato o lance é juridicamente uma retificação lícita da proposta que passe a agregar a redução de preço feita em livre manifestação de vontade do lançador e, portanto, juridicamente, tão válida, quanto a primeira, posto que norma permite a retificação verbal de ato escrito, nessa hipótese particular.

7.6.1.4. boa prática: formulário de credenciamento

Uma das características do pregão é que os licitantes ou seus representantes podem fazer lance. Para evitar contratempos, deve o edital apresentar como anexo, um modelo de credenciamento a ser preenchido pela empresa licitante, dispondo inclusive no edital se será exigido ou não o

---

[240] Consulte neste mesmo capítulo, subtítulo 8.1.1, as regras sobre parcelamento.

reconhecimento de firma em cartório; e designar a quem caberá dar lance e assinar o contrato. Claro que o licitante pode não querer credenciar o seu representante para dar lances.[241]

7.6.1.5 otimizando a rotina de assinatura de contrato

A assinatura do contrato pode, em determinados casos, ocorrer de forma imediata e contínua ao término do pregão, bastando, para isso, que nenhum licitante tenha manifestado o interesse em recorrer. Para esse ato, a Administração convoca o licitante vencedor, estabelecendo o prazo que as circunstâncias impuserem. Desse modo, o edital deverá impor a condição de credenciamento para assinar o contrato, embora seja facultativo o credenciamento para fazer lances.

7.6.2. publicidade do ato convocatório

As normas do pregão, homenageando o princípio da economicidade, estabeleceram critérios diferenciados de divulgação, segundo o valor da contratação envolvida, definindo inclusive o uso da *Internet* para difusão de informações, seja pelo sistema *Comprasnet* ou pela *homepage* Contas Públicas.[242]

7.6.3. procedimento do pregão

As normas regulamentaram bem e até de forma didática a operacionalização do pregão, destacando as peculiaridades que o cercam.

A comissão de apoio ao pregoeiro ficará encarregada de registrar os fatos, inclusive a dinâmica dos lances e o interesse em recorrer.

Apenas alguns aspectos merecem comentários:

a) exame da aceitabilidade da proposta/lance

Essa tarefa deverá ser feita a partir do termo de referência anteriormente aludido e corresponde ao que a Lei nº 8.666/1993 já define no art. 43, inciso IV. A aceitabilidade da proposta diz respeito não só ao preço, como também às condições do produto e da execução.

---

[241] Há entendimentos em contrário, exigindo que o pregão seja restrito a licitantes que possam dar lances.

[242] BRASIL. Lei nº 9.755, de 16 de dezembro de 1998. Dispõe sobre a criação de *homepage* na *Internet*, pelo Tribunal de Contas da União, para divulgação dos dados e informações que especifica, e dá outras providências **Diário Oficial [da] República Federativa do Brasil**, Brasília, DF, 17 dez. 1998.

b) possibilidade de negociar

A negociação só era prevista para a licitação de melhor técnica. Com o pregão, passou a ser admitido ao pregoeiro negociar com o lançador. Essa negociação, a exemplo do critério de aceitabilidade da proposta, poderá abranger o preço e as condições de entrega, desde que respeitada a regra mínima do edital, porque vigora o princípio da vinculação ao instrumento convocatório.

Se a oferta não for aceitável ou se o licitante desatender às exigências habilitatórias, o pregoeiro examinará a oferta subsequente, verificando a sua aceitabilidade e procedendo à habilitação do proponente, na ordem de classificação, e assim sucessivamente, até a apuração de uma proposta que atenda ao edital, sendo o respectivo licitante declarado vencedor e a ele adjudicado o objeto do certame.

c) recursos

Muito se tem debatido sobre a validade da norma, que instituiu o pregão, acerca do exercício do direito de recurso.

Na verdade, ao determinar a preclusão do direito de recorrer do licitante, que não declarar, motivadamente, na sessão do pregão o seu interesse, a norma respeitou a garantia constitucional do direito de recorrer, permitiu o exercício da ampla defesa e do contraditório. O que não poderia a norma infraconstitucional fazer é obviar, tanto o direito de recurso, como a possibilidade de ampla defesa e do contraditório. Respeitadas essas fronteiras, o disciplinamento é possível e válido.

O contraditório ainda foi respeitado com a expressa definição do lapso temporal para apresentação de contrarrazões de recurso. Observe que mantida a decisão, não cabe novo recurso; alterada a decisão cabe reabrir prazo de recurso.

8. Critérios para definir a modalidade a ser utilizada

Para definir a modalidade de licitação adequada, recomenda-se o estudo do assunto a partir de dois critérios: o quantitativo e o qualitativo. O primeiro leva em conta o preço estimado do futuro contrato e o segundo, a natureza do objeto a ser contratado.

8.1. critério quantitativo

Todo ajuste a ser celebrado pela Administração exige prévia estimativa de custo, estabelecendo expressamente à lei o seguinte:

a) art. 6º, IX, "f" – o projeto básico[243] – exigível para obra e serviço deve conter o orçamento detalhado do custo global da obra,[244] fundamentado em quantitativos de serviços[245] e fornecimentos propriamente avaliados;
b) art. 7º, § 2º, II – as obras e serviços somente poderão ser licitados quando existir orçamento detalhado em planilhas que expressem a composição de todos os seus custos unitários;
c) art. 40, § 2º, II – constituem anexos do edital, dele fazendo parte integrante, o orçamento estimado em planilhas[246] de quantitativos[247] e preços unitários.[248]

---

[243] a) O TCU determinou que o projeto básico na forma estabelecida no art. 6º inc. IX, deve constar dos processos relativos à execução de obras e à prestação de serviços enquadrados nas hipóteses de dispensa de licitação, em observância ao disposto no § 9º do art. 7º, salvo em situações de emergência ou calamidade pública. BRASIL. Tribunal de Contas da União. Processo nº TC-004.724/1995-0. Decisão nº 301/1997 - 2ª Câmara. Relator: Ministro-Substituto Lincoln Magalhães da Rocha. **Diário Oficial [da] República Federativa do Brasil**, Brasília, DF, 25 nov. 1997. Seção 1, p. 27553.

b) Em sentido contrário, entendeu o TCDF que a exigência de projeto básico não está latente em alguns serviços, a exemplo do "fornecimento de marmitas". A principal função do Projeto Básico é fornecer informações aos licitantes com nível de precisão adequada ao que se pretende atingir. DISTRITO FEDERAL. Tribunal de Contas. Processo nº 664/1996. Decisão nº 4630/1997. Relator: Conselheiro Frederico Augusto Bastos. **Diário Oficial do Distrito Federal**, Brasília, 18 jul. 1997. Disponível em: http://www.tc.df.gov.br. Acesso em 26 jan 2011.

[244] Determinada obra foi desmembrada em duas etapas; posteriormente em três etapas. O TCU recomendou que a execução das obras e serviços deve ser programada em sua totalidade, prevendo-se custos atual e final e considerando os prazos de execução, nos termos previstos nos art. 6º, IX, 7º e 8º da Lei. BRASIL. Tribunal de Contas da União. Processo nº TC-925.718/1998-0. Decisão nº 412/1999 - Plenário. Relator: Ministro Adhemar Paladini Ghisi. **Diário Oficial [da] República Federativa do Brasil**, Brasília, DF, 19 jul. 1999. Seção 1, p. 50.

[245] Não é admissível a realização de licitação, tendo por base, exclusivamente, o valor estimado da despesa. DISTRITO FEDERAL. Tribunal de Contas. Processo nº 1526/1993. Decisão nº 1457/1996. Relator: Conselheiro Frederico Augusto Bastos. **Diário Oficial do Distrito Federal**, Brasília, 25 mar. 1996. Disponível em: http://www.tc.df.gov.br. Acesso em 26 jan 2011.

[246] a) A planilha de custos deve ser fornecida aos licitantes. Entendimento firmado pelo TCDF. Processo nº 5047/1995. Relator: Conselheiro José Milton Ferreira. Disponível em: http://www.tc.df.gov.br. Acesso em 26 jan 2011.

b) O TCU admitiu como correto o uso da planilha da empresa que estava prestando serviços à época da licitação. BRASIL. Tribunal de Contas da União. Processo nº TC-018.728/1995-2. Decisão nº 148/1996 - Plenário. Relator: Ministro Adhemar Paladini Ghisi. **Diário Oficial da União [da] República Federativa do Brasil**, Brasília, DF, 15 abr. 1996. Seção 1, p. 6310.

c) O TCU, alterando entendimento, decidiu não entender ser exigível a entrega do orçamento junto com o Edital, podendo o mesmo ficar à disposição dos licitantes interessados em verificá-lo. No caso a Administração não divulgou a planilha e contratou com preços inferiores em 50% em relação ao estimado. BRASIL. Tribunal de Contas da União. Processo nº TC-500.117/1996-9. Decisão nº 097/1997 - Plenário. Relator: Ministro Bento José Bugarin. **Diário Oficial [da] República Federativa do Brasil**, Brasília, DF, 08 ago. 1997. Seção 1, p. 6849.

[247] a) O TCU recomendou que o edital de licitação, referente a obras deve conter os anexos previstos no § 2º do artigo 40, assim como deve ser observado o disposto no § 2º do artigo 7º e § 1º do artigo 62 da Lei nº 8.666/1993. BRASIL. Tribunal de Contas da União. Processo nº TC-550.173/1996-0. Acórdão nº 518/1998 - 1ª

8.1.1. parcelamento

De posse do valor global da obra, compra ou serviço, deve o administrador considerar a possibilidade ou não de parcelamento da mesma.

a) breve histórico

O Decreto-Lei nº 2.300/1986 tratava do assunto nos arts. 7º, §§ 1º a 3º, e 24, dispondo que era vedado o parcelamento, como regra.

A Lei nº 8.666/1993 inovou o tema, na medida em que pretendeu permitir o acesso de empresas médias e pequenas, mas com a Lei nº 8.883/1994 o assunto teve ainda outros desdobramentos. Na redação original da Lei nº 8.666/1993, o parcelamento dos serviços e obras estava bem regulado no § 1º do art. 8º, e o das compras no art. 15, IV. O primeiro desses dispositivos foi alterado, mas o assunto ficou delineado no art. 23, § 1º, que dispôs que:

> [...] as obras, serviços e compras efetuadas pela Administração serão divididas em tantas parcelas quantas se comprovarem técnica e economicamente viáveis, procedendo-se à licitação com vistas ao melhor aproveitamento dos recursos disponíveis no mercado e à ampliação da competitividade sem perda da economia de escala.

De forma imperativa, o parcelamento é, agora, a regra, embora somente obrigatório se houver vantagem para a Administração.[249]

Lamentavelmente, as autoridades governamentais não perceberam o alcance social que pode advir da aplicação da regra do parcelamento, consagrado no art. 23, § 1º, especialmente da exceção constante do § 5º desse

---

Câmara. Relator: Ministro Carlos Átila Álvares da Silva. **Diário Oficial [da] República Federativa do Brasil**, Brasília, DF, 14 dez. 1998. Seção 1, p. 50.

b) Em outro processo, o TCU anulou a concorrência realizada sem a definição precisa da quantidade de material a ser fornecida para a execução do objeto licitado. Foram beneficiadas as empresas que, havendo se comprometido a utilizar menos material, apresentaram menor preço global, nada obstante cotassem preços unitários superiores às demais. BRASIL. Tribunal de Contas da União. Processo nº TC-000.988/1999-5. Decisão nº 621/1999 - Plenário. Relator: Ministro José Antônio B. de Macedo. **Diário Oficial [da] República Federativa do Brasil**, Brasília, DF, 20 set. 1999. Seção 1, p. 50.

[248] A redação original da Lei nº 8.666/1993 dispunha: demonstrativo do orçamento estimado em planilhas de quantitativos e custos unitários.

[249] No TCU prevalece a tese de que o parcelamento só é obrigatório se houver vantagem (execução). BRASIL. Tribunal de Contas da União. Processo nº TC-008.432/1997-0. Decisão nº 084/1999 - Plenário. Relator: Ministro Marcos Vinicios Vilaça. **Diário Oficial [da] República Federativa do Brasil**, Brasília, DF, 26 mar. 1999, Seção 1, p. 71-72.

mesmo dispositivo, e continuaram tentando inovar com outros meios de manter recursos na localidade, nem sempre em plena conformidade com a lei.

Significativo avanço operou-se com a Lei nº 9.648, de 28 de maio de 1998, que, ao introduzir alterações na Lei nº 8.666/1993, impôs para a Administração a obrigação de aceitar proposta com quantidade inferior à demandada no edital, salvo expressa disposição em contrário.

b) a operacionalização do parcelamento

Nesse novo contexto legal, para operacionalizar o princípio do parcelamento do objeto, deve o administrador:

b.1) considerar a totalidade da compra, obra ou serviço – art. 8º

Ex.:

- equipar um auditório, construir um edifício, fazer a manutenção de computadores;[250]

b.2) à luz dos critérios técnicos disponíveis, dividir o objeto

Exs.:

- equipar um auditório:
  - cadeiras são um item que pode ser, tecnicamente, parcelado em tantos quantos forem os quantitativos de cadeiras;
- construir um edifício:
  - terraplanagem do solo é um item;
  - instalação de ar-condicionado é outro item;
- fazer a manutenção de computadores:
  - cada conjunto de computadores de um mesmo órgão no local é um item;
  - cada conjunto de impressoras de um mesmo órgão no local é um item.

[250] Nesse sentido o TCU vem reiteradamente determinando: "[...] 1.5.1.3 nos termos do § 2º e no § 5º do art. 23 e nos incisos I e II do art. 24 da Lei nº 8.666/93, consolide suas compras de materiais e serviços de natureza semelhante em licitações únicas e aperfeiçoe a sistemática de planejamento de suas atividades, de modo a evitar o fracionamento de despesas.". BRASIL. Tribunal de Contas da União. Processo nº TC-023.276/2008-6. Acórdão nº 5895/2009 – 2ª Câmara. Relator: Ministro José Jorge. **Diário Oficial da União [da] República Federativa do Brasil**, Brasília, DF, 13 nov. 2009.

b.3) à luz dos critérios econômicos, juntar ou não o parcelamento

A aplicação do critério econômico deve visar ao aproveitamento dos recursos do mercado, à ampliação da competitividade e às vantagens da economia de escala, nos termos do art. 23, §1º.

Ex.:

- juntar computadores e impressoras, porque a separação não amplia a competitividade:
  - embora o item cadeira possa ser tecnicamente dividido em tantas parcelas quantas forem os quantitativos de cadeiras, pode-se decidir, em determinado caso, fazer um único lote com o total, visando à economia de escala;
  - a manutenção dos computadores pode ser feita por lotes, considerando a marca e a localidade onde estão instalados.

É importante notar que muitos órgãos confundem item com produto. A consequência pode ser nociva à Administração, pois sendo admitida a proposta por item, um licitante cotando vários itens pode ser vencedor em apenas um, cuja expressão econômica sequer justifique o transporte do item isoladamente! Por isso deve o administrador considerar o conteúdo econômico do item até frente o custo do transporte, expedição de notas fiscais, cópias de certidões, enfim burocracia e custo indireto inerente.

Uma sugestão é estabelecer a soma de produtos gerando itens com valor mínimo, usando por analogia os limites do inciso II do art. 24, da Lei nº 8.666/1993. Quando se permitem itens com valores menores, se ocorrer a entrega parcelada mensal, o objeto cotado poderá ser inviável economicamente.

c) precedentes sobre parcelamento

Permitindo a participação da pequena e média empresas, a lei determinou, inovadoramente, no inciso IV do art. 15, que as compras serão subdivididas em tantas parcelas quantas necessárias para aproveitar as peculiaridades[251] do mercado, visando à economicidade.

---

[251] O TCU recomendou que o órgão avalie a viabilidade técnica e econômica do parcelamento de compras administrativas, em articulação com o solicitante, com o objetivo de aproveitar as peculiaridades do mercado, visando atender ao princípio da economicidade, e que os resultados da mencionada avaliação figurem nos autos do processo de compra, em consonância com os arts. 15, IV; 23, §1º; 38, XII, da Lei nº 8.666/1993. BRASIL. Tribunal de Contas da União. Processo nº TC-475.169/1996-4. Decisão nº 753/1998 - Plenário. Relator: Ministro Carlos Átila Álvares. **Diário Oficial [da] República Federativa do Brasil**, Brasília, DF, 16 nov. 1998. Seção 1, p. 49.

Para operacionalizar o dispositivo referente a compras[252] sem afrontar a regra de preservação da modalidade de licitação – vez que a exceção do art. 23, § 5º, não aproveita as compras – a Administração deve,[253] em cada exercício, estimar o total de bens e materiais que deverá adquirir, agrupando-os pela natureza, semelhança ou afinidade, e promover a licitação.[254] No ato convocatório, deverá permitir a cotação por item,[255] razão pela qual as exigências da qualificação técnica e econômico-financeira[256] devem ser compatíveis com os itens/grupo de itens em que se permite a contratação, separadamente. Como a regra é o parcelamento, quando a administração só permitir a contratação por itens agrupados, a justificativa deverá constar do processo.

Nesse sentido é a didática decisão do Tribunal de Contas da União, assentando que:

> [...] em virtude do disposto no art. 3º, § 1º, I, art. 8º, § 1º, e art. 15, IV, todos da Lei nº 8.666/1993, é obrigatória a admissão, nas licitações para a contratação de obras,

---

[252] O fracionamento de despesa de compra não pode ser justificado com a regra do parcelamento. BRASIL. Tribunal de Contas da União. Processo nº TC-475.053/1995-8. Decisão nº 484/1996 - Plenário. Relator: Auditor Lincoln Magalhães da Rocha. **Diário Oficial [da] República Federativa do Brasil**, Brasília, DF, 26 ago. 1996. Seção 1, p. 16413.

[253] O TCU recomendou, como forma de evitar a fragmentação da despesa, a realização de prévio planejamento para todo o exercício, licitando de forma racionalizada, e em conjunto, materiais de uma mesma espécie, cujos fornecedores potenciais sejam os mesmos, conforme o art. 15, § 7º, II, e 23, § 2º, da Lei nº 8.666/1993. BRASIL. Tribunal de Contas da União. Processo nº TC-475.169/1996-4. Decisão nº 753/1998 - Plenário. Relator: Ministro Carlos Átila Álvares. **Diário Oficial [da] República Federativa do Brasil**, Brasília, DF, 16 nov. 1998. Seção 1, p. 49-50.

[254] A regra do fracionamento também se aplica àqueles que não se submetem diretamente à Lei de Licitações, mas somente aos seus princípios. No mesmo sentido o TCU determinou ao SENAI que faça previsão do consumo anual de materiais, bem como o de expediente e instrucional, com o objetivo de realizar o menor número possível de licitações, auferindo, dessa forma, economia de escala nas aquisições feitas. BRASIL. Tribunal de Contas da União. Processo nº TC-250.104/1997-0. Decisão nº 614/1999 - Plenário. Relator: Ministro-Substituto Lincoln Magalhães da Rocha. **Diário Oficial [da] República Federativa do Brasil**, Brasília, DF, 20 set. 1999. Seção 1, p. 44.

[255] "Não se pode considerar viciado o procedimento licitatório por atribuir peso maior a determinado item, eis que se trata de condição preestabelecida, em que houve concordância dos licitantes." BRASIL. Tribunal de Justiça do Distrito Federal e Territórios. Processo nº 8.948/1997. Relatora: Desembargadora Ana Maria Duarte Amarante. **Diário da Justiça [da] República Federativa do Brasil**, Brasília, 06 maio 1998. Seção 3, p. 53.

No mesmo sentido o TCU determinou: "[...] adote, como padrão em futuras licitações, o critério de julgamento das propostas de preços com base em cada item isoladamente, de forma a assegurar a escolha da melhor proposta para a Universidade, devendo o julgamento por preço global ser utilizado apenas em situações pontuais e devidamente fundamentadas". BRASIL. Tribunal de Contas da União. Processo nº TC-019.317/2003-3. Acórdão nº 2123/2006 - 1ª Câmara. **Diário Oficial da União [da] República Federativa do Brasil**, Brasília, DF, 04 ago. 2006, p. 109.

[256] Deve ser avaliada no momento da proposta e não depois. BRASIL. Tribunal de Contas da União. Processo nº TC-004.723/1995-3. Acórdão nº 050/1996 - Plenário. Relator: Ministro Fernando Gonçalves. **Diário Oficial [da] República Federativa do Brasil**, Brasília, DF, 20 abr. 1996. Seção 1, p. 7334

> serviços e compras, e alienações, onde o objeto for de natureza divisível,[257] sem prejuízo do conjunto ou complexo, da adjudicação por itens e não pelo preço global, com vistas a propiciar a ampla participação dos licitantes que, embora não dispondo de capacidade para a execução, fornecimento ou aquisição da totalidade do objeto, possam, contudo, fazê-lo com referência a itens ou unidades autônomas, devendo as exigências de habilitação adequar-se a essa divisibilidade.[258]

Esse entendimento é o único que se adequa às prescrições da Lei de Licitações e deita por terra a doutrina pátria construída sob o império do Decreto-Lei nº 2.300/1986, que tinha o princípio da indivisibilidade das compras.[259]

Merece destaque, por exemplo, o raciocínio desenvolvido na informação elaborada pelo jovem e estudioso Sérgio Ricardo Valadares Fonseca, Analista de Finanças e Controle Externo do TCU, ao examinar consulta formulada por governador de Estado que pretendia ver reconhecida a inexigibilidade ou a dispensa de licitação para a aquisição de bens ou prestação de serviços quando os fornecedores integrassem programa especial do governo de incentivo à microprodução regional, de geração de empregos e de aumento da renda familiar. Após esclarecer que a licitação era exigível e indispensável, demonstrou que o princípio do parcelamento e o acatamento do que dispõe o art. 20 da Lei de Licitações[260] constituiriam fatores de incentivo às empresas de pequeno e médio porte estabelecidas na localidade. Em continuação, afastando a possibilidade de incentivos decorrentes dos programas citados, sentenciou: "Outros benefícios às pequenas empresas em licitações poderão advir de lei,

---

[257] O IDR emitiu três notas de empenho em um período de 22 dias, referente a despesas de prestação de serviços de reparos e conservação de prédios. Deixou de proceder à modalidade correta de licitação, que para o caso era a tomada de preços. O Tribunal de Contas do DF questionou o fato. O órgão apresentou defesa alegando que a licitação foi realizada em dois processos distintos, buscando contratar firmas fornecedoras e mão de obra próprias a cada especificidade. O TCDF julgou regular. DISTRITO FEDERAL. Tribunal de Contas. Processo nº (A) 7.726/1996. Relator: Conselheiro José Milton Ferreira. Disponível em: http://www.tc.df.gov.br. Acesso em 26 jan 2011.

[258] Os dispositivos referem-se à Lei nº 8.666/1993, sem a alteração da Lei nº 8.883/1994. TCU. Processo nº TC-007.759/1994-0. Decisão nº 393/1994 - Plenário. Relator: Ministro Paulo Afonso Martins de Oliveira. **Diário Oficial [da] República Federativa do Brasil**, Brasília, DF, 29 jun. 1994. Seção 1, p. 9622.

[259] MEIRELLES, Hely Lopes. **Direito Administrativo Brasileiro**. 32ª ed. atualizada. São Paulo: Malheiros, 2006, p. 41.

[260] 260 BRASIL. **Lei nº 8.666/93 (Versão Bolso).** Organização dos textos e índice por J. U. JACOBY FERNANDES. 12. ed. amp., rev. e atual. Belo Horizonte: Fórum, 2010. *In verbis*: "Art. 20. As licitações serão efetuadas no local onde se situar a repartição interessada [...]."

mas nunca diretamente da Administração, sob pena de violação dos princípios da legalidade e da isonomia".[261]

O Tribunal de Contas da União considerou ilegal a contratação conjunta, num mesmo procedimento licitatório, do licenciamento de *software* e do treinamento de pessoal. Segundo a Corte de Contas Federal, nesses casos deve-se realizar licitações distintas para treinamento e para a aquisição das licenças, sob pena de se impor, indevidamente, restrição ao caráter competitivo do certame, conduta que contraria o art. 3º, § 1º, da Lei nº 8.666/1993.[262]

É forçoso observar, porém, que se o valor envolvido do treinamento não for expressivo não haverá necessidade do parcelamento. Entendimento contrário levaria a exigir uma licitação procedimentalmente antieconômica.

d) modalidade de licitação decorrente do parcelamento

E quando a Administração decidir parcelar, qual a modalidade de licitação que deverá empregar?

A resposta à questão teve substancial alteração com o advento da Lei nº 8.883/1994, que a aclarou definitivamente. Na Lei nº 8.666/1993 – redação original – o art. 8º, § 3º, mandava que, no parcelamento, se observasse a modalidade pertinente para a execução total do objeto da licitação, ficando a ressalva por conta do art. 23, § 5º, que permitia adotar a modalidade própria da respectiva parcela quando se tratasse de natureza específica que pudesse ser executada por pessoas ou empresas de especialidade diversa daquela do executor da obra ou serviço. Mas, como dito, a Lei nº 8.883/1994 foi mais feliz no disciplinamento do assunto, alterando a redação do art. 23, § 2º, que passou a dispor que, na execução de obras e serviços e nas compras de bens parceladas nos termos do parágrafo anterior, a cada etapa ou conjunto de etapas da obra, serviço ou compra há de corresponder licitação distinta, preservada a modalidade pertinente para a execução do objeto em licitação.

De notar que, enquanto para obras e serviços seja permitido, em caráter excepcional, abandonar a modalidade de licitação prevista[263] para o total da

---

[261] BRASIL. Tribunal de Contas da União. Processo nº TC-001.528/1996-3. Decisão nº 284/1996 - Plenário. Relator: Ministro Carlos Átila Álvares da Silva. **Diário Oficial [da] República Federativa do Brasil**, Brasília, DF, 17 jun. 1996. Seção 1, p. 10.576. Obs.: a informação do Analista não foi publicada na íntegra, permanecendo nos autos seu inteiro teor.

[262] BRASIL. Tribunal de Contas da União. Processo nº TC-015.775/2005-7. Acórdão nº 1.794/2005 - Plenário. Relator: Ministro Ubiratan Aguiar. Brasília, DF, 09 de novembro de 2005. **Diário Oficial da União [da] República Federativa do Brasil**, Brasília, DF, 22 de nov. de 2005.

[263] Em sentido contrário, em um único caso que não firmou jurisprudência, o TCU aplicou multa pela realização de convite para revestimento com cerâmica no interior de um dos blocos do prédio da Administração quando o

contratação, na forma do art. 23, § 5º, *in fine*, para as compras não existe a possibilidade de deixar de adotar a modalidade prevista para a aquisição global, embora seja exigível[264] o parcelamento.

Merece registro um caso elucidativo dos limites do parcelamento que foi apreciado pelo Tribunal de Contas do Distrito Federal,[265] em que um determinado órgão decidiu contratar parceladamente a realização de obras a serem construídas em localidades diferentes, embora fossem de mesma natureza. Colhe-se a seguinte passagem do voto do eminente Conselheiro Jorge Caetano, adotado pela Corte:

> No caso em apreciação, não houve motivo de ordem técnica ou de insuficiência de recursos, e, como o próprio defendente reconhece, trata-se 'da mesma obra em diversos lugares[...]', não havendo, portanto, necessidade de interpretação desta Corte para definição do que é parcelamento de obras, pois cristalina aquela proibição na norma em vigor à época.
>
> [...] por esses fatos, não vejo como prosperar as argumentações de que o defendente desconhecia estar incorrendo em erro na escolha da modalidade de licitação, o que caracteriza a culpa administrativa daquele ex-administrador.

Também no Tribunal de Contas do Distrito Federal, o presente autor, no desempenho de função institucional, sustentou a irregularidade do procedimento adotado por uma Administração Regional, merecendo transcrição o seguinte excerto do parecer:

> Como visto, está claro que a jurisdicionada eximiu-se de um planejamento adequado e estabeleceu critério distinto do *mandamus* legal para definir a correta modalidade de licitação a ser empregada - aplicou-se convite, quando o valor total no exercício da natureza da despesa sob exame já exigia tomada de preços. Observe-se que foram adquiridos materiais pertencentes ao mesmo subgrupo da natureza de despesa, no mesmo exercício, contrariando a exigência de

---

valor global da obra de conclusão exigia a modalidade tomada de preços. Processo nº 525.127/1996-8. Decisão nº 820/1997 - Plenário. **Diário Oficial [da] República Federativa do Brasil**, Brasília, DF, 12. dez. 1997. Seção 1, p. 29.827.

264 Mesmo para seguro, o TCU entende obrigatório o parcelamento. Processo publicado no Diário Oficial da União [da] República Federativa do Brasil, Brasília, DF, 05 maio 1998, Seção 1, p. 93.

265 DISTRITO FEDERAL. Tribunal de Contas. Processo nº 5.339/1992, julgado na sessão de 7 de fevereiro de 1995.

> adotar a modalidade prevista para a aquisição global, ainda que adquirindo os bens/materiais de forma parcelada".[266]

Com referência às contratações de fornecimento de gases medicinais em que se vislumbra a formação de verdadeiros monopólios, o Tribunal de Contas do Distrito Federal firmou entendimento, com pequenas divergências do exposto, ao aplicar a regra do parcelamento, no sentido de que:

> [...] VII - dê conhecimento, à firma BRASIGÁS - Brasília Distribuidora de Oxigênio e Gases Especiais Ltda., da decisão que vier a ser tomada por esta Corte, esclarecendo, ainda, à citada, que é lícito:
>
> a) a exigência de habilitação não só para o total do item, mas para a totalidade da licitação. A habilitação destina-se à verificação e reconhecimento da capacidade jurídica, da regularidade fiscal, e da qualificação econômico-financeira dos licitantes à licitação, como um todo. Apenas em relação ao capital mínimo, quando exige, e, ainda, quando o objeto da licitação tiver sido subdividido em unidades autônomas (itens) - hipóteses em que pode ensejar a celebração de mais de um contrato - é que pode e deve a Administração, em obediência ao disposto no art. 3º, §1º, I, da Lei nº 8.666/1993, estabelecer, além do limite mínimo exigido para a totalidade da licitação, o capital mínimo para a habilitação parcial, ou seja, para itens ou grupos de itens;
>
> b) considerar vencedor de uma licitação o proponente que apresentar o menor preço global, desde que o ato convocatório o tenha estabelecido como condição de julgamento. O que não é lícito é o ato convocatório estabelecer essa condição quando os produtos em licitação não forem interdependentes e nem se destinarem a formar ou recompor um conjunto homogêneo;
>
> c) agrupar vários hospitais em uma só licitação, visto que todos demandam os mesmos produtos licitados. Logicamente que deve a Administração justificar o interesse público para a adoção de tal procedimento, bem como de não ter subdividido o objeto da licitação em itens distintos.
>
> [...]

[266] DISTRITO FEDERAL. Tribunal de Contas. Processo nº 6.227/1996. Parecer MP/TCDF nº 3.0111/1996, emitido em 08 de novembro de 1996. Relator: Conselheiro Substituto José Roberto de Paiva Martins. Disponível em: http://www.tc.df.gov.br. Acesso em 26 jan 2011.

8.1.2. parcelamento e fracionamento

Continua, porém, vedado o chamado "fracionamento da despesa", como tal entendida a conduta do administrador que, pretendendo definir a modalidade de licitação inferior à devida ou deixar de realizar a licitação – com fundamento no art. 24, incisos I e II – reduz o objeto para alcançar valor inferior e realiza várias licitações ou dispensas para o mesmo objeto.

Enquanto parcelar o objeto é a regra,[267] o fracionamento pode caracterizar crime – ver arts. 89 e 93 da Lei nº 8.666/1993 – pois, ao adotar modalidade inferior, restringe-se a competição, ou, no caso da contratação direta, esta deixa de existir.

As várias decisões citadas ao longo deste item revelam que os Tribunais de Contas buscam coibir o fracionamento.

A propósito, cabe esclarecer que os conceitos referentes às licitações sucessivas, simultâneas, conjuntas ou concomitantes a que fazem referência os arts. 39, parágrafo único, 23, § 5º, e 24, inciso I, todos da Lei nº 8.666/1993, não interferem na definição da modalidade.

8.1.3. contratos de serviços contínuos ou que ultrapassem um exercício

Foi demonstrado que a licitação é um procedimento prévio à realização de despesa, motivo pelo qual, para se evitar o fracionamento da mesma, é obrigatório considerar o consumo ou o uso do objeto, ou contratação do serviço, no exercício financeiro.[268]

No caso, porém, de contratos cuja execução é prevista para ultrapassar o exercício financeiro, deverá ser considerado o tempo estimado e o correspondente ao valor total a ser despendido, para fins de enquadramento na tabela de valores constante do art. 23 da Lei de Licitações.[269]

---

[267] O órgão contratou em convites diferentes livros com nomes parecidos. O TCU entendeu que não houve fracionamento de despesa. BRASIL. Tribunal de Contas da União. Processo nº TC-250.070/97-9. Decisão nº 232/1998 – 1ª Câmara. Relator: Ministro Marcos Vinicios Vilaça. **Diário Oficial [da] República Federativa do Brasil**, Brasília, DF, 03 ago. 1998. Seção 1, p. 101.

[268] Nos contratos de prestação continuada, a cada pagamento deve ser verificada a regularidade. DISTRITO FEDERAL, Tribunal de Contas. Processo nº 2581/1993. Decisão nº 705/1994. **Diário Oficial do Distrito Federal**, Brasília, DF, 28 mar. 1994, p. 18613. DISTRITO FEDERAL, Tribunal de Contas. Processo nº 0662/1996. Decisão nº 7.831/1996. Relator: Conselheiro Jorge Caetano. **Diário Oficial do Distrito Federal**, Brasília, 05 set. 1996.

[269] Os referidos valores são atualizados, na mesma periodicidade, pelo Poder Executivo Federal e publicados no Diário Oficial da União, conforme o art. 120 da Lei de Licitações. A propósito, o TCU tem deliberado nesse sentido: "[...] 9.13.1 adote a modalidade licitatória adequada, de acordo com os artigos 23 e 24 c/c o artigo 57, inciso II, da Lei nº 8.666, de 1993, de maneira a evitar que eventual prorrogação de contrato administrativo de serviço de natureza contínua dela decorrente resulte em valor total superior ao permitido para a modalidade utilizada [...]". BRASIL. Tribunal de Contas da União. Processo nº TC-013.188/2005-3. Acórdão nº 4.742/2009

A propósito, cabe lembrar que, pela atual redação do art. 57, II, da Lei nº 8.666/1993, os contratos que tenham por objeto a execução de serviços de natureza contínua[270] devem ser dimensionados com vistas à obtenção da proposta mais vantajosa e, em nosso entendimento, ser ajustados por exercício financeiro.

Algumas objeções têm sido lançadas quanto à possibilidade de prorrogar os contratos de serviços contínuos.

Sobre o assunto, cabe obtemperar:

1. as contratações para serviços contínuos não podem ser feitas por sessenta meses direto; ao contrário, são feitas por períodos definidos e prorrogadas por iguais e sucessivos períodos;
2. a prorrogação não é dever da Administração Pública nem direito do contratado, só ocorrendo se ainda for mais vantajosa para o interesse público;
3. à época da prorrogação do contrato, deve a Administração Pública verificar os preços e as condições ofertadas no Sistema de Registro de Preços[271] e compará-las com as ofertadas pelo contratado, à vista do interesse de prorrogar a contratação. Se o contrato decorrente da prorrogação for mais vantajoso do que o decorrente do novo Sistema de Registro de Preços, parece óbvio que a Administração Pública deva permanecer com o mesmo contratado. Como as condições a serem comparadas se referem ao contrato em vigor, parece possível a prévia negociação com o atual contratado e, só após, a comparação com a oferta via Sistema de Registro de Preços - SRP;
4. se, à época da prorrogação, não houver mais SRP vigente sobre o objeto, mesmo assim a Administração Pública não poderá deixar de promover consulta ao mercado para verificar a compatibilidade de preços. É mesmo uma cautela mínima que se espera do gestor público responsável.

– 2ª Câmara. Relator: Auditor André Luiz de Carvalho. **Diário Oficial da União [da] República Federativa do Brasil**, Brasília, DF, 11 de set. de 2009, p. 132

[270] A disciplinar o assunto da contratação de serviços de vigilância, de limpeza e conservação, executados de forma contínua em edifícios públicos e celebrados por órgão ou entidades integrantes do Sistema de Serviços Gerais - SISG, temos a Instrução Normativa nº 18, **Diário Oficial [da] República Federativa do Brasil**, Brasília, DF, 29 dez. 1997, p. 31600/608, alterada pela Instrução Normativa nº 06, **Diário Oficial [da] República Federativa do Brasil**, Brasília, DF, 11 set. 1998, p. 71 e também a Portaria nº 3.256, de 11 de novembro de 1996, que divulga valores. **Diário Oficial [da] República Federativa do Brasil**, Brasília, DF, 18 nov. 1996. Seção 1, p. 23.899.

[271] Consulte: JACOBY FERNANDES, Jorge Ulisses. **Sistema de Registro de Preços e Pregão Presencial e Eletrônico**. 3ª ed., Belo Horizonte: Fórum, 2009.

Sobre o prazo do contrato de serviços contínuos, a jurisprudência admite, tradicionalmente, duas formas de estabelecer-se o prazo de duração desses contratos:[272]

a) coincidindo o término com o exercício financeiro:

Ex.: vigência inicial do contrato de 01.04.2000 até 31.12.2000;

1ª prorrogação de 01.01.2001 a 31.12.2001;

2ª prorrogação de 01.01.2002 a 31.12.2002;

3ª prorrogação de 01.01.2003 a 31.12.2003;

4ª prorrogação de 01.01.2004 a 31.12.2004;

5ª prorrogação de 01.01.2005 a 31.03.2005. Total = 60 meses.

b) ajustando-se o contrato para duração de ano a ano:

Ex.: vigência inicial do contrato de 01.04.2000 até 31.03.2001;

1ª prorrogação de 01.04.2001 a 31.03.2002;

2ª prorrogação de 01.04.2002 a 31.03.2003;

3ª prorrogação de 01.04.2003 a 31.03.2004;

4ª prorrogação de 01.04.2004 a 31.03.2005. Total = 60 meses.

Em situação normal, a Lei de Responsabilidade Fiscal - LRF não interferiu nesse tema. Apenas no art. 42, regulando a situação de final de mandato das autoridades referidas no art. 20, é que impediu o ato de contrair obrigação de despesa que não possa ser cumprida integralmente dentro dele ou que tenha parcelas a serem pagas no exercício seguinte, sem que haja suficiente disponibilidade de caixa para este efeito.

Nesse particular caso, o órgão que adota a primeira tese não terá problemas; se adota a segunda, para os fins da LRF se considerará contraída a obrigação "apenas" da parcela do ano de 2000, ou seja, mesmo que o contrato tenha sido assinado com vigência de 01.04.2000 a 31.03.2001, considerará contraída a obrigação apenas de 01.04.2000 a 31.12.2000. Como regra, o empenho deve corresponder à obrigação contraída, mas nesse caso, excepcionalmente, é possível considerar esse entendimento à vista de lei federal, incidente ou aplicável por analogia.

---

272 O TCU admite as teses das prorrogações. BRASIL. Tribunal de Contas da União. Processo nº TC-003.100/1995-2. Decisão nº 605/1996 - Plenário. Relator: Ministro Carlos Átila Álvares da Silva. **Diário Oficial [da] República Federativa do Brasil**, Brasília, DF, 15 out. 1996. Seção 1, p. 20.931.

É imperioso notar que o TCU, elastecendo ainda essa interpretação, passou a admitir, ainda, a contratação por períodos superiores e até por 60 meses.[273]

8.1.4. superveniência de fatos novos

Por vezes, ocorre que uma licitação e o respectivo contrato foram adequadamente planejados, mas fatos imprevistos ou novos em relação ao planejamento interferem no que diz respeito à modalidade de licitação, merecendo destacar as hipóteses mais frequentes.

8.1.4.1. preços superiores aos estimados

A comissão de licitação, ao projetar o preço do objeto pretendido, encontra determinada faixa de valores correspondente a uma modalidade de licitação (por exemplo, convite), mas, ao abrir os envelopes de proposta,[274] constata que os preços ofertados situam-se na modalidade imediatamente superior (por exemplo, tomada de preços). Como deve proceder?

Em princípio, ou houve erro de planejamento ou erro de julgamento das propostas, e ambos implicam o refazimento do processo licitatório.

Erro de planejamento se a comissão subestimou o preço dos possíveis licitantes ou não especificou na planilha de custos os itens pretendidos. Nesse caso, só por nova licitação corrige-se a irregularidade, usando-se a modalidade adequada.

Erro de julgamento, se o planejamento estava correto, tendo estimado o preço efetivamente praticado no mercado, e os licitantes sobrevalorizaram o preço ofertado. Caberia à comissão de licitação,[275] diante do ocorrido, proceder à desclassificação dessas propostas.

---

[273] BRASIL. Tribunal de Contas da União. Processo nº TC-928.360/1998-9. Decisão nº 25/2002 - Plenário. Relator: Ministro Benjamim Zymler. **Diário Oficial [da] República Federativa do Brasil**, Brasília, DF, 04 fev. 2000.

[274] A comissão procedeu à abertura de envelopes contendo propostas de dois licitantes, para verificar se os documentos de habilitação solicitados, estavam ali presentes. O próprio órgão, a pedido da comissão, anulou o procedimento licitatório. Alegou engano em defesa, mas o TCDF aplicou multa. DISTRITO FEDERAL. Tribunal de Contas. Processo nº 299/1995. Decisão nº 754/1995. Disponível em: http://www.tc.df.gov.br. Acesso em 26 jan 2011.

[275] O TCU entendeu irregular a desclassificação de proposta pelo órgão jurídico. Processo nº TC-625.230/1995-7. Decisão nº 653/1996 - Plenário. Relator: Ministro Iram Saraiva. **Diário Oficial [da] República Federativa do Brasil**, Brasília, DF, 04 nov. 1996. Seção 1, p. 22706.

8.1.4.2. execução do contrato e modificação das necessidades

Se na época da licitação a Administração tinha a necessidade de uma certa quantidade de bens - fato que gerou, por exemplo, o enquadramento da licitação na modalidade de convite - e mais tarde, no curso da execução do contrato, vem a ter a necessidade de aumentá-la[276] (repercutindo o valor total do ajuste para a faixa de valores correspondente à tomada de preços, por exemplo), como deverá proceder?

Os motivos supervenientes ao ajuste, de fatos imprevisíveis, não podem obstaculizar a possibilidade de alteração de quantitativos, desde que observados os limites do art. 65, § 2º, da Lei nº 8.666/1993.

O que não se admite é que intencionalmente seja reduzido determinado quantitativo do que foi planejado para enquadrar a licitação em modalidade inferior, já antevendo a necessidade de utilizar os limites de acréscimo previstos em lei.

Caso concreto ocorrido em um Município exemplifica a situação, em que foi elaborado um projeto para equipar um auditório com previsão para 500 poltronas cujo custo enquadrar-se-ia na modalidade tomada de preços. Para possibilitar a realização acelerada da compra, diminuíram a quantidade para 400 cadeiras, realizando licitação na modalidade de convite, e depois promoveram o aditamento do contrato para alcançar a quantidade prevista.

Sem dúvida, o exame dos autos evidenciou nítida má-fé e burla à Lei de Licitações, fato a ser coibido com rigor, na forma do art. 93 da Lei.

8.1.4.3. jurisprudência

Merecem registro alguns casos envolvendo a utilização irregular da modalidade de licitação.

O primeiro reflete uniforme jurisprudência no sentido de que, em não havendo prejuízo ao erário – por ter a aquisição sido realizada ao preço de mercado, mesmo que com modalidade indevida – não cabe ação popular.

É que esse instrumento processual objetiva apenas a tutela do erário e, sem prejuízo, deverá ser decretada a improcedência da ação.[277]

---

[276] Superfaturamento na execução. O TCDF não julgou irregular, com fundamento na extinção do contrato e tempo decorrido que, no curso de contrato de manutenção, fosse alterado o número de visitas e incluído o fornecimento de peças. TCDF. Processo nº 1402/1992. Disponível em: http://www.tc.df.gov.br. Acesso em 26 jan 2011.

[277] Usaram tomada de preço ao invés de concorrência, e o STJ entendeu que foi observado o princípio da moralidade e ausente lesividade ao erário, motivos pelos quais julgou improcedente a ação popular. BRASIL.

O outro episódio, pela sua singularidade, foi julgado pelo Tribunal de Contas do Distrito Federal. Tratava-se de convite realizado para manutenção de máquinas de escrever que o Banco de Brasília enquadrara como serviço de engenharia. Houve, na oportunidade, controvérsia sobre se estava correto o enquadramento, porque:

- o limite máximo para o uso de convite para serviços de engenharia é bastante superior (quatro vezes maior) aos demais serviços;[278]
- o fato de a legislação exigir profissional registrado no Conselho Regional de Engenharia, Arquitetura e Agronomia - CREA, por si só, não qualifica o serviço como de engenharia.

Cabe, ao ensejo, traçar breve panorama sobre a jurisprudência dos Tribunais de Contas acerca da contratação com inobservância da pertinente modalidade de licitação.

Para sistematizar o trabalho, pode-se agrupá-lo em:

a) inobservância da modalidade por fracionamento de despesa

O órgão dividiu o objeto e promoveu mais de uma licitação com modalidade inferior à devida.

a.1) entre outros fatos, acarretaram multa:

- o parcelamento de obra, justificado por fatos ainda não ocorridos, é insubsistente. O TCDF aplicou multa;[279]
- a licitação, mediante convite, de obra que exige a modalidade tomada de preços, viola os ditames da Lei nº 8.666/1993. O TCU aplicou multa.[280]

Superior Tribunal de Justiça. Recurso Especial nº 43918/MS. 2ª Turma. **Diário da Justiça [da] República Federativa do Brasil**, Brasília, 31 out. 1994. Seção 1, p. 29.487.

[278] BRASIL. **Lei nº 8.666/93 (Versão Bolso).** Organização dos textos e índice por J. U. JACOBY FERNANDES. 12. ed. amp., rev. e atual. Belo Horizonte: Fórum, 2010. Q. cfr. art. 23, I, "a", com o inc. II, "a".

[279] DISTRITO FEDERAL. Tribunal de Contas. Processo nº 3.884/1998. Disponível em: http://www.tc.df.gov.br. Acesso em 26 jan 2011.

[280] BRASIL. Tribunal de Contas da União. Processo nº TC-525.127/1996-8. Decisão nº 820/1997 - Plenário. Relator: Ministro-Substituto Lincoln Magalhães da Rocha. **Diário Oficial [da] República Federativa do Brasil**, Brasília, DF, 12 dez. 1997. Seção 1, p. 29806.

a.2) foram considerados irregulares, sem aplicação de multa:

- o uso de convite no lugar de tomada de preço, para contratação de serviço contínuo, ensejando apenas declaração de irregularidade.[281]
- o parcelamento de despesa, quer com o objetivo de evitar modalidade mais ampla de licitação, quer com o de possibilitar-lhe a dispensa,[282] constitui infração legal;
- a Prefeitura dividiu as compras em "de consumo" e "material permanente". O TCU entendeu que não é a classificação

[281] a) DISTRITO FEDERAL. Tribunal de Contas. Processo nº 2.656/1992. Decisão nº 14.950/1995. Relator: Conselheiro Ronaldo Costa Couto.

b) O TCU, em outro processo determinou: "promova medidas a fim de que os contratos para prestação de serviços não classificados como de natureza contínua tenham vigência adstrita à dos respectivos créditos orçamentários." BRASIL. Tribunal de Contas da União. Processo nº TC-004.724/1995-0. Decisão nº 301/1997 - 2ª Câmara. Relator: Ministro- Substituto Lincoln Magalhães da Rocha. **Diário Oficial [da] República Federativa do Brasil**, Brasília, DF, 25 nov. 1997. Seção 1, p. 27.553.

[282] DISTRITO FEDERAL. Tribunal de Contas. Súmula nº 7. Constitui infração legal o parcelamento de despesa, quer com o objetivo de evitar modalidade mais ampla de licitação, quer com o de possibilitar-lhe a dispensa. **Diário Oficial do Distrito Federal**, Brasília, DF, 27 set. 1988.

No mesmo sentido, o TCU recomendou: " [...] ao aplicar recursos federais observe as normas de Licitação e Contratação, instituídas pela Lei 8.666/93, especialmente no que diz respeito a abster-se de realizar compras diretas, com dispensa de licitação, para objetos idênticos ou semelhantes, em atendimento ao disposto nos arts. 2º, 3º, 22, 23, § 2º, e 24, inciso II, planejando a compra dos produtos da merenda escolar de modo a evitar o fracionamento de despesa. [...]." BRASIL. Tribunal de Contas da União. Processo nº TC-019.028/2003-0. Acórdão nº 2.367/2005 - 2ª Câmara. **Diário Oficial da União [da] República Federativa do Brasil**, Seção 1, 02 dez. 2005, p. 208. Nota: o TCU obrigou a devolver o valor e multou em R$ 5.000 (cinco mil reais). Dez/2006.

Também no mesmo sentido: "[...] adote sistemático planejamento de suas compras, de modo a utilizar a modalidade correta de licitação, evitando, por conseguinte, a extrapolação do limite fixado para dispensa do procedimento, a teor do art. 24, inciso II, da Lei nº 8.666/1993". BRASIL. Tribunal de Contas da União. Processo nº 012.207/2004-8. Acórdão nº 1872/2005 - Plenário. **Diário Oficial da União [da] República Federativa do Brasil**, 28 nov. 2005, Seção 1, p. 205-206.

TCU determinou: "[...] abstenha-se de prorrogar os prazos de vigência de contratos de locação de mão de obra temporária celebrados com dispensa de licitação, na disciplina do art. 24, II, da Lei nº 8.666/1993, cujos valores superem o limite previsto nesse dispositivo". BRASIL. Tribunal de Contas da União. Processo nº 018.712/2003-4. Acórdão nº 1895/2005 - Plenário. **Diário Oficial da União [da] República Federativa do Brasil**, 28 nov. 2005, Seção 1, p. 236-241.

TCU determinou: "[...] identifique obras ou serviços de mesma natureza e no mesmo local que possam ser realizadas conjunta e concomitantemente, de modo a constituírem objeto de uma única licitação, evitando a contratação direta com base no art. 24, inciso I, da Lei nº 8.666/1993". BRASIL. Tribunal de Contas da União. Processo nº 008.996/2001-5. Acórdão nº 2663/2005 - 1ª Câmara. **Diário Oficial da União [da] República Federativa do Brasil**, 17 nov. 2005, seção 1, p. 104. **No mesmo sentido**: Processo nº TC-007.156/2003-8. Acórdão nº 1983/2006 - 2ª Câmara. **Diário Oficial da União [da] República Federativa do Brasil**, 27 jul. 2006, p. 114.

orçamentária que define o parcelamento. Como não conheceu a consulta, o tema ficou sem definição formal;[283]

- TCU entendeu improcedente a alegação de tribunal que, centralizando as licitações, fracionou despesas por se tratar de seção judiciária diferente.[284]

a.3) não foram aceitas as alegações:

- falta de recursos financeiros para comprar todo o objeto:
  - fracionamento de despesas, por falta de recursos, é irregularidade formal.[285]
- falta de planejamento:
  - falta de planejamento é irregular; gerou multa.[286]

b) inobservância da modalidade – por descentralização

A descentralização continua sendo um dos princípios da Reforma Administrativa, Decreto-Lei nº 200/1967, art. 10, não podendo ser obstruída pelo controle.

É irregular, porém, descentralizar os recursos e centralizar as contratações, observando a modalidade da unidade descentralizada. É evidente que, se as contratações ficam centralizadas, a modalidade pertinente é a do valor em licitação pelo órgão que a está promovendo.

Por outro lado, a descentralização deve ser precedida de normatização.

Em determinado processo, a Comissão de licitação centralizou a realização da licitação e considerou, para definir a modalidade, o valor que

[283] BRASIL. Tribunal de Contas da União. Processo nº TC-007.126/1995-6. Decisão nº 243/1995 - Plenário. Relator: Ministro Paulo Affonso Martins de Oliveira. **Diário Oficial da União [da] República Federativa do Brasil**, Brasília, DF, 21 jun. 1995. Seção 1, p. 9098.

[284] BRASIL. Tribunal de Contas da União. Processo nº TC-500.245/1997-5. Decisão nº 693/1998 -. Plenário. Relator: Ministro Humberto Guimarães Souto. **Diário Oficial da União [da] República Federativa do Brasil**, Brasília, DF, 19 out. 1998. Seção 1, p. 28.

[285] BRASIL. Tribunal de Contas da União. Processo nº TC-775.032/1996-4. Decisão nº 633/1996 - Plenário. Relator: Ministro Bento José Bugarin. **Diário Oficial da União [da] República Federativa do Brasil**, Brasília, DF, 23 out. 1996. Seção 1, p. 21.654.

[286] BRASIL. Tribunal de Contas da União. Processo nº TC-350.123/1995-0. Acórdão nº 52/1997 - Plenário. Relator: Ministro-Substituto Lincoln Magalhães da Rocha. **Diário Oficial [da] República Federativa do Brasil**, Brasília, DF, 15 abr. 1997. Seção 1, p. 7415.

seria contratado por unidade orçamentária. O TCU entendeu que houve fracionamento.[287]

c) inobservância da modalidade – prazo entre uma licitação e outra

Qual o espaço de tempo que deve decorrer entre as licitações para que sejam elas consideradas autônomas, pergunta-se com frequência.

A própria pergunta merece reparos. A licitação é um procedimento prévio à realização de despesas, sendo esta fixada por exercício.

Não há, por isso, argumento lógico para se pretender definir modalidade por trimestre, semestre, ou seja lá o que for.

Nesse sentido, parece ser o entendimento do TCU:

- aquela Corte somou valores de março até novembro e decidiu que houve fracionamento;[288]
- o órgão estabelecia o interstício de 30 dias entre as contratações e o TCU o julgou irregular, tendo em vista que a soma das despesas indicava modalidade superior;[289]
- finalmente, o TCU firmou entendimento no sentido de que as compras devem ser estimadas para todo o exercício e há de ser preservada a modalidade correta para o objeto total, que agruparia todos os itens.

8.1.4.4. conclusão parcial sobre parcelamento e fracionamento

Em síntese, dispõe a lei o seguinte:

a) é vedado o uso de convite para parcelas de uma mesma obra ou serviço, ou ainda para obras e serviços da mesma natureza e no mesmo local, que possam ser realizadas conjunta ou concomitantemente, sempre que o somatório de seus valores caracterizar o caso de tomada de preços;

---

[287] BRASIL. Tribunal de Contas da União. Processo nº TC-400.038/1995-1. Acórdão nº 139/1995 - Plenário. Relator: Ministro-Substituto José Antonio Barreto de Macedo. **Diário Oficial [da] República Federativa do Brasil**, Brasília, DF, 31 out. 1995. Seção 1, p. 17332.

[288] BRASIL. Tribunal de Contas da União. Processo nº TC-425.106/1996-9. Decisão nº 22/1997 - 2ª Câmara. Relator: Ministro-Substituto Lincoln Magalhães da Rocha. **Diário Oficial [da] República Federativa do Brasil**, Brasília, DF, 11 mar. 1997. Seção 1, p. 4841-3.

[289] BRASIL. Tribunal de Contas da União. Processo nº TC-011.846/95-0. Decisão nº 136/1997 - Plenário. Acórdão nº 55/1997 - Plenário. Relator: Ministro-Substituto Lincoln Magalhães da Rocha. **Diário Oficial [da] República Federativa do Brasil**, Brasília, DF 15 abr. 1997. Seção 1, p. 7442.

b) é vedado o uso de tomada de preços para parcelas de uma mesma obra ou serviço, ou ainda para obras e serviços da mesma natureza e no mesmo local, que possam ser realizadas conjunta ou concomitantemente, sempre que o somatório de seus valores caracterizar o caso de concorrência;[290]

c) as noções de licitação simultânea e sucessiva, com a Lei nº 8.883/1994, servem para definir a questão da obra de grande vulto, considerando-se que é simultânea aquela com realização prevista para intervalos não superiores a trinta dias, com objetos similares; e sucessivas, aquelas em que, também com objetos similares, o edital subsequente tenha uma data anterior a cento e vinte dias após o término do contrato resultante da licitação antecedente.[291] Esses intervalos não autorizam a usar modalidade distinta, devendo sempre ser considerado o exercício financeiro.

Feitas essas observações, deve-se adotar o critério quantitativo, considerando:

- as noções básicas de licitação conjunta e concomitante, sucessiva e simultânea;
- que é vedado o uso de convite para parcelas de uma mesma obra ou serviço sempre que o somatório de seus valores estiver acima do valor mínimo de tomada de preço (art. 23, § 5º);
- que é vedado o uso de tomada de preços para parcelas de uma mesma obra ou serviço sempre que o somatório de seus valores estiver acima do valor mínimo de concorrência (art. 23, § 5º);
- que a modalidade de leilão só é admissível para a alienação de bens móveis, na faixa de preços até o limite superior da tomada de preços estabelecida no art. 23, II, b, conforme dispõe o art.

[290] a) O Banco do Brasil fez vários convites para o mesmo objeto, sendo que o somatório dava tomada de preços. O TCU julgou irregular por fracionamento da despesa. BRASIL. Tribunal de Contas da União. Processo nº TC-020.795/1994-7. Decisão nº 202/1996 - Plenário. Relator: Ministro Adhemar Paladini Ghisi. **Diário Oficial [da] República Federativa do Brasil**, Brasília, DF, 29 abr. 1996. Seção 1, p. 7.340.

b) Em outro caso, a Administração fez duas tomadas de preços, para contratação de serviço de informática, ao invés de uma concorrência. O TCU entendeu que não houve prejuízo, limitou-se a fazer recomendação para observância do art. 23 § 2º. BRASIL. Tribunal de Contas da União. Processo nº TC-500.245/1997-5. Decisão nº 693/1998 - Plenário. Relator: Ministro Humberto Guimarães Souto. **Diário Oficial [da] República Federativa do Brasil**, Brasília, DF, 19 out. 1998. Seção 1, p. 28.

[291] Contratações, em datas distintas, de serviço de leitura de disquete junto à empresa cujos valores somados extrapolam o limite de dispensa vigente à época, contrariando o art. 24, inc. II e caracterizando fracionamento de licitação. BRASIL. Tribunal de Contas da União. Processo nº TC-006.437/1995-8, anexo Processo nº TC-004.982/1995-9. Acórdão nº 066/1999 - Plenário. Relator: Ministro Walton Alencar Rodrigues. **Diário Oficial [da] República Federativa do Brasil**, Brasília, DF, 14 jun. 1999. Seção 1, pág. 56.

17, § 6º, da Lei nº 8.666/1993, com a redação da Lei nº 8.883/1994;[292]

O TCU resolveu questão polêmica entendendo que independentemente do objeto e do seu valor a ser gasto no exercício, a regra da licitação deve ser aplicada após a despesa alcançar o limite do art. 24, incisos I e II, da Lei nº 8.666/1993:

> 9.5.3. observe a obrigatoriedade da realização do certame licitatório quando for atingido o limite legalmente fixado para a dispensa de licitação previsto no art. 24, incisos I e II, da Lei nº 8.666, de 21 de junho de 1993;[293]

Pela Lei nº 8.666/1993, inclusive, o leilão é admitido para imóveis cuja aquisição haja derivado de procedimentos judiciais ou de dação em pagamento, não havendo, nesse caso, qualquer referência a valor-limite de uso dessa modalidade.

- que nos casos em que couber convite, a Administração poderá utilizar a tomada de preços e, em qualquer caso, a concorrência, de acordo com o art. 23, § 4º. Esse dispositivo, levada em conta sua interpretação literal, poderia conduzir ao entendimento de que é possível usar a modalidade de concorrência quando couber leilão e concurso. Tal exegese não deve prosperar porque o emprego dessas duas modalidades – leilão e concurso – faz-se por critério qualitativo do objeto (natureza) ou do interesse da Administração e, também, porque o art. 23 só está se referindo a convite, tomada de preços e concorrência, sendo irrazoável estender-lhe outra amplitude;
- que as organizações industriais da Administração federal direta, em face de suas peculiaridades, obedecerão aos limites estabelecidos no inciso I do art. 23, também para suas compras e serviços em geral, desde que para a aquisição de materiais aplicados exclusivamente na manutenção, reparo ou fabricação de meios operacionais bélicos pertencentes à União, conforme o art. 23, § 6º, da Lei nº 8.666/1993;
- para obras e serviços é possível adotar modalidade inferior à correspondente ao somatório das parcelas se, e somente se, as

[292] Na redação original da Lei nº 8.666/1993, era de igual teor o art. 18; no Decreto-Lei nº 2.300/1986, art. 16, parágrafo único.

[293] BRASIL. Tribunal de Contas da União. Processo nº TC-010.288/2004-7. Acórdão nº 4740/2010 – 2ª Câmara. Relator: Auditor André Luiz de Carvalho. **Diário Oficial da União [da] República Federativa do Brasil**, Brasília, DF, 11 set. 2010, Seção 1, p. 131.

parcelas forem de especialidade diversa, na forma do art. 23, § 5º, da Lei nº 8.666/1993.

8.2. critério qualitativo

Leva em conta a natureza do objeto a ser contratado e deve ser utilizado após situar o assunto à luz do critério quantitativo.

8.2.1. imóveis[294]

a) ressalvados os casos de dispensa do art. 17, em regra utiliza-se a modalidade de concorrência;

b) a Lei nº 8.883/1994 inovou, dispondo que a alienação de bens imóveis cuja aquisição haja derivado de procedimentos judiciais ou de dação em pagamento será feita por concorrência ou leilão, na forma do art. 19, inciso III;

c) ainda no art. 121, parágrafo único, da Lei nº 8.666/1993, foi disposto que os contratos relativos a imóveis da União continuam a reger-se pelas disposições do Decreto-Lei nº 9.760, de 5 de setembro de 1946, alterado pela Lei nº 9.636, de 15 de maio de 1998.[295]

8.2.1.1. direito real de uso[296]

A modalidade prevista é a concorrência, conforme o art. 23, § 3º.

Direito real de uso é, tecnicamente e com mais propriedade, denominado de concessão de direito real de uso, que é o contrato pelo qual a Administração transfere o uso remunerado ou gratuito de terreno público a particular, como direito real resolúvel, para que dele se utilize em fins específicos de urbanização, industrialização, edificação, cultivo[297] ou qualquer outra

---

[294] É inadmissível que a Administração se utilize de contratos típicos do Direito Privado, como o comodato, para conceder o uso de imóvel. O TCU mandou anular contratos e proceder à licitação. BRASIL. Tribunal de Contas da União. Processo nº TC-275.208/1994-0. Decisão nº 114/1996 - Plenário. Relator: Ministro Iram Saraiva. **Diário Oficial [da] República Federativa do Brasil** , Brasília, DF, 26 mar. 1996. Seção 1, p. 5.030.

[295] A referida lei admite, para os imóveis da União, a venda por leilão, independentemente de terem ingressado no patrimônio mediante procedimento judicial, dação em pagamento, ou não. Publicada no **Diário Oficial [da] República Federativa do Brasil**, Brasília, DF, 18 maio 1998.

[296] É irregular conceder uso de espaço para copiadoras, bares etc., sem licitação. TCU. Processo nº TC-016.218/1996-5. Decisão nº 585/1997 - Plenário. Relator: Ministro Marcos Vinicios Vilaça. **Diário Oficial da União [da] República Federativa do Brasil**, Brasília, DF, 22 set. 1997. Seção 1, p. 21.072.

[297] O arrendamento de imóvel rural da União não se vincula ao prazo mínimo de 3 anos previsto no Estatuto da Terra, podendo a Administração, agindo com potestade pública, rescindi-lo a qualquer tempo. BRASIL. Tribunal Regional Federal da 4ª Região. Processo Ac. nº 9448089-4 - 4ª Turma. Relator: Juiz Dirceu de A. Soares. **Diário da Justiça [da] República Federativa do Brasil** de 31 mar. 1999, pág. 298.

exploração de interesse social. Esse conceito tem origem no Decreto-Lei nº 271, de 28 de fevereiro de 1967, que criou o instituto no mundo jurídico.

Importa notar que o direito real de uso é transferível por ato *inter vivos* ou *mortis causa*, e resolúvel pelo desvio de finalidade, podendo ter termo ou prazo prefixado.

Sobre o assunto, o art. 15 do Decreto-Lei nº 2.300/1986 estabelecia que a Administração deveria preferir a concessão de direito real de uso à venda ou doação e, no art. 88, determinou que os imóveis da União continuassem a reger-se pelo Decreto-Lei nº 9.760, de 5 de setembro de 1946. Esse diploma legal, conforme o seu art. 64, prevê o instituto da enfiteuse ou aforamento, que será utilizado quando coexistirem a conveniência de radicar-se o indivíduo ao solo e o de manter-se o vínculo de propriedade alheia.

A enfiteuse é perpétua e é um instituto típico do Direito Civil, impróprio ao Direito Administrativo e amplamente condenado pela doutrina.

Já a Lei nº 8.666/1993 determinou que os contratos relativos a imóveis do patrimônio da União continuam a reger-se pelo Decreto-Lei precitado, com suas alterações, repetindo o Decreto-Lei nº 2.300/1986, sem, contudo, dispor sobre a preferência do instituto do direito real de uso sobre a venda ou doação.

A respeito da concessão de direito real de uso, o Tribunal de Contas do Distrito Federal firmou entendimento:

> [...]
> 2) Concessão de direito real de uso: 2.1) a licitação na modalidade concorrência se impõe para a concessão de direito real de uso, sendo dispensada para o trespasse de bem para outro órgão ou entidade da Administração Pública (art.s 17, § 2º, e 23, § 3º, da Lei nº 8.666/93); 2.2) diferentemente das concessões, permissões e autorizações de uso em que a lei autorizadora pode ser genérica, no caso da concessão de direito real de uso a autorização legislativa deve ser específica (caso a caso), indicando o bem cuja posse será transferida e os limites a serem observados na outorga do uso; 2.3) a manifestação prévia do Poder Legislativo para alienação e concessão de direito real de uso não se estende aos bens das empresas públicas e das sociedades de economia mista, cujo órgão soberano é a assembleia-geral; 2.4) em casos específicos como a Companhia Imobiliária de Brasília (Terracap), detentora do domínio dos imóveis a serem alienados ou gravados com ônus real, aplica-se a regra destinada às empresas públicas no sentido de não ser

necessária a autorização legislativa, impondo-se a necessidade de lei autorizadora, no entanto, quando a Terracap estiver atuando apenas como intermediária na operação de alienação ou concessão de direito real de uso; 2.5) nos termos do Decreto-Lei nº 271, de 28.02.67, a concessão de direito real de uso só se aplica a imóveis urbanos, e seu instrumento deve ser inscrito no Registro Imobiliário competente;[298]

8.2.1.2. autorização de uso

É o ato administrativo unilateral, precário e discricionário.

- unilateral porque, embora seja, na maioria das vezes, requerido pelo particular, este não participa da vontade da Administração, que impõe todas as condições de uso;
- precário porque não gera qualquer direito para o usuário, além das condições definidas pela Administração. Se a Administração prever direitos como prazo de uso,[299] indenização por benfeitorias, o ato será irregular e a autoridade deve ser responsabilizada. Admite-se, no entanto, a fixação de prazo, quando extremamente exíguo (alguns dias), e pode-se impor deveres de manutenção para o usuário tais como respeitar a sinalização, horários de ruídos etc.;
- discricionário porque, embora a doutrina tradicionalmente coloque essa característica, não é razoável a prática que tem sido verificada de ofensa ao princípio da impessoalidade,[300] haja

[298] DISTRITO FEDERAL. Tribunal de Contas. Processo 3564/1997. Decisão Ordinária nº 131/2003.

[299] Contrariando esse entendimento, e em atitude totalmente ilegal, a Câmara Legislativa do DF editou a Lei nº 1.319, de 26 de dezembro de 1996, convertendo os contratos de direito real de uso, concessão de uso ou autorização de uso de imóveis de propriedade do DF, concedidos a entidades religiosas ou de prestação de serviços de relevante interesse social em concessão de direito real de uso pelo prazo de duração das atividades do contratante, com garantia da inexigibilidade de licitação. **Diário Oficial [da] República Federativa do Brasil**, Brasília, DF, 21. jan. 1997, p. 443.

[300] O Ministério Público do TCDF entende que lei local pode estabelecer requisitos que direcionem a concessão de uso a determinados destinatários sem necessidade de licitação. Tais requisitos não podem violar, porém, o princípio constitucional da impessoalidade. Para permissões, entretanto, é obrigatória a licitação. Ementa: Bancas em feira de confecções. TCDF. Processo nº 6.130/1995. Parecer nº 141/1996. Disponível em: http://www.tc.df.gov.br. Acesso em 26 jan 2011.

Ainda sobre o assunto, o mesmo Tribunal firmou entendimento: "1) em relação a concessão, permissão e autorização de uso: 1.1) em razão da não aplicabilidade das disposições do art. 175 da Constituição Federal e da Lei nº 8.987/95 à outorga do uso de bens públicos, ainda vigora o instituto da permissão de uso, segundo o conceito doutrinário tradicional, consistente em ato administrativo, não abrangido pela Lei nº 8.666/93, desde que não seja fixado prazo no instrumento, de forma a caracterizar a precariedade e transitoriedade do ato

vista que aquele poder – discricionário – submete-se a esse princípio.

Para harmonizá-los, sempre que houver mais de um interessado, deve a Administração decidir por critérios objetivos e justificá-los no processo, à luz da moderna teoria da motivação dos atos administrativos. Se, por exemplo, dois circos querem usar determinada área, a Administração pode pedir a relação dos espetáculos que querem apresentar, período de permanência prevista, equipamentos que possui, e decidir pelo de maior porte.

Exemplos de autorização: o uso de auditório, uso de espaço para circo, espetáculos, shows etc.

8.2.1.3. permissão de uso

Divide-se a doutrina sobre a natureza jurídica desse instituto, sendo para uns ato, para outros contrato e, ainda, para outros, ato negocial.

Em nosso entendimento, a dúvida doutrinária reside precisamente na indefinição desse instituto.

(permissão de uso não qualificada), dado que a fixação de prazo confere caráter contratual à permissão de uso (permissão de uso qualificada), sujeitando-a à prévia licitação, nos termos do art. 2º da Lei nº 8.666/93; 1.2) a concessão de uso e a permissão qualificada de uso de bem público sujeitam-se à prévia licitação (art. 2º da Lei nº 8.666/93); 1.3) a autorização de uso, que tem caráter precário, não exige prévia licitação, a menos que lei distrital disponha em contrário; 1.4) a outorga do uso de bens distritais mediante os instrumentos de concessão de uso, permissão e autorização de uso exige autorização legislativa, que pode ser genérica (art. 47, § 1º, e 48 da LODF); 1.5) a definição sobre a modalidade de licitação a ser utilizada na outorga do uso de bens públicos a terceiros mediante concessão administrativa de uso e permissão de uso cabe ao legislador local e, na falta de lei disciplinadora, ao administrador público; 1.6) o instrumento da permissão de uso não qualificada mostra-se compatível, no Distrito Federal, com a ocupação de espaços públicos por feiras livres, bancas de jornais e revistas, e a exploração de atividade econômica em trailers, quiosques e similares, desde que os equipamentos a serem utilizados pelos particulares na ocupação de área pública sejam removíveis e transportáveis, sendo que a precariedade do instrumento de permissão de uso possibilita, nesses casos, a remoção dos permissionários pela Administração sempre que o interesse público o exigir, sem a necessidade de indenização; o instituto é também adequado à outorga de uso de imóveis da União cedidos ao Distrito Federal, desde que a este a União tenha repassado tal competência e o imóvel se destine à realização de eventos de curta duração, conforme disposto no art. 22, § 2º, da Lei nº 9.636/98; 1.7) embora do ponto de vista doutrinário seja possível estabelecer critérios tais como o volume de investimentos envolvidos e a destinação do bem, para diferenciar a concessão de uso e a permissão de uso qualificada, de forma a permitir uma definição quanto à utilização de um ou outro instituto em cada caso, o caráter contratual de ambos os instrumentos e a exigência de prévia licitação os aproximam de tal forma a não justificar a necessidade de um enquadramento rígido segundo os moldes doutrinários, de tal forma que os dois institutos podem ser utilizados indistintamente para a outorga do uso de bens públicos; 1.8) o instrumento da autorização de uso, cuja abrangência é bastante distinta da autorização de serviço público, destina-se a facultar ao particular a ocupação temporária, transitória, de duração efêmera e passageira de bem público, sem que tal ocupação tenha maior relevância para a comunidade, caso, por exemplo, do depósito de materiais em via pública, da interdição de rua para realização de construção ou festas comunitárias e da ocupação de terrenos por circo ou parque de diversões itinerante, não se mostrando adequado, por outro lado, à ocupação de espaços públicos em feiras, sejam livres ou permanentes, bancas de jornais e revistas, trailers, quiosques e similares, cantinas, restaurantes e lanchonetes em repartições públicas, entre outros; [...]." DISTRITO FEDERAL. Tribunal de Contas. Processo nº 3564/1997. Decisão Ordinária nº 131/2003.

Em princípio, na esfera federal[301] não há mais motivos para pretender impor o procedimento licitatório às permissões, salvo se houver qualquer caráter que retire a precariedade como longo prazo, direitos em favor do usuário etc.

Nas demais esferas de Governo, se a permissão não for precária, é inevitável o processo licitatório.

Assim, a equiparação desse instituto à autorização é a melhor exegese, ressalvada a legislação referida,[302] e deve implicar na licitação na modalidade de concorrência.

8.2.1.4. cessão de uso

É o contrato administrativo gratuito, entre órgãos da Administração Pública. Embora não seja uniforme na doutrina, preferimos enquadrá-lo como contrato porque cria obrigações recíprocas para os entes contratados.

Sobre esse instituto o Tribunal de Contas da União já definiu que é admissível que as fundações de apoio às universidades usem bens da universidade sem licitação, nos termos do art. 6º da Lei nº 8.958/1994.

Essa lei renovou o instituto da cessão.

Inovadoramente, a Lei nº 9.636/1998[303] admitiu, inclusive, a cessão de uso para pessoas jurídicas não integrantes da Administração Pública.[304]

---

[301] a) Sobre a competência para autorizar o ato, dispõe a Lei nº 9.636/1998: "Art. 22. A utilização, a título precário, de áreas de domínio da União para a realização de eventos de curta duração, de natureza recreativa, esportiva, cultural, religiosa ou educacional, poderá ser autorizada, na forma do regulamento, sob o regime de permissão de uso, em ato do Secretário do Patrimônio da União. § 1º. A competência para autorizar a permissão de uso de que trata este artigo poderá ser delegada aos titulares das Delegacias do Patrimônio da União nos Estados. § 2º. Em áreas específicas, devidamente identificadas, a competência para autorizar a permissão de uso poderá ser repassada aos Estados e Municípios, devendo, para tal fim, as áreas envolvidas serem cedidas sob o regime de cessão de uso, na forma do art. 18."

b) BRASIL. Tribunal de Contas da União. Processo nº TC-016.218/1996-5. Decisão nº 585/1997 - Plenário. Relator: Ministro Marcos Vinicios Vilaça. **Diário Oficial [da] República Federativa do Brasil**, Brasília, DF, 22 set. 1997. Seção 1, p. 21072.

[302] No DF, as permissões não têm caráter precário, têm prazo definido, por isso o TCDF aplicou multa à Administração, que renovou contrato de permissão de uso de box em pavilhão de feiras sem a realização de procedimento licitatório, descumprindo decisão daquela Corte. DISTRITO FEDERAL. Tribunal de Contas. Processo nº 0754/97. Disponível em: http://www.tc.df.gov.br. Acesso em 26 jan 2011.

[303] Lei nº 9.636, de 15 de maio de 1998. Dispõe sobre a regularização, administração, aforamento e alienação de bens imóveis de domínio da União, altera dispositivos dos Decretos-Leis nos 9.760, de 5 de setembro de 1946, e 2.398, de 21 de dezembro de 1987, regulamenta o § 2o do art. 49 do Ato das Disposições Constitucionais Transitórias, e dá outras providências. **Diário Oficial [da] República Federativa do Brasil**, 18 maio 1998. *In verbis*: "Art. 18. A critério do Poder Executivo poderão ser cedidos, gratuitamente ou em condições especiais, sob qualquer dos regimes previstos no Decreto-Lei nº 9.760 de 1946, imóveis da União a: [...] II - pessoas físicas ou jurídicas, em se tratando de interesse público ou social ou de aproveitamento econômico de interesse nacional, que mereça tal favor".

8.2.1.5. concessão de uso

É gênero, do qual a concessão de direito real de uso é espécie.

É o contrato administrativo pelo qual a Administração Pública atribui a determinada pessoa o direito de uso de bem público, por tempo certo e de forma exclusiva, remunerado ou não. [305]

Precedida de licitação, em princípio também sob a forma de concorrência, a lei deixou ao alvedrio do Administrador a escolha da modalidade a ser utilizada.

A maior flexibilidade conferida ao Administrador não se confunde, contudo, com a desnecessidade de realização do procedimento licitatório, uma vez caracterizada a predominância do interesse público sobre o particular, que

---

304 a) *Idem*: "Art. 18. A critério do Poder Executivo poderão ser cedidos, gratuitamente ou em condições especiais, sob qualquer dos regimes previstos no Decreto-Lei 9.760 de 1946, imóveis da União a: I - Estados, Municípios e entidades, sem fins lucrativos, de caráter educacional, cultural ou de assistência social; II - pessoas físicas ou jurídicas, em se tratando de interesse público ou social ou de aproveitamento econômico de interesse nacional, que mereça tal favor. § 1º A cessão de que trata este artigo poderá ser realizada ainda sob o regime de concessão de direito real, resolúvel prevista no art. 7º do Decreto- Lei nº 271, 28 fev. 1967. [...] § 5º A cessão quando destinada à execução de fim lucrativo, será onerosa e, sempre que houver condições de competitividade, deverão ser observados os procedimentos licitatórios previstos em lei".

b) A cessão de uso não precisa de autorização legislativa. DISTRITO FEDERAL, Tribunal de Contas. Processo nº 4.812/96. Decisão nº 227/1997. Relator: Auditor Roberto de Paiva Martins.

c) no âmbito do Tribunal de Contas do Distrito Federal, essa Corte decidiu: "[...] 3) Cessão de uso: 3.1) diante da competência privativa do Distrito Federal para dispor sobre a administração, utilização, aquisição e alienação dos bens públicos (art. 15, inciso V, da LODF), não se aplicam a esta Unidade da Federação os termos do Decreto-Lei nº 9.760/46 e alterações posteriores (que dispõem sobre os imóveis da União), particularmente no que diz respeito às cessões de uso; 3.2) enquanto o legislador local não regulamentar a utilização do instituto da cessão de uso no âmbito do Distrito Federal, permanece viável o entendimento manifestado pelo Tribunal em várias decisões, tendo por base a doutrina de Hely Lopes Meirelles, no sentido de que a cessão de uso é a forma mais adequada para se processar o trespasse de um bem público de uma entidade ou órgão para outro, não se aplicando à transferência de bens para particulares (Decisão nº 8057/96, proferida na Sessão Ordinária nº 3193, de 05.09.96, Processo nº 5672/95); 3.3) a necessidade de licitação na cessão de uso entre repartições públicas é afastada; 3.4) é necessária autorização legislativa, que pode ser genérica, para a transferência do uso de bens do Distrito Federal para órgãos e entidades de outras esferas da Administração Pública, sendo afastada tal necessidade quando a cessão de uso se der entre órgãos de uma mesma esfera; [...]. " DISTRITO FEDERAL. Tribunal de Contas. Processo nº 3564/1997. Decisão Ordinária nº 131/2003.

305 a) Nos casos de lanchonete e restaurante a concessão de uso ainda é a mais indicada, porém o TCU discorda da concessão de uso gratuita, onde a administração arca com as despesas de energia elétrica e água, entendendo que não representaria nenhuma vantagem para a administração, criando apenas mais ônus suplementar. BRASIL. Tribunal de Contas da União. Processo nº TC-625.133/1996-0. Acórdão nº 198/2001 - Plenário. **Diário Oficial [da] República Federativa do Brasil**, Brasília, DF, 3 set. 2001. Seção 1.

b) Os contratos administrativos, de acordo com a Lei de Licitações, somente podem ser firmados por prazo determinado. Neste sentido, a procuradoria do DF conclui pela ilegalidade de projeto de Lei que prorrogava o prazo dos contratos de concessão, permissão ou autorização de uso, vencidos ou vincendos, para ocupação de bens públicos, localizados em determinada área do DF. Parecer nº 4.424/1995, 1ª SPR, Processo nº 020.001.803/1995.

fez com que a jurisprudência pátria reiteradamente a proclamasse como um contrato tipicamente administrativo.[306]

Ao contrário da concessão de direito real, não pode ser transferida, posto que o contrato firmado entre as partes apenas tem caráter pessoal.

Assim como a concessão de uso não necessita ser precedida de concorrência, admitindo-se outra modalidade, é possível que o traspasse ocorra como objeto acessório de um outro contrato administrativo, como se verá a seguir.

8.2.1.6. uso de imóvel como objeto acessório de outro contrato

Recentemente, algumas decisões administrativas envolvendo os temas da epígrafe vêm sendo adotadas, confundindo-se o objetivo da licitação, a destinação e o direito de uso de imóveis públicos. Na esfera federal, algumas normas recomendam[307] que seja feita licitação para cessão de espaço como se este fosse um fim em si mesmo.[308]

É imperioso trazer à reflexão as diversas possibilidades da situação do imóvel ou espaço dele, na relação jurídica que particulares podem entreter com a Administração Pública.

Para fins didáticos, temos a seguinte classificação quando a Administração Pública é proprietária:

1. o objeto é a venda ou locação do imóvel e a Administração busca obter recursos financeiros;
2. o objeto é um serviço e o imóvel é elemento acessório de um contrato principal.

A primeira hipótese foi cuidada no subtítulo 8.2.1, cabendo agora expender outras considerações sobre a segunda hipótese.

Diversamente da hipótese anterior – subtítulo 8.2.1. – não há indicação na Lei nº 8.666/1993 sobre qual modalidade de licitação deve ser adotada.

Agiu bem o legislador ao silenciar sobre a questão, pois a cláusula acessória – de uso – segue o objeto principal, definida a modalidade, segundo critérios técnicos pertinentes.

---

306 Excerto do voto do Ministro Adhemar Paladini Ghisi no Processo nº TC-275.320/1992-8. Decisão nº 207/1995 - 2ª Câmara. **Diário Oficial [da] República Federativa do Brasil**, Brasília, DF, 30 ago. 1995 e disponível no site www.tcu.gov.br.

307 Nesse sentido, veja arts. 12 e 13 do Decreto nº 3725, de 10 de janeiro de 2001.

308 Veja subitem 8.2.1.6.2 adiante.

Se o objeto é, por exemplo, uma lanchonete e o valor do proveito econômico anual é inferior a R$ 650.000,00 (seiscentos e cinquenta mil reais), a modalidade pode ser tomada de preços – art. 23, II, b – ou concorrência – 23, § 4º. Entre as condições acessórias do pacto estará a autorização de uso do espaço do imóvel condicionada à vigência do contrato principal.

Há ainda uma importante questão a ser enfrentada, que consiste no uso de parte de imóvel por particular, em benefício de atividade desenvolvida em prol da Administração ou seus servidores.

São exemplos dessa ocorrência: espaço para restaurante/lanchonete para servidores[309] e público em geral que frequenta o órgão; espaço para instalação de box para fotocopiadoras/xerografia; espaço para agência bancária. Como se percebe, em tais casos, o espaço é elemento acessório do contrato principal e, portanto, não deve constituir objeto próprio ou autônomo da licitação ou dispensa/inexigibilidade.[310]

---

[309] Mesmo para instalação de lanchonete pela Associação de Servidores é necessário licitação. O TCU determinou à Coordenação de Serviços de um Ministério que adotasse as providências necessárias com vistas a ingressar junto ao Poder Judiciário com ação própria, objetivando a retomada das áreas ocupadas irregularmente e o ressarcimento dos prejuízos causados pela Associação dos Servidores daquele Ministério - ANSA. BRASIL. Tribunal de Contas da União. Processo nº TC-000.409/1998-7. Decisão nº 281/1999 - Plenário. Relator: Ministro Adhemar Paladini Ghisi. **Diário Oficial [da] República Federativa do Brasil**, Brasília, DF, 14 jun. 1999. Seção 1, p. 64. **No mesmo sentido**: Processo nº TC-275.320/1992-8. Decisão nº 207/1995 - 2ª Câmara. Relator: Ministro Adhemar Paladini Ghisi. **Diário Oficial [da] República Federativa do Brasil**, Brasília, DF, 30 ago. 1995. Seção 1.

[310] O Decreto nº 3.725, de 10 de janeiro de 2001, dispôs: "Art. 12. Não será considerada utilização em fim diferente do previsto no termo de entrega, a que se refere o § 2º do art. 79 do Decreto-Lei nº 9.760, de 1946, a cessão de uso a terceiros, a título gratuito ou oneroso, de áreas para exercício das seguintes atividades de apoio necessárias ao desempenho da atividade do órgão a que o imóvel foi entregue:

I - posto bancário;

II - posto dos correios e telégrafos;

III - restaurante e lanchonete;

IV - central de atendimento a saúde;

V - creche; e

VI - outras atividades similares que venham a ser consideradas necessárias pelos Ministros de Estado, ou autoridades com competência equivalente nos Poderes Legislativo e Judiciário, responsáveis pela administração do imóvel.

Art. 13. A cessão de que trata o artigo anterior será formalizada pelo chefe da repartição, estabelecimento ou serviço público federal a que tenha sido entregue o imóvel, desde que aprovada sua realização pelo Chefe da Secretaria-Geral da Presidência da República, respectivos Ministros de Estado ou autoridades com competência equivalente nos Poderes Legislativo e Judiciário, conforme for o caso, observados os procedimentos licitatórios previstos em lei e as seguintes condições:

I - disponibilidade de espaço físico, de forma que não venha a prejudicar a atividade-fim da repartição;

II - inexistência de qualquer ônus para a União, sobretudo no que diz respeito aos empregados da cessionária;

III - compatibilidade de horário de funcionamento da cessionária com o horário de funcionamento do órgão cedente;

IV - obediência às normas relacionadas com o funcionamento da atividade e às normas de utilização do imóvel;

Assim, dever-se-ia licitar o serviço de lanchonete/restaurante colocando-se no edital que este seria prestado no local indicado – área com planta baixa e memorial descritivo – e, posteriormente, no próprio contrato de prestação do serviço ser inserida cláusula autorizando o uso, em caráter precário, mediante o reembolso de despesas incidentes – água, luz, telefone, proporcionalmente definidas.

Estabelece o art. 78, inciso I, da Lei nº 8.666/1993, que constituem motivos para rescisão do contrato o não cumprimento de cláusulas contratuais, especificações, projetos ou prazos.[311]

Não raro, porém, a Administração ou seus servidores, nesse tipo de contrato, acabam sendo mal-servidos. Deixam de vislumbrar os contratados as vantagens de contratar com a Administração, ao passo que esta, por se tratar de serviços com difícil aferição de qualidade, acaba por tolerar maus contratados.

Recentes experiências começam a indicar a possibilidade da aferição da qualidade desses contratos, trazendo novos matizes ao Direito Administrativo contratual em plena consonância com os mais modernos postulados de qualidade, produtividade e racionalização.

8.2.1.6.1. agência bancária

O TCU entendeu que para a Caixa Econômica Federal e o Banco do Brasil podem ser cedidos espaços mediante cessão de uso.

V - aprovação prévia do órgão cedente para realização de qualquer obra de adequação do espaço físico a ser utilizado pela cessionária;

VI - precariedade da cessão, que poderá ser revogada a qualquer tempo, havendo interesse do serviço público, independentemente de indenização;

VII - participação proporcional da cessionária no rateio das despesas com manutenção, conservação e vigilância do prédio;

VIII - quando destinada a empreendimento de fins lucrativos, a cessão deverá ser sempre onerosa e sempre que houver condições de competitividade deverão ser observados os procedimentos licitatórios previstos em lei; e

IX - outras que venham a ser estabelecidas no termo de cessão, que será divulgado pela Secretaria do Patrimônio da União."

Nada obstante o advento dessa regra, permanecem íntegros os fundamentos da lição de que nos casos citados o espaço não é um fim em si mesmo, mas opera como cláusula acessória de um outro contrato.

A norma em tela, com toda a sua carga burocrática – art. 13 – somente se aplica quando a alienação do espaço for um fim em si mesmo.

[311] Inexistindo nas normas peculiares às licitações a penalidade de sustentação e rescisão de contrato por declaração de inidoneidade em licitação posterior à sua celebração, ilegítimo o ato da Administração. BRASIL. Tribunal Regional Federal da 1ª Região. Processo nº AMS 94.01.32.238-4/DF, Juiz Relator: Juiz Catão Alves. **Diário da Justiça [da] República Federativa do Brasil** de 22 set. 1997. Seção 2, p. 76.480.

8.2.1.6.2. lanchonete e restaurante

No serviço de lanchonete/restaurante, a definição de cardápios básicos, a exigência de aferição periódica por profissional habilitado – nutricionista - e a realização de pesquisas periódicas de opinião entre os servidores usuários. Essa última providência, que alguns órgãos já preveem em suas licitações – o STJ, por exemplo – poderá alterar significativamente a visão de tais contratos e atingir o verdadeiro escopo, que é a satisfação do usuário. Pelos meios de coleta de opinião, adequados e estatisticamente isentos, com fiscais do contratante e do contratado, o procedimento será suficientemente objetivo.[312]

8.2.1.6.3. produtos de reprografia

A licitação para serviços reprográficos é outra forma que se vem desenvolvendo, com terceirização dessa atividade – às vezes considerada insalubre – com complexas licitações para máquinas fotocopiadoras, licitação para toner, licitação para manutenção etc. A adequação de preços ao mercado pode ser obtida com prévio levantamento dos preços praticados, tomados em média aritmética, em lojas/estabelecimentos pré-definidos e simplesmente licitando o maior desconto sobre essa média, previamente definida,[313] considerando-se a redução dos valores correspondentes aos custos da instalação, vez que o vencedor não terá despesas de aluguel, mas tão-somente de água, luz, telefone etc. Para reequilibrar preços, quando indispensável, bastará retornar aos mesmos estabelecimentos, obter a média e aplicar sobre esta o percentual da proposta vencedora.

O contrato acessório de autorização de uso condicionado estabelecerá os procedimentos e forma de ocupação e desocupação da área, que deve ocorrer tão logo cesse o contrato principal.

Cabe registrar, ainda, que o assentamento de uma norma permite a descoberta de novas exegeses e o atendimento dos princípios jurídicos pela simples evolução e amadurecimento dos intérpretes, enriquecidos pelas experiências práticas, fato robustamente evidenciado na presente temática.

---

[312] O TCU determinou que os contratos de concessão de uso de áreas a terceiros (restaurante e lanchonete), para a obtenção de preços e condições mais vantajosas, abstenham-se de isentar concessionários do pagamento de taxas de energia elétrica, água etc. Processo nº TC-625.362/1995-0. Decisão nº 337/1998 - 1ª Câmara. Relator: Ministro Carlos Átila Alves da Silva. **Diário Oficial da União [da] República Federativa do Brasil**, Brasília, DF, 19 nov. 1998.

[313] O TCU admite desconto como tipo equivalente a menor preço para passagens aéreas, vale-alimentação etc. BRASIL. Tribunal de Contas da União. Processo nº TC-007.913/1994-0. Decisão nº 592/1994 - Plenário. Relator: Ministro Bento José Bugarin. **Diário Oficial [da] República Federativa do Brasil**, Brasília, DF, 28. set. 1994. Seção 1, p. 14.742.

8.2.2. licitações internacionais

Em princípio, a modalidade correta é a concorrência, admitindo-se a tomada de preços quando a entidade tiver cadastro internacional e o preço não se situar na faixa de valores próprios da concorrência.[314] Sobre licitações internacionais, ver também os arts. 11 e 32, parágrafo único, do Decreto-Lei nº 1.312/1974, e o art. 42, *caput* e § 5º, da Lei nº 8.666/1993. Em síntese, mandam ajustar as licitações às normas internacionais.

8.2.3. bens móveis inservíveis[315]

Preferencialmente, usa-se o leilão conforme o art. 22, § 5º, da Lei nº 8.666/1993. Deve ser observado que, tradicionalmente, o leilão é a modalidade adotada para esse tipo de alienação, assim como também são tradicionalmente admitidas pela doutrina outras modalidades de licitação.[316]

8.2.4. produtos legalmente apreendidos

Consulte subtítulo 6.2 deste capítulo.

8.2.5. produtos penhorado

Consulte o subtítulo 6.3 deste capítulo.

8.2.6. trabalhos técnicos, científicos e artísticos

Consulte o subtítulo 5.8 deste capítulo.

8.2.7. serviços técnicos profissionais

Consulte o subtítulo 5.6 deste capítulo.

---

[314] Vide a propósito do conflito entre normas de licitações internacionais e nacionais, o Processo nº TC-001.525/1992-1. Decisão nº 245/1992 - Plenário. Relator: Ministro Luciano Brandão Alves de Souza. **Diário Oficial [da] República Federativa do Brasil**, Brasília, DF, 02 jun. 1992. Seção 1, p. 6.970.

[315] a) Consulte o Decreto nº 99.658, de 30 de outubro de 1990, que regulamenta, no âmbito da Administração Pública Federal, o reaproveitamento, a movimentação, a alienação e outras formas de desfazimento de material, publicado em: JACOBY FERNANDES, Jorge Ulisses. **Vade-mécum de Licitações e Contratos**: legislação selecionada e organizada com jurisprudência, notas e índices. 4 ed. Belo Horizonte: Fórum, 2010, p. 1.314.

b) Sobre o tema, o TRF da 4ª Região, editou a IN/40-A-03, que dispõe sobre desfazimento de materiais, alienação, cessão, inutilização ou abandono.

[316] Vide, a propósito, artigo de Hely Lopes Meirelles no **Boletim de Licitações e Contratos**, nº 01/1994, São Paulo, NDJ, página 49.

8.2.8. sistema de registro de preços

Consulte o livro Sistema de Registro de Preços e Pregão.[317]

As modalidades admitidas são a concorrência e o pregão.

9. Características de cada modalidade e a forma do procedimento

É importante apresentar as características sinteticamente de cada modalidade de licitação evidenciando as diferenças entre as normas.

Os quadros sinópticos a seguir têm esse propósito.

[317] JACOBY FERNANDES, Jorge Ulisses. Sistema de Registro de Preços e Pregão Presencial e Eletrônico. 3. ed. Belo Horizonte. Fórum. 2009.

Modalidades	Convite	Tomada de Preços	Concorrência	Leilão	Concurso	Pregão
Prazo entre a divulgação do ato convocatório e a data da licitação. (art. 21 da L8666 e art. 4°, V, da L10520)	5 dias	15 a 30 dias	30 a 45 dias	15 dias	45 dias	8 dias
Tipo de Licitação	todos	todos	todos	Maior lance/ melhor oferta	Técnica	Menor Preço
Obras e Serviços de Engenharia, art 23, I, e 120 da L8666;	Até R$ 150.000	Até R$ 1.500.000	Acima de R$ 1.500.000	Ver art. 17, § 6° da L8666	Não tem limite	Não tem limite
Compras e Serviços art. 23, II	Até R$ 80.000	Até R$ 650.000	Acima de R$ 650.000			
Restrição ao objeto	Não há	Não há	Não há	Alienação de bens	Trabalho técnico, científico ou artístico.	Bens e serviços comuns
Condução do ato	Servidor ou Comissão	Comissão	Comissão	Pode ser ou não servidor	Comissão	Pregoeiro e equipe de apoio
Fundamento Legal	Art. 22, § 3°, 6° e 7° da L8666	art. 22, § 2° da L8666	Art. 22, § 1° da L8666	art. 22, § 5° da L8666	art. 22, § 4° da L8666	Instituída pela MP 2026, alterada pela MP 2182 e convertida na L10520.

[318] É importante ressaltar que a Comissão de Licitação é composta no mínimo por três membros sendo dois qualificados pertencentes ao órgão responsável pela Licitação.

<table>
<tr><th>Convite</th><th>Tomada de Preços</th><th>Concorrência</th><th>Pregão</th><th>Contratação direta sem licitação</th></tr>
<tr><td colspan="4">Verificação da necessidade do objeto</td><td></td></tr>
<tr><td colspan="4">Elaborar a definição do objeto</td><td></td></tr>
<tr><td colspan="5">Elaborar a justificativa das restrições à competição inserida na definição do objeto</td></tr>
<tr><td colspan="4">Definir as regras da execução do objeto</td><td></td></tr>
<tr><td colspan="3">Elaborar projeto básico - no caso de obras e serviços</td><td>Elaborar termo de referência</td><td>Elaborar projeto básico - no caso de obras e serviços</td></tr>
<tr><td colspan="5">Elaborar a estimativa de preços - art. 15, V, da Lei nº 8.666/1993</td></tr>
<tr><td colspan="5">Elaborar a minuta do contrato</td></tr>
<tr><td rowspan="2">Elaborar a carta-convite</td><td colspan="3">Elaborar a minuta do edital
Submeter minuta do edital e seus anexos ao órgão jurídico para aprovação</td><td rowspan="8">Pedir proposta e verificar a conformidade do objeto com o pedido</td></tr>
<tr><td colspan="3">Publicar o aviso do edital</td></tr>
<tr><td colspan="2" rowspan="3">Abrir a sessão e receber o envelope da proposta dos licitantes habilitados previamente</td><td>Abrir a sessão e receber os envelopes de habilitação e proposta</td><td>Abrir o credenciamento dos licitantes</td></tr>
<tr><td>Abrir o envelope de habilitação e analisar documentos</td><td>Abrir a sessão e receber a declaração de habilitação</td></tr>
<tr><td>Julgar a habilitação</td><td rowspan="2">No pregão presencial receber os envelopes de habilitação e proposta</td></tr>
<tr><td></td><td colspan="2">Receber desistência do recurso da habilitação ou aguardar prazo e julgar recurso da habilitação se houver</td></tr>
<tr><td colspan="4">Abrir os envelopes de propostas e verificar a conformidade do objeto com o edital</td></tr>
</table>

<table>
<tr><th>Convite</th><th>Tomada de Preços</th><th>Concorrência</th><th>Pregão</th><th>Contratação direta sem licitação</th></tr>
<tr><td colspan="3">Julgar as propostas</td><td></td><td>Justificar a razão da escolha do fornecedor</td></tr>
<tr><td colspan="3">Receber desistência do recurso das propostas ou aguardar prazo</td><td>No pregão presencial, selecionar lançadores.</td><td>Justificar preço</td></tr>
<tr><td colspan="3">Julgar recurso da proposta se houver</td><td>Etapa de lances</td><td>Decidir pela contratação direta</td></tr>
<tr><td colspan="3">Adjudicar o objeto</td><td>Negociação da proposta</td><td>Ratificar a contratação direta</td></tr>
<tr><td colspan="3" rowspan="4">Encaminhar para a homologação</td><td>Julgar a habilitação</td><td rowspan="7">Publicar o ato de contratação direta, nos casos previstos no art. 26 da Lei nº 8.666/1993</td></tr>
<tr><td>Consultar sobre interesse em recorrer</td></tr>
<tr><td>Adjudicar o objeto, se não houver recurso e encaminhar para a homologação.</td></tr>
<tr><td>Se houver recurso, receber as razões e contrarrazões do recurso.</td></tr>
<tr><td colspan="3">Homologar a licitação</td><td>Julgar o recurso</td></tr>
<tr><td>Publicada em órgão oficial</td><td colspan="2">Publicar o resultado</td><td>Adjudicar e homologar</td></tr>
</table>

Capítulo 3

Contratação Direta: uma visão geral

Este capítulo analisa o uso da contratação direta sem licitação pela Administração Pública federal e revela que a exceção à licitação em quase a metade da aplicação dos recursos públicos é a regra.

Também apresenta a distinção teórica e prática sobre licitação dispensável, dispensada e inexigível.

Integra a parte final do capítulo a apresentação de outros casos em que se discute a possibilidade de contratação direta.

O princípio constitucional da licitação, como todas as regras de Direito, não tem valor absoluto, devendo ser coordenado com os outros princípios do mundo jurídico.

Assim, em alguns casos previamente estabelecidos pelo legislador, o princípio da licitação cede espaço ao princípio da economicidade ou ao primado da segurança nacional, ou ainda, para garantir o interesse público maior, concernente à necessidade de o Estado intervir na economia. Em todos os casos delineados pela Lei nº 8.666/1993, em que a licitação foi dispensada ou considerada inexigível, pelo menos no plano teórico, entendeu o legislador estar em confronto o princípio jurídico da licitação e outros valores igualmente tutelados pela ordem jurídica, tendo sido aquele subjugado por um destes.

O professor Carlos Pinto Coelho Motta, citando o professor Fernando Andrade Oliveira, esclarece que a legislação brasileira apresenta tendência de ampliar o número de hipóteses de dispensa e inexigibilidade, apresentando quadro sinóptico onde demonstra que, pelo Código de Contabilidade Pública de 1922, eram previstas apenas quatro hipóteses, sendo que, na redação original da Lei nº 8.666/1993, esse número já ultrapassava a vinte e três.[319]

Além dessas hipóteses consideradas pelos autores referidos, ainda existem as treze previstas no art. 17 do mesmo diploma.

A ausência de discussão sobre essas hipóteses e a falta de compromisso eficaz com o interesse público têm levado esses institutos a sérias deformações.

Acresce ao fato exposto a confusão que ocorre entre as diversas hipóteses. Melhor seria para o Administrador ter poucas opções à contratação

[319] MOTTA, Carlos Pinto Coelho. **Eficácia nas licitações e contratos**. 10 ed. Belo Horizonte: Del Rey, 2005, p. 209-210.

direta, bem sistematizadas, do que o atual amontoado de dispositivos disformes e anacrônicos.

Pela primeira vez, desde 1993, no ano de 2006 o volume aplicado com licitação foi substancialmente superior ao das contratações direta. A modalidade pregão, que tomava apenas parcela das outras modalidades, passou a ser vista e utilizada pelo gestor público como opção a algumas dispensas.[320] Também a figura do registro de preços e o "carona"[321] contribuíram expressivamente para a redução das contratações diretas.

2. Licitação: regra ou exceção?

Por força da Constituição Federal, art. 37, inciso XXI, a regra no Brasil é que as contratações sejam precedidas de licitação. Somente à lei é permitido abrir exceções. É regra essencial e prévia a execução da despesa.

Para ilustrar a relevância do tema, merece ser lembrado que, na apreciação das contas do governo relativo ao exercício de 1990, o Ministro Homero Santos, na qualidade de relator, solicitou ao Departamento do Tesouro Nacional que apresentasse, por amostragem, informações globalizadas, com vistas a incluir um "demonstrativo das despesas licitadas". O resultado obtido e publicado[322] teve a seguinte configuração:

2.1. demonstrativo das despesas licitadas – exercício de 1990

<u>GESTÃO DO TESOURO</u>

a) Valor sem licitação	
a.1. Art. 22 (dispensas)*	1.035.559.709.405,00
a.2. Art. 23 (inexigências)*	77.861.452.490,00
a.3. Diversos	104.963.154.075,00
b) Valor total licitado	**87.555.259.256,00**

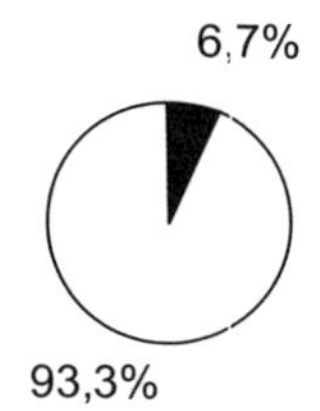

[320] Veja no sítio www.comprasnet.gov.br, *link* mais Notícias, as reportagens: Pregão Eletrônico Economiza 637,8 milhões em 2006, publicada em 14 de setembro de 2006; e Pregão Eletrônico é o mais utilizado, publicada em 25 de julho de 2006.

[321] BRASIL. Decreto nº 3.931, de 19 de setembro de 2001. Regulamenta o Sistema de Registro de Preços previsto no art. 15 da Lei nº 8.666, de 21 de junho de 1993, e dá outras providências. **Diário Oficial da União [da] República Federativa do Brasil**, Brasília, DF, 20 set. 2001. Art. 2º.

[322] BRASIL. Tribunal de Contas da União. Relatório das Contas do Governo referente ao ano de 1990, fls. 94.

OUTRAS GESTÕES

a) Valor sem licitação	
a.1. Art. 22 (dispensas)*	101.880.970.052,00
a.2. Art. 23 (inexigências)*	29.715.282.932,00
a.3. Diversos	292.907.788.899,00
b) Valor total licitado	**98.708.908.309,00**

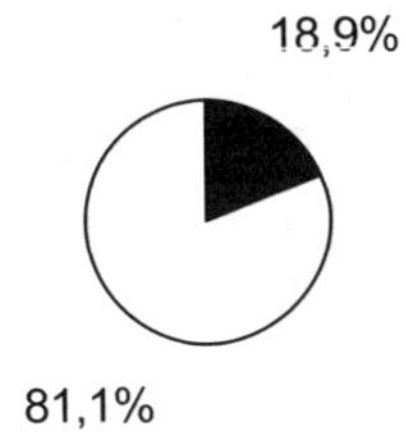

■ Licitado □ Sem licitação

* Os artigos indicados referem-se ao Decreto-Lei nº 2.300/1986, vigente em 1990.

A expressão desses valores, cuja grandeza veio mais tarde a ser contestada, foi publicada para que o controle fosse aperfeiçoado e para que a regra das contratações mediante licitação não passasse a ser exceção.

Como o levantamento de dados com a tabulação apresentada não refletia, segundo o Governo Federal, a expressão da verdade, desenvolveu-se uma terminologia para segregar as despesas que, em tese, são aplicáveis à Lei de Licitações, daquelas em que, teoricamente, não são aplicáveis à referida norma, tais como encargos da dívida, folha de pagamento e tributos. Surgiram assim as expressões "aplicável" e "não aplicável", respectivamente.

A partir dessa segregação, o controle pode definir indicadores e comparativos da gestão, não só entre Ministérios como entre poderes e até entre governos.

Os gráficos abaixo refletem o comportamento da despesa em uma década, em relação à gestão do tesouro. Desta forma é evidenciado o quanto estão sendo reduzidos os investimentos no País em decorrência do crescimento da dívida, em níveis alarmantes e, a propósito, sem controle externo.

Imperioso, porém não iludir a sociedade com a informação de que, havendo rigoroso controle das licitações, haverá controle da despesa pública, porque a parcela dos recursos, em tese, licitável não ultrapassam, na melhor das hipóteses, a dez por cento da despesa pública.

Não é em si o fato de licitar ou deixar de licitar que revela ou não a honestidade ou desonestidade do gestor público; ou a boa, ou má gestão. A licitação é um instrumento da hoje denominada "transparência". Desde a Declaração dos Direitos do Homem, é dever do gestor público prestar contas à sociedade. A expressão "transparência" é um corolário desse dever, que a licitação torna mais objetiva. Quando não ocorre a licitação, pode o procedimento da contratação direta suprir, em parte, esse dever de "transparência" com a publicação na forma exigida no art. 26, da Lei nº 8.666/1993. Os demais elementos do dever de prestar contas, como a razão de escolha do fornecedor, ficam nos autos à disposição de qualquer membro da sociedade.

2.2. gestão do tesouro – despesas de 1995 e 2005

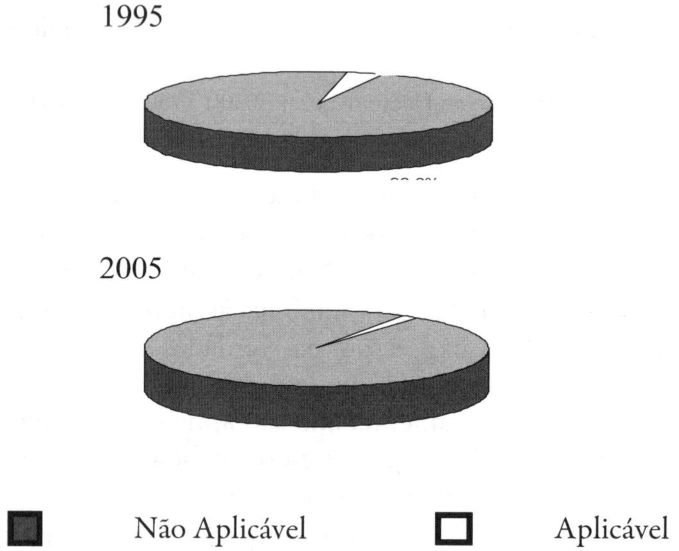

Detendo-se ao exame da despesa aplicável, é possível verificar se a licitação é regra ou exceção? Para uma adequada análise do tema é indispensável fixar algumas variáveis que envolvam também as modalidades de licitação.

No quadro a seguir, a evolução da despesa aplicável compara o período de 2003 a 2008 por modalidade.

2.3. Poder Executivo – evolução da despesa aplicável de 2003 a 2008

	Concorrência	Tomada de preços	Convite	Concurso	Dispensa	Inexigibilidade	Pregão Eletrônico	Pregão Presencial
2003	2.425.161.581,44	372.539.333,18	377.520.485,33	185.300,00	2.424.182.640,20	2.437.000.768,99	187.322.543,57	1.583.076.347,15
2004	3.662.270.998,75	854.391.485,42	477.910.196,94	13.000,00	3.911.543.467,27	2.765.290.787,26	534.019.136,85	3.641.159.048,13
2005	2.834.316.678,04	449.681.881,08	300.158.459,64	122.000,00	4.248.504.898,67	4.858.892.275,34	3.384.469.520,26	4.641.927.060,30
2006	3.724.619.845,65	398.653.486,03	190.705.425,72	208.000,00	3.739.548.721,35	4.057.392.740,08	11.160.573.246,28	4.100.869.197,39
2007	4.237.619.106,48	455.672.340,44	232.850.024,31	1.353.999,99	5.790.829.538,46	4.964.545.560,53	16.501.774.594,22	2.345.170.858,11
2008	3.160.778.996,01	203.012.033,13	54.497.535,87	282.000,00	3.783.602.312,10	3.210.978.280,03	12.211.808.101,42	1.914.364.205,26

Fonte: BRASIL. Ministério do Planejamento, Orçamento e Gestão. **Poder Executivo – Evolução da despesa aplicável de 2003 a 2008.** Brasília, DF, 2009.

2.4. despesa do Poder Executivo por modalidade de licitação[323]

2.4.1 quadro comparativo por ano – 2003 a 2008

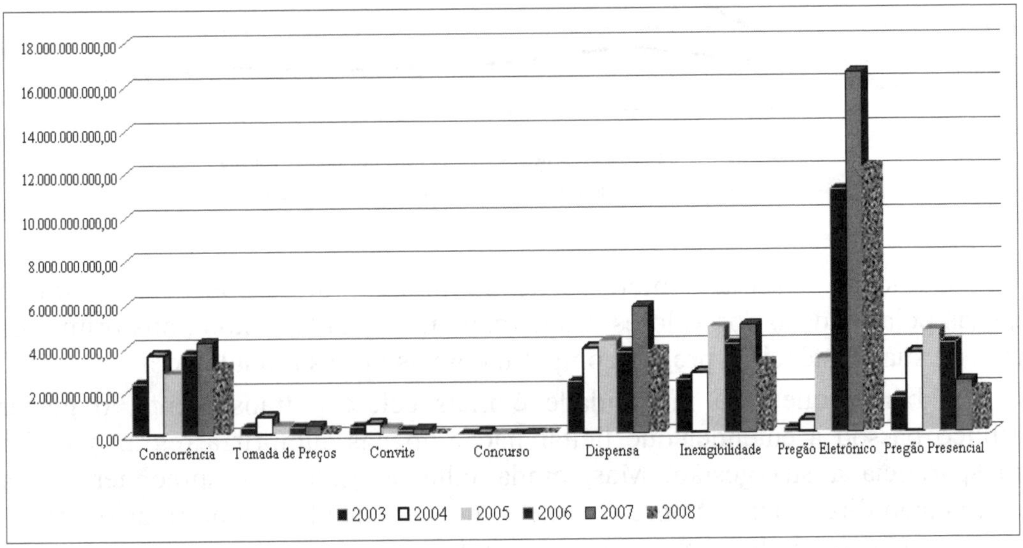

323 a) O gráfico não apresenta a modalidade consulta porque não são expressivos os valores desembolsados com as mesmas. Também não foi computada a modalidade leilão porque não gera despesa, mas receita.

b) Alguns Tribunais de Contas vêm dando expressivos passos para a visibilidade desses tipos de controle como o de Santa Catarina, mostrando que "dados podem revelar ineficiência". Informativo nº 76, ano 15, de junho de 2005.

2.4.2. demonstrativo da variação por modalidade – 2003 a 2008

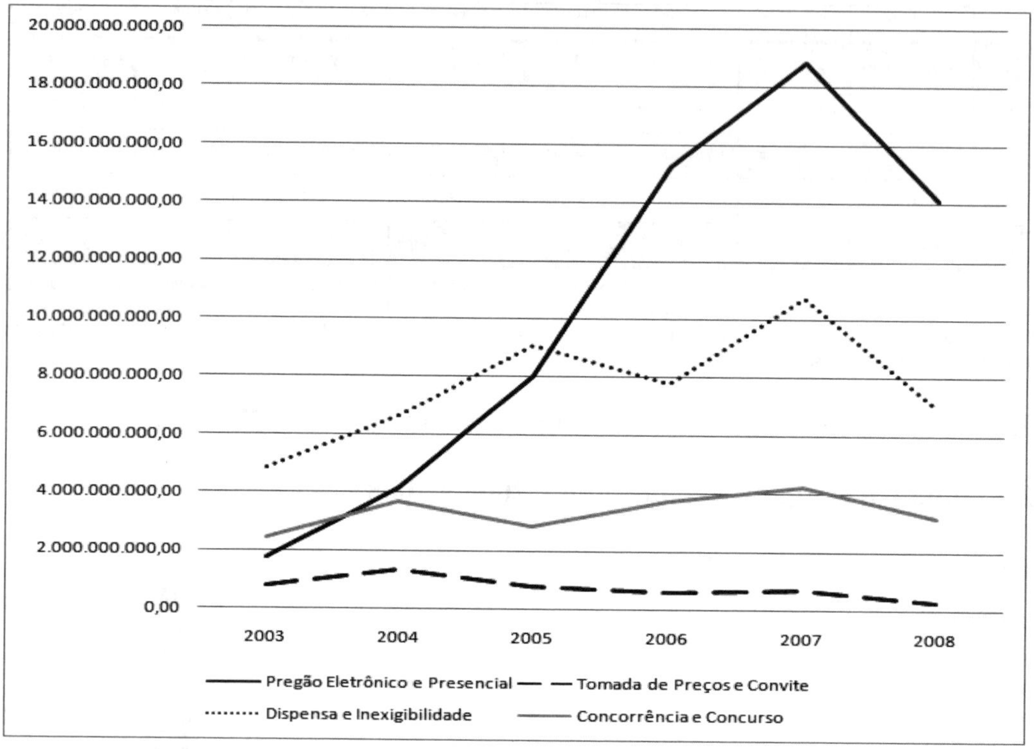

Como se observa a modalidade do pregão foi responsável no início apenas pela redução dos valores das demais modalidades, isto é, nos primeiros anos de sua existência o pregão competiu com as outras modalidades.

Sabendo que essa modalidade é mais célere e transparente, o gestor público passou a entender que licitar não é apenas cumprir a regra, mas dar transparência a sua gestão. Mas, ainda falta ao gestor compreender que a contratação direta nem sempre é o meio mais adequado de contratar o objeto, apresentando-se, muitas vezes, mais desvantajosa em relação ao pregão.

Nesse período de tempo, algumas ações, centradas em restritos setores da Administração Pública, passaram a desenvolver significativo esforço no sentido de promover adequada orientação sobre o tema, além de aperfeiçoar o controle das licitações e das contratações. É importante notar que o êxito desse trabalho não deve, a rigor, ser imputado à adequada estruturação dessas unidades por estar ainda em curso, mas, principalmente, à ação de poucos dedicados servidores. Nesse amplo contexto, não poderia deixar de ser externado, especial registro à CONED/STN como eficaz órgão orientador, o qual, com notável celeridade e eficiência, vem-se apresentando na Administração Pública como centro de excelência. Em igualdade de destaque, a Secretaria Federal de Controle, com parâmetros de racionalidade e inteligência, vem primando por ações relevantes à preservação do erário. Ambas, de forma silenciosa, como os Tribunais de Contas e essas próprias Cortes, colocam-se no propósito de correções de rumo da Administração, há muito reclamadas pela sociedade e, notadamente, pelo contribuinte, que mantém, pela via dos impostos, o Estado.

Mesmo evitando transcrições, como regra, nesse caso, é imperioso trazer à reflexão o amadurecido senso crítico do controle sobre esse tema, *ipsis litteris*:

> [...] seja incrementado o processo licitatório na execução dos gastos federais, de maneira que a não realização seja sempre uma exceção, adotando-se a inexigibilidade e a dispensa com mais cautela e parcimônia nos órgãos e entidades da Administração Pública.
>
> Entre outras informações prestadas pelo Órgão Central do Controle Interno do Poder Executivo, na esfera de suas atividades, figura aquela referente ao trabalho realizado na avaliação dos processos licitatórios nos gastos públicos federais.
>
> Tornou-se sobejamente conhecida, ao relatarmos as Contas de 1990, a constatação de que, considerando o padrão monetário vigente à época, para cada 13 cruzeiros gastos com despesas licitáveis, apenas um cruzeiro era licitado.[324]

O nível de transparência da gestão pública, no tocante à despesa, tem apresentado significativa evolução, embora ainda esteja longe do que dispõe a Lei de Responsabilidade Fiscal,[325] mas alguns desempenhos de gestão já podem ser parametrizados.

Pelo trabalho e complexidade dos procedimentos licitatórios e o tempo que normalmente demandam, é fato incontestável que o administrador público busca normalmente fugir à realização do processo licitatório, elastecendo demais os termos utilizados pelo legislador ou abandonando alguns dos requisitos legais dos dispositivos que autorizam a contratação direta. A

---

[324] BRASIL. Tribunal de Contas da União. Contas do Governo relativas ao ano de 1995. **Diário Oficial [da] República Federativa do Brasil**, Brasília, DF, 24 nov. 1996.

[325] Lei Complementar nº 101, de 4 de maio de 2000. Estabelece normas de finanças públicas voltadas para a responsabilidade na gestão fiscal e dá outras providências. **Diário Oficial [da] República Federativa do Brasil**, Brasília, DF, 5 maio 2000. Q. cfr. art. 48

descrença na eficácia do instituto da licitação, a falta de treinamento dos recursos humanos envolvidos nas Comissões de Licitação e a impunidade frequente para os que violam as prescrições sobre o tema foram fatores que contribuíram para a formação, em determinados setores, dessa visão distorcida.

O quadro a seguir apresenta a comparação por Ministério ou órgão equivalente de 2003 a 2008, revelando o incremento ou redução da licitação por modalidade comparado com a contratação direta.

2.4.3. comparativo por Ministério ou órgão equivalente – 2003 a 2008

Órgão	Concorrência	Concurso	Convite	Dispensa de Licitação	Inexigibilidade de Licitação	Pregão	Tomada de Preços
MINIST. DA AGRICUL.,PECUARIA E ABASTECIMENTO	41.076.401,00	0,00	5.987.778,00	158.240.821,00	67.692.938,00	963.161.686,42	16.554.402,00
MINISTERIO ADM.FED.REFORMA ESTADO-EM EXTINCAO	0,00	0,00	0,00	2.220,00	0,00	0,00	0,00
MINISTERIO DA CIENCIA E TECNOLOGIA	209.077.118,00	0,00	12.828.343,00	290.531.547,00	120.088.656,00	5.272.901.595,07	25.728.411,00
MINISTERIO DA CULTURA	8.517.902,00	1.655.500,00	18.517.056,00	138.002.979,00	29.274.007,00	457.887.066,02	22.421.633,00
MINISTERIO DA DEFESA	627.348.210,00	2.500,00	226.636.548,00	1.424.182.202,00	2.372.398.321,00	15.170.584.105,99	181.558.407,00
MINISTERIO DA EDUCACAO	1.947.666.193,00	144.000,00	141.922.153,00	3.545.794.506,00	3.567.136.590,00	11.594.951.896,15	299.320.179,00
MINISTERIO DA FAZENDA	329.617.689,00	0,00	7.156.481,00	1.490.931.264,00	1.308.345.835,00	2.439.047.139,08	65.970.804,00
MINISTERIO DA INTEGRACAO NACIONAL	929.287.692,00	0,00	5.010.014,00	110.720.804,00	30.584.614,00	803.877.108,26	41.229.428,00
MINISTERIO DA JUSTICA	189.744.249,00	0,00	9.259.082,00	952.193.163,00	3.267.532.253,00	3.269.318.495,39	24.824.325,00
MINISTERIO DA PREVIDENCIA SOCIAL	164.418.240,00	0,00	4.483.321,00	1.426.999.611,00	703.946.685,00	1.521.310.943,75	77.494.125,00
MINISTERIO DA SAUDE	699.982.413,00	0,00	13.083.180,00	1.795.396.173,00	3.363.496.990,00	1.506.042.645,36	109.638.052,00
MINISTERIO DAS CIDADES	0,00	0,00	51.090,00	52.665.787,00	45.549.872,00	250.410.552,35	341.673,00
MINISTERIO DAS COMUNICACOES	4.590.335,00	0,00	0,00	10.835.247,00	5.504.617,00	359.923.706,74	835.000,00
MINISTERIO DAS RELACOES EXTERIORES	2.983.436,00	60.000,00	298.268,00	87.065.737,00	54.638.600,00	411.242.475,91	972.526,00
MINISTERIO DE MINAS E ENERGIA	11.508.915,00	0,00	445.925,00	71.558.785,00	71.481.385,00	1.664.788.627,74	3.692.181,00
MINISTERIO DO DESENV,IND. E COMERCIO EXTERIOR	97.459.933,00	0,00	1.050.986,00	261.659.318,00	30.152.422,00	544.152.043,51	6.347.102,00
MINISTERIO DO DESENV. SOCIAL E COMBATE A FOME	309.284.358,00	0,00	0,00	42.238.652,00	244.231.658,00	264.658.284,46	279.052,00
MINISTERIO DO DESENVOLVIMENTO AGRARIO	206.168.671,00	0,00	9.192.489,00	426.399.226,00	74.840.196,00	880.986.736,58	952.084.471,00
MINISTERIO DO ESPORTE	345.380.589,00	0,00	97.636,00	108.482.729,00	4.428.748,00	392.831.367,47	393.019,00
MINISTERIO DO MEIO AMBIENTE	6.384.034,00	0,00	4.908.910,00	164.556.609,00	27.030.001,00	617.151.628,85	14.438.632,00
MINISTERIO DO PLANEJAMENTO,ORCAMENTO E GESTAO	42.910.762,00	0,00	1.909.611,00	57.210.453,00	66.540.542,00	251.412.403,73	3.693.749,00
MINISTERIO DO TRABALHO E EMPREGO	27.548.959,00	0,00	2.104.680,00	186.611.033,00	418.041.453,00	364.331.574,46	728.004,00
MINISTERIO DO TURISMO	184.284.448,00	0,00	0,00	101.266.017,00	59.928.235,00	232.671.435,10	382.645,57
MINISTERIO DOS TRANSPORTES	6.300.586.408,00	0,00	16.193.425,00	1.151.652.558,00	451.884.051,00	553.655.405,92	85.655.337,00
PRESIDENCIA DA REPUBLICA	375.370.223,00	0,00	2.942.757,00	309.035.518,00	70.388.837,00	1.018.466.844,05	19.771.444,00
REPUBLICA FEDERATIVA DO BRASIL	22.848.500,00	0,00	36.700,00	4.072.165,00	173.061,00	2.549.583.641,16	434.364,00
Outros*	512.198.884,00	0,00	1.149.755,00	26.326.484,00	41.769.935,00	3.754.494.672,02	7.321.367,00
Total	13.084.045.678,00	1.862.000,00	484.116.433,00	14.368.305.124,00	16.455.310.567,00	53.355.349.409,52	1.954.788.965,57

* Incluído (Câmara dos Deputados, Conselho Federal de Economia, Entidades que utilizam conta única, Governo do Distrito Federal - DAR, Justiça do Distrito Federal e dos Territórios, Justiça do Trabalho, Justiça Eleitoral, Justiça Federal, Justiça Militar, Ministério Público da União, Superior Tribunal de Justiça, Supremo Tribunal Federal, Tribunal de Contas da União).

Fonte: BRASIL. Ministério do Planejamento, Orçamento e Gestão. **Comparativo de licitações por órgão do Poder Executivo Federal ou órgão equivalente**. Brasília, DF, 2009.

De qualquer modo, uma vez decidida à realização da licitação, existe um itinerário certo a seguir. Os maiores problemas, contudo, ocorrem na decisão entre licitar ou não, razão pela qual devem os órgãos de controle envidar esforços nessa área e na fiscalização das concorrências, onde se concentra o maior volume de recursos.

Por outro lado, o administrador, para deliberar pela não realização de licitação, deve ter redobrada cautela, especialmente após o advento da Lei nº 8.666/1993, que inclusive caracterizou como crime dispensar ou inexigir licitação fora das hipóteses previstas em lei ou deixar de observar as formalidades pertinentes à dispensa ou à inexigibilidade, conforme o art. 89 da mesma Lei.

A contratação direta não deve ser a regra e, por esse motivo, recomendações como as formuladas pelo TCU, ao governo, devem constituir permanente alerta aos dirigentes da Administração Pública.

Todo o quadro exposto faz lembrar a severa observação do então Ministro-substituto Lincoln Magalhães da Rocha sobre a questão: "As exceções devem ser adotadas com muita cautela para que não prolifere a corrupção estimulada pelas preferências imotivadas".[326]

Quais as conclusões que se extraem dos dados apresentados:

1. a licitação deve ser a regra;
2. o gestor tem a ilusão de que a contratação direta é sempre o caminho mais eficaz da melhor e mais célere contratação;
3. a modernização das modalidades de licitação pode contribuir decisivamente para a redução da contratação direta;
4. a alteração do entendimento do gestor depende do aperfeiçoamento do controle;
5. controlar a despesa aplicável deve consumir tempo e esforço proporcional a esse tipo de despesa, frente à despesa não aplicável.

Finalmente, um alerta: é sempre necessário lembrar que a eficácia do controle depende de planejamento e deve ser concretizada em vista do princípio da economicidade. Não faz sentido o controle que se compraz em verificar forma e examinar valores ínfimos, como gastar tempo e recursos humanos numa auditoria detalhada em suprimento de fundos.[327]

---

[326] Nesse voto, que gerou a Decisão nº 22/1993 - Plenário, colhe-se ainda o seguinte texto: "a legislação em vigor apenas admite como exceção à regra de licitação as hipóteses previstas: dispensa, inexigibilidade e proibição (refere-se ao DL nº 2.300/86)". BRASIL. Tribunal de Contas da União. Processo nº TC-575.972/1991. Relator: Ministro-Substituto Lincoln Magalhães da Rocha. **Diário Oficial [da] República Federativa do Brasil**, Brasília, DF, 1 mar. 93. Seção 1, p. 2.469, juntado ao Processo nº TC-599.113/1991-0, de relatoria do também Ministro-Substituto Lincoln Magalhães da Rocha. **Diário Oficial [da] República Federativa do Brasil**, Brasília, DF, 01 mar. 93. Seção 1, p. 2.469.

[327] BRASIL. Decreto-Lei nº 200, de 25 de fevereiro de 1967. Dispõe sobre a organização da Administração Federal, estabelece diretrizes para a Reforma Administrativa e dá outras providências. **Diário Oficial da União [da] República Federativa do Brasil**, Brasília, DF, 27 fev. 1967 (complemento). Art. 14. O trabalho administrativo será racionalizado mediante simplificação de processos e supressão de controles que se evidenciarem como puramente formais ou cujo custo seja superior ao risco.

3. Licitação dispensada, dispensável e inexigível – distinções

A maioria dos autores pátrios promove a distinção entre licitação dispensada, dispensável e inexigível, seguindo o delineamento básico definido pela Lei nº 8.666/1993, inexistindo, porém, unanimidade sobre o assunto.[328]

A licitação dispensada é tratada no art. 17; a dispensável, elencada no art. 24; e a inexigível, no art. 25 da Lei de Licitações.

É imperioso reconhecer que, em termos práticos, essa divisão apresenta vantagens, pois há consequências diversas para cada hipótese.

A principal distinção entre licitação dispensada, tratada no art. 17, e as dispensas de licitação, estabelecidas no art. 24, repousa no sujeito ativo que promove a alienação, figurando no primeiro caso a Administração, no interesse de ceder parte do seu patrimônio, vender bens ou prestar serviços e, nos casos do art. 24, a situação é oposta, estando a Administração, como regra, na condição de compradora ou tomadora dos serviços.

Outro aspecto distintivo entre licitação dispensada e dispensável é o fato de que, em princípio, na primeira não é necessário observar as formalidades do art. 26 da Lei nº 8.666/1993, significando, com isso, simplificação. Assim, conquanto esse artigo seja bom orientador para salvaguardar o gestor, não é obrigatório seu pontual acatamento na licitação dispensada, exceto nas hipóteses reguladas pelos §§ 2º e 4º do art. 17. Na dispensa de licitação, ao contrário, com a ressalva dos incisos I e II do art. 24, é sempre obrigatório acatar as formalidades instituídas no art. 26 da Lei de Licitações.[329]

Após a primeira edição deste trabalho, veio a lume importante artigo do Professor Wellington Cabral Saraiva,[330] aprofundando a questão, do qual cabe destacar os seguintes excertos:

> Tanto as normas do art. 17 quanto as do art. 24 são permissivas. Esses dispositivos não impõem nem proíbem condutas ao administrador. Antes, permitem-lhe não realizar o procedimento licitatório, se presentes as razões de interesse público neles aventadas. Poder-se-ia sustentar que no art. 17 o administrador estaria proibido de licitar,

---

[328] O autor Américo Servídio, na obra *Dispensa de licitação pública*, da editora Revista dos Tribunais, não faz distinção entre licitação dispensada, dispensável e inexigível.

[329] a) Veja no capítulo 7: - as contratações diretas enquadráveis nos demais incisos do art. 24 e no art. 25, se em valor inferior aos limites do art. 24, I e II, não precisam ser publicadas. Neste sentido: BRASIL. Tribunal de Contas da União. Processo nº TC-019.967/2005-4. Acórdão nº 1336/2006 - Plenário. Relator: Ministro Ubiratan Aguiar. **Diário Oficial da União [da] República Federativa do Brasil**, Brasília, DF, 7 ago. 2006. Seção 1.

[330] Publicado no caderno Direito e Justiça do Correio Braziliense do dia 21 out. 1996. Obs.: à época o art. 24 só possuía vinte incisos, atualmente as hipóteses de dispensa de licitação elencadas são trinta e uma.

> invocando até ofensa ao princípio da economicidade (desdobramento do princípio da finalidade).
>
> [...]
>
> A única divergência de regime entre o art. 17 e o art. 24 reside no art. 26. Este exige que as dispensas dos arts. 17, §§ 2º e 4º, e 24 sejam justificadas e comunicadas à autoridade superior, para ratificação e publicação na imprensa oficial, com condição de eficácia. Mesmo aqui a lei acaba por equiparar a dispensa do art. 17 à do art. 24. É que os casos do art. 24, I e II, também estão isentos das formalidades do art. 26, como os do art. 17, I e II. Não se dirá que aqueles não são de licitação "dispensável", mas "dispensada", para atrair outro regime jurídico. A diferença diz respeito ao rito do art. 26: é necessário nos arts. 17, §§ 2º e 4º, e 24, III a XX, e inaplicável aos arts. 17, I e II, e 24, I e II. Esses grupos são as duas espécies de licitações dispensáveis, isto é, as que se submetem e as que não se subordinam ao art. 26 da lei.

Desse modo, admitimos esse entendimento de que os artigos 17 e 24 são permissivos. Por uma questão didática é que se distinguem essas categorias jurídicas que têm contra si a infeliz identidade da raiz dos dois primeiros termos: licitação dispensável e licitação dispensada.

No cotidiano, nem sempre é possível empregar os termos licitação dispensada e dispensa de licitação como conceitos referentes a termos distintos – pela natureza e finalidade – sendo válido e plenamente admissível o uso das expressões comuns ou o seu emprego como sinônimos.

4. Nos casos de contratação direta previstos em lei é permitido licitar?

Esta questão relevante que se impõe diz respeito ao fato de a Administração poder ou dever fazer licitação quando a lei estabelece que o caso é de dispensa ou de licitação dispensada.

O tema será abordado com mais detalhes em cada um dos dispositivos que serão comentados no desenvolver deste trabalho, mas é possível, desde logo, estabelecer uma diretiva, cujo conteúdo será aprimorado nos comentários ao art. 26 da Lei nº 8.666/1993.[331]

---

[331] Vide Capítulo 7.

Em síntese, nada obstante vários autores comungarem do entendimento de que, sempre que houver viabilidade de competição, deve o administrador promover a licitação para assegurar a garantia do princípio da isonomia. Não parece, *data venia*, ser essa a melhor exegese.

Preliminarmente, cabe obtemperar que a licitação não é o único meio de garantir a efetividade dos princípios da isonomia e da impessoalidade. Segundo, o legislador pátrio não pode abrir ao seu talante possibilidades de contratação direta sem acatamento ao princípio da licitação, se não tiver outro princípio que o sustente, também consignado na Constituição Federal.

Quando o legislador estabeleceu a possibilidade de contratação direta, em princípio, reconheceu que era viável a competição, caso contrário, teria elencado como inexigibilidade – mas o administrador teria autorização para a não realização do certame, visando ao atendimento de outros princípios tutelados pela Constituição Federal.

O que não se admite é que, existindo vários competidores, o agente administrativo proceda à contratação direta, com ofensa ao princípio da impessoalidade ou afrontando a isonomia que deve nortear a ação do administrador público no tratamento aos cidadãos. Daí, porém, sustentar que nos casos de dispensa de licitação, se for viável a competição, esta é sempre obrigatória, vai uma distância muito grande.

Como será referido no exame do art. 26,[332] é imprescindível que o administrador justifique a escolha do fornecedor ou executante, além de demonstrar cabalmente que a situação se enquadra em todos os requisitos do inciso que fundamenta a dispensa.

Analise os seguintes casos em que é viável a competição e dispensável a licitação:[333]

- na hipótese do art. 24, inciso XIX, poderá estar subjacente o interesse em desenvolver a indústria, na região Centro-Oeste, habilitando-a ao fornecimento de material de uso das Forças Armadas, a fim de assegurar a capacidade de mobilização para o esforço de guerra, embora existam indústrias na região Sul em condições de viabilizar a competição;
- outro exemplo é o caso do inciso XI do mesmo artigo, em que a Administração se serve de procedimento licitatório anterior,

---

[332] Vide Capítulo 7.

[333] Detalhes nos respectivos comentários aos incisos.

deixando de realizar novo certame, onde também seria viável a competição;

- no caso do inciso VII, em que os competidores ofertam preços abusivos, embora teoricamente havendo competição, a Administração deixa de realizá-la para melhor resguardar o interesse público.

Nesses casos, além de outros, poderá ser viável a competição e, mesmo assim, a Administração, licitamente, não promover a licitação.

Estará obrigada a promovê-la quando o critério de escolha do fornecedor ou executante não puder ser demonstrado sem ofensa ao princípio da moralidade e da impessoalidade. É esse estreito limite que paira entre o atendimento de todos os requisitos estabelecidos em cada uma das hipóteses de dispensa e a prevalência do dever de licitar.

Há que se considerar, porém, que certas justificativas, que num ato convocatório poderiam ser nulas de pleno direito por restringirem a competitividade, podem ser legítimas para amparar a dispensa de licitação.

Assim ocorre, por exemplo, com a contratação de um fornecedor, decidida com base no fato deste ter estabelecimento na cidade, tendo como justificativa a proximidade entre a repartição e o prédio da empresa, visando acelerar a entrega de produtos no caso de emergência, referido no inciso IV do art. 24, nada obstante o fato de que, se fosse ampliado o mercado, seria viável a competição entre fornecedores.

5. Outros casos em que se discute a possibilidade de contratação direta

5.1. aquisição de bens móveis em consórcio – ilegalidade

Enquanto os particulares podem utilizar-se do sistema de consórcio para a aquisição de bens, mediante o pagamento de parcelas mensais, o poder público não pode servir-se desse meio para a aquisição de bens, por duas razões básicas: primeiro, porque o pagamento é realizado antes da entrega do bem, fato que contraria um dos postulados fundamentais do Direito Financeiro, conforme o qual não pode a Administração antecipar pagamentos; segundo, porque a adoção desse sistema de aquisição fere os princípios da obrigatoriedade da licitação e da isonomia.[334]

---

[334] a) Sobre o assunto, vide o art. 38 do Decreto nº 93.872/1986; e

O mesmo não ocorre em relação ao contrato de *leasing*, já que tem como característica essencial a opção de compra, com o pagamento do valor residual ao final do contrato. A cobrança antecipada dessa parcela, embutida na prestação mensal, desfigura o contrato de locação, que passa a ser uma compra e venda a prazo.[335]

5.2. concessão, permissão e autorização de serviços públicos

5.2.1. noções

Após longo trajeto histórico da intervenção do Estado no domínio econômico, assiste-se, na atualidade, ao desenvolvimento do processo em caminho reverso, ou seja, a redução da dimensão do aparelho administrativo, fruto natural da evolução de ideias.

Trata-se de questão com nítido componente político, que indica quais são as tarefas que devem efetivamente ser desenvolvidas pelo Estado e quais cabem ao particular, bem como aquelas em que a Administração deve apenas fiscalizar e regulamentar a execução. Tal assertiva repousa, certamente, na formação política dos povos, explicando-se, portanto, o motivo pelo qual, em alguns países, determinados serviços são de execução exclusiva do Estado, enquanto que em outros, são desenvolvidos por particulares. Nesse amplo espectro, o Estado pode executar diretamente um serviço, criar uma pessoa descentralizada para realizá-lo ou transferir a execução à iniciativa privada, ficando com a titularidade do mesmo e, enfim, simplesmente deixar para o particular executá-lo, fiscalizando o fiel atendimento das necessidades coletivas.

---

b) BRASIL. Tribunal de Contas da União. Processo nº 625.140/1995-8. Decisão nº 678/1995 - Plenário. Relator: Auditor Lincoln Magalhães da Rocha. **Diário Oficial [da] República Federativa do Brasil**, Brasília, DF, 28 dez. 1995. Seção 1, p. 22.566; mas devem ser exigidas cautelas: Apensos: Processo nº TC-500.128/1986-3 e Processo nº TC-500.388/1986-5. **Diário Oficial [da] República Federativa do Brasil**, Brasília, DF, de 14 jun. 1999. Seção 1, p. 39-42; recomendável exigir garantias: Acórdão nº 113/1996. **Diário Oficial [da] República Federativa do Brasil**, Brasília, DF, 09 ago. 1996, p. 15.836.

335 a) Conforme art. 5º, c/c art. 11, § 1º, da Lei nº 6.099/1974, alterada pela Lei nº 7.132/1983;

b) BRASIL. Superior Tribunal de Justiça. Recurso Especial nº 181095/RS. Registro nº 199800495436. Relator: Ministro Ruy Rosado de Aguiar. **Diário da Justiça [da] República Federativa do Brasil**, Brasília, DF, 09 ago. 1999. Seção 1;

c) BRASIL. Tribunal de Contas da União. Processo nº TC-002.552/1999-0. Decisão nº 910/1999 - Plenário. Relator: Ministro Guilherme Palmeira. **Diário Oficial [da] República Federativa do Brasil**, Brasília, DF, 21 dez. 1999. **No mesmo sentido** Processo nº TC-012.146/2002-4. Acórdão nº 746/2003 - Plenário. Relator: Ministro Adilson Motta. **Diário Oficial da União [da] República Federativa do Brasil**, Brasília, DF, 3 jul. 2003.

O Direito Administrativo, tendo por substrato essas possibilidades, estabeleceu a distinção entre serviço público "próprio e impróprio" do Estado. No primeiro grupo, estão, como regra, aqueles prestados diretamente pela própria Administração e, para sua execução, utiliza-se o poder de império estatal, isto é, da supremacia do Poder Público sobre particulares, como requisito indispensável à sua eficácia. Exemplos clássicos de serviços próprios do Estado seriam a segurança pública, saúde e higiene pública, entre outros. Por outro lado, como ensina Hely Lopes Meirelles,[336] os serviços públicos impróprios do Estado

> são os que não afetam substancialmente as necessidades da comunidade, mas que satisfazem interesses comuns de seus membros, e, por isso, a Administração os presta remuneradamente, por seus órgãos ou entidades descentralizadas (autarquias, empresas públicas, sociedades de economia mista, fundações governamentais), ou delega sua prestação a concessionários, permissionários ou autorizatários. Esses serviços, normalmente, são rentáveis e podem ser realizados com ou sem privilégios (não confundir com monopólio), mas sempre sob regulamentação e controle do poder público competente.

Interessa aqui a possibilidade de a Administração transferir a execução do serviço aos particulares, permanecendo com a titularidade do serviço, fato que poderá ocorrer com a concessão, permissão ou simples autorização.

5.2.2. disciplinamento constitucional

Os dois primeiros institutos mereceram a atenção do Constituinte pátrio, que estabeleceu no art. 175 da Constituição Federal o seguinte:

> Art. 175. Incumbe ao Poder Público, na forma da lei, diretamente ou sob o regime de concessão ou permissão, sempre através de licitação, a prestação de serviços públicos.
>
> Parágrafo único. A lei disporá sobre:
>
> I - o regime das empresas concessionárias e permissionárias de serviços públicos, o caráter especial de seu contrato e de sua prorrogação, bem como as condições de caducidade, fiscalização e rescisão da concessão ou permissão;
>
> II - os direitos dos usuários;
>
> III - política tarifária;

---

[336] MEIRELLES, Hely Lopes. **Direito Administrativo Brasileiro**. 32ª ed. atualizada. São Paulo: Malheiros, 2006, p. 331.

IV - a obrigação de manter serviço adequado.

Para regulamentar tal dispositivo, entre outros, foi apresentado ao Senado Federal o Projeto de Lei nº 179/1990, de autoria do então senador Fernando Henrique Cardoso, que contou em sua redação original com a expressiva contribuição de dois dos mais renomados juristas pátrios: Celso Antônio Bandeira de Mello e José Afonso da Silva.

Na tramitação, diversos dispositivos foram alterados e a votação final no Senado Federal ocorreu sob a promessa de que várias questões, mal equacionadas pela lei, seriam resolvidas por meio de Medida Provisória que o governo federal editaria para complementar o tema.

Sem laivo de dúvida, há muito tempo o País esperava um diploma legal que regulamentasse a realização delegada do serviço público e a Lei nº 8.987, de 13 de fevereiro de 1995, supre parte dessa lacuna. Teve, como confessado pelo autor do projeto, o objetivo de permitir o aumento da eficiência, superando o crônico problema da carência de recursos públicos.

Só o tempo e a sedimentação do esforço político e jurídico na aplicação desse diploma poderão esclarecer se os objetivos foram atingidos. Dado relevante a ser, desde logo, lançado à sociedade, diz respeito à afirmativa de que, por exemplo, nos últimos dez anos anteriores a essa lei não teria havido expansão na capacidade instalada de fornecimento de energia elétrica no País. Dados da própria Eletrobrás indicam, no entanto, que a capacidade instalada de energia elétrica, que era de 4.800 *megawats*, em 1960, passou para 11.500, em 1970; 31.400, em 1980; 55.200, em 1990; e mais de 66.000 *megawats*, em 1994. Isso demonstra que nem sempre os fatos confirmam os argumentos, mesmo quando expendidos por ilustres autoridades.

É necessário cautela na delegação de serviços públicos a particulares, a fim de que não sejam apenas transferidos os rentáveis, onde o investimento público bem estruturou a operacionalização dos sistemas de infraestrutura, deixando para o Estado a realização do mesmo serviço em situação deficitária. Por outro lado, não mais se pode conceber que o Estado continue intervindo na ordem econômica, concorrendo com a iniciativa privada e obstruindo o desenvolvimento de serviços que nada têm de público e cujo interesse social poderia ser atendido com adequada regulamentação e fiscalização. Entre esses dois extremos, haverão a sociedade e o governo de encontrar o equilíbrio.

Parece oportuno recordar alguns aspectos de natureza doutrinária sobre a execução delegada do serviço público, antes de adentrar na discussão da possibilidade de contratação direta, sem licitação, nessas atividades. A doutrina pátria firmou alguns postulados, já clássicos, diferenciando tais formas de ação do Estado na ordem econômica, os quais podem ser resumidos nos termos a seguir topicalizados.

5.2.3. concessão

Conceito: é o contrato administrativo por meio do qual o Estado atribui a alguém a realização de um serviço público, sob condições estabelecidas pela Administração, remunerando-se o concessionário com a cobrança de tarifas dos usuários. A Lei nº 8.987/1995, art. 2º, inc. II,[337] no entanto, definiu a concessão de serviço público como a delegação da prestação do serviço público, feita pelo poder concedente, mediante licitação[338] na modalidade de concorrência, a pessoa jurídica ou consórcio de empresas que demonstre capacidade para seu desempenho, por sua conta e risco e por prazo determinado. Releva registrar, nesse ponto, que acolhendo conceito decantado pela doutrina, o legislador pátrio foi feliz ao cristalizá-lo, pondo em evidência seus aspectos fundamentais.

Extraem-se as seguintes características desse instituto:

1. a "titularidade" do serviço permanece com a Administração Pública, que poderá, inclusive, rever as cláusulas estabelecidas para atender ao interesse público adventício ao ajuste. Só é transferida a execução;
2. é um "contrato administrativo" e, como tal, rege-se pelas possibilidades da incidência de cláusulas exorbitantes do Direito Privado, correspondendo justamente à faculdade de alteração unilateral das cláusulas regulamentares ou de serviço por parte da Administração, sem necessidade da anuência do concessionário, sempre que o interesse público o reclamar;

A propósito, o contrato administrativo tem duas características inencontráveis, como regra, no campo do Direito Privado: a principal, que funciona em favor da Administração, diz exatamente respeito à possibilidade de alterar a forma de execução do serviço, a qualquer tempo, para melhor satisfação do interesse público, temperando o princípio do *pacta sunt servanda*;

---

[337] JACOBY FERNANDES, Jorge Ulisses. **Vade-mécum de Licitações e Contratos:** legislação selecionada e organizada com jurisprudência, notas e índices. Belo Horizonte: Fórum. 2010, p. 1.440-1.441.

[338] a) Inexiste direito líquido e certo a proteger empresa só porque está explorando tal serviço, de modo precário, sem se submeter ao procedimento licitatório. BRASIL. Superior Tribunal de Justiça. Processo MS nº 5570-DF (98.0000375-4). Relator: Ministro José Delgado. **Diário da Justiça [da] República Federativa do Brasil**, Brasília, DF, 17 ago. 98. Seção 1, p. 07. **No mesmo sentido**: RESP nº 443.796/MG - 2ª Turma. Registro nº 2002200797170. **Diário da Justiça [da] República Federativa do Brasil**, Brasília, 3 nov. 2003, p. 00298.

b) Em relação aos limites da atuação do Ministério Público sobre as concessões, veja: BRASIL. Superior Tribunal de Justiça. RESP nº 43428/RS - 1ª Turma. Registro nº 200200135705. **Diário da Justiça [da] República Federativa do Brasil**, Brasília, maio 2003, p. 00225.

o outro é o princípio que "dá garantia do equilíbrio econômico-financeiro"[339] para o contratado, também ausente no Direito Privado, favorecendo aqueles que contratam com o Poder Público. Aliás, tal postulado cria em favor do contratado uma garantia equivalente ao poder da Administração, pois se esta, para satisfazer o interesse público, pode, a qualquer tempo, alterar a execução do ajuste, sempre e toda vez que houver repercussão da mesma sobre o preço dos insumos haverá o correspondente reajuste[340] de preços. Mais ainda, garante-se ao particular até a integração do valor dos novos tributos[341] no preço do contrato, na exata medida de seu reflexo. Cria-se assim harmonioso equilíbrio, pois se o particular na esfera privada tem garantido o direito ao cumprimento tal qual foi ajustado (princípio da *pacta sunt servanda*), não tem direito a reclamar, como regra, qualquer prejuízo que, por fator alheio à sua gestão, venha a experimentar. Note-se, contudo, que o equilíbrio econômico-financeiro não corresponde a uma garantia de lucro constante; a má-gestão da empresa e as alterações de pequena monta no preço dos subsídios não podem ser transferidas para o preço do ajuste; só as que provocam um desequilíbrio na relação do que as partes inicialmente estabeleceram e não são imputáveis ao contratado. Como a concessão é um tipo de contrato administrativo, aplicáveis lhe são ambos os princípios: alterabilidade das cláusulas regulamentares ou de serviço (cláusulas exorbitantes) e garantia do equilíbrio econômico-financeiro. Também, como corolário de o traspasse operar-se por meio de contrato administrativo, advém à noção de que a concessão, no regime da nova lei, só pode ser por prazo determinado.

3. é, como todo contrato administrativo, um ato *intuitu personae*, significando com isso que o contratado não pode traspassar sua execução para outrem;
4. é da essência da execução que se autorize a cobrança de tarifas dos usuários pela fruição do serviço. Daí advém à extrema responsabilidade do Poder Público no sentido de fixar, previamente,

[339] Consulte o art. 65, II, d da Lei nº 8.666/1993 e art. 23, IV da Lei nº 8.987/1995 e ainda a jurisprudência selecionada em: JACOBY FERNANDES, Jorge Ulisses. **Vade-mécum de Licitações e Contratos**: legislação selecionada e organizada com jurisprudência, notas e índices. 4 ed. Belo Horizonte: Fórum, 2010.

[340] O TCDF, acolhendo representação formulada pelo autor da presente obra, entendeu que para reajuste deve ser observada a periodicidade mínima anual e para reequilíbrio não há prazo mínimo. Processo nº 4.992/1997. Representação 0010/1997 - JUJF, disponível no site www.tc.df.gov.br.

[341] Não há direito a reequilíbrio oriundo da aplicação da Lei nº 9.430/1996, cujo art. 64 determinou que os pagamentos efetuados por órgãos da Administração Pública Federal estão sujeitos à incidência na fonte do IR da contribuição social - COFINS PIS/PASEP. TCU. Processo nº TC-001.025/1998-8. Acórdão nº 45/1999 - Plenário. Relator: Ministro Adhemar Paladini Ghisi. **Diário Oficial [da] República Federativa do Brasil**, Brasília, DF, de 19 maio 1999. Seção 1, p. 23.

os limites dessa remuneração para que sejam observados os princípios elementares da execução dos serviços públicos, como o princípio da permanência, da generalidade, da eficiência, da modicidade das tarifas e da cortesia, como leciona o saudoso e festejado Hely Lopes Meirelles.[342] O próprio legislador, ao conceituar "serviço adequado", destacou os princípios consagrados pela doutrina no art. 6º, § 1º, da Lei nº 8.925/1995;

5. toda concessão deve ser "precedida de regular processo licitatório".

Aqui encontra, como foi referido no item 8.2 do capítulo 2, critério qualitativo para definição da modalidade de licitação: não importa o valor do futuro contrato que esteja em discussão; a licitação é necessária e a modalidade devida é a concorrência, por expressa determinação legal.[343]

5.2.4. permissão

É a delegação, a título precário, mediante licitação,[344] da prestação de serviços públicos feita pelo poder concedente à pessoa física ou jurídica, que demonstre capacidade para seu desempenho, por sua conta e risco.

Ao contrário do que fez com a concessão, o legislador não disciplinou o instituto da permissão, mandando apenas que se lhe aplicassem as disposições relativas à concessão, conforme se extrai do art. 40, parágrafo único, em redação que deixa a desejar em técnica legislativa.[345]

Alguns aspectos distintivos daquele instituto merecem ser destacados:

a) a delegação, na permissão, pode ter como endereçado pessoa física, fato que a lei não mais admite para a concessão;

---

[342] MEIRELLES, Hely Lopes. **Direito Administrativo Brasileiro**. São Paulo: Malheiros, 2006, p. 406.

[343] BRASIL. Lei nº 8.987, de 13 de fevereiro de 1995. Dispõe sobre o regime de concessão e permissão da prestação de serviços públicos previsto no art. 175 da Constituição Federal, e dá outras providências. **Diário Oficial [da] República Federativa do Brasil**, Brasília, DF, 14 fev. 1995. Art. 2º, II e III.

[344] Em sentido contrário, e de forma absolutamente inconstitucional, dispôs o art. 1º da Lei Distrital nº 1.387/1997: Art. 1º A licitação destinada a selecionar empresas para operarem como permissionárias do Sistema de Transporte Público Coletivo do Distrito Federal observará estritamente os princípios da isonomia entre os licitantes, da legalidade, da impessoalidade, da publicidade, da moralidade, da vinculação ao instrumento convocatório, do julgamento objetivo e outros que a Administração Pública achar necessários para a escolha da proposta mais vantajosa. Parágrafo único. A licitação ocorrerá sob a modalidade de concorrência, salvo quando ocorrer qualquer das hipóteses de inexigibilidade e dispensa prevista na Lei federal nº 8.666/1993, de 21 de junho de 1993.

[345] BRASIL. Lei nº 8.987, de 13 de fevereiro de 1995. Dispõe sobre o regime de concessão e permissão da prestação de serviços públicos previsto no art. 175 da Constituição Federal, e dá outras providências. **Diário Oficial [da] República Federativa do Brasil**, Brasília, DF, 14 fev. 1995.

b) a lei não determinou qual a modalidade de licitação que se deve empregar, justificando a ilação da compatibilidade de suas disposições com a Lei nº 8.666/1993. Nesse sentido, tendo em vista o preço estimado do futuro contrato – nesse caso considerado o total da receita estimada que o permissionário vai auferir durante o prazo determinado da delegação – deve-se encontrar a modalidade cabível entre os limites fixados no art. 23, I e II, da Lei nº 8.666/1993;

c) a permissão é por excelência um ato precário, isso significando que a possibilidade de sua manutenção é instável, motivo pelo qual não é recomendável para as delegações que exijam investimentos elevados, cuja amortização demande longo período;

d) a precariedade, contudo, não afasta a necessidade do permissionário prestar adequado serviço, nos termos definidos no art. 6º da Lei nº 8.987/1995;

e) quando a lei refere-se, no art. 40, a contrato de adesão, está a indicar a conveniência de que o instituto da permissão seja utilizado, com mais frequência, para os casos em que o Poder Público não entenda aconselhável garantir a exclusividade na prestação do serviço. Aliás, sobre esse aspecto é importante notar que o art. 16 da Lei nº 8.987 dispôs, como regra geral, que a outorga de concessão ou permissão não terá garantia da exclusividade em favor do permissionário ou concessionário, salvo nos casos de inviabilidade técnica ou econômica, justificada no ato a que se refere o art. 5º da mesma lei. Também o contrato de adesão implica a menor possibilidade de o permissionário discutir a alteração de qualquer cláusula. Saliente-se, contudo, que no regime da Lei nº 8.666/1993, todos os contratos, ressalvados aqueles indicados no art. 62, § 3º, são de certo modo de adesão, vez que não se permite ao contratado discutir as suas cláusulas, pois o instrumento do contrato é anexo do edital, art. 40, § 2º, III, e, portanto, está pronto, inalterável e imutável, antes do lançamento do próprio ato convocatório.

5.2.5. autorização

Noções: segundo tradicionalmente assentado, a delegação da execução do serviço público aos particulares pode ocorrer por concessão, permissão e autorização. Esses últimos serviços, nas palavras do saudoso Hely Lopes Meirelles:[346]

> [...] são aqueles que o Poder Público, por ato unilateral, precário e discricionário, consente na sua execução por particular para atender a interesses coletivos instáveis e emergência transitória. São serviços delegados e controlados pela Administração autorizante, normalmente sem regulamentação específica, e sujeitos, por índole, a constantes modificações do modo de sua prestação ao público e a supressão a qualquer momento, o que agrava sua precariedade.

Como exemplos, a doutrina apresenta os seguintes atos: autorização de pavimentação de ruas pelos próprios moradores, táxi, guarda particular etc., asserindo o precitado autor que:

> [...] embora não sendo uma atividade pública típica, convém que o Poder Público conheça e credencie seus executores e sobre eles exerça o necessário controle no seu relacionamento com o público e com os órgãos administrativos a que se vinculam para o trabalho.

Preliminarmente, insta obtemperar que a Constituição Federal não se refere a essa natureza de execução de serviço público, restringindo-se a enunciar a concessão e a permissão. O fato tem alguns reflexos que não podem ser desconsiderados:

1. para a delegação sob a forma de autorização, a doutrina é unânime em não exigir prévio processo licitatório e contrato, deixando uma porta aberta ao largo poder discricionário da Administração em enquadrar um determinado serviço como executável, via permissão ou autorização. É óbvio, contudo, que em qualquer caso deve ficar assegurada a eficácia dos princípios da isonomia e da impessoalidade que deve reger a atuação de toda a Administração Pública;
2. sendo a permissão um instituto de natureza absolutamente precária, não poderá o Poder Público utilizá-lo quando tiver por escopo serviços de natureza não eventual[347] ou cujas condições de execução são inalteráveis em curto lapso de tempo.

---

[346] MEIRELLES, Hely Lopes. **Direito Administrativo Brasileiro**. 32ª ed. atualizada. São Paulo: Malheiros, 2006, p. 406.

[347] DISTRITO FEDERAL. Tribunal de Contas. Processo nº 2.240/1998. Parecer MP/TCDF nº 1.922/1998, da lavra do autor da presente obra. Ementa: "Exame da regularidade da Feira dos Importados. Instituto utilizado para os boxes: autorização de uso. Inadequação do instituto. A ausência de efemeridade e temporariedade descaracterizam a mera autorização. Exigência de licitação prévia para ocupação dos boxes."

Há ainda que se considerar que a transferência, na execução de um serviço ao particular, submete-se, como de regra, à licitação – embora a doutrina a entenda dispensável para a autorização – e que somente as concessões e permissões têm estatuto próprio, afastando a incidência parcial da Lei nº 8.666/1993 da sua regulamentação, fato que não ocorre com a autorização. Aliás, dentre os exemplos indicados como passíveis de autorização,[348] os serviços de táxi enquadram-se mais em permissão;[349] e o de guarda particular, em mera atividade sob fiscalização do Poder Público, como ocorre com inúmeras outras, mostrando-se de antemão a necessidade de revisar o instituto da autorização para também submetê-lo a regramento legal ou simplesmente desconsiderá-lo, a exemplo do que fez o Constituinte.

Após as primeiras edições deste trabalho, passamos a refletir sobre se, com o advento da Lei nº 8.987/1995, continuaria existindo o instituto da autorização. De fato, o princípio da legalidade pode estar a indicar que apenas os institutos da concessão e permissão do serviço público subsistem.

5.2.6. delegação de serviços públicos de forma direta, sem licitação

Tema que está a exigir reflexão aprofundada, diz respeito à possibilidade de o Poder Público delegar a particular a execução de serviço público sem proceder ao prévio procedimento licitatório.

Sobre o assunto, algumas considerações se impõem, sendo a primeira delas condizente ao meio pelo qual ocorre o traspasse da execução do serviço. De fato, já foi visto que a delegação, mediante autorização, pode ser realizada sem prévio processo licitatório e que esse instituto – autorização –, ao contrário do que ocorre com a concessão e a permissão, não possui contornos legais definidos, ficando a sua natureza jurídica a cargo da doutrina. Aliás, como referido, até a continuidade de sua existência, após o advento da Constituição Federal de 1988, tornou-se discutível.

Basta, portanto, que a autoridade delegante entenda que a execução do serviço se reveste de precariedade para que esteja aberta a porta para classificá-lo como "serviço autorizado" e fora da obrigatoriedade da licitação.

---

[348] DISTRITO FEDERAL. Tribunal de Contas. Processo nº 6130/1995. Parecer nº 141/1996, no sentido de que lei local pode dar autorização sem necessidade de licitação, o que não ocorre com as permissões.

[349] O permissionário de serviço de táxi, que sofre punição de cancelamento da permissão, deve se submeter à licitação para obter nova permissão. O decurso do prazo previsto não leva ao restabelecimento da permissão, apenas possibilita que o punido possa postular outra permissão. BRASIL. Tribunal de Justiça do Distrito Federal e Territórios. Processo APC nº 45.625/1997. Relator: Desembargador Jair Soares. **Diário da Justiça [da] República Federativa do Brasil**, Brasília, DF, 02 set. 1998. Seção 1, p. 47.

Mas para concessão e permissão, seria admissível a delegação direta, sem prévio processo licitatório?

Em princípio, não. A interpretação literal da Constituição Federal, numa comparativa leitura do art. 37, inciso XXI, com o art. 175, evidencia que, para as contratações em geral, admite-se a exceção da contratação direta, sem licitação, enquanto que, para as concessões e permissões, não há tal possibilidade.

Comparem-se:

> Art. 37. A Administração Pública direta, indireta e fundacional, de qualquer dos Poderes da União, dos Estados, do Distrito Federal e dos Municípios [...]
>
> [...]
>
> XXI - **ressalvados os casos especificados na legislação**, as obras, serviços, compras e alienações serão contratados mediante processo de licitação pública [...]
>
> [...]
>
> Art. 175. Incumbe ao Poder Público, na forma da lei, diretamente ou sob o regime de concessão ou permissão, **sempre** através de licitação, a prestação de serviços públicos.[350]

Em tese, alguns casos poderiam ser vislumbrados, como a singularidade na realização de um serviço de tal modo que demonstrasse ser possível apenas a contratação de um concessionário, seja pelo aporte de capital necessário à realização da obra para exploração mediante concessão, seja pela sua capacidade técnica. Mesmo nesse caso, porém, será indispensável a realização de processo licitatório por absoluta ausência de previsão constitucional para a delegação direta.

Cabe, ainda, fazer referência ao disposto no art. 27 da Lei nº 9.074/1996 que estabelece a possibilidade de concessão do serviço público simultaneamente com a privatização, exceto para os serviços de telecomunicações. A redação confusa do dispositivo induz à discussão, necessária ao esclarecimento do tema, fazendo-se indispensável sua transcrição:

> Art. 27. Nos casos em que os serviços públicos, prestados por pessoas jurídicas sob controle direto ou indireto da União, para promover a privatização simultaneamente com a outorga de nova concessão ou com a prorrogação das

[350] Grifos não constam do original.

> concessões existentes, a União, exceto quanto aos serviços de telecomunicações , poderá:
>
> I - utilizar, no procedimento licitatório, a modalidade de leilão, observada a necessidade da venda de quantidades mínimas de quotas ou ações que garantam a transferência do controle societário;

A propósito do tema, a Agência Nacional de Energia Elétrica - ANEEL, mediante a Resolução nº 61, com base nesse permissivo, estabeleceu que a concessão do serviço de energia elétrica seria outorgada a quem adquirisse, por meio de leilão, as ações da CELPA em processo de privatização. O ato gerou muita polêmica, tendo sido inclusive objeto da ADI nº 1.827-6,[351] em que se discutia exatamente o nó górdio da questão: o significado do termo leilão, empregado pelo legislador e a dispensa de licitação para a concessão de serviço público, expressamente proibida pela Carta Política.

O leilão é utilizado pelo § 5º do art. 22 da Lei nº 8.666/1993 como modalidade de licitação, também é utilizado como forma de alienação de títulos e ações de propriedade da Administração, em caso de dispensa de licitação, previsto no art. 17, inciso II, alínea "c".[352] Em sentido jurídico, na concepção de De Plácido e Silva,[353] o termo leilão exprime a venda pública, que se realiza sob pregões e se efetiva a quem mais der. Nesse sentido dispõe a Lei nº 8.987/1995, que regulamenta o disposto no art. 175 da Constituição Federal que, no julgamento da licitação, será considerado como um dos critérios, a maior oferta, nos casos de pagamento ao poder concedente pela outorga de concessão. Isso posto, cabe trazer a título de conclusão o exposto por Toshio Mukai:[354]

> [...] o leilão, admitido pela legislação federal (Lei nº 9.074 de 07.07.95, arts. 27 e 29) é o tipo de licitação previsto como norma geral no art. 15, II, da Lei Federal nº 8.987, de 13 de fevereiro de 1995, que dispõe sobre o regime de concessão e permissão da prestação de serviços públicos previsto no art. 175 da Constituição Federal, nada tendo que ver o referido leilão, com o leilão da venda de ações em bolsa ou com a

---

[351] A citada ADI não foi conhecida pelo STF por tratar-se de hipótese e não de disposição de caráter geral, abstrato e imperativo. Publicada no Diário da Justiça em 17 de dezembro de 1999, Seção 1. Disponível em http://www.stf.gov.br.

[352] Consulte a propósito o capítulo 2, subtítulo 6: leilão e o capítulo 4, subtítulo 8.4.5.: jurisprudência.

[353] SILVA, De Plácido e. **Vocabulário Jurídico**, vol. III. Rio de Janeiro: Forense, 26ª ed, p. 834-835.

[354] MUKAI, Toshio. Concessões, permissões e privatizações de serviços públicos. São Paulo: Saraiva, 1998, p. 89.

modalidade de licitação prevista no § 5º do art. 22 da Lei nº 8.666/93.

A delegação do serviço público se inicia com um ato, na forma do art. 5º, que será publicado e indicará os motivos pelos quais a execução da atividade será delegada a particulares. Portanto, é indispensável que as afirmativas do Poder Público, constantes da justificativa, guardem harmonia com o edital de licitação de concessão e permissão. Ambos os instrumentos, tanto o da justificativa da delegação quanto o do edital de licitação, devem observar o preceituado na Lei de Licitações, entre os quais, as vedações e responsabilidades por restrições à competitividade.

Mesmo na delegação, devem as autoridades, como em todos os atos administrativos, jungir sua ação aos princípios elencados no art. 37, *caput*, sob pena de ter seus atos invalidados pelos órgãos de controle do Poder Judiciário.

Aplica-se, pois, integralmente a Lei de Licitações às concessões e às permissões, exceto naquilo que contrariar os dispositivos da Lei nº 8.987/1995. Válida é, por exemplo, a impugnação dos termos do edital na forma do art. 42, a necessidade de participação do órgão jurídico da unidade no exame do edital, prevista no art. 38, parágrafo único, a anexação do projeto básico e da planilha de custo ao edital de licitação, como determina o art. 40, § 2º, incisos I e II, entre outros.

5.3. contratação de leiloeiro oficial

Estabelece o art. 53 da Lei nº 8.666/1993 que a Administração pode promover o leilão e cometê-lo a leiloeiro oficial ou a servidor designado por ela própria.

A lei, tendo autorizado a realização de leilão por seus próprios servidores, abriu exceção para a prática dessa profissão.

A profissão de leiloeiro está entre aquelas regulamentadas por lei, e, no caso, em dois diplomas. Para os leiloeiros em geral, o Decreto nº 21.981, de 19 de outubro de 1932, com as alterações introduzidas pelo Decreto nº 22.427, de 1º de fevereiro de 1933, que regula a profissão de leiloeiro no território nacional que, a propósito, tem força de lei, e a Lei nº 4.021, de 20 de dezembro de 1961, que criou a profissão de leiloeiro rural. A Instrução Normativa nº 83,[355] do Ministério do Desenvolvimento, Indústria e Comércio Exterior - MDIC, também tratou da escolha do leiloeiro dispondo no art. 10 que "estão

[355] BRASIL. Ministério do Desenvolvimento, Indústria e Comércio. Instrução Normativa nº 83, de 07 de janeiro de 1999. Dispõe sobre matrícula de leiloeiros e seu cancelamento. **Diário Oficial [da] República Federativa do Brasil**, Brasília, DF, de 12 jan. 1999.

sujeitos à escala de antiguidade os leilões de bens móveis e imóveis da Administração Pública direta e indireta, nos casos previstos em lei".

Dúvidas têm sido suscitadas acerca de o art. 42 do Decreto nº 21.981/1932, continuar ou não em vigor, com o advento da Lei nº 8.666/1993.

É que esse diploma estabeleceu uma forma de escolha impessoal do leiloeiro, além da remuneração reduzida, fato que traria vantagens para a Administração. Está redigido nos seguintes termos o dispositivo referido:

> Art. 42. Nas vendas de bens móveis ou imóveis pertencentes à União e aos Estados e Municípios, os leiloeiros funcionarão por distribuição rigorosa de escala de antiguidade, a começar pelo mais antigo.
>
> [...]
>
> § 2º Nas vendas acima referidas os leiloeiros cobrarão somente dos compradores a comissão estabelecida no parágrafo único do art. 24, correndo as despesas de anúncios, reclamos e propaganda dos leilões por conta da parte vendedora.

Em duas oportunidades o assunto mereceu um estudo mais aprofundado: uma primeira pela equipe de consultoria da Editora NDJ,[356] que, após o exame desses dispositivos, firmou a convicção pela possibilidade da contratação direta, com observância do procedimento instituído pela legislação específica, que continuaria em vigor. Quase na mesma época, o tema veio ao Plenário do Tribunal de Contas da União, em virtude de representação ofertada por alguns leiloeiros de Minas Gerais que se insurgiram contra o fato de a empresa Telecomunicações de Minas Gerais S.A. - TELEMIG ter efetivado a contratação mediante processo licitatório, aduzindo que, pelo procedimento adotado, haviam sido estabelecidas cláusulas restritivas à competitividade.

Merecem ser destacados os seguintes trechos do zeloso corpo instrutivo daquela Corte, acolhidos no voto da Ministra Relatora, Élvia Lordello Castelo Branco:

> Acrescenta a Regional, apesar deste ponto não ter sido questionado pelos peticionários, que o Decreto nº 21.981/32, modificado pelo Decreto nº 22.427/33, que regulamenta até hoje a profissão de leiloeiro, dispõe em seu art. 42 que nas vendas de bens móveis ou imóveis pertencentes à União, aos Estados e Municípios os leiloeiros funcionarão por distribuição rigorosa da escala de antiguidade. O critério

[356] **Boletim de Licitações e Contratos** - BLC, nº 11/93. São Paulo: NDJ, p. 464.

> porém não é de aplicação obrigatória às Fundações, Empresas Públicas e Sociedades de Economia Mista, conforme Parecer nº 72/75 da Junta Comercial do Distrito Federal no Processo nº 10.017/75 e informações verbais obtidas da Assessoria Jurídica da Junta Comercial do Estado de Minas Gerais (fls. 78/81).
>
> [...]
>
> Importante dizer, de logo, que é incomum a licitação para a escolha de leiloeiro oficial. A regra é a sua indicação pela Junta Comercial do respectivo Estado, ou pela Associação dos Leiloeiros ou, ainda, a escolha do profissional dentre aqueles credenciados pela Junta Comercial, a critério da Administração e para a sua conveniência, certamente que levando em consideração o resultado de leilões realizados e as técnicas de divulgação e de pregões utilizados pelos profissionais.
>
> [...]
>
> Vale consignar que o poder discricionário do Administrador da Telemig pode lhe permitir qualquer dos caminhos usuais em matéria de escolha de leiloeiro público. Desde, entretanto, que opte pelo processo licitatório, este terá que seguir as normas do Dec.-Lei nº 2.300/86 ou aquelas estabelecidas pelo seu próprio regulamento de licitação. No caso em exame, não se verificou a infringência a essas normas, sendo, portanto, improcedente a alegação de vício no certame em questão.[357]

A questão comporta outras reflexões, para melhor precisar o tema: em primeiro plano, cabe asserir que o referido diploma continua em vigor, vez que se harmoniza inteiramente com os princípios agasalhados pela Constituição Federal, notadamente o da isonomia, viga-mestra do instituto da licitação. Também deve ser admitida sua vigência, porque tem natureza regulamentar do disposto no art. 53, *caput*, da Lei nº 8.666/1993, além de consubstanciar condição mais vantajosa para a Administração Pública, na medida em que isenta dos pagamentos normalmente devidos pelos que contratam serviços de leiloeiros, como estabelece.

Em segundo plano, há que se considerar que seu alcance é restrito à "União, Estados e Municípios", sendo apenas possível a ilação para alcançar o

---

[357] BRASIL. Tribunal de Contas da União. Processo nº TC-375.283/1992-7. Decisão nº 606/1992 - Plenário. Relatora: Ministra Élvia L. Castello Branco. **Diário Oficial [da] República Federativa do Brasil**, Brasília, DF, de 04 jan. 1993. Seção 1, p. 11-12.

Distrito Federal. Em linha divergente à referida no voto do Colendo TCU, parece que as pessoas jurídicas[358] descentralizadas, mesmo de direito público, não se podem valer do dispositivo do art. 42 do Decreto nº 21.981/1932 para a contratação direta. Para as autarquias, fundações, empresas públicas, sociedades de economia mista, impõe-se indeclinavelmente o processo licitatório para a escolha do profissional, tendo em conta que:

a) não estão incluídas no caput do art. 42;

b) não são beneficiárias da vantagem instituída pelo § 2º do mesmo art. 42.

Tais pessoas jurídicas deverão proceder à contratação mediante procedimento licitatório comum, podendo optar pela modalidade de convite, tomada de preços ou concorrência, sendo óbvio, contudo, que diante dos valores remuneratórios de tais profissionais, via de regra, a licitação processar-se-á pelas duas primeiras modalidades.

5.4. publicidade legal

Por lei, entende-se por publicidade legal a publicação de avisos, balanços, relatórios e outros a que os órgãos e entidades da Administração Pública Federal estejam obrigados por força de lei ou regulamento.[359]

Para os órgãos e entidades da Administração federal foi criada nova hipótese de dispensa para a contratação de publicidade legal:

> Lei nº 11.652/2008
>
> Art. 8º [...]
>
> § 2º É dispensada a licitação para:
>
> [...]
>
> II – contratação da EBC por órgãos e entidades da administração pública, com vistas na realização de atividades relacionadas ao seu objeto, desde que o preço contratado seja compatível com o de mercado.

---

[358] A já citada Instrução Normativa, do Ministério do Desenvolvimento, Indústria e Comércio Exterior - MDIC, que dispõe sobre matrícula de leiloeiros e seu cancelamento, estabelece em seu art. 10 que "[...] estão sujeitos à escala de antiguidade os leilões de bens móveis e imóveis da administração pública direta e indireta, nos casos previstos em lei", ratificando o entendimento que desde a 1ª edição da presente obra estamos propugnando. BRASIL. Ministério do Desenvolvimento, Indústria e Comércio Exterior. Instrução Normativa nº 83, de 7 de janeiro de 1999. **Diário Oficial [da] República Federativa do Brasil**, Brasília, DF, de 12 jan. 1999.

[359] BRASIL. Lei nº 11.652, de 7 de abril de 2008. Institui os princípios e objetivos dos serviços de radiodifusão pública explorados pelo Poder Executivo ou outorgados a entidades de sua administração indireta; autoriza o Poder Executivo a constituir a Empresa Brasil de Comunicação – EBC; altera a Lei nº 5.070, de 7 de julho de 1966; e dá outras providências. **Diário Oficial da União [da] República Federativa do Brasil**, Brasília, DF, 8 ago. 2008. Art. 8º, § 1º.

Para mais detalhes sobre a publicidade legal, a conformidade dessa norma com a Constituição Federal e a possibilidade das demais esferas de governo editarem normas semelhantes, consulte o subitem 2.12 do capítulo 6.

6. Critérios para auditagem

Parece-nos útil destacar critérios para auditoria sobre o tema – contratação direta – apenas como referência para a condução de trabalhos similares.

Com esse mister, elegemos o Manual de Auditoria em Obras Públicas do TCDF,[360] por entrever semelhança de amplitude com os órgãos genericamente vislumbrados.

O referido manual de auditoria prevê o seguinte:

> 2 - A Auditoria sobre Licitações
>
> 2.1 - Amostragem: a seleção dos processos a serem analisados deve levar em consideração os aspectos quantitativos do universo sob exame, de modo que a amostra escolhida seja representativa das totalidades utilizadas pela unidade auditada, bem como as diferentes naturezas de objetos licitados (obras, serviços, compras, alienações e concessões), com ponderação, sempre que possível, pelo critério de materialidade, ou seja, dos valores envolvidos, sem prejuízo da atenção a outros dados disponíveis, tais como denúncias, indicações de servidores da unidade auditada, contas etc.
>
> É habitual o dimensionamento da amostra em função da disponibilidade de tempo e de recursos humanos alocados ao trabalho. Porém, o ideal é que a amostra, colhida de forma científica, represente a totalidade do universo de licitações/dispensas/inexigibilidades existente na unidade.
>
> Caso a unidade auditada seja integrante do SIAFEM, este será uma importante fonte de consulta, donde se poderá extrair os dados necessários à seleção da amostra. Em caso negativo, outras alternativas de consulta deverão ser buscadas, tais como contas, balanços e registros contábeis da unidade, entre outros.
>
> Seja qual for o instrumento utilizado para a seleção da amostra, o conhecimento prévio do universo a ser trabalhado

[360] Instituído pela Portaria nº 285, de 28 de dezembro de 1995. **Diário Oficial do Distrito Federal**, Brasília, DF, 29 dez. 1995, p. 1-29.

> é fundamental para a eficiência e a confiabilidade dos resultados da auditoria, sendo importante, também, para evitar a solicitação de documentos em quantidade superior à capacidade de análise da equipe, com prejuízo para o bom desempenho dos trabalhos.
>
> É recomendável que a amostragem seja constituída da seguinte forma:
>
> [...]
>
> III - pelos cinco mais recentes casos de dispensa ou inexigibilidade de licitação e respectivos termos contratuais, verificados igualmente a partir da vigência da Lei nº. 8.666/1993, consideradas apenas as situações em que os valores comprometidos sejam compatíveis com qualquer das modalidades anteriormente mencionadas (Concorrência ou Tomada de Preços).
>
> Mesmo nas hipóteses referidas nos incisos II e III, acima, o critério de amostragem poderá ser direcionado pelas equipes, de forma a que o universo pesquisado contemple diferentes tipos de contratações (obras, serviços, alienações, concessões, permissões e locações) e seja o mais amplo possível.
>
> Abordagem: escolhida a amostra, tem início a fase de verificação dos processos selecionados, não somente quanto à legalidade dos atos ali documentados, mas também quanto ao bom uso dos recursos públicos, com a avaliação preliminar de aspectos como a necessidade, a adequabilidade e a oportunidade da contratação do objeto sob exame, bem assim com a análise posterior da razoabilidade dos preços contratados em comparação com aqueles praticados no mercado. Tais atribuições, conferidas ao Tribunal, devem ser permanentemente exercidas como forma de garantir a eficácia da ação do controle externo não somente do ponto de vista legal, como também do ponto de vista econômico e social.

As formas de obtenção das informações necessárias à análise da amostra selecionada podem ser as mais diversas, partindo de processos e documentos padronizados, passando por entrevistas com pessoas envolvidas e chegando à vistoria física do objeto contratado, afora as pesquisas diversas quanto ao preço, à qualidade e a outros aspectos envolvidos na licitação. A utilização desses instrumentos, entretanto, variará caso a caso, não sendo possível o estabelecimento apriorístico de quais caminhos de investigação devem ser tomados para cada caso.

Capítulo 4

Alienação de bens com dispensa de licitação

Este capítulo trata do exame de todos os casos de licitação dispensada para alienação de bens móveis e imóveis tais como venda, doação, dação em pagamento e investidura. Associa ao delineamento legal o entendimento do Supremo Tribunal Federal acerca dos limites constitucionais da Lei federal frente à competência concorrente de Estados, Distrito Federal e Municípios.

Para desenvolvimento do tema releva diferenciar bens públicos de bens particulares. Dispõe o Código Civil que são públicos os bens do domínio nacional pertencentes às pessoas jurídicas de direito público interno, nas quais se incluem[361] as associações públicas, e que todos os outros bens são particulares.[362] No art. 99 desse diploma legal, foram classificados os bens públicos em três categorias: de uso comum do povo, como os mares, rios, estradas, ruas e praças; de uso especial, como os edifícios ou terrenos destinados a serviço ou estabelecimento; e os dominicais, que simplesmente integram o patrimônio como objeto de direito pessoal ou real. A questão da inalienabilidade que, a partir de 2003, limita-se aos bens públicos de uso comum e especial, foi estabelecida no art. 100, da seguinte forma:

> Art. 100. Os bens públicos de uso comum do povo e os de uso especial são inalienáveis, enquanto conservarem a sua qualificação, na forma que a lei determinar.

2. Bens públicos relacionados à produção e ao fornecimento de energia elétrica

Tanto os potenciais hidráulicos – constitucionalmente considerados bens da União, conforme o art. 20, VIII, da Constituição Federal de 1988 – como os bens relacionados à produção de energia elétrica têm regulamentação própria,

---

[361] BRASIL. Lei nº 11.107, de 6 de abril de 2005. Dispõe sobre normas gerais de contratação de consórcios públicos e dá outras providências. **Diário Oficial da União [da] República Federativa do Brasil**, Brasília, DF, 07 abr. 2005. Art. 16.

[362] BRASIL. Lei nº 10.406, de 10 de janeiro de 2002. Institui o Código Civil. **Diário Oficial da União [da] República Federativa do Brasil**, Brasília, DF, 11 jan. 2002. Art. 98.

inaplicando-se-lhes as disposições dos arts. 17, 24 e 25 da Lei nº 8.666/1993, por expressa disposição do art. 23 da Lei nº 9.427/1996.[363]

A impossibilidade de aplicar a inexigibilidade consta do § 1º do art. 23 dessa norma; a dispensa do § 2º do mesmo artigo; nos demais casos, podem ser aplicadas as regras gerais.

3. Requisitos gerais para alienação de bens da Administração

O *caput* do art. 17 lança os requisitos gerais para a alienação dos bens da Administração Pública, quais sejam:

- existência de interesse público devidamente justificado;
- avaliação prévia;[364]
- licitação, salvo as exceções mencionadas no próprio dispositivo.[365]

---

[363] BRASIL. Lei nº 9.427, de 26 de dezembro de 1996. Institui a Agência Nacional de Energia Elétrica - ANEEL, disciplina o regime das concessões de serviços públicos de energia elétrica e dá outras providências. **Diário Oficial [da] República Federativa do Brasil**, Brasília, DF, 27 dez. 1996.

[364] a) O TCU considerou irregular ausência de avaliação prévia pela comissão própria conforme previsto no art. 17, *caput*, inciso II e § 6º, e § 1º do art. 53 de Lei nº 8.666/1993. BRASIL. Tribunal de Contas da União. Processo nº TC-300.147/1998-8. Decisão nº 880/1998 - Plenário. Relator: Ministro José Antonio B. de Macedo. **Diário Oficial [da] República Federativa do Brasil**, Brasília, DF, 30 dez. 1998. Seção 1, p. 226-7.

b) O TCU julgou regular a existência de apenas uma avaliação. BRASIL. Tribunal de Contas da União. Processo nº TC-001.025/1998-8. Acórdão nº 45/1999 - Plenário. Relator: Ministro Adhemar Paladini Ghisi. **Diário Oficial [da] República Federativa do Brasil**, Brasília, DF, 19 maio 1999. Seção 1, p. 23.

c) O TCU já admitiu a possibilidade de ser requerido apoio técnico junto à Caixa Econômica Federal, com base na prerrogativa capitulada no artigo 101 da Lei nº 8.443/1992 e em precedentes jurisprudenciais daquela Corte de Contas. BRASIL. Tribunal de Contas da União. Processo nº TC-002.912/2002-6. Acórdão nº 405/2004 - Plenário. Relator: Ministro-Substituto Lincoln Magalhães da Rocha. **Diário Oficial da União [da] República Federativa do Brasil**, Brasília, DF, 20 abr. 2004. Seção 1.

[365] a) Já decidiu o STJ, em recurso especial, que: "[...] O terceiro adquirente de veículo alienado, sem licitação, com lesão ao patrimônio público, é parte legítima na ação popular, visando à declaração de nulidade da alienação. Ofensa ao art. 6º da Lei nº 4.717, de 29.06.65, não caracterizada." BRASIL. Superior Tribunal de Justiça. REsp 80749/MG. Registro nº 1995/0062168-1. Ministro Ari Pargendler. **Diário da Justiça [da] República Federativa do Brasil**, Brasília, DF, 26 maio 1997. Seção 1, p. 22507. Seção 1.

b) "[...] nas alienações é obrigatória a adjudicação por itens, e não pelo preço global, consoante já decidido por este Tribunal na Sessão de 15.06.94 (Decisão nº 393/94 - Plenário, Ata nº 27/94);" BRASIL. Tribunal de Contas da União. TCU. Processo nº TC-016.731/1995-6. Decisão nº 655/1995 - Plenário. Relator: Ministro Adhemar Paladini. **Diário Oficial da União [da] República Federativa do Brasil**, Brasília, DF, 28 dez. 1995. Seção 1, p. 22.555.

c) Consolidando o entendimento acima, após reiteradas decisões no mesmo sentido, é a Súmula nº 247 do TCU aprovada na Sessão Ordinária de 10.11.2004, *in* D.O.U. de 23.11.2004, *in verbis*: "É obrigatória a admissão da adjudicação por item e não por preço global, nos editais das licitações para a contratação de obras, serviços, compras e alienações, cujo objeto seja divisível, desde que não haja prejuízo para o conjunto ou complexo ou perda de economia de escala, tendo em vista o objetivo de propiciar a ampla participação de licitantes que, embora não dispondo de capacidade para a execução, fornecimento ou aquisição da totalidade do objeto, possam fazê-lo com relação a itens ou unidades autônomas, devendo as exigências de habilitação adequar-se a essa divisibilidade."

3.1. interesse público

Ensina o saudoso Hely Lopes Meirelles que:

> em última análise, os fins da Administração consubstanciam-se na defesa do *interesse público*, assim entendidas aquelas aspirações ou vantagens licitamente almejadas por toda a comunidade administrada, ou por uma parte expressiva de seus membros. O ato ou contrato administrativo realizado *sem interesse público* configura *desvio de finalidade*.[366]

Diógenes Gasparini, com mais profundidade, esclarece que o interesse público é "o interesse do todo social, da comunidade considerada por inteiro", e tendo por fonte De Plácido e Silva, consigna que:

> [...] ao contrário do particular, é o que se assenta em fato ou direito de proveito coletivo ou geral. Está, pois, adstrito a todos os fatos ou a todas as coisas que se entendam de benefício comum ou para proveito geral, ou que se imponham para uma necessidade coletiva.[367]

O interesse público, portanto, é a finalidade precípua da Administração Pública, decorrendo daí que todo ato de gestão visa o interesse público imediato ou mediato, sob pena de anulação, por via judicial ou administrativa. O interesse público encontra na lei uma das suas principais fontes, vez que essa não deixa de ser um instrumento da vontade coletiva que alcança o patamar de normatização; se o interesse público é um objetivo da coletividade vista como um todo, vários outros princípios decorrem desse postulado, como a "transparência" ou publicidade que devem estar presentes na elaboração e execução das normas; impessoalidade, pois a atividade administrativa não pode estar dirigida à satisfação do interesse particular.

Ao erigir o interesse público como um dos requisitos gerais da alienação dos bens da Administração, o legislador nada mais fez do que enfatizar o alicerce fundamental de toda atividade administrativa.

3.2. avaliação prévia

Sobre a avaliação prévia, cabe salientar que o Código de Processo Civil[368] - CPC fornece amplo balizamento acerca do tema. De fato, o CPC de 1973

---

[366] MEIRELLES, Hely Lopes. **Direito Administrativo Brasileiro**. 32ª ed. atualizada. São Paulo: Malheiros, 2006, p. 87.

[367] GASPARINI, Diógenes. **Direito Administrativo**. 11ª ed. São Paulo: Saraiva, 2006, p. 15.

[368] BRASIL. Lei nº 5.869, de 11 de janeiro de 1973. Institui o Código de Processo Civil. **Diário Oficial [da] República Federativa do Brasil**, Brasília, DF, 17 jan. 1973.

incluiu a avaliação entre as provas periciais, ao lado do exame e da vistoria, conforme dispõe o art. 420. Sendo o meio técnico de apuração do valor de quaisquer bens, inclusive direitos e obrigações, há de ser realizada, em regra, por técnico devidamente habilitado para tal, ressalvadas as exceções em que a própria lei processual admite a sua efetivação por leigo (*v.g.*, avaliador judicial).

Acresce ainda o Código de Processo Civil, no seu art. 145, § 2º, *in verbis*:

> Os peritos comprovarão sua especialidade na matéria sobre a questão que deverão opinar, mediante certidão do órgão profissional em que estiverem inscritos.

Essa regra, como dito, inserta no CPC, pode e deve[369] ser aplicada no âmbito das avaliações promovidas pela Administração, face ao princípio da legalidade e, também, pelo princípio lógico de que a avaliação é uma atividade de natureza técnica, não podendo ser realizada por qualquer pessoa.

As avaliações são sempre exigidas também nas desapropriações como *conditio sine qua non* à regularidade do procedimento. O essencial, em qualquer avaliação, é que o valor fixado pelo perito corresponda à realidade e à finalidade da perícia, apoiando-se em dados objetivos, comprovados e ponderados tecnicamente no laudo.[370]

É imperioso salientar que o Direito é um amplo espectro normativo, mas essencialmente harmônico, razão pela qual o delineamento da competência do agente avaliador deve, em regra, provir da própria lei.

A título de exemplificação, para melhor compreensão, cita-se que, do ordenamento jurídico positivo pátrio desponta a Lei nº 5.194, de 24 de dezembro de 1966, a qual regula o exercício das profissões de Engenheiro, Arquiteto e Engenheiro-Agrônomo, incluindo-se aí as atividades de "[...] avaliações, vistorias, perícias, pareceres [...]", *in* art. 7º, alínea "c", da

---

[369] Quanto à aplicação subsidiária ao processo licitatório, de outros diplomas legais, é preciso ter cautela. Em determinado julgamento o TCU decidiu que a invocação de preceitos do Código Civil e do Código de Processo Civil nos procedimentos licitatórios realizados não procedia, tendo em vista a existência de lei em vigor que trata especificamente da matéria. BRASIL. Tribunal de Contas da União. Processo nº TC-001.025/1998-8. Acórdão nº 45/1999 - Plenário. Relator: Ministro Adhemar Paladini Ghisi. **Diário Oficial [da] República Federativa do Brasil**, Brasília, DF, 19 maio 1999. Seção 1, p. 23.

[370] O TCU rejeitou a proposta do seu órgão instrutivo – SECEX – que considerou irregular utilizar a média dos laudos de avaliação. Desse modo, é possível inferir que o TCU não entende como absoluto o critério da média. BRASIL. Tribunal de Contas da União. Processo nº TC-014.833/1995-6. Decisão nº 671/1995 - Plenário. Relator: Ministro Adhemar Paladini Ghisi. **Diário Oficial [da] República Federativa do Brasil,** Brasília, DF, 28 dez. 1995. Seção 1, p. 22.566.

supracitada lei. A matéria é discriminada também na Resolução nº 218/1973,[371] do Conselho Federal de Engenharia, Arquitetura e Agronomia - CONFEA.

Sobre o exemplo adotado, é importante salientar que o art. 4º, e o respectivo parágrafo único, da Resolução CONFEA nº 345/1990,[372] dispõem:

> Art. 4º. Os trabalhos técnicos indicados no artigo anterior, para sua plena validade, deverão ser objeto de Anotação de Responsabilidade Técnica (ART) exigida pela Lei nº 6.496, de 7 DEZ 1977.
>
> Parágrafo único. As Anotações de Responsabilidade Técnica dos trabalhos profissionais de que trata a presente Resolução serão efetivadas nos CREAs em cuja jurisdição seja efetuado o serviço.

Com esse disciplinamento, no caso exemplificado, pretendendo a Administração contratar avaliação na área de engenharia, de imóveis edificados, deverá verificar, junto ao Conselho Regional de Engenharia, Arquitetura e Agronomia - CREA local, a existência de peritos ou órgãos especializados no assunto, vez que a necessidade de habilitação é inafastável.

Em Brasília, para esse mister foi constituído o IBAPE-DF, Instituto de Avaliações e Perícias de Engenharia do Distrito Federal, entidade civil com personalidade jurídica própria, vinculada ao CREA, com capacidade para proceder às avaliações e perícias.

Imperioso salientar que mesmo sem amparo em lei, já foi admitido como regular laudo de corretor de imóveis registrado no Conselho Regional dos Corretores de Imóveis - CRECI.[373]

3.3. licitação

Como regra geral, a alienação de bens da Administração assujeita-se ao procedimento da licitação, por força de expressa previsão constitucional.[374]

---

[371] CONFEA. Resolução nº 218, de 29 de junho de 1973. Discrimina atividades das diferentes modalidades profissionais da Engenharia, Arquitetura e Agronomia. **Diário Oficial [da] República Federativa do Brasil**, Brasília, DF, 31 jul. 1973.

[372] CONFEA. Resolução nº 345, de 27 de julho de 1990. Dispõe quanto ao exercício por profissional de Nível Superior das atividades de Engenharia de Avaliações e Perícias de Engenharia. **Diário Oficial [da] República Federativa do Brasil**, Brasília, DF, 02 ago. 1990.

[373] BRASIL. Tribunal de Contas da União. Processo nº TC-017.410/2006-3. Acórdão nº 413/2009 – 1ª Câmara. Relator: Ministro Marcos Bemquerer Costa. **Diário Oficial da União [da] República Federativa do Brasil**, Brasília, DF, 13 fev. 2009, Seção 1.

[374] BRASIL. **Constituição da República Federativa do Brasil**. Organização dos textos e índice por J. U. JACOBY FERNANDES. 1. ed. Atualizada até Abril de 2007. Belo Horizonte: Fórum, 2007. Vide art. 37, XXI.

Para imóveis, a regra será a concorrência,[375] admitindo-se, em alguns casos, o leilão; e para móveis, a regra será o leilão,[376] admitindo-se o convite[377] e a tomada de preços[378] se o resultado da avaliação encontrar-se nessas faixas de valores.

As exceções à regra da licitação serão vistas a seguir.

4. Alienação de bens sem licitação

O art. 17 da Lei é dedicado a regulamentar as alienações, assim entendidas as transações que objetivem a transferência de propriedade, remunerada ou gratuita, de bens da Administração, *lato sensu*, para terceiros. Nos incisos I, referente a imóveis, e II, versando sobre móveis, foram arroladas as hipóteses de licitação dispensada.[379]

Esse aspecto cria uma situação terminológica curiosa porque os incisos XIV e XV do art. 6º da Lei nº 8.666/1993 conceituam, respectivamente, contratante como sendo o órgão ou entidade signatária do instrumento contratual e contratado, a pessoa física ou jurídica signatária de contrato com a Administração Pública. Em ambos os casos, a rigor do conceito, comprando ou vendendo, prestando ou tomando serviços, a Administração é contratante.[380]

a) inviabilidade de competição

Muito se tem debatido se é possível alienar bens diretamente quando ocorrer a inviabilidade de competição.

Em princípio, embora o art. 25 seja ordinariamente voltado para a contratação, por parte da Administração, de bens, obras e serviços, podem

---

375 Vide capítulo 2, subtítulo 4: concorrência.

376 a) Vide capítulo 2, subtítulo 6: leilão.

b) "[...] a Administração 'poderá permitir o leilão' para a venda de bens móveis 'avaliados, isolada ou globalmente, em quantia não superior ao limite previsto no art. 23, inciso II, alínea 'b', da mesma Lei - ou seja, que não ultrapasse o limite fixado para compra, mediante tomada de preços, de bens e serviços que não sejam de engenharia." BRASIL. Tribunal de Contas da União. Processo nº TC-016.731/1995-6. Decisão nº 655/1995 - Plenário. Relator: Ministro Adhemar Paladini. **Diário Oficial [da] República Federativa do Brasil**, Brasília, DF, 28 dez. 1995, Seção 1, p. 22.554.

377 Vide capítulo 2, subtítulo 2: convite.

378 Vide capítulo 2, subtítulo 3: tomada de preços.

379 Há ainda outras hipóteses de alienação sem licitação, como será visto no capítulo 5, subtítulo 3.3: alienações (art. 24, II: uso de bem) e no caso de bens relacionados com a produção e o fornecimento da energia elétrica, referido no subtítulo 2, deste capítulo.

380 Para maiores detalhes consulte o capítulo 1, subtítulo 2: conceitos fundamentais; e para distinção entre licitação dispensada e dispensável, o capítulo 3, subtítulo 3.

ocorrer hipóteses muito restritas em que haja, de fato, inviabilidade na realização de licitação para alienações.

Desse modo, embora a inviabilidade de competição, que denota a inexigibilidade referida no art. 25, não seja requisito para aplicação do art. 17, é possível vislumbrar o uso direto e independente desses dois artigos, conforme segue.

a.1) espaços para agências bancárias oficiais

Estabelece o art. 164, § 3º, da Constituição Federal:

> As disponibilidades de caixa da União serão depositadas no Banco Central; as dos Estados, do Distrito Federal, dos Municípios e dos órgãos ou entidades do poder público e das empresas por ele controladas, em instituições financeiras oficiais, ressalvados os casos previstos em lei.

Num exame perfunctório da legislação pertinente, parece possível sustentar a vigência das regras da lei que regula o Sistema Financeiro Nacional,[381] a qual determina o dever de efetuar o pagamento na esfera federal, por intermédio do Banco do Brasil ou da Caixa Econômica Federal.

Através dessas instituições financeiras, ou não, se o órgão da Administração possuir, por força da lei, o dever de efetuar o pagamento em determinado banco, será inexigível a licitação para concessão de espaço visando à execução desse trabalho.[382]

a.2) lanchonetes, restaurantes, agências de viagem e outros

Importante questão a ser enfrentada, consiste no uso de parte de imóvel público por particular, em benefício de atividade desenvolvida em prol da Administração.[383]

---

[381] Lei nº 4.595, de 31 de dezembro de 1964. Dispõe sobre a Política e as Instituições Monetárias, Bancárias e Creditícias, cria o Conselho Monetário Nacional e dá outras providências. **Diário Oficial [da] República Federativa do Brasil**, Brasília, DF, 31 dez. 1964 (Ed. Extra).

[382] O TCDF entendeu que, no caso de locação de imóvel destinado ao uso de órgão público, é cabível a dispensa de licitação, com fundamento no artigo 24, inciso X, da Lei nº 8.666/1993. DISTRITO FEDERAL. Tribunal de Contas. Processo nº 5515/1994. Decisão nº 1246/1995. Relator: Conselheiro Maurílio Silva. Brasília, DF, 07 mar. 1995.

No mesmo sentido o TCU entendeu que: "[...] é possível a locação direta de imóveis operacionais, que não estejam em uso no momento, a órgãos e entidades da Administração Pública, de qualquer esfera de governo." BRASIL. Tribunal de Contas da União. Processo nº TC-019.491/2004-4. Acórdão nº 170/2005 - Plenário. Relator: Ministro Ubiratan Aguiar. **Diário Oficial da União [da] República Federativa do Brasil**, Brasília, DF, 10 mar. 2005, Seção 1.

[383] Julgando denúncia contra Universidade, o TCU considerou obrigatória a licitação para copiadoras, bares, barbearias, salão de beleza, banca de revistas, agência de viagem, postos bancários e farmácias, exceto para as

São exemplos dessa ocorrência:

- espaço para restaurante/lanchonete para uso de servidores e público em geral que frequenta o órgão;
- espaço para instalação de *box* para fotocopiadora/xerografia;
- espaço para agência bancária.

Como se percebe, em tais casos, o espaço é elemento acessório do contrato principal e, portanto, não deve constituir objeto próprio ou autônomo da licitação ou dispensa/inexigibilidade.

Assim, dever-se-ia licitar o serviço de lanchonete/restaurante, colocando-se no edital que este deverá ser prestado no local indicado (área com planta baixa e memorial descritivo) e, posteriormente, no próprio contrato, deixar autorizado o uso, em caráter precário, mediante o reembolso de despesas incidentes – água, luz, telefone – proporcionalmente definidas.[384]

Nessas hipóteses, não há que se realizar concorrência para ocupação de imóvel.[385] Nos demais casos, a licitação na modalidade de concorrência é imperativa.

Já decidiu o Tribunal de Contas da União ser obrigatório promover certame licitatório para arrendamento das áreas destinadas a operação e

---

fundações de apoio às universidades que atuam dentro dos campos universitários, devido a existência de disciplinamento legal específico. BRASIL. Tribunal de Contas da União. Processo nº TC 016.218/1996-5. Decisão nº 585/1997 - Plenário. Relator: Ministro Marcos Vinicios Vilaça. **Diário Oficial [da] República Federativa do Brasil**, Brasília, DF, 22 set. 1997, Seção 1, p. 21.048.

[384] Em Acórdão seguindo essa mesma linha de entendimento, o TCU considerou que: "[...]a cessão graciosa de uso de espaço público, uma vez justificada a preponderância do atendimento do interesse público sobre o caráter mercantil da contratação, não importa em dano efetivo à Administração, visto que todas as despesas concernentes ao consumo de água, energia elétrica e telefonia são ressarcidos ao erário pela concessionária. Ao contrário, a Administração granjeia maiores oportunidades de incrementar a sua eficiência e produtividade no atendimento ao público." BRASIL. Tribunal de Contas da União. Processo nº TC-016.097/2005-0. Acórdão nº 1443/2006 - Plenário. Relator: Ministro Walton Alencar Rodrigues. **Diário Oficial [da] República Federativa do Brasil**, Brasília, DF, 18 ago. 2006. Seção 1.

[385] a) Em reexame de caso referente a concessão de uso de espaço público para exploração por terceiros, o TCU entendeu não ser mais impositivo o uso da modalidade concorrência. BRASIL. Tribunal de Contas da União. Processo nº TC-275.320/1992-8. Decisão nº 207/1995 - 2ª Câmara. Relator: Ministro Adhemar Paladini Ghisi. **Diário Oficial [da] República Federativa do Brasil**, Brasília, DF, 30 ago. 1995. Seção 1, p. 13.370. **No mesmo sentido**: Processo nº TC-009.691/2005-0. Acórdão nº 1502/2005 - 2ª Câmara. Relator: Ministro Walton Alencar Rodrigues. **Diário Oficial da União [da] República Federativa do Brasil**, Brasília, DF, 31 ago. 2005. Seção 1.

b) Consulte sobre a possibilidade da utilização de outra modalidade para a alienação de imóveis, no capítulo 2, subtítulo 4.7.: licitações para imóveis.

exploração da atividade de estacionamento, bem como a exploração das lojas dos aeroportos.[386]

b) licitação dispensável

No capítulo 3, assinalamos que a alienação de bens para o legislador foi tratada sob a nomenclatura de licitação dispensada.

Há porém, a exceção constante do inc. II do art. 24 da Lei nº 8.666/1993.

Feita a avaliação, e sendo esta inferior ao valor limite previsto nesse dispositivo, a Administração poderá efetuar a venda direta, observando-se a necessidade, no caso, de justificar o preço,[387] razão pela qual sugere-se a juntada de duas ou três propostas.[388]

---

[386] BRASIL. Tribunal de Contas da União. Processo nº TC-013.178/1993-8. Decisão nº 430/1994 - Plenário. Relator: Ministro Paulo Affonso Martins de Oliveira. **Diário Oficial [da] República Federativa do Brasil**, Brasília, DF, 02 dez. 1994. Seção 1, p. 18.599.

[387] a) O TCU recomendou a observância do prazo de 5 (cinco) dias para publicar a justificativa de preço, nos casos de dispensa e inexigibilidade, exigidos no art. 26 da Lei 8.666/1993. BRASIL. Tribunal de Contas da União. Processo nº TC-700.197/1994-0. Decisão nº 401/1994 - Plenário. Relator: Ministro Carlos Átila. **Diário Oficial [da] República Federativa do Brasil**, Brasília, DF, 06 jul. 1994. Seção 1, p. 10.204. **No mesmo sentido**: Processo nº TC-625.334/1996-5. Decisão nº 370/1997 - Plenário; Processo nº TC-005.235/2001-8. Acórdão nº 206/2002 - 2ª Câmara; e Processo nº TC-009.553/2003-7. Acórdão nº 1.662/2003 - 2ª Câmara.

b) "[...] Mesmo que fosse permitida a contratação direta, a eficácia do ato de dispensa de licitação estava condicionada à sua publicação, na imprensa oficial, no prazo de cinco dias, por disposição expressa do art. 26, *caput*, da Lei nº 8.666/1993, que também não foi observado [...] apontou a ausência de publicidade, de onde se conclui que a Administração suprimiu os instrumentos de informação que permitiriam o controle social sobre o gasto." BRASIL. Tribunal de Contas da União. Processo nº 929.331/1998-2. Acórdão nº 1137/2005 - 1ª Câmara. Relator: Ministro Marcos Bemquerer. **Diário Oficial da União [da] República Federativa do Brasil**, Brasília, DF, 22 jun. 2005. Seção 1.

[388] a) O TCDF vinha exigindo no mínimo 3 (três) orçamentos ou cotações para justificar preços nas aquisições do art. 24, II, conforme se pode verificar no Processo nº 3211/1995. Decisão nº 14881/1995. Relator: Conselheiro Frederico Augusto. Sessão de 30 de novembro de 1995. Atualmente, porém, não há amparo legal para essa exigência. O Decreto 449/1992 que, na esfera federal, amparava essa exegese foi expressamente revogado pelo Decreto nº 2.743/1998. Além disso, a norma é incompatível com a regra do art. 26, da Lei nº 8.666/1993, que estabelece rito próprio para justificar o preço da contratação direta sem licitação, amparado no art. 24, incisos III a XXVIII, e art. 25. Como se observa, nesse dispositivo, há obrigatoriedade de **justificar** o preço, o que pode ser feito por consulta a outros órgãos da Administração Pública (analogia ao art. 15, inc. V, da Lei nº 8.666/1993), consulta a banco de dados (como na esfera federal, COMPRASNET) e também pela consulta ao mercado, obtendo-se algumas propostas. Para o art. 24, incisos I e II, a Lei não exige o que foi recomendado, mas o gestor público tem o dever de demonstrar no processo a legalidade e a regularidade dos atos que pratica, - art. 113, da Lei nº 8.666/1993, - motivo pelo qual deve, também nesses casos, justificar o preço.

b) O TCU orientou que "[...] nos casos de dispensa de licitação, analise criteriosamente os orçamentos apresentados para se evitar valores iguais ou muito próximos que possam prejudicar o valor de referência das aquisições de bens e serviços da unidade. Se isto ocorrer, busque outros orçamentos em empresas especializadas;[...]". BRASIL. Tribunal de Contas da União. Processo nº TC-010.482/2003-6. Acórdão nº 1.971/2004 - 2ª Câmara. **Diário Oficial da União [da] República Federativa do Brasil**, Brasília, DF, 15 out. 2004. Seção 1.

Caso a venda direta alcance cifra superior ao limite, não haverá irregularidade, sendo suficiente para fins de enquadramento o valor apontado na avaliação.

Se a avaliação, contudo, indicar valor superior ao estabelecido no art. 24, inc. II, no exercício financeiro, a alienação deverá processar-se mediante licitação, na modalidade de leilão, ou, dependendo do valor, em concorrência.

Cabe destacar que o parágrafo único do art. 24, que dobra os limites percentuais de valor para as entidades que indica, não se aplica a alienações.

5. Alienação de bens imóveis – questões introdutórias

A alienação de imóveis foi regulada, pelo art. 17 da Lei nº 8.666/1993, para todas as esferas de governo, fato que, como será visto adiante, mereceu a intervenção do Supremo Tribunal Federal, como guardião da Constituição Federal.

O escopo do artigo foi regular as hipóteses de licitação dispensada, mas acabou, como já o tinha feito o Decreto-Lei nº 2.300/1986, promovendo uma indébita interferência na autonomia administrativa das demais esferas de governo.

5.1. conceito de imóveis

Para o Direito, os imóveis têm sentido só parcialmente coincidente com a conotação vulgar. Em termos jurídicos, os imóveis subdividem-se em:

- imóveis por natureza, como o solo, o subsolo, o espaço aéreo;
- imóveis por acessão, como as sementes lançadas ao solo, as edificações;
- imóveis por destinação, como os utensílios agrícolas; e
- imóveis por determinação legal, como o penhor agrícola, a sucessão aberta, os navios e aviões.[389]

Em princípio, todos eles estão abrangidos pela possibilidade de dispensa de licitação estabelecida no inciso I do art. 17 da Lei nº 8.666/1993.

---

[389] BRASIL. Lei nº 10.406, de 10 de janeiro de 2002. Institui o Código Civil. **Diário Oficial da União [da] República Federativa do Brasil**, Brasília, DF, 11 jan. 2002. Arts. 79 e ss.

5.2. imóveis da União

Por outro lado, a Lei nº 8.666/1993 regulou apenas parcialmente o tema dos imóveis da Administração Pública federal, na medida em que no art. 121, parágrafo único, mandou continuar aplicando aos contratos dos imóveis do patrimônio da União o Decreto-Lei nº 9.760/1946,[390] com suas alterações.

Embora os efeitos desse normativo anterior – Decreto-Lei nº 9.760/1946 – tenham sido preservados da incidência da atual Lei de Licitações, é forçoso reconhecer que tal só ocorreu parcialmente, sendo obrigatório observar agora as formas de alienação e o fato de que devem ser precedidas de licitação, ajustando-se aos moldes da Lei nº 8.666/1993. Não haveria mesmo por que tentar ampliar o poder normativo daquele diploma, quando a própria Lei de Licitações definiu que sua incidência se opera apenas na parte de contratos.

Diversamente, porém, pela Lei nº 9.636/1998,[391] os institutos da alienação, cessão, permissão e aforamento de imóveis da União sofreram significativa modificação, abrangendo inclusive a situação dos imóveis dos Estados e Municípios.

5.3. requisitos gerais para a alienação de imóveis

Para a alienação de bens imóveis, estatui a Lei nº 8.666/1993 (art. 17, inciso I) ser indispensável:[392]

a) interesse público devidamente justificado;
b) autorização legislativa, para os órgãos da administração direta, autárquica e fundacional;
c) avaliação prévia; e
d) licitação, na modalidade de concorrência, devendo ser observado o disposto nos arts. 23, § 3º, e 19.

Os tópicos sobre interesse público e avaliação prévia foram desenvolvidos antecedentemente.

---

[390] BRASIL. Decreto-Lei nº 9.760, de 5 de setembro de 1946. Dispõe sobre os bens imóveis da União e dá outras providências. **Diário Oficial [da] República Federativa do Brasil**, Brasília, DF, 6 set. 1946.

[391] BRASIL. Lei nº 9.636, de 15 de maio de 1998. Dispõe sobre a regularização, administração, aforamento e alienação de bens imóveis de domínio da União [...] e dá outras providências. **Diário Oficial [da] República Federativa do Brasil**, Brasília, DF, 18 maio 1998.

[392] Consulte, sobre alienação de imóveis da União, os arts. 23 e 24 da Lei nº 9.636/1998, op. cit. supra.

6. Exigência de lei para alienação

Os bens públicos são em regra inalienáveis por força de lei, razão pela qual, para serem alienados, é necessária a autorização legislativa, em atenção ao princípio da homologia das formas[393] dos atos administrativos.

Por essa razão, só foi estabelecida a exigência de lei para os bens imóveis da administração direta, autárquica[394] e fundacional. É jurisprudência assentada que, quando pessoas jurídicas de direito público, como a União,[395] Estados, Municípios e Distrito Federal, criam autarquias e lhes transferem a propriedade de bens, esses conservam a característica de públicos.[396]

Com referência às fundações públicas, após a Constituição Federal de 1988, dúvidas não mais existem sobre a igualdade e a natureza jurídica dos seus bens e os das autarquias e, portanto, sobre o serem públicos.[397]

6.1. competência legislativa

Em face da expressa disposição inscrita no art. 22, inc. XXVII, da Constituição Federal de 1988, poderia parecer, à primeira vista, que a competência é privativa da União.

Indubitável que a literalidade da norma, numa exegese apressada, levaria a esse entendimento. Contudo, cabe lembrar que a cautela e a detida reflexão são constantes companheiras do labor exegético.

---

[393] Também cognominado de princípio do paralelismo das formas.

[394] Em caso específico, respondendo a consulta, o TCU decidiu: "[...] embora, em tese e, em princípio, o procedimento licitatório seja obrigatório, na modalidade de concorrência, precedida de avaliação e suprida, no caso, a autorização legislativa com a citada norma da Lei nº 4.324/1964 (art. 20), para as transações imobiliárias realizadas pelas autarquias, a licitação se torna dispensável nas hipóteses expressamente contempladas na legislação vigente (cf. Lei nº 8.666, de 21.06.1993, alíneas "a" a "d" do inciso I do art. 17; parágrafo 2º do mesmo art. 17 e art. 24, inciso X);" BRASIL. Tribunal de Contas da União. Processo nº TC-021.750/1994-7. Decisão nº 188/1996 - Plenário. Relator: Ministro-Substituto Lincoln Magalhães da Rocha. **Diário Oficial [da] República Federativa do Brasil**, Brasília, DF, 22 abr. 1996. Seção 1, p. 6.787.

[395] O art. 23 da Lei nº 9.636, de 15 de maio de 1998, parece ter dispensado a exigência de lei para alienação de imóveis.

[396] "[...] I - A alienação de bens integrantes do patrimônio das entidades da Administração Direta ou Indireta está sujeita ao procedimento da licitação pública [...] sendo o ato praticado, neste campo de direito público, de autoridade e essencialmente de natureza administrativa, suscetível, portanto, ao ataque pela via do mandado de segurança. II - *In casu*, a TERRACAP, na medida em que submeteu ao processo licitatório imóveis integrantes do seu patrimônio, para efeito de selecionar proponentes à sua aquisição, praticou atos administrativos que não são de direito privado ou de gestão. E esses atos administrativos são atos de autoridade, porquanto regidos por normas de direito público - constitucional e administrativo - que disciplinam o procedimento licitatório." STJ. 1ª Turma. Recurso Especial nº 100.168/DF (Registro 96.0041966-3). Relator: Ministro Demócrito Reinaldo. **Diário da Justiça [da] República Federativa do Brasil**, Brasília, DF, 25 maio 1998. Seção 1, p. 13.

[397] Vide, a seguir, subtítulo 6.4.1.: entidade paraestatal – conceito.

A premissa fundamental é a seguinte: não podem as demais esferas de governo, sejam Estados, Municípios ou Distrito Federal, tentar elastecer, ou criar novas hipóteses de contratação direta, sob pena de serem inquinadas de inconstitucionalidade.

Aplicada essa premissa indistintamente a todas as hipóteses de contratação direta, levaria à seguinte perplexidade, no que tange à alienação direta sem licitação: determinado Município, *v.g.*, é proprietário de um imóvel, mas não pode aliená-lo diretamente, salvo nas restritas hipóteses em que a União autorizar. É óbvio que tal entendimento estaria abalando os alicerces da instituição da "propriedade" e o princípio federativo.

Por tais motivos, também evoluímos para considerar possível a todas as esferas de governo legislarem sobre a alienação de bens – móveis ou imóveis – integrantes do seu respectivo patrimônio.

Esse, aliás, é o fundamento da ADI nº 927-3,[398] cujo exato teor será examinado nos comentários às alíneas do art. 17 da Lei nº 8.666/1993.

A conclusão precisamente mais correta é que somente a União Federal pode legislar sobre a contratação direta de bens, obras e serviços, mas todas as esferas de governo podem legislar sobre a alienação direta dos bens integrantes dos seus respectivos patrimônios.

À luz da atual sistematização procedida pela Lei º 8.666/1993, é correto, portanto, concluir que as hipóteses dos arts. 24 e 25 não podem ser, sob qualquer forma, ampliadas ou inovadas, ao contrário do que sucede com o art. 17.

O tema, contudo, não é pacífico[399] e muitas vezes vem se sagrando vitoriosa a tese que defende a competência exclusiva da União, também com referência à alienação direta. Para demonstrar a força dessa corrente de pensamento, releva observar que, para a alienação de áreas públicas no Distrito Federal, diretamente, sem licitação, optaram os dirigentes pela elaboração de lei federal, que autoriza a dispensa dos procedimentos exigidos pela Lei nº 8.666/1993 para a venda individual de áreas públicas ocupadas, localizadas nos limites da Área de Proteção Ambiental - APA da Bacia do Rio São

[398] BRASIL. Supremo Tribunal Federal. Ação Direta de Inconstitucionalidade (Med. Liminar) nº 927-3. Relator: Ministro Celso de Mello, Brasília, DF, 1993. **Diário da Justiça [da] República Federativa do Brasil**, Brasília, DF, 11 nov. 1994.

[399] Nesse sentido pronunciou-se o TCDF no Processo nº 2.919/1998, Decisões nº 7186/1999, nº 1296/2002, nº 2354/2002, nº 1734/2003 e nº 2758/2003. Relator: Conselheiro Paulo César de Ávila e Silva. Disponíveis em: http://www.tc.df.gov.br.

Bartolomeu, que sofreram processo de parcelamento reconhecido pela autoridade pública.[400]

6.2. ausência de lei autorizadora – consequências

A exigência de lei para que a Administração possa alienar é condição essencial à prática do ato, e sua ausência acarreta a nulidade de pleno direito, descabendo a ratificação posterior.

Sem lei para a alienação, nada existiu no mundo jurídico, e impõe-se a declaração de nulidade desde a origem de todos os atos que visavam à alienação dos bens, inclusive a licitação, além da apuração de responsabilidade.

No Distrito Federal, o GDF vinha procedendo a distribuição irregular de autorizações de uso de áreas públicas à entidades religiosas, associativas, filantrópicas e culturais. Denunciado o fato ao Tribunal de Contas,[401] buscou-se legalizar a situação por meio da edição de várias leis distritais e anulação dos atos de autorização, sem contudo proceder à retirada dos ocupantes. O Ministério Público pugnou pela instauração de tomada de contas especial e providências em relação à desocupação dos terrenos.

O Decreto-Lei nº 201/1967,[402] no art. 1º, inc. X, estabelece que é crime de responsabilidade dos prefeitos municipais alienar ou onerar bens imóveis ou rendas municipais, sem autorização da Câmara, ou em desacordo com a lei.

A Lei de Improbidade – Lei nº 8.429/1992[403] – que abrangeu todos os agentes públicos, tipifica como crime a alienação, sem lei, no seu art. 10, incs. I e IV, desde que fique caracterizado prejuízo ao erário.

Também a Lei nº 8.666/1993, no art. 89, considera crime deixar de observar as formalidades legais na contratação direta, entre as quais insere-se a alienação de bens imóveis sem lei.

---

[400] BRASIL. Lei nº 9.262, de 12 de janeiro de 1996. Dispõe sobre a administração da Área de Proteção Ambiental (APA) da Bacia do Rio São Bartolomeu, localizada no Distrito Federal, e dá outras providências. **Diário Oficial [da] República Federativa do Brasil**, Brasília, DF, 15 jan. 1996. Art. 3º.

O Ministério Público Federal impetrou Ação Direta de Inconstitucionalidade contestando a validade da referida lei, que foi julgada improcedente. BRASIL. Supremo Tribunal Federal. ADI 2990. Relator: Ministro Joaquim Barbosa. **Diário da Justiça [da] República Federativa do Brasil**, Brasília, DF, 06 set. 2007.

[401] DISTRITO FEDERAL. Tribunal de Contas. Processo nº 3.971/1995, apenso: 2.216/1996. Disponíveis em: http://www.tc.df.gov.br.

[402] BRASIL. Decreto-Lei nº 201, de 27 de fevereiro de 1967. Dispõe sobre a responsabilidade dos Prefeitos e Vereadores, e dá outras providências. **Diário Oficial [da] República Federativa do Brasil**, Brasília, DF, 27 fev. 1967 e Retificado em 14 mar. 1967.

[403] BRASIL. Lei nº 8.429, 2 de junho de 1992. Dispõe sobre as sanções aplicáveis aos agentes públicos nos casos de enriquecimento ilícito no exercício de mandato, cargo, emprego ou função na administração pública direta, indireta ou fundacional e dá outras providências. **Diário Oficial [da] República Federativa do Brasil**, Brasília, DF, 3 jun. 1992.

No desempenho da função de Conselheiro do Tribunal de Contas do Distrito Federal o presente autor enfrentou divergência com o Ministério Público. Essa instituição entendeu ocorrer contratação direta fora das hipóteses legais, mas no parecer apontava como causa "despreparo do servidor".

É evidente que o tipo penal dos crimes da Lei nº 8.666/1993 só se caracterizam na forma dolosa, conforme art. 18, do Código Penal Brasileiro. Desse modo, o presente autor, na função de Conselheiro do Tribunal de Contas do Distrito Federal, propôs ao Plenário que, se o Ministério Público que atua junto àquela Corte entendesse caracterizado o fato, poderia comunicá-lo diretamente ao Ministério Público do Judiciário, e não limitar-se a sugerir essa competência ao relator. Esse voto foi acolhido.[404]

Por fim, a Lei de Responsabilidade Fiscal[405] dispôs que é vedada a aplicação de receita de capital derivada da alienação de bens e direitos, que integram o patrimônio público, para o financiamento de despesa corrente, salvo se destinada por lei aos regimes de previdência social, geral e próprio dos servidores públicos.

6.3. alienabilidade condicional – possibilidade restrita

Pode a lei estabelecer condições diferenciadas de aquisição?

A pergunta dirige-se à situação na qual a lei que torna alienável um imóvel, por exemplo, estabelece que o bem destinar-se-á à aquisição pela população de baixa renda. Nesse caso, contrapõem-se dois interesses públicos relevantes: o primeiro, atinente ao princípio da isonomia, e o segundo, ao interesse público de incentivar o assentamento de famílias de baixa renda. Diante do conflito, é possível asserir a constitucionalidade da lei exemplificada, em razão do disposto no art. 23, inc. IX, da Constituição Federal.[406]

---

[404] DISTRITO FEDERAL. Tribunal de Contas. Processo nº 2252/2003. Sessão Ordinária nº 3922, de 09 de junho de 2005. Relator: Conselheiro Jacoby Fernandes. Disponível em: www.tc.df.gov.br. Acesso em 26 jan. 2011.

[405] BRASIL. Lei Complementar nº 101, de 04 de maio de 2000. Estabelece normas de finanças públicas voltadas para a responsabilidade na gestão fiscal e dá outras providências. **Diário Oficial [da] República Federativa do Brasil**, Brasília, DF, 5 maio 2000.

[406] BRASIL. **Constituição da República Federativa do Brasil**. Organização dos textos e índice por J. U. JACOBY FERNANDES. 1. ed. Atualizada até Abril de 2007. Belo Horizonte: Fórum, 2008. *In verbis*: "Art. 23. É competência comum da União, dos Estados, do Distrito Federal e dos Municípios: [...] IX - promover programas de construção de moradias e a melhoria das condições habitacionais e de saneamento básico".

De qualquer modo, exige-se cautela no exame de alienações condicionadas estabelecidas em lei, vez que será preciso que a mesma vise efetivar, na prática, princípio constitucional tão relevante quanto a isonomia.[407]

6.4. dispensa de lei autorizadora – entidade paraestatal

Os bens das entidades paraestatais dispensam a exigência de lei para a sua alienação, na literal interpretação do art. 17, I.

Nesse sentido, o autor da presente obra, no exercício da função de Procurador-Geral do Ministério Público junto ao TCDF, sustentou que:

> A autorização legislativa não é exigível das empresas públicas, como é o caso da TERRACAP e CAESB, como se extrai do art. 17, I, da Lei de Licitações, que a exige apenas dos órgãos da administração direta e entidades autárquicas e fundacionais.[408]

Essa autorização materializa-se em uma lei, em sentido formal, que pode ser específica para um imóvel ou abranger um conjunto adequadamente identificado. A esse respeito, destaca-se o procedimento adotado pela União, no sentido de conceder autorização genérica para alienação dos imóveis da previdência social.

O tema, como dito, ainda não encontrou definição nos Tribunais, parecendo mais correto entender que, com o trespasse para a TERRACAP, dispensa-se a lei para alienação, vez que essa já está subentendida na lei que o efetivou.

6.4.1. entidade paraestatal – conceito

A melhor doutrina, ao analisar a extensão da expressão em epígrafe, tem dado a ela a maior amplitude possível. Hely Lopes Meirelles conceitua entidades paraestatais como:

---

[407] a) "É de ser confirmada a sentença concessiva de '*writ*' para garantir a participação de empresa que se insurge contra exigências contidas em edital de procedimento licitatório ofensivas ao princípio da igualdade entre os licitantes porquanto limitadoras das possibilidades normais de competição." BRASIL. Tribunal Regional Federal da 5ª Região.. Processo nº REO 00502383/1990-CE – 2ª Turma Relator: Juiz Nereu Santos. **Diário da Justiça [da] República Federativa do Brasil**, Brasília, DF, 24 maio 1991, p. 11.703.

b) O TCU determinou a adoção de providências que visem a abstenção de inclusão no ato convocatório de exigências que contrariem os princípios da isonomia, da legalidade, da competitividade, da proporcionalidade e da razoabilidade. BRASIL. Tribunal de Contas da União. Processo nº TC-004.260/2006-7. Acórdão nº 877/2006 - Plenário. Relator: Ministro Marcos Bemquerer. **Diário Oficial da União [da] República Federativa do Brasil**, Brasília, DF, 09 jun. 2006.

[408] DISTRITO FEDERAL. Tribunal de Contas. Processo nº 7.788/1996 - sigiloso. Parecer MP/TCDF nº 3.1541/1998.

> [...] pessoas jurídicas de Direito Privado que, por lei, são autorizadas a prestar serviços ou realizar atividades de interesse coletivo ou público, mas não exclusivos do Estado. São espécies de entidades paraestatais os serviços sociais autônomos (SESI, SESC, SENAI e outros) e, agora, as organizações sociais, cuja regulamentação foi aprovada pela Lei 9.648, de 27.5.98.[409] As entidades paraestatais são autônomas, administrativa e financeiramente, têm patrimônio próprio e operam em regime de iniciativa particular, na forma de seus estatutos, ficando sujeitas apenas à supervisão do órgão da entidade estatal a que se encontrem vinculadas, para o controle de desempenho estatutário. São os denominados *entes de cooperação* com o Estado.[410]

Desassocia o termo das autarquias e fundações públicas, esclarecendo que o étimo da palavra paraestatal está indicando que se tratam de entidades "*dispostas paralelamente* ao Estado, *ao lado* do Estado, para executar cometimentos do interesse do Estado, mas não privativos do Estado."[411]

A doutrina do precitado autor reclassificou as entidades dentro da organização política e administrativa brasileira, considerando as empresas públicas e as sociedades de economia mista como espécies de entidade empresarial e não mais paraestatal, como o era na sua antiga dicção.[412]

A Lei de Licitações, no entanto, manteve sua interpretação sistemática, no art. 84, § 1º, incluindo no termo de entidade paraestatal, as fundações, empresas públicas, sociedades de economia mista e as demais entidades sob controle, direto ou indireto, do Poder Público. Com esse dispositivo, poderia ter atribuído natureza diversa às fundações, cuja exegese, se combinada com o art. 17, inc. I, levaria ao entendimento de que este tipo de entidade estaria dispensado, para alienar seus bens, da exigência de lei autorizadora. Tal não ocorre, contudo, pois, a natureza jurídica das fundações foi constitucionalmente equiparada à das autarquias, tendo inclusive o Supremo Tribunal Federal estabelecido, no julgamento da ADI nº 926-3, em que foi Relator o Ministro Sidney Sanches,[413] que estas estão abrangidas pelo princípio da reciprocidade de

---

409 Há um equívoco de redação na citação transcrita, leia-se que a Lei que dispõe sobre a qualificação de entidades como organizações sociais é a Lei nº 9.637, de 15 de maio de 1998.

410 MEIRELLES, Hely Lopes. **Direito Administrativo Brasileiro**. 32ª ed. atualizada. São Paulo: Malheiros, 2006, p. 67.

411 *Ibidem*, p. 381.

412 *Ibidem*, p. 66-67.

413 Famoso julgamento do IPMF publicado no **Diário da Justiça [da] República Federativa do Brasil**, Brasília, DF, 06 maio 1994, p. 10.484.

imunidade tributária. Se usufruem de prerrogativas de Estado – autarquias e fundações – a tal nível, é porque sua essência é pública e seus bens, públicos, só podem ser alienados mediante lei autorizadora, nos termos inequivocamente consagrados pelo inciso I, do art. 17.

6.4.2. entidade paraestatal – intermediadora de venda

Adotando a interpretação da Lei de Licitações, no âmbito do Distrito Federal, apresenta-se caso peculiar: a TERRACAP é uma sociedade de economia mista criada para comercializar imóveis. Há no plenário do TCDF divergências sobre se, no caso específico, há necessidade de lei para alienar imóveis ou não, por considerar-se autorizada a venda de imóveis pelo próprio ato de criação da TERRACAP.

É possível sustentar que a TERRACAP, a despeito de legitimada a alienar imóveis, não os tem sob sua propriedade; atua apenas intermediando a alienação de imóveis que, não obstante, pertencem ao Distrito Federal. Com esse entendimento, há que se exigir lei específica.

6.5. restrições legislativas à alienação

Considerando que a Lei nº 8.666/1993 dirige-se a todas as esferas de governo, é oportuno obtemperar que podem existir, para Estados, Municípios e Distrito Federal, outras restrições jurídicas à alienação dos imóveis dessas unidades federativas. No Distrito Federal, por exemplo, a Lei Orgânica, que é a sua Constituição em sentido material, mandou conceder preferência à cessão de uso sobre a venda ou doação.[414]

Pode também a Constituição Estadual ou a Lei Orgânica Municipal restringir, inclusive, a alienação de bens das suas entidades paraestatais.

7. Licitação dispensada para imóveis

7.1. a licitação dispensada e o direito de preferência

Antes de examinar detalhadamente o art. 17, merece registro a possibilidade de conflitos de normas sobre preferência na aquisição.

Algumas hipóteses podem ser consideradas, como por exemplo:

- qual seria a solução a ser dada se determinada estatal recebesse autorização legislativa para alienar imóvel de sua propriedade

[414] DISTRITO FEDERAL. Lei Orgânica do Distrito Federal. 3ª ed. Consolidada. Brasília, 2005. Art. 47, § 1º.

para determinado Município e esse imóvel estivesse ocupado regularmente por alguém, mediante contrato de locação?

- o que deveria ser feito se a Administração fosse proprietária de um imóvel em um condomínio e obtivesse autorização para doá-lo a outra entidade da Administração e um dos condôminos pleiteasse o direito de preferência?
- seria possível a regularização do solo urbano, em programas habitacionais de interesse social, concedendo o direito de preferência aos atuais ocupantes?

Todas essas questões são complexas e demandam a contextualização dos fatos à luz das normas jurídicas em conflito. Algumas regras de hermenêutica fornecem uma senda segura e podem ser assim resumidas:

- a competência para legislar é da Unidade Federativa titular do bem;
- nenhum direito de preferência, se não for consagrado ou confirmado na lei que autoriza a alienação do imóvel, pode prevalecer em face de dois princípios jurídicos: o da especialização da norma, segundo o qual a norma especial prevalece sobre a geral, e o da posterioridade da norma, segundo o qual a norma posterior revoga a anterior. Tanto a Lei de Licitações é posterior à Lei de Condomínios e à Lei do Inquilinato, quanto a lei autorizativa da alienação específica de determinado bem será posterior à Lei de Licitações, em regra;
- a norma autorizadora da alienação pode, visando ao interesse público, dar direito de preferência aos ocupantes de boa-fé de determinado imóvel, se este se destinar a programas habitacionais de interesse social. Nesse sentido, portanto, a resposta à última questão é afirmativa.[415]

[415] a) esse fato ocorreu no Distrito Federal, com a edição da Lei nº 954/1995, que concedeu o direito de preferência na aquisição com vistas à regularização de condomínios irregulares, embora nem todos pudessem ser enquadrados como "programa habitacional de interesse social". DISTRITO FEDERAL. Lei nº 954, de 17 de novembro de 1995. Dispõe sobre alienação de lotes ou parcelas de terras públicas no território do Distrito Federal e dá outras providências. **Diário Oficial do Distrito Federal**, Brasília, DF, 20 nov. 1995.

Referida lei foi declarada inconstitucional, não pelo direto de preferência, mas por vício de iniciativa (Fonte: ADI DF 20050020106460).

b) em ação conjunta, de iniciativa do Deputado Federal Augusto de Carvalho, foi elaborado projeto de lei que veio a ser promulgado com a Lei nº 9.262/1996 que regularizou a ocupação da Área de Proteção Ambiental – APA – da bacia do rio São Bartolomeu. BRASIL. Lei nº 9.262, de 12 de janeiro de 1996. Dispõe sobre a administração da Área de Proteção Ambiental (APA) da Bacia do Rio São Bartolomeu, localizada no Distrito

7.1.1. direito de preferência definido em lei

Há possibilidade de, nos editais de concorrência para aquisição de imóveis, haver o direito de preferência em favor de ocupantes ou de quem tenha realizado benfeitorias no imóvel adquirido.

Primeiramente, porque a Lei nº 8.666/1993, no art. 62, § 3º, inc. I, admite a incidência da norma de direito privado em casos dessa natureza, típicos contratos privados. Nessa linha, se a alienação de imóvel público a particular formaliza-se pelos instrumentos e com os requisitos da legislação civil, como a escritura pública e a transcrição no registro imobiliário,[416] é de se admitir a existência de condições acessórias comuns à lei civil, não incompatíveis com a natureza especial do bem público, como o aludido direito de preferência.[417]

Segundo, porque a Lei nº 8.666/1993, no seu art. 121, prevê que os imóveis da União continuarão a ser regidos pelo Decreto-Lei nº 9.760/1946,[418] cujo art. 61 também prevê o direito de preferência e, como tal, há que ser considerado um abrandamento do princípio da isonomia.

Essa norma de 1946 foi revista e atualizada[419] revigorando a preferência para aforamento e alienação.

Em termos práticos, a preferência pode ocorrer:

a) pelo valor da avaliação, antes do processo licitatório;
b) pelo valor da avaliação, antes da abertura da fase de propostas ou lance, em concorrência ou leilão, respectivamente;
c) pela permissão de cobertura da proposta mais vantajosa, após a fase de propostas ou lance.

Definido em lei que o poder público deve dar o direito de preferência deve a norma ou o ato que concede, estabelecer a forma como será realizada. Se o objetivo do direito de preferência for, por exemplo, a regularização de áreas, aplicáveis serão as alíneas "a" e "b"; se o interesse for econômico, a alínea "c".

Federal, e dá outras providências. **Diário Oficial [da] República Federativa do Brasil**, Brasília, DF, 15 jan. 1996.

416 MEIRELLES, Hely Lopes. **Direito Administrativo Brasileiro**. 32ª ed. atualizada. São Paulo: Malheiros, 2006, p. 535.

417 Ver nesse sentido o parecer MP nº 30821/1997, da lavra do autor da presente obra, no desempenho de função de Procurador do Ministério Público. Disponível em www.jacoby.pro.br.

418 BRASIL. Decreto-Lei nº 9.760, de 5 de setembro de 1946. Dispõe sobre os bens imóveis da União e dá outras providências. **Diário da Justiça [da] República Federativa do Brasil**, Brasília, DF, 6 set. 1946.

419 BRASIL. Lei nº 9.636, de 15 de maio de 1998. Dispõe sobre a regularização, administração, aforamento e alienação de bens imóveis de domínio da União [...] e dá outras providências. **Diário Oficial [da] República Federativa do Brasil**, Brasília, DF, 18 maio 1998.

O Estatuto da Cidade também admite a regularização de áreas, fortalecendo a visão social urbana da atuação Municipal.[420]

Interessante fato está registrado nas decisões do STF e foi referido anteriormente.

A Lei nº 9.262/1996, de iniciativa do Deputado Federal Augusto de Carvalho, estabeleceu a venda direta – sem licitação – das áreas públicas ocupadas, localizadas nos limites da Área de Proteção Ambiental (APA) da bacia do rio São Bartolomeu, no Distrito Federal.

A constitucionalidade dessa norma foi objeto de amplo debate na Suprema Corte, tendo em consideração a possibilidade ou não de a isonomia prevista do art. 37, inc. XXI, da Constituição Federal ser afastada pelo direito de preferência quando visar a regularização.[421]A jurisprudência já se firmou acerca da matéria.[422]

---

[420] BRASIL. Lei nº 9.262, de 12 de janeiro de 1996. Dispõe sobre a administração da Área de Proteção Ambiental (APA) da Bacia do Rio São Bartolomeu, localizada no Distrito Federal, e dá outras providências. **Diário Oficial [da] República Federativa do Brasil**, Brasília, DF, 15 jan. 1996. "Art. 2. [...] XIV. regularização fundiária e urbanização de áreas ocupadas por população de baixa renda mediante o estabelecimento de normas especiais de urbanização, uso e ocupação do solo e edificação, consideradas a situação socioeconômica da população e as normas ambientais".

[421] BRASIL. Supremo Tribunal Federal. ADI 2990. Relator: Ministro Joaquim Barbosa. **Diário da Justiça [da] República Federativa do Brasil**, Brasília, DF, 06 set. 2007.

[422] a) "A ocupação irregular de área pública pode ser legalizada mediante licitação, visando à seleção do melhor preço. Sendo esta realizada nos termos da Lei Federal nº 8.666/93 e atendendo aos princípios administrativos da moralidade, impessoalidade, publicidade e legalidade, não há que se falar que a licitação esteja contaminada por vícios insanáveis, sobretudo quando se constata que o edital da licitação resguarda o direito de preferência aos atuais ocupantes dos lotes e o direito de indenização pelas benfeitorias erigidas no local. [...] A administração pública não tem obrigação de vender o lote encravado em área pública diretamente ao seu atual ocupante, porque, ao colocá-lo à venda, deve selecionar a proposta mais vantajosa para a administração, pois o interesse público sobrepõe-se ao particular. [...] A licitação pública é a medida mais adequada para legalizar a ocupação irregular do solo, principalmente para regularizar os condomínios residenciais que foram implantados em área pública, sem a devida autorização do poder público, visto que a demolição das construções tidas como clandestinas torna-se praticamente impossível diante da realidade social e do clamor público pela casa própria. [...] Resta prejudicado o agravo regimental interposto de decisão que indeferiu o pedido de liminar, visando à suspensão da licitação, tendo sido esta já realizada e homologada na data do julgamento do recurso." DISTRITO FEDERAL. Tribunal de Justiça do Distrito Federal e Territórios. Embargos de Declaração no AI nº 20020020089381 - 5ª Turma Cível. **Diário da Justiça [da] República Federativa do Brasil**, Brasília, DF, 01 out. 2003. **No mesmo sentido**: Tribunal de Contas do Distrito Federal. Processo nº 3.253/1997. Parecer nº 31.417/1998.

b) "[...] 1. Não exercido o direito de preferência no prazo estipulado, ocorreu a perda do objeto do presente recurso. 2. Recurso improvido. Unânime [...]". BRASIL. Tribunal de Justiça do Distrito Federal e Territórios. AG em AI. Processo nº 2002 00 2 009138-2. **Diário da Justiça [da] República Federativa do Brasil**, Brasília, DF, 22 abr. 2004. Seção 03, p. 29.

c) a regularização de área foi o motivo que justificou a constitucionalidade decidida pelo STF no julgamento da ADI 2990 que apreciou a Lei nº 9.262/1996, que dispõe sobre a administração da Área de Proteção Ambiental (APA) da Bacia do Rio São Bartolomeu, localizada no Distrito Federal, e dá outras providências. BRASIL. Supremo Tribunal Federal. ADI 2990. Relator: Ministro Joaquim Barbosa. **Diário da Justiça [da] República Federativa do Brasil**, Brasília, DF, 06 set. 2007.

Desse modo, o princípio igualitário não é absoluto, admitindo temperamentos, quando impositivo, para melhor fazer prevalecer o interesse público. Há que se cogitar, em cada caso, da existência desse interesse que materializa-se na pretensão político-administrativa de regularização de situações ilegais, em que o custo social deve ser bem considerado. Sustentam, nesta linha, os administrativistas Lúcia Valle Figueiredo e Sérgio Ferraz que "a desigualdade não é repelida, o que se repele é a desigualdade injustificada".[423]

O que deve ser questionado, portanto, é se o direito de preferência é justificado para acercar-se de sua legalidade.

O Tribunal de Contas da União enfrentou a questão numa denúncia que versava sobre a alienação, por parte da Rede Ferroviária Federal S.A. - RFFSA a determinado Município, de imóvel regularmente ocupado por pessoa física. Concluiu, diversamente, pela não existência do direito de preferência sobre o art. 17, inc. I, "e", da Lei de Licitações.[424]

Em outra oportunidade, o TCU recebeu consulta acerca da possibilidade de ocupantes de imóveis do INSS poderem exercer direito de preferência, mediante o oferecimento de preço mínimo para a venda de tais imóveis, ou de deverem concorrer em igualdade de condições com demais interessados. Sobre a questão a Corte Maior de Contas respondeu:

> O art. 3º da Lei nº 9.702/98 c/c o art. 13, 1º da Lei nº 9.636/98 permitem que os ocupantes dos imóveis do INSS, que se enquadrem nas condições fixadas no art. 3º da Lei nº 9.702/98, possam exercer o direito de preferência mediante o pagamento do preço mínimo fixado para a venda do imóvel.[425]

---

[423] FIGUEIREDO, Lúcia Valle ; FERRAZ, Sérgio. **Dispensa e Inexigibilidade de Licitação**. São Paulo: RT, 1992, p. 24, citado também nos Pareceres MP/TCDF nº 3.1417/1998. Procurador-Geral: Jorge Ulisses Jacoby Fernandes. Processo nº 3.253/1997. Brasília, 14 de setembro de 1998; e Parecer nº 0362/2003-IMF. Procurador: Inácio Magalhães Filho. Processo nº 1200/2003. Brasília, 19 de novembro de 2003.

[424] BRASIL. Tribunal de Contas da União. Processo nº TC-001.867/1996-2. Decisão nº 723/1996 - Plenário. Relator: Ministro Fernando Gonçalves. **Diário Oficial da União [da] República Federativa do Brasil**, Brasília, DF, 20 nov. 1996. Seção 1, p. 24.378.

[425] a) BRASIL. Tribunal de Contas da União. Processo nº TC-019.491/2004-4. Acórdão nº 170/2005 - Plenário. Relator: Ministro Ubiratan Aguiar. **Diário Oficial da União [da] República Federativa do Brasil**, Brasília, DF, 10 mar. 2005. Seção 1.

b) sobre imóveis funcionais da União, em geral, consulte a Instrução Normativa/MPOG nº 1, de 23 de novembro de 2007, que dispõe sobre o procedimento para a Concessão de Uso Especial para funs de Moradia – CUEM e da Autorização de Uso em imóveis da União. BRASIL. Ministério do Planejamento, Orçamento e Gestão. Secretaria de Patrimônio da União. **Diário Oficial da União [da] República Federativa do Brasil**, Brasília, DF, 28 jan. 2008, p. 119 e 120.

7.1.2. do dever de indenizar benfeitores

Há ainda outra questão pertinente aos direitos de indenização de benfeitorias dos ocupantes de imóveis, possuidores a título precário, sobre a qual o autor da presente obra, no desempenho de funções institucionais, teve a oportunidade de expender algumas considerações nos autos do Processo TCDF nº 2.463/1997:

> III - dos direitos dos atuais ocupantes e os caminhos jurídicos para a preservação.
>
> A rigor, a ocupação em caráter precário não deveria ensejar no direito a indenização de qualquer ordem, salvo se as benfeitorias e melhoramentos fossem:
>
> - classificadas, quanto à natureza,[426] como necessárias;
>
> - classificadas, quanto à natureza, como úteis, se autorizadas pela Administração;
>
> - de qualquer tipo, se tivessem sido realizadas pelo ocupante, por ordem da Administração.
>
> Atendidos os requisitos legais para a indenização e tendo presente o dever de licitar, como forma de afastar o caráter precário das ocupações, surgem aí duas fundamentais questões, no seu âmago inconciliáveis.
>
> Como favorecer aquele que já ocupa o imóvel, na *camisa de força* que é a licitação, cuja viga-mestra é a isonomia?
>
> Com o habitual descortino jurídico e senso de praticidade, a Dra. Leny Pereira da Silva, Chefe da Divisão Jurídica da TERRACAP, envidou esforços para a solução, seguindo a construção analógica que preservasse os direitos dos ocupantes sem desnaturar o instituto da licitação. Socorreu-se do direito de preferência assegurado pela Lei do Inquilinato, tradicionalmente.
>
> Esse louvável esforço jurídico merece os maiores encômios e não está incorreto, porque, na gênese de ambos os problemas - deste *sub exame* e aquele do inquilinato - há uma mesma causa: um problema social e a conveniência para a sociedade de que a posse permaneça com o ocupante.
>
> Essa preferência, contudo, não ofende o direito dos demais licitantes? Em decorrência da competência privativa da

[426] BRASIL. Lei nº 10.406, de 10 de janeiro de 2002. Institui o Código Civil. **Diário Oficial da União [da] República Federativa do Brasil**, Brasília, DF, 11 jan. 2002. Art. 96.

> União para legislar sobre licitações,[427] a regra do art. 45, § 2º, da Lei nº 8.666/1993 - que obriga o desempate por sorteio - poderia ser afastada, por simples parecer de órgão jurídico de empresa pública?

O tema merece maior reflexão. À época, foi asserido que:

> O dispositivo da Lei nº 8.666/93 apontado não pode prevalecer quando se tem em conta a regra do art. 62, § 3º, I, do mesmo diploma, regente dos contratos típicos do direito privado e permissiva da fixação das normas próprias para contratos dessa natureza, como são os de compra e venda de terras.
>
> Há ainda outra alternativa, menos onerosa, que se pode vislumbrar: o direito de indenização pelas benfeitorias e melhoramentos pode ser computado nas propostas, favorecendo de modo objetivo o atual ocupante, e constar como encargo para licitante, desonerando a TERRACAP da indenização.
>
> Exemplificando: se num imóvel A, o seu ocupante promoveu benfeitorias que a TERRACAP avalia em 30 mil reais, registrar-se-ia esse fato no edital, impondo aos licitantes o dever de indenizar, em exíguo prazo, o ocupante, ao mesmo tempo em que atribuir-se-ia ao posseiro essa mesma cifra como integrante do valor da sua proposta.[428]

7.2. alínea "a" – dação em pagamento

Dispõe a Lei nº 8.666/1993, art. 17, *in verbis*:

> I - quando imóveis, dependerá de autorização legislativa para órgãos da administração direta e entidades autárquicas e fundacionais, e, para todos, inclusive as entidades paraestatais, dependerá de avaliação prévia e de licitação na modalidade de concorrência, dispensada esta nos seguintes casos:
>
> a) dação em pagamento;

[427] BRASIL. **Constituição da República Federativa do Brasil**. Organização dos textos e índice por J. U. JACOBY FERNANDES. 1. ed. Atualizada até Abril de 2007. Belo Horizonte: Fórum, 2007. Vide art. 22, inc. XXVII.

[428] DISTRITO FEDERAL. Tribunal de Contas. Processo nº 2.463/1997 (sigiloso). Parecer/MP nº 3.0821/1997, deste autor. No mesmo sentido consulte o art. 15, da Lei Federal nº 9.636 de 15 de maio de 1998.

A dação em pagamento é um instituto de Direito Civil que foi transposto para o Direito Administrativo, daí porque se impõe adaptar seus contornos aos princípios peculiares desse ramo do Direito.

7.2.1. conceito

A "dação em pagamento" é definida por lei[429] como a possibilidade de o credor consentir em receber prestação diversa da que lhe é devida. No caso, está-se a tratar da hipótese de a Administração entregar um bem imóvel seu, isto é, de sua propriedade, para pagar uma dívida contraída junto a terceiros. Estabelece a lei que, nesse caso, a licitação é dispensada.[430]

7.2.2. a questão do precatório

O dispositivo permite alguma digressão. Em primeiro plano, há que se salientar que a Constituição Federal estabelece o regime do precatório para a execução das dívidas contra a Fazenda Pública. O ônus da execução recai sobre a Fazenda Pública quando a dívida for contraída por pessoa jurídica de direito público (administração direta, autarquias, fundações públicas e demais entidades de caráter público criadas por lei).

Execução por precatório, é a forma de executar uma sentença judicial em que o devedor, reconhecido pelo Juiz, é a Fazenda Pública, o erário, seja Federal, Estadual, Municipal ou do Distrito Federal. Isso se deve ao fato de que os bens públicos não estão sujeitos à penhora, corolário do atributo da inalienabilidade e, portanto, não podem ser levados à execução para a satisfação do crédito do credor. Em síntese, o precatório é uma ordem judicial, um documento, emitido pelos presidentes dos Tribunais, em que se registra o *quantum* devido pela Fazenda, em razão da sentença ou acórdão, ordenando-se em rigorosa cronologia. Todos os precatórios apresentados até 1º de julho de cada ano serão obrigatoriamente inscritos no orçamento do ano seguinte para serem pagos, liquidados.

O disposto no art. 100 da Constituição Federal, que trata dos precatórios, é categórico e imperativo, de observância inafastável. Essa é uma situação de restrita atuação do Legislativo, pois cabe à lei, no caso, o orçamento, que é lei em sentido formal, apenas estabelecer o quanto será consignado para o

---

[429] BRASIL. Lei nº 10.406, de 10 de janeiro de 2002. Institui o Código Civil. **Diário Oficial da União [da] República Federativa do Brasil**, Brasília, DF, 11 jan. 2002. Confira o art. 356.

[430] Em sentido diverso, entendendo que a Administração recebe o bem em dação em pagamento: JUNQUEIRA, Wolgran. **Licitações e Contratos na Administração Pública, Comentários à Lei nº 8.666/93**, São Paulo: Edipro. Comentários à página 84.

pagamento das dívidas da Fazenda Pública e, mesmo nesse particular, ficou, por determinação constitucional, totalmente vinculada, pois deverá dotar toda a dívida constante dos precatórios judiciais, apresentados até 1º de julho, vedando-se-lhe, porém, indicar casos ou pessoas.

Tendo em conta a inafastável observância do regime do precatório, pode a Administração, no curso de processo judicial, antes ou na fase de execução, "dar em pagamento" um imóvel? E, fora do processo, pode dar em pagamento? Quais os limites desse dispositivo?

7.2.3. interesse público

A resposta a tais questões está a depender da análise de outra, antecedente lógica sua. Qual o interesse público que justifica a Administração entregar um imóvel seu para quitar uma dívida? O mero interesse em se livrar do débito não é juridicamente autorizador do procedimento. Ao contrário, se ficar evidenciado que apenas esse interesse serviu de justificativa para a dação em pagamento, deve ser essa simplesmente anulada, com recomposição do erário e responsabilização da autoridade que o praticou. A anulação ampara-se no art. 2º, alínea "d", da Lei de Ação Popular - Lei nº 4.717/1965.[431]

Para a regularidade da dação em pagamento, impõe-se a existência de interesse público em dar um determinado bem imóvel para o particular que, de posse do bem, irá desenvolver o interesse público pretendido pela Administração, sendo nesse particular, também credor da mesma. Logo se vê que grande parcela das dações em pagamento estão bastante longe de almejarem a satisfação do interesse público.

Obviamente, pode-se vislumbrar exemplos em que o fato ocorrerá nos contornos da legalidade. É o caso de a União, possuidora de um edifício de hospital vazio e inoperante, sobre o qual não tivesse mais interesse, sendo devedora de determinado Município, que pretende ampliar o atendimento à sua população, na área de saúde, resolver dá-lo em pagamento. Conquanto coubesse, no caso, o convênio, seria legítimo e jurídico que a primeira se servisse da dação em pagamento para o equacionamento da questão. O mesmo não ocorreria se o seu credor fosse um hospital particular, pois o interesse público seria, quando muito, mediato, uma vez que o imediato corresponderia ao lucro de sua atividade. O interesse público mediato não é suficiente para justificar a dação em pagamento, embora o interesse público imediato a

[431] BRASIL. Lei nº 4.717, de 29 de junho de 1965. Regula a Ação Popular. **Diário Oficial [da] República Federativa do Brasil**, Brasília, DF, 5 jul. 1965. Republicada em 8 abr. 1974.

autorize. Na dúvida, é preferível que se proceda à concorrência, efetivando-se o pagamento da dívida mediante precatório.

A justificativa do interesse público deve ser expressa por escrito e constar dos autos, como ordena o art. 38, VI, c/c o art. 17, *caput*.[432]

Em escólio ao mencionado dispositivo assere, com acerto, Carlos Ari Sundfeld que: "Não se admite a dação em pagamento quando a Administração puder obter, através da venda, um resultado mais vantajoso".[433] Efetivamente, ainda que se caracterize a ocorrência de todos os pressupostos delineados - lei autorizadora,[434] avaliação prévia, e interesse público imediato do credor, concorrente com o da Administração - é imprescindível que a dação em pagamento se constitua em vantagem para esta.

7.3. alínea "b" – doação

Conforme a Lei nº 8.666/1993, art. 17, *in verbis*:

> I - quando imóveis, dependerá de autorização legislativa para órgãos da administração direta e entidades autárquicas e fundacionais, e, para todos, inclusive as entidades paraestatais, dependerá de avaliação prévia e de licitação na modalidade de concorrência, dispensada esta nos seguintes casos:
>
> [...]
>
> b) doação, permitida exclusivamente para outro órgão ou entidade da administração pública, de qualquer esfera de governo, ressalvado o disposto nas alíneas *f* e *h*; (redação dada pela Lei nº 11.481, de 31 de maio de 2007)

7.3.1. doação - noções

A doação também é um instituto de Direito Civil e, como a dação em pagamento, exige a satisfação de outros requisitos próprios do Direito Administrativo para sua realização.

---

[432] Sendo, porém, despiciendo que conste do contrato respectivo, o qual, a propósito, é obrigatório, nos termos do art. 62, todos da Lei nº 8.666/1993.

[433] SUNDFELD, Carlos Ari apud JUSTEN FILHO, Marçal. **Comentários à lei de licitações e contratos administrativos**. 11 ed. São Paulo: Dialética, 2005, p. 175.

[434] Neste sentido, no desempenho de nossas funções institucionais, manifestamo-nos: "A autorização legislativa não é exigível das empresas públicas, como é o caso da TERRACAP e da CAESB, como se extrai do art. 17 da Lei de Licitações, que a exige apenas dos órgãos da administração direta e entidades autárquicas". TCDF. Processo nº 7.788/96. Parecer MP/TCDF nº 31.541/98.

Estabelece o Código Civil que doação é o contrato em que uma pessoa, por liberalidade, transfere do seu patrimônio, bens ou vantagens para o de outra.[435] A doação pode ser condicional ou a termo, verbal, por escritura pública ou instrumento particular na esfera do Direito Civil.

É consabido que o administrador público, na condição de gestor de coisa alheia, não pode dispor e muito menos praticar liberalidade. Somente exsurgirá essa possibilidade quando a lei determinar, daí porque a exigência do *caput* do art. 17.

7.3.2. doação de imóvel - restrições

O Decreto-Lei nº 2.300/1986 dispunha que a licitação seria dispensada em caso de doação, tendo a Lei nº 8.666/1993 estabelecido, restritivamente, que a doação de imóveis só seria permitida para outro órgão ou entidade da Administração Pública de qualquer esfera de governo.

Essa linha evolutiva foi imposta pelo interesse público, restringindo o instituto da doação, com o objetivo de evitar a dilapidação do patrimônio público e pôr termo aos manifestos desvios de finalidade que vinham ocorrendo.

A norma em tela foi definida pela legislação, na esfera federal, admitindo a doação de bens da União para as pessoas jurídicas das demais esferas de governo para assentamentos residenciais e para outras finalidades específicas devendo nesse último caso ser estabelecido prazo para cumprimento[436]. Sendo a doação com encargo, resolve-se com o não cumprimento da condição.

Com o advento da Lei nº 11.481/2007, ampliou-se a permissividade do instituto da doação, na Lei nº 8.666/1993, para permiti-la em casos de programas habitacionais e de regularização fundiária de interesse social, desenvolvidos por órgãos ou entidades da administração pública.

Esse assunto será melhor estudado mais adiante, nos subtítulos 7.7. e 7.9.

7.3.3. decisão do Supremo Tribunal Federal

O governo do Estado do Rio Grande do Sul questionou a constitucionalidade desse dispositivo e o Supremo Tribunal Federal, em caráter

---

[435] BRASIL. Lei nº 10.406, de 10 de janeiro de 2002. Institui o Código Civil. **Diário Oficial da União [da] República Federativa do Brasil**, Brasília, DF, 11 jan. 2002. Confira o art. 538.

[436] Vide art. 31 da Lei nº 9.636, de 15 de maio de 1998. Dispõe sobre a regularização, administração, aforamento e alienação de bens imóveis de domínio da União [...] e dá outras providências. **Diário Oficial da União [da] República Federativa do Brasil**, Brasília, DF, 18 maio 1998.

liminar, no julgamento da ADI nº 927-3,[437] decidiu suspender a eficácia da expressão "exclusivamente para outro órgão ou entidade da Administração Pública, de qualquer esfera de governo". Deliberando nesse sentido, a lei deve ser interpretada considerando escrita esta expressão apenas para os órgãos da Administração Pública federal, direta, indireta e fundacional, e não escrita para as demais esferas de governo, que, em consequência, podem continuar promovendo doação de imóvel, inclusive para particulares, respeitadas as demais exigências - interesse público justificado, avaliação prévia e autorização legislativa para a administração direta, autárquica e fundacional. Releva evidenciar que a decisão ocorreu em sede liminar, vigorando até ulterior decisão definitiva.

Com a força vinculativa da decisão em epígrafe, os Estados poderão promover doação, inclusive a particulares, como dito, ficando a sociedade e os órgãos de controle incumbidos de avaliar a correlação entre o ato do donatário e a satisfação do interesse público, que deve ser o "pano de fundo", escopo permanente do ato administrativo.

Não raro, estão presentes interesses pouco afinados com o interesse público e difíceis de serem contrastados com o ordenamento jurídico; daí porque é compreensível que a legislação federal vede a doação a particulares.

Sobre outro aspecto, a respeitável decisão do Supremo Tribunal Federal inovou, vez que, desde o julgamento da Representação nº 911,[438] a doutrina tem assentado que as hipóteses de dispensa de processo licitatório estabelecidas na legislação federal não podem ser ampliadas pelos Estados. A precitada decisão, adotada em sede de representação por inconstitucionalidade, teve a seguinte ementa: "Não pode lei estadual ampliar os casos de dispensa de licitação fixados em lei federal".

Destarte, ao restringir o alcance do dispositivo para as unidades federadas, o STF acabou por estabelecer situações diferentes de dispensa entre os órgãos federais e os demais integrantes de outras esferas de governo.

Com o advento da Lei nº 11.481/2007, o legislador deixou passar a oportunidade de sanar a controvérsia jurídica e avalizar o entendimento da Corte Maior, repetindo a redação original da alínea "b" na expressão

[437] BRASIL. Supremo Tribunal Federal. Ação Direta de Inconstitucionalidade (Med. Liminar) nº 927-3. Relator: Ministro Celso de Mello, Brasília, DF, 1993. **Diário da Justiça [da] República Federativa do Brasil**, Brasília, DF, 11 nov. 1994.

[438] BRASIL. Supremo Tribunal Federal. Representação nº 911/RJ. Relator: Ministro Antonio Neder. **Diário da Justiça [da] República Federativa do Brasil**, Brasília, DF, 09 out. 1981, p. 10054. Ementário vol-01229-01, p. 00005. RTJ vol-00100-01, p. 00467.

"exclusivamente para outro órgão ou entidade da administração pública, de qualquer esfera de governo".

Válida continua a liminar do STF, no tocante a suspensão parcial da eficácia da alínea "b" do inc. I do art. 17, visto que a nova redação apenas acrescentou complementação à norma, não configurando desvirtuamento do seu sentido primário.

7.3.4. reversão de doação e a decisão do STF

Outro aspecto que ainda deve ser considerado é o que dispõe o § 1º do art. 17 da Lei nº 8.666/1993, que, inovando o Decreto-Lei nº 2.300/1986, estabeleceu:

> § 1º Os imóveis doados com base na alínea "b" do inciso I deste artigo, cessadas as razões que justificaram a sua doação, reverterão ao patrimônio da pessoa jurídica doadora, vedada a sua alienação pelo beneficiário.

Nesse diapasão, os contornos da doação ficaram exageradamente resguardados e a cláusula de reversão do bem imóvel passou a ser obrigatória em todo contrato de doação.[439]

Pela nova leitura do dispositivo a Administração somente doará imóvel para outro ente da Administração e para garantia de programas habitacionais e de regularização fundiária de interesse social, e, mesmo assim, só integrará o patrimônio dessas enquanto servir à finalidade que justificou a doação. Cessadas as razões, a reversão impõe-se. A forma indicada é o distrato ou o contrato para a reversão do bem.

Procede destacar que a eficácia integral desse dispositivo está suspensa, para todas as esferas de governo, por força da decisão adotada em sede liminar pelo Pretório Excelso, na mesma Ação Direta de Inconstitucionalidade acima

---

[439] Ver, a propósito: BRASIL. Lei nº 9.636, de 15 de maio de 1998. Dispõe sobre a regularização, administração, aforamento e alienação de bens imóveis de domínio da União [...] e dá outras providências. **Diário Oficial [da] República Federativa do Brasil**, Brasília, DF, 18 maio 1998.

Obs.: Por meio da Medida Provisória nº 292/2006, sem eficácia em virtude do prazo de vigência ter-se encerrado no dia 25 de agosto do corrente ano, pretendeu-se modificar a redação do artigo acima transcrito para o seguinte: "Art. 31. Mediante ato do Poder Executivo e a seu critério, poderá ser autorizada a doação de bens imóveis de domínio da União a: I - Estados, Distrito Federal, Municípios, fundações públicas e autarquias públicas federais, estaduais e municipais; II - empresas públicas e sociedades de economia mista federais, estaduais e municipais; e III - fundos públicos, nas transferências destinadas a realização de programas habitacionais ou de regularização fundiária de interesse social.

referida.[440] Muito embora naquela ADI algumas partes da lei tenham tido sua eficácia obviada por decisão da Suprema Corte, em relação apenas às unidades federadas, outras foram amplamente atingidas, ficando como não escritas, para qualquer órgão, até que sobrevenha a decisão definitiva do STF.

Observa-se que, enquanto a literalidade da lei em relação à doação foi atingida apenas para a esfera não federal, pela decisão do STF, a cláusula de reversão abrangeu todas as esferas, inclusive a federal.

Por óbvio é de se considerar como válida a cláusula de reversão para os imóveis doados com fins habitacionais e de regularização fundiária de interesse social, visto que tais possibilidades não foram objeto de Ação de Inconstitucionalidade, não tendo sido, portanto, contempladas na época da apreciação do dispositivo pelo Pretório Excelso e, por via de consequência, não podem ser atingidas pela decisão prolatada.

7.3.5. doação com encargo

A legislação civil autoriza que o doador, no ato da doação, ou antes, como promessa de doação, estabeleça encargos a serem arcados pelo donatário, hipótese de que também pode servir-se a Administração Pública.

Esses encargos podem ser estabelecidos em favor da própria Administração, de terceiro, de órgão ou entidade determinada, ou em favor do interesse em geral.

Seria o caso, por exemplo, de a União doar um imóvel a um município com o encargo de este edificar um hospital público. Nesse caso, como regra geral, estabelece o art. 562, do Código Civil, que

> a doação onerosa pode ser revogada por inexecução do encargo, se o donatário incorrer em mora. Não havendo prazo para cumprimento, o doador poderá notificar judicialmente o donatário, assinando-lhe prazo razoável para que cumpra a obrigação assumida.

No âmbito do Direito Administrativo, o dispositivo deve ser adequado ao fato de que ambas as partes estão almejando a satisfação de interesse público e sua aplicação, conquanto plenamente possível, merece ser visualizada nesse amplo contexto.

À luz do art. 31, § 1º, da Lei nº 9.636/1998, transcrito no subtítulo anterior, o encargo passou a ser regra.

---

[440] BRASIL. Supremo Tribunal Federal. Ação Direta de Inconstitucionalidade (Med. Liminar) nº 927-3. Relator: Ministro Celso de Mello, Brasília, DF, 1993. **Diário da Justiça [da] República Federativa do Brasil**, Brasília, DF, 11 nov. 1994.

7.3.5.1. doação com encargo - bens móveis e imóveis

O dispositivo que trata da doação com encargo, como ver-se-á adiante, é abrangente e permite regrar não apenas a alienação de bens móveis, mas também a de imóveis.

7.3.5.2. doação com encargo - licitação obrigatória

Dispõe a Lei nº 8.666/1993, art. 17, § 4º, *in verbis*:

> A doação com encargo será licitada e de seu instrumento constarão obrigatoriamente os encargos, o prazo de seu cumprimento e cláusula de reversão, sob pena de nulidade do ato, sendo dispensada a licitação no caso de interesse público devidamente justificado.

É um dos mais amplos dispositivos autorizadores da alienação direta constante da lei. Ficou ao alvedrio do administrador identificar o interesse público e justificá-lo. Obviamente, também está ao alcance dos órgãos de controle, que desde a Constituição de 1988 têm por dever avaliar a eficácia e a eficiência, a moralidade e a impessoalidade dos atos da Administração.

Como sempre, quando a lei refere-se a justificativa ou justificação está a indicar que essa deve ocorrer previamente, documentando as razões de decidir, os motivos reais e diretos do convencimento da autoridade.

7.3.5.3. doação com encargo para particular

A doação sem encargo para órgão ou entidade da Administração Pública, bem como para particular no âmbito de programa habitacional e de regularização fundiária de interesse social, pode incidir na hipótese de licitação dispensada, preconizada pela alínea "b" do inciso I do art. 17. Mas, e a licitação com encargo que tenha subjacente relevante interesse público autorizaria a alienação de bem da Administração para particular, na forma direta, sem licitação?

A resposta é afirmativa. A possibilidade foi inovadoramente assegurada pela Lei nº 8.883/1994, que, alterando a redação do § 4º do art. 17, permitiu que a licitação fosse dispensada mediante a existência de "interesse público devidamente justificado". Se essa abertura constitui-se ou não em caminho para o patrocínio de interesses escusos, depende da correta atuação dos dirigentes públicos, mas não só deles; do senso crítico das elites da sociedade, dos órgãos de controle, seus dirigentes e servidores e da imprensa consciente do seu verdadeiro papel.

Ademais, insta ressaltar que haverá casos em que o controle dos atos e o interesse público serão discutíveis, como, por exemplo, em um determinado Município, com elevada taxa de desemprego, que decide promover a doação, com encargo, de imóvel de razoáveis dimensões para determinado industrial instalar, no local, uma fábrica visando ao interesse público de ocupação produtiva da mão de obra. Está ou não caracterizado o interesse público?

A questão precisa ser harmonizada com o Direito em sua inteireza. A justificativa do interesse público coordena-se com os princípios da moralidade, da publicidade, da impessoalidade, do dever da eficiência e mais outras considerações que se impõem. A primeira delas diz respeito ao fato de que essa possibilidade de promover doação com encargo só atinge as pessoas jurídicas de direito público: União, Estados, Distrito Federal e Municípios, suas autarquias e fundações. Isso porque, em tais entidades, a realização do interesse público está ou, no caso das duas últimas, pode estar relacionado com a atividade-fim. Nas demais pessoas jurídicas integrantes da Administração Pública, *lato sensu*, está presente, pelo menos em tese - conceituações do Decreto-Lei nº 200/1967[441] - a atividade econômica, industrial ou empresarial, o que torna incabível servirem-se dessa possibilidade de licitação dispensada. Assim, para as primeiras sobreditas far-se-á necessária a participação do Parlamento, formado pelos legítimos representantes do povo, que serão encarregados de confrontar o interesse público[442] com os princípios que devem delinear a atuação do Administrador Público, aprovando a lei autorizadora.

7.3.5.4. doação com encargo - procedimentos complementares

O art. 26 da Lei nº 8.666/1993, fazendo remissão à possibilidade de licitação dispensada para a doação com encargo, determina que o ato seja submetido à autoridade superior para ratificação[443] e publicação na imprensa

---

[441] BRASIL. Decreto-Lei nº 200, de 25 de fevereiro de 1967. Dispõe sôbre a organização da Administração Federal, estabelece diretrizes para a Reforma Administrativa e dá outras providências. **Diário Oficial [da] República Federativa do Brasil**, Brasília, DF, 27 fev. 1967 (suplemento). Retificado em 8 mar. 1967 e Retificado em 30 mar. 1967 e Retificado em 17 jul. 1967.

[442] a) A administração tem o poder/dever de revisar seus atos ilegais ou danosos aos interesses públicos, desde que o faça mediante justificação.

b) "[...] No caso, a anulação do ato administrativo ocorreu tendo em vista irregularidades detectadas nos documentos utilizados para a habilitação. 3. recurso improvido." BRASIL. Tribunal Regional Federal da 4ª Região. AMS Processo nº 90.04.15046-3/SC – 2ª Turma. Relatora: Juíza Luíza Dias Cassales. **Diário da Justiça [da] República Federativa do Brasil**, Brasília, DF, 21 set. 1994, p. 52780.

[443] a) O TCU determinou a observância do que dispõe o art. 26 da Lei nº 8.666/1993, tendo em vista a falta de ratificação da autoridade superior nas dispensas de licitação e situações de inexigibilidade, rejeitando a alegação de que a assinatura do subsequente contrato supriria tal omissão. BRASIL. Tribunal de Contas da União. Processo nº TC-625.177/94-0. Decisão nº 752/1998 - Plenário. Relator: Ministro Carlos Átila Álvares da Silva. **Diário Oficial [da] República Federativa do Brasil**, Brasília, DF, 16 nov. 1998. Seção 1, p. 46.

oficial, no prazo de cinco dias, como condição de eficácia dos atos. Esses procedimentos complementares devem ser adotados especialmente porque a publicidade é um preceito de ordem constitucional e deve ser efetivada na forma da lei. Contudo, abaixo dos valores previstos no inc. II, do art. 24 da Lei nº 8.666/1993, a publicação pode ser dispensada.[444]

Em prosseguimento, no parágrafo único do mesmo dispositivo, é exigido que o processo de dispensa seja instruído com os elementos ali indicados que, para evitar repetição, serão analisados nos comentários ao respectivo ditame legal, no capítulo 7.

7.3.5.5. encargos da doação e a lei autorizadora

Discutível é se os encargos devem constar da autorização legislativa para a alienação.

Em princípio, a melhor exegese é a que entende obrigatória a referência de que a doação proceder-se-á com encargo, elencando-os no instrumento do contrato. Constitui direito-dever do Legislativo inteirar-se dos encargos e de todas as suas condições, sendo nula de pleno direito a autorização legislativa que permite a doação sem fazer qualquer referência aos encargos estabelecidos para a mesma, porque desnatura a essência jurídica do ajuste. Dispensável, porém, explicitar de forma circunstanciada os encargos no texto da lei.

7.3.5.6. doação com encargo e a hipoteca

O § 5º do art. 17 estatui que, no caso de doação com encargo, se o donatário necessitar oferecer o imóvel em garantia de financiamento, a cláusula de reversão e demais obrigações serão garantidas por hipoteca em 2º grau, em favor do doador.

Hipoteca é direito real de garantia, regulado pelo Direito Civil. Por meio desse instituto, o devedor oferece ao credor, em garantia do cumprimento da obrigação, determinado bem, conferindo ao credor preferência sobre o valor,

No mesmo sentido, recomendando a observância do art. 26, no tocante à exigência de ratificação da autoridade competente: Processo nº 007.288/1997-2. Acórdão nº 32/2005 - Plenário; Processo nº 005.758/2005-2. Acórdão nº 1.808/2005 - Plenário, dentre outros.

b) É o regimento interno ou o estatuto que determinará as competências. Na hipótese de delegação de competência, o delegante não pode ratificar os atos praticados pelo delegado, pois, neste caso, os dois correspondem à mesma autoridade. Ofício circular/CAORI/CISET/MT nº 90/94, de 30 de setembro de 1994 e Mensagem CONED/STN nº 555769, de 14 de junho de 1994, interessado: IBAMA.

[444] BRASIL. Tribunal de Contas da União. Processo nº TC-019.967/2005-4. Acórdão nº 1336/2006 - Plenário. Relator: Ministro Ubiratan Aguiar. **Diário Oficial da União [da] República Federativa do Brasil,** Brasília, DF, 7 ago. 2006. Seção 1.

que deverá ser apurado em hasta pública, para satisfação do débito, em detrimento de todos os outros credores, salvo exceções legais.

A Lei nº 8.666/1993 estabelece que, para garantia da cláusula de reversão e demais obrigações, a Administração utilizar-se-á da garantia denominada "hipoteca em 2º grau". É um típico caso de hipoteca legal em que, para alcançar os resultados pretendidos, deverá ser registrada e especializada, conforme dispõe o art. 1.497 do Código Civil.[445]

Interessante notar que, se a hipoteca em segundo grau for apresentada a registro, mesmo com referência expressa à existência de outra, no caso, em primeiro grau, e esta não for apresentada no prazo de 30 (trinta) dias, a segunda será inscrita e obterá preferência sobre aquela.[446]

7.4. alínea "c" - permuta por outro imóvel

Dispõe a Lei nº 8.666/1993, art. 17, *in verbis*:

> I - quando imóveis, dependerá de autorização legislativa para órgãos da administração direta e entidades autárquicas e fundacionais, e, para todos, inclusive as entidades paraestatais, dependerá de avaliação prévia e de licitação na modalidade de concorrência, dispensada esta nos seguintes casos:
>
> [...]
>
> c) permuta, por outro imóvel que atenda aos requisitos constantes do inciso X do art. 24 desta Lei;

Também esse tipo de alienação - permuta[447] - deita raízes no Direito Civil, sendo também nominada como troca,[448] devendo ser acolhida sob os princípios peculiares do Direito Administrativo.

---

[445] Vide também o art. 167, inciso I, nº 2, da Lei nº 6.015, de 31 de dezembro de 1973, que dispõe sobre os registros públicos. **Diário Oficial [da] República Federativa do Brasil,** Brasília, DF, 31 dez. 1973.

[446] Conforme reza o art. 189 da Lei nº 6.015/1973 (Lei dos Registros Públicos) e o art. 1.495 do Código Civil.

[447] Sobre o assunto, dispõe a Lei nº 9.636/98. Art. 30. Poderá ser autorizada, na forma do artigo 23, a permuta de imóveis de qualquer natureza, de propriedade da União, por imóveis edificados ou não, ou por edificações a construir. § 1º Os imóveis permutados com base neste artigo não poderão ser utilizados para fins residenciais funcionais, exceto nos casos de residências de caráter obrigatório, de que tratam os artigos 80 a 85 do Decreto-Lei nº 9.760, de 1946. § 2º Na permuta, sempre que houver condições de competitividade, deverão ser observados os procedimentos licitatórios previstos em lei".

No sentido do princípio da economicidade o TCU deu provimento a pedido de reexame e expurgou multa aplicada aos responsáveis pela dispensa indevida de licitação em permuta de imóvel desocupado do INSS com empresa privada. BRASIL. Tribunal de Contas da União. Processo nº TC-006.2003-3. Acórdão nº 2.379/2004 - 2ª Câmara. Relator: Lincoln Magalhães da Rocha. **Diário Oficial da União [da] República Federativa do Brasil,** Brasília, DF, 9 dez. 2004. O TJDF entendeu: no caso de posterior a revogação de licitação - conveniência administrativa, "Optando o ente público pela anulação do processo licitatório e efetivação de permuta de imóvel com particular, que participou do certame, inviável ao Poder Judiciário perquirir sobre a

7.4.1. eficácia suspensa pelo STF

O acórdão da Ação Direta de Inconstitucionalidade - ADI nº 927-3/RS, como já comentado, mostrou-se inicialmente pouco esclarecedor. Posteriormente, o Ministro relator providenciou ementa aclarando o entendimento de modo a fazer prevalecer a intenção dos votos.[449]

Com a decisão interpretando o dispositivo conforme a Constituição, deve-se entender que a eficácia não foi suspensa, em relação a União Federal. Para as demais esferas de Governo - Distrito Federal, Estados e Municípios - a permuta é possível juridicamente sem restrição em relação aos destinatários. Desse modo, a União somente pode permutar imóvel com órgão e entidade pública, enquanto as demais esferas de governo não sofrem essa restrição.

O instituto da permuta foi novamente autorizado pela Lei nº 9.636/1998, art. 30,[450] para a esfera federal, com imóveis entre suas entidades e de outras esferas de governo. Inovadoramente, porém, foi estabelecido, com acerto, que se houver condições de competitividade deverão ser observados os procedimentos licitatórios.

No processo TCDF nº 3.080/1989, o Ministério Público junto ao Tribunal de Contas do Distrito Federal evidenciou uma permuta de discutível legitimidade, promovida sob a égide do Decreto-Lei nº 2.300/1986, entre um imóvel de uma sociedade de economia mista e uma empresa particular. O primeiro, em uma das regiões mais nobres da cidade, e o segundo, mais distante do centro, em nada interessava ao órgão, tendo à época sido alegado que ali se edificaria uma outra filial do órgão, fato que não chegou a ocorrer. Estavam evidenciados indícios, no entendimento expressado pelo Ministério Público Especial, de falta de legitimidade da transação, além de outras irregularidades ali registradas.

De igual modo, também ao tempo do Decreto-Lei nº 2.300/1986, houve decisão da 3ª Turma Cível do Tribunal de Justiça do Distrito Federal e Territórios, com a seguinte ementa:

---

conveniência do ato. 2ª Turma Cível. AC nº 20020150038031. **Diário da Justiça [da] República Federativa do Brasil,** 29 out. 2003. Seção 3.

448 BRASIL. Lei nº 10.406, de 10 de janeiro de 2002. Institui o Código Civil. **Diário Oficial da União [da] República Federativa do Brasil**, Brasília, DF, 11 jan. 2002. Art. 533.

449 Nas edições anteriores deste trabalho os comentários consideravam o acórdão; com a divulgação da ementa atualizou-se o texto.

450 A antiga Medida Provisória nº 1.787/1999, posteriormente convertida na Lei nº 9.821/1999 alterou e acresceu dispositivos às Leis nº 5.972, de 11 dez. 73 e 9.636, de 15 maio 1998. Não trouxe repercussões significativas ao tema, mas reabriu a possibilidade de permuta. **Diário Oficial [da] República Federativa do Brasil,** Brasília, DF, de 26 fev. 1999. Seção 1, p. 19.

> BEM PÚBLICO. PERMUTA. NECESSIDADE DE LICITAÇÃO. Exsurge a necessidade do procedimento licitatório para a realização de permuta de bem imóvel público por bem imóvel particular, quando não demonstrado o interesse público justificador da transação, não bastando para tanto o parecer favorável da Procuradoria do Distrito Federal" (fl. 459).[451]

Mais recentemente, o Tribunal de Contas da União decidiu:

> 9.4. determinar à Marinha do Brasil que, doravante, nas alienações envolvendo bens imóveis, adote licitação na modalidade concorrência, consoante preceitua o art. 17, I, da Lei n. 8.666/1993, abstendo-se de promover dispensa de licitação, exceto nos casos em que restar devidamente comprovado que o interesse da Administração não seria atendido acaso o imóvel desejado não fosse o escolhido.[452]

7.4.2. despesas da permuta

Estabelece o estatuto civil, em regra peculiar à permuta, que as despesas serão negociadas pelas partes. Se nada for disposto, as partes pagarão "por metade as despesas com o instrumento da troca".[453]

Obviamente, mesmo no caso da permuta, a Administração poderá valer-se das imunidades e isenções tributárias que detiver, ressalvadas as empresas públicas e sociedades de economia mista que se dediquem à exploração de atividade econômica, as quais não podem ser alcançadas por qualquer privilégio dessa ordem, por expressa vedação constitucional.[454]

Quando, porém, a permuta ocorrer entre um particular e uma entidade da Administração imune à tributação, como uma Prefeitura, por exemplo, o particular deverá, se as partes não dispuserem de forma diferente, arcar com metade das despesas de transferência, tendo a seu favor os direitos pessoais

---

451 Opostos embargos de Declaração, foram eles rejeitados, conforme aresto de fls. 480-2, daqueles autos. DISTRITO FEDERAL. Tribunal de Justiça do Distrito Federal e Territórios. Processo nº APC 3801895-DF. Acórdão nº 89445 - 3ª Turma Cível. Relator: Desembargador Vasquez Cruxên. **Diário da Justiça [da] República Federativa do Brasil**, 27 nov. 96. Seção 2, p. 21908.

452 BRASIL. Tribunal de Contas da União. Processo nº 031.021/2007-3. Acórdão nº 1894/2008 - Plenário. Relator: Ministro Marcos Bemquerer. **Diário Oficial [da] República Federativa do Brasil**, Brasília, DF, 05 set. 2008.

453 BRASIL. Lei nº 10.406, de 10 de janeiro de 2002. Institui o Código Civil. **Diário Oficial [da] República Federativa do Brasil**, Brasília, DF, 11 jan. 2002. Art. 533.

454 BRASIL. **Constituição da República Federativa do Brasil**. Organização dos textos e índice por J. U. JACOBY FERNANDES. 1. ed. atualizada até abril de 2007. Belo Horizonte: Fórum, 2007. Confira art. 173, § 1º.

oponíveis, como é o caso da redução de 50% dos emolumentos devidos na aquisição do primeiro imóvel financiado pelo BNH e outros semelhantes tratados no art. 290 da Lei Federal nº 6.015/1973. Essa observação assume relevo, considerando-se que, de acordo com a atual Lei de Registros Públicos,[455] em caso de permuta e pertencendo os imóveis à mesma circunscrição, serão feitos os registros nas matrículas correspondentes, sob um único número de ordem do protocolo.

7.4.3. imóveis da Administração sem registro cartorário

A propósito, não raro os imóveis da Administração carecem de adequado registro público, fato que poderá ensejar acréscimo de despesas cartorárias, pelas quais só responderá a parte que detém o imóvel em situação irregular.

7.4.4. imóvel por móvel - restrição à permuta

A rigor, em tese seria possível permutar um bem imóvel por outro, de natureza diversa, móvel ou imóvel. Ocorre que a Lei nº 8.666/1993, diversamente do Decreto-Lei nº 2.300/1986, restringiu a possibilidade de permuta, estabelecendo que essa só pode ocorrer, como meio de alienação de imóveis da Administração, com licitação dispensada, quando a Administração tiver em vista outro imóvel.

Com a suspensão da eficácia desse dispositivo e a permissão da permuta sem licitação por outras normas, como visto, a restrição deixou de prevalecer. Admite-se diferença substancial de valores, que poderá ser objeto de pagamento em dinheiro ou outro bem, vez que seria quase impossível obter bens imóveis de valores equivalentes.[456]

Nesses casos, deverá a Administração fazer constar no edital que parte do pagamento será efetuada mediante entrega de bem móvel, devidamente caracterizado e à disposição dos licitantes para as vistorias necessárias.

7.4.5. requisitos do imóvel pretendido pela Administração

Além de ter restringido a possibilidade de licitação dispensada à permuta de imóveis, fixou a alínea "c" que o imóvel pretendido pela Administração deve preencher os requisitos do art. 24, inciso X, da Lei nº 8.666/1993. Assim,

---

[455] BRASIL. Lei nº 6.015 de 31 de dezembro de 1973. Dispõe sobre os registros públicos, e dá outras providências. **Diário Oficial [da] República Federativa do Brasil,** Brasília, DF, 31 dez. 1973.

[456] BRASIL. Lei nº 9.636, de 15 de maio de 1998. Dispõe sobre a regularização, administração, aforamento e alienação de bens imóveis de domínio da União [...] e dá outras providências. **Diário Oficial [da] República Federativa do Brasil**, Brasília, DF, 18 maio 1998. Confira art. 30.

para que se viabilizasse a permuta com licitação dispensada, era imprescindível a concomitante ocorrência dos seguintes requisitos:

- que o imóvel, objeto da futura alienação, somente se destaque do patrimônio público em atendimento ao interesse público, sendo precedido de avaliação prévia e, tratando-se de órgão da Administração direta, autárquica ou fundacional, de lei autorizadora;
- que a Administração esteja pretendendo adquirir outro imóvel;
- que o imóvel pretendido vise às finalidades precípuas da Administração;
- que as necessidades de instalação e localização condicionem a sua escolha;[457]
- que o preço, considerado para fins de permuta seja compatível com o praticado no mercado. Esse aspecto deverá ser documentado também com laudo de avaliação ou outro instrumento idôneo.[458]

Como se observa, portanto, se a Administração desejar adquirir um imóvel com dispensa de licitação, deverá atender aos três últimos requisitos, além dos dispostos no art. 26; mas, se pretender permutar, deverá atender aos cinco requisitos expostos acima.

A ADI 927-3/RS, em caráter liminar, ensejou a suspensão da eficácia dessa alínea. Contudo, por força da Lei nº 9636/1998 o instituto da permuta retornou ao ordenamento jurídico, desta feita apenas para a esfera federal.

7.5. alínea "d" - investidura

Dispõe a Lei nº 8.666/1993, art. 17, *in verbis*:

> I - quando imóveis, dependerá de autorização legislativa para órgãos da administração direta e entidades autárquicas e fundacionais, e, para todos, inclusive as entidades

457 O TCU entendeu, no que concerne à dispensa de licitação para aquisição de imóveis, que o enquadramento no art. 24, inc. X, somente é possível quando a localização do imóvel for condizente para a escolha. BRASIL. Tribunal de Contas da União. Processo nº TC-625.362/95-0. Decisão nº 337/1998 - 1º Câmara. Relator: Ministro Carlos Átila. **Diário Oficial da União [da] República Federativa do Brasil,** Brasília, DF, 19 nov. 1998. **No mesmo sentido**: SÃO PAULO. Tribunal de Justiça. Embargos Infringentes nº 17.854-5 7. Câmara de Direito Público.

458 O TCU rejeitou a proposta do seu órgão instrutivo - SECEX - que considerou irregular utilizar a média dos laudos de avaliação. Desse modo, é possível inferir que o TCU não entende absoluto o critério da média. BRASIL. Tribunal de Contas da União. Processo nº TC-014.833/95-6. Decisão nº 671/1995 - Plenário. Relator: Ministro Adhemar Paladini Ghisi. **Diário Oficial [da] República Federativa do Brasil,** Brasília, DF, 28 dez. 1995. Seção 1, p. 22566.

> paraestatais, dependerá de avaliação prévia e de licitação na modalidade de concorrência, dispensada esta nos seguintes casos:
>
> [...]
>
> d) investidura;

O § 3º do art. 17 conceitua investidura, para os fins da Lei nº 8.666/1993, como:

> § 3º Entende-se por investidura, para os fins desta Lei:
>
> I - a alienação aos proprietários de imóveis lindeiros de área remanescente ou resultante de obra pública, área esta que se tornar inaproveitável isoladamente, por preço nunca inferior ao da avaliação e desde que esse não ultrapasse a 50% (cinquenta por cento) do valor constante da alínea "a" do inciso II do art. 23 desta lei; (Incluído pela Lei nº 9.648, de 1998)[459]
>
> II - a alienação, aos legítimos possuidores diretos ou, na falta destes, ao Poder Público, de imóveis para fins residenciais construídos em núcleos urbanos anexos a usinas hidrelétricas, desde que considerados dispensáveis na fase de operação dessas unidades e não integrem a categoria de bens reversíveis ao final da concessão. (Incluído pela Lei nº 9.648, de 1998).

7.5.1. requisitos legais

A investidura é um instituto típico do Direito Administrativo, por meio do qual a Administração aliena imóvel de sua propriedade; mas para que a licitação seja dispensada, devem, simultaneamente, ser satisfeitos os seguintes requisitos, além dos ordinariamente exigíveis para alienação - interesse público, avaliação prévia e, se for o caso, lei autorizadora:

1. existência pretérita de obra no local ou adjacências;
2. área resultante da conclusão de obra (remanescente ou resultante) ou núcleo residencial originado da construção de usinas hidrelétricas;
3. área remanescente, caracterizada por ser inaproveitável isoladamente; e ou edificações urbanas anexas, dispensáveis na fase de operação de usinas hidrelétricas e não atingidas pelo instituto da reversão ao final da concessão;

---

[459] Sobre laudo de avaliação, ver capítulo 5, subtítulo 16.2.1.: compras.

4. disposição dos proprietários de imóveis vizinhos à área e dos legítimos possuidores diretos em adquiri-la no caso de imóveis residenciais próximos a usinas hidrelétricas, ou do próprio Poder Público;
5. ter preço decorrente da avaliação inferior ao valor do convite estabelecido no art. 23, II da Lei nº 8.666/1993;
6. respeito ao valor mínimo da avaliação.

O disciplinamento legal oferecido peca, lamentavelmente, pelo regramento excessivo e pela estreita visão dos princípios basilares do ordenamento jurídico.

7.5.2. imóvel inaproveitável ou dispensável na execução de hidrelétricas

Conveniente, sobretudo, que se tenha em consideração que o termo "inaproveitável isoladamente" é apenas em parte subjetivo.

Essa situação poderá decorrer da dimensão física do terreno ou de determinação legal, insculpida, por exemplo, no Código de Edificações do Município, que vedaria a repartição de terrenos aquém de especificadas dimensões.

A propósito, a legislação agrária veda a divisão de terras em dimensão menor que o módulo rural, conforme o art. 65 da Lei nº 4.504, de 30 de novembro de 1964.

Em escólio ao dispositivo em comento, obtempera, com propriedade, Marçal Justen Filho, que:

> a investidura exige enfoque diverso daquele tradicionalmente a ela reservado, sendo necessário relacioná-la com as regras constitucionais que tutelam o meio ambiente e a ecologia. Qualquer que seja a área imóvel remanescente, poderá cogitar-se de seu aproveitamento para fins ecológicos e ambientais. Assim, entre a opção de conceder o domínio de uma pequena faixa de terras a um particular (para que dele faça uso egoístico) e utilizar a área para fins ecológicos (promovendo implantação de parques, por exemplo), a Administração terá o dever de optar pela segunda alternativa. O conceito de "inaproveitabilidade" alterou-se de modo radical em virtude da tutela à ecologia. Portanto, somente se poderá cogitar de investidura quando a

> área seja inaproveitável sob qualquer enfoque possível (inclusive ecológico).[460]

No tocante aos imóveis para fins residenciais construídos em núcleos urbanos anexos a usinas hidrelétricas, válido ponderar, no que pese a existência de outras edificações do mesmo porte e nível de complexidade, para as quais também são criadas vilas que abrigam temporariamente os profissionais envolvidos na realização da obra, bem como suas famílias, que deve-se interpretar a especificação "usinas hidrelétricas" como meramente exemplificativa.

Outrossim, a investidura somente se justifica se as residências não puderem ser aproveitadas para outros fins relacionados com a operacionalização do empreendimento como, por exemplo, postos de serviços auxiliares, ou para abrigar servidores públicos em atividade no local.

Há porém uma impropriedade na redação da parte final do inciso II do § 3º, quanto a condição de irreversibilidade do bem para a possibilidade do uso do instituto da investidura. Em detida análise do tema, cabe trazer a lume as argumentações de Marçal Justen Filho, que:

> Distinguem-se os bens aplicados à prestação do serviço público concedido em reversíveis e não reversíveis. Dizem-se reversíveis aqueles que, encerrada a concessão, deverão manter-se no patrimônio público. Não revertem para o poder concedente os bens de que o particular se vale na prestação do serviço e que, encerrada a concessão, integrar-se-ão no pleno domínio do particular. Enfim e para sintetizar, encerrada a concessão, os bens reversíveis passam ao domínio público e os não reversíveis ficam na propriedade do particular. Ora, a regra comentada impõe que a investidura apenas abrangerá os bens não reversíveis. Isso é um despropósito, eis que essa categoria de bens passará ao domínio do particular, sendo inviável transferir compulsoriamente o bem para a propriedade de terceiros - ao menos, enquanto não promovida a amortização do investimento correspondente a sua edificação. Daí que, se o investimento relativo ao bem foi (ou será) amortizado, caracteriza-se ele como reversível. Os bens não reversíveis não são amortizados. Somente será possível impor sua transferência a terceiros mediante o instituto da

[460] JUSTEN FILHO, Marçal. **Comentários à lei de licitações e contratos administrativos**. 11 ed. São Paulo: Dialética, 2005, p. 176 - 177.

> desapropriação. Terão de ser preenchidos os requisitos próprios, conforme a modalidade que se caracterizar. Disso tudo se extrai que a redação é equivocada, tendo sido incluída indevidamente a palavra "não". Tem de supor-se que a investidura do inc. II somente se aplica a bens que integrem a categoria dos reversíveis ao final da concessão.[461]

7.5.3. valor superior ao limite legal

Em relação ao terceiro requisito alinhado no subtítulo 7.5.1, com efeito revelam-se as seguintes indagações: se o imóvel é inaproveitável isoladamente, poderá a Administração deixá-lo ocioso? Não seria mais adequado que buscasse agregá-lo a um terreno circunvizinho onde a propriedade atenderia à sua real função social?

Por não satisfazer os requisitos para a dispensa, a situação exigiria a realização de concorrência, que é a modalidade de licitação adequada para a alienação de imóveis, fato que conduziria ao absurdo de se assegurar a participação de qualquer interessado, sabendo previamente a Administração que o imóvel só teria utilidade se agregado aos imóveis vizinhos ou lindeiros.

Em hermenêutica, rejeitam-se as exegeses que conduzem ao absurdo, como a registrada.

Há outra dificuldade em relação ao valor desse imóvel, cuja possibilidade de investidura se discute: individualmente é inaproveitável e, portanto, seu preço é extremamente mitigado; porém, esse mesmo espaço de imóvel, quando agregado a um circunvizinho, poderá aumentar até várias vezes o preço do imóvel ao qual se agrega. Na avaliação prévia, deverá ser observado o valor do imóvel em sua natureza individual e inaproveitável, sem qualquer consideração ao valor que virtualmente assume quando integrado a outro bem.

Se, contudo, ainda assim o valor ultrapassar o limite global estabelecido e houver apenas um possível interessado, ficará caracterizada a inviabilidade de competição, autorizando a venda direta na forma do art. 25, *caput*, da Lei nº 8.666/1993. Embora o art. 17 da lei tenha consagrado a Administração na condição de vendedora e os arts. 24 e 25, na condição de compradora ou tomadora de serviços, não parece possível vislumbrar outra alternativa para amparar o presente caso, tampouco qualquer óbice à utilização do rigor literal do art. 25, como referido.

---

[461] JUSTEN FILHO, Marçal. **Comentários à lei de licitações e contratos administrativos**. 11 ed. São Paulo: Dialética, 2005, p. 178 - 179.

7.5.4. mais de um interessado

O segundo aspecto que merece atenção para que ocorra ou se caracterize a investidura está relacionado com a localização geográfica do imóvel.

O termo, como já referido, sugere uma agregação de um diminuto terreno à propriedade vizinha. Sua localização física poderá, no entanto, ensejar a possibilidade de agregação a mais de um imóvel.

Havendo mais de um interessado, pode a Administração dispensar a licitação, se atendidos os demais requisitos elencados acima, adotando sempre critério objetivo para a solução da situação. O Código Civil apresenta alguns parâmetros que podem, por analogia, ser empregados, quando trata da aquisição por acessão, especialmente o parágrafo único do art. 1.250, o qual estabelece como critério a dimensão das "testadas" dos terrenos para definir proporcionalmente o direito de acrescer sua terra.

O mesmo não ocorre em referência ao termo "anexo", no caso dos imóveis residenciais próximos a usinas hidrelétricas, visto que sua identificação não se reconhece por uma localização geográfica determinada.

7.6. alínea "e" - venda a outro órgão ou entidade pública

Dispõe a Lei nº 8.666/1993, art. 17, *in verbis*:

> I - quando imóveis, dependerá de autorização legislativa para órgãos da administração direta e entidades autárquicas e fundacionais, e, para todos, inclusive as entidades paraestatais, dependerá de avaliação prévia e de licitação na modalidade de concorrência, dispensada esta nos seguintes casos:
>
> [...]
>
> e) venda a outro órgão ou entidade da administração pública, de qualquer esfera de governo;
>
> [...]

Em regra, a venda de imóvel da Administração é precedida de licitação na modalidade de concorrência.

A licitação é dispensada se houver interesse de outro órgão ou entidade da Administração Pública em adquiri-lo, na forma da alínea "e" do art. 17 da Lei nº 8.666/1993.

Esse permissivo foi instituído pela Lei nº 8.883/1994, que alterou a Lei nº 8.666/1993.

7.6.1. requisitos

Não foi estabelecido qualquer outro requisito para essa dispensa além dos fixados no *caput* - avaliação prévia e, se o agente vendedor for pessoa jurídica de direito público, lei autorizadora - sendo correto afirmar que a licitação poderá ser dispensada, independentemente da finalidade que o agente comprador queira dar ao imóvel. Se caracterizado for o desvio de finalidade, responderá apenas o comprador e não o vendedor, que não pode ser penalizado pelo destino dado a imóvel que não mais integra o seu patrimônio.

Questão a ser lembrada diz respeito ao preço, o qual não poderá ser inferior ao da avaliação, pois não faria sentido exigir-se esse procedimento para depois torná-lo irrelevante ou desprezá-lo.

7.6.2. interveniência de corretor de imóveis

A venda deve ser direta entre os órgãos ou agentes da Administração, inadmitindo-se a interveniência de corretores ou intermediadores remunerados, porque estar-se-ia, indiretamente, contratando serviços sem o procedimento licitatório, em hipótese não autorizada por lei. Efetivamente, a atividade de intermediação ou corretagem de imóveis é um serviço e, como tal, deve ser contratado mediante procedimento licitatório.

No caso, por exemplo, se uma Prefeitura decide adquirir um imóvel e, para tanto, mediante convite, contrata os serviços de um corretor para que encontre um edifício tipo galpão, com determinadas dimensões e compartimentos, e o imóvel encontrado é, por exemplo de uma estatal federal que pretende aliená-lo, a venda pode ser efetivada com licitação dispensada. O que se inadmite é que a mesma Prefeitura, visando à aquisição do mesmo imóvel exemplificado, faça-o chamando para intervir um determinado corretor contratado sem o processo seletivo da Lei nº 8.666/1993.

Diferentemente, porém, se o imóvel buscado pela Administração já se encontrava sob a gestão de corretor de imóveis, o negócio poderá ser desenvolvido por intermédio deste, mas, mesmo nesse caso, não será devida verba de intermediação por parte do órgão público, vez que inexistirá amparo legal no sobrepreço pago diretamente ao corretor. Caberá ao proprietário do imóvel e ao corretor acertarem entre si, nos termos contratuais que ajustaram; para a Administração, esse aspecto é *res inter alios*. É evidente que não podem proprietário e corretor ajustarem percentagem para o comprador pagar.

7.7. alínea "f" - programa habitacional e de regularização fundiária

Dispõe a Lei nº 8.666/1993, art. 17, *in verbis*:

> I - quando imóveis, dependerá de autorização legislativa para órgãos da administração direta e entidades autárquicas e fundacionais, e, para todos, inclusive as entidades paraestatais, dependerá de avaliação prévia e de licitação na modalidade de concorrência, dispensada esta nos seguintes casos:
>
> [...]
>
> f) alienação, gratuita ou onerosa, aforamento, concessão de direito real de uso, locação ou permissão de uso de bens imóveis residenciais construídos, destinados ou efetivamente utilizados no âmbito de programas habitacionais ou de regularização fundiária de interesse social desenvolvidos por órgãos ou entidades da administração pública; (redação dada pela Lei nº 11.481, de 31 de maio de 2007) [462]

Os motivos que sustentam a juridicidade desse normativo ligam-se ao interesse social, espectro do interesse público, voltado à melhoria da qualidade de vida da população.[463]

Estabelece a Constituição Federal que é da competência comum da União, dos Estados, do Distrito Federal e dos Municípios promover programas de construção de moradias e a melhoria das condições habitacionais e de saneamento básico (art. 23, IX, da Constituição Federal).

Depreende-se daí a juridicidade da exceção que assegura aos diversos atos de alienação e uso de imóvel a dispensa de licitação,[464] vez que ancorada em dispositivo constitucional.

Quando a Administração tiver em mira o cumprimento de programas habitacionais ou de regularização fundiária de interesse social, onde busca reduzir uma desigualdade preexistente, pode equacionar o princípio da

---

[462] DISTRITO FEDERAL. Lei nº 3.515, de 27 de dezembro de 2004. Dispõe sobre o percentual de imóveis a serem alienados para cooperativas habitacionais. **Diário Oficial do Distrito Federal**, Brasília, DF, 30 dez. 2004, Seção 1, p. 1. Confira o art. 4º, *in verbis*: "Considerando as disposições do art. 17, inciso I, alínea "f", da Lei Federal nº 8.666, de 21 de junho de 1993, a alienação dos imóveis destinados às cooperativas habitacionais será realizada por meio de processo simplificado. [...]."

[463] Consulte a propósito a Lei nº 10.188, de 12 de fevereiro de 2001. Cria o Programa de Arrendamento Residencial, institui o arrendamento residencial com opção de compra e dá outras providências. **Diário Oficial [da] República Federativa do Brasil**, Brasília, DF, 14 fev. 2001.

[464] Sobre o assunto, o Ministério Público do Distrito Federal moveu ação de improbidade contra réus que efetuaram concessões de direito real de uso de diversos bens da TERRACAP, sem licitação, e sem justificar eventual interesse público - caso existisse - mediante a exigência de taxas simbólicas, cobradas a título de taxa de ocupação, no período de outubro de 1993 a dezembro de 1994, afrontando os artigos 2º e 17, inciso I, letra *f*, da Lei nº 8.666/93, e os artigos 325 e 359 da Lei Orgânica do Distrito Federal. Ação de Improbidade tramitando perante o Tribunal de Justiça do Distrito Federal e Territórios, Processo nº 00034571/97 - 3ª Vara da Fazenda Pública/DF. Disponível em: www.tjdft.jus.br. Acesso em 21 jan. 2011.

isonomia na medida da desigualdade indispensável à satisfação do interesse público.

No caso em tela só poderão ser beneficiadas pela regra aquelas famílias de baixa renda assentadas em imóvel público federal para fins de moradia, e o reconhecimento do seu direito de permanecer no local se legitima em nome do interesse social.

A ampliação dos casos de dispensa para o aforamento bem como a transferência de direitos sobre imóveis afetados a programas de regularização fundiária de interesse social, são hipóteses recentes inseridas por meio da Lei nº 11.481, de 2007.[465]

7.7.1. requisitos[466]

Em síntese, os requisitos para a contratação direta são:

- que o negócio seja precedido de avaliação;
- que seja fundado em lei autorizadora da alienação, no caso dessa ser promovida por órgão da administração direta, autarquia ou fundação pública;
- que a operação a ser contratada seja alienação gratuita ou onerosa, aforamento, concessão de direito real de uso, locação ou permissão de uso;
- que o uso seja voltado a programas habitacionais de interesse social ou de regularização fundiária.

7.7.2. avaliação prévia e lei autorizadora

Para que a licitação seja dispensada, continua sendo exigida a satisfação dos requisitos do *caput* do art. 17, quais sejam: avaliação prévia[467] e, se o agente da Administração for pessoa jurídica de direito público, lei autorizadora.[468]

[465] BRASIL. Lei nº 11.481, de 31 de maio de 2007. Dá nova redação a dispositivos das Leis nºs 9.636, de 15 de maio de 1998, 8.666, de 21 de junho de 1993, 11.124, de 16 de junho de 2005, 10.406, de 10 de janeiro de 2002 - Código Civil, 9.514, de 20 de novembro de 1997, e 6.015, de 31 de dezembro de 1973, e dos Decretos-Leis nºs 9.760, de 5 de setembro de 1946, 271, de 28 de fevereiro de 1967, 1.876, de 15 de julho de 1981, e 2.398, de 21 de dezembro de 1987; prevê medidas voltadas à regularização fundiária de interesse social em imóveis da União; e dá outras providências. **Diário Oficial da União [da] República Federativa do Brasil**, Brasília, DF, 31 maio 2007 - edição extra.

[466] O TCU recomenda que os órgãos abstenham-se de dispensar o procedimento licitatório na locação ou na concessão de direito real de uso de bem imóvel, sem a existência dos requisitos legais. BRASIL. Tribunal de Contas da União. Processo nº TC-400.047/95-0. Acórdão nº 142/1996 - 2ª Câmara. Relator: Ministro Fernando Gonçalves. **Diário Oficial [da] República Federativa do Brasil**, Brasília, DF, 03 abr. 1996. Seção 1, p. 5561. **No mesmo sentido**: Processo nº 450.084/1998-1. Acórdão nº 164/2001 - Plenário. Relator: Ministro Walton Alencar. **Diário Oficial [da] República Federativa do Brasil**, Brasília, DF, 09 ago. 2001. Seção 1.

Na redação antiga do dispositivo, havia referência a que o órgão ou entidade fosse especificamente criado para esse fim, induzindo ao entendimento de que, em se tratando de pessoa descentralizada, a exigência de autorização legislativa não caberia.

Porém, a nova redação excluiu tal exigência, devendo-se ter em linha de conta que é imprescindível lei autorizadora, na forma do *caput* do artigo.

Tal inferência não faz muita diferença na prática, na medida em que, mesmo que necessário fosse instituir unidade própria para cuidar do programa, como essa criação se daria por lei, onde a atividade do órgão fica definida, implicitamente autorizar-se-ia a alienação dos bens destinados ao programa. Essa é uma hipótese em que a lei não precisa ser expressamente determinativa, pois há uma antiga parêmia latina, de insofismável conteúdo lógico, afirmadora de que os meios estão implicitamente garantidos quando se determinam os fins. Seria um contrassenso imaginar que os bens que integram o patrimônio dessas entidades durante um curto espaço de tempo, ficam afetados pela inalienabilidade.

7.7.3. natureza da operação

Em princípio, todas as formas de alienação estão abrangidas na concepção de licitação dispensada. Como visto, alienação é o termo genérico que traduz passar para outrem o domínio de coisa ou o gozo de direito.[469]

Ao contrário das demais alíneas precedentes, nesse caso o legislador generalizou as possibilidades de não se exigir o processo licitatório. Fez mais: acresceu outras formas de uso de imóvel, como a locação, a concessão de direito real de uso, a permissão e, recentemente, o aforamento e a doação.[470]

Todas as operações, tanto as que transferem a propriedade, genericamente, como as referentes ao uso, neste caso só as expressamente descritas, devem ter por escopo o atendimento de programas habitacionais e de regularização fundiária de interesse social.

---

[467] Para avaliação, pode ser contratado especialista. Art. 24, § 2º, da Lei nº 9.636/98.

[468] Em princípio, para a União é necessário autorização do Presidente da República, não havendo registro de lei autorizadora, conf. Lei nº 9.636/98, art. 23.

[469] SILVA, de Plácido e. **Vocabulário Jurídico**. Rio de Janeiro: Companhia Editora Forense, 1999, p. 55.

[470] Sobre o assunto, o Ministério Público do Distrito Federal moveu ação de improbidade contra réus que efetuaram concessões de direito real de uso de diversos bens da TERRACAP, sem licitação, e sem justificar eventual interesse público - caso existisse - mediante a exigência de taxas simbólicas, cobradas a título de taxa de ocupação, no período de outubro de 1993 a dezembro de 1994, afrontando os artigos 2º e 17, alínea "f", da Lei Federal nº 8.666/93 e artigos 325 e 359 da Lei Orgânica do Distrito Federal. Ação de Improbidade tramitando perante o Tribunal de Justiça do Distrito Federal e Territórios, Processo nº 00034571/97 - 3ª Vara da Fazenda Pública/DF. Disponível em: www.tjdft.jus.br. Acesso em 21 jan. 2011.

A questão que cobra relevo, no entanto, diz respeito ao valor de venda do imóvel. Poderá este, também nesse caso, ser inferior ao da avaliação? Esse fato pode obviar o interesse do legislador em coadunar, no dispositivo, o relevante interesse público que sustentam os programas referidos. A avaliação é inafastável, mas parece possível sustentar que, dadas as características dos programas, a alienação poderá se processar por valor inferior.

Reforça esse entendimento o fato de que, entre as formas de alienação, a própria lei cita a doação, que se efetiva sem considerar o preço de mercado. Também é admissível a doação com encargo, e esse pode ser remuneratório, ou seja, pode o órgão optar pela doação do imóvel, impondo como encargo o pagamento de, por exemplo, a terça parte do valor.

7.7.4. finalidade habitacional e fundiária

Estão açambarcados na possibilidade de licitação dispensada, tanto os imóveis que a Administração construiu com a finalidade de atender ao programa habitacional de interesse social, como os que, embora não construídos com essa finalidade, foram a tal fim destinados, ou, ainda, que simplesmente estejam sendo utilizados com esse propósito.

A Lei nº 11.481/2007, inseriu no rol de dispensa de licitação para alienação de imóvel público, os programas de regularização fundiária de interesse social, tal legalização já tinha sido objeto de tentativa frustrada do governo, por ocasião da Medida Provisória nº 292/2006, que perdeu a eficácia devido ao encerramento do seu prazo de vigência.

Incluído novamente no projeto da Medida Provisória nº 335/2006 e com a conversão dessa na Lei nº 11.481/2007, consolidou-se na legislação patrimonial o reconhecimento das ocupações irregulares de áreas públicas por população de baixa renda, como justificativa para a regularização fundiária como medida de justiça social.

Em todos os casos, a Administração é proprietária do imóvel, pois essa é a finalidade do artigo, que restritivamente dirige-se a regular a alienação dos bens da Administração.

Não se pode perder de vista, porém, que a realização desse mister foi constitucionalmente definida como competência concorrente da União, Estados, Municípios e Distrito Federal, havendo a possibilidade de uma esfera de governo, mediante convênio,[471] traspassar para outra o encargo de

[471] Como regra o convênio se dá por inexigibilidade de licitação. DISTRITO FEDERAL. Tribunal de Contas. Processo nº 6.837/1994. Decisão nº 5.230/95. Relator: Conselheiro Frederico Augusto Bastos. Disponível em: http://www.tcdf.gov.br. Acesso em 26 jan 2011.

administrar a ocupação. Nesse sentido, a "Administração ser proprietária" tem conotação ampla, vez que, no caso exemplificado, o bem integra a Administração, embora ela não realize o programa *de per si*.

7.7.5. princípio da impessoalidade

Considerando que o programa habitacional ou de regularização fundiária de interesse social é um dos que mais se prestam à atividade populista, dissociada do verdadeiro interesse público, fato amplamente divulgado pela imprensa, devem os órgãos de controle verificar se esses se pautam pelo fiel acatamento ao princípio da impessoalidade.

A Administração pode, efetivamente, restringir a possibilidade de compra de vários segmentos sociais, adotando para tanto critérios objetivos que se harmonizem com a finalidade dos programas. Renda, tempo da chegada ao Município, data de transferência do título de eleitor - que é um dos indícios do interesse em fixar-se, pelo menos teoricamente - número de filhos/dependentes, idade etc., podem ser critérios válidos. Inadmitem-se distinções por localidade de nascimento, exigência de carta de referência de autoridades locais, filiação a partidos ou a associações, religião, entrevista de psicólogos ou assistentes sociais, que, portanto, não podem ser critérios seletivos ou sequer desempatadores. Não pode, contudo, servir-se de meios que não sejam contrastáveis pelos órgãos de controle ou pela sociedade.

Um determinado Município, para atender a clientelismo político, estabeleceu procedimento no mínimo curioso. Obedecia, rigorosamente, na concessão dos imóveis, a critérios absolutamente sérios e impessoais, merecedores do aplauso da sociedade. No entanto, para assegurar a ação dos líderes comunitários vinculados aos políticos do interesse do Prefeito, deixava que os imóveis fossem retomados pelo Município por falta de pagamento ou uso com desvio de finalidade, ou transferidos irregularmente, em outra "fila", inacessível aos órgãos de controle, onde os fatores de seleção eram bem próprios do "coronelismo da região". Obviamente, a atitude é irregular e sujeita os seus responsáveis a ação popular, além de poder caracterizar-se, pela nova lei, como crime.

7.8. alínea "g" - ocupantes de terras devolutas

Dispõe a Lei nº 8.666/1993, *in verbis*:

> I - quando imóveis, dependerá de autorização legislativa para órgãos da administração direta e entidades autárquicas e fundacionais, e, para todos, inclusive as entidades paraestatais, dependerá de avaliação prévia e de licitação na

> modalidade de concorrência, dispensada esta nos seguintes casos:
>
> [...]
>
> g) procedimentos de legitimação de posse de que trata o art. 29 da Lei nº 6.383, de 7 de dezembro de 1976, mediante iniciativa e deliberação dos órgãos da Administração Pública em cuja competência legal inclua-se tal atribuição;

Ampliando o rol das hipóteses de dispensa de licitação previstas para a alienação de bens imóveis da Administração Pública, a Lei nº 11.196/2005[472] introduziu a figura dos procedimentos de "legitimação de posse" aos ocupantes de terras públicas tornadas produtivas, por seu trabalho e de sua família, disciplinada no art. 29 da Lei nº 6.383/1976.[473]

Para que a dispensa de licitação na legitimação de posse em comento seja permitida, a iniciativa e deliberação deverão partir dos órgãos da Administração Pública em cuja competência legal inclua-se tal atribuição, sem prejuízo do atendimento aos requisitos do interesse público e da avaliação prévia.

7.8.1. desnecessidade de lei autorizadora - condições

A exigência de autorização legislativa, como requisito geral elencado no *caput* do art. 17, foi dispensada para a hipótese da alínea "g" do inc. I pela inclusão do § 2º-A no mesmo artigo, cumpridas as seguintes condições:

- o particular esteja na posse da área pública desde o período anterior a 1º de dezembro de 2004 e possa comprová-lo;

[472] BRASIL. Lei nº 11.196, de 21 de novembro de 2005. Institui o Regime Especial de Tributação para a Plataforma de Exportação de Serviços de Tecnologia da Informação - REPES, o Regime Especial de Aquisição de Bens de Capital para Empresas Exportadoras - RECAP e o Programa de Inclusão Digital; dispõe sobre incentivos fiscais para a inovação tecnológica; altera [...] as Leis nºs [...] 8.666, de 21 de junho de 1993 [...] e dá outras providências. **Diário Oficial da União [da] República Federativa do Brasil**, Brasília, DF, 22 nov. 2005.

[473] BRASIL. Lei nº 6.383, de 7 de dezembro de 1976. Dispõe sobre o Processo Discriminatório de Terras Devolutas da União, e dá outras providências. **Diário Oficial [da] República Federativa do Brasil**, Brasília, DF, 9 dez. 1976 e retificada em 15 dez. 1976: *In verbis*: "Art. 29 - O ocupante de terras públicas, que as tenha tornado produtivas com o seu trabalho e o de sua família, fará jus à legitimação da posse de área contínua até 100 (cem) hectares, desde que preencha os seguintes requisitos: I - não seja proprietário de imóvel rural; II - comprove a morada permanente e cultura efetiva, pelo prazo mínimo de 1 (um) ano. § 1º - A legitimação da posse de que trata o presente artigo consistirá no fornecimento de uma Licença de Ocupação, pelo prazo mínimo de mais 4 (quatro) anos, findo o qual o ocupante terá a preferência para aquisição do lote, pelo valor histórico da terra nua, satisfeitos os requisitos de morada permanente e cultura efetiva e comprovada a sua capacidade para desenvolver a área ocupada. § 2º - Aos portadores de Licenças de Ocupação, concedidas na forma da legislação anterior, será assegurada a preferência para aquisição de área até 100 (cem) hectares, nas condições do parágrafo anterior, e, o que exceder esse limite, pelo valor atual da terra nua. § 3º - A Licença de Ocupação será intransferível inter vivos e inegociável, não podendo ser objeto de penhora e arresto."

- estejam presentes os requisitos e ausentes os impedimentos do regime legal e administrativo da desativação e da regularização fundiária de terras públicas;
- a exploração a que se destine esteja dentre as suposições facultadas pela lei agrária,[474] pelas leis de destinação de terras públicas ou pelas normas legais ou administrativas de zoneamento ecológico-econômico;
- no instrumento da concessão, haja previsão de rescisão automática, dispensada notificação, por necessidade ou utilidade pública, ou interesse social.

7.9. alínea “h” - imóveis de uso comercial, para regularização fundiária

Dispõe a Lei nº 8.666/1993, art. 17, *in verbis*:

> I - quando imóveis, dependerá de autorização legislativa para órgãos da administração direta e entidades autárquicas e fundacionais, e, para todos, inclusive as entidades paraestatais, dependerá de avaliação prévia e de licitação na modalidade de concorrência, dispensada esta nos seguintes casos:
>
> [...]
>
> h) alienação gratuita ou onerosa, aforamento, concessão de direito real de uso, locação ou permissão de uso de bens imóveis de uso comercial de âmbito local com área de até 250 m² (duzentos e cinquenta metros quadrados) e inseridos no âmbito de programas de regularização fundiária de interesse social desenvolvidos por órgãos ou entidades da administração pública; (incluído pela Lei nº 11.481, de 2007)

O dispositivo supratranscrito não constava da redação original da Medida Provisória nº 335/2006, tendo sido inserido quando da sua conversão na Lei nº 11.481/2007.

Uma análise perfunctória de seu texto revela a intenção do legislador em favorecer o combate à pobreza promovendo o desenvolvimento local com novos investimentos que garantam a efetividade dos programas.

---

[474] BRASIL. Lei nº 8.629, de 25 de fevereiro de 1993. Dispõe sobre a regulamentação dos dispositivos constitucionais relativos à reforma agrária, previstos no Capítulo III, Título VII, da Constituição Federal. **Diário Oficial [da] República Federativa do Brasil**, Brasília, DF, 26 fev. 1993.

A permissão legal para o desenvolvimento do comércio local nas áreas inseridas em programas de regularização fundiária de interesse social, implementa condições concretas para melhoria da qualidade de vida da população afetada.

7.9.1. requisitos[475]

Em síntese, os requisitos para a contratação direta são:

- que o negócio seja precedido de avaliação;
- que seja fundado em lei autorizadora da alienação, no caso dessa ser promovida por órgão da administração direta, autarquia ou fundação pública;
- que a operação a ser contratada seja alienação gratuita ou onerosa, aforamento, concessão de direito real de uso, locação ou permissão de uso;
- que o uso seja voltado a programas de regularização fundiária de interesse social.

7.9.2. avaliação prévia e lei autorizadora

Da mesma forma que exigido na alínea "f", para que a licitação seja dispensada, necessário se faz a satisfação dos requisitos do *caput* do art. 17, quais sejam: avaliação prévia[476] e, se o agente da Administração for pessoa jurídica de direito público, lei autorizadora.[477]

7.9.3. finalidade - programa de regularização fundiária de interesse social

Estão açambarcados na possibilidade de licitação dispensada, os imóveis de âmbito local com área de até 250 m² (duzentos e cinquenta metros quadrados) e inseridos no âmbito de programas de regularização fundiária de interesse social, que foram destinados ao comércio, ou, ainda, que simplesmente estejam sendo utilizados com esse propósito.

---

[475] O TCU recomenda que os órgãos abstenham-se de dispensar o procedimento licitatório na locação ou na concessão de direito real de uso de bem imóvel, sem a existência dos requisitos legais. BRASIL. Tribunal de Contas da União. Processo nº TC-400.047/95-0. Acórdão nº 142/1996 - 2ª Câmara. Relator: Ministro Fernando Gonçalves. **Diário Oficial [da] República Federativa do Brasil**, Brasília, DF, 03 abr. 1996. Seção 1, p. 5561. **No mesmo sentido**: Processo nº 450.084/1998-1. Acórdão nº 164/2001 - Plenário. Relator: Ministro Walton Alencar. **Diário Oficial [da] República Federativa do Brasil**, Brasília, DF, 09 ago. 2001. Seção 1.

[476] Para avaliação, pode ser contratado especialista. Art. 24, § 2º, da Lei nº 9.636/98.

[477] Em princípio, para a União é necessário autorização do Presidente da República, não havendo registro de lei autorizadora, conf. Lei nº 9.636/98, art. 23.

Em todos os casos, a Administração é proprietária do imóvel, pois essa é a finalidade do artigo, que restritivamente dirige-se a regular a alienação dos bens da Administração.

Não se pode perder de vista, porém, que a realização desse mister foi constitucionalmente definida como competência concorrente da União, Estados, Municípios e Distrito Federal, havendo a possibilidade de uma esfera de governo, mediante convênio,[478] traspassar para outra o encargo de administrar a ocupação. Nesse sentido, a "Administração ser proprietária" tem conotação ampla, vez que, no caso exemplificado, o bem integra a Administração, embora ela não realize o programa *de per si*.

7.9.4. princípio da impessoalidade

Vide item 7.7.5., antecedente.

8. Licitação dispensada para bens móveis

Cuida o inciso II do art. 17 de licitação dispensada para alienação de bens móveis.

8.1. conceito de bens móveis

Em Direito, bens móveis têm sentido equivalente ao coloquial, ou seja, são os bens que podem ser transportados. Deve ser observado, contudo, que, de certo modo, a definição dos bens móveis se faz por exclusão do conjunto de bens imóveis que, como analisado anteriormente, não é coincidente com o sentido comum do termo. Assim, utensílios agrícolas são, para o Direito, bens imóveis por destinação e sua alienação pode ocorrer com dispensa de licitação, se verificáveis as hipóteses do inciso I do art. 17 da Lei nº 8.666/1993.

Não trata a lei de bens semoventes, terceira categoria, conhecida em alguns ramos da ciência, como, *v.g.*, os animais.

Inicia o dispositivo estabelecendo que, em qualquer caso, a alienação deve ser precedida de avaliação prévia.[479]

---

[478] Como regra o convênio se dá por inexigibilidade de licitação. DISTRITO FEDERAL. Tribunal de Contas. Processo nº 6.837/1994. Decisão nº 5.230/95. Relator: Conselheiro Frederico Augusto Bastos. Disponível em: http://www.tcdf.gov.br. Acesso em 26 jan 2011.

[479] Consulte, sobre o sentido dessa expressão, o subtítulo 3.2 deste capítulo, e a bem elaborada IN nº 40-A-03, do TRF da 4ª Região, sobre padronização de procedimentos relacionados com os desfazimentos de materiais no âmbito do TRF da 4ª Região e Seções Judiciárias a ele vinculadas. publicada no Boletim Interno Informativo nº 106, Edição Extraordinária nº 1, de agosto de 1998.

8.2. alínea "a" - doação para fins e uso de interesse social

Dispõe a Lei nº 8.666/1993, art. 17, *in verbis*:

> II - quando móveis, dependerá de avaliação prévia e de licitação, dispensada estas nos seguintes casos:
>
> a) doação, permitida exclusivamente para fins e uso de interesse social, após avaliação de sua oportunidade e conveniência sócio-econômica, relativamente à escolha de outra forma de alienação;

Com relação a esse dispositivo, insta observar que, conquanto guarde correlação com a alínea "b" do inciso I, o Supremo Tribunal Federal, no julgamento da ADI nº 927-3,[480] entendeu que o mesmo mostra-se em conformidade com a Constituição Federal, razão pela qual foi rejeitado, em caráter liminar, o pedido de declaração de sua inconstitucionalidade.

Sobre a natureza jurídica dessa forma de alienação - doação - aproveitam-se integralmente as considerações expendidas no subtítulo 7.3 deste capítulo, em que foi comentada a alínea "b" do inciso I.

Com o objetivo de restringir a doação de móveis, estabeleceu a lei os seguintes requisitos para a dispensa de processo licitatório.

8.2.1. finalidade e uso

O ato de "doar" deverá ter por objetivo "fins e uso" de interesse social. Ao estabelecer a concomitância desses dois substantivos, evidenciou o legislador ainda maior interesse restritivo. Pode ocorrer, por exemplo, que um determinado órgão decida doar móveis de escritório para uma entidade filantrópica. No caso, a finalidade da doação atenderá ao interesse social, mas a Administração deverá certificar-se de que o uso a ser dado ao bem guardará correlação com igual interesse social. É que muitas vezes a finalidade do ato não apresenta correlação com a utilização a ser dada ao móvel posteriormente, tal como ocorreria se os bens doados não fossem utilizados pela entidade exemplificada para os seus fins, mas transferidos para uso pessoal ou particular de um dos membros de sua diretoria.

Não se pretende que a Administração adote atitude investigatória para acompanhamento dos bens, sendo suficiente que, no termo de doação, fique definida a forma/circunstância em que serão empregados os móveis.

---

[480] BRASIL. Supremo Tribunal Federal. Ação Direta de Inconstitucionalidade (Med. Liminar) nº 927-3. Relator: Ministro Celso de Mello. **Diário da Justiça [da] República Federativa do Brasil**, Brasília, DF, 11 nov. 1994.

Aspecto relevante diz respeito à doação de bens móveis inservíveis[481] para a Administração, para que uma entidade, promovendo a sua alienação, os transforme em recursos. Essa possibilidade é admissível, sem laivo de dúvida, vez que o interesse social mediato poderá estar presente no uso dos recursos.

8.2.2. bens característicos da Administração

Deve ser feito registro especial à existência de bens que, pela sua aparência ou utilidade, identificam atividades típicas da Administração, como, por exemplo, veículos blindados, máquina de obliterar selos, e outros, devendo então a Administração adotar providências para assegurar a sua não reutilização. Do mesmo modo, antes da transmissão do bem, pinturas, símbolos ou logomarcas, identificadores do poder público, devem, *ad cautelam*, ser descaracterizados.

Ressalte-se que o TCU tem entendido que:

> é cabível a realização de licitação, na modalidade de concorrência, para a alienação de materiais e equipamentos de emprego específico e de uso restrito, cujo mercado seja limitado e com características peculiares, qualquer que seja o valor de seu objeto, sendo tal modalidade obrigatória nos casos em que a soma dos valores de seus itens ou unidades autônomas ultrapassem o limite estabelecido no art. 24, inc. II da Lei nº 8.666/1993.[482]

8.2.3. oportunidade e conveniência socioeconômica

Antes de proceder à doação, deverá a Administração considerar outros aspectos para decidir se deve ou não empregar outra forma de alienação.

O primeiro deles diz respeito à oportunidade, isto é, ao momento, à época de fazer a doação; o segundo, refere-se à conveniência socioeconômica de

---

[481] a) Consulte o Decreto nº 99.658, de 30 de outubro de 1990, que regulamenta, no âmbito da Administração Pública Federal, o reaproveitamento, a movimentação, a alienação e outras formas de desfazimento de material, na obra: JACOBY FERNANDES, Jorge Ulisses. **Vade-mécum de Licitações e Contratos**: legislação selecionada e organizada com jurisprudência, notas e índices. 4 ed. Belo Horizonte: Fórum, 2010, à p. 1.314. Consulte, também, a Instrução Normativa SEDAP nº 205/1988.

b) Vide Resolução nº 20, de 03 de fevereiro de 1999, que autoriza as concessionárias do serviço público de energia elétrica a desvincular do seu acervo patrimonial bens móveis e imóveis considerados inservíveis, publicada no Diário Oficial [da] República Federativa do Brasil, Brasília, DF, de 04 de fevereiro de 1999, Seção 1, p. 35.

[482] BRASIL. Tribunal de Contas da União. Processo nº TC-016.731/95-6. Decisão nº 655/1995 - Plenário. Relator: Ministro Adhemar Paladini. **Diário Oficial [da] República Federativa do Brasil**, Brasília, DF, 28 dez. 1995. Seção 1, p. 22555.

realizá-la, ou seja, além de considerar o aspecto social do ato, que, como visto, deverá guiar-se pelo fim e uso de interesse social, a Administração considerará também o efeito econômico. Nesse sentido, o primeiro atributo buscado é exterior ao agente doador, dizendo com o alcance social da medida, e o segundo, interior ao agente, que terá em consideração as despesas do órgão e os gastos decorrentes do ato.

Poderia parecer, à primeira vista, que sempre será mais vantajoso, sob o aspecto econômico, não doar bens, pois, na venda, por exemplo, há o ingresso de recursos. Não é esse o sentido do dispositivo, como também não é verdadeiro que a venda sempre resulta vantajosa para a Administração.

É o que ocorre quando o Município reúne leitos e outros utensílios inservíveis para um hospital, por intermédio de um clube de serviços como o Rotary, e equipa um asilo ou orfanato, desonerando-se da atividade e poupando estrutura de recursos humanos, de material e de manutenção para a realização dessa atividade social.

Ainda mais: o legislador não empregou o termo econômico isoladamente; fê-lo suceder, em composição, ao social, de tal modo, que com ele deve ser conjugado para alcançar o adequado equacionamento pretendido. O valor social da medida deve ser sopesado com o econômico, para a Administração e para a sociedade, que, em última instância, é quem sustenta a Administração Pública. Benesses praticadas à custa do contribuinte não devem ter o condão de onerá-lo indevidamente para que suporte maiores ônus com atos impróprios da eficiência pretendida do aparelho estatal.

8.2.4. impossibilidade de atender aos requisitos

Foi visto acima que é necessária a satisfação de diversos requisitos para que a doação possa enquadrar-se como licitação dispensada, tendo sido firmado o entendimento de que, se ausente qualquer dos requisitos, não se poderia deixar de promover o certame licitatório.

Inarredavelmente se impõe a pergunta: é possível promover licitação para alienar, por doação, bem da Administração?

A resposta é negativa. A busca da proposta mais vantajosa no caso implicará a necessidade da obtenção de preço, concluindo-se portanto, que é possível fazer proceder à licitação, mas já não mais para doação, e sim venda ou locação, conforme o caso.

8.3. alínea "b" - permuta entre órgãos ou entidades da Administração

Dispõe a Lei nº 8.666/1993, art. 17, *in verbis*:

> II - quando móveis, dependerá de avaliação prévia e de licitação, dispensada esta nos seguintes casos:
>
> [...]
>
> b) permuta, permitida exclusivamente entre órgãos ou entidades da Administração Pública;

8.3.1. decisão do Supremo Tribunal Federal

Como exposto nos comentários à alínea "b" do inciso I do art. 17, o governo do Estado do Rio Grande do Sul ingressou com uma ação direta de inconstitucionalidade, e também esse dispositivo, no entendimento não unânime do Supremo Tribunal Federal, em caráter liminar no julgamento da ADI nº 927-3,[483] teve a sua eficácia suspensa em relação à expressão "permitida exclusivamente entre órgãos ou entidades da Administração Pública", para os Estados, Distrito Federal e Municípios.

Com essa deliberação, a lei deve ser interpretada considerando-se escrita essa expressão apenas para a Administração Pública federal, direta, indireta e fundacional, e não escrita para as demais esferas de governo que, em consequência, podem continuar promovendo permuta de bens móveis, inclusive com particulares, respeitadas as demais exigências - interesse público justificado e avaliação prévia.

Cabe relembrar que a decisão ocorreu em sede de liminar, vigorando até ulterior decisão definitiva.

À vista do exposto, os Estados poderão promover permuta, inclusive com particulares, como dito, devendo a sociedade e os órgãos de controle avaliar a correlação entre o ato de permuta e a satisfação do interesse público, escopo permanente do ato administrativo.

Aliás, na permuta, o interesse público deve ser biface. Tanto deve motivar a alienação exonerativa de propriedade, quanto a busca do bem que ingressará no patrimônio público.

---

483 BRASIL. Supremo Tribunal Federal. Ação Direta de Inconstitucionalidade (Med. Liminar) nº 927-3. Relator: Ministro Celso de Mello, Brasília, DF, 1993. **Diário da Justiça [da] República Federativa do Brasil**, Brasília, DF, 11 nov. 1994. Seção 1.

Com a suspensão da eficácia, Estados, Municípios e Distrito Federal podem permutar seus bens móveis com quem quiser, observado o princípio constitucional da impessoalidade.

A permuta é um instituto típico do Direito Civil, onde é nominado alternativamente como troca (art. 533 do Código Civil), e como foi obtemperado anteriormente, deve ser acolhido sob os princípios peculiares do Direito Administrativo.

8.3.2. despesas da permuta

Aproveitando-se o que foi exposto quanto à permuta de imóveis, cabe asserir que o Código Civil insere uma regra peculiar no que diz respeito às despesas decorrentes da permuta.[484] Em princípio, são essas negociáveis pelas partes, quando, porém, estas não dispuserem em contrário, pagarão "por metade as despesas com o instrumento da troca".[485]

Repetindo o que foi anteriormente esclarecido, obviamente, mesmo no caso da permuta, a Administração poderá valer-se das imunidades e isenções tributárias que detiver, ressalvadas as empresas públicas e sociedades de economia mista que se dediquem à exploração de atividade econômica, as quais não podem ser alcançadas por qualquer privilégio dessa ordem, em face de expressa vedação constitucional (art. 173, § 1º, II e § 2º). Quando, porém, a permuta ocorre entre um particular e uma entidade da Administração imune à tributação, como uma Prefeitura, por exemplo, o particular deverá, se as partes não dispuserem de forma diferente, arcar com metade das despesas de transferência.

8.3.3. móvel permutado por imóvel

A rigor, em tese seria possível permutar um bem móvel por outro de natureza diversa, como imóvel.

Admite-se, também aqui, diferença substancial de valores que poderá ser objeto de pagamento em dinheiro ou outro bem, vez que seria quase impossível obter permuta de bens com valores idênticos, conforme disposto no subtítulo 7.4.4.

---

[484] Consulte também o subtítulo 7.4.2. desse capítulo: despesas da permuta (bem imóvel)

[485] BRASIL. Lei nº 10.406, de 10 de janeiro de 2002. Institui o Código Civil. **Diário Oficial da União [da] República Federativa do Brasil**, Brasília, DF, 11 jan. 2002. Art. 533, inciso I.

8.4. alínea "c" - venda de ações em bolsa

Dispõe a Lei nº 8.666/1993, art. 17, *in verbis*:

> II - quando móveis, dependerá de avaliação prévia e de licitação, dispensada esta nos seguintes casos:
>
> [...]
>
> c) venda de ações, que poderão ser negociadas em bolsa, observada a legislação específica;

A venda de ações em bolsa visa também trazer para a Administração a proposta mais vantajosa, mas não é reconhecida como modalidade de licitação pela legislação pátria.

8.4.1. legislação específica

De acordo com o art. 19 da Lei nº 6.385/1976,[486] não é permitida a oferta pública de valores mobiliários no mercado de capitais sem prévio registro e autorização da Comissão de Valores Mobiliários.[487]

Para efetivar a venda de ações na bolsa, deve a Administração observar a legislação específica que regula esse ramo, não podendo valer-se da sua condição de *imperii* para obter negociação diferenciada da realizada no mercado.

A venda e a compra de ações na bolsa de valores mobiliários é regida pelo Conselho Monetário Nacional e pelo Banco Central do Brasil, nos termos da Lei nº 4.728, de 14 de julho de 1965, e Resolução/BACEN nº 1.655, de 26 de outubro de 1989. Pode, em cada caso concreto, a Administração ter de considerar outros diplomas legais, num amplo espectro de "legislação específica", cuja observância foi expressamente recomendada pela alínea "c" do inciso II do art. 17 da Lei nº 8.666/1993, colocada em epígrafe.

Deve ser mencionado que as normas citadas no parágrafo anterior possuem alguns dispositivos dirigidos à Administração Pública, cabendo destacar, entre outros, os da Lei nº 4.728/1965:

- o art. 19, I, que autoriza a negociar nas Bolsas de Valores, títulos ou valores mobiliários emitidos por pessoas jurídicas de direito público;

---

[486] BRASIL. Lei nº 6.385, de 7 de dezembro de 1976. Dispõe sobre o mercado de valores mobiliários e cria a Comissão de Valores Mobiliários. **Diário Oficial [da] República Federativa do Brasil**, Brasília, DF, 9 dez. 1976.

[487] Vide **Boletim de Licitações e Contratos - BLC**, jan./99. São Paulo: NDJ, p. 31.

- o art. 60, que trata da alienação de ações das sociedades de economia mista;
- o art. 71, que estabelece exceção em favor da União, Estados e Municípios, ao art. 1.509 do Código Civil,[488] o qual exige intimação do detentor de título, injustamente, desapossado do legítimo possuidor.

8.4.2. bolsa de valores

Por sua vez, as bolsas de valores são associações civis, sem fins lucrativos, que têm como objeto social manter local adequado ao encontro de seus membros e à realização, entre eles, de transações de compra e venda de títulos e valores mobiliários, em mercado livre e aberto, especialmente organizado por seus membros e pelas autoridades monetárias, nos termos do art. 2º, I, da precitada Resolução.

8.4.3. programa nacional de desestatização

Esse programa, disciplinado na Lei nº 9.491, de 9 de setembro de 1997, pôs em evidência relevantes questões atinentes ao tema, como a fixação do preço mínimo de vendas das ações: de acordo com o art. 15 do precitado diploma legal, a fixação do preço mínimo, deve ser submetido à deliberação do órgão competente do titular das ações. A propósito, merece registro importante Nota da lavra do eminente Consultor da União, Doutor Obi Damasceno Ferreira,[489] que muito bem esclarece qual seria a autoridade competente para deliberar e o alcance jurídico dos termos "homologar, deliberar e aprovar".

8.4.4. publicidade nas operações da bolsa

A venda na bolsa, mesmo resguardando o princípio da publicidade, não deve desprezar a conveniência de que se promova a ampla divulgação que, no abalizado pronunciamento de Marçal Justen Filho, tem a seguinte dicção:

> Embora a Lei não o diga, deve entender-se que a alienação dos valores mobiliários em bolsa de valores deverá ser precedida de ampla divulgação, para permitir a participação de todos os interessados. Seria reprovável a conduta da Administração de remeter valores mobiliários à negociação

---

[488] O citado dispositivo corresponde ao art. 909 do novo Código Civil - Lei nº 10.406/2002.

[489] BRASIL. Advocacia Geral da União. Processo nº 00401.000189/93. Nota nº AGU/DF-03/94 (Anexo ao Despacho do Advogado-Geral da União nº 01/94). Consultor da União: Dr. Obi Damasceno Ferreira. **Diário Oficial [da] República Federativa do Brasil**, Brasília, DF, 9 ago. 1994, p. 11972.

> em bolsa, sem noticiar ao público em geral. A exigência da divulgação pode ser inferida, aliás, da própria necessidade de observância das regras específicas às negociações em bolsas de valores. Essas regras incluem a divulgação ao mercado de todos os 'fatos relevantes' relativos a certas negociações. A intenção da Administração de desfazer-se de valores mobiliários é um fato relevante que exige prévia comunicação ao mercado.[490]

De certo modo, a legislação específica atribui ao Banco Central do Brasil a prerrogativa de fiscalizar a publicidade da situação econômica e financeira das sociedades, sua administração e aplicação de seus resultados, inclusive o exame de livros e documentos das instituições financeiras, sociedades, empresas e pessoas. Essa garantia de acesso a informações ao Poder Público, não equivale, em seus efeitos, ao princípio da publicidade, razão pela qual é conveniente a adoção do magistério do precitado autor.

8.4.5. jurisprudência

A Prefeitura Municipal de Formosa do Oeste decidiu alienar as ações de sua propriedade da Companhia Paranaense de Energia Elétrica (COPEL), sociedade de economia mista do Estado do Paraná, e o assunto mereceu exame do Ministério Público e do Tribunal de Contas do Estado, que proferiu decisão com a seguinte ementa:

> Consulta. Possibilidade de alienação de ações da COPEL pela Prefeitura Municipal, desde que através de leilão especial, promovido pela Bolsa de Valores do Estado, e, sendo necessário, sob coordenação das corretoras ligadas a instituições financeiras oficiais. Mister a existência de prévia autorização legislativa, com indicação da destinação dos recursos obtidos com a operação.

Do parecer da Procuradoria do Ministério Público junto àquele Tribunal, extrai-se a seguinte e ilustrativa passagem, onde o eminente Procurador, Dr. Paulo Roberto Trompczynski, aborda a possibilidade da realização de licitação e as condições para a validade desta.

> Para nós, a venda de valores mobiliários do patrimônio dos entes públicos pode ser realizada mediante licitação pública, promovida pela própria administração, conforme as regras estabelecidas na Lei Federal nº 8.666/93, desde que

---

[490] JUSTEN FILHO, Marçal. **Comentários à lei de licitações e contratos administrativos**. 11 ed. São Paulo: Dialética, 2005, p. 180.

> previamente registrada e autorizada a operação pela Comissão de Valores Mobiliários, como exige o art. 19 da Lei Federal nº 6.385/76, sob pena de configurar ilícito penal, nos termos do art. 7º, inciso IV, da Lei Federal nº 7.492/1986 (a chamada Lei dos Crimes do Colarinho Branco).

E arremata:

> Todavia, até considerando a falta de experiência da maioria dos Municípios do Estado na alienação dessa espécie de coisas, sempre será conveniente que sua venda se faça através da Bolsa de Valores do Paraná, que é instituição especialmente criada para sediar a oferta pública de títulos e valores mobiliários, além de estar submetida à fiscalização e ao controle da Comissão de Valores Mobiliários.[491]

No âmbito do Distrito Federal, a alienação das ações preferenciais da Companhia Energética de Brasília - CEB, ofereceu duas peculiaridades: a avaliação prévia foi feita por uma comissão que não motivou o percentual encontrado e a lei autorizadora, que fundamentou o ato, era anterior à Lei nº 8.666/1993.[492]

O Ministério Público junto ao TCDF concluiu pela indispensabilidade da motivação no laudo de avaliação e pela possibilidade de que a autorização legislativa fosse anterior à Lei nº 8.666/1993.

A teoria da motivação dos atos administrativos deve abranger, inclusive e especialmente, os documentos técnicos como os que consubstanciam laudo pericial. Com referência à exigência de autorização legislativa para alienar ações, é importante notar que pode decorrer da Lei Orgânica Municipal, Constituição Estadual ou outro diploma, mas a Lei nº 8.666/1993 não a exige. Essa exigência só é feita pela Lei federal de Licitações, para os imóveis das pessoas jurídicas de direito público.

8.5. alínea "d" - venda de títulos

Dispõe a Lei nº 8.666/1993, art. 17, *in verbis*:

> II - quando móveis, dependerá de avaliação prévia e de licitação, dispensada esta nos seguintes casos:
>
> [...]

[491] **Revista do Tribunal de Contas do Estado do Paraná** nº 109, p. 143.

[492] DISTRITO FEDERAL. Tribunal de Contas. Processo nº 1538/97. Decisão nº 6861/1997. Parecer JUJF nº 361/97.

d) venda de títulos, na forma da legislação pertinente;

O texto é abrangente ao referir-se genericamente a "títulos", termo que englobaria inclusive ações, conforme ensina Wolgran Junqueira.[493]

A distinção entre essa alínea e a precedente reside no fato de que, pela primeira, as ações[494] devem ser negociadas na bolsa de valores para que se caracterize a possibilidade de licitação dispensada e, neste inciso, todo o tema foi remetido para a "legislação pertinente".

Nesse sentido, manifestou-se o TCU, afirmando que:

> Entre as exceções previstas na Lei nº 8.666/93, temos a do art. 17, II, "c", que dispensa de licitação "a venda de ações, que poderão ser negociadas em bolsa, observada a legislação específica."[495]

8.5.1. legislação pertinente - competência concorrente

Sem embargos de entendimentos divergentes,[496] a legislação aqui referida, pode ser da competência das unidades da Federação, por não se tratar o caso de competência exclusiva da União.

A venda de títulos por parte da Administração, engloba grande elenco de opções, sendo, portanto, admissível o deslocamento dessa matéria do Direito Administrativo para o Direito Financeiro, que integra o rol de matérias de competência concorrente para legislar, consoante o art. 24, I, da Constituição Federal.

A competência legislativa das unidades da Federação deve ser exercitada com cautela, vez que, em outros dispositivos constitucionais, a questão também foi regulamentada. Assim ocorre, por exemplo, no art. 163, IV, que estabelece ser da competência de lei complementar dispor sobre a emissão e resgate de títulos da dívida pública, e ainda, *v.g.*, no § 9º do art. 165, ao abranger a questão da gestão financeira, para determinar a regulamentação por lei complementar.

---

[493] JUNQUEIRA, Wolgran. **Licitações e contratos na administração pública**: Comentários à Lei nº 8.666/93. Bauru-SP: Edipro, p. 86.

[494] O BNCC doou para a Associação de servidores 2.221 Títulos do Clube Náutico de Brasília. Conduta sem amparo legal. O TCU julgou as contas regulares, com ressalva e mandou incorporar à UMAI (sucessora BNCC). BRASIL. Tribunal de Contas da União. Processo nº TC-009.257/89-6. Acórdão nº 61/1999 - Plenário. Ministro Relator: Walton Alencar. **Diário Oficial da União [da] República Federativa do Brasil**, Brasília, DF, 14 jun. 1999. Seção 1, p. 46.

[495] BRASIL. Tribunal de Contas da União. Processo nº TC-014.769/97-2. Decisão nº 433/1999 - Plenário. Relator: Ministro Walton Alencar Rodrigues. **Diário Oficial [da] República Federativa do Brasil**, Brasília, DF, 22 jul. 1999. Seção 1, p.48.

[496] JUNQUEIRA, Wolgran. Licitações e contratos na administração pública: Comentários à Lei nº 8.666/93. Bauru-SP: Edipro, p. 86.

Em determinado Município, com o objetivo de motivar a produção, a Prefeitura estabeleceu, em nível local, programa de desenvolvimento de pequenas indústrias, com venda de títulos para angariar fundos, ficando a matéria regulamentada em lei municipal. Tais vendas foram efetivadas sem prévio processo licitatório, fato em princípio legítimo e constitucional, guardando conformidade com a referida lei local.

8.6. alínea "e" - venda por órgãos ou entidades da Administração

Dispõe a Lei nº 8.666/1993, *in verbis*:

> II - quando móveis, dependerá de avaliação prévia e de licitação, dispensada esta nos seguintes casos:
>
> [...]
>
> e) venda de bens produzidos ou comercializados por órgãos ou entidades da Administração Pública, em virtude de suas finalidades;

8.6.1. noção

O permissivo em tela que autoriza a alienação mediante licitação dispensada, está voltado para agasalhar a hipótese em que a Administração pretende vender os bens[497] que ela própria produz ou, por disposição regulamentar, comercializa.[498] Se, no entanto, a Administração pretende alienar esses mesmos bens por outro meio, como locação, empréstimo, ou concessão de uso, a possibilidade não se enquadrará no dispositivo em epígrafe.

De igual modo, não foi enquadrada a prestação de serviços nesses dispositivos, pois não foi extensiva a essa atividade, criando de certo modo uma situação diferenciada, com pouca razoabilidade jurídica. Faz-se importante anotar que o Estado é mais prestador de serviços do que produtor ou mero comercializador de bens, assumindo capital relevo, para exemplificar o que foi exposto, o exame das competências da União, elencadas no art. 21 da Constituição Federal de 1988.

Mas, o Direito é um conjunto harmônico de preceitos e, como tal, apresenta a resposta segura para o adequado equacionamento do assunto: um

---

[497] O TCU considerou irregular a compra de passagens aéreas por parte do Banco Brasil à BBTur, mediante convênio, mandando observar o disposto no art. 37, XXI, da CF e o art. 2º da Lei nº 8.666/93. BRASIL. Tribunal de Contas da União. Processo nº TC-010.699/96-1. Decisão nº 502/1997 - Plenário. Relator: Ministro Adhemar Paladini Ghisi. **Diário Oficial [da] República Federativa do Brasil,** Brasília, DF, 28 ago. 1997. Seção 1, p. 18830. Posteriormente, a Lei nº 8.666/93 foi alterada, acrescendo-se o inciso XXIII, no art. 24, permitindo essa relação promíscua.

[498] Sobre os conceitos de contratante e contratado, ver capítulo 1, subtítulo 2: conceitos fundamentais.

primeiro ponto a ser fixado é que a criação de uma pessoa jurídica na órbita da Administração é, por princípio constitucional, concretizada por lei; a lei limitará os contornos de sua atividade e indicará objetivamente as suas finalidades; ao indicá-las, seguramente definirá, em consonância com o delineamento básico para alcançar os seus propósitos, inclusive o caráter de monopólio ou não de suas atividades. Se, por exemplo, é em caráter de monopólio, a venda deve ser processada para qualquer interessado; se o serviço não for prestado neste caráter, mas por exemplo, é restrito a camadas de baixa renda, ao dirigir sua atividade para esse público, presume-se, que legitimamente, estará também visando à satisfação do interesse público; se não fosse permitido dispensar a licitação para a venda de serviços, pressupondo-se que a Lei nº 8.666/1993 teria revogado os diplomas anteriores com disposições em contrário, estar-se-ia tornando impossível concretizar as finalidades de órgãos que, ao invés de buscar a realização de um interesse público, teriam que comercializar buscando a proposta mais vantajosa; no âmbito do Direito, não é exato afirmar que uma norma revoga todas as disposições antecedentes em contrário, pois um dos postulados clássicos de hermenêutica assegura que a lei geral não revoga a lei especial ou particular. Compreende-se assim que é possível continuar vendendo serviços com licitação dispensada, se a atividade é própria de pessoa jurídica, especialmente, constituída para uma finalidade, que está definida em lei.

Um exemplo auxiliará a compreensão: a Empresa Brasileira de Correios e Telégrafos (ECT) foi criada pelo Decreto-Lei nº 509 para executar, em regime de monopólio, o serviço postal brasileiro. Se o disposto na alínea "e", do inciso II do art. 17 da Lei nº 8.666/1993 fosse interpretado com exclusão da prestação de serviços, a ECT deveria passar a fazer licitação para a venda dos serviços de transporte de correspondência. Ocorre que a ECT foi criada para executar uma atividade em que a venda dos serviços constitui elemento de um objetivo maior, que é a integração nacional, diferente, portanto, do dever de buscar a proposta mais vantajosa. No caso, a ampla acessibilidade constitui premissa fundamental para o cumprimento do seu mister legal e constitucional. Só pela licitação dispensada poderia efetivar sua missão em conformidade com a lei de sua criação. O Decreto-Lei, referido, da criação da empresa, não deve ser entendido como revogado pela Lei nº 8.666/1993, no que tange à ausência de processo licitatório para a prestação dos serviços, porque se trata de lei específica, não derrogável pela lei geral, conforme exposto.

8.6.2. dispositivos correlacionados

Por outro lado, para adquirir ou negociar bens e serviços para o atendimento de suas necessidades, a dispensa de licitação é permitida no art. 24, VIII, XIII, XVI, XXIII ou XXVI. A hipótese versada agora é a de que a Administração está vendendo o que é seu.

8.6.3. produção e comercialização de bens pela Administração

Em primeiro plano, essas atividades não são típicas da Administração,[499] razão pela qual o seu desempenho teve por causa anterior uma situação anômala, que se presume justificada em face dos superiores interesses que devem nortear a ação dos administradores públicos.

Embora o conceito legal de empresa pública e de sociedade de economia mista[500] faça alusão à "exploração de atividade econômica" como traço caracterizador dessas entidades, é bem de ver que a melhor doutrina pátria propôs-se a esclarecer a deficiência do conceito, para assegurar que, ao referir-se à atividade econômica, não pretendeu o legislador dar-lhe a "densidade jurídica" que normalmente lhe corresponderia, mas sim dispor que, como regra, a atividade de tais entidades efetua-se mediante prestações remuneradas.

Assim, a produção e a comercialização de bens pela Administração Pública não estará em consonância com o melhor Direito, visando ao interesse comercial, onde a busca da proposta mais vantajosa para a venda seria o desejável. Ao contrário, exercendo atividade mediante prestações remuneradas, o objetivo da Administração é diverso ao do comerciante ou industrial privado, pois seu escopo final, como o de toda a Administração, é a satisfação de um interesse público maior.

Caso típico a ser evidenciado é a venda de mudas de plantas por determinado Município, efetivada com o propósito de incentivar o plantio e a manutenção de árvores e, por consequência, aumentar a área verde e a qualidade de vida da população. No caso, não estará a Administração atuando para buscar o lucro com a comercialização, mas sua atuação terá desiderato mais nobre. Nem mesmo nesse caso, porém, será legítimo o desempenho da atividade de modo permanente ou que possa caracterizar concorrência desleal

---

[499] BRASIL. **Constituição da República Federativa do Brasil**. Organização dos textos e índice por J. U. JACOBY FERNANDES. 1. ed. Atualizada até Abril de 2007. Belo Horizonte: Fórum, 2007. Vide Art. 173 e o Decreto-Lei nº 200/1967, art. 10, § 7º.

[500] BRASIL. Decreto-Lei nº 200 de 25 de fevereiro de 1967. Dispõe sobre a Organização da Administração Federal, estabelece diretrizes para a Reforma Administrativa e dá outras providências. Art. 5º, com a redação alterada pelo Decreto-Lei nº 900/1969. **Diário Oficial [da] República Federativa do Brasil,** Brasília, DF, 27 fev. 1967.

às empresas do setor. A intervenção na economia justifica-se para a formação de um impulso inicial, como a formação de canteiros e jardins públicos e incentivo aos pequenos agricultores para que venham a oferecer o produto nas condições pretendidas pela Administração. Afinal, é princípio elementar do País, vez que adota o regime capitalista, fundado na livre concorrência, não intervir na atividade econômica, ressalvadas as exceções previstas, como estabelece o art. 173 da Constituição Federal.

8.6.4. finalidade do órgão ou entidade como requisito

Além de ter restringido a dispensa para a venda de bens produzidos ou comercializados pela Administração, o dispositivo estabeleceu que só se caracterizará a licitação dispensada se a produção ou comercialização, no caso, estiver de acordo com as finalidades do órgão ou entidade. Se a Administração vender ou comercializar de forma eventual, sem qualquer correlação com suas atribuições ou finalidades, deverá fazê-lo mediante regular processo seletivo.

8.7. alínea "f" - venda para outros órgãos ou entidades

Dispõe a Lei nº 8.666/1993, art. 17, *in verbis*:

> II - quando móveis, dependerá de avaliação prévia e de licitação, dispensada esta nos seguintes casos:
>
> [...]
>
> f) venda de materiais e equipamentos para outros órgãos ou entidades da Administração Pública, sem utilização previsível por quem deles dispõe.

A situação agora regulada é bastante diversa das possibilidades definidas nas alíneas precedentes. Aqui se tem a simultânea ocorrência de vários elementos:

- a Administração Pública exerce a atividade de venda,[501] seja em caráter permanente ou eventual, de materiais e equipamentos;
- o comprador é outro órgão ou entidade da Administração, expressão que abrange entes personalizados ou não;
- no caso concreto, deverá ficar caracterizada a impossibilidade de prever ou estimar a quantidade de consumo. Obviamente, incapacidade de promover trabalhos estatísticos de consumo pretérito ou ineficiência do gestor não podem ser considerados

[501] Sobre os conceitos de contratante e contratado vide capítulo 1, subtítulo 2: conceitos fundamentais.

como imprevisibilidade justificável para assegurar a ausência de processo licitatório.

A ideia central, que animou o legislador, foi o propósito de permitir aos órgãos ou entidades da Administração racionalizar e dinamizar a situação de estoques e a própria aquisição, quando nos dois polos da relação estão órgãos vinculados à Administração Pública e, por alguma razão, não há estimativa de consumo. O permissivo aproximaria essa aquisição daquela comumente ocorrente no Direito Civil, nominada venda em consignação.

Quando ausentes os pressupostos acima elencados, a Administração poderá ainda comprar em consignação, desde que utilize o procedimento licitatório.[502]

8.7.1. peculiaridades do contrato

Efetivamente, os equipamentos e materiais são transferidos do agente vendedor para o recebedor, numa quantidade ajustada entre as partes, sem que signifique o real interesse de adquirir a totalidade da quantidade transferida, eis que não há estimativa razoavelmente segura. Em prosseguimento, o órgão recebedor utiliza-se do equipamento ou do material na quantidade necessária e, após certo tempo, também previamente ajustado, promovem o encontro de contas, pagando-se a parte utilizada e devolvendo-os ou, então, procedendo-se à recolocação dos níveis de estoque.

O instrumento de contrato deverá definir a quantidade recebida, o tempo esperado para o acerto de quantidades consumidas ou utilizadas, a responsabilidade pela guarda dos equipamentos ou materiais, além dos demais elementos obrigatórios do contrato, estabelecidos no art. 55 da Lei nº 8.666/1993, no que couber.

8.8. imóveis para outro órgão público ou área rural na Amazônia Legal

Dispõe a Lei nº 8.666/1993, art. 17, *in verbis*:

> § 2º A Administração também poderá conceder título de propriedade ou de direito real de uso de imóveis, dispensada licitação, quando o uso destinar-se: (Redação dada pela Lei nº 11.196, de 21 de novembro de 2005)

---

[502] Consulte, a propósito: BRASIL. Tribunal de Contas da União. Processo nº TC-625.177/94-0. Decisão nº 752/1998 - Plenário. Relator: Ministro Carlos Átila Álvares da Silva. **Diário Oficial [da] República Federativa do Brasil**, Brasília, DF, 16 nov. 1998. Seção 1, p. 46 a 49.

> I - a outro órgão ou entidade da Administração Pública, qualquer que seja a localização do imóvel;
>
> II - a pessoa física que, nos termos de lei, regulamento ou ato normativo do órgão competente, haja implementado os requisitos mínimos de cultura e moradia sobre área rural situada na região da Amazônia Legal, definida no art. 2º da Lei nº 5.173, de 27 de outubro de 1966, superior à legalmente passível de legitimação de posse referida na alínea g do inciso I do *caput* deste artigo, atendidos os limites de área definidos por ato normativo do Poder Executivo.[503]

8.8.1. noções

O dispositivo em tela assegura a possibilidade de haver contrato de concessão de direito real de uso, de bens imóveis, sem licitação, entre órgãos da Administração Pública e para uso desta e, por acréscimo introduzido pela Lei nº 11.196/2005, às pessoas físicas que hajam implementado requisitos mínimos de cultura e moradia sobre área rural situada na região da Amazônia Legal.

Antes de passarmos ao exame dos requisitos, é importante lembrar que foi feita breve distinção entre autorização, permissão, concessão e concessão de direito real de uso de bens no subtítulo 8.2.1 do capítulo 2.

É forçoso reconhecer que, muitas vezes esses instrumentos são usados indistintamente, outros até equivocadamente.

8.8.2. concessão de direito real de uso

É o contrato administrativo[504] pelo qual a Administração Pública atribui o direito de uso de bem público, por tempo certo e de forma exclusiva, admitindo a transferência a terceiros na condição que especifica.[505]

---

[503] Regulamentado pelo Decreto nº 5.732, de 23 de março de 2006. **Diário Oficial da União [da] República Federativa do Brasil**, Brasília, DF, 24 mar. 2006.

[504] a) Vide subtítulo 8.2.1.5 do capítulo 2;

b) Sobre o assunto dispõem os arts. 18, § 1º, da Lei nº 9.636/98 e o art. 7º do Decreto-Lei nº 271/1967, *in verbis*:

- Lei nº 9.363/98: "Art. 18. A critério do Poder Executivo, poderão ser cedidos, gratuitamente ou em condições especiais, sob qualquer dos regimes previstos no Decreto-Lei nº 9.760 de 1946, imóveis da União a: [...] § 1º A cessão de que trata este artigo poderá ser realizada ainda sob o regime de concessão de direito real, resolúvel, prevista no art. 7º do Decreto-Lei nº 271, de 28 de fevereiro de 1967."

- Decreto-Lei nº 271/1967: "Art. 7º É instituída a concessão de uso de terrenos públicos ou particulares, remunerada ou gratuita, por tempo certo ou indeterminado, como direito real resolúvel, para fins específicos de urbanização, industrialização, edificação, cultivo da terra, ou outra utilização de interesse social."

É o instituto de Direito Administrativo que deveria substituir a enfiteuse - própria do direito privado, por apresentar nítidas vantagens, já que o Poder Público determina o regramento.

Desde logo, observa-se razoável uniformidade na doutrina quanto ao fato de que o contratado, no caso, é o particular, não havendo registro do uso do instituto entre órgão ou entidades da Administração Pública. Aliás, esse instituto é bastante utilizado pela Administração para urbanizar determinadas áreas. Nesses casos pode se estabelecer que o proprietário do direito real de uso - que não é propriedade - possa adquirir o domínio definitivo e pleno após determinado tempo e satisfação de algumas condições, como o pagamento do preço do imóvel.

As críticas dirigidas ao dispositivo - art. 17, § 2º - antes da reforma produzida pela Lei nº 11.196/2005, que agora devem se ater ao inciso I, eram no sentido de que deveria ter o legislador optado pelo instituto da cessão.

Refletindo amiúde, porém, parece ter sido melhor a recomendação legal por esse novo instituto, a concessão do direito real de uso. Primeiro, porque a cada reestruturação administrativa seria necessário refazer a cessão; segundo, porque, se privatizado o usuário, o ato implicaria caducidade da cessão.

Promovendo a concessão de direito real de uso, fica o concedente com a garantia do uso, segundo a finalidade pretendida, já que o seu direito segue a coisa - objeto concedido - independentemente de quem figura como proprietário. Aí a principal diferença entre a simples concessão de uso e a concessão de direito real de uso. O termo real advém de *res* que significa coisa, e sendo real o direito do usuário, seguirá este a coisa. Um imóvel que tem o uso concedido, pode inclusive ser vendido sem que o direito do usuário sofra qualquer limitação. Limitado estará o domínio daquele que o adquire.

Para a nova hipótese de concessão de direito real de uso inaugurada com o inciso II do § 2º, parece não haver maiores dificuldades quanto ao reconhecimento de que o instituto escolhido pelo legislador é o melhor e o mais adequado ao caso, visto que, seguindo a lógica hermenêutica da maioria da doutrina, o contratado efetivamente é o particular, mais especificamente a

[505] Sobre o assunto, o Ministério Público do Distrito Federal moveu ação de improbidade contra réus que efetuaram concessões de direito real de uso de diversos bens da TERRACAP, sem licitação, e sem justificar eventual interesse público - caso existisse - mediante a exigência de taxas simbólicas, cobradas a título de taxa de ocupação, no período de outubro de 1993 a dezembro de 1994, afrontando os artigos 2º e 17, inciso I, alínea "f", da Lei Federal nº 8.666/93, e os artigos 325 e 359 da Lei Orgânica do Distrito Federal. Ação de Improbidade tramitando perante o Tribunal de Justiça do Distrito Federal e Territórios, Processo nº 00034571/97 - 3ª Vara da Fazenda Pública/DF. Disponível em: www.tjdft.jus.br. Acesso em 21 jan. 2011.

pessoa física que mora e explora eficientemente área rural localizada na região da Amazônia Legal.

8.8.3. requisitos

Para que o instituto possa ser utilizado pela Administração, serão necessários os requisitos a seguir:

a) que a Administração concedente seja proprietária legítima ou usuária, por contrato de concessão de direito real de uso de imóvel;
b) que ambos os polos da relação contratual sejam órgão e/ou entidades da Administração Pública;[506]
c) que o instrumento jurídico seja o contrato de concessão de direito real de uso;
d) que seja formalizado por instrumento lavrado em cartório de notas, na forma do art. 60 da Lei nº 8.666/1993;[507]
e) que seja indicado o fórum da sede da Administração concedente para dirimir qualquer questão contratual, conforme o art. 55, § 2º, da Lei nº 8.666/1993;[508]
f) que sejam observadas as formalidades do art. 26 da Lei nº 8.666/1993 e do art. 17, caput e inciso I, exceto lei autorizadora, porque não se trata de alienação.[509]

Para que o instituto possa ser utilizado pelo particular, pessoa física, serão necessários ainda os seguintes requisitos:

a) que se trate de área rural situada na Amazônia Legal, considerada como tal a "compreendida pelos Estados do Acre, Pará e Amazonas,

---

506 BRASIL. Tribunal de Contas da União. Processo nº TC-009.364/2003-0. Acórdão nº 1491/2004 - Plenário. Relator Ministro Walter Alencar Rodrigues. **Diário Oficial da União [da] República Federativa do Brasil**, Brasília, DF, 8 out. 2004. Seção 1.

507 No âmbito do Direito privado, para que o direito de uso tenha eficácia *erga omnes*, caracterizando direito real, é necessário que o instrumento de sua constituição seja averbado no Cartório de Registro de Imóveis. O ideal, no caso da Administração Pública, é que tanto a concessão de uso, quanto a concessão de direito real de uso sejam feitas por escritura pública, lavrada no cartório de notas e registradas no cartório de registro de imóveis, a exemplo do que dispõe a Lei nº 6.015 para os imóveis particulares. Há porém regra específica que autoriza seja o instrumento simplesmente lavrado no cartório de notas: art. 60 da Lei nº 8.666/93. Para Orlando Gomes, "o direito de concessão de uso não está sujeito, para valer, à forma solene. Tanto pode ser constituído por escritura pública como por escrito particular e até por simples *termo administrativo* na concessão de terrenos públicos. É indispensável, porém, o *registro* do título constitutivo, já hoje no livro geral exigido pela nova lei dos registros públicos. Faz-se portanto, no registro, imobiliário." Direitos Reais. Rio de Janeiro: Forense, 2000.

508 É possível, por analogia com o art. 62, § 3º, I - locação. O prazo não observa as regras do art. 57 da Lei nº 8.666/1993.

509 Podem as Constituições estaduais ou Leis Orgânicas do Distrito Federal e Municípios exigirem lei prévia autorizadora.

pelos Territórios Federais[510] do Amapá, Roraima e Rondônia, e ainda pelas áreas do Estado de Mato Grosso a norte do paralelo de 16º, do Estado de Goiás a norte do paralelo de 13º e do Estado do Maranhão a oeste do meridiano de 44º", nos estritos termos do art. 2º da Lei nº 5.173/1966;[511]

b) que o imóvel não esteja sujeito a vedação, impedimento ou inconveniente a sua exploração mediante atividades agropecuárias;
c) superior a 1 (um) módulo fiscal e limitada a 15 (quinze) módulos fiscais, conforme dispõe o Decreto nº 6.553/2008[512];
d) em caso de cumulação com a previsão da alínea "g" do inciso I, do *caput* do art. 17, seja respeitado o limite máximo informado na letra antecedente.

Para esta hipótese também incorrem as regras do § 2º-A, referentes a isenção de prévia autorização legislativa, discriminadas no subtítulo 7.8.1. antecedente.

A busca pela adequação da legislação ao cumprimento da função social da propriedade, princípio de ordem econômica com status constitucional, é uma ação que propicia meios legítimos de tentativa no combate a redução das desigualdades sociais, pela promoção da cidadania e dignidade da pessoa humana, fundamento da República.

As inovações introduzidas no art. 17, por meio da concessão de direitos reais de uso de bens públicos a pessoas ou famílias que levam a efeito a função social da propriedade, constituem estímulo positivo ao desenvolvimento econômico e social.

---

510 Note-se que atualmente não existem mais territórios em nosso país, embora não haja nenhum óbice legal para a criação de novos, portanto leia-se a transcrição acima como Estados do Amapá, Roraima e Rondônia.

511 BRASIL Lei nº 5.173, de 27 de outubro de 1966. Dispõe sôbre o Plano de Valorização Econômica da Amazônia; extingue a Superintendência do Plano de Valorização Econômica da Amazônia (SPVEA), cria a Superintendência do Desenvolvimento da Amazônia (SUDAM), e dá outras providências. **Diário Oficial da União [da] República Federativa do Brasil**, Brasília, DF, 31 out. 1966.

512 a) Fixa os limites de área rural a que se refere o inciso II do § 2º do art. 17 da Lei nº 8.666, de 21 de junho de 1993. "[...] Art. 1º O limite máximo de área, para efeitos de concessão de título de propriedade ou de direito real de uso, a ser observado [...] é de quinze módulos fiscais. Lei nº 8.666/1993: Art. 17. A alienação de bens da Administração Pública, subordinada à existência de interesse público devidamente justificado, será precedida de avaliação e obedecerá às seguintes normas: [...] § 2º A Administração também poderá conceder título de propriedade ou de direito real de uso de imóveis, dispensada licitação, quando o uso destinar-se: (Redação dada pela Lei nº 11.196, de 2005) [...] II - a pessoa física que, nos termos de lei, regulamento ou ato normativo do órgão competente, haja implementado os requisitos mínimos de cultura e moradia sobre área rural situada na região da Amazônia Legal, definida no art. 2º da Lei nº 5.173, de 27 de outubro de 1966, superior à legalmente passível de legitimação de posse referida na alínea g do inciso I do caput deste artigo, atendidos os limites de área definidos por ato normativo do Poder Executivo. (Incluído pela Lei nº 11.196, de 2005). **Decreto nº 6.553**, de 1 de setembro de 2003. **Diário Oficial da União [da] República Federativa do Brasil**, Brasília, DF, 2 set. 2008.

Capítulo 5

Dispensa de Licitação

Este capítulo trata do exame de todos os casos de dispensa de licitação, inseridos no artigo 24 da Lei de Licitações e Contratos, inclusive os novos dispositivos introduzidos por força das Leis nº 12.188, de 11 de janeiro de 2008, e 12.349, de 15 de dezembro de 2010. Por apresentar exceções à regra da licitação, as hipóteses previstas neste artigo, para contratação direta - em razão do valor, por emergência, licitação deserta ou fracassada, com instituição sem fins lucrativos, para remanescente de contrato - vem merecendo, acertadamente, interpretação restritiva. Todos os incisos são explicados à luz da jurisprudência dos Tribunais de Contas e do Poder Judiciário para que o operador da lei, na prática, tenha um roteiro seguro na sua aplicação.

No art. 24 da Lei nº 8.666/1993, com a redação alterada pela Lei nº 8.883/1994, foram estabelecidas originariamente vinte hipóteses em que é dispensável a licitação. A Lei nº 9.648/1998 acresceu mais quatro. Posteriormente novas leis vêm ampliando esse já extenso rol de novas hipóteses.[513]

Para que a situação possa implicar dispensa de licitação, deve o fato concreto enquadrar-se no dispositivo legal, preenchendo todos os requisitos. Não é permitido qualquer exercício de criatividade ao administrador, encontrando-se as hipóteses de licitação dispensável previstas expressamente na lei, *numerus clausus*, no jargão jurídico, querendo significar que são apenas aquelas hipóteses que o legislador expressamente indicou que comportam dispensa de licitação.

Há possibilidade de adventícias legislações esparsas inovarem o tema, reconhecendo outros casos de dispensa de licitação, como ocorreu com a Lei nº 8.880/1994, que instituiu o Plano Real, autorizando a contratação de institutos de pesquisas sem licitação. O que mais se evidencia no estudo da dispensa de licitação é a falta de sistematização, o casuísmo, com que tem procedido o

---

[513] BRASIL. Lei nº 10.973, de 2 de dezembro de 2004. **Diário Oficial da União [da] República Federativa do Brasil**, Brasília, DF, 3 dez. 2004. Acrescentou o inciso XXV ao rol do art. 24.

BRASIL. Lei nº 11.107, de 6 de abril de 2005. **Diário Oficial da União [da] República Federativa do Brasil**, Brasília, DF, 7 abr. 2005. Acrescentou o inciso XXVI ao rol do art. 24.

BRASIL. Lei nº 11.196, de 21 de novembro de 2005. **Diário Oficial da União [da] República Federativa do Brasil**, Brasília, DF, 22 nov. 2005. Acrescentou o inciso XXVII ao rol do art. 24.

BRASIL. Lei nº 11.484, de 31 de maio de 2007. **Diário Oficial da União [da] República Federativa do Brasil**, Brasília, DF, 31 maio 2007. Acrescentou o inciso XXVIII ao rol do art. 24.

BRASIL. Lei nº 11.783, de 17 de setembro de 2008. **Diário Oficial da União [da] República Federativa do Brasil**, Brasília, DF, 18 set. 2008. Acrescentou o inciso XXIX ao rol do art. 24.

BRASIL. Lei nº 12.188, de 11 de janeiro de 2010. **Diário Oficial da União [da] República Federativa do Brasil**, Brasília, DF, 11 jan. 2010. Acrescentou o inciso XXX ao rol do art. 24.

legislador. Incisos com má redação foram inseridos no art. 24 muitas vezes para regularizar a contratação considerada irregular pelo TCU.

No que tange a legislação posterior à Lei nº 8.883/1994, a situação é de fácil equacionamento:

- se for lei federal que criar outras hipóteses de dispensa, poderá ser constitucional e válida;
- se for lei de outra esfera de governo, só será válida após o advento da lei complementar referida no parágrafo único do art. 22 da Constituição Federal;
- se for posterior à precitada lei complementar e contida nos limites desse diploma, além de harmônica com o restante da Constituição, será constitucional e válida; e
- se anterior, ou posterior, mas tendo extrapolado os limites da lei complementar, ou ainda não sendo harmônica com as demais normas da Constituição, deverá ser considerada inconstitucional.

Veja, a propósito dos limites das leis de licitações, o capítulo 1.

Examinam-se a seguir as hipóteses elencadas no art. 24 da Lei nº 8.666/1993.

2. Obras e serviços de engenharia de valor até 10% do limite do convite

Dispõe a Lei nº 8.666/1993, art. 24, *in verbis*

> Art. 24. É dispensável a licitação:
>
> I - para obras e serviços de engenharia de valor até 10% (dez por cento) do limite previsto na alínea "a" do inciso I do artigo anterior, desde que não se refiram as parcelas de uma mesma obra ou serviço ou ainda para obras e serviços da mesma natureza e no mesmo local que possam ser realizadas conjunta e concomitantemente.
>
> [...]
>
> Parágrafo único. Os percentuais referidos nos incisos I e II do *caput* deste artigo serão 20% (vinte por cento) para compras, obras e serviços contratados por consórcios públicos, sociedade de economia mista, empresa pública e

por autarquia ou fundação qualificadas, na forma da lei, como Agências Executivas.[514]

2.1. noções

Nesse inciso, a lei estabelece ser dispensável a licitação segundo uniforme doutrina, em razão do valor do objeto a ser contratado. Os custos do procedimento para assegurar os valores jurídicos que determinam a licitação devem ser coordenados com os demais princípios do Direito, inclusive o princípio constitucional da economicidade, que deve nortear os atos administrativos.

O reduzido valor do objeto a ser contratado colocaria em conflito o princípio da licitação e o da economicidade, ensejando um gasto superior a vantagem direta aferível pela Administração, decidindo o legislador, à vista do interesse público, pela prevalência do segundo.

O dispositivo apresenta dois requisitos para a dispensa de licitação. O primeiro objetivo, que leva em conta apenas o valor da obra ou serviço de engenharia e o segundo, para cuja regularidade é necessário contextualizar a dispensa.

É relevante notar que as compras não foram contempladas nesse inciso.

2.2. valor da obra ou serviço

Como visto, anteriormente,[515] o valor jurídico do contrato é obtido segundo algumas regras de há muito assentadas no Direito, que em síntese poderiam ser assim resumidas:

- o valor do contrato corresponde ao total do dispêndio previsto para a execução da obra ou prestação do serviço;
- os serviços ou obras que ultrapassem o exercício financeiro, devem ter dotação suficiente para a realização da execução da parte prevista do cronograma físico-financeiro realizável no exercício; mas, de qualquer modo, o valor estimado do contrato corresponderá ao somatório do total do desembolso previsto, inclusive nos exercícios seguintes.

[514] Redação dada pela Lei nº 11.107, de 06 de abril de 2005, que dispõe sobre normas gerais de contratação de consórcios públicos e dá outras providências. **Diário Oficial da União [da] República Federativa do Brasil**, Brasília, DF, 7 abr. 2005.

[515] Vide capítulo 2, subtítulo 8.1.

Com o advento da Lei de Responsabilidade Fiscal[516], passou a ser necessário estimar e oportunizar os recursos correspondentes.

O valor estimado do futuro contrato não poderá exceder a dez por cento do valor fixado para a modalidade de convite para obras e serviços de engenharia, estabelecido no art. 23, inciso I, alínea "a", da Lei nº 8.666/1993.

O parágrafo único do art. 24, no entanto, estabeleceu que esse percentual será de 20% para obras e serviços contratados por consórcios públicos, sociedades de economia mista, e por autarquias e fundações qualificadas, na forma da lei como Agências Executivas.

2.3. serviços de engenharia

Por vezes, o órgão busca enquadrar o serviço como de engenharia[517] porque, em vista do maior limite de valor, terá mais flexibilidade nas contratações.[518]

É bom lembrar que o disciplinamento do tema ficou a cargo do Conselho Federal de Arquitetura e Agronomia que o regulamentou por meio da Resolução nº 218 do CONFEA[519], a qual é muito abrangente, permitindo amplamente as contratações.

---

[516] BRASIL. Lei Complementar nº 101 de 04 de maio de 2000. Estabelece normas de finanças públicas voltadas para a responsabilidade na gestão fiscal e dá outras providências. **Diário Oficial da União [da] República Federativa do Brasil**. Brasília, DF, 5 maio. 2000. *In verbis*: "Art. 16. A criação, expansão ou aperfeiçoamento de ação governamental que acarrete aumento da despesa será acompanhada de: I - estimativa do impacto orçamentário-financeiro no exercício em que deva entrar em vigor e nos dois subsequentes; II - declaração do ordenador da despesa de que o aumento tem adequação orçamentária e financeira com a Lei Orçamentária Anual e compatibilidade com o plano plurianual e com a Lei de Diretrizes orçamentárias [...] § 4º. As normas do *caput* constituem condição prévia para: I - empenho e licitação de serviços, fornecimento de bens ou execução de obras; II - desapropriação de imóveis urbanos a que se refere o § 3º do art. 182 da Constituição."

[517] O TCDF, em vista de ausência de prejuízo, não julgou irregular, em caráter excepcional, usar convite no lugar de tomada de preço. Havia dúvida se manutenção de máquina de escrever era serviço de engenharia. Processo nº 0987/94. Conselheiro Relator: Jorge Caetano. Disponível em: http://www.tc.df.gov.br. Acesso em 26 jan 2011.

[518] Em estudo efetuado pela 3ª ICE do Tribunal de Contas do DF, no Processo nº 5.655/94, ficou assentado que serviços de engenharia são aqueles que requeiram, comprovadamente, o trabalho intelectual do profissional de engenharia, arquitetura ou agronomia para consecução de seus fins; "outros serviços" são aqueles que não requeiram, comprovadamente, a participação de engenheiro para a consecução de seus fins e que, consequentemente, não necessitam da Anotação de Responsabilidade Técnica - ART, na forma da Lei nº 6.496, de 07 dez. 77. Sobre ART, dispõe a Resolução CONFEA nº 425 de 18 dez. 98. **Diário Oficial [da] República Federativa do Brasil**, Brasília, DF, 08 jan. 99. Seção 1, p. 34, art. 3º que: "Nenhuma obra ou serviço poderá ter início sem a competente anotação de Responsabilidade Técnica, nos termos desta Resolução."

[519] Publicada no Diário Oficial [da] República Federativa do Brasil de 31 de julho de 1973 e disponível no sítio www.confea.org.br.

2.4. modificações do valor pelo reajuste ou alteração da obra ou serviço

A correção monetária em períodos de regime inflacionário não deve ser computada para a estimativa do valor do contrato, nem a ocorrência de necessidades de alterações posteriores.

No curso de uma obra ou serviço de engenharia, poderá ser necessário promover alterações contratuais para atender a fatos supervenientes ao ajuste, desconhecidos ou imprevistos pela Administração, ao tempo de sua assinatura, nas condições permitidas no art. 65, § 1º, da Lei nº 8.666/1993.

Sendo necessária uma alteração[520] em um projeto de reforma, onde fique acrescido o valor da mesma em 40% (quarenta por cento), por exemplo, e ficando esse acréscimo somado com o valor inicial acima de 10% do valor do convite, como deve proceder a Administração?

Como registrado,[521] as alterações posteriores ou supervenientes ao ajuste não operam retroativamente para interferir na definição da modalidade ou dispensa determinada pela Administração. Mas é preciso que esses fatores sejam efetivamente supervenientes ao ajuste,[522] isto é, que no momento da assinatura do contrato não pudessem as partes prever a necessidade da

---

520 Só pode ocorrer na fase do contrato. Não pode ocorrer entre a homologação e a assinatura do contrato. BRASIL. Tribunal de Contas da União. Processo nº TC-013.992/1996. (apenso Processo nº TC-005.144/96-5). Decisão nº 103/98 - Plenário. Relator: Humberto Guimarães Souto. **Diário Oficial [da] República Federativa do Brasil**, Brasília, DF, 30 mar. 98. Seção 1, p. 72.

521 Vide capítulo 2, subtítulo 8.1.4.2.: execução do contrato e modificação das necessidades.

522 a) O TCU aplicou multa por entender que o aumento foi realizado após determinação para nova licitação. BRASIL. Tribunal de Contas da União. Processo nº TC-575.503/98-0. Decisão nº 379/99 - Plenário. Relator: Ministro Humberto Guimarães Souto. **Diário Oficial [da] República Federativa do Brasil**, Brasília, DF, 02 jul. 99. Seção 1, p. 38.

b) Em outro caso, fizeram a Licitação, mas aditaram o contrato em valor muito superior a 25%. O TCU recomendou a observância dos acréscimos contratuais permitidos pelo art. 65, §§ 1º e 2º, da Lei nº 8.666/1993, sob pena de considerar a realização da despesa sem licitação que a precedesse, e fora das hipóteses previstas em lei. BRASIL. Tribunal de Contas da União. Processo nº TC-013.428/97-7. Decisão nº 253/1998 - 1ª Câmara. Relator: Ministro-Substituto Lincoln Magalhães. **Diário Oficial [da] República Federativa do Brasil**, Brasília, DF, 26 ago. 98. Seção 1, p. 37.

c) Em sentido contrário, o TCU admitiu alteração qualitativa, em resposta à consulta, estabelecendo requisitos entre os quais: fato superveniente, vantagem para a Administração e suportabilidade pelo contratado. BRASIL. Tribunal de Contas da União. Processo nº TC-930.039/98-0. Decisão nº 101/1999 - Plenário. Relator: Ministro José Antônio B. de Macedo. **Diário Oficial [da] República Federativa do Brasil**, Brasília, DF, 8 abr. 1999. Seção 1.

d) No caso do metrô do DF o TCU também tolerou acréscimo além do limite. BRASIL. Tribunal de Contas da União. Processo nº TC-000.227/96-0. Decisão nº 469/1997 - Plenário. Relator: Ministro Paulo Affonso Martins de Oliveira. **Diário Oficial [da] República Federativa do Brasil**, Brasília, DF, 20 ago. 97. Seção 1, p. 18089.

e) O TCDF não julgou irregular, no curso de contrato de manutenção, alterar o número de visitas e incluir o fornecimento de peça, sob o fundamento de extinção do contrato e tempo decorrido. DISTRITO FEDERAL. Tribunal de Contas. Processo nº 1402/92. Disponível em: http://www.tc.df.gov.br. Acesso em 26 jan. 2011.

alteração do projeto de reforma. Qualquer fator, que boas técnicas - pois é dever do administrador empregar com o maior zelo os recursos públicos - pudessem admitir, com razoável probabilidade de ocorrer, faz com que se deva ajustar o contrato e a licitação considerando o valor total.

Se o administrador utiliza-se do artifício de ajustar o contrato com dispensa de licitação para depois alterá-lo, fazendo acrescer o objeto do contrato nos limites permitidos pelo art. 65, § 1º, e, em decorrência, extrapola o valor do limite que o inciso I do art. 24 autoriza, sua conduta pode ser tipificada como crime,[523] ensejando a punição sob esse aspecto, além da anulação do contrato e recomposição do erário, caracterizando-se também prejuízo.

Ressalvada essa hipótese de intenção de burla, a dispensa do art. 24 não pode implicar morte do § 1º do art. 65.

2.5. valor de mercado

O valor estimado da obra ou serviço deve estar compatível com o preço de mercado,[524] fato que deve ser demonstrado nos autos, conforme exposto no art. 26, examinado adiante.[525]

---

523 O Ministério Público junto ao Tribunal de Contas do Distrito Federal pediu a denúncia por crime porque o valor do contrato foi elevado em 9,5 vezes. DISTRITO FEDERAL. Tribunal de Contas. Processo nº 6.976/96. Parecer JUJF. Disponível em: http://www.tc.df.gov. Acesso em 26 jan. 2011.

524 a) O cumprimento dessa norma foi por diversas vezes determinado pelos órgãos de controle:

BRASIL. Tribunal de Contas da União. Processo nº TC-625.090/94-2. Decisão nº 193/1995 - 1ª Câmara. Relator: Ministro Olavo Drummond. **Diário Oficial [da] República Federativa do Brasil**, Brasília, DF, 08 ago. 95. Seção 1. **No mesmo sentido**: Processo nº TC-009.524/2004-3. Acórdão nº 537/2005 - 2ª Câmara. Relação 32/2005. Gab. do Ministro Benjamin Zymler - 2ª Câmara.

- Mensagem CONED/STN nº 669546, de 02 de setembro de 1994. Assunto: Art. 6º do Decreto nº 449/1992. Interessado: LBA/AL. **Diário Oficial [da] República Federativa do Brasil**, Brasília, DF, 15 abr. 1997

b) A proposta mais vantajosa, apresentada durante a licitação por licitante de outro mercado, deve ser aceita. BRASIL. Tribunal de Contas da União. Processo nº TC-008.416/97-4. Acórdão nº 84/1999 - Plenário. Relator: Ministro-Substituto Lincoln Magalhães da Rocha. **Diário Oficial [da] República Federativa do Brasil**, Brasília, DF, 26 dez. 97. Seção 1, p. 31450.

c) Sobre pesquisa de mercado, consulte: BRASIL. Tribunal de Contas da União. Processo nº TC-256.272/1997. Acórdão nº 584/97 - 1ª Câmara. Relator: Ministro Marcos Vinicios Vilaça. **Diário Oficial [da] República Federativa do Brasil**, Brasília, DF, 12 dez. 1997. Seção 1, p. 29852; e Ofício-circular do Gabinete da Presidência do TCDF nº 019/92, Presidente José Eduardo Barbosa.

d) O TCU recomendou fazer prévio levantamento de preços de mercado, mas não exigiu planilha de custos para compras. Anulou licitação e contrato superfaturado e multou servidores. BRASIL. Tribunal de Contas da União. Processo nº TC-004.882/95-4. Acórdão nº 99/1995 - Plenário. Relator: Ministro Homero dos Santos. **Diário Oficial [da] República Federativa do Brasil**, Brasília, DF, 04 set. 95. Seção 1, p. 13638.

525 a) É importante consultar o artigo Critério de Aceitabilidade de Preços nas Licitações, de Alice Gonzales Borges. Boletim de Licitações e Contratos nº 8/94 - NDJ, p. 361.

O Decreto nº 449/1992, obrigava a autoridade homologadora a confirmar com duas propostas a compatibilidade com o mercado do preço adjudicado. Essa norma foi, porém, expressamente revogada pelo Decreto nº 2.743, de 21 de agosto de 1998, que por sua vez também foi revogado pelo Decreto 3.931, de 19 de setembro de 2001. Desse modo, embora seja uma praxe, não tem amparo legal exigir três propostas para a elaboração de estimativa.

No entanto, as Leis de Diretrizes Orçamentárias da União vêm estabelecendo que na aplicação de recursos da União devem ser observados os limites máximos, os recursos para valores unitários de materiais e serviços de obras executadas a mediana daqueles constantes no Sistema Nacional de Pesquisa de Custos e Índices da Construção Civil - SINAPI.[526]

2.6. parcelas realizáveis conjunta ou concomitantemente

O segundo requisito do inciso estabelece que o agente não pode utilizar-se da ideia de fracionar a despesa, de tal modo que, em razão desse procedimento, obtenha a dispensa das parcelas.

Nesse ponto, a lei estabeleceu um requisito que exige a contextualização da licitação, isto é, que se avalie a regularidade da dispensa, tendo em linha de consideração o conjunto das obras realizadas[527] em determinado período e local, bem como a natureza delas e de suas parcelas.

Surge aí uma expressão empregada apenas duas vezes na lei: realização conjunta ou concomitante.[528]

---

b) BRASIL. Tribunal de Contas da União. Processo nº TC-006.061/2004-6. Acórdão nº 552/2005 - 2ª Câmara. Relator: Ministro-Substituto Lincoln Magalhães da Rocha. Ata 14/2005 - 2ª Câmara. Sessão de 19 abril de 2005.

[526] BRASIL. Lei nº 11.178 de 20 de setembro de 2005. SINAPI - Sistema Nacional de Pesquisa de Custos e Índices da Construção Civil, mantido pela Caixa Econômica Federal. No § 3º do art. 112 encontramos a exceção, "caso não abrangido pelo Sistema, poderá ser usado, em substituição ao SINAPI, o custo unitário básico - CUB".

[527] Nada obstante a obra ter sido desmembrada em duas etapas, inicialmente; em três, posteriormente, a execução das obras e serviços deve programar-se em sua totalidade, previstos seus custos atual e final e considerados os prazos de sua execução, nos termos previstos nos art. 6º, inciso IX, 7º e 8º da Lei de Licitações. BRASIL. Tribunal de Contas da União. Processo nº TC-925.718/98-0. Decisão nº 412/1999 - Plenário. Relator: Ministro Adhemar Paladini Ghisi. **Diário Oficial [da] República Federativa do Brasil**, Brasília, DF, 19 jul. 1999. Seção 1, p. 50. **No mesmo sentido**: Processo nº TC-009.573/2004. Acórdão nº 1725/2005 - Plenário. Relator: Ministro-Substituto Lincoln Magalhães da Rocha. **Diário Oficial da União [da] República Federativa do Brasil**, Brasília, DF, 8 nov. 2005. Seção 1.

[528] Ver art. 23, § 5º, da Lei nº 8.666/1993. Neste sentido o TCU determinou: "[...] identifique obras ou serviços de mesma natureza e no mesmo local que possam ser realizadas conjunta e concomitantemente, de modo a constituírem objeto de uma única licitação, evitando a contratação direta com base no art. 24, inciso I, da Lei nº 8.666/93". BRASIL. Tribunal de Contas da União. Processo nº TC-008.996/2001-5. Acórdão nº 2663/2005 - 1ª Câmara. Relator: Ministro Marcos Vinicios Vilaça. **Diário Oficial da União [da] República Federativa do Brasil**, Brasília, DF, 17 nov. 2005. Seção 1, p. 104.

Esse termo não se encontra definido na lei, aproveita-lhe a noção comum, pois em hermenêutica o intérprete deve atribuir

> aos vocábulos o sentido resultante da linguagem vulgar; porque se presume haver o legislador, ou escritor, usado expressões comuns; porém, quando são empregados termos jurídicos, deve-se crer ter havido preferência pela linguagem técnica.[529]

A redação inicial da Lei nº 8.666/1993 empregava, com maior êxito, os termos simultâneo e sucessivo, conceituados pela própria legislação, no art. 39, parágrafo único. A Lei nº 8.883/1994, que alterou a redação desse dispositivo, inovou ao incluir os termos "conjunta ou concomitantemente", sem porém, conceituá-los.

Num amplo contexto, pode-se entender por realizável de forma "conjunta ou concomitante" a ideia de obras ou serviços que potencialmente são realizáveis em curto espaço de tempo, pouco importando se a Administração já os realizou ou pretende realizá-los com brevidade.

Útil aqui a noção de plano de obras e de serviços de engenharia, que alguns Municípios adotam para avaliar a ideia de "conjunto ou concomitante". De lembrar-se que também nos conceitos de simultâneo e sucessivo a ideia de planejamento é útil para que se avalie a regularidade do procedimento.

A interpretação fica, agora, a critério das partes gestoras e controladoras da Administração Pública que deverão examinar, em cada caso, a caracterização ou não da realização conjunta ou concomitante. Realização conjunta é a que se efetiva "junto", "simultaneamente", sendo que "concomitantemente" também está associado à ideia de simultaneidade.[530]

Assim, veda a lei que, numa obra ou serviço, a Administração proceda ao parcelamento e utilize-se do dispositivo para realizar cada uma das parcelas sem licitação.[531] Típico caso de parcelamento para ludibriar a legislação e o princípio da licitação.

Como regra geral, sempre que se parcelar, deve-se adotar a modalidade prevista para o total da obra ou serviço,[532] conforme determina o art. 23, §§ 2º e

---

[529] MAXIMILIANO, Carlos. **Hermenêutica e Aplicação do Direito**. Rio de Janeiro: Forense, 19ª ed, p. 89-90.

[530] FERREIRA, Aurélio Buarque de Holanda. **Novo Dicionário da Língua Portuguesa**. 2ª ed., 25ª impressão. Rio de Janeiro: Nova Fronteira, 1986, p. 455.

[531] O órgão estabelecia o interstício de 30 dias e o TCU julgou irregular. BRASIL. Tribunal de Contas da União. Processo nº TC-011.846/95-0 Decisão nº 136/1997 - Plenário. Relator: Ministro-Substituto Lincoln Magalhães da Rocha. **Diário Oficial [da] República Federativa do Brasil**, Brasília, DF, 15 abr. 97, p. 7442.

[532] O TCU fez novamente a recomendação de que as compras de bens ou contratações de serviços, realizados parceladamente, em distintas licitações, deverão observar a modalidade pertinente para a execução do total do

5º, primeira parte, admitindo-se a exceção do art. 23, § 5º, segunda parte, como visto no capítulo 2, subtítulo 8.1.1.

Assim, se a Administração quer parcelar uma obra de engenharia, deverá adotar a modalidade de licitação definida para o objeto, considerando o valor global da mesma. Havendo, porém, parcelas que possam ser executadas por pessoas ou empresas de especialidade diversa daquela do executor do restante da obra ou serviço, poder-se-á contratar, considerando apenas a modalidade prevista para a parcela.

Questão relevante que se apresenta, diz respeito ao caso em que o valor da obra situa-se, *v.g.*, na faixa do convite, mas uma parcela que, no caso, pode ser realizada por pessoa de especialidade diversa da do executor da obra, tem o valor do contrato estimado em cifra pequena, abaixo de 10% do valor do convite da obra ou serviço de engenharia. Seria admissível dispensar a licitação para a contratação dessa parcela?

A resposta está a exigir que se expendam, ainda, outras considerações.

A possibilidade estatuída no final do § 5º do art. 23 permite que a Administração utilize convite para uma parcela em que o total da obra ou serviço seja enquadrável em tomada de preços, ou uma tomada de preços para a parcela de uma obra ou serviço, em que o total do valor esteja na faixa de concorrência; em ambos os casos, quando a parcela possa ser executada por pessoa ou empresa de especialidade diversa daquela do executor do contrato principal e apresente vantagem para a Administração. [533]

Esse dispositivo não autoriza a dispensa de licitação, mas mera alteração da modalidade para uma mais simplificada, como meio de incentivar o parcelamento e, em última instância, a pequena e média empresa. Não há, portanto, amparo legal a pretender-se dispensa à licitação para parcela de uma obra cujo valor total ultrapasse os 10% referidos no inciso I, do art. 24, ainda que a parcela seja executada por pessoa ou empresa de especialidade diversa da

objeto. BRASIL. Tribunal de Contas da União. Processo nº TC-550.173/96-0. Acórdão nº 518/1998 - 1ª Câmara. Relator: Ministro Carlos Átila Álvares da Silva. **Diário Oficial [da] República Federativa do Brasil**, Brasília, DF, 14 dez. 98. Seção 1, p. 50. **No mesmo sentido**: Processo nº TC-004.271/2006-0. Acórdão nº 988/2006 - Plenário. **Diário Oficial da União [da] República Federativa do Brasil**, Brasília, DF, 26 jun. 2006. Seção 1.

[533] a) O TCU admitiu 19 projetos numa só concorrência. Prevaleceu a tese de que o parcelamento só é obrigatório se houver vantagem (execução). BRASIL. Tribunal de Contas da União. Processo nº TC-008.432/97-0. Decisão nº 84/1999 - Plenário. Relator: Ministro Marcos Vinicios Vilaça. **Diário Oficial [da] República Federativa do Brasil**, Brasília, DF, 26 mar. 1999. Seção 1, p. 71/72.

b) O TCDF acolheu como regular, com apoio do Ministério Público junto àquela Corte, o não-parcelamento do objeto de manutenção de sistemas de esgotamento sanitário do DF. Processo nº 4703/97. Decisão nº 3.696/1999. Parecer JUJF nº 3.0331/99. Disponível em: http://www.tc.df.gov.br. Acesso em 26 jan. 2011.

do executor do contrato principal, que possa ser realizada conjunta ou concomitantemente.

Situação diferente ocorrerá se não se tratar de realização conjunta ou concomitante.

Seria possível, sim, dispensar a licitação para a realização de parcela de uma determinada obra em que o total está previsto para tomada de preços se, e somente se, a execução da parcela tivesse necessariamente que ser executada por pessoa ou empresa de especialidade diversa da do executor da obra principal e a mesma parcela tivesse obrigatoriamente que ser protraída no tempo, isto é, executada em oportunidade bem diferente daquela da execução do principal.

Admissível, nesse sentido, será a dispensa de licitação, com fulcro no inciso I do art. 24, se a parcela da obra a ser contratada preencher simultaneamente os seguintes requisitos:

a) valor da parcela até 10% do limite previsto no art. 23, inciso I, alínea "a";[534]
b) parcela de natureza específica, isto é, diferente da do restante da obra;
c) parcela realizável por pessoa ou empresa de especialidade diversa da do executor da obra principal;
d) parcela não realizável conjunta ou concomitantemente.

Caso típico que preenche, em tese, esses requisitos é o contrato para sinalização de uma rodovia. Esse serviço de engenharia é, em regra, de valor reduzido e de natureza diferente da do objeto principal, podendo ser executado por pessoa de especialidade diversa da do construtor da estrada e, por fim, exige a prévia conclusão da autopista para sua realização, não podendo ser a licitação conjunta ou concomitante.

2.7. mesma natureza e local - realizável conjunta ou concomitante

A situação agora é diferente da tratada na parte anterior da análise desse inciso. Antes, estudou-se a questão em que a parcela de uma mesma obra ou serviço pudesse ser realizada conjunta ou concomitantemente. Neste momento, tem-se em mira diversas obras ou serviços, cujo somatório de valor ultrapasse em 10% o da alínea "a" do inciso I do art. 23 da Lei nº 8.666/1993.

[534] Lembrar do parágrafo único do art. 24 da Lei nº 8.666/93 que altera os limites para 20% nos casos que indica.

Para os fins desse dispositivo, deve o Administrador somar os valores das obras ou serviços que possam ser executados conjunta ou concomitantemente e promover a licitação na modalidade pertinente.[535]

A forma da execução, isto é, se será realizada efetivamente em conjunto ou concomitante, não é levada em consideração, bastando que potencialmente sejam executáveis desse modo. Pretende a lei, em todos os momentos, reforçar o acatamento do princípio da licitação, razão pela qual impõe categoricamente que o permissivo do inciso I deve ser utilizado, desde que não se refira a obras ou serviços da mesma natureza e no mesmo local que possam ser realizados conjunta ou concomitantemente.

O Tribunal de Contas do Distrito Federal, apreciando procedimentos adotados pela Região Administrativa III do Distrito Federal, correspondendo à cidade-satélite de Taguatinga, entendeu que houve fracionamento de despesa nas contratações feitas, mesmo em obras a serem realizadas em lugares diversos da mesma cidade.[536]

Consagrando essa exegese, nada mais fez aquela Corte do que aplicar o princípio da razoabilidade em relação ao termo "local".[537]

A contrário senso, se puderem ser realizados conjunta ou concomitantemente, é dever do Administrador empregar a modalidade de licitação pertinente, ainda que não vá executá-la simultaneamente. Basta a potencialidade dessa execução para afastar a dispensa.

Por outro lado, se será contratado pelo mesmo ordenador de despesas e realizado pelo mesmo contratado, não pode o objeto ser dividido porque a execução é descentralizada. Caracterizar-se-ia, então, o fracionamento.

Eis o seguinte elucidativo excerto de voto aplicável ao caso por analogia:

> [...] no tocante ao fracionamento das despesas havidas com a aquisição de equipamentos, material de expediente e combustíveis, insistem os responsáveis que tal não se deu, uma vez que as licitações foram realizadas em localidades distintas.

[535] Neste sentido o TCU orientou: "[...] 2.2 - passe a observar rigorosamente o estatuído no art. 23, §§ 1º, 2º e 5º, da Lei nº 8.666/93, abstendo-se de fazer uso da modalidade de licitação 'Convite', muito menos de dispensar o certame, para parcelas de uma mesma obra ou serviço, ou ainda para obras e serviços da mesma natureza e no mesmo local que possam ser realizadas conjunta e concomitantemente, sempre que o somatório de seus valores caracterizarem o caso de 'Tomada de Preços' ou 'Concorrência'." BRASIL. Tribunal de Contas da União. Processo nº TC-004.894/2006-8. Acórdão nº 695/2006 - 2ª Câmara. Relator: Ministro Benjamin Zymler. **Diário Oficial da União [da] República Federativa do Brasil**, Brasília, DF, 07 abr. 2006. Seção 1, p. 262.

[536] DISTRITO FEDERAL. Tribunal de Contas. Processo nº 5.339/92. Decisões nº 1736/94, 4056/94 e 11/95. Disponível em: http://www.tc.df.gov.br. Acesso em 26 jan. 2011.

[537] Para maiores detalhes sobre as acepções desse termo, consulte os comentários ao art. 25, I.

> O argumento não procede. Embora, de fato, a Comissão de Licitação tenha se deslocado pelo interior do Estado para promover os certames, via de regra endereçava seus convites a empresas sediadas em Teresina. Tome-se, a título de exemplificação, as aquisições de artigos de informática. Para tanto, foram realizadas em apenas 06 dias (entre 12 e 17/02/98), nada menos que cinco convites, cada um deles numa localidade diferente, a saber: Piripiri, Teresina, Valença, Picos I e Picos II. Em todos eles sagrou-se vencedora uma empresa da capital. Ora, por que não foi realizada uma única licitação, na modalidade própria (tomada de preços), como manda a Lei nº 8.666/93 art. 23, §§ 2º e 5º)? Além de caracterizar o fracionamento de despesas, o procedimento adotado ainda tipificou ato de gestão antieconômico. Com efeito, se os fornecedores encontravam-se em Teresina, não havia justificativa plausível para os frequentes deslocamentos da Comissão de Licitação, restando indevidos os respectivos custos a eles inerentes, particularmente com passagens e diárias[...]"[538]

2.8. parágrafo único do art. 24

A Lei nº 11.107, de 6 de abril de 2005, introduziu no parágrafo único da Lei nº 8.666/1993, ficando a seguinte redação:

> Parágrafo único. Os percentuais referidos nos incs. I e II deste artigo serão 20% (vinte por cento) para compras, obras e serviços contratados por consórcios públicos,[539] sociedade de economia mista e empresa pública, bem assim por autarquia e fundação qualificadas, na forma da lei, como Agências Executivas.[540]

---

[538] BRASIL. Tribunal de Contas da União. Processo nº TC-014.112/1999-0. Acórdão nº 1.355/2003 - Plenário. Relator: Ministro Guilherme Palmeira. **Diário Oficial da União [da] República Federativa do Brasil**, Brasília, 26 set. 2003. Seção 1.

[539] "No caso de consórcios públicos, aplicar-se-á o dobro dos valores mencionados no *caput* deste artigo quando formado por até 3 (três) entes da federação, e o triplo, quando formado por maior número". § 8º do art. 23 da Lei n º 8.666/93 (redação incluída pela Lei nº 11.107/05).

[540] Redação dada pela Lei nº 11.107, de 06 de abril de 2005, que dispõe sobre normas gerais de contratação de consórcios públicos e dá outras providências. **Diário Oficial da União [da] República Federativa do Brasil**, Brasília, DF, 7 abr. 2005.

2.8.1. valores máximos

As modificações oriundas do comando legal constituem uma autorização de molde a que os respectivos regulamentos possam estabelecer percentual inferior, mas não superior, a exemplo do que já fizeram Rio de Janeiro e Pernambuco.

Se o regulamento próprio da entidade - v. arts. 117, 118 e 119 da Lei nº 8.666/1993 - definiu, em momento anterior à edição da presente modificação, percentual inferior, só por via de alteração do regulamento poderá este ser majorado, não se estendendo os novos limites automaticamente.

2.8.2. inalterabilidade dos requisitos dos incisos I e II

Forçoso é reconhecer que, a redação do parágrafo único não foi feliz ao estabelecer para "compras, obras e serviços", pois que o inciso I do art. 24 não abrange "compras", como também o inciso II não abrange "obras". A redação confusa, de caráter genérico, não pretende alterar o objeto dos precitados incisos, que continuam sendo restritos, na forma das respectivas redações originais.

2.8.3. destinatários

A norma só admitiu estender o referido percentual para:

a) consórcios públicos;[541]

b) empresas públicas;

c) sociedades de economia mista;

d) autarquias e fundações, qualificadas como agências executivas.

Aplicam-se de imediato, observado o exposto no subtítulo 2.8.1, antecedente, os limites para os consórcios públicos, empresas públicas e sociedades de economia mista. Já as autarquias e fundações não podem aplicar desde logo esse novo percentual, pois ele não é extensível a todas as pessoas jurídicas integrantes dessas espécies, mas tão-somente àquelas que, na forma da lei, forem qualificadas como agências executivas.

Essa expressão do Direito Administrativo é oriunda do plano diretor de reforma do aparelho do Estado que definiu quatro núcleos distintos no novo modelo de Estado.

As agências executivas serão aquelas entidades que receberem essa qualificação por decreto, nos termos do art. 51 e 52 da Lei nº 9.649/1998.[542]

---

[541] Regulamentos à luz do Projeto de Lei nº 3.884/2004.

Aos órgãos e entidades que não integrem a Administração Pública, deve ser estendida a regra da duplicidade de valor. Assim, por exemplo, os integrantes do sistema "S" - SENAI, SENAC, SEBRAE, SENAR - podem duplicar o valor da dispensa, do mesmo modo as entidades privadas que sejam obrigadas a licitar por força de convênio ou termo de ajustamento de conduta.

2.9. dispositivos correlatos

Não deixe de consultar o capítulo 2, subtítulo 8.1.1., onde é detalhadamente abordado o princípio do parcelamento e as hipóteses em que a lei autoriza sua utilização, inclusive desconsiderando a modalidade indicada para o valor total da obra.

3. Serviços e compras até 10% do convite

Dispõe a Lei nº 8.666/1993, art. 24, *in verbis*:

> Art. 24. É dispensável a licitação:
>
> [...]
>
> II - para outros serviços e compras de valor até 10% (dez por cento) do limite previsto na alínea "a" do inciso II do artigo anterior e para alienações, nos casos previstos na Lei, desde que não se refiram a parcelas de um mesmo serviço, compra ou alienação de maior vulto que possa ser realizada de uma só vez.
>
> [...]
>
> Parágrafo único. Os percentuais referidos nos incisos I e II do *caput* deste artigo serão 20% (vinte por cento) para compras, obras e serviços contratados por consórcios públicos, sociedade de economia mista, empresa pública e

[542] a) BRASIL. Lei nº 9.649, de 28 de maio de 1998. Dispõe sobre a Organização da Presidência da República e dos Ministérios, e dá outras providências. **Diário Oficial [da] República Federativa do Brasil**, Brasília, DF, 28 maio 1998.

b) Sobre as agências executivas, assere Carlos Pinto Coelho Motta, *in* Curso Prático de Direito Administrativo. Belo Horizonte. Del Rey, 1999, p. 159 que a peculiaridade de ser parte no citado "contrato de gestão" em nada altera a condição ou natureza jurídica da entidade autárquica ou fundacional, que apenas passarão a contar com um *plus* (regime especial de qualificação como agência executiva), do qual poderá ser destituída em caso de descumprimento das metas ali especificadas. A propósito da submissão ao dever de licitar, Celso Antonio destaca que a consequência única de relevo decorrente da qualificação de uma autarquia ou fundação como agência executiva seria a que aparece não na lei própria, mas em outra lei, da mesma data dela (nº 9.648, de 27/5/98); a saber: a ampliação dos limites de isenção ao dever de licitar para as agências executivas. "Isto porque aquela lei ampliou as 23 (vinte e três) hipóteses elencadas no art. 24 da Lei nº 8.666/93, a estas agregando mais uma (inciso XXIV), em cujo parágrafo único amplia os limites de isenção ao dever de licitar quando se trate de sociedade de economia mista, empresa pública ou agência executiva.

por autarquia ou fundação qualificadas, na forma da lei, como Agências Executivas.[543]

Servem à compreensão desse inciso,[544] parcialmente, as considerações expendidas em comentário ao inciso anterior, lembrando que o TCU vem recomendado a adoção, como regra, de coleta de preços[545], nas contratações de serviços e compras dispensadas de licitação, com base no presente inciso.[546]

No âmbito do governo federal foi instituída a "cotação eletrônica" para essas contratações.[547] Em síntese, esse procedimento consiste em disponibilizar num sítio eletrônico a pretensão de contratação e aguarda-se durante um tempo previamente determinado o recebimento de propostas por e-mail (correspondência eletrônica).

3.1. compras e serviços

Ao contrário do inciso anterior, neste caso, não foram contempladas obras, mas apenas compras[548] e serviços.

Tema importante diz respeito às compras promovidas pela Administração Pública: devem ser precedidas de planejamento[549] e ocorrer em

---

[543] Redação dada pela Lei nº 11.107, de 06 de abril de 2005, que dispõe sobre normas gerais de contratação de consórcios públicos e dá outras providências. **Diário Oficial da União [da] República Federativa do Brasil**, Brasília, DF, 7 abr. 2005.

[544] Redação dada pela Lei nº 9.648, de 27 de maio de 1998. **Diário Oficial [da] República Federativa do Brasil**, Brasília, DF, 28 maio 1998. Seção 1.

[545] TCU orientou que: "1.1.6. realize pesquisa de preços, na contratação por dispensa de licitação, de maneira a cumprir a determinação contida no art. 43, inciso IV, da Lei de Licitações, fazendo constar formalmente os documentos que integram o processo a informação sobre a equivalência de preços". BRASIL. Tribunal de Contas da União. Processo nº TC-005.594/2005-8. Acórdão nº 682/2006 - 2ª Câmara. Relator: Ministro Walton Alencar Rodrigues. **Diário Oficial da União [da] República Federativa do Brasil**, Brasília, DF, 07 abr. 2006. Seção 1, p. 258.

[546] BRASIL. Tribunal de Contas da União. Processo nº TC-625.089/95-2. Acórdão nº 159/1995 - Plenário. Ministro Relator Homero Santos. **Diário Oficial [da] República Federativa do Brasil**, Brasília, DF, 07 ago. 95. Seção 1, p. 11841. **No mesmo sentido**: Processo nº TC-625.177/95-9. Acórdão nº 513/1996 - 2ª Câmara. Relator: Ministro-Substituto Lincoln Magalhães da Rocha. **Diário Oficial [da] República Federativa do Brasil**, Brasília, DF, 30 jul. 96. Seção 1, p. 14217

[547] Esse procedimento está disciplinado no Decreto nº 5.540/2005, art. 4º, § 2º. Aliás, há vários acórdãos determinando "[...] que adotasse providências visando à implantação da sistemática de cotação eletrônica nas aquisições realizadas por meio de dispensa de licitação, com fulcro no inc. II, art. 24 da Lei nº 8.666/1993, dando cumprimento ao art. 4º, § 2º, do Decreto nº 5.450/05". BRASIL. Tribunal de Contas da União. Processo nº TC-017.032/2006-9. Acórdão nº 914/2008 - 1ª Câmara. Relator: Ministro Valmir Campelo. **Diário Oficial da União [da] República Federativa do Brasil**, Brasília, DF, 04 abr. 2008.

[548] O TCU recomenda que os órgãos se abstenham de utilizar o instituto de dispensa de licitação para aquisição de material de consumo contínuo, cumprindo as disposições legais pertinentes para a modalidade licitatória aplicável a cada caso. BRASIL. Tribunal de Contas da União. Processo nº TC-675.124/97-2. Acórdão nº 125/1998 - Plenário. Relator: Ministro Valmir Campelo. **Diário Oficial [da] República Federativa do Brasil**, Brasília, DF, 04 set. 98. Seção 1.

oportunidades/períodos preestabelecidos. A compra deve ser feita de uma só vez,[550] pela modalidade compatível com a estimativa da totalidade do valor a ser adquirido, mas sempre permitida a cotação por item, conforme pacífica jurisprudência sobre o assunto.[551]

Novamente, invoca-se aqui a noção de potencialidade da compra ou serviço, da possibilidade de esta ser efetivada de uma só vez. Verificando-se que não existe qualquer óbice à contratação única, e, tendo havido várias contratações, cujo somatório ultrapasse o limite do valor deste inciso, deverá ser decretada a nulidade da dispensa, sendo consectário possível à caracterização de crime e a responsabilização civil do agente que promoveu o indébito fracionamento.

Há, contudo, que se considerar a possibilidade de compra separada quando se tratar de aquisição de produtos de natureza diferente, como peças para veículos, telefones celulares, material de papelaria, prensas para gráfica, café em pó, açúcar etc. Nesse caso, é possível promover a compra em modalidades diversas, inclusive, por exemplo, por meio de convite para o material de papelaria, tomada de preços para peças, e dispensa de licitação para a compra do café e do açúcar da repartição. Na dúvida, opte o gestor pela aquisição em uma só compra.[552]

Elucidativa sobre o inciso é a seguinte consulta, formulada pelo Tribunal Regional do Trabalho da Décima Região à Secretaria do Tesouro Nacional, e a respectiva resposta:

---

[549] O TCU tem recomendado quando da realização de despesas, que o órgão proceda a um adequado planejamento de seus procedimentos licitatórios, em conformidade com a disponibilidade de créditos orçamentários e recursos financeiros. Deve objetivar contratações de serviço e aquisições de pequeno valor, de igual natureza, semelhança ou afinidade, realizadas por dispensa de licitação, fundamentada no inciso II do art. 24 da Lei nº 8.666/1993. BRASIL. Tribunal de Contas da União. Processo nº TC-013.428/97-7. Decisão nº 253/1998 - 1ª Câmara. **Diário Oficial [da] República Federativa do Brasil**, Brasília, DF, 28 ago. 1998, p. 37. **No mesmo sentido**: Processo nº TC-011.149/2002-1. Acórdão nº 298/2005 - 1ª Câmara. Relator: Ministro Valmir Campelo. **Diário Oficial da União [da] República Federativa do Brasil**, Brasília, DF, 9 mar. 2005. Seção 1.

[550] Neste sentido: BRASIL. Tribunal de Contas da União. Processo nº TC-010.610/2002-0. Acórdão nº 1044/2006 - 2ª Câmara. Relator: Ministro Marcos Bemquerer. **Diário Oficial [da] República Federativa do Brasil**, Brasília, DF, 5 maio 2006. Seção 1, p. 88.

[551] a) BRASIL. Tribunal de Contas da União. Processo nº TC-007.759/94-0. Decisão nº 393/1994 - Plenário. Relator: Ministro Paulo Affonso Martins de Oliveira. **Diário Oficial [da] República Federativa do Brasil**, Brasília, DF, 29 jun. 94. Seção 1, p. 622. Os dispositivos citados no acórdão referem-se à Lei nº 8.666/93, sem a alteração da Lei nº 8.883/94.

b) Veja a propósito da regra do parcelamento, o capítulo 2, subtítulo 8.1.1.

[552] É possível reduzir as licitações para compras com a implantação do sistema de registro de preços nos moldes preconizados no livro: JACOBY FERNANDES, Jorge Ulisses. **Sistema de Registro de Preços e Pregão Presencial Eletrônico.** 3 ed. Belo Horizonte: Fórum, 2009.

A Lei nº 8.883/94 alterou a redação do art. 24, inciso I, da Lei nº 8.666/93 e do seu texto excluiu as expressões 'licitações simultâneas ou sucessivas', que estão conceituadas no art. 39, parágrafo único, para incluir as expressões 'conjuntas ou concomitantes', que não são definidas pela Lei.

Em face dessas alterações, alguns órgãos têm entendido que, encerrado um processo de aquisição, por exemplo, com dispensa de licitação na forma do art. 24, inciso II, da Lei nº 8.666/93, pode, de imediato, outro ser aberto para aquisição do mesmo objeto, porque não foram feitas conjunta ou concomitantemente, nas acepções que o dicionário lhes empresta. Consequência dessa interpretação é a possibilidade de fuga do processo licitatório ou o emprego de modalidade mais simplificada.

Exemplo:[553]

- Compra A de luminária - total da compra: 4% do valor do convite - adquirida em setembro/94 com dispensa de licitação (art. 24, II).

- Compra B de luminárias - total da compra: 5% do valor do convite - adquiridas em dezembro/94, com dispensa de licitação (art. 24, II).

Em face do exposto, pergunta-se:

a) o que deve ser entendido como licitação conjunta ou concomitante?

b) o entendimento desse órgão sobre licitação conjunta ou concomitante autoriza a compra na forma exemplificada, como regular?

c) o exemplo acima não caracteriza o fracionamento de despesa para fugir à licitação?

Resposta:

Em atenção à sua mensagem acima referenciada esclarecemos que o texto do art. 24, inciso I, da Lei nº 8.666, de 21.06.93, não se refere à licitação conjunta ou concomitante e sim à execução de obras e serviços que possam ser efetuados de forma conjunta ou concomitante que tenham a mesma natureza e possam ser realizados no mesmo local. Informamos que o art. 39, parágrafo único, define somente o que são licitações sucessivas ou

[553] De acordo com a Lei nº 8.666/93, sem as alterações da Lei nº 9.648/98.

> simultâneas, para efeitos do disposto no *caput* do citado artigo, não se referindo em momento algum ao art. 24 e incisos.
>
> Quanto à indagação sobre a compra exemplificada na mensagem em epígrafe, a mesma não se enquadra no inciso II do art. 24 da Lei nº 8.666/1993, além do que esse artigo também não traz nenhuma relação com licitação concomitante ou conjunta, expressões inscritas no inciso I daquele artigo, referentes a obras e serviços. Portanto, torna-se a citada compra irregular e com características de fracionamento de despesas.[554]

3.2. treinamento

Questão tormentosa foi equacionada pelo Tribunal de Contas da União, consistente em saber se vários cursos realizados com a mesma entidade devem ter os valores somados ou não, para fins de enquadramento no limite estabelecido no art. 24, inciso II, da Lei nº 8.666/1993.

Em resposta à consulta, e, portanto, com caráter normativo, definiu o TCU que o objeto a ser considerado é "cada conjunto de cursos de uma mesma disciplina, dado o conteúdo didático de cada uma delas, e tendo em vista as características do mercado de trabalho das áreas em questão".[555]

Após essa Decisão que, como dito, tem caráter normativo,[556] o TCU voltou a reapreciar o tema e considerou que:[557]

> [...]
>
> 3. É notoriamente sabido que na maioria das vezes, no caso concreto, é difícil estabelecer padrões adequados de competição para escolher isentamente entre diferentes professores ou cursos, tornando-se complicado comparar o talento e a capacidade didática dos diversos mestres. [...]
>
> 9. A aplicação da lei deve ser compatível com a realidade em que está inserida, só assim o direito atinge seus fins de assegurar a justiça e a equidade social. Nesse sentido, defendendo o posicionamento de que a inexigibilidade de

---

[554] BRASIL. Secretaria do Tesouro Nacional. Mensagem STN/CONED nº 898.950, de 21 de janeiro de 1995.

[555] BRASIL. Tribunal de Contas da União. Processo nº TC-125.111/96-7. Decisão nº 535/1996 - Plenário. Relator: Ministro Paulo Affonso Martins de Oliveira. **Diário Oficial [da] República Federativa do Brasil**, Brasília, DF, 09 set. 96. Seção 1, p. 17826.

[556] A Lei nº 8.443/1992 estabelece que tem caráter normativo a resposta dada pelo TCU à consulta. Art. 1º, § 2º.

[557] BRASIL. Tribunal de Contas da União. Processo nº TC-000.830/98-4. Decisão nº 439/1998 - Plenário. **Diário Oficial [da] República Federativa do Brasil**, Brasília, DF, 23 jul. 1998.

> licitação, na atual realidade brasileira, estende-se a todos os cursos de treinamento e aperfeiçoamento de pessoal, fato que pode e deve evoluir no ritmo das mudanças que certamente ocorrerão no mercado, com o aperfeiçoamento das técnicas de elaboração de manuais padronizados de ensino.
>
> 10. Destarte, partilho do entendimento esboçado pelo Ministro Carlos Átila no sentido do reconhecimento de que há necessidade de assegurar ao Administrador ampla margem de discricionariedade para escolher e contratar professores ou instrutores. Discricionariedade essa que deve aliar a necessidade administrativa à qualidade perseguida, nunca a simples vontade do administrador. Pois, as contratações devem ser mais do que nunca, bem lastreadas, pois não haverá como imputar à legislação, a culpa pelo insucesso das ações de treinamento do órgão sob sua responsabilidade.

Com base nesses fundamentos decidiu que:

> [...]
>
> 1. considerar que as contratações de professores, conferencistas ou instrutores para ministrar cursos de treinamento ou aperfeiçoamento de pessoal, bem como a inscrição de servidores para participação de cursos abertos a terceiros, enquadram-se na hipótese de inexigibilidade de licitação prevista no inciso II do art. 25, combinado com o inciso VI do art. 13 da Lei nº 8.666/1993;

Cabe destacar uma importante sugestão prática que constou da instrução desses autos para aferir qualidade, com o seguinte teor:

> [...]
>
> b) é permitido, com fundamentos no § 2º do art. 34, combinado com o § 2º do art. 36, da Lei 8.666/1993, que as unidades e entidades da Administração Pública troquem entre si informações cadastrais relativas ao desempenho de profissionais e empresas contratadas para ministrar cursos de treinamento de servidores.

3.3. alienações

Muitos órgãos passaram a utilizar esse inciso como fundamento para a alienação.[558]

De fato, as condições de armazenagem de materiais inservíveis, com ocupação de espaço, pode pôr em confronto os princípios da economicidade e da licitação.

Esse é também o motivo pelo qual se pode dispensar a realização do leilão para a alienação de móveis inservíveis quando o lote a ser vendido não alcança a cifra correspondente a 10% do valor do convite. A norma estendeu sua aplicação do inciso a outros serviços, compras e alienações.[559]

3.4. impessoalidade

Ressalvados os órgãos do Poder Judiciário, a partir da Resolução nº 7 do Conselho Nacional de Justiça, não é raro surgirem dúvidas acerca da possibilidade de as dispensas de licitação recaírem sobre pessoas físicas ou jurídicas de parentes de dirigentes do órgão.

Como regra, o fato é ofensivo à moralidade e à impessoalidade exigindo-se seja coibido.

Situações há, contudo, notadamente em pequenos municípios, que a proposta mais vantajosa e, às vezes, a única, é originária de parente do próprio prefeito ou de servidor.

Nesse cenário, a realidade se sobrepõe, conforme já decidiu o Tribunal de Contas de Minas Gerais, em resposta a consulta nos seguintes termos:[560]

> - Poderia o Município adquirir mercadorias, através de licitação, de parentes de servidores ou dirigentes, até mesmo em primeiro grau, resguardando-se, é claro, a isonomia entre os participantes?
>
> - E as pequenas compras/aquisições/contratações ou mesmo pequenas obras, que estão relacionadas no art. 24, incisos I e II, na Lei 8.666/1993, poderiam ser efetuadas de parentes de servidores ou dirigentes?
>
> [...]

---

558 Sobre o assunto, consulte a bem elaborada Instrução Normativa nº 40-A-03 do Tribunal Regional Federal da 4ª Região. Boletim Interno Informativo nº 106 - Ed. Extraordinária nº 1 de 01 ago. 98.

559 Como foi visto no capítulo 2, admite-se o uso do convite nesse caso.

560 MINAS GERAIS. Tribunal de Contas. Consulta nº 646.988. Sessão de 05 de dezembro de 2001.

> Por força no art. 29, inciso IX, c/c com o art. 54, incisos I e II, da Constituição Federal, e art. 57, inciso II, da Constituição Estadual, também é vedada a participação em licitação e a consequente realização de obra ou fornecimento de bens e serviços - decorrente de contrato firmado com pessoa jurídica de direito público do Município - de pessoa física do Vereador ou de empresa da qual seja proprietário, diretor ou que nela exerça função remunerada.
>
> Estas vedações consagram o princípio da moralidade, impessoalidade e da isonomia. Entretanto, não existe na lei qualquer dispositivo que impeça de participar de contratação com a Administração parentes de servidores ou de dirigentes de órgãos, desde que o contrato obedeça às cláusulas uniformes e seja precedido do procedimento licitatório nos termos regidos pela Lei nº 8.666/1993.
>
> Com relação à contratação de parentes de servidores e dirigentes com dispensa da licitação, especificamente para obras e serviços de engenharia de valor até 5% do limite previsto na alínea "a" do inciso I do art. 23 da Lei 8.666/1993, e para outros serviços e compras de valor até 5% do limite previsto no inciso II, alínea "a", do mesmo art. 23, entendo que, se existirem outras empresas que podem atender a Administração, é prudente que se estabeleça a licitação, para se evitar risco à isonomia que venha comprometer a lisura da contratação e, principalmente, ferir os princípios da moralidade e impossibilidade, consagrados pela Constituição Federal em seu art. 37.

3.5. empenho com garantia de pagamento contra entrega

Com a finalidade de dar maior credibilidade as suas contratações o governo federal editou regras visando agilizar o pagamento das pequenas compras.[561]

Na mesma esfera de governo, os Decretos editados para cumprir a Lei de Responsabilidade Fiscal na compatibilização da despesa têm imposto que parte das contratações, no mínimo, seja feita por meio dessa sistemática.[562]

---

[561] BRASIL. Decreto nº 2.439, de dezembro de 1997. Dispõe sobre procedimentos relativos à execução de pagamento de pequenas compras e dá outras providências. **Diário Oficial [da] República Federativa do Brasil**, Brasília, DF, 24 dez. 1997.

[562] Nesse sentido: Decreto 4.591, de 10 de fevereiro de 2003, art. 6º, § 6º No mínimo cinco por cento das despesas empenhadas, no âmbito de cada órgão, à conta de fontes oriundas do Tesouro Nacional, com dispensa de licitação amparada no art. 24, inciso II, da Lei nº 8.666/93, de 21 de junho de 1993, nas naturezas de despesa

3.6. dispositivos correlatos

Consulte ainda:

a) comentários neste livro ao art. 26 da Lei nº 8.666/1993, sobre as formalidades;
b) sobre o valor da licitação, o capítulo 2, subtítulo 3.5, onde é abordada a questão em que a estimativa de preço indica a possibilidade de utilizar esse inciso para dispensar a licitação e a proposta situa-se acima do limite permitido;[563]
c) também o capítulo 2, subtítulo 8.1.1., onde é detalhadamente abordado o princípio do parcelamento e as hipóteses em que a lei autoriza sua utilização, inclusive desconsiderando a modalidade indicada para o valor total da obra;
d) sobre o parágrafo único, acrescido ao art. 24 pela Lei nº 9.648/1998, que eleva o percentual para 20%, na forma e nos casos que especifica, o subtítulo 2.8. dos comentários ao inciso anterior.
e) O TCU em mais de uma oportunidade determinou a órgãos públicos que se abstivessem de realizar aquisições por meio de dispensas de licitação quando os valores excedessem o limite estabelecido no inc. II, artigo 24 da Lei nº 8.666/1993, utilizando, quando a legislação o permitir, o sistema de registro de preços, conforme determinado no inc. II, art. 15 da referida lei.[564]

4. De guerra ou grave perturbação da ordem

Dispõe a Lei nº 8.666/1993, art. 24, *in verbis*:

> Art. 24. É dispensável a licitação:
>
> [...]
>
> III - nos casos de guerra ou grave perturbação da ordem;

No inciso III do art. 24 da Lei nº 8.666/1993, foi autorizado ao administrador público dispensar a licitação quando o atendimento do interesse

---

339030 e 339039, terão os respectivos recursos financeiro solicitados na modalidade de Empenho com Garantia de Pagamento Contra Entrega, de que trata o Decreto nº 2.439, de 23 de dezembro de 1997.

563 O TCU determinou que adotasse sistemático planejamento de suas compras, de modo a utilizar a modalidade correta de licitação, evitando, por conseguinte, a extrapolação do limite fixado para dispensa do procedimento, a teor do art. 24, inciso II, da Lei nº 8.666/1993. BRASIL. Tribunal de Contas da União. Processo nº TC-012.207/2004-8. Acórdão nº 1872/2005 - Plenário. Relator: Ministro Guilherme Palmeira. **Diário Oficial da União [da] República Federativa do Brasil**, Brasília, DF, 28 nov. 2005. Seção 1, p. 205-206.

564 BRASIL. Tribunal de Contas da União. Processo nº TC-016.744/2006-3. Acórdão nº 218/2008 – 1ª Câmara. **Diário Oficial da União [da] República Federativa do Brasil**, Brasília, DF, 22 fev. 2008.

público se encontrar de tal modo em evidência que a tramitação burocrática e as atípicas condições do comércio possam levar à frustração do próprio interesse público que se pretenda ver atendido.

A Lei nº 8.666/1993 alterou a disciplina legal da matéria, vez que, no Decreto-Lei nº 2.300/1986, eram relacionadas conjuntamente as hipóteses de guerra, grave perturbação da ordem e calamidade pública. Esse último caso foi remetido ao inciso IV do art. 24 da Lei de Licitações, de tal modo que agora guarda maior hegemonia em sua regulamentação.

4.1. guerra

A guerra, como toda situação de fato relevante, tem consequências na órbita do Direito. Como ato jurídico especial, a guerra é declarada pelo Presidente da República, autorizada previamente pelo Congresso Nacional ou posteriormente referendada, na forma do art. 84, XIX, c/c. o art. 49, inciso II, da Constituição Federal. Pode ser conceituada, na lição de Hely Lopes Meirelles, como: "Guerra é o estado de beligerância entre duas ou mais nações, devendo ser declarada, no Brasil, por ato do Presidente da República, na forma constitucional (CF, art. 84, XIX)".[565]

No caso da guerra, há um ato declaratório do Presidente da República e envolve necessariamente país estrangeiro, não sendo juridicamente considerado guerra, nem tendo efeitos equivalentes, campanhas publicitárias com esse cognome, ainda que relevantes seus propósitos.

Pode, contudo, seja por qualquer razão, não advir o conflito armado, invasão ou expedição de tropas militares; basta, porém a declaração formal para autorizar o uso do dispositivo, porque até o estado de guerra, ainda que sem efetivo conflito, já é suficiente para alterar de modo extraordinário a atividade administrativa. Além disso, postergar a dispensa para o início do conflito é ignorar a relevância da mobilização e planejamento.[566]

Há correlação entre a pretensa e futura contratação e a necessidade de se dispensar a licitação, podendo exsurgir vários fatores determinantes:

a) alteração do mercado, em razão da decretação do estado de guerra, inviabilizando a credibilidade como fator de contratação, como, por exemplo, determinados bens terem se tornado escassos ou raros, ou

[565] MEIRELLES, Hely Lopes. **Direito administrativo brasileiro**. 32ª ed. Atualizada. São Paulo, 2006, p. 279.

[566] Em sentido contrário tem-se o magistério de Marçal Justen Filho, para quem "quando, porém, a contratação não sofrer qualquer prejuízo em decorrência da demora nem envolver a segurança nacional, aplicar-se-á o regime normal de licitação". JUSTEN FILHO, Marçal. **Comentários à lei de licitações e contratos administrativos**. 13 ed. São Paulo: Dialética, 2009, p. 293.

as relações entre fornecedores e vendedores terem se tornado inviáveis, podendo haver, nesse caso, correlação com as autorizações de dispensa expostas, *v.g.*, nos incisos V, VI, X, XVII e XVIII do mesmo art. 24;

b) urgência de atendimentos imprevistos e inadiáveis, caso correlato ao do inciso IV;

c) necessidade de se proceder à dispensa por motivo de segurança nacional, correlacionando-se este inciso com o IX do mesmo artigo;

d) outros motivos, entre os quais até o fato da declaração de dispensa que possa comprometer a segurança, circunstância que leva a acolher apenas em termos a necessidade de publicação do despacho previsto no art. 26 da Lei de Licitações.[567]

Assim, poderão ocorrer hipóteses bem diversas, sem qualquer correlação com outros dispositivos, justificadas apenas pelo fato da guerra, ou casos em que são satisfeitos os requisitos delineados em outros incisos. Nesse caso, quando também amparar-se no fato da guerra, deve o administrador mencionar ambos os dispositivos.

4.2. grave perturbação da ordem

Em estudo proferido à luz da legislação anterior, obtempera a eminente profª. Lúcia Valle Figueiredo[568]:

> Entretanto, é mister deixar claro. Se o conceito de 'guerra' não oferece maior problema com relação ao seu conteúdo, os conceitos de 'grave perturbação da ordem' e o de 'calamidade pública' estão eivados de indeterminação. E há de se registrar intensa cautela na sua determinação, não devendo incidir sobre eles o juízo subjetivo do administrador. Todo conceito, exatamente por ser conceito, é finito.

Em consonância com o exposto, deve-se advertir que, no estado de guerra, há um ato jurídico declaratório e que na "grave perturbação da ordem" tal não ocorre. Há uma equivalência entre os fatos "guerra" e "grave perturbação da ordem" no plano fático, justificando seu tratamento no mesmo

[567] A propósito do sigilo nesses casos, consulte a Lei nº 8.159, de 8 de janeiro de 1991 e o Decreto nº 79.099, de 06 de janeiro de 1977.

[568] FIGUEIREDO, Lúcia Valle; FERRAZ, Sérgio. **Dispensa e Inexigibilidade de Licitação**. São Paulo: Malheiros, 1994, p. 48.

dispositivo, com iguais consequências em matéria de licitações, qual seja, a dispensa.

Hely Lopes Meirelles conceituou a "grave perturbação da ordem é a comoção interna generalizada ou circunscrita a uma região, provocada por atos humanos, tais como revolução, motim, greve que paralisa ou retarda atividades ou serviços essenciais à comunidade".[569]

Deve o fato, para justificar a dispensa, provocar tal alteração na ordem social que assuma a característica de "fato notório" sob o aspecto jurídico.

Para o Direito, o fato é notório; na lição de Lomonaco: *Notorium, quod quidem a probandi onere liberet, non id appellamus, de quo quaedam serpi fama, a rumores circumferuntur, verum quod ita evidens ac publicum, ut totius quodammodo populi testimonio et velut consensu civitatis contineatur.*[570]

Não basta que o fato tenha sido objeto de comentários; é indispensável que haja, num consenso unânime e geral, a impossibilidade de negá-lo ou ignorá-lo.

Há momentos em que as greves se sucedem, tornando-se fato rotineiro, mesmo quando afetam serviços essenciais, mas isso não é suficiente para justificar a dispensa de licitação: é preciso que se caracterize grave perturbação da ordem. Eventuais tumultos, dificuldades de tráfego, fechamento de comércio por curto espaço de tempo não justificam a dispensa, ainda que se tenha tornado notória a paralisação ou a perturbação da ordem.

Na guerra, não há previsão de restabelecimento da normalidade das atividades; e, ao contrário da comoção interna, não se tem conflito externo, mas sim interno, localizado ou não, em determinada região; podendo, inclusive, abranger todo o território nacional. Desse modo, a perturbação da ordem pode ficar restrita à localidade e à atividade, afetando toda a ordem pública apenas na sua repercussão.

4.3. requisitos

Considerando-se o que foi exposto sobre a grave perturbação da ordem e a guerra, pode-se proceder à enunciação dos seguintes requisitos:

---

[569] MEIRELLES, Hely Lopes. **Direito administrativo brasileiro**. 32ª ed. Atualizada. São Paulo, 2006, p. 279-280.

[570] Doctrina Pandectarum, § 146.

a) anormalidade ou extraordinária alteração do mercado, afetado diretamente pela grave perturbação da ordem ou guerra, inviabilizando a credibilidade como fator de contratação;[571]
b) necessidade de premente atendimento de determinados e definidos interesses públicos, imprevistos e inadiáveis;
c) contratação direta, com dispensa de licitação, apenas nas quantidades necessárias ao atendimento imediato, sendo vedada, em princípio, a formação de grandes estoques ou o ajuste de serviços por tempo superior a um limite considerado razoável nas circunstâncias.

No caso do inciso IV, essas limitações foram expressas, não havendo, no caso de grave perturbação da ordem, essa exigência explícita que, nada obstante, deve integrar a justificativa do ato, exigida pelo art. 26, pois compete à Administração, nos termos da lei, motivar os atos que pratica, sob pena de invalidação judicial.[572]

A "grave perturbação da ordem" também pode como a guerra, ensejar outras formas de dispensa previstas em outros incisos do art. 24, e, como exposto precedentemente, permitir ao administrador que indique mais de um fundamento. Seria o caso de, em razão da grave perturbação da ordem, caracterizar-se o desinteresse dos licitantes em apresentar propostas, devido à conturbação do mercado, ensejando assim a possibilidade da tipificação do inciso V. Deve, nessa hipótese, o gestor referir-se, em sua justificativa, aos dois dispositivos - incisos III e V - demonstrando que o desinteresse tem correlação com a perturbação da ordem vivenciada, escolhendo um. O registro, como frequentemente se tem demonstrado, visa à comprovação futura dos fatos e é dever do administrador zeloso, nos termos do art. 113 da Lei nº 8.666/1993.

4.4. dispositivos correlatos

É conveniente verificar a existência de correlação, com o disposto no inciso III do art. 24, dos seguintes dispositivos:

a) justificativa e procedimentos formais exigidos no art. 26;
b) situação correlata disciplinada no inciso IV do art. 24, que também autoriza a dispensa do processo licitatório;
c) correlação com outras hipóteses de dispensa.

---

571 Exemplo: escassez, raridade de determinados bens ou inviabilidade das relações entre fornecedores e vendedores em decorrência dos acontecimentos.

572 Lei nº 4.717/1965 - Lei de Ação Popular, art. 2º, alínea 'd' e parágrafo único, alínea 'd'; Lei nº 8.429/1992 - Lei de Improbidade Administrativa, art. 9º e 10; Lei 9.784 - Lei de Processo Administrativo Federal, art. 50.

5. De emergência ou calamidade pública

Dispõe a Lei nº 8.666/1993, art. 24, inc. IV, *in verbis*:

> nos casos de emergência ou de calamidade pública, quando caracterizada urgência de atendimento de situação que possa ocasionar prejuízo ou comprometer a segurança de pessoas, obras, serviços, equipamentos e outros bens, públicos ou particulares, e somente para os bens necessários ao atendimento da situação emergencial ou calamitosa e para as parcelas de obras e serviços que possam ser concluídas no prazo máximo de 180 (cento e oitenta) dias consecutivos e ininterruptos, contados da ocorrência da emergência ou calamidade, vedada a prorrogação dos respectivos contratos;

5.1. noções

Esse dispositivo tem sido com alguma frequência, mal interpretado, devido ao fato de que, na prática, vem-se desprezando um ou alguns dos requisitos ou utilizando-se de uma exegese ampliadora dos seus limites.

A jurisprudência, outrora admitindo amplamente a caracterização da emergência, vem restringindo a sua amplitude de tal modo que, na atualidade, o balizamento sobre a sua utilização está bastante definido.

5.2. emergência

A noção de uma situação de emergência deve coadunar-se com o tema em questão, pouco aproveitando a noção coloquial do termo, dissociada da sede de licitação e contratos. Conforme entendimento do TCU, a situação de emergência deverá ser devidamente esclarecida e com a formalização adequada do processo que a justifique, com demonstração razoável para a escolha da empresa e dos preços adotados, estando, aí sim, fundamentados os argumentos que permitirão a adoção do instituto da dispensa de licitação.[573]

Aqui, emergência diz respeito à possibilidade de se promover a dispensa de licitação. Corolário dessa premissa é, fundamentalmente, a absoluta impossibilidade de atender ao interesse público - fim único de toda atividade administrativa - se adotado o procedimento licitatório. Emergência para

[573] BRASIL. Tribunal de Contas da União. Processo nº TC-928.894/1998-3. Decisão nº 702/2003 - Plenário. Relator: Ministro Adylson Motta. **Diário Oficial da União [da] República Federativa do Brasil**, Brasília, DF, 30 jun. 2003. Seção 1.

autorizar a dispensa, requer a caracterização de uma situação cujo tempo de atendimento implique a necessidade de dispensar o procedimento licitatório.[574]

Deve, por conseguinte, haver direta correlação entre o sentido da palavra emergência e o tempo necessário à realização de licitação.

No magistério de Antonio Carlos Cintra do Amaral, a emergência:

> é [...] caracterizada pela inadequação do procedimento formal licitatório ao caso concreto. Mais especificamente: um caso é de emergência quando reclama solução imediata, de tal modo que a realização de licitação, com os prazos e formalidades que exige, pode causar prejuízo à empresa (obviamente prejuízo relevante) ou comprometer a segurança de pessoas, obras, serviços ou bens, ou, ainda, provocar a paralisação ou prejudicar a regularidade de suas atividades específicas. Quando a realização de licitação não é incompatível com a solução necessária, no momento preconizado, não se caracteriza a emergência.[575]

Do sentido vulgar do termo, tem-se que emergência é uma "situação crítica; acontecimento perigoso ou fortuito; incidente".[576]

Compõe a situação de emergência, na finalidade desse dispositivo, certa dose de imprevisibilidade da situação e a existência de risco em potencial a pessoas ou a coisas, que requerem urgência de atendimento.

Por sua vez, o Decreto nº 5.376 de 17 de fevereiro de 2005 que revogou o até então Decreto nº 895/1993 e que tratava sobre a organização do Sistema Nacional de Defesa Civil (SINDEC), manteve o conceito de situação de emergência como o "reconhecimento pelo Poder Público de situação anormal,

---

[574] a) O TCU julgou regular contratar por emergência empresa para fornecer passagem aérea até a conclusão do procedimento licitatório, retardado por recursos administrativos. BRASIL. Tribunal de Contas da União. Processo nº TC-007.852/96-7. Decisão nº 137/96 - Plenário. Relator: Ministro-Substituto Lincoln Magalhães da Rocha. **Diário Oficial [da] República Federativa do Brasil**, Brasília, DF, 15 abr. 97. Seção 1, p. 7449-51.

b) Em caráter excepcional, o TCU admitiu a contratação de advogado por emergência. BRASIL. Tribunal de Contas da União. Processo nº TC-015.044/97-1. Decisão nº 494/1999 - Plenário. Relator: Ministro Humberto Guimarães Souto. **Diário Oficial [da] República Federativa do Brasil**, Brasília, DF, 13 ago. 99. Seção 1, p. 134.

c) Ademais, essa possibilidade deve ser prevista na Minuta do Contrato, para que, no caso de adaptações, crie condições ao ente público de Assessoramento Jurídico de agilizar remessa de material para exame e aprovação prévia, objetivando o cumprimento do inciso IV do art. 24 da Lei nº 8.666/1993.

[575] AMARAL, Antônio Carlos Cintra *apud* FIGUEIREDO, Lúcia Valle; FERRAZ, Sérgio. **Dispensa e Inexigibilidade de Licitação**. São Paulo: Malheiros, 1994. À página 49.

[576] FERREIRA, Aurélio Buarque de Holanda. **Novo Dicionário da Língua Portuguesa**. 2ª ed., 25ª impressão. Rio de Janeiro: Nova Fronteira, 1986, p. 634.

provocada por desastres, causando danos superáveis pela comunidade afetada".[577]

Nesse sentido, aproxima-se da calamidade pública, pois o seu reconhecimento se faz por um ato administrativo formal, do qual participa o chefe do Executivo municipal, estadual ou distrital e o secretário especial de Políticas Regionais. Mas também é permitida a contratação direta diante da análise de uma determinada situação que, pelas suas dimensões, não atinge toda uma comunidade, mas apenas uma área de atividade da Administração, órgão ou entidade, num círculo bem mais restrito, independentemente de qualquer ato formal de reconhecimento da situação.

Para melhor explicitação do assunto, seria conveniente distinguir caso de emergência da situação de emergência, empregando o primeiro termo para a avaliação restrita a órgão ou entidade, e o segundo para o que o decreto referido entende como a circunstância que deve ser formalizada por um ato administrativo - portaria ministerial. A distinção é feita apenas para valor doutrinário, vez que ambos podem autorizar a contratação direta.

Em pronunciamento sobre o assunto, a Advocacia-Geral da União considerou que a contratação de serviços de divulgação para implantação do Programa de Estabilização Econômica não poderia ser enquadrado nesse dispositivo, porque ausente a situação de emergência, nos termos delineados na lei.[578]

Examinem-se os demais requisitos que a jurisprudência e a doutrina estabeleceram sobre o assunto.

5.3. calamidade

Como a guerra, a calamidade consubstancia-se no mundo jurídico como um ato administrativo de natureza declaratória, atualmente regulado pelo Decreto nº 5.376 de 17 de fevereiro de 2005.

Nos termos do art. 3º, inc. IV, desse diploma legal, entende-se por estado de calamidade pública o reconhecimento, pelo Poder Público, de situação anormal provocada por desastres, causando sérios danos à comunidade afetada, inclusive à incolumidade ou à vida de seus integrantes. Vendavais, enchentes,

---

[577] O conceito foi mantido no Manual para a Decretação de Situação de Emergência ou de Estado de Calamidade Pública - volumes I e II, aprovados pela Resolução nº 03 de 02 de julho de 1999. **Diário Oficial [da] República Federativa do Brasil**, Brasília, DF, 21 jul. 99. Seção 1, p. 4.

[578] BRASIL. Advocacia Geral da União. Parecer QG nº 19, de 06 de junho de 1994. **Diário Oficial [da] República Federativa do Brasil**, Brasília, DF, 10 jun. 94. Seção 1, p. 8.356.

inundações, doenças infecto-contagiosas em largas proporções e seca prolongada podem ensejar a declaração de calamidade pública.[579]

A declaração do estado de calamidade pública deve ser reconhecida por portaria da Secretaria Especial de Políticas Regionais da Câmara de Políticas Regionais,[580] não pode pretender o administrador utilizar-se do dispositivo sem a existência desse ato administrativo formal. Admissível, contudo, que na época da efetivação das contratações ainda esteja apenas em elaboração, e não publicado formalmente.

Pelo exposto, verifica-se que, ao contrário do caso de emergência, inocorre possibilidade de critério subjetivo ou discricionário, sem que o ato formal da declaração de calamidade pública se exteriorize.

O disciplinamento federal da declaração de calamidade pública teve por escopo resguardar uma uniformidade no tratamento da matéria e, de certo modo, limitar o uso abusivo desse instrumento.

Também a calamidade é circundada pelo aspecto da imprevisibilidade, mas admite-se que, se previsível e inevitável, justifique a contratação direta. Realmente, seria inaceitável que um fato previsível e evitável pudesse ser posteriormente utilizado como justificativa para a declaração de calamidade pública de modo repetitivo ou comum, sem que fosse apurada a responsabilidade pela falta de planejamento.[581]

Deve ser observado que também o estado de defesa pode ter por causa fato ensejador da decretação de calamidade pública, tudo dependendo das proporções desta, conforme se depreende do disposto no art. 136 da Constituição Federal.

Em resposta à consulta, decidiu o TCU ser dispensável a licitação no caso de calamidade pública, desde que observada a Lei nº 8.666/1993, arts 24, inciso IV, e 26, bem como os pressupostos estabelecidos em caráter normativo

---

[579] Pela Lei nº 10.890, de 2 de julho de 2004, é permitida a antecipação dos recursos da Lei nº 10.336, de 19 de dezembro de 2001, aos Estados e ao Distrito Federal cujas áreas ocorrer dano na infra-estrutura de transporte em função de emergência ou estado de calamidade pública.

[580] Por delegação de competência nos termos do Decreto de 17 de janeiro de 1995.

[581] Sobre o assunto o TCU manifestou-se nos seguintes termos: "[...] 9.2.3. abstenha-se de destinar a um único servidor as tarefas atinentes ao planejamento do órgão, à contratação das obras a seu cargo e à medição dos serviços executados, em observância ao princípio administrativo da segregação de funções [...]". BRASIL. Tribunal de Contas da União. Processo nº TC-006.319/2005-7. Acórdão nº 609/2006 - Plenário. Relator: Ministro Augusto Nardes. **Diário Oficial da União [da] República Federativa do Brasil**, Brasília, DF, 2 maio 2006. Seção 1, p. 62.

na Decisão nº 347/1994 - Plenário,[582] daquela Corte, citada no subtítulo 5.9 adiante, e, ainda, o Decreto nº 5.376/2005, já referido.[583]

Com a edição do Decreto Federal nº 6.663[584] a integração de ações foi objeto de melhor regulação no que se refere a responsabilidade por documentos falsos e à prestação de contas dos recursos recebidos.

5.4. imprevisibilidade

A doutrina pátria mais esclarecida tem posto em confronto a caracterização da emergência e a conduta pretérita do administrador para avaliar se a situação não decorre de atuação irresponsável ou negligente.

Nesse sentido, adverte Mariense Escobar que "a situação emergencial ensejadora da dispensa é aquela que resulta do imprevisível, e não da inércia administrativa".[585]

Relevante questão que se apresenta diz respeito à verificação da conduta do administrador e se a mesma, quando caracterizada como desidiosa,[586] deve implicar a impossibilidade de a Administração servir-se desse dispositivo que autoriza a dispensa de licitação. A resposta é negativa.

Efetivamente, se ficar caracterizada a emergência e todos os outros requisitos estabelecidos nesse dispositivo, que serão estudados a seguir, pouco importa que a mesma decorra da inércia do agente da administração ou não! Caracterizada a tipificação legal, não pode a sociedade ser duplamente

---

[582] Neste sentido: BRASIL. Tribunal de Contas da União. Processo nº TC-014.183/1993-5. Decisão nº 833/2001 - Plenário. Relator: Ministro Valmir Campelo. **Diário Oficial da União [da] República Federativa do Brasil**, Brasília, DF, 25 out. 2001. Seção 1.

[583] BRASIL. Tribunal de Contas da União. Processo nº TC-929.114/98-1. Decisão nº 627/1999 - Plenário. Relator: Ministro Marcos Vinicios Vilaça. **Diário Oficial [da] República Federativa do Brasil**, Brasília, DF, 28 set. 1999. Seção 1, p. 191. **No mesmo sentido**: Processo nº TC-014.001/2001-8. Acórdão nº 1462/2002 - Plenário. Relator: Ministro Ubiratan Aguiar. **Diário Oficial da União [da] República Federativa do Brasil**, Brasília, DF, 11 nov. 2002. Seção 1.

[584] BRASIL. Decreto nº 6.663, de 26 de novembro de 2008. Regulamenta a aferição sumária, pelo Ministério de Estado da Integração Nacional, da caracterização do estado de calamidade pública ou da situação de emergência, aliada à impossibilidade de o problema ser resolvido pelo ente da Federação. **Diário Oficial da União [da] República Federativa do Brasil**, Brasília, DF, 27 nov. 2008. Seção 1.

[585] ESCOBAR, J. C. Mariense. **Licitação, Teoria e Prática**. Porto Alegre-RS: Livraria do Advogado, 1993, p. 72.

[586] Nesse sentido o TCU entendeu: "[...] que a situação adversa, dada como de emergência ou de calamidade pública, não se tenha originado, total ou parcialmente, da falta de planejamento, da desídia administrativa ou da má gestão dos recursos disponíveis, ou seja, que ela não possa, em alguma medida, ser atribuída à culpa ou dolo do agente público que tinha o dever de agir para prevenir a ocorrência de tal situação, consoante atendimento firmado na Decisão nº 347/1994 - Plenário". BRASIL. Tribunal de Contas da União. Processo nº TC-006.687/2004-5. Acórdão nº 1.248/2004 - Plenário. **No mesmo sentido**: Processo nº TC-002.056/2003-0. Acórdão nº 663/2005 - Plenário. **Diário Oficial da União [da] República Federativa do Brasil**, Brasília, DF, 3 jul. 2005. Seção 1.

penalizada pela incompetência de servidores públicos ou agentes políticos: dispensa-se a licitação em qualquer caso.

Obviamente, não deve a situação ficar sem providências acauteladoras ou de caráter didático-pedagógicas, sob pena de esse dispositivo vir a tornar-se de tal modo permissivo que acabe por anular o princípio da licitação. Aliás, nesse tema, relevante participação incumbe ao sistema de controle externo, do qual o Poder Legislativo é o titular, e a quem compete, desde a Constituição Federal de 1988, a fiscalização não só quanto à legalidade, mas também quanto à legitimidade, constituindo, pois, indeclinável dever penalizar o gestor que age com desídia ou negligência[587] na obrigação de prever as situações que possam causar dano à sociedade ou à Administração, deixando de envidar esforços para obviá-las.

Em escólio a esse dispositivo, há autorizada lição de Lúcia Valle Figueiredo, amparada em Cintra do Amaral, no sentido de que:

> Mais adiante vai distinguir a emergência 'real', resultante do imprevisível, daquela resultante da incúria ou inércia administrativa. A ambas dá idêntico tratamento, no que atina à possibilidade de contratação direta. Porém, não exime o responsável pela falha administrativa de sofrer as sanções disciplinares compatíveis.
>
> Em nosso entender, somente dessa forma ficaria satisfeito o princípio da moralidade administrativa, isto é, se, realmente, responsabilizado for o funcionário que deu causa à situação surgida.[588]

Há, contudo, acórdãos do Tribunal de Contas da União que julgaram irregular a contratação por emergência, à vista exclusivamente da conduta desidiosa do administrador; se negligente a ponto de não proceder à licitação no devido tempo, com antecedência necessária, irregular a contratação, mesmo que presentes os demais requisitos.[589]

---

[587] Entende o TCU que, a situação emergencial ou calamitosa que legitima a dispensa de licitação é aquela cuja ocorrência refuja às responsabilidades normais de prevenção por parte da Administração, ou seja, a que não possa ser imputada em razão da desídia administrativa, da falta de planejamento ou da má gestão dos recursos disponíveis. Acórdãos nº 300/1995; 172/1997; 173/1997; 174/1997; 738/2006 e Decisões nº 347/1994; 820/1996 e 459/1997 citados na Lei nº 8.666/93, comentada e anotada pela Secretaria de Controle Interno do TRF da 1ª Região. Brasília, mar./1999, p. 111.

[588] FIGUEIREDO, Lúcia Valle; FERRAZ, Sérgio. **Dispensa e Inexigibilidade de Licitação**. São Paulo: Revista dos Tribunais, 1992, p. 49.

[589] a) BRASIL. Tribunal de Contas da União. Processo nº TC-003.856/94-1. Acórdão nº 488/1994 - 1ª Câmara. Relator: Ministro Adhemar Paladini Ghisi. **Diário Oficial [da] República Federativa do Brasil**, Brasília, DF, 09 set. 94. Seção 1, p. 13608.

No mesmo sentido, colhe-se a seguinte manifestação da Secretaria do Tesouro Nacional:

> [...] as situações de efetiva emergência continuam sendo contempladas pela nova lei que disciplina as licitações e as exceções que permitem a dispensa ou reconhecem a inexigibilidade do processo licitatório, desde que, devidamente fundamentado e comprovado o processo, não se admitindo como caso de urgência ou de emergência as situações que, previsíveis, não foram providenciadas a tempo pelo administrador, como no caso citado da ruptura de estoque mínimo. Se existe um controle de estoque, a ponto de saber qual o estoque mínimo, este tem um único objetivo: a reposição. Nesse caso, compete ao administrador providenciar a reposição antes que se chegue a um estoque que ofereça risco de interrupção das atividades, especialmente nos casos em que a interrupção oferecer riscos de prejuízo ou de perigo para pessoas ou para o patrimônio.[590]

O Tribunal de Contas da União tem aceitado que fatores alheios à vontade do administrador público,[591] imprevisíveis, justifiquem a regularidade

---

Desde esse precedente a jurisprudência tem sido uniforme no sentido de recomendar a atuação tempestiva do gestor. O seguinte excerto é também elucidativo do entendimento predominante do que recomenda o TCU: "[...] adote as providências cabíveis para que sejam promovidos os processos licitatórios com a antecedência necessária para a sua conclusão antes do término do contrato vigente, evitando-se a descontinuidade da prestação dos serviços e a realização indevida de dispensa de licitação, fundamentada no art. 24, inciso IV, da Lei n. 8.666/1993, quando não estiverem absolutamente caracterizados os casos de emergência e calamidade pública estabelecidos no referido dispositivo legal". BRASIL. Tribunal de Contas da União. Processo nº 007.680/2005-7. Acórdão nº 1080/2006 - 2ª Câmara. **Diário Oficial da União [da] República Federativa do Brasil**, Brasília, DF, 12 maio 2006, p. 123. **No mesmo sentido:** Processo nº TC-019.317/2003-3. Acórdão nº 2123/2006 - 1ª Câmara. **Diário Oficial da União [da] República Federativa do Brasil**, Brasília, DF, 04 ago. 2006, p. 109; Processo nº TC-015.545/2007-3. Acórdão nº 158/2010 – 2ª Câmara. **Diário Oficial da União [da] República Federativa do Brasil**, Brasília, DF, 29 de jan. de 2010, Seção 1; Processo nº TC-019.706/2007-4. Acórdão nº 429/2010. Relator: Ministro Aroldo Cedraz. **Diário Oficial da União [da] República Federativa do Brasil**, Brasília, DF, 12 de fev. de 2010, Seção 1.

b) O TCU aplicou multa por entender que havia tempo suficiente para realização do certame e ainda por que a responsável se omitiu em apresentar provas que comprovassem que o atraso não decorrera de sua inércia ou negligência em adotar providências suficientes para abreviar o início da licitação. BRASIL. Tribunal de Contas da União. Processo nº TC-006.437/95-8 - anexo TC-004.982/95-9. Acórdão nº 66/1999 - Plenário. Relator: Ministro Walton Alencar Rodrigues. **Diário Oficial [da] República Federativa do Brasil**, Brasília, DF, 14 jun. 99. Seção 1, p. 56. **No mesmo sentido:** Processo nº TC-002.056/2003-0. Acórdão nº 663/2005 - Plenário. Relator: Ministro Ubiratan Aguiar. **Diário Oficial da União [da] República Federativa do Brasil**, Brasília, DF, 3 jun. 2006. Seção 1.

590 Mensagem CONED/STN nº 174.920, de 13 de setembro de 1993, interessado DNER/09. DRF/PR.

591 a) O TCU considerou falha formal, não punível entre outras, a dispensa de licitação por emergência resultante de fatos previsíveis. BRASIL. Tribunal de Contas da União. Processo nº TC-675.217/97-0. Decisão nº 755/1998 - Plenário. Relator: Ministro Valmir Campelo. **Diário Oficial [da] República Federativa do Brasil**, Brasília, DF, 16 nov. 1998, Seção 1, p. 61.

da contratação. Em determinado caso, o Serviço Federal de Processamento de Dados (SERPRO) contratou por emergência a confecção de serviços gráficos porque, embora tenha planejado a atividade, problemas imprevisíveis nas impressoras impuseram a contratação emergencial para minorar/evitar prejuízos.

Nesse sentido, manifestou-se o Min. Humberto Souto:

> Conforme restou comprovado pelas razões e elementos acostados pela empresa, embora o planejamento elaborado estabelecesse prazos condizentes com as normas trabalhistas, ocorreu situação alheia à Administração - problemas nas impressoras - que, por ensejar possíveis prejuízos devido ao não cumprimento dos prazos, motivaram o procedimento adotado.[592]

Essa linha diretiva da jurisprudência vem-se assentando com bastante solidez, mas ainda é possível vislumbrar graves deficiências na aplicação desse inciso. Aliás, em algumas organizações, talvez por falta de estrutura, treinamento de servidores ou pela presença de dirigentes pouco afeiçoados a atribuir valor à jurisprudência dos Tribunais de Contas, chegam a ocorrer casos em que nem mesmo com um extraordinário esforço de hermenêutica seria possível encontrar vestígios de razoabilidade.[593]

Como foi exposto, vedar a contratação direta quando presentes todos os requisitos ou declarar nula a mesma, com os consectários incidentes sobre o contrato, não parece ser o meio adequado de resguardar o interesse público.[594] Ao contrário, implicará penalizar duas vezes a sociedade, já vítima de um gestor negligente, que agora não poderá ter suas necessidades atendidas pela contratação direta. Caracterizados os pressupostos do artigo, deve a contratação

---

b) O TCU, no caso de contratações previsíveis com fundamento em emergência, julga as contas irregulares com multa. BRASIL. Tribunal de Contas da União. Processo nº TC-500.066/97-3. Decisão nº 453/1998 - 2ª Câmara. Relator: Ministro Valmir Campelo. **Diário Oficial [da] República Federativa do Brasil**, Brasília, DF, 24 nov. 1998, Seção 1, p. 88.

[592] BRASIL. Tribunal de Contas da União. Processo nº TC-000.674/96-6. Decisão nº 161/1996 - 1ª Câmara. Relator: Ministro Humberto Guimarães Souto. **Diário Oficial [da] República Federativa do Brasil**, Brasília, DF, 26 jul. 96. Seção 1, p. 14.006.

[593] A Casa da Moeda contratou os serviços para os festejos de seus 300 anos por emergência. BRASIL. Tribunal de Contas da União. Processo nº TC-007.826/94-0. Decisão nº 300/1995 - Plenário. Relator: Ministro Adhemar Paladini Ghisi. **Diário Oficial [da] República Federativa do Brasil**, Brasília, DF, 10 out. 1995. Seção 1, p. 15966.

[594] Em sede cautelar, o juiz proibiu a realização de nova licitação para o mesmo objeto, em face da revogação desmotivada de licitação anterior, até que o órgão motivasse o ato revogatório, nos termos do art. 49 da Lei nº 8.666/93. DISTRITO FEDERAL. Tribunal de Justiça do Distrito Federal e Territórios. Processo nº AC 67.726/97. Relator: Desembargador Arnoldo Camanho. Arquivado desde 2001: http://www.tjdft.jus.br. Acesso em 26 jan. 2011.

ser efetivada, apurando-se com rigor a responsabilidade pela desídia que ficar provada.

O TCU, no caso de contratações previsíveis, com fundamento em emergência vem julgando as contas irregulares com multa.[595]

Cabe ainda obtemperar que pode, eventualmente, fato previsível, mas inevitável, ensejar uma contratação por emergência. No desempenho da função institucional de procurador do Ministério Público, oferecemos representação ao Tribunal de Contas do Distrito Federal pelo fato de a Secretaria de Obras haver promovido a contratação por emergência da construção de uma estação de abastecimento de água para uma cidade-satélite que sofria com insuficiência de água canalizada há dez anos. Apurados os fatos, julgou-se regular o ato, tendo em vista que a única solução viável para a captação de águas dependia de financiamento externo e liberação da área pelo IBAMA. Nada obstante prolongados esforços da Administração, a obtenção dessas condicionantes se protraiu no tempo. Somente em fevereiro de determinado ano foram obtidos, e na estação das secas, quando o problema agravava-se substancialmente, era em setembro, restando período de tempo insuficiente para a licitação e a construção. A construção sem licitação apresentou-se como única hipótese capaz de preservar o interesse público e afastar o sofrimento daquela população.[596]

5.5. imprevisibilidade e contingenciamento do orçamento

Todo o programa de governo, abrangendo todas as obras e serviços, todos os investimentos deveriam estar perfeitamente demonstrados numa estrutura de custos, na forma da lei. Essa estrutura de composição de custos deveria estar atrelada às metas quantitativamente objetivadas.[597]

Também no plano legislativo, as normas buscaram dar plena efetividade ao planejamento e à realização concreta dos programas. Não bastava planejar

---

[595] a) BRASIL. Tribunal de Contas da União. Processo nº TC-500.066/97-3. Decisão nº 453/1998 - Plenário. Relator: Ministro Valmir Campelo. **Diário Oficial [da] República Federativa do Brasil**, Brasília, DF, 24 nov. 1998. Seção 1, p. 88.

b) No exercício das atribuições do Ministério Público junto ao TCDF, pugnamos por que o Plenário daquela Corte decidisse pela não aplicação de multa aos responsáveis, como medida de caráter pedagógico. No caso, o órgão havia contratado por emergência, sem a caracterização da urgência, mas por desculpável erro de planejamento; inexistia má-fé e não restou configurado prejuízo ao erário. DISTRITO FEDERAL. Tribunal de Contas. Processo nº 3.781/97. Parecer 3.1498/2000. Disponível em: http://www.tc.df.gov.br. Acesso em 26 jan. 2011.

[596] DISTRITO FEDERAL. Tribunal de Contas. Processo nº 5016/1996; e Representação 003/1996, disponíveis em http://www.tc.df.gov.br. Acesso em 26 jan. 2011.

[597] Neste sentido já destacava o parágrafo único do art. 25 da Lei nº 4.320, de 17 de março de 1964: "Consideram-se metas os resultados que se pretendem obter com a realização de cada programa."

obras e serviços públicos. Mostrava-se necessário disponibilizar a quantidade necessária, e no devido tempo, para que o administrador público pudesse cumprir os programas a contento.

Desse modo, imediatamente após a promulgação da Lei Orçamentária e com base nos limites nela fixados, o Poder Executivo deveria aprovar um quadro de cotas trimestrais da despesa para cada unidade orçamentária e autorizá-las a utilizar nesses limites. Na fixação dessas cotas, dever-se-ia assegurar às unidades orçamentárias, em tempo útil, a soma de recursos necessários e suficientes para a melhor execução do programa anual de trabalho.

Com esse valioso arcabouço legal de rigor técnico elogiável, a prática demonstrou que, por uma sucessão de artifícios financeiros, as autoridades administrativas encarregadas de repasses de recursos iniciaram uma política de contingenciamento que, passou a implicar severa desobediência a esse comando. Assim, os dispêndios não eram programados nos limites estabelecidos; os repasses não visavam à realização dos programas, parecendo mesmo o contrário, isto é, que se efetivavam em tempo tal que, a autoridade não pudesse cumprir o longo itinerário burocrático da realização da despesa, entre eles o mais detalhado: a licitação.

Na esfera federal, é conhecido o esforço que o Tribunal de Contas da União desenvolveu para concretizar o comando legal na sua melhor expressão. Tornaram-se mesmo famosas as auditorias para verificar obras inacabadas e a recomendação ao Congresso Nacional para dotá-las de recursos. Em outras oportunidades, destacou em relatórios de contas anuais esse problema. Entre os inúmeros esforços um tornou-se memorável:

- a Universidade Federal do Rio Grande do Sul recebeu recursos para a aquisição de computadores, mas com tempo de tal modo exíguo, que inviabilizava a concorrência, na modalidade de técnica e preço, para a aquisição. Os dirigentes da unidade fizeram então ampla pesquisa de preços e promoveram a compra mais vantajosa, com base no dispositivo que autoriza a compra emergencial sem licitação;[598]
- achado em auditoria, o fato em procedimento normal levaria a imputação de multa, porque é inaplicável o instituto da

598 BRASIL. Tribunal de Contas da União. Processo nº TC-926.268/98-8. Decisão nº 524/1999 - Plenário. Relator: Ministro Valmir Campelo. **Diário Oficial [da] República Federativa do Brasil**, Brasília, DF, 20 ago. 1999. Seção 1, p 68.

emergência, quando o fato é previsível ou, não está caracterizado risco à segurança de pessoas e bens, sejam públicos ou privados;

- o corpo instrutivo, guardando coerência com a jurisprudência da Corte, informou o processo nesse sentido, mas o Ministro-Relator Valmir Campelo adotou deliberação diversa, preferindo relevar a aplicação de multa em caráter excepcional, reconhecendo a vantajosidade para o erário da aquisição procedida e recomendando ao órgão repassador que liberasse os recursos em tempo suficiente para que, as unidades pudessem dar cumprimento às formalidades legais prévias à realização da despesa.

Tais episódios, reforçam a importância e o valor dos Tribunais de Contas como órgãos de controle, porque podem decidir além da legalidade, sempre que necessário, para efetivar o comando da legitimidade e eficiência. Independentemente da causa ou do ardil utilizado para não transferir os recursos a destempo para sua utilização, a decisão atacou o ponto central do problema, a causa remota da ilegalidade praticada pelos dirigentes da Universidade.

Forçoso reconhecer que providências nesse sentido devem passar a ser a regra no momento em que a Lei de Responsabilidade Fiscal coloca em destaque a necessidade de estabelecer uma estrutura de custos e de avaliação de resultados.

Em relação à estrutura de custos, percebe-se que os órgãos de controle não a têm exigido. Normalmente inexistem; quando ocorrem, não tem fundamentação técnica; quando tem fundamentação técnica, os atos de execução não a consideram.

No entanto, não só a legislação que regula as finanças públicas, como a que rege as licitações e contratos administrativos obriga a análise de custos; a Lei de Responsabilidade Fiscal foi mais longe ao expressamente dispor sobre o dever da Lei de Diretrizes Orçamentárias estabelecer "normas relativas ao controle de custos" dos programas financiados com recursos orçamentários.

Com essa norma ficou definido que:

- haverá controle de custos em programas desenvolvidos com recursos do orçamento;[599]

---

[599] Devem necessariamente integrar o orçamento os recursos repassados pelas demais esferas de governo, conforme expressamente determina a Lei nº 10.180/2001, em seu art. 35: "Os órgãos e as entidades da

- a Lei de Diretrizes Orçamentárias vai estabelecer normas de controle de custos;
- haverá avaliação dos resultados dos programas;
- a Lei de Diretrizes Orçamentárias vai estabelecer normas relativas ao controle desses resultados.

Delineado desse modo, haverá transparência tanto para o parlamento apreciar os investimentos, quanto para o gestor que saberá desde logo como será aferido o resultado do seu trabalho. Ainda que se reconheça o julgamento político das contas anuais dos dirigentes do Poder Executivo pelo Legislativo, é salutar encontrar normas que permitam reduzir o poder discricionário de julgamento.

Nesse sentido, como o Poder Legislativo está definindo normas de aferição de resultados e controle, tanto a elas devem se ajustar os próprios legislativos quanto os órgãos de controle externo, pois essa aferição deverá ser feita por técnicos e sob aspecto técnico. Logo, o fiel acatamento da estrutura de custos e os resultados dos programas são incumbências do controle, que aferirá os fatos frente aos parâmetros definidos na Lei de Diretrizes Orçamentárias.

5.6. risco

Não basta, contudo, que ocorra situação de emergência, sendo imprescindível que essa situação gere urgência de atendimento por parte da Administração, cuja omissão possa ocasionar prejuízo ou comprometer a segurança de pessoas, obras, serviços, equipamentos e outros bens, públicos ou particulares, em suma, o risco.

Nesse passo, é mister que o administrador, ao dispensar a licitação, tenha presente um risco que, com a dispensa de licitação, poderá ser evitado.[600]

Esse risco há de ser potencial e iminente, além de também preencher o requisito analisado em seguida.

Administração direta e indireta da União, ao celebrarem compromissos em que haja a previsão de transferências de recursos financeiros de seus orçamentos, para Estados, Distrito Federal e Municípios, estabelecerão nos instrumentos pactuais a obrigação dos entes recebedores de fazerem incluir tais recursos nos seus respectivos orçamentos."

[600] O TCU aplicou multa pelo uso do instituto da dispensa de licitação para contratação de obras, cinco meses após a decretação de situação emergencial. O lapso de tempo decorrido seria suficiente para realização do devido procedimento licitatório; ademais esse tipo de obra tem natureza reparadora e não assistencial. BRASIL. Tribunal de Contas da União. Processo nº TC-325.456/96-8. Decisão nº 100/1998 - 2ª Câmara. Relator: Ministro Valmir Campelo. **Diário Oficial [da] República Federativa do Brasil**, Brasília, DF, 12 maio 1998. Seção 1, p. 153.

Os termos "pessoas", "obras", "serviços" e "equipamentos" são inequívocos, mas, com relação à expressão "outros bens", procuram alguns elastecê-la para abranger bens de conteúdo não econômico, fato que não constitui a melhor exegese, dado o conteúdo exemplificativo da mesma, que se associa aos valores anteriores que pretende ver tutelados. O bem-estar, a justiça e a dignidade não são os tipos de bens que se coadunam com a exemplificação precedente e, por isso, o risco incidente sobre os mesmos, conquanto possam ser até mais relevantes socialmente, não justificam a utilização do dispositivo.

5.7. limitação do objeto

A redação do dispositivo indica que não é possível ao administrador pretender utilizar uma situação emergencial ou calamitosa para dispensar a licitação em aquisições que transcendam o objeto do contrato, que, nesses casos emergenciais, deve ser feito tão-somente no limite indispensável ao afastamento do risco. Haverá, assim, profunda correlação entre o objeto pretendido pela Administração e o interesse público a ser atendido. Há correlação entre uma explosão acidental, envolvendo dutos de combustível, ferindo pessoas e a contratação de serviços médicos sem licitação, com determinado hospital. Não haverá correlação se, tendo por causa o mesmo evento, um Município pretender comprar caminhões-pipa, pois, embora estes sejam úteis em eventual combate a incêndio, não há a menor correlação entre o fato que se presencia como emergente e a instrumentalização do aparelho estatal para evitar a sua repetição. A correlação entre o objeto do futuro contrato e o risco, limitado, cuja ocorrência se pretenda evitar, deve ser íntima, sob pena de incidir o administrador em ilícita dispensa de licitação.[601]

Também aqui pode se aplicar o disposto no § 1º do art. 65 da Lei nº 8.666/1993, impondo-se ao contratado o acréscimo quantitativo, nos estritos termos da necessidade da Administração para afastar o risco. Necessário se faz, entretanto, que esse acréscimo não obrigue a prorrogação contratual, prevista no art. 57, § 1º, posto ser essa vedada pela lei.[602] Nesse sentido, já manifestou-

---

[601] O TCU decidiu aplicar multa, considerando que a situação de emergência e calamidade não ficaram devidamente configuradas, pois as obras não foram contratadas para remediar consequências de desastre natural, mas para corrigir erros que o desordenado crescimento urbano produziu na drenagem urbana. BRASIL. Tribunal de Contas da União. Processo nº TC-500.115/1997-4. Acórdão nº 1.506/2003 - 2ª Câmara. Relator: Ministro-Substituto Lincoln Magalhães da Rocha. **Diário Oficial da União [da] República Federativa do Brasil**, Brasília, DF, 8 set. 2003.

[602] O TCU determinou a Administração Pública que se abstenha de contratar serviços com dispensa de licitação sucedida de várias prorrogações, baseada em situações emergenciais em Hospital Universitário, providenciando o adequado planejamento das atividades do órgão. BRASIL. Tribunal de Contas da União. Processo nº TC-

se a judiciosa equipe de consultoria da NDJ ao concluir que o § 1º do art. 57 da Lei nº 8.666/1993 não se aplica ao caso de contratação emergencial, posto que nesta hipótese o art. 24, inciso IV, da Lei nº 8.666/1993 estabelece que a duração do ajuste não pode ultrapassar o prazo máximo de cento e oitenta dias consecutivos e ininterruptos, vedando, expressamente, a possibilidade de prorrogação.[603] Essa orientação como diretriz é valida e somente em condições excepcionalíssimas se pode admitir não prevaleça.[604]

Há que se observar, ainda, que tanto o risco à segurança das pessoas e bens ampara o uso da norma, quanto o risco de grave prejuízo de conteúdo econômico. O exemplo da contratação de serviços gráficos pelo SERPRO, referido no subtítulo da imprevisibilidade antecedente, ilustra essa equivalência.

5.8. limitação temporal

Na regulamentação da hipótese em comento, houve por bem o legislador, a par das outras restrições que estabeleceu, fixar um prazo máximo, fazendo-o nos seguintes termos:

Dispõe a Lei nº 8.666/1993, art. 24, inc. IV, *in verbis*:

> [...] e para as parcelas de obras e serviços que possam ser concluídas no prazo de 180 (cento e oitenta) dias consecutivos e ininterruptos, contados da ocorrência da emergência ou calamidade,[605] vedada a prorrogação dos respectivos contratos.[606]

A compra em caso de emergência ou calamidade, é para pronta entrega ou com exíguo espaço de tempo,[607] mas os serviços podem se protrair no tempo até o prazo máximo de 180 dias, consecutivos e ininterruptos.[608]

400.066/96-3. Acórdão nº 522/1997 - 1ª Câmara. **No mesmo sentido**: Processo nº TC-007.215/2003-0. Acórdão nº 1215/2004 - Plenário.

603 BRASIL. Tribunal de Contas da União. Processo nº TC-926.992/1998-8. Acórdão nº 1219/2006 - 1ª Câmara. Relator: Ministro Guilherme Palmeira. **Diário Oficial da União [da] República Federativa do Brasil**, Brasília, DF, 22 maio 2006. Seção 1, p. 82.

604 Veja o subtítulo 5.8., a seguir.

605 BRASIL. Tribunal de Contas da União. Processo nº TC-002.056/2003-0. Acórdão nº 663/2005 - Plenário. **Diário Oficial da União [da] República Federativa do Brasil**, Brasília, DF, 3 jul. 2005.

606 Ver, a seguir, o subtítulo 5.10.: contrato provisório ou emergencial.

607 A demora na aquisição e entrega pode, excepcionalmente, à vista de outros fatores, não afastar a justificativa da emergência. O TCU decidiu pela regularidade da compra de cestas básicas, cuja entrega ocorreu dois meses após. BRASIL. Tribunal de Contas da União. Processo nº TC-007.191/94-4. Acórdão nº 136/1995 - Plenário. Relator: Ministro Adhemar Paladini Ghisi. **Diário Oficial [da] República Federativa do Brasil**, Brasília, DF, 31 out. 1995. Seção 1, p. 17332.

Mesmo na ocorrência de qualquer fato alheio à vontade das partes, o tempo do ajuste conta-se de forma contínua, em dias consecutivos e ininterruptos, contados os 180 dias do fato, numa homenagem à interpretação literal. No mesmo prazo, contudo, poderá ser firmado mais de um contrato,[609] se persistirem os requisitos previstos a seguir, sendo admissível que o prazo de 180 dias se refira a um conjunto de contratos, desde que atendidas, a cada nova contratação, as formalidades do art. 26. Essa é a inteligência que se extrai do fato de a lei referir-se à vedação da prorrogação dos respectivos contratos, expressão que o legislador utilizou no plural.

Além de estabelecer a forma de contagem, o dispositivo acabou por vedar a prorrogação[610] do contrato. Obviamente, o fez sem o interesse de distinguir entre o que é precedido de licitação ou não. Não servem ao caso concreto, em princípio, as hipóteses dos incisos ou dos parágrafos do art. 57: em qualquer caso, seja no interesse da Administração, seja por fatores supervenientes ao ajuste, descabe a prorrogação, salvo se caracterizados outros motivos de dispensa ou inexigibilidade; sem amparo legal a prorrogação por emergência pelo mesmo fato ensejador da primeira contratação direta.

Casos podem ocorrer, contudo, que a não prorrogação implique sacrifício insuportável ao interesse público, ficando o administrador público no dilema entre a prorrogação na forma do art. 57, § 1º ou nova declaração de emergência. Como regra deve preferir a segunda via legal, mas não se pode afastar de todo o emprego da primeira.[611]

Sobre o assunto, Ivan Barbosa Rigolin e Marco Túllio Bottino[612] defendem a tese da possibilidade de nova contratação por emergência:

---

[608] O TCU recomendou que não se celebrasse contrato por prazo superior a 180 dias contados da ocorrência da situação emergencial ou calamitosa. BRASIL. Tribunal de Contas da União. Processo nº TC-300.246/96-0. Decisão nº 678/1998 - Plenário. Relator: Ministro-Substituto José Antonio B. de Macedo. **Diário Oficial [da] República Federativa do Brasil**, Brasília, DF, de 13 out. 1998. Seção 1. **No mesmo sentido**: Processo nº TC-010.441/2000-9. Acórdão nº 99/2006 - Plenário. **Diário Oficial da União [da] República Federativa do Brasil**, Brasília, DF, 8 fev. 2006. Seção 1.

[609] BRASIL. Tribunal de Contas da União. Processo nº TC-625.189/97-3. Decisão nº 822/1997 - Plenário. Relator: Ministro Humberto Guimarães Souto. **Diário Oficial [da] República Federativa do Brasil**, Brasília, DF, 12 dez. 1997. Seção 1, p. 29830.

[610] Contrato emergencial não pode ser prorrogado. Contrato alterado entre a FSS e SAB para fornecer gêneros alimentícios, de 13.12 a 31.12.94, foi prorrogado por mais 60 dias. O TCDF considerou o fato irregular, mas, em face do tempo decorrido entre o fato e o julgamento, fez mera recomendação. DISTRITO FEDERAL. Tribunal de Contas. Processo nº 3.400/96. Disponível em: http://www.tc.df.gov.br. Acesso em 26 jan. 2011.

[611] Somente a fundamentação compulsória pelos arts 26 e 113 da Lei n º 8.666/93 podem revelar a legitimidade da Decisão.

[612] RIGOLIN, Ivan Barbosa; BOTTINO, Marco Túllio. **Manual Prático de Licitações**. São Paulo: Saraiva, 1995, p. 261.

> Caso outro estado emergencial ou calamitoso ocorra dentro dos cento e oitenta dias do primeiro, outra aquisição, devidamente justificada, através de outra contratação direta, sempre poderá ser realizada - e ainda que seja com a mesma pessoa física ou jurídica; o que se veda é a prorrogação de um mesmo contrato para além de cento e oitenta dias.

Essa tese foi acolhida pelo TCU no julgamento do Processo nº 625.189/97-3.[613] Outros acórdãos se seguiram, no mesmo sentido, sendo muito elucidativo este excerto, no qual o TCU decidiu determinar:

> 9.1. [...] que, ao firmar contratos com base na dispensa de licitação prevista no art. 24, inciso IV, da Lei nº 8.666/1993, caso haja necessidade de prorrogação contratual além do prazo máximo fixado nesse dispositivo legal – "*180 (cento e oitenta) dias consecutivos e ininterruptos, contados da ocorrência da emergência ou calamidade*" –, formalize, em caráter excepcional, termo aditivo com a contratada por período adicional estritamente necessário à conclusão da obra ou serviço, desde que essa medida esteja fundamentada na ocorrência de fato excepcional ou imprevisível, estranho à vontade das partes, que impossibilite a execução contratual no tempo inicialmente previsto [...].[614]

É importante registrar que o prazo máximo estabelecido no dispositivo deve ser contado a partir da ocorrência do fato considerado "emergencial" ou ensejador da decretação da calamidade. Nesse último caso, inclusive, a data do

---

[613] BRASIL. Tribunal de Contas da União. Decisão nº 822/1997 - Plenário. Relator: Ministro Humberto Guimarães Souto. **Diário Oficial [da] República Federativa do Brasil**, Brasília, DF, 12 dez. 1997. Seção 1, p. 29806. **No mesmo sentido**: Processo nº TC-001.557/1998-0. Acórdão nº 60/2001 - Plenário. Relator: Ministro Benjamin Zymler. **Diário Oficial [da] República Federativa do Brasil**, Brasília, DF, 18 abr. 2001. Seção 1.

Nada obstante eventualmente tenha sido acolhida pelo TCU a tese da admissibilidade da prorrogação, como regra essa Corte vem determinando: "[...] 1.3. abstenha-se de prorrogar contratos emergenciais, em observância ao disposto no inciso IV do artigo 24 da Lei n.º 8.666/93, bem como de celebrar contratos e termos aditivos com efeitos retroativos, nos termos do estatuído no parágrafo único do artigo 60, da Lei n.º 8.666/93 e em conformidade com diversas deliberações deste Tribunal (Acórdãos n.ºs 62/95 - Plenário, 71/96 - Plenário, 686/96 - Segunda Câmara e Decisão n.º 419/96 - Plenário). [...];" BRASIL. Tribunal de Contas da União. Processo nº TC 926.992/1998-8. Acórdão nº 1219/2006 – 1ª Câmara. Relator: Ministro Guilherme Palmeira. **Diário Oficial da União [da] República Federativa do Brasil**, Brasília, DF, 22 maio 2006.

[614] Observa-se certa parcimônia dos órgãos de controle quando acolhem essa interpretação, definindo responsabilidade. A continuação da deliberação transcrita evidencia esse fato: "[...] 9.2. alertar o DNIT que a adoção indevida do procedimento indicado no subitem precedente deste acórdão pode implicar na responsabilização daqueles que derem causa a prorrogações contratuais que representem injustificada inobservância do prazo máximo indicado no art. 24, inciso IV, da Lei nº 8.666/1993. [...]." BRASIL. Tribunal de Contas da União. Processo nº TC-015.057/2007-7. Acórdão nº 1941/2007 - Plenário. Relator: Ministro Ubiratan Aguiar. **Diário Oficial da União [da] República Federativa do Brasil**, Brasília, DF, 21 set. 2007.

ato que decreta a calamidade pública não serve de marco inicial da vigência dos contratos, mas sim a data dos fatos que a embasaram.

5.9. requisitos para a validade da contratação direta

Objetivamente, constituem requisitos[615] para a validade da contratação direta autorizada por esse inciso:

- situação emergencial ou calamitosa;
- urgência de atendimento;[616]
- risco; e
- contratação direta como meio adequado para afastar o risco.

Esse é o entendimento firmado pelo Tribunal de Contas da União,[617] referente à consulta formulada pelo Ministério dos Transportes, após a "declaração do estado de calamidade pública" feita pelo Presidente da República. A questão sobre a possibilidade de contratação direta de empresas para procederem ao reparo nas rodovias, com base no art. 24, IV, da Lei nº 8.666/1993, foi didaticamente exposta pelo TCU, concluindo que:

> a) além da adoção das formalidades previstas no art. 26, *caput* e parágrafo único, da Lei nº 8.666/1993, são pressupostos da aplicação do caso de dispensa, preconizado no art. 24, IV, da mesma lei:
>
> a.1) que a situação adversa, dada como de emergência ou de calamidade pública, não se tenha originado, total ou parcialmente, da falta de planejamento, da desídia administrativa ou da má gestão dos recursos disponíveis, ou seja, que ela não possa, em alguma medida, ser atribuída à

---

[615] Somente quando se fizerem presentes os pressupostos estabelecidos no inciso IV do art. 24 é possível contratar sem licitação. BRASIL. Tribunal de Contas da União. Processo nº TC-625.200/95-0. Acórdão nº 73/1998 - Plenário. Relator: Ministro Marcos Vinicios Vilaça. **Diário Oficial [da] República Federativa do Brasil**, Brasília, DF, 03 jun. 1998. Seção 1, p. 39.

[616] a) É lícito concluir que a contratação direta, principalmente por motivo de urgência, prescinde de fase prévia de habilitação, devendo apenas contemplar a apresentação de certificado de regularidade para com a Seguridade Social e as exigências legais já mencionadas. BRASIL. Tribunal de Contas da União. Processo nº TC-013.387/97-9. Decisão nº 98/1999 - Plenário. Relator: Ministro Benjamin Zymler. **Diário Oficial [da] República Federativa do Brasil**, Brasília, DF, 12 mar. 1999. Seção 1, p. 105/106.

b) Também é dispensável o projeto básico, numa exceção ao art. 7º, § 9º, nos casos de emergência ou calamidade pública. BRASIL. Tribunal de Contas da União. Processo nº TC-004.724/95-0. Decisão nº 301/1997 - 2ª Câmara. **Diário Oficial [da] República Federativa do Brasil**, Brasília, DF, 25 nov. 1997, p. 27553.

[617] a) BRASIL. Tribunal de Contas da União. Processo nº TC-009.248/1994-3. Decisão nº 347/1994 - Plenário. Relator: Ministro Carlos Átila Álvares da Silva. **Diário Oficial [da] República Federativa do Brasil**, Brasília, DF, 21 jun. 1994. Seção 1, p. 9040.

b) É importante lembrar que a resposta à consulta tem caráter normativo e, em matéria de licitação, extensível às outras esferas de governo. Art. 1º, § 2º, da Lei nº 8.443/1992 c/c a Súmula nº 222 do TCU.

culpa ou dolo do agente público que tinha o dever de agir para prevenir a ocorrência de tal situação;

a.2) que exista urgência concreta e efetiva do atendimento à situação decorrente do estado emergencial ou calamitoso, visando afastar o risco de danos a bens ou à saúde ou à vida de pessoas;

a.3) que o risco, além de concreto e efetivamente provável, se mostre iminente e especialmente gravoso;

a.4) que a imediata efetivação, por meio de contratação com terceiro, de determinadas obras, serviços ou compras, segundo as especificações e quantitativos tecnicamente apurados, seja o meio adequado, efetivo e eficiente de afastar o risco iminente detectado.

Além desses requisitos, é imperioso ressaltar que mesmo para contratação por emergência ou calamidade pública é necessário justificar o preço,[618] à vista do art. 26, parágrafo único, inciso III, da Lei nº 8.666/1993 e observar os princípios basilares,[619] impostos pela Lei de Licitações, mantendo-se coerência em relação à situação e ao contrato firmado.

---

[618] a) O TCU julgou irregular compra por emergência quando foi feita pelo segundo menor preço pesquisado. BRASIL. Tribunal de Contas da União. Processo nº TC-018.992/96-0. Acórdão nº 356/1998 - 2ª Câmara. Relator: Ministro Adhemar Paladini Ghisi. **Diário Oficial [da] República Federativa do Brasil**, Brasília, DF, 14 out. 1998. Seção 1, p. 74-5;

b) Ademais o TCU tem recomendado que se faça constar justificativa de preço nos processo de dispensa de licitação, inclusive naqueles enquadrados no inciso IV do art. 24, visando a atender o disposto no inciso III do parágrafo único do art. 26 da Lei nº 8.666/93. BRASIL. Tribunal de Contas da União. Processo nº TC-004.724/95-0. Decisão nº 301/1997 - 2ª Câmara. Relator: Ministro-Substituto Lincoln Magalhães da Rocha. **Diário Oficial [da] República Federativa do Brasil**, Brasília, DF, 25 nov. 1997. Seção 1, p. 27553. **No mesmo sentido**: Processo nº TC-001.319/97-3. Decisão nº 820/1997 - Plenário. Relator: Ministro Humberto Guimarães Souto. **Diário Oficial [da] República Federativa do Brasil**, Brasília, DF, 26 dez. 1997. Seção 1, p. 31374.

[619] a) O TCU decidiu que para a regularidade da contratação por emergência é necessário que o fato não decorra da falta de planejamento, deve existir urgência concreta e efetiva de atendimento, risco concreto e provável e a contratação ser o meio adequado de afastar o risco. BRASIL. Tribunal de Contas da União. Processo nº TC-009.248/1994-3. Decisão nº 347/1994 - Plenário. Relator: Ministro Carlos Átila Álvares da Silva. **Diário Oficial [da] União**, Brasília, DF, 21 jun. 1994. Seção 1.

b) Mesmo no caso de emergência, o TCDF vem exigindo justificativa de preço. Processo nº 1405/1994 e Processo nº 3656/96. Disponíveis em: www.tc.df.gov.br.

c) Ausência de planejamento não caracteriza situação emergencial. Não caracteriza natureza singular a contratação de serviços de auditoria. Competição viável. Obrigatória a publicação dos atos de dispensa, bem como do resumo do contrato. Informativo ILC, ano 4, nº 35, jan./1997. Curitiba: Zênite, p. 83-6.

A Suprema Corte de Contas considerou grave contratar diretamente, alegando emergência, sem atentar para as formalidades exigidas, à época do artigo 24 do Decreto-Lei nº 2.300, e sem que houvesse orçamento.[620]

Em outro processo, determinado órgão, dispensando o certame licitatório, com fundamento em situação emergencial não caracterizada, fez aquisição de ambulância da concessionária Chevrolet, exigindo a marca (GM), justificando-a como forma de padronização. O TCU considerou inaceitável, tendo em vista que, em exercícios anteriores, o órgão havia adquirido dois outros veículos da marca Ford, utilizando-se também da dispensa do processo licitatório. Aplicou multa.[621]

Ainda sobre os requisitos, dúvidas têm sido suscitadas sobre a aplicação do art. 7º § 9º da Lei de Licitações, que determina que sejam observadas na contratação direta as regras do § 2º do mesmo artigo o qual impõem a prévia elaboração de projeto básico e planilha de custos, além da adequação da dotação orçamentária.

Por maior que seja a necessidade da contratação, o projeto básico é um elemento fundamental da própria realização do objeto. Seria concebível que alguém firmasse um contrato sem saber o que está contratando? Certamente não. Por esse motivo só em situações excepcionalíssimas - nas quais o requisito urgência de atendimento, se apresente ao extremo é admissível a dispensa do projeto básico e de outras formalidades. Em tais situações é dever da autoridade, imediatamente após a contratação, adotar as providências necessárias e suficientes à regularização do procedimento.

A própria normalização do CONFEA admite a dispensa do projeto básico[622]. Na esfera do controle o TCU examina caso a caso a situação e concluindo ter existido tempo suficiente ao atendimento das formalidades coíbe a conduta[623]; sendo a urgência de atendimento extrema e inafastável

---

[620] BRASIL. Tribunal de Contas da União. Processo nº TC-500.169/92-6. Decisão nº 1/1994 - 1ª Câmara. Relator: Ministro-Substituto Lincoln Magalhães da Rocha. **Diário Oficial [da] República Federativa do Brasil**, Brasília, DF, 07 fev. 1994. Seção 1, p. 1885.

[621] BRASIL. Tribunal de Contas da União. Processo nº TC-425.069/93-1. Acórdão nº 305/1996 - 2ª Câmara. Relator: Ministro Paulo Afonso Martins. **Diário Oficial [da] República Federativa do Brasil**, Brasília, DF, 30 jun. 96. Seção 1, p. 9450.

[622] BRASIL. Resolução n.º 361, do CONFEA, de 10 de dezembro de 1991. Dispõe sobre a conceituação de Projeto Básico em Consultoria de Engenharia, Arquitetura e Agronomia. **Diário Oficial [da] República Federativa do Brasil**, Brasília, DF, 10 dez. 1991, Seção 1, p. 28.777. Art. 5º, III e parágrafo único.

[623] Pesquise em: JACOBY FERNANDES, Jorge Ulisses. **Vade-mécum de Licitações e Contratos**: legislação selecionada e organizada com jurisprudência, notas e índices. 4 ed. Belo Horizonte: Fórum, 2010.

admite que não seja prévio o atendimento de formalidades, inclusive projeto básico.[624]

5.10. contrato provisório – demora na apreciação judicial

Mostra-se oportuno examinar agora questão pertinente à dispensa de licitação, tolerada pelos órgãos de controle, que demonstra o abrandamento dos contornos dos requisitos delineados: é o denominado contrato provisório ou emergencial, efetivado com dispensa de licitação com base no mesmo dispositivo em exame.[625]

Aqui tem-se situação em que a Administração pretendia promover, por exemplo, a contratação de um serviço de natureza contínua, devidamente precedido de processo licitatório que, por razões alheias à Administração, não vem a ser concluído em tempo de possibilitar a contratação.[626]

Esse é um caso excepcional em que os órgãos de controle têm admitido que a Administração contrate diretamente uma empresa até que o processo licitatório seja concluído, e tão-somente para esse fim.

O Tribunal de Contas da União[627] considerou legítima a contratação direta, pela Câmara dos Deputados, pelo prazo de 90 (noventa) dias, conforme requerido por aquele órgão, para que fosse possível ultimar procedimento licitatório tendo por objeto serviço de natureza contínua,[628] essencial à segurança de bens públicos (contrato de vigilância).[629]

---

[624] Pesquise em: JACOBY FERNANDES, Jorge Ulisses. **Vade-mécum de Licitações e Contratos**: legislação selecionada e organizada com jurisprudência, notas e índices. 4 ed. Belo Horizonte: Fórum, 2010.

[625] Consulte o processo TCDF nº 1131/1999 e a Decisão nº 3329/1999. Disponíveis em: http://www.tc.df.gov.br.

[626] O TCU julgou regular contratar por emergência empresa para fornecer passagem aérea até a conclusão do procedimento licitatório, retardado por recursos administrativos. BRASIL. Tribunal de Contas da União. Processo nº TC-007.852/96-7. Decisão nº 137/1996 - Plenário. Relator: Ministro-Substituto Lincoln Magalhães da Rocha. **Diário Oficial [da] República Federativa do Brasil**, Brasília, DF, 15 abr. 1997. Seção 1, p. 7449-51.

[627] BRASIL. Tribunal de Contas da União. Processo nº TC-019.983/93-0. Decisão nº 585/1994 - Plenário. **Diário Oficial [da] República Federativa do Brasil**, Brasília, DF, 31 jan. 1994, p. 1487.

[628] Em vários processos, entretanto, o TCU tem recomendado a adoção de providências necessárias ao início dos processos licitatórios com antecedência suficiente para que se evitem tanto a descontinuidade dos serviços como a necessidade de contratações emergenciais. BRASIL. Tribunal de Contas da União. Processo nº TC-013.992/96-1. Decisão nº 103/1998 - Plenário. Relator: Ministro Humberto Guimarães Souto. **Diário Oficial [da] República Federativa do Brasil**, Brasília, DF, 30 mar. 1998. Seção 1, p. 55. **No mesmo sentido**: Processo nº TC-004.724/95-0. Decisão nº 301/1997 - 2ª Câmara; Processo nº TC-350.057/95-1. Decisão nº 504/96 - Plenário e Processo nº TC-525.196/95-1. Decisão nº 530/96 - Plenário.

[629] O TCU entendeu como regulares as várias prorrogações de contrato de vigilância porque o gestor indicou a necessidade de preservar a integridade dos bens da União e as informações que eram guardadas na Corte de Justiça. BRASIL. Tribunal de Contas da União. Processo nº TC-425.027/95-3. Acórdão nº 105/1998 - Plenário.

Também o Tribunal de Contas do Distrito Federal tem admitido e praticado essa hipótese,[630] entendimento que foi reiterado em caráter normativo, em resposta a consulta,[631] nos seguintes termos:

> [...]
>
> II) informar ao ilustre consulente que, sem prejuízo do cumprimento das formalidades previstas no art. 26 da Lei nº 8.666/93, é possível a contratação direta de obras, serviços (continuados ou não) e bens, com fulcro no art. 24, IV, da referida norma legal, se estiverem presentes, simultaneamente, os seguintes requisitos, devidamente demonstrados em processo administrativo próprio:
>
> a) a licitação tenha se iniciado em tempo hábil, considerando, com folga, os prazos previstos no Estatuto Fundamental das Contratações para abertura do procedimento licitatório e interposição de recursos administrativos, bem assim aqueles necessários à elaboração do instrumento convocatório, análise dos documentos de habilitação (se for o caso) e das propostas, adjudicação do objeto e homologação do certame;
>
> b) o atraso porventura ocorrido na conclusão do procedimento licitatório não tenha sido resultante de falta de planejamento, desídia administrativa ou má gestão dos recursos disponíveis, ou seja, que tal fato não possa, em hipótese alguma, ser atribuído à culpa ou dolo do(s) agente(s) público(s) envolvido(s);
>
> c) a situação exija da Administração a adoção de medidas urgentes e imediatas, sob pena de ocasionar prejuízo ou comprometer a segurança de pessoas, obras, serviços, equipamentos e outros bens, públicos ou particulares;
>
> d) a contratação direta pretendida seja o meio mais adequado, efetivo e eficiente de afastar o risco iminente detectado;
>
> e) o objeto da contratação se limite, em termos qualitativos e quantitativos, ao que for estritamente indispensável para o equacionamento da situação emergencial;

Relator: Ministro Bento José Bugarin. **Diário Oficial [da] República Federativa do Brasil**, Brasília, DF, 10 ago. 1998. Seção 1, p. 15.

[630] DISTRITO FEDERAL. Tribunal de Contas. Processo nº 182/1994. Decisão nº 3.500/1999. **Diário Oficial do Distrito Federal**, Brasília, DF, 11 fev. 1994, p. 35.

[631] DISTRITO FEDERAL. Tribunal de Contas. Processo nº 1805/1999. Decisão nº 3.500/1999. **Diário Oficial do Distrito Federal**, Brasília, DF, 01 jul. 1999, p. 26.

> f) a duração do contrato, em se tratando de obras e serviços, não ultrapasse o prazo de 180 dias, contados a partir da data de ocorrência do fato tido como emergencial;
>
> g) a compra, no caso de aquisição de bens, seja para entrega imediata.

Destaque-se que o mesmo entendimento tem sido adotado em outras unidades da Federação.

Para melhor compreensão, imagine-se caso em que o regular procedimento licitatório poderia ter sido obstruído em seu curso normal, *v.g.*, por um dos licitantes que recorresse ao Poder Judiciário, obtendo liminar que sustasse[632] o prosseguimento da licitação enquanto não fosse julgada ação interposta contra a decisão da Administração que inabilitou a empresa.

O fato concreto da imprescindibilidade dos serviços - como o de vigilância - obriga a que o Direito ceda passo para que bens jurídicos mais relevantes não sejam atingidos.[633] Mas pergunta-se: com a habitual lentidão do Judiciário, é possível assegurar que 180 dias sejam suficientes? Obviamente, cada caso apresenta as suas peculiaridades, e não se deve correr o risco de generalizar, tampouco de vedar a utilização desse dispositivo em casos como o exemplificado.

Sob o aspecto jurídico, considerando-se que a Administração tem a prerrogativa[634] de anular a licitação, por ilegalidade, ou de revogá-la, por conveniência e oportunidade, o melhor conselho seria, de fato, proceder à anulação ou à revogação da licitação, fazendo com que a liminar perdesse o

---

[632] a) Liminar judicial autoriza a contratação por emergência se impedir a finalização da licitação. BRASIL. Tribunal de Contas da União. Processo nº TC-018.874/96-7. Decisão nº 586/1998 - Plenário. Relator: Ministro Adhemar Paladini Ghisi. **Diário Oficial [da] República Federativa do Brasil**, Brasília, DF, 15 set. 1998. Seção 1, p. 19.

b) Pela não suspensão do procedimento licitatório, por ordem judicial, consulte: DISTRITO FEDERAL. Tribunal de Justiça do Distrito Federal e Territórios. Processo AGI nº 678996/DF. Acórdão nº 86.576. Relator: Desembargador Eduardo de Moraes Oliveira. **Diário da Justiça [da] República Federativa do Brasil**, Brasília, 14 ago. 1996. Seção 3 p. 13.602.

[633] O contrato de vigilância foi várias vezes prorrogado, o TCU entendeu regular porque o gestor demonstrou a necessidade de preservar a integridade dos bens da União e das informações que eram guardadas na Corte de Justiça. BRASIL. Tribunal de Contas da União. Processo nº TC-425.027/95-3. Acórdão nº 105/1998 - Plenário. Relator: Ministro Bento José Bugarin. **Diário Oficial [da] República Federativa do Brasil**, Brasília, DF, 10 ago. 1998. Seção 1, p. 15.

[634] A administração tem o poder/dever de revisar seus atos ilegais ou danosos aos interesses públicos, desde que o faça mediante justificação. No caso, a anulação do ato administrativo ocorreu tendo em vista irregularidade detectadas nos documentos utilizado para a habilitação. BRASIL. Tribunal Regional Federal da 4ª Região. Processo AMS nº 415046. Relatora: Juíza Luiza Dias Cassales - 2ª Turma. **Diário da Justiça [da] República Federativa do Brasil**, Brasília, DF, 21 set. 1994, p. 52.780.

objeto, reiniciando-se o procedimento licitatório com a cautela de evitar a ocorrência da repetição dos fatos[635] que ensejaram o recurso ao Judiciário.

Ademais, conforme manifestou-se o Tribunal de Justiça do Distrito Federal, é temerário sustentar despacho que suspende, liminarmente, todos atos licitatórios e seus desdobramentos, pois, se prejuízo ocorre nessa fase, é do órgão licitador que se vê assim impedido de agir nos estritos limites de sua competência.[636]

Pode parecer que se pretende evitar a tutela judicial sobre a Administração, mas não é bem isso. A Administração não é obrigada a ficar aguardando prolongadas demandas judiciais quando tem o interesse público a atingir com a limitação temporal para firmar contratos diretos, determinados ao prazo de praticamente seis meses, especialmente porque o Poder Público possui a prerrogativa de anular ou revogar a licitação, em regra sem qualquer indenização.[637]

A justificativa para o ato consistiria em parecer devidamente fundamentado, sustentado na inviabilidade de dar seguimento a um procedimento questionado perante o Poder Judiciário,[638] com possibilidade efetiva de longa tramitação, quando há limite temporal para a contratação direta e o interesse público emergente, que poderá ser plenamente atendido com novo procedimento licitatório, obviando-se os aspectos questionados junto

---

[635] TCU determinou que se faça pesquisa prévia para se certificar dos preços de mercado dos itens a serem adquiridos, visando com isso evitar infundadas interrupções ou revogações dos processos licitatórios e prevenir a ocorrência de recursos e os ônus daí recorrentes. BRASIL. Tribunal de Contas da União. Processo nº TC-006.004/98-9. Decisão nº 438/1999 - Plenário. Relator: Ministro Walton Alencar Rodrigues. **Diário Oficial [da] República Federativa do Brasil**, Brasília, DF, 22 jul. 1999. Seção 1, p. 54.

[636] DISTRITO FEDERAL. Tribunal de Justiça do Distrito Federal e Territórios. TJDF. Processo AGI nº 678996/DF. Registro do Acórdão nº 86576. Relator: Desembargador Eduardo de Moraes Oliveira. **Diário [da] Justiça**, Brasília, 14 ago. 1996. Seção 3 p. 13.602.

[637] a) Licitação revogada por preços superfaturados. Contrataram por emergência. Liminar em novo processo licitatório. Nova contratação por emergência. TCU julgou regular. BRASIL. Tribunal de Contas da União. Processo nº TC-625.189/97-3. Decisão nº 822/1997 - Plenário. Relator: Ministro Humberto Guimarães Souto. **Diário Oficial [da] República Federativa do Brasil**, Brasília, DF, 12 dez. 1997, Seção I, p. 29.830.

b) Pelos mesmos fundamentos, o TCU determinou: "[...] 1.5.1.6 [...] Superintendência Regional do Departamento de Polícia Federal para que adote as providências necessárias com vistas à anulação ou revogação de licitações objeto de ação judicial cujos argumentos sejam relevantes e a demora na apreciação pelo Judiciário ocasionem sucessivos contratos emergenciais, como verificado quando da suspensão cautelar de uma concorrência de 2002 [...]." BRASIL. Tribunal de Contas da União. Processo nº TC-018.758/2007-6, Acórdão nº 2.679/2009 - 1ª Câmara. Relator: Ministro Walton Alencar Rodrigues. **Diário Oficial [da] República Federativa do Brasil**, Brasília, DF, 29 maio 2009.

[638] Declarado nulo, por sentença, o julgamento de concorrência pública, desconstitui-se automaticamente o ato que - por efeito daquele julgamento - adjudicará a um dos licitantes o serviço público em disputa. BRASIL. Superior Tribunal de Justiça. Processo ROMS nº 9343/SP - 1ª Turma. Relator: Ministro Humberto Gomes de Barros. **Diário da Justiça [da] República Federativa do Brasil**, Brasília, DF, 03 maio 1999. O recurso teve provimento negado.

ao Poder Judiciário. No caso de preferir anular, a Administração reconhece a ilegalidade da cláusula editalícia, por exemplo, mesmo que anteriormente tenha indeferido a impugnação,[639] à vista da Súmula nº 473 do STF.

Nos cursos ministrados, temos sugerido que a Administração, sempre que possível, elabore um cronograma de licitações tendo em conta a data final dos contratos, reduzindo-se o tempo necessário à realização da licitação, com margem de folga razoável, suficiente para suportar eventual lide.[640]

5.11. boas práticas - manualização de rotina

Enfatizando a função pedagógica que exerce o Tribunal de Contas da União vem recomendando aos órgãos que procurem criar rotinas, procedimentos e manuais de modo a evitar a criação de situações ensejadoras de contratos emergenciais.

Numa organização, quando cada servidor sabe a competência que cada um detem - definição precisa dos atores - sabe quando atuar - definição precisa do tempo - e conhece o procedimento - é treinado, erros são minimizados.

O autor deste trabalho teve o privilégio de construir, com os servidores do TSE, um manual de gestão de contratos, maximizando rotinas.

A seguir apresenta-se um educativo acórdão nesse sentido:

> [...]
>
> 1.4 - estabeleça manual de rotinas internas que definam de forma clara as ações relativas a aquisições, seus prazos e respectivos responsáveis, de modo a serem evitadas

---

639 A vinculação ao edital é princípio basilar de toda licitação. Não impugnado o edital, no prazo legal, decai o direito, não podendo fazê-lo após decisão da comissão, que lhe foi desfavorável. DISTRITO FEDERAL. Tribunal de Justiça do Distrito Federal e Territórios. Processo AC nº 116916 - 1ª Turma Cível. Relatora: Desembargadora Vera Andrighi. **Diário da Justiça [da] República Federativa do Brasil**, Brasília, DF, 31 maio 1999, p. 42.

640 a) Também nesse sentido, o TCDF recomendou a uma jurisdicionada que adotasse procedimentos formais de controle para compatibilizar a data de término dos contratos com os prazos de conclusão das licitações, prevendo, inclusive, a possibilidade de recursos por parte dos concorrentes, de forma a evitar descontinuidade na prestação dos serviços ou contratações emergenciais. DISTRITO FEDERAL. Tribunal de Contas. Processo nº 1.913/1994. Disponível em: http://www.tc.df.gov.br. Acesso em 26 jan. 2011.

b) **No mesmo sentido** o TCU determinou: "[...] planeje as datas em que devam ser iniciadas as licitações dos serviços de duração continuada, a fim de que os prazos para a realização dos certames sejam compatíveis com as datas de vencimento dos contratos [...]." BRASIL. Tribunal de Contas da União. Processo nº TC-007.581/2005-9. Acórdão nº 1169/2006 - Plenário. Relator: Ministro Marcos Vinicios Vilaça. **Diário Oficial da União [da] República Federativa do Brasil**, Brasília, DF, 24 jun, 2006. Seção 1, p.85.

> contratações com o aludido caráter emergencial não previsto no inciso IV do art. 24 da Lei n.º 8.666/1993.[641]

6. Licitação deserta/fracassada que não pode ser repetida

Dispõe a Lei nº 8.666/1993, art. 24, *in verbis*:

> Art. 24. É dispensável a licitação:
>
> [...]
>
> V - quando não acudirem interessados à licitação anterior e esta, justificadamente, não puder ser repetida sem prejuízo para a Administração, mantidas, neste caso, todas as condições preestabelecidas;

6.1. noções e requisitos

Essa hipótese de dispensa de licitação, também cognominada de "licitação deserta ou fracassada", como a hipótese do inciso anterior, igualmente exige o atendimento de requisitos sem os quais não poderá ser legitimada a contratação direta.

São eles:

- ocorrência de licitação anterior;
- ausência de interessados;
- risco de prejuízo caracterizado ou demasiadamente aumentado pela demora decorrente de processo licitatório;
- evitabilidade do prejuízo mediante contratação direta;
- manutenção das condições ofertadas no ato convocatório anterior.

6.2. licitação anterior

Para que a unidade possa se servir desse dispositivo, deve ter ocorrido prévio procedimento licitatório no qual não chegou a ocorrer a adjudicação, em razão de desinteresse dos licitantes.[642]

---

[641] BRASIL. Tribunal de Contas da União. Processo nº TC - 010.914/2007-6. Acórdão nº 2829/2008 - 2ª Câmara. Relator: Ministro Relator Augusto Sherman. **Diário Oficial da União [da] República Federativa do Brasil**, Brasília, DF, 15 out, 2008. Seção 1.

[642] Às vezes, o gestor deveria preferir cumprir as regras do certame, ao invés de tentar salvar a licitação. A prorrogação de prazo "até aparecer algum licitante" pode ser considerada irregular.

Nesse sentido, o TRF da 1ª Região decidiu: "[...] a licitação está sujeita ao princípio da moralidade dos atos da Administração Pública (Carta Magna, art. 37, "caput", e XXI). Precedentes do STF. A sessão para o recebimento das propostas foi prorrogada e encerrada logo após uma empresa ter apresentado sua proposta,

Portanto, é questão bastante diversa daquela em que há adjudicação, mas o contrato não vem a aperfeiçoar-se em razão do desinteresse posterior, como estabelece o art. 64, § 2º, da Lei nº 8.666/1993. No caso desse dispositivo, não chega a ocorrer adjudicação.

Também deve ser observado que a licitação anterior deve ter preenchido todos os requisitos de validade, inclusive com a permissão de oferta de preços. Nesse sentido, também pondera a Dra. Lúcia Valle Figueiredo, para quem se exige para declarar uma licitação deserta que "a Administração tenha realmente dado possibilidades de oferta".

O dispositivo em tela é também aplicável à alienação de materiais e equipamentos, que divididos por itens ou unidades autônomas restaram remanescentes em certame realizado, devendo ser cumpridas todas as formalidades necessárias à alienação.[643] Por esse motivo, embora prescindível, temos sugerido que do edital conste: "os itens não cotados ou que não venham a ter proposta válida, serão considerados desertos para fins de aplicação do art. 24, inciso V, da Lei nº 8.666/1993."

Vem a lanço observação relativa a quantas licitações deverão ou terão de ocorrer para que o permissivo da contratação direta, estampado nesse artigo, possa ser utilizado. A resposta, em termos objetivos, está associada ao requisito indicado na alínea "c", pois há a condição de que a licitação não possa ser repetida sem prejuízo para a Administração, mas é possível que apenas uma licitação tenha sido realizada e, desde logo, seja permitida a contratação direta.

Cabe salientar que a licitação anterior pode ter-se desenvolvido em qualquer modalidade, inclusive leilão.[644]

Há uma particularidade que, por vezes, assombra os administradores: o silêncio da norma em relação ao decurso de tempo entre a licitação anterior e a contratação direta. Deveriam estar associadas ao exercício financeiro ambas as ocorrências?

---

vindo a sagrar-se vencedora no certame, o que viola o princípio da moralidade administrativa, eis que os atos da Administração Pública devem não apenas ser lícitos, mas também ser honestos e estar acima de qualquer suspeita (Carta Magna, arts. 5º, LXXIII, e 37, "caput", e XXI). Violação ao princípio da legalidade, eis que diante da ausência de propostas a licitação deveria ter sido declarada deserta (Decreto-Lei 2.300/1986, art. 22, VI), e não prorrogada a sessão de apresentação de propostas (Lei 4.717/65, art. 2º, "c", parágrafo único, "c" e Carta Magna, arts. 5º, LXXIII, e 37, "caput", e XXI)." BRASIL. Tribunal Regional Federal da 1ª Região. Processo nº 2001.01.00.022531-2/DF AC nº 01000225312/DF - 6ª Turma. **Diário da Justiça [da] República Federativa do Brasil**, Brasília, DF, 18 jul. 2002, p. 76.

[643] BRASIL. Tribunal de Contas da União. Processo nº TC-016.731/95-6. Decisão nº 655/1995 - Plenário. Relator: Ministro Adhemar Paladini. **Diário Oficial [da] República Federativa do Brasil**, Brasília, DF, 28 dez. 1995. Seção 1, p. 22555.

[644] Neste sentido, q. cfr. Informativo de Licitações e Contratos, set./95. Curitiba: Zênite, p. 628.

A resposta a essa última questão é absolutamente negativa.

Deixou a norma ao prudente arbítrio do administrador avaliar se, nesse tempo, haveria possibilidade de surgirem novos competidores interessados em oferecer proposta válida e se a Administração pode esperar o decurso de tempo para a realização de novo certame.

Determinado caso concreto ocorreu no órgão regional de um Ministério em Roraima que, após ter realizado licitação, na modalidade convite, para compra de combustível e tendo convidado todos os possíveis fornecedores, não obteve nenhuma proposta válida, promovendo a contratação direta. No exercício seguinte, repetiu o certame, obteve igual resultado e efetuou nova contratação. Questionaram então, por quanto tempo deveriam repetir tal frustrante rotina.

A resposta não está cingida ao decurso de ano ou exercício financeiro, exclusivamente. Em princípio, o decurso de um ano justifica nova tentativa de licitação, mas se admite, em tese, que, dadas às peculiaridades do mercado e do objeto, inexista alteração do comércio suficiente para justificar nova repetição.

O caso concreto, a descrição das justificativas apresentadas, o comportamento habitual do gestor e as demais circunstâncias poderão ensejar a regularidade ou não da contratação direta.[645]

6.3. ausência de interesse

O requisito seguinte é que a licitação procedida pela unidade não tenha gerado a adjudicação, em razão de:

- não terem comparecido licitantes interessados, hipótese denominada de "licitação deserta";
- ter comparecido licitante sem a habilitação necessária;
- ter comparecido licitante habilitável, mas que não apresentou proposta válida.

Essas duas últimas hipóteses também se denominam "licitação fracassada".

Há equivalência entre as três situações, porque não se pode acolher como "interessado" aquele que comparece sem ter condições jurídicas para contratar,

[645] Em resposta à consulta, o TCU entendeu que a dispensa de nova licitação fica limitada ao prazo máximo de sessenta meses. BRASIL. Tribunal de Contas da União. Processo nº TC-016.731/995-6. Decisão nº 655/1995 - Plenário. Relator: Ministro Adhemar Paladini Ghisi. **Diário Oficial [da] República Federativa do Brasil**, Brasília, DF, 28 dez. 1995. Seção 1, p. 22554.

ou formula proposta que não atende aos requisitos do ato convocatório,[646] ou vem a ter desclassificada sua proposta, na forma do art. 48 da Lei nº 8.666/1993.

Não raro, pululam "aventureiros" e comerciantes inidôneos, não sendo o caso de coibir a aplicação desse dispositivo, em detrimento do interesse público, em razão de tais comportamentos.

Quando a licitação anterior tiver se realizado na modalidade de convite, a questão deverá ser melhor examinada, conforme observamos adiante.

6.4. risco de prejuízos

Além da situação anterior, é preciso que fique caracterizado o risco a pessoas ou a bens, potencialmente aferível no momento da dispensa, não atribuível à desídia do agente público.

Em regra, efetivamente, a possibilidade de risco não pode ser imputável ao administrador, vez que, se não tivesse se caracterizado o desinteresse, a Administração teria contratado regularmente o objeto. Trata, portanto, o dispositivo de fato alheio ao interesse ou previsibilidade da Administração que, uma vez caracterizado, autoriza a contratação direta.

Na justificativa, deverá o administrador indicar os riscos cuja ocorrência temia, sendo em princípio dispensável a prova de suas assertivas, que se devem cercar de razoabilidade lógica.

Nesse ponto em particular, diferentemente do art. 24, inciso IV, parece possível sustentar que a iminência da devolução dos recursos não aplicados por término do exercício financeiro podem justificar a satisfação desse requisito.[647]

Tal posição repousa no fato de que o inciso IV reporta-se a prejuízo à segurança de pessoas e bens, públicos ou privados, e que o inciso V estabelece como requisito para sua aplicação que a licitação não possa ser repetida sem prejuízo para a Administração. Ora, devolver recursos financeiros no final do

---

[646] A CPL alterou a proposta, para adequá-la ao exigido no instrumento convocatório, quando deveria desclassificá-la. O *parquet* considerou o caso de maior relevo e gravidade. Indícios de favorecimento. DISTRITO FEDERAL. Tribunal de Contas. Processo nº 1.891/1998. Parecer nº 335/1999. Disponível em: http://www.tc.df.gov.br. Acesso em 26 jan. 2011.

[647] O TCU admitiu a compra, por preço justo e correto, de computadores, com base no art. 24, IV da Lei nº 8.666/93, feita pela UFRS, que recebera os recursos no final do exercício, sem tempo suficiente para realização do certame. Nesse caso o TCU não multou, entendendo legítimo o ato e ainda mandou que o órgão liberador dos repasses revisse a sistemática. BRASIL. Tribunal de Contas da União. Processo nº TC-926.268/98-8. Decisão nº 524/1999 - Plenário. Relator: Ministro Valmir Campelo. **Diário Oficial [da] República Federativa do Brasil**, Brasília, DF, 20 ago. 1999. Seção 1, p. 68. Desse modo, se é possível excepcionalmente até não licitar, com muito mais razão justifica-se o emprego do art. 24, V, se houve licitação anterior.

exercício, traz prejuízos para a Administração, se o objeto estiver fazendo falta à boa e regular marcha administrativa, mas não é, por si só, motivo suficiente para acarretar prejuízo à segurança de pessoas e bens.

6.5. evitabilidade do prejuízo mediante contratação direta

Necessário se faz, ainda, que a contratação direta, com dispensa do processo licitatório, contribua significativamente para evitar ou minimizar o risco referido anteriormente.

Tendo já, ao tempo da dispensa, ocorrido o fato-risco temido pelo agente, ou em mais nada ajudando a contratação para evitá-lo, não subsiste o interesse jurídico que ampara a dispensa de licitação. Ocorre, na prática, que, ao tempo da contratação, o risco já se tenha consumado ou evitado, e o agente da Administração procede à licitação, em atenção a despacho autorizador anterior, numa conduta, agora, então, sem amparo em lei.

Não advindo da contratação direta a possibilidade de evitar ou diminuir significativamente o prejuízo, é incabível a dispensa com fulcro nesse dispositivo.

6.6. imutabilidade das condições anteriormente ofertadas

Impõe a lógica jurídica que a Administração mantenha as condições ofertadas e exigidas na licitação anterior,[648] pois, se houver qualquer alteração, ficará irremediavelmente comprometido o requisito "ausência de interesse" em participar na licitação.[649]

Efetivamente, não pode a Administração alterar as exigências estabelecidas para a habilitação, tampouco as ofertas constantes do convite ou edital. Essa restrição abrange, inclusive, quando for o caso, a alteração dos anexos do ato convocatório, previstos no art. 40, § 2º, da Lei nº 8.666/1993, como, por exemplo, o preço estimado pela Administração.

[648] BRASIL. Tribunal de Contas da União. Processo nº TC-013.992/96. Decisão nº 103/1998 - Plenário. Relator: Ministro Humberto Guimarães Souto. **Diário Oficial [da] República Federativa do Brasil**, Brasília, DF, 30 mar. 1998. Seção 1, p. 55; e Processo nº TC-775.046/97-3. Decisão nº 118/1998 - 2ª Câmara. Relator: Ministro Bento José Bugarin. **Diário Oficial [da] República Federativa do Brasil**, Brasília, DF, 01 jun. 1998. Seção 1, p. 27.

[649] Corroborando com esse entendimento: BRASIL. Tribunal de Contas da União. TCU. Processo nº TC-000.585/1996. Acórdão nº 533/2001 - Plenário. **Diário Oficial da União [da] República Federativa do Brasil**, Brasília, DF, 5 set. 2006. Seção 1. **No mesmo sentido**, o TCU determinou: "[...] mantenha as mesmas condições e exigências da licitação deserta no procedimento para contratação mediante dispensa com base ao art. 24, inciso V, da Lei nº 8.666/93, em observância ao princípio da isonomia". Processo nº TC-008.996/2001-5. Acórdão nº 2663/2005 - 1ª Câmara. **Diário Oficial da União [da] República Federativa do Brasil**, 17 nov. 2005, seção 1, p. 104.

Reside nesse requisito uma substancial diferença entre a hipótese aqui delineada e aquela estabelecida no inciso IV do artigo em comento. Enquanto que, naquela possibilidade de contratação direta, limita-se o objeto ao atendimento da situação emergencial ou calamitosa, aqui, não se podendo alterar o objeto, poderá a contratação ser muito superior ao risco potencial, porque o objeto não poderá ser alterado, nem mesmo diminuído, vez que se estará alterando as condições da licitação anterior e, por via oblíqua, descaracterizando a "ausência de interesse".

Em um determinado município ocorreu um fato que merece ser aqui lembrado. A sede da Prefeitura Municipal precisava de uma lanchonete e, atendendo a melhor doutrina ortodoxa e aos ditames do art. 17 inciso I, procedeu-se à licitação na modalidade de concorrência, para a concessão de direito real de uso. Ocorre que os interessados, pequenos comerciantes, não conseguiam atender ao elevado número de exigências que a concorrência impunha. Para viabilizar o negócio, a Administração acabou procedendo a convite e adjudicou a concessão a um comerciante local. Embora não se encontre subjacente a questão da inexigibilidade de licitação, o caso é relevante para demonstrar a irregularidade em que se evidenciam casos de exigência de documentos em demasia, vez que, mesmo na situação de concorrência, a Administração não está obrigada a promover exigências incompatíveis com a expressão econômica do objeto.[650]

6.7. quando a licitação anterior foi convite

Ao ensejo, deve ser registrado que, como no convite é exigida a apresentação de três propostas válidas para sua regularidade, não tendo o certame alcançado esse número de ofertantes, considera-se a licitação também deserta. Sobre o assunto, cabe lembrar que o Tribunal de Contas da União manteve, após o advento da Lei nº 8.666/1993, esse entendimento.

A Secretaria do Tesouro Nacional tem entendimento firmado no sentido de que não pode a Administração utilizar essa autorização para contratação direta quando se trata de licitação na modalidade de convite, conforme Mensagem CONED/Secretaria do Tesouro Nacional nºs 149.898, de 23 de agosto de 1993 e 991.056, de 19 de abril de 1993, entre outras.

Em princípio, como na modalidade de convite é a Administração quem escolhe os possíveis futuros licitantes, não parece mesmo razoável que lhe seja

---

650 V. subtítulo 3.3 do capítulo 4, sobre licitação para imóveis.

permitido servir-se da possibilidade de "ausência de interesse" para contratar diretamente, quando, em verdade, convidou mal.

Pode ocorrer, porém, que o mercado seja limitado, como, por exemplo, em um Município em que só há quatro fornecedores de copo descartável, a Prefeitura convida formalmente os quatro e nenhum se apresenta à licitação. Nessa hipótese, se nenhum deles quis participar do certame, poderá ser efetivada a contratação direta, sem, contudo, a Administração abrir mão de qualquer requisito anteriormente definido, conforme exposto no subtítulo anterior.

Ocorreu em um determinado Município, do Centro-Oeste, de a Prefeitura expedir o convite, estabelecendo, acertadamente, no ato convocatório, o dever do licitante de comprovar a regularidade dos recolhimentos junto à seguridade social, na forma da Lei nº 8.212/1991, no momento da contratação. Como nenhum dos possíveis licitantes compareceu ao certame, a Prefeitura decidiu contratar com base no art. 24, V, da Lei nº 8.666/1993, e, verificando que nenhum deles preenchia o requisito de regularidade de recolhimento junto a seguridade social, acabou por abandonar a exigência. Desse modo, errou três vezes: primeiro, ao dispensar requisito à contratação estabelecido expressamente em lei federal; segundo, ao alterar as condições de contratação estabelecidas na licitação anterior; terceiro, ao privilegiar um contratante, em detrimento de outros, fato agravado, ainda, por serem todos sonegadores.

Mas, o que deveria a Prefeitura fazer?

Em princípio, esse é um dos casos em que se deve tentar manter o império da lei em face das graves consequências decorrentes de sua inobservância. A melhor alternativa que se vislumbra é que a Prefeitura se coordenasse com o INSS e com o SEBRAE e ajudasse os comerciantes locais a regularizarem sua situação; a segunda solução é expandir o mercado de ofertantes, buscando em outros Municípios o fornecedor, ainda que intercorrentes os naturais riscos da distância, além, é óbvio, de denunciar a sonegação de que tiver conhecimento aos órgãos responsáveis pela fiscalização: nunca é demais lembrar que a Administração não pode ser subjugada pelo particular, bem como que o agente público é um elemento de mudanças na sociedade, sempre voltado à satisfação de um interesse público.

Deixando o plano ideal para o prático deve-se observar que está incorreto o enquadramento no art. 24, inciso V, porque altera as condições da licitação anterior dispensando a regularidade com a seguridade social em favor de um fornecedor. Num caso como esse contrata-se um dos devedores e o fundamento será simplesmente o art. 25, *caput*, da Lei nº 8.666/1993; a inexigibilidade de licitação decorre da inviabilidade de competição: todos devem à previdência.

No mundo de ilegalidade - onde todos os fornecedores são sonegadores - nenhum deles poderá exigir que a Administração cumpra a lei, a impessoalidade ou a isonomia. É indispensável, porém, que a Administração comprove no processo que envidou forças para restaurar a legalidade denunciando todos os postos ao INSS, inclusive o eleito para a contratação. É necessário que demonstre ainda a inviabilidade da contratação de postos de outra localidade, o que pode ser justificado pelo princípio da economicidade.

É conveniente que ao contratar um dos sonegadores tente impor cláusula visando à futura regularização ou ingresso em programa de refinanciamento de débito.

Esse é um dos casos em que o jurista, vocacionado pelo ideal para o mundo do dever-ser, deve reconhecer a "majestade" dos fatos.

Alternativa mais razoável juridicamente é alterar a forma da contratação passando a licitar o serviço de abastecimento com controle de veículo/tanque. Com esse objeto normalmente surgem empresas que, se dedicando ao serviço, subcontratam o abastecimento, tal como ocorre com as agências de viagem e as empresas de aviação. Muitas vezes as segundas não estão viabilizando a contratação.

Outra hipótese ainda para a Prefeitura é adquirir tanques e licitar o fornecimento. Essa opção, porém ruma na contramão do processo de modernização e terceirização.

6.8. dispositivos correlatos

Situação diferente ocorre, contudo, se um dos licitantes, ou um número inferior a três, comparece e apresenta proposta válida, atendendo a convite da Administração. Poderá, se atendidos os pressupostos do art. 22, § 7º, da Lei nº 8.666/1993, haver a contratação com um dos ofertantes, mas já não se estará diante da hipótese de dispensa de licitação.

6.9. bens públicos - concessão e permissão de energia elétrica

Quando a licitação versar sobre uso de bens públicos relacionados com potenciais hidráulicos ou concessão e permissão de serviço público de energia elétrica e não acudirem interessados à primeira licitação, e esta, justificadamente, não puder ser repetida sem prejuízo para a Administração, mantidas as condições estabelecidas no edital, será permitida a contratação direta, nos termos do art. 23, § 2º, da Lei nº 9.427/1996.[651]

Esse normativo parece ser o único que autoriza a dispensa de licitação para o objeto referido, pois o § 1º do art. 23 desse diploma afasta por completo a inexigibilidade de licitação.

Contudo, embora guarde estreita simetria com o art. 24, V, dele se distingue, no que se refere à alteração das condições anteriores.

O futuro contratado deverá atender a todas as condições definidas no ato convocatório do certame frustrado, mas o contrato por expirar, se ainda em vigor, poderá ter sido alterado. Explicando melhor, com base no seguinte exemplo: existe um contrato de concessão de uso de potencial hidráulico em vigor, com data prevista e por expirar em 31 de dezembro, com possibilidade de prorrogação por mais dois anos, a critério da Administração; a Administração resolve lançar concorrência em setembro daquele ano; frustrada esta, poderá firmar contrato com qualquer interessado, inclusive com o atual concessionário, para o qual as condições de fato alteraram-se, pois fará jus ao tempo integral previsto no edital, e não apenas à prorrogação limitada a dois anos, prevista no contrato que estava vigendo.

6.10. processo de dispensa

Na prática processual administrativa discute-se a necessidade de formação de novos autos ou o dever de continuar o processo anterior, deserto ou fracassado.

A solução deve ser definida no âmbito da organização; não é matéria de lei, mas *interna corporis*. Como sugestão recomenda-se a formação de novos autos, tendo em vista que o dispositivo pode ser aplicado ao objeto da licitação ou aos itens desertos ou fracassados de licitação anterior, devendo ser juntada a ata de julgamento da mesma para comprovar a falta de interessados.

7. Intervenção no domínio econômico

Dispõe a Lei nº 8.666/1993, *in verbis*:

> Art. 24. É dispensável a licitação:
>
> [...]

---

[651] BRASIL. Lei nº 9.427 de 26 de dezembro de 1996. Institui a Agência Nacional de Energia Elétrica, disciplina o regime da concessões de serviços públicos de energia e dá outras providências. **Diário Oficial da União [da] República Federativa do Brasil**, Brasília, DF, 27 dez. 1996.

> VI - quando a União tiver de intervir no domínio econômico para regular preços ou normalizar o abastecimento;

Essa autorização para contratação direta sem licitação foi estabelecida apenas para a União Federal e deve ser interpretada em consonância com o disposto nos arts. 170 a 181 da Constituição Federal. Domínio econômico é uma expressão que deve ser acolhida como técnica, de conteúdo correspondente ao âmbito da ciência econômica,[652] abrangendo, contudo, o amplo espectro da troca de riqueza e suas manifestações.

Para adequada compreensão, deve-se ter em conta que o Brasil adotou o regime capitalista, fundado na valorização do trabalho humano e na livre iniciativa, sustentada pelos princípios insculpidos no art. 170 da Constituição, entre os quais estão a propriedade privada, a função social da propriedade e a livre concorrência.

É possível que comerciantes, num País que consagra o princípio da livre concorrência, tentem buscar a dominação de mercado, seu natural desvirtuamento, promovendo a organização de trustes, coalizões ou cartéis, com prejuízo à sociedade.

O Estado, encarregado da defesa da ordem econômica, necessitará então intervir para trazer os preços à normalidade, possuindo, para tanto, diversos instrumentos de ação, seja como agente normativo ou regulador, seja pelo poder de império, mediante a desapropriação, seja pela aquisição de produtos para revenda ou prestação de serviços por preço inferior ao de custo.

O mesmo fenômeno guarda consigo várias facetas ou papéis que o Estado pode desempenhar, cada qual com seus reflexos positivos e negativos para a sociedade.

Para promover a venda de bens do seu acervo, poderá a Administração utilizar-se das alternativas consagradas no art. 17, inciso II, alíneas "a" e "e", da Lei nº 8.666/1993.

Mas pode ocorrer que a Administração necessite comprar ou contratar sem atender às condições mais vantajosas, como ocorre com a garantia de preços mínimos de safras agrícolas. Duas situações podem ser vislumbradas:

1. a busca da proposta mais vantajosa se contrapõe com o interesse público de incentivar a produção, objetivo esse amparado nos princípios constitucionais da função social da propriedade, da redução das desigualdades regionais e sociais. Diante de tal quadro,

---

[652] FERREIRA, Aurélio Buarque de Holanda. **Novo Dicionário da Língua Portuguesa**. 2ª ed., 25ª impressão. Rio de Janeiro: Nova Fronteira, 1986, p. 607.

optou acertadamente o legislador pela possibilidade de contratação direta, permitindo que a União intervenha no domínio econômico para regular preços; e

2. a União tem outro objetivo na aquisição direta, qual seja: normalizar o abastecimento. Nesse caso, as compras procedidas pela Administração visam atender ao mercado, com a revenda. É o caso, por exemplo, da aquisição mediante importação de produtos nos períodos de entressafra. Enquanto que, no caso do parágrafo anterior, a Administração almeja garantir os preços de mercado para o produtor, neste, o objetivo direto é atender às necessidades de consumo da população.

Os objetivos mediatos de ambos têm o propósito de interferir no mercado econômico, afetando a oferta ou a procura. Os imediatos parecem ser bem distintos: evitar a ruína do produtor pelo excesso de oferta em determinado período, ou atender às necessidades da população. Ainda os diferencia o fato de que a primeira hipótese esgota-se com a compra, ou aquisição, enquanto que, na segunda, isso só será atingido com a futura e posterior venda do produto, que, para tanto, deverá observar o disposto no art. 17, II, sobre a alienação de bens móveis da Administração.

Seja para regular preços, seja para normalizar o abastecimento, a Lei nº 8.666/1993 autoriza, em ambos os casos, que a Administração dispense o processo licitatório e adquira diretamente do fornecedor.

Merece registro que a efetivação da contratação direta deve ter por escopo um dos dois objetivos estabelecidos pelo legislador e vir acompanhada e documentada, no processo, de parecer de análise econômica que demonstre os efeitos esperados da medida e a qualidade[653] dos produtos adquiridos, que deverão se mostrar compatíveis com a finalidade pretendida, como, por exemplo, o consumo pela população.

O processo empírico não pode ser promovido à custa do erário. Ainda que seja forçoso reconhecer certa dose de aleatoriedade quanto aos efeitos da intervenção do Estado na economia, constitui dever indeclinável dos agentes públicos, em operações de razoável vulto de recursos, como costumam ser as dessa natureza, amparar-se em instrumental técnico que evidencie a escolha da melhor alternativa. A justificativa referida no art. 26 assemelha-se à prova pré-

[653] A padronização, mensuração e qualidade são atividades de engenheiro, arquiteto e agrônomo, conforme Resolução nº 430, de 13 agosto de 1999. **Diário Oficial [da] União**, Brasília, DF, 15 set. 1999. Seção 1, p. 45.

constituída do Direito Processual ou à vulgarmente conhecida exigência de "transparência" da Administração Pública.[654]

Entre os documentos que devem integrar a justificativa, está a questão da escolha do fornecedor, que deve ser efetivada com observância do princípio da impessoalidade e garantia de isonomia dos administrados.

Relevante situação, que demonstra literal afronta aos princípios precitados, ocorreu, certa feita, quando a União necessitava adquirir tantas toneladas de determinados produtos visando, pela subtração de oferta do mercado, provocar a elevação de preços até o limite garantido: os estudos indicavam que, com apenas a compra daquela quantidade, o mercado seria normalizado, permanecendo a Administração como mera reguladora, embora a União continuasse ofertando, sob o aspecto formal, determinado nível de preços. A justificativa técnica foi procedida corretamente, mas a aquisição processou-se em atendimento a pedidos de políticos de uma região que pretendiam ver seus eleitores privilegiados com o pagamento imediato dos produtos, sendo adquiridos até produtos não colhidos, em atenção ao interesse partidário local.

Por fim, cabe registrar que, quando houver abuso do poder econômico, deve também, a Administração buscar as medidas coibitivas de tal prática.

7.1. dispositivos correlatos

Devem ser consultados, ainda:

- os arts. 17, II; 24, VII, VIII e IX;
- art. 26 da Lei nº 8.666/1993, e respectivos comentários neste livro;
- sobre a caracterização de crimes contra a economia popular e as relações de consumo, a Lei nº 8.137, de 27 de dezembro de 1990, Lei nº 8.176, de 13 de fevereiro de 1991, Lei nº 8.383, de 31 de dezembro de 1991 e Lei nº 8.884, de 13 de junho de

[654] Em cumprimento à determinação expressa no Decreto nº 5.482, de 30 de junho de 2005, e na Portaria Interministerial nº 140, de 16 de março de 2006, que dispõem sobre a divulgação de dados e informações pelos órgãos e entidades da Administração Pública Federal na *Internet*, o Governo disponibiliza aos cidadãos as páginas de Transparência Pública, ampliando ainda mais as condições de conhecimento e controle do uso dos recursos gerados pelo pagamento dos impostos. As páginas de Transparência Pública apresentam os dados referentes às despesas realizadas pelos órgãos e entidades da Administração Pública Federal, com informações sobre execução orçamentária, licitações, contratações, convênios, diárias e passagens, entre outras. Aqui essas informações serão apresentadas de forma clara e fácil, permanentemente atualizadas. www.portaldatransparencia.gov.br.

1994; Sobre novos projetos e licitação em geral, art. 16, *caput* e § 4º da Lei de Responsabilidade Fiscal.[655]

8. Preços manifestamente superiores aos de mercado

Dispõe a Lei nº 8.666/1993, art. 24, *in verbis*:

> Art. 24. É dispensável a licitação:
>
> [...]
>
> VII - quando as propostas apresentadas consignarem preços manifestamente superiores aos praticados no mercado nacional ou forem incompatíveis com os fixados pelos órgãos oficiais competentes, casos em que, observado o parágrafo único do art. 48 desta Lei e, persistindo a situação, será admitida a adjudicação direta dos bens ou serviços, por valor não superior ao constante do registro de preços, ou dos serviços;

8.1. requisitos

Antes de qualquer comentário, deve ser observado que o parágrafo único do art. 48, referido nesse inciso, agora corresponde ao § 3º do art. 48, em face da redação da Lei nº 9.648/1998.

Pode a Administração utilizar licitamente essa alternativa para a contratação direta quando for estabelecida a seguinte situação:[656]

- ocorrência de licitação anterior;
- apresentação, por todos os licitantes habilitados ou convidados, de preços manifestamente superiores aos praticados no mercado ou, alternativamente, todos terem ofertado preços incompatíveis com os fixados pelos órgãos oficiais competentes;
- solicitação, facultada à Administração, de reapresentação das propostas com preços compatíveis aos praticados no mercado;[657]

---

[655] BRASIL. Lei Complementar nº 101, de 04 de maio de 2000. Estabelece normas de finanças públicas voltadas a responsabilidade na gestão fiscal e dá outras providências. **Diário Oficial da União [da] República Federativa do Brasil**, Brasília, DF, 5 maio 2000.

[656] O Manual de Auditoria em Obras Públicas do TCDF considerava inaplicável a hipótese do art. 24, VII, na época, por falta de regulamentação do Sistema de Registro de Preços. Como a comparação com os preços é apenas uma das possibilidades, entendemos que carece de razoabilidade pretender condicionar a eficácia da norma à preexistência do Sistema de Registro de Preços. Inafastável o fato de que a redação é confusa.

[657] O TCU decidiu: "[...] deve-se atentar em que Lei nº 8.666/93 não ordena a desclassificação de propostas de preços desconformes com o orçamento, mas sim de propostas de preços desconformes com o mercado, este que é, na verdade, o padrão efetivo para avaliação da conformidade das ofertas, como se percebe dos artigos 24, inciso VII, e 43, inciso IV, da mencionada lei [...]." BRASIL. Tribunal de Contas da União. Processo

- reapresentação das propostas com os mesmos vícios (preços abusivos);
- contratação direta por preços não superiores aos praticados no mercado ou constantes dos registros de preços ou de serviços.[658]

Por ocasião do XVI Congresso dos Tribunais de Contas do Brasil, foi aprovada por unanimidade tese intitulada "Os Cartéis e a Licitação",[659] na qual foi demonstrada a impossibilidade jurídica, ao tempo da vigência do Decreto-Lei nº 2.300/1986, de a Administração requerer aos licitantes que se coalizaram ou se reuniram formando o cartel, a apresentação de nova proposta, como será visto adiante.

A Lei nº 8.666/1993 inovou apenas uma expressão no texto legal do Decreto-Lei nº 2.300/1986, para incluir, entre vírgulas, "persistindo a situação", querendo com isso erigir em condição a obrigatoriedade de a Administração, em qualquer caso, exigir a reapresentação das propostas como condição de validade para a contratação direta.[660] Sem razão, como será visto a seguir.

8.2. ocorrência de licitação anterior

Em cada caso, deverá a Administração, ao proceder à licitação, verificar o preço ofertado e sua compatibilidade com os preços de mercado.[661]

Mesmo que outras licitações tenham outrora sido realizadas, a exigência de licitação será indispensável para cada contratação pretendida.

Assim, por exemplo, não pode determinado Município, no qual as lojas de vendas de peças de automóveis estão cartelizadas, pretender, de modo permanente, promover a contratação direta.[662]

002.489/2004. Acórdão nº 267/2003 - Plenário. Relator: Ministro Marcos Vinicios Vilaça. **Diário Oficial da União [da] República Federativa do Brasil**, Brasília, DF, 7 abr. 2003. Seção 1.

[658] O presente dispositivo pode inclusive ser visto como um dever para o administrador em caso de propostas com preços manifestamente superiores. BRASIL. Tribunal de Contas da União. Processo nº TC-000.452/97-1. Decisão nº 134/1997 - Plenário. Relator: Ministro-Substituto José Antonio Barreto de Macedo. **Diário Oficial [da] República Federativa do Brasil**, Brasília, DF, 20 maio 97. Seção 1, p. 7395.

[659] Anais do 16º Congresso dos Tribunais de Contas no Brasil, vol. 2, 1991, p. 93-99.

[660] BRASIL. Tribunal de Contas da União. Processo nº TC-001.919/2004-9. Acórdão nº 1.315/2004 - Plenário. Relator: Ministro-Substituto Lincoln Magalhães da Rocha. **Diário Oficial da União [da] República Federativa do Brasil**, Brasília, DF, 10 set. 2004.

[661] BRASIL. **Lei nº 8.666/93 (Versão Bolso).** Organização dos textos e índice por J. U. JACOBY FERNANDES. 12. ed. amp., rev. e atual. Belo Horizonte: Fórum, 2010. Art. 43, IV.

[662] É possível, utilizando-se o inciso V do art. 24 da Lei nº 8.666/1993, se as propostas foram desclassificadas e houver prejuízo na repetição.

É necessário que, a cada licitação, sejam apresentados por todos os ofertantes preços manifestamente superiores aos praticados no mercado.

Será admissível, no entanto, que a Administração promova nova licitação e reduza o objeto a ser contratado, visando ampliar a competitividade. A modificação poderá variar a amplitude do mercado ofertante e permitir à Administração alcançar em novo processo licitatório proposta válida e compatível com o preço de mercado, combatendo os cartéis.[663]

A licitação pode ocorrer nas modalidades de convite, tomada de preços, concorrência e pregão, sendo que nessa última somente após a fase de lances é que se admitirá a dispensa, salvo se o edital estabelecer preço máximo e todos os licitantes oferecerem proposta superior a esse valor. Nesse caso, as propostas serão todas desclassificadas antes da fase de lances.

Quanto às modalidades de concurso e de leilão, a aplicação da norma merece cautela. No leilão, porque deve ser interpretado ao contrário, "inferiores" ao invés de "superiores"; no concurso é inaplicável porque não há proposta de preço.

8.3. apresentação de propostas

Também é indispensável que a licitação anterior tenha tido seguimento até a fase de abertura das propostas; que essas tenham sido efetivamente abertas e, diante do preço manifestamente superior ao praticado no mercado, uma a uma, todas tenham sido desclassificadas por esse motivo.

Poderá ocorrer que as propostas de preços sejam desclassificadas por motivos vários, como estarem em desacordo com o edital ou apresentarem preços inexequíveis, na dimensão do art. 48, I e II. Esses motivos levam à desclassificação das propostas de preços, mas a Administração só poderá utilizar o permissivo da contratação direta prevista no inciso VII do art. 24 quando todas as que alcançarem a fase de abertura da proposta forem desclassificadas por ofertarem preços sobrevalorizados.

Essa é a única exegese que se ajusta ao escopo do dispositivo em comento, o qual tem em mira o interesse jurídico de que a Administração Pública não se submeta ao abuso do poder econômico, pois, em última instância, é dever do Estado dar combate a essa irregularidade.

Quando algum dos licitantes é desclassificado por outro motivo, em princípio, não está caracterizada a cartelização do setor, sendo, portanto, válido que se busque a reapresentação das propostas.

---

[663] Vide capítulo 2, subtítulo 8.1.2, sobre parcelamento e fracionamento.

Se, porém, uma proposta for rejeitada por não atender às condições previstas no edital (art. 43, IV, primeira parte) e, ao mesmo tempo, o preço também for considerado abusivo, deverá a Administração considerar o segundo motivo, também na ata de julgamento, para que possa servir-se da contratação direta preconizada neste dispositivo.

Em determinado município ocorreu fato interessante por ocasião da realização de um convite para a execução de um serviço: apresentou-se ao certame apenas um profissional que preencheu todos os requisitos. O convite foi repetido, ampliando-se o universo dos convidados, sendo que novamente apenas o mesmo profissional compareceu e, novamente, preencheu todos os requisitos. Ocorre que o preço do serviço ofertado, se comparado ao das praças vizinhas, encontrava-se bastante sobrevalorizado. Essa questão, formulada em curso ministrado, foi analisada nos seguintes termos: logo na primeira licitação, o vício da proposta sobrevalorizada deveria ter sido apontado, até porque poderia abrir ensejo para que fosse viabilizada a contratação direta, na forma do art. 24, inciso V. Se na segunda tentativa ninguém comparecesse, poderia ser solicitada a reapresentação da proposta, na forma autorizada pelo inciso VII, em comento, hipótese em que, corrigido o vício, seria admissível a contratação na forma do art. 22, § 7º, da Lei nº 8.666/1993, o qual permite a contratação, mesmo quando no convite não se obtém o mínimo de três propostas válidas, desde que caracterizado o manifesto desinteresse ou a limitação de mercado; caso solicitada a reapresentação da proposta e o valor ofertado não se tivesse ajustado aos limites da razoabilidade, seria permitida a contratação direta do serviço com profissional de outra praça, pelo valor que, na estimativa da planilha de preços, fosse considerado razoável.

Também seria possível à Administração fixar o preço máximo que se dispunha a pagar para induzir a queda do preço.

8.4. momento da verificação dos preços das propostas

Antes de iniciar o processo licitatório, a Administração deve ter procedido à estimativa de preços[664] para verificar a existência de disponibilidade orçamentária[665] e a elaboração do anexo do edital que, na forma do art. 40, § 2º, deve exibir a planilha de custo.[666]

---

[664] BRASIL. Tribunal de Contas da União. Processo nº TC-575.080/92-2. Decisão nº 314/1994 - 2ª Câmara. Relator: Ministro Homero Santos. **Diário Oficial da União [da] República Federativa do Brasil**, Brasília, DF, 15 dez. 1994. Seção 1, p. 19699.

[665] a) São vedados o início de projetos não incluídos na Lei Orçamentária Anual e a realização de despesas ou assunção de obrigações diretas que excedam os créditos orçamentários ou adicionais. BRASIL. Tribunal de

Com base em tais elementos, deverá a Comissão de Licitação verificar a conformidade de cada proposta com os requisitos do edital e com os preços correntes no mercado ou fixados pelo órgão oficial competente, ou ainda com os constantes do sistema de registro de preços, e registrar o fato na ata de julgamento das propostas. No mesmo ato, deverá a Comissão proceder à desclassificação das propostas que estiverem em desacordo, conforme expressamente determina o art. 43, IV, da Lei nº 8.666/1993.[667]

Embora a norma tenha-se referido ao contraste de preços com o constante do sistema de registro de preços[668] é fato incontestável que, na sua ausência, a verificação deve ser feita com os preços praticados no mercado. Entendendo-se de modo diferente, isto é, que esse dispositivo só pode ser aplicado após instituído o sistema de registro de preços é condicionar o dever do art. 24, inciso VIII, a uma faculdade - prevista no art. 15, inciso II, da Lei nº 8.666/1993, correlação ilógica.

Bancos de dados como o COMPRASNET e *homepage* CONTAS PÚBLICAS[669] vêm se tornando importantes instrumentos auxiliares de verificação de compatibilidade de preços.[670]

Contas da União. Processo nº TC-030.956/91-9. Decisão nº 183/1992 - Plenário. Relator: Ministro Homero Santos. **Diário Oficial [da] República Federativa do Brasil**, Brasília, DF, 07 maio 1992. Seção 1, p. 57; Processo nº TC-011.846/95-0. Decisão nº 136/1997 - Plenário. Relator: Ministro-Substituto Lincoln Magalhães da Rocha. **Diário Oficial [da] República Federativa do Brasil**, Brasília, DF, 15 abr. 1997. Seção 1, p. 7442/7449.

b) Consulte, ainda, o art. 16 e respectivo § 4º da Lei Complementar nº 101/2000 - Lei de Responsabilidade Fiscal.

c) Nenhuma obra, serviço ou compra será feita sem a adequada caracterização de seu objeto e indicação dos recursos orçamentários para seu pagamento. Portaria nº 423, de 09 de abril de 1999. **Diário Oficial [da] República Federativa do Brasil**, Brasília, DF, 12 abr. 1999; e Instrução Normativa da SEAP nº 03, de 31 de março de 1999.

[666] O TCU aceita que a planilha não seja publicada junto com o edital. BRASIL. Tribunal de Contas da União. Processo nº TC-500.117/96-9. Decisão nº 97/1997 - Plenário. Relator: Ministro Bento José Bugarin. **Diário Oficial [da] República Federativa do Brasil**, Brasília, DF, 08 abr. 1997. Seção 1, p. 6849-50.

[667] O TCU recomendou à Presidência da República que registre, nas atas de julgamento correspondentes, a conformidade de cada proposta com os requisitos do edital, o atendimento às especificações técnicas, bem como a desclassificação de propostas desconformes ou incompatíveis e os fatos que a motivaram. BRASIL. Tribunal de Contas da União. Processo nº TC-929.479/98-0. Acórdão nº 385/1999 - Plenário. Relator: Ministro Walton Alencar Rodrigues. **Diário Oficial [da] República Federativa do Brasil**, Brasília, DF, 02 jul. 1999. Seção 1, p. 47.

[668] Na esfera federal, implantado pelo Decreto nº 2.743/98, que, posteriormente, fora revogado pelo Decreto nº 3.931 de 19 de setembro de 2001. Para maiores detalhes, consulte: JACOBY FERNANDES, Jorge Ulisses. **Sistema de Registro de Preços e Pregão Presencial Eletrônico.** 3 ed. Belo Horizonte: Fórum, 2009.

[669] BRASIL. Lei nº 9.755, de 16 de dezembro de 1998. Dispõe sobre a criação de *homepage* na *Internet*, pelo Tribunal de Contas da União, para divulgação dos dados e informações que especifica, e dá outras providências. **Diário Oficial [da] República Federativa do Brasil**, Brasília, DF, 17 dez. 1998.

[670] Consulte o capítulo 7 sobre adequação de preços.

8.5. reapresentação das propostas com preços

Para o exame desse requisito, é indispensável expender algumas considerações sobre a licitação e os cartéis, a fim de avaliar se, e como, deve ser usada essa faculdade.

8.6. a licitação e os cartéis

Esse inciso põe em confronto um dos procedimentos mais bem regulados do Direito Administrativo e sua relação com a agregação informal e criminosa de industriais e comerciantes, objetivando inviabilizar a competição e a livre concorrência pretendida pelo processo licitatório.

Condutores do primeiro, servidores públicos, que o saudoso mestre Hely Lopes Meirelles, em determinada passagem de sua obra, adotando o termo francês *mascarade*, torna equivalente a "palhaço". Responsáveis por um procedimento de regulamentação complexa, inseridos em uma estrutura que não erigiu o treinamento e a qualificação como postulado primordial, esses servidores carregam, ainda, a pecha, injustamente generalizada, da incompetência e desafeição à honestidade. Numa burocracia emperrada, incutiram-lhes o descrédito no Direito e a prática do jeitinho como meio eficaz e indispensável ao funcionamento da máquina administrativa.

Os matizes desse quadro, ao contrário do que possa parecer, muito próximo estão da realidade e, a confirmá-lo, basta registrar que, no ano de 1994, o País foi conduzido sem orçamento durante mais de dez meses. A regra do duodécimo e a constante do § 8º do art. 166 da Constituição Federal, em vigor, são insuficientes para permitir a continuidade do funcionamento do aparelho estatal, mormente da forma como se vem operando. Só a "habilidade" de gestores que, por necessidade, estão no dever de ignorar as regras mais elementares do Direito Financeiro, poderiam justificar aquele panorama. O exemplo demonstra, a toda evidência, que o apego ao princípio da legalidade, por vezes, não tem sido a viga-mestra da Administração Pública.

Mas, em contraposição a essa categoria (servidores públicos) como protagonistas, estão segmentos de representantes do poder econômico, interessados em obviar um dos princípios fundamentais da República, que é o princípio da livre concorrência. Sem pecar pela generalização, recentes episódios da vida nacional demonstram que setores cartelizados foram capazes de submeter políticos, dirigentes, instituições, o próprio interesse público e, por via oblíqua, a sociedade, ao abuso do poder econômico.

Amparados em ideário pouco nobre, onde o capitalismo sem tréguas é frequentemente objeto de apologia, ou mesmo sustentando iniciativas de caráter defensivo ou associativo, embalados pelos ventos permanentes da impunidade, os cartéis não só existem como operam livremente no âmbito da Administração Pública. Se, por um lado, imitando Países mais desenvolvidos, buscou-se aparelhar instituições e a própria sociedade para defender-se dos crimes contra a economia popular, é fato inconteste que se presencia demasiada timidez na defesa do próprio Estado, quando este é vítima dos mesmos crimes.

Por outro lado, na tentativa de corresponder a essas necessidades de demonstrar ações, alguns setores vêm fazendo da imprensa oficiosa o balcão de prestação de contas como se essa instituição fosse capaz de formular julgamentos melhores do que a magistratura.[671]

8.6.1. os cartéis

Cartel é uma expressão oriunda do alemão *kartell*, que corresponde, na atualidade:

> [...] ao acordo comercial entre empresas produtoras, as quais, embora conservem a autonomia interna, organizam-se em sindicato para distribuir entre si cotas de produção e os mercados, e determinar os preços, suprimindo a livre concorrência.[672]

A cartelização ocorre por setor da economia e constitui uma das mais odiosas formas de abuso do poder econômico, até porque, no mais das vezes, encontra-se disfarçado de livre concorrência. No magistério de Guilherme A. Canedo Guimarães:[673]

> [...] quando o poder econômico passa a ser usado com o propósito de impedir a iniciativa de outros, com ação no campo econômico, ou quando o poder econômico passa a ser o fator concorrente para um aumento arbitrário de lucros do detentor do poder, o abuso fica manifesto.

Esse abuso, em sua essência, só pode ser combatido pelo próprio Estado que, em última análise, detém força equivalente à do expressivo poder econômico oriundo do cartel, fato reconhecido pelo Poder Constituinte que, no art. 170, § 4º, dispôs ser objeto de lei a repressão ao abuso do poder econômico

---

[671] A respeito recomenda-se este interessante trabalho: ROSA, Mario. **A era do escândalo**, ed. 1º. Ed. Geração. 2003.

[672] FERREIRA, Aurélio Buarque de Holanda. **Novo Dicionário da Língua Portuguesa**. 2ª ed. 25ª impressão. Rio de Janeiro: Nova Fronteira, 1986, p. 360.

[673] GUIMARÃES, Guilherme A. Canedo. **Abuso do Poder Econômico: Apuração e Repressão**. Rio de Janeiro: Artenova, 1975, p. 16.

que vise à dominação dos mercados, à eliminação da concorrência e ao aumento arbitrário dos lucros.

Eis os diversos objetivos que podem motivar a formação do cartel: domínio do mercado, eliminação da concorrência e aumento arbitrário de lucros.

Ao tema interessa o último, embora seja forçoso reconhecer que também os outros dois podem constituir objetivos mediatos de participantes de licitação.

É o último, contudo, que traz reflexos mais imediatos à Administração, na medida em que a onera injustificadamente pelo aviltamento do preço. Tecnicamente, a parcela excedente do preço justo ou de mercado caracteriza-se como prejuízo, pois há desembolso sem qualquer contraprestação e, obviamente, sem base legal, vez que a Administração só está autorizada a pagar o preço justo ou de mercado.[674] Na área do controle, o prejuízo experimentado pelo erário deve ser objeto de tomada de contas especial,[675] para definição do *quantum* e da responsabilidade, nos termos do art. 8º da Lei Orgânica do Tribunal de Contas da União.[676]

8.6.2. a licitação

A licitação é o procedimento por meio do qual a Administração escolhe a proposta mais vantajosa para o futuro contrato de seu interesse, tendo em consideração o regramento legal e editalício que estabelecer. É também um princípio que embasa a área do Direito Administrativo e submete a ação administrativa tendente à contratação.

É da essência da própria licitação a efetivação do princípio constitucional da isonomia, tanto que o legislador o colocou em primazia absoluta (art. 3º) e, assim, tem por corolário o dever dirigido aos agentes públicos, no sentido de coibir a prática de qualquer ato que admita, preveja, inclua ou tolere, nos atos

---

674 Instrução Normativa nº 04 de 08 de abril de 1999. Dispõe sobre procedimentos a serem adotados para compras de bens, no âmbito do Sistema de Serviços Gerais - SIASG. **Diário Oficial [da] República Federativa do Brasil**, Brasília, DF, 09 abr. 1999. "Art. 3º. As compras de bens cujo valor exceda em mais de 20% (vinte por cento) ao do maior preço praticado pelos órgãos e entidades integrantes do Sistema de Serviços Gerais - SISG, em relação a esses bens, serão automaticamente bloqueadas pelo sistema."

675 Consulte: JACOBY FERNANDES, Jorge Ulisses. **Tomada de Contas Especial:** Processo e Procedimento nos Tribunais de Contas e na Administração Pública. 4. ed. Belo Horizonte: Fórum, 2009, p. 678.

676 BRASIL. Lei nº 8.443, de 16 de julho de 1992. Dispõe sobre a Lei Orgânica do Tribunal de Contas da União e dá outras providências. **Diário Oficial [da] República Federativa do Brasil**, Brasília, DF, 17 jul. 1992.

de convocação, cláusulas ou condições que comprometam, restrinjam ou frustrem o seu caráter competitivo.[677]

A tutela jurídica dos princípios da licitação foi evidenciada especialmente pelo art. 90 da Lei nº 8.666/1993, que tipificou como crime:

> Art. 90. Frustrar ou fraudar,[678] mediante ajuste, combinação ou qualquer outro expediente, o caráter competitivo do procedimento licitatório, com o intuito de obter para si ou para outrem vantagem decorrente de adjudicação do objeto da licitação:
>
> Pena - detenção, de 2 (dois) a 4 (quatro) anos, e multa.[679]

Pode ocorrer, porém, que a unidade licitante tenha procedido com todo o rigor, visando efetivamente ampliar a competição, mas os interessados, objetivando o aumento de preços, tenham se organizado em cartel.[680]

Nesse caso, prevalece o art. 96, que tipifica como crime a elevação arbitrária de preços e torna mais oneroso o contrato com a Administração.

Também incide[681] o art. 10, inciso VIII da Lei de Improbidade,[682] que dispõe:

> Art. 10 - Constitui ato de improbidade administrativa que causa lesão ao erário, qualquer ação ou omissão, dolosa ou culposa, que enseje perda patrimonial, desvio, apropriação,

---

[677] a) É de ser confirmada a sentença concessiva de "*writ*" para garantir a participação de empresa que se insurge contra exigências contidas em edital de procedimentos licitatórios ofensivas ao princípio da igualdade entre os licitantes e limitadoras das possibilidades normais de competição. BRASIL. Tribunal Regional Federal da 5ª Região. Processo REO nº 502383/90 - 2ª Turma. Relator: Juiz Nereu Santos. **Diário da Justiça [da] República Federativa do Brasil**, Brasília, DF, 04 maio 91, p. 11703.

b) Ver também o § 1º do art. 3º da Lei nº 8.666/93.

[678] "[...] O legislador ao usar o termo frustrar o fez no sentido de tornar a licitação sem efeito, enquanto fraudar significa ludibriar [...]".DISTRITO FEDERAL. Tribunal de Justiça do Distrito Federal e Territórios. Ap. Criminal nº 148918. Processo nº 19980113694 84/DF - 2ª Turma Criminal. **Diário da Justiça [da] República Federativa do Brasil**, Brasília, DF, 6 mar. 2002, p. 131. Recurso recorrido: Ministério Público do Distrito Federal e Territórios. **Diário [da] Justiça**, Brasília, DF, 17 fev. 2006.

[679] Sobre comentários a esse artigo consulte GASPARINI, Diógenes. **Crimes na Licitação**. São Paulo: NDJ, 1996, p. 95-99; e GRECO FILHO, Vicente. **Dos crimes da Lei de Licitações**. São Paulo: Saraiva, 1994, p. 15-19.

[680] Sobre situação similar ver também: BRASIL. Tribunal de Contas da União. Processo nº TC-011.926/1999-6. Acórdão nº 2.623/2004 - 1ª Câmara. Relator: Ministro Marcos Vinicios Vilaça. **Diário Oficial da União [da] República Federativa do Brasil**, Brasília, DF, 26 out. 2004. Seção 1.

[681] Sobre o tema, consulte:

GASPARINI, Diógenes. **Crimes na Licitação**, São Paulo: NDJ, 1996. Página 128 à 133; e

FILHO, Vicente Greco. **Dos crimes da Lei de Licitações**. São Paulo: Saraiva, 1994. Página 51 à 55.

[682] BRASIL. Lei nº 8.429 de 02. jun. 92. Dispõe sobre as sanções aplicáveis aos agentes públicos nos casos de enriquecimento ilícito no exercício de mandato, cargo emprego ou função na administração pública direta, indireta ou fundacional e dá outras providências. **Diário Oficial [da] República Federativa do Brasil**, Brasília, DF, 03 jun. 1992.

> malbaratamento ou dilapidação dos bens ou haveres das entidades referidas no art. 1º, desta lei, e notadamente:
>
> [...]
>
> VIII - frustrar a licitude de processo licitatório ou dispensá-lo indevidamente;

São situações distintas no âmbito da Administração Pública, mas com consequências semelhantes. Vislumbra-se, pelo normativo transcrito, que não só os servidores e os beneficiários diretos da restrição à competitividade são passíveis de punição, mas também os que se cartelizam, já que ficam sujeitos às penas da lei.

A diferença elementar repousaria no interesse dos agentes da administração em enfrentar o cartel, buscando resguardar a si próprios e a sociedade, além de evitar a cumplicidade na conduta delituosa.

8.6.3. o que pode ser feito?

Na licitação afetada pela cartelização de um setor, pode ocorrer duas situações distintas: na primeira, agentes da Administração buscam evitar a participação de empresas concorrentes do cartel. Nesse caso, o interesse dos licitantes não cartelizados pode ser assegurado pelos seguintes meios:

- reclamação ao órgão de controle interno da unidade, que poderá requerer, para exame, os editais, e também pode fiscalizar outros atos como julgamentos dirigidos, na forma do art. 113, § 2º, da Lei nº 8.666/1993;
- representação ou denúncia aos Tribunais de Contas, na forma prevista no art. 113 da Lei nº 8.666/1993 e no art. 53 da Lei nº 8.443/1992 (Lei Orgânica do Tribunal de Contas da União);
- pelos meios judiciais, especialmente o mandado de segurança,[683] regulado pela Lei nº 1.533, de 31 de dezembro de 1951, com as alterações posteriores, e a ação popular, disciplinada pela Lei nº 4.717, de 29 de junho de 1965, além da ação ordinária.

Num segundo momento, a Comissão de Licitação está isenta, e é ela que vislumbra a formação de cartel, mediante provocação ou não. Obviamente,

[683] Decidiu o STF no MS nº 23.559-DF, que se tratando de mandado de segurança contra ato praticado no exercício de poderes administrativos delegados, a competência jurisdicional para apreciar o *writ* mandamental é aferida em razão da qualidade da autoridade delegada e não em função da hierarquia da autoridade delegante. BRASIL. Supremo Tribunal Federal. Processo MS nº 23.559-DF. Relator: Ministro Celso de Mello. **Diário da Justiça [da] República Federativa do Brasil**, Brasília, DF, 3 nov. 1999. Disponível em: http://www.stf.gov.br. Acesso em 26 jan. 2011.

deve então preceder às alternativas das duas alíneas anteriores a reclamação à própria unidade promotora da licitação.

Não raro, os indícios de formação de cartel são percebidos no momento da abertura das propostas de preços, fase esta que sucede a fase da habilitação dos licitantes.

Quais as alternativas que podem ser adotadas pela Administração?

Preliminarmente, cabe obtemperar que, desde o advento da Lei nº 8.666/1993, a Administração deverá dispor de uma planilha de custos, seja para a contratação de serviços ou obras (art. 7º, § 2º, II), seja para compras (art. 14), valores esses que foram obtidos anteriormente, em caráter absolutamente não formal, inclusive para prévia definição de aceitabilidade dos preços a serem ofertados, em consonância com o disposto no art. 43, IV, da Lei nº 8.666/1993.

Nesse diapasão, determina o art. 48, inciso II, da Lei nº 8.666/1993 que serão desclassificadas as propostas com valor global superior ao limite estabelecido. A propósito, insta ressaltar que esse dispositivo foi bastante alterado pela Lei nº 8.883/1994, de 8 de junho de 1994, a qual insculpiu procedimento para a decisão da desclassificação.[684]

Nesse ponto, o dispositivo está a merecer maior reflexão, em virtude do que reza o § 3º do mesmo artigo:[685]

> § 3º Quando todos os licitantes forem inabilitados ou todas as propostas forem desclassificadas, a Administração poderá fixar aos licitantes o prazo de oito dias úteis para a apresentação de nova documentação ou de outras propostas escoimadas das causas referidas neste artigo, facultada, no caso de convite, a redução deste prazo para três dias úteis.

Essa faculdade, instituída em favor da Administração, deve ser utilizada sempre que se pretenda ampliar a competitividade, não se constituindo de caráter facultativo, quando presentes veementes indícios de caracterização de cartel.[686] Quando tal ocorre, a atitude da Administração não pode dissociar-se

---

[684] BRASIL. **Lei nº 8.666/93 (Versão Bolso).** Organização dos textos e índice por J. U. JACOBY FERNANDES. 12. ed. amp., rev. e atual. Belo Horizonte: Fórum, 2010. *In verbis*: "Art. 48. Serão desclassificadas: [...] II - propostas com valor global superior ao limite estabelecido ou com preços manifestamente inexequíveis, assim considerados aqueles que não venham a ter demonstrada sua viabilidade através de documentos que comprovem que os custos dos insumos são coerentes com os de mercado e que os coeficientes de produtividade são compatíveis com a execução do objeto do contrato, condições estas necessariamente especificadas no ato convocatório da licitação."

[685] O atual § 3º do art. 48, com a redação dada pela Lei nº 9.648, de 27 de maio de 1998, corresponde ao antigo parágrafo único do art. 48, na redação original da Lei nº 8.666/93.

[686] O presente dispositivo pode inclusive ser visto como um dever para o administrador em caso de propostas com preços manifestamente superiores. BRASIL. Tribunal de Contas da União. Processo nº TC-000.452/97-1.

do dever delineado no art. 170, § 4º, nem o agente da Administração sujeitar-se à condição de *mascarade* que inocentemente flagra o conluio entre os licitantes, adotando a paliativa situação de requerer a apresentação de novas propostas "escoimadas" dos vícios apresentados.

Ao contrário, impõe-se objetivamente comportamento diverso: a formação de cartel é considerada crime e, como tal, está tipificada pela lei, valendo lembrar que a Lei nº 8.137, de 27 de dezembro de 1990, capitula como crime, formar acordo, convênio, ajuste ou aliança entre ofertantes, visando à fixação artificial de preços ou ao controle, em detrimento da concorrência, de rede de distribuição de fornecedores, a teor do constante de seu art. 4º, II, alíneas "a" e "c".

Nesse diapasão, é de se questionar como pode a Administração Pública vir a contratar com empresas cartelizadas, se tal conduta é, perante o Direito, ilícita? Isso é efetivamente o que ocorrerá se a Administração buscar a apresentação de novas propostas e as mesmas permanecerem ofertando preços abusivos, ou um só dos concorrentes baixar os preços após ter tentado ludibriar a Administração.

Nas palavras do reconhecido Toshio Mukai, a razão do dispositivo é impedir que, em conluio, os licitantes imponham preços excessivos à Administração Pública.[687]

Caracterizado que todos os ofertantes cotaram preços abusivos, a Administração deve iniciar o processo para declaração de inidoneidade dos ofertantes, com fulcro nos arts. 87, IV, c/c o art. 88, II e III, da Lei nº 8.666/1993, e o art. 4º, II, a e c da Lei nº 8.137, já referida.

Os indícios de formação de cartel são revelados pelo preço abusivo, manifestamente superior ao praticado no mercado, e o fato de o menor preço ofertado também ser muito superior; outro indício foi apontado em processo apreciado pelo Tribunal de Contas da União, em que a instrução verificou que a relação de centenas de itens de uma planilha de custos ofertada por cada um dos licitantes estabelecia uma relação percentual constante entre os ofertantes, sendo absolutamente impossível tamanha coincidência sem que os licitantes tivessem conhecimento da proposta dos outros e, sobre ela, calculado a sua oferta.

Decisão nº 134/1997 - Plenário. Relator: Ministro-Substituto José Antonio Barreto de Macedo. **Diário Oficial [da] República Federativa do Brasil**, Brasília, DF, 20 maio 1997. Seção 1, p. 7395.

[687] MUKAI, Toshio. Estatutos Jurídicos de Licitações e Contratos Administrativos, de acordo com a Constituição de 1988. 6ª ed. São Paulo: Saraiva, 200, p. 101-103.

Esse procedimento de iniciar a declaração de inidoneidade não exige que a Administração espere sua conclusão para prosseguir com a contratação direta, até porque eventual recurso[688] ao Judiciário, no que tange à declaração de inidoneidade ou suspensão do direito de licitar, poderá atrasar substancialmente a contratação.

Em sentido contrário, entendendo que a Administração deve esperar a apresentação de defesa para, só após a declaração de inidoneidade, promover a contratação direta, poderia ser argumentado que, antecipando-se, a Administração estará afastando do certame possível inocente da atitude de cartelização.

Sobre esse argumento, não poderá ser olvidado que o crime contra a economia será, posteriormente, apurado pelo Ministério Público, mediante representação promovida pela própria Administração, onde será avaliada a existência do liame entre os licitantes, que a Administração presumiu existir ou do qual afirma ter encontrado indícios.

Para a Administração Pública, só a conduta de elevar artificialmente os preços em desacordo com os praticados no mercado local já é um procedimento ilícito e, portanto, apenável com a declaração de inidoneidade ou suspensão do direito de licitar com a Administração Pública.[689]

Os efeitos da declaração de idoneidade, conforme já decidiu o TCU, abrange toda a Administração pública, enquanto que a suspensão do direito de licitar somente se aplica à Administração que efetivou a punição.[690]

A alternativa da contratação direta é, em princípio, um dever que se impõe ao agente da Administração, mas só diante dos fatos concretos poderá,

---

[688] "Declaração de inidoneidade para licitar e contratar. Ausência de *fumus boni juris*. Os efeitos da declaração de inidoneidade devem subsistir até que o ato administrativo seja anulado." DISTRITO FEDERAL. Tribunal de Justiça do Distrito Federal e Territórios. Processo AC nº 116486 - 5ª Turma Cível. Relatora: Desembargadora Sandra de Santis. **Diário da Justiça [da] República Federativa do Brasil**, Brasília, DF, 18 ago. 1999. Seção 3, p. 79. **No mesmo sentido**: Processo AC nº 116422 - 5ª Turma Cível. Relatora: Desembargadora Vera Andrighi. **Diário da Justiça [da] República Federativa do Brasil**, Brasília, DF, 18 ago. 1999. Seção 3, p. 78.

[689] O TCU recomendou: "[...] proceda a inclusão de norma, no texto de sua Instrução Normativa nº 01/1997, de 15/01/1997, que proíba os órgãos e entidades convenentes de admitirem, nas licitações realizadas para possibilitar a execução de convênio, licitante que esteja em cumprimento de sanção de declaração de inidoneidade para licitar com a Administração Pública Federal imposta pelo Tribunal de Contas da União, como forma de dar eficácia à sanção imposta e de obstar o cometimento de novas fraudes por ocasião da aplicação de recursos federais descentralizados mediante convênios, acordos, ajustes ou outros instrumentos congêneres". BRASIL. Tribunal de Contas da União. Processo nº TC-013.628/1999-2. Acórdão nº 1.235/2004 - Plenário. Relator: Ministro Benjamin Zymler. **Diário Oficial da União [da] República Federativa do Brasil**, Brasília, DF, 3 set. 2004. Seção 1.

[690] BRASIL. Tribunal de Contas da União. Processo nº TC-017.801/95-8. Decisão nº 352/1998 - Plenário. Relator: Ministro Bento José Bugarin. **Diário Oficial da União [da] República Federativa do Brasil**, Brasília, DF, 22 jun. 1998. Seção 1.

no âmbito da legalidade, ser avaliada a vantagem de solicitar a apresentação de novas propostas ou simplesmente iniciar o processo de afastamento dos licitantes, ou, ainda, restabelecer o procedimento licitatório desde a fase da habilitação.

8.6.4. prejuízo decorrente de superfaturamento

Os agentes da Administração Pública, notadamente após o advento da Lei nº 8.666/1993, passaram a ter responsabilidades claramente definidas no processo licitatório e na contratação, especialmente em razão do dever de, na fase de julgamento sobre a compatibilidade de preços, pronunciar-se, conforme o art. 43, inciso IV. A legislação vigente assegura a transparência na estimativa de preços, com a divulgação da planilha de custos juntamente com o edital (art. 40, § 2º, II) e publicação dos preços das compras efetuadas, nos termos do art. 16 da Lei nº 8.666/1993.

A esse respeito, ainda sob a égide do Decreto nº 449/1992,[691] o Tribunal de Contas da União firmou o entendimento de que é irregular ausência formal de aferição da compatibilidade dos preços propostos nas licitações com os cotados no mercado.[692]

Quando a Administração Pública contrata com preços superfaturados,[693] há o desembolso de despesa em valor excedente, sem contraprestação, parcela essa que deve ser considerada como prejuízo, como o é qualquer despesa sem amparo legal processada pela Administração. Se é dever indeclinável contratar a preços de mercado, qualquer despesa efetivada além desse limite deve ser reembolsada ao erário pelo agente responsável direto pela sua efetivação.[694]

---

[691] O fiel acatamento do art. 43, IV, da Lei nº 8.666/1993, dispensava o administrador dos procedimentos do art. 3º do Decreto nº 449/1992 - exigir duas propostas de preços no ato de homologação da licitação. Na atualidade, o decreto referido encontra-se revogado pelo Decreto nº 2.743/98, o qual por sua vez também foi revogado pelo Decreto 3.931/2001, e toda verificação sobre a compatibilidade de preços está tratada no art. 43, IV, e 26, parágrafo único, III da Lei nº 8.666/93, que definem o dever e a quem compete essa responsabilidade.

[692] BRASIL. Tribunal de Contas da União. Processo nº TC-449.038/93-9. Acórdão nº 562/1994 - 1ª Câmara. Relator: Ministro Olavo Drummond. **Diário Oficial [da] República Federativa do Brasil**, Brasília, DF, 21 dez. 1994. Seção 1, p. 20114.

[693] A Instrução Normativa SAA/CGAIN nº 002/1997, fls. 123/125, de 02.10.97, estabelece que qualquer preço superior a 5% ao do referencial representa superfaturamento. BRASIL. Tribunal de Contas da União. Processo nº TC-450.026/98-1. Acórdão nº 88/1999 - Plenário. Relator: Ministro Humberto Guimarães Souto. **Diário Oficial [da] República Federativa do Brasil**, Brasília, DF, 02 jul. 1999. Seção 1, p. 22/24.

[694] Vide Lei nº 8.666/93, arts 89 a 98 e Lei nº 8.429/92, arts. 9º e 10 - Atos de Improbidade Administrativa.

Para tanto, a Administração Pública, direta, indireta e fundacional, deverá instaurar a competente tomada de contas especial,[695] procedimento próprio de caráter administrativo, voltado para o julgamento dos Tribunais de Contas, que tem por fim promover a apuração do débito, identificar o responsável e iniciar o procedimento para a constituição de título executivo, visando à recomposição do dano.[696]

Quando o Administrador Público verificar que a contratação ocorreu por preços manifestamente superiores aos praticados no mercado, deverá buscar o ressarcimento e, se frustrada essa possibilidade, decorridos 180 dias, instaurar a tomada de contas especial, sob pena de tornar-se solidariamente responsável com o agente que deu causa à contratação com preços abusivos.[697] Esse dever de recompor o erário pode ser efetivado de diversos modos, como por exemplo o que ocorreu com o Secretário Geral de Administração de um órgão federal, que, após verificar o superfaturamento de mais de 1000% na compra de 10 livros, oficiou ao proprietário da livraria para que recolhesse aos cofres públicos a diferença correspondente ao sobrepreço apurado, sendo atendido diante da iminência de denúncia, crime do comerciante.

Embora seja regra elementar do Direito Civil que a solidariedade não se presume, decorrendo da lei ou da vontade das partes, as leis orgânicas dos tribunais de contas acabaram por repetir dispositivos da Lei Orgânica do Tribunal de Contas da União e estabelecer que a omissão, como modalidade de culpa do dirigente do órgão, enseja a co-responsabilidade e, portanto, hoje, na quase totalidade das esferas de governo, é por força de lei que se estabelece a responsabilidade solidária para recompor o prejuízo.

O Tribunal de Contas da União tem jurisprudência pacífica no sentido de que a Comissão de Licitação é também responsável pelas irregularidades que, em decorrência de processo licitatório, forem praticadas pelos administradores, fato que, por exemplo, ocorre quando o ordenador de despesa firma contrato com preço superfaturado, tendo em consideração a adjudicação procedida pela

---

[695] a) Sobre Tomada de Contas Especial, consulte: JACOBY FERNANDES, Jorge Ulisses. **Tomada de Contas Especial:** Processo e Procedimento nos Tribunais de Contas e na Administração Pública. 4 ed. Belo Horizonte: Fórum, 2009.

b) Superfaturamento de 9% não justifica Tomada de Contas Especial. BRASIL. Tribunal de Contas da União. Processo nº TC-007.191/94-4. Acórdão nº 136/1995 - Plenário. Relator: Ministro Adhemar Paladini Ghisi. **Diário Oficial [da] República Federativa do Brasil**, Brasília, DF, 10 jun. 1994. Seção 1, p. 83.

[696] Para maiores detalhes, consulte capítulo 7, subtítulo 7.7.

[697] a) BRASIL. Lei nº 8.443, de 16 de julho de 1992. Dispõe sobre a Lei Orgânica do Tribunal de Contas da União e dá outras providências. **Diário Oficial [da] República Federativa do Brasil**, Brasília, DF, 17 jul. 1992. Seção 1;

b) BRASIL. Tribunal de Contas da União. Instrução Normativa nº 13, na esfera federal;

c) Nos Estados, DF e Municípios, consulte as respectivas Leis Orgânicas dos Tribunais de Contas.

Comissão.[698] É justo que o agente homologador[699] da licitação presuma que a Comissão agiu com a adequada prudência ao promover o julgamento das propostas, podendo, no máximo, ser-lhe atribuída responsabilidade, quando caracterizada culpa grosseira, má-fé ou conivência com os membros da Comissão.

O valor a ser considerado, para fins de ressarcimento, deve ser a diferença entre o preço praticado pelo mercado e o cotado pelo licitante vencedor contratado. É óbvio que, não tendo havido contrato ou tendo sido ajustado esse, mas não sendo efetivado qualquer pagamento, não há prejuízo a apurar. A irregularidade pelo julgamento e homologação com preços praticados acima do mercado continua existindo e a apuração deverá ser, então, restrita à identificação do causador, com punição do responsável.

8.7. dispositivos correlatos

Consabido é que as propostas de preços manifestamente superiores aos praticados no mercado devem ser desclassificadas. Se convocados os licitantes para apresentarem novas propostas, serão eles novamente desclassificados se não escoimarem o vício da sobrevalorização. Então, qual diferença estrutural repousa na aplicação entre os incisos VII e V do artigo 24?

Objetivamente, tem-se o seguinte:

- inciso V:
  - a licitação foi fracassada, não importando a causa da desclassificação: preços superiores, inferiores, inabilitação etc.;
  - há risco de prejuízo na repetição da licitação;
  - não é obrigatório pedir novas propostas.
- inciso VII:

---

[698] O Secretário de Saúde era o ordenador de despesas, que adjudicou objeto inicialmente superfaturado. Neste processo, o TCU debateu a responsabilidade ou não de seu ato. BRASIL. Tribunal de Contas da União. Processo nº TC-575.560/95-9. Decisão nº 223/1999 - Plenário. Relator: Ministro Adylson Motta. **Diário Oficial [da] República Federativa do Brasil**, Brasília, DF, 06 ago. 99. Seção 1, p. 84/86.

[699] A homologação não é ato meramente formal; por meio dele a autoridade competente lança sua assinatura e expressa sua ciência do resultado do certame, exercendo o controle sobre a legalidade do procedimento licitatório. O TCU condenou o Prefeito e a CPL. BRASIL. Tribunal de Contas da União. Processo nº TC-009.823/97-2. Acórdão nº 113/1999 - Plenário. Relator: Ministro Benjamin Zymler. **Diário Oficial [da] República Federativa do Brasil**, Brasília, DF, 22 jul. 1999, p. 59. **No mesmo sentido**: Processo nº TC-018.292/2002-0. Acórdão nº 204/2006 - Plenário; e Processo nº TC-015.323/2002-4. Acórdão nº 2488/2006 - 1ª Câmara.

- a licitação foi fracassada pela apresentação reiterada de propostas com preços superiores;
- não é necessária a caracterização de risco para a Administração na repetição;
- é obrigatório, em princípio, pedir novas propostas.

8.8. tipos e modalidades de licitação

O objetivo de o legislador ter autorizado a dispensa de licitação em comento foi dignificar a gestão pública, impedindo que se subjugue a preços abusivos.

Mas o que ocorre se o preço não foi o determinante na busca da proposta mais vantajosa, tal como ocorre nas licitações de técnica e preço e de melhor técnica?

É necessária parcimônia na apreciação da questão. Se reveladas as propostas técnicas e de preços, em condições idênticas as dos licitantes que estão ofertando preços manifestamente superiores aos de mercado, a dispensa será lícita. Note-se que entre as condições idênticas estão preço e técnica necessariamente.

Aliás, nem poderia ser diferente, uma vez que a Administração estabeleceu a técnica como critério de julgamento e não pode, portanto, depois, dispensar a licitação só pelo preço.

Quanto as modalidades, a regra é que o preço é determinante em cinco, e não é elemento decisório no concurso, vez que nesse o valor é fixado pela Administração.

No caso de leilão o preço é invertido, como mais vantajoso. A melhor proposta é o maior lance. Em tais situações os preços "manifestamente inferiores" justificam a venda direta pelo preço de mercado.

Em relação ao pregão, a oportunidade para os licitantes reapresentarem suas "propostas" é inerente a fase de lances e, portanto, aplicável a contratação direta de imediato, se houver recusa a redução.

9. Aquisição de bens ou serviços de órgão ou entidade pública

Dispõe a Lei nº 8.666/1993, art. 24, *in verbis*:

> Art. 24. É dispensável a licitação:
>
> [...]
>
> VIII - para a aquisição, por pessoa jurídica de direito público interno de bens produzidos ou serviços prestados por órgão ou entidade que integre a Administração Pública e que tenha

> sido criado para esse fim específico em data anterior à vigência desta Lei, desde que o preço contratado seja compatível com o praticado no mercado.

9.1. noções

Esse é um dos dispositivos que teve maior alteração de redação, em busca de adequado equilíbrio entre o interesse público e a estrutura da Administração.

Sob a égide do Decreto-Lei nº 2.300, era permitida a contratação direta quando a operação envolvesse concessionário de serviço público e o objeto do contrato fosse pertinente ao da concessão e, também, quando envolvesse pessoas jurídicas de direito público interno ou entidades paraestatais, ou, ainda, aquelas sujeitas ao seu controle majoritário. Seria, entretanto, obrigatória a licitação[700] se houvesse empresas privadas que pudessem prestar ou fornecer os mesmos bens ou serviços.

Já a redação original da Lei nº 8.666/1993 estabelecia o seguinte:

> Art. 24. É dispensável a licitação:
>
> [...]
>
> VIII - quando a operação envolver exclusivamente pessoas jurídicas de direito público interno, exceto se houver empresas privadas ou de economia mista que possam prestar ou fornecer os mesmos bens ou serviços, hipóteses em que ficarão sujeitas a licitação.

Criava-se, assim, um tipo diferenciado de dispensa de licitação que, na verdade, tratava-se de inexigibilidade, pois seria inviável a competição.

O atual delineamento legal, como dito, alterou a fisionomia da dispensa, preservando da salutar concorrência órgãos da Administração,[701] exigindo apenas a compatibilidade de preços com os praticados no mercado.

A justificativa jurídica para essa dispensa repousa no fato de que, a descentralização das atividades não poderia obrigar à licitação. Assim, se o Estado possui na sua estrutura um órgão que realiza um serviço, ao conceder-lhe autonomia e personalidade, continuaria podendo contratar, diretamente, sob pena de inviabilizar a própria descentralização.

---

[700] Decreto-Lei nº 2.300, de 21 de novembro de 1986. Dispõe sobre licitações e contratos da Administração Federal e dá outras providências. **Diário Oficial [da] República Federativa do Brasil**, 25 nov. 1986. (conf. art. 22, VII e X). Revogado pela Lei nº 8.666, de 21 de junho de 1993.

[701] Sobre os conceitos de contratante e contratado, vide capítulo 1, subtítulo 2: conceitos fundamentais.

O assunto, contudo, não é pacífico, e o douto Toshio Mukai, um dos mais expressivos expoentes sobre o tema, sustenta[702] que a alteração da redação do inciso, promovida pela Lei nº 8.883/1994, conquanto omissa sobre a questão da possibilidade de competição[703] com a iniciativa privada, merece maior reflexão.

Lembrando que o texto do DL nº 200/1967 contemplava como uma das hipóteses de dispensa a licitação entre órgãos e entidades públicas (art. 126, § 2º, f) o referido autor traz, à colação o seguinte caso:

> Com base nessa disposição, reproduzida no texto da Lei paulista nº 89/72, o Sr. Governador do Estado de São Paulo dispensou de licitação a Petrobrás para instalar postos de gasolina (com os complementos de praxe) ao longo da Rodovia Castello Branco. Diversas empresas (Shell, Esso etc.) ingressaram com Mandado de Segurança, reivindicando a necessidade de licitação. A resposta do Judiciário veio no RE nº 87.347, 1ª T., 04.03.80, Rel. o Min. Xavier de Albuquerque: 'Não cabe dispensa de licitação, em favor da Petrobrás, para instalar postos de gasolina e de socorro mecânico em estrada estadual. Essa atividade não se inclui no monopólio ou exclusividade de serviço, não se caracterizando a hipótese do art. 126, § 2º, f, do Dec.-Lei nº 200/67' (*Vox Legis*, v. 137, p. 20 e ss., maio/1980).
>
> No corpo do referido acórdão, o Ministro Relator deixou consignado o seguinte:
>
> O advérbio exclusivamente, utilizado pelo art. 24, VII, da atual Lei nº 89, que copiava o art. 126, § 2º, f, do Dec.-Lei nº 200/67, tem o significado de que a operação haverá de ser feita entre o Estado e outra pessoa jurídica de direito público interno, ou entidade sujeita ao seu controle majoritário, em caráter exclusivo, isto é, sem a possibilidade de fazer a mesma operação, indiferentemente, com pessoas jurídicas de direito público interno ou com entidades sujeitas ao seu controle majoritário, e também com particulares, não haveria serviço público e teria de vigorar não a exceção, mas a regra geral, que exige a licitação.

Para melhor compreensão, é o seguinte, o texto do Decreto-Lei nº 200/1967, que, copiado para aquela legislação estadual, gerou a manifestação precitada do Pretório Excelso:

---

[702] Boletim de Licitações e Contratos - BLC, nº 9/94. São Paulo: NDJ, p. 417-8.

[703] A questão foi detalhada no capítulo 3, subtítulo 5.2.: concessão, permissão e autorização de serviços públicos.

> Art. 126. As compras, obras e serviços efetuar-se-ão com estrita observância do princípio da licitação.
>
> [...]
>
> § 2º É dispensável a licitação:
>
> [...]
>
> f) quando a operação envolver concessionário de serviço público ou, exclusivamente, pessoas de direito público interno ou entidades sujeitas ao seu controle majoritário.

Diante da vigente redação do inciso VIII do art. 24, e tendo subjacente o acórdão em tela, verifica-se que o atual normativo ainda carece de aperfeiçoamento, uma vez que não foi alcançado o exato equilíbrio entre os princípios da descentralização das atividades estatais, onde seria possível a contratação direta, e o da licitação e da livre iniciativa.[704]

9.2. requisitos

A contratação direta para que se opere legitimamente é necessário que:

- o contratante seja pessoa jurídica de direito público interno;
- o contratado seja órgão ou entidade que integre a Administração Pública;
- o contratado tenha sido criado para o fim específico do objeto pretendido pela Administração contratante;[705]
- a criação do órgão ou entidade contratada tenha ocorrido antes da vigência da Lei nº 8.666/1993;
- o preço seja compatível com o praticado no mercado.

Cabe, agora, analisar cada um dos requisitos para a adequada compreensão do tema.

9.2.1. contratante: pessoa jurídica de direito público interno

Pessoa jurídica de direito público interno é uma expressão que abrange determinados tipos de pessoas com regime jurídico próprio e peculiar, em que conservam prerrogativas do poder de *imperii*. No ordenamento jurídico pátrio são: a União, os Estados, os Municípios, o Distrito Federal e suas autarquias.

[704] Vide subtítulo 9.2.2, adiante: contratado: órgão ou entidade integrada à Administração Pública.

[705] Vide nos comentários ao inciso XVI, a seguir, longo debate ocorrido no TCDF sobre a contratação direta da Imprensa Nacional, pela Administração local, de serviços de encadernamento, confecção de relatórios e documentos ou serviços gráficos assemelhados.

Com profundo dissenso doutrinário e legal, até o advento da Constituição Federal de 1988, as fundações instituídas e mantidas pelo Poder Público oscilavam ao sabor das conveniências, ora ostentando nítidas características do direito privado, ora se afirmando como pessoas jurídicas de direito público.

Somente após o Estatuto Político de 1988 foram as fundações adequadamente situadas como *tertium genus*, em relação à natureza jurídica de sua personalidade, mas muito bem situada sob adequada e integral jurisdição do controle.

O Supremo Tribunal Federal, por ocasião do julgamento da ADI nº 926/1993,[706] definiu com absoluta precisão os novos contornos constitucionais das fundações, para aproximá-las das autarquias sob vários aspectos.

Na atualidade, deve-se classificar as fundações instituídas e mantidas pelo Poder Público como pessoas jurídicas de direito público, e, portanto, podem elas integrar o elenco de órgãos contratantes que se podem servir da possibilidade de dispensa. Se o contratante for empresa pública ou sociedade de economia mista, poderá ser utilizado, atendido os demais requisitos, o inciso XXIII da Lei nº 8.666/1993.

9.2.2. contratado: órgão ou entidade integrada à Administração Pública

O outro sujeito da futura relação contratual deverá ser órgão ou entidade integrante da Administração Pública.

Se o contratante foi precisamente definido pelo inciso em comento, o mesmo não ocorreu em relação ao contratado. Primeiro, porque admitiu a contratação de órgão, expressão de larga amplitude, abrangendo partes despersonalizadas da Administração. Mesmo no mais autorizado magistério do saudoso Hely Lopes Meirelles, o conceito de órgão não se identifica com o de pessoa jurídica capaz de ser sujeito de direitos e obrigações, muito embora se lhe atribua capacidade de expressar parcela de vontade do Estado, fato que estabelece uma zona intermediária, bastante dissociada dos elementos clássicos do direito privado. Para o renomado autor,

> Órgãos públicos - são centros de competência instituídos para o desempenho de funções estatais, através de seus agentes, cuja atuação é imputada à pessoa jurídica a que pertencem.[707]

[706] BRASIL. Supremo Tribunal Federal. Ação Direta de Inconstitucionalidade nº 926/93. **Diário da Justiça [da] República Federativa do Brasil**, Brasília, DF, 06 maio 1994.

[707] MEIRELLES, Hely Lopes. **Direito Administrativo Brasileiro**. 32ª ed. atualizada. São Paulo: Malheiros, 2006, p. 69.

Mais adiante, amparado em Gierke, afirma que o órgão é parte do corpo da entidade e, assim, "todas as suas manifestações de vontade são consideradas como da própria entidade".

Nada obstante a clareza dessas afirmativas iniciais, mais adiante o autor admite a capacidade dessa parte ou centro de competência, para depois ratificar a inexistência de personalidade jurídica do "órgão", como se observa:

> [...] os órgãos integram a estrutura do Estado e das demais pessoas jurídicas como partes desses corpos vivos, dotados de vontade e capazes de exercer direitos e obrigações para a consecução de seus fins institucionais. Por isso mesmo, os órgãos não têm personalidade jurídica nem vontade própria, que são atributos do corpo e não das partes, mas na área de suas atribuições e nos limites de sua competência funcional expressam a vontade da entidade a que pertencem e a vinculam por seus atos, manifestados através de seus agentes (pessoas físicas).

Acrescenta, em seguida, que:

> [...] embora despersonalizados, os órgãos mantêm relações funcionais entre si e com terceiros, das quais resultam efeitos internos e externos, na forma legal ou regulamentar. E, a despeito de não terem personalidade jurídica, os órgãos podem ter prerrogativas funcionais próprias que, quando infringidas por outro órgão, admitem defesa até mesmo por mandado de segurança.[708]

Sobre entidades, é possível defini-las, seguindo corrente já firmada, como centros de competência específica, providos de personalidade jurídica de direito público ou privado e criados por lei, para o desempenho de funções descentralizadas.[709]

Deve ficar adequadamente estabelecida substancial diferença entre a prerrogativa de contratação direta, que o inciso em comento estabelece em favor do contratante, e a possibilidade de venda ou prestação direta de serviços por parte do órgão ou entidade contratada.

Como regra, a Administração está sujeita ao processo licitatório, seja para comprar ou vender, contratar a prestação de serviços ou realizá-los, exsurgindo daí que o contratante pode ter autorização legal para promover a

---

708 MEIRELLES, Hely Lopes. **Direito Administrativo Brasileiro**. 32ª ed. atualizada. São Paulo: Malheiros, 2006, p. 68-69.

709 ZAIDMAN, Luiz; LUZ, Lincoln T. M. P. da. **Estudos para uma Lei Orgânica da Administração Federal**. Brasília: IPEA, 1978, p. 107.

contratação direta, mas o contratado, se pretender promover a alienação direta dos seus bens, deverá também ter amparo legal expresso nesse sentido, o mesmo podendo ser afirmado em relação aos serviços quando está na condição de prestador.

Para a dispensa de licitação por parte do contratado, na sua área de atuação, deve ser observado o disposto no art. 17, inciso II, "e" e "f".

Mais uma vez renova-se aqui a noção básica elementar de que as entidades da Administração podem ocupar qualquer um dos polos da relação contratual, mas apenas uma é, no estrito âmbito da legalidade, a "contratante", possuindo a outra a condição de "contratada", sendo que à primeira cabe a utilização de cláusulas exorbitantes, como regra.[710]

9.2.2.1. contratado: prestador de serviço público delegado

A propósito, insta ressaltar que o dispositivo não alberga as contratações diretas com as executoras de serviços públicos mediante delegação, como ocorre em relação aos serviços concedidos, permitidos e autorizados.

Na concessão, dá-se o traspasse contratual dos serviços públicos para o particular, permanecendo o Poder Público com a titularidade do mesmo e a prerrogativa de fiscalizar-lhes a execução, além de impor as alterações que se fizerem necessárias como cláusulas exorbitantes.

Já a permissão, que guarda pontos de contato com a concessão, é mais precária e se realiza por ato unilateral, transferindo aos particulares que preencham determinados requisitos a execução de um serviço público; a seu turno, serviços autorizados, na lição de Hely Lopes Meirelles, são aqueles em que o Poder Público, por ato unilateral, precário e discricionário, consente na sua execução por particular para atender a interesses coletivos instáveis ou emergenciais.

Nenhum dos executores dos serviços delegados pode ser contratado diretamente com fulcro nesse inciso, mesmo os concessionários ou permissionários. Quando a Administração Pública transfere ao particular a execução do serviço, embora tal ação possa ser compreendida como descentralização *lato sensu*, o delegado não é ente integrante da Administração Pública. É particular, para fins de contratação dos serviços ou fornecimentos.

Pontuando a diferença de tratamento entre o Decreto-Lei nº 2.300/1986 e a Lei nº 8.666/1993, a Secretaria do Tesouro Nacional deixou assentado que "foi suprimido do Estatuto das Licitações o dispositivo que previa a dispensa

---

[710] Ver, a propósito, capítulo 1, subtítulo 2: conceitos fundamentais.

de licitação para concessionários de serviço público". Quanto ao art. 24, inciso VIII, da Lei de Licitações, dispõe sobre operações entre órgãos e entidades públicas, excluindo a hipótese das concessionárias.[711]

9.2.2.2. contratação entre unidades da federação

Importante questão ainda merece exame e refere-se à possibilidade de uma esfera de governo contratar entidade criada por outra para prestar serviços.

Em pesquisa levada a efeito, verificou-se a inexistência de uniformidade a respeito.

A Editora NDJ, por sua equipe de consultoria, firmou o seguinte entendimento sobre essa questão:

> A aquisição de bens produzidos ou serviços prestados por órgão ou entidade que integre a Administração Pública significa que a contratação direta só pode ser levada a efeito se ocorrer na mesma esfera de governo?
>
> - Refere-se este quesito à dispensabilidade de licitação referida na Lei nº 8.666/1993, art. 24, VIII. A resposta é negativa. A compra, por pessoa jurídica de direito público interno, de bens ou serviços prestados por órgão ou entidade integrante da Administração Pública pode ser efetuada com dispensa de licitação, mesmo que o contratante seja de um nível de governo e o contratado de outro. Exemplo: pode um Município adquirir os bens ou os serviços de uma entidade federal, ou estadual, criada para o fim específico de vender aqueles bens e serviços para o Poder Público, independendo o nível de governo a que pertença. Tal assertiva se dá em virtude da definição que a Lei nº 8.666/1993 apresentou para "Administração Pública", conforme consta do art. 6º, XI, que abrange toda e qualquer pessoa jurídica, de direito público e privado, do nível que for, para abarcar a todas naquele abrangente conceito.[712]

O Tribunal de Contas da União, examinando a hipótese de uma fundação pública federal (FUB) contratar empresa pública do Distrito Federal, não julgou regular o contrato. Nesse caso, inclusive, outro fator foi fundamental no julgamento: viabilidade de competição, por existirem empresas privadas

---

[711] BRASIL. Secretaria do Tesouro Nacional. Mensagem CONED/STN nº 402.268, de 24 de fevereiro de 1994, interessado DRTN/RJ.

[712] Boletim de Licitações e Contratos - BLC, mar./97. São Paulo: NDJ, p.154.

competitivas, sinalizando na direção do entendimento do Professor Toshio Mukai, exposto no subtítulo 9.1, precedente.

Assim manifestou-se o douto órgão instrutivo do TCU:

> a) Processos n°s 23.106.011.303/95-9 e 23.106.011.585/94-73 - Contratação, com dispensa de licitação, da Companhia Urbanizadora da Nova Capital do Brasil (NOVACAP), com amparo no disposto no inciso VIII do art. 24 da Lei nº 8.666/1993 (fls. 09/20).
>
> Observa a equipe que a fundamentação legal utilizada (inciso VIII do art. 24 da Lei nº 8.666/93) é inaplicável à espécie, uma vez que na iniciativa privada existem concorrentes para o objeto contratado, e, ainda, que o Distrito Federal goza de autonomia administrativa e competência administrativa (arts. 18 e 32 da Constituição Federal), não se podendo considerar suas empresas estatais como agregadas à Administração Federal.[713]

À vista desse entendimento, o TCU deliberou recomendar à FUB que:

> 8.1.2. atente para a impropriedade da dispensa de licitação para a contratação da Companhia Urbanizadora da Nova Capital do Brasil (Processos n°s 23.106.011.303/95-9 e 23.106.011.585/94-75 - PRC), com base no inciso VIII do art. 24 da Lei nº 8.666/93, uma vez que na iniciativa privada existem concorrentes para os objetos contratados.[714]

Portanto, contrastando as transcrições feitas, verifica-se que, dos dois fundamentos do órgão instrutivo para imputar a irregularidade, apenas um foi acolhido.[715]

Após a terceira edição deste trabalho, reflexão mais detida levou à evolução da exegese sobre a questão.

A Lei nº 8.666/1993 definiu, expressamente, o que se deve entender por "Administração e Administração Pública".[716]

---

[713] BRASIL. Tribunal de Contas da União. Processo nº TC-004.906/95-0. Decisão nº 165/1995 - 1ª Câmara. Relator: Ministro Homero Santos. **Diário Oficial [da] República Federativa do Brasil**, Brasília, DF, 24 jul. 1995. Seção 1, p. 11087-8.

[714] Há evidente equívoco nessa decisão, pois a inviabilidade de competição é requisito próprio do art. 25, e não do art. 24. A propósito, consulte no capítulo 3, o subtítulo 5.2.: concessão, permissão e autorização de serviço público.

[715] Diversamente, a editora Zênite, no Informativo de Licitações e Contratos, consolidou seu entendimento no sentido de que "dispensa de licitação com fundamento no art. 24, VIII, da Lei nº 8.666/93 só será válida se o órgão ou entidade a ser contratado for instrumento de atuação da própria pessoa jurídica de direito público interessada". ILC, jan./1996. Curitiba: Zênite, p. 35.

O legislador, corretamente, empregou esses dois termos em vários dispositivos da lei, não havendo dúvidas quanto a sua utilização.

A parte do Direito que cuida da interpretação das leis, a hermenêutica, em um dos seus mais festejados mestres, Carlos Maximiliano,[717] ensina que o juiz atribui aos vocábulos o sentido resultante da linguagem vulgar; porque se presume haver o legislador, ou escritor, usado expressões comuns; "porém, quando são empregados termos jurídicos, deve-se crer ter havido preferência pela linguagem técnica." (*g.n.*)

No presente caso, o legislador não só está usando termos jurídicos, como também está empregando termos que ele próprio conceituou.

Também é da hermenêutica a lição de Gianturco,[718] de que se deve presumir que a lei não contenha palavras supérfluas; devem todas ser entendidas como escritas adrede para influir no sentido da frase respectiva.

Basta a lógica para assegurar essa proposição: se o legislador tivesse estabelecido que as pessoas jurídicas de direito público pudessem contratar com os órgãos e entidades integrantes da "Administração", faria sentido restringir o alcance da norma à respectiva esfera de governo ou à respectiva pessoa jurídica. Não o fez, porém. Expressamente, e com o conteúdo que precisamente definiu no art. 6º, inciso XI e XII, o legislador usou o termo "Administração Pública".[719] A se entender de modo diverso ficaria impedida parte da colaboração entre esferas de governo e entre Municípios vizinhos.

Ao consagrar essa interpretação, além de atender a literaliedade de Lei, permite-se uma maior colaboração entre as diversas esferas de Governo, facilitando especialmente nos municípios, a divisão de atividades.

---

716 BRASIL. **Lei nº 8.666/93 (Versão Bolso).** Organização dos textos e índice por J. U. JACOBY FERNANDES. 12. ed. amp., rev. e atual. Belo Horizonte: Fórum, 2010. Vide art. 6º, XI e XII.

717 Maximiliano, Carlos. **Hermenêutica e aplicação do Direito**. Rio de Janeiro: Forense, 1988, p. 109.

718 Maximiliano, Carlos. **Hermenêutica e aplicação do Direito**. Rio de Janeiro: Forense, 1988, p. 110.

719 Corroborando nosso entendimento, cabe trazer à balha, como forma de ilustração, excerto do Parecer nº 2.157/97, da lavra do Dr. André Carlo Torres Pontes, Procurador do Ministério Público junto ao TC/PB, Processo nº 7.458/97. Informativo do MPjTCE/PB, nº 5, p. 8: "Com efeito, ao tratar da dispensabilidade de licitação relativa à espécie - art. 24, VIII, da Lei nº 8.666/93 - o legislador não fez menção sobre se o órgão da Administração Pública contratado deveria integrar a esfera de governo do ente de direito público contratante, o que nos faz supor ser aplicável o conceito de Administração Pública contido no art. 6º, XI, supracitado, indistintamente".

9.2.3. contratado criado para o fim específico do objeto

O outro requisito inafastável à lei, para que ocorra a contratação direta, é que o objeto a ser contratado pela Administração seja coincidente com a finalidade precípua ou fundamental do órgão.

Nesse sentido, os elementos ensejadores da criação do órgão estão diretamente relacionados com o objeto de interesse da Administração contratante.

Exemplos clássicos seriam: a contratação de divulgação de informativos do interesse da Administração por uma emissora de rádio estatal,[720] criada para promover a divulgação das atividades do governo, com finalidade institucional; a realização de concursos por órgãos integrantes da Administração Pública, encarregados dessa tarefa.[721]

Questão relevante diz respeito ao fato da alteração dos atos constitutivos do órgão, para neles fazer inserir a realização de um objeto pretendido pela Administração, como ocorreria com a alteração de uma lei que criou o Departamento de Imprensa para inserir entre as suas finalidades a impressão de volantes de loteria. Essa alteração ensejaria o enquadramento da contratação desse novo objeto de forma direta, sem licitação?

A literalidade do dispositivo em comento afastaria a possibilidade de a Administração contratar a impressão de cartelas de loteria diretamente. Contudo, tal exegese pode conduzir ao rigor de que hoje a maior parte dos órgãos já tiveram seu universo de atividades bastante expandidos e, em várias hipóteses, a Administração já vem efetuando a contratação com dispensa de licitação. Num contexto mais amplo, seria admissível acolher essa expansão do objeto, desde que também, nesse caso, fosse atendido o requisito temporal inscrito no dispositivo pela Lei nº 8.883/1994, ou seja, que a alteração da atividade do órgão tivesse ocorrido antes da vigência da Lei nº 8.666/1993.

Com essa possibilidade, ficaria resguardado o ordenamento jurídico sem necessidade de grandes pesquisas sobre a finalidade inicial, que ensejou a

---

[720] Em resposta a consulta, o TCU entendeu que prevalece a Lei nº 6.650/1979, que criou a Radiobrás. Publicidade pode ser contratada com base no art. 25, *caput*. A vedação à publicidade, prevista no art. 25, II, não alcança essa contratação. BRASIL. Tribunal de Contas da União. Processo nº TC-002.751/99-2. Decisão nº 538/1999 - Plenário. Relator: Ministro Adilson Motta. **Diário Oficial [da] República Federativa do Brasil**, Brasília, DF, 02 set. 1999. Seção 1, p. 33. **No mesmo sentido**: Processo nº TC-010.507/2001-0. Acórdão nº 1382/2003 - 1ª Câmara. Relator: Ministro Augusto Sherman Cavalcanti. **Diário Oficial da União [da] República Federativa do Brasil**, Brasília, DF, 4 jul. 2003. Seção 1.

[721] A Procuradoria Geral do Distrito Federal entendeu que na licitação para realização de concurso público para ingresso na carreira de Procurador do Distrito Federal, pode ser contratada a Escola de Administração Fazendária/ESAF, com base no inciso VIII, do art. 24, da Lei nº 8.666/93. PGDF. Parecer nº 307/2003 - PROCAD. Vicente Martins da Costa Júnior. Informativo do Centro de Estudos da PGDF, julho de 2003.

criação do órgão, ao tempo que se evitaria o absurdo de permitir a contratação direta de um órgão que foi criado bem posteriormente, sem, contudo, admitir-se igual tratamento para outro que, mesmo criado anteriormente, teve seu ramo de atividade expandido, ardilosamente, após o advento da Lei nº 8.666/1993.[722]

Merece reflexão o fato de um órgão possuir a finalidade genérica de prestar serviços numa determinada atividade, sem haver referência à execução dos supracitados para a Administração Pública. Nesse caso, por não ficar caracterizada a "finalidade específica", deverá ser procedida a licitação.

Efetivamente, não há amparo legal para a Administração Pública ficar contratando diretamente qualquer órgão da Administração. Quis o legislador colocar em destaque que, na criação do órgão, o que deve ficar em evidência é a finalidade específica.[723]

Afinal, como anteriormente expendido, presume-se que a lei não contenha palavras supérfluas; "devem todas ser entendidas como escritas adrede para influir no sentido da frase respectiva".[724]

Se o exercício da atividade mercantil pauta-se pelo princípio da livre concorrência, tendo o Estado se igualado à iniciativa privada para a execução de um serviço ou o fornecimento de bens,[725] não poderá pretender afastar a

---

[722] No Distrito Federal, a Câmara Legislativa Distrital aprovou lei que mandava contratar a SAB - Supermercado de Abastecimento de Brasília, sem licitação com base no art. 24, VIII. O Ministério Público junto à Corte de Contas pugnou pela inconstitucionalidade. DISTRITO FEDERAL. Tribunal de Contas. Processo nº 1690/99, apenso Processo nº 1714/94. Parecer nº 3.1551/99.

[723] O TCU julgou Acórdão onde o Estatuto de uma Fundação permite a ela prestar serviços de diversas naturezas à Universidade, sem a observância da finalidade para a qual aquela foi instituída (explorar todas as modalidades de radiodifusão educativa sonora e de sons e imagens [...] com finalidade educacional, artística, cultural e informativa). Acórdão julgado improcedente devido à extrapolação do fim específico. BRASIL. Tribunal de Contas da União. Processo nº TC-005.866/2004-1. Acórdão nº 328/2005 - Plenário. Relator: Ministro Guilherme Palmeira. **Diário Oficial da União [da] República Federativa do Brasil**, Brasília, DF, 7 abr. 2005. Seção 1.

[724] MAXIMILIANO, Carlos. **Hermenêutica e Aplicação do Direito**. Rio de Janeiro: Forense, p. 110.

[725] a) a Secretaria de Segurança Pública do DF estava adquirindo alimentos de supermercado estatal. O TCDF decidiu que as aquisições de gêneros alimentícios em geral e de produtos de limpeza devem ser precedidas de licitação, tendo em vista que tais despesas não se enquadram na dispensa prevista no inciso VIII do art. 24 referido. DISTRITO FEDERAL. Tribunal de Contas. Processo nº 6.047/1994. Decisão nº 809/1995, de 21 de fevereiro de 1995. Disponível em: http://www.tc.df.gov.br. Acesso em 26 jan. 2011.

b) em processo de Nota de Empenho do próprio Tribunal, o Pleno decidiu determinar à Diretoria Geral de Administração que realize licitação para compra de gêneros alimentícios, exceto para os casos previstos nos incisos II e XII do art. 24 da Lei nº 8.666/93, vez que as aquisições junto à Superintendência de Abastecimento de Brasília, sociedade de economia mista, sem licitação, não se enquadram na dispensa prevista no art. 24, VIII, da citada norma legal. DISTRITO FEDERAL. Tribunal de Contas. Processo nº 4.217/1994. Decisão nº 2.599/1995, de 22 de março de 1995. Acesso em 26 jan. 2011.

c) o TCDF alertou a CLDF de que a dispensa de licitação prevista no inciso VIII do art. 24 da Lei nº 8.666/93 não é aplicável às aquisições junto à Superintendência de Abastecimento de Brasília, tendo em vista que aquela empresa não se amolda à regra excepcional contemplada no mencionado dispositivo legal.

disputa no momento em que tiver que promover a contratação de seu interesse, sob pena de violar um dos princípios fundamentais da República.[726]

Afinal, lembrando Ferrara, se o Estado abandona o seu pedestal para entrar em coordenação com os súditos, deve pautar-se pelas normas a eles aplicáveis. O dispositivo só resguarda o fato da descentralização: a pessoa jurídica criada pelo Estado para prestar serviços inerentes às atividades da Administração Pública para ela própria.

Em remate ao exposto, é oportuna a seguinte assertiva de Marcus Juruena Villela Souto, equacionando com sabedoria a questão:

> [...] é mister frisar que só cabe a contratação direta com a entidade descentralizada se ela foi criada para o fim específico de só atender à Administração, independentemente da data de sua criação - a busca de clientes externos, mesmo em outras Administrações, já descaracterizada a descentralização administrativa para transformar a entidade em concorrente da iniciativa privada, o que, na maioria dos casos, além de exigir a licitação, ultrapassa os limites impostos pelo art. 173, § 1º, Constituição Federal.[727]

É desconcertante verificar que alguns órgãos públicos, menos atentos ao texto legal e ignorando os princípios constitucionais da ordem econômica adotada em nosso País, vêm promovendo contratações de empresas públicas que não foram criadas para a finalidade específica de atender às necessidades da Administração, pretendendo amparar a contratação direta no inciso VIII do art. 24 em comento.

Seria o caso de o órgão público pretender adquirir combustível[728] diretamente da Petrobrás, empresa pública que insere sua atuação na mesma

---

DISTRITO FEDERAL. Tribunal de Contas. Processo nº 5.796/1994. Decisão nº 5.649/1995, de 15 de maio de 1995, sessão ordinária nº 3.079. Disponível em: http://www.tc.df.gov.br. Acesso em 26 jan. 2011.

[726] BRASIL. **Constituição da República Federativa do Brasil**. Organização dos textos e índice por J. U. JACOBY FERNANDES. 1. ed. Atualizada até Abril de 2007. Belo Horizonte: Fórum, 2008. Arts. 170, IV, e 173, § 1º.

[727] Extraído do Boletim de Licitações e Contratos nº 11/94, p. 536, em comentário ao inciso XVI do art. 24.

[728] No DF, o TCDF não conheceu de consulta sobre dispensa de licitação para aquisição de combustível e ainda determinou, não somente ao órgão consulente, mas à Secretaria de Administração, que ao realizar licitação cujo objeto seja aquisição de combustíveis, inclua no edital de licitação cláusula exigindo a apresentação de planilha de custos pelas empresas participantes, de modo a permitir a identificação do impacto relativo ao aumento ou diminuição do preço da matéria-prima no custo final do produto. DISTRITO FEDERAL. Tribunal de Contas. Processo nº 2.621/1997. Disponível em: http://www.tc.df.gov.br. Acesso em 26 jan. 2011.

dimensão das atividades prestadas por outras distribuidoras e não tem a finalidade específica de distribuir combustíveis a órgãos públicos.[729]

A propósito, eventualmente vem à baila a Resolução nº 7/1963, do Conselho Nacional do Petróleo, publicada no Diário Oficial de 09 de setembro de 1963, que, segundo alguns, permitiria a contratação da Petrobrás Distribuidora sem licitação.[730] A norma em tela não tem esse conteúdo, e se o tivesse, não teria mais validade frente ao atual ordenamento jurídico.

Por outro lado, se o serviço ou a produção estiverem sendo realizados em caráter de monopólio, o enquadramento legal da contratação direta estaria nos incisos I e II do art. 24 ou mesmo no *caput* do art. 25, em face da inviabilidade de competição, mas deveria ocorrer nos estritos termos do monopólio. Em alguns casos, entidades criadas para a realização de serviço ou produção em caráter de monopólio - que, a propósito, só pode ser exercido se houver previsão constitucional, porque restringe o ingresso de particulares no desenvolvimento da atividade econômica, afetando o princípio da livre iniciativa - tendem a expandir o seu objeto e concorrer com a iniciativa privada. Seria o caso de os Correios confeccionarem os envelopes de uma loja, uma empresa de saneamento dedicar-se à construção e reparos em esgotos internos de residências, ou de uma empresa de fornecimento de água realizar a construção de reservatórios de água e encanamento interno em propriedades privadas, conservação de piscinas etc.

Nesse aspecto, para avaliar a possibilidade da contratação direta, volta-se aos parâmetros definidos anteriormente: se, na criação dos órgãos, a prestação dos serviços ou a produção dos bens, mesmo fora do âmbito do monopólio, para a Administração Pública, constitui finalidade específica da entidade criada, não há óbice à sua contratação direta, com supedâneo nesse inciso VIII.

---

729 a) a jurisprudência é pacífica a respeito, mas merece ser citado o parecer da Secretaria do Tesouro Nacional/CONED nº 89, de 28 de março de 1994, na linha do entendimento exposto.

b) o teor desse parágrafo fundamentou decisão do TCU, na qual o relator deixou assentado: "[...] a firme jurisprudência do Tribunal, no sentido de que a aquisição de combustível sujeita-se a processo licitatório, na forma do art. 2º da Lei nº 8.666/93, não se aplicando ao caso a hipótese de dispensa de licitação prevista no art. 24, VIII, do mesmo diploma legal, conforme Decisões nºs 118/98 - 2ª Câmara e 253/97 - Plenário e Acórdãos nºs 29/92 e 56/99, ambos do Plenário. Essa uniformidade da jurisprudência, aliás, foi o motivo que levou o Relator a considerar desnecessário firmar entendimento sobre a matéria, acreditando ser suficiente expedir determinações às unidades em questão. Seguem a mesma orientação, além das deliberações mencionadas, os Acórdãos nºs 142/96 - 2ª Câmara, 38/99 - 1ª Câmara e 1.481/2005 - 1ª Câmara". BRASIL. Tribunal de Contas da União. Processo nº 015.376/1997-4. Acórdão nº 2063/2005 - Plenário. **Diário Oficial da União [da] República Federativa do Brasil**, Brasília, DF, 09 dez. 2005, seção 1, p.123-125.

730 BRASIL. Tribunal de Contas da União. Processo nº TC-004.906/95-0. Decisão nº 165/1995 - 1ª Câmara. Relator: Ministro Homero Santos. **Diário Oficial da União [da] República Federativa do Brasil**, Brasília, DF, 24 jul. 1995. Seção 1, p. 11087-8.

9.2.4. criação anterior à Lei nº 8.666/1993

A Lei nº 8.883/1994, quando alterou a Lei nº 8.666/1993, fez inscrever esse limite temporal como condição *sine qua non* para a contratação direta.

Superiores interesses de conter a expansão estatal, notadamente no momento em que se discute o seu verdadeiro papel, levaram o legislador a limitar a contratação direta aos órgãos e entidades criados anteriormente à sua vigência.

Não fica com isso vedado à Administração criar outros órgãos, após o advento da Lei nº 8.666/1993, mas, tão-somente, contratar diretamente, isto é, sem o adequado processo licitatório, seus serviços ou produtos.

Releva notar, além do que foi discutido no tópico anterior sobre alteração das finalidades do órgão ou entidade, que o legislador não guardou simetria ao promover tal restrição, pois, logo adiante, no inciso XVI, permitiu que a criação do órgão se efetivasse a qualquer tempo para os serviços ali descritos. Embora de natureza mais restritiva em relação ao objeto a ser contratado, é fato que ficou amplamente admitida a possibilidade da contratação direta naquele dispositivo.

Importante registro deve ser feito em relação à data-limite da criação do órgão ou entidade para que possa se efetivar a dispensa de licitação: embora a restrição temporal tenha seus efeitos iniciados em 8 de junho de 1994, com a Lei nº 8.883/1994, o limite a ser considerado é o da vigência da Lei nº 8.666/1993. Assim, os órgãos ou entidades criados entre 22 de junho de 1993 e 8 de junho de 1994 não podem ser beneficiários dessa dispensa de licitação, pois, conquanto a restrição só tenha sido erigida a partir da última data, atualmente é indeclinável que o limite temporal foi fixado com a retroação à vigência da Lei nº 8.666/1993.

9.2.5. preço compatível com o mercado

Esse requisito é enfatizado no inciso em comento, apesar de igual obrigação ter sido imposta, genericamente, no art. 26, inciso III.[731]

Na fase da licitação, quando esta é necessária, a Comissão deve declarar a compatibilidade dos preços[732] ofertados com os praticados no mercado, como

---

731 O TCU recomenda incluir a justificativa da escolha do fornecedor e do preço pago, no caso de dispensa, inexigibilidade ou de retardamento, de acordo com o parágrafo único do art. 26 da Lei nº 8.666/93. BRASIL. Tribunal de Contas da União. Processo nº TC-585.125/96-0. Acórdão nº 584/1997 - 1ª Câmara. Relator: Ministro Marcos Vinicios Vilaça. **Diário Oficial [da] República Federativa do Brasil**, Brasília, DF, 12 dez. 1997. Seção 1, p. 29885. **No mesmo sentido**: Processo nº TC-007.832/2002-6. Acórdão nº 712/2003 - 2ª Câmara. Relator: Ministro Guilherme Palmeira. **Diário Oficial [da] União**, Brasília, DF, 16 maio 2003. Seção 1.

expressamente dispõe o art. 43, inciso IV. Já nos casos de dispensa e inexigibilidade, o art. 25, § 2º, dispõe expressamente que, se comprovado o superfaturamento,[733] responderão solidariamente pelo dano causado à Fazenda Pública o fornecedor ou prestador do serviço e o agente público responsável, sem prejuízo de outras sanções legais cabíveis.

Mesmo no caso desse inciso, portanto, deverá o responsável pela contratação direta sem licitação demonstrar no processo a compatibilidade dos preços cobrados com os praticados no mercado, significando que compatível é o que se ajusta a uma média do mesmo, sendo despiciendo que seja o mais vantajoso, ou o menor: há de ser compatível, razoável, tão-somente.

Poderiam os menos avisados sustentar que, nessa hipótese, não há dano à Fazenda Pública, vez que os recursos, mesmo que superfaturada a contratação, continuam integrando a Administração Pública, *lato sensu*, e em qualquer cofre os recursos estariam voltados à satisfação do interesse público.

Tal argumentação, à primeira vista sedutora, não deve ser acolhida, visto que chancela, com o desvio de finalidade, o carreamento dos recursos públicos para destinatário diverso do pretendido pela Lei Orçamentária, maculando com a eiva de ilegalidade a sua prática.

Questão que impõe certa reflexão foi formulada no I Seminário de Direito Administrativo, promovido pela Editora Novas Dimensões Jurídicas (NDJ), na cidade do Recife, em novembro de 1994, consistindo na exposição do seguinte fato: um determinado Município decidiu constituir uma empresa pública para construir e reformar prédios públicos. Se uma determinada Secretaria contratasse essa empresa, necessitaria fazer pesquisa de mercado para verificar os preços, ou, como a própria empresa pública contratada promove a prévia pesquisa de preços para licitar seus serviços (subcontratando-os), seria dispensável que a Secretaria contratante avaliasse o preço de mercado? A resposta foi no sentido de que compete ao órgão contratante

---

[732] Recomenda o TCU que fiquem anexadas ao processo as publicações legais relativas às inexigibilidades e dispensa de licitação e aos extratos de contratos e termos aditivos (parágrafo único, art. 61 da Lei nº 8666/93) e as consultas de preço, visando à aferição da compatibilidade dos preços propostos. BRASIL. Tribunal de Contas da União. Processo nº TC-625.132/97-1. Decisão nº 733/1998 - Plenário. Relator: Ministro Humberto Guimarães Souto. **Diário Oficial [da] República Federativa do Brasil**, Brasília, DF, 06 nov. 98. Seção 1, p. 47 a 49. **No mesmo sentido**: Processo nº TC-001.041/2000-4. Acórdão nº 159/2002 - Plenário. Relator: Ministro Adilson Motta. **Diário Oficial da União [da] República Federativa do Brasil**, Brasília, DF, 20 maio 2002. Seção 1.

[733] O ônus da prova é do corpo técnico. BRASIL. Tribunal de Contas da União. Processo nº TC-015.669/92-0. Acórdão nº 72/1996 - 1ª Câmara. Relator: Ministro Carlos Átila Álvares da Silva. **Diário Oficial [da] República Federativa do Brasil**, Brasília, DF, 16 set. 1996. Seção 1, p. 18394.

verificar a compatibilidade de preços.[734] Não raro, são os casos em que a intermediação, supervisão ou fiscalização promovida por um órgão público acabam por onerar a Administração Pública, carreando, por via oblíqua, recursos públicos para uma "empresa" do organismo estatal, onerando o contribuinte com o acréscimo de preços. Com isso, essas empresas, sob o pretexto de serem superavitárias, fomentam a multiplicação de uma privilegiada política de recursos humanos, dividindo os lucros, colocando em proveito de poucos o que foi obtido de muitos pela via compulsória do imposto.

9.3. constitucionalidade do inciso

Encontram-se referências sobre a inconstitucionalidade do dispositivo, por ferir o princípio da isonomia, vez que exclui órgãos da Administração criados posteriormente sem justificativa plausível ou lógica. Também seria inconstitucional o inciso, porque interfere na possibilidade de auto-organização das administrações estaduais e municipais. Outras correntes, ainda, vislumbram que o dispositivo pode ser inconstitucional, se utilizado para contratar com órgão público objeto pertinente à atividade econômica fora das hipóteses permitidas ao Estado.

Em princípio, parecem improcedentes tais argumentos, vez que há uma justificativa de natureza política a fundamentar a exclusão da possibilidade de contratação direta dos órgãos criados posteriormente à promulgação da lei: evitar a continuidade da expansão do aparelho estatal e garantir que as novas pessoas jurídicas criadas e vinculadas ao Estado ficassem restritas ao atendimento dos requisitos do art. 173 da Constituição Federal, quais sejam, o exercício de atividade econômica por imperativo de segurança nacional ou relevante interesse coletivo. Efetivamente, não pode o Poder Público continuar, por intermédio de criação de empresas que se estabelecem como verdadeiras

[734] Neste sentido o TCU recomendou: "[...] 2.1.21. realize pesquisa prévia de preços, mesmo nos casos de dispensa, com vistas a definir o orçamento estimado exigido no art. 40, § 2º, inciso II, bem como para propiciar a conferência das propostas com os preços de mercado, nos termos do art. 43, inciso IV, ambos da Lei nº 8.666/1993 (Acórdão nº 2602/2003 - 1ª Câmara; Decisão nº 347/94 - Plenário; Decisão nº 627/1999 - Plenário) [...]." BRASIL. Tribunal de Contas da União. Processo nº TC-007.665/2005-0. Acórdão nº 822/2006 - 2ª Câmara. Relator: Ministro-Substituto Lincoln Magalhães da Rocha. **Diário Oficial [da] República Federativa do Brasil**, Brasília, DF, 18 abr. 2006. Seção 1, p. 142. Nota: a melhor interpretação não abona esse entendimento, pois a exigência de estimativa de preços na contratação direta não decorre dos dispositivos citados, mas do art. 7º, § 2º, III c/c 7º § 9º.

reservas de mercado acabar por obstruir a livre concorrência, que é um dos princípios fundamentais da República.[735]

Por outro lado, a União, no inciso em comento, não impediu a criação de empresas estatais por parte de Estados e Municípios, mas apenas no âmbito da competência constitucional privativa (v. art. 22, XXVII), como norma geral, vedou que tais entidades fossem apaniguadas com a possibilidade de contratação direta sem licitação. Poderão, as que forem criadas após a Lei nº 8.666/1993, ser contratadas, desde que sejam vencedoras do certame licitatório.

9.3.1. entidade que explora atividade econômica

Por força de mandamento constitucional,[736] ao poder público é vedado exercer atividade econômica em respeito fundamental do país que assegura a livre iniciativa[737]. Essa proibição tem duas exceções também consagradas na Constituição: quando houver possibilidade de comprometimento da segurança nacional ou relevante interesse coletivo.

O Supremo Tribunal Federal assentou interpretando a regra constitucional que a "legitimidade da participação do Estado na economia se fundamenta em três conceitos fundamentais: segurança nacional, serviço público econômico e interesse público." [738]

Desse modo, vem alguns sustentando que se a entidade exerce atividade econômica não poderá ser contratada com fundamento no inciso VIII, do art.24, ora em comento[739]. Acrescem outros ainda que como a regra é a licitação se for viável a competição a dispensa não pode prevalecer.

Ambas as teses pretendem reduzir o abuso da aplicação da norma; igualmente ambas inserem restrições não previstas na Lei. A atuação de uma entidade além da órbita admitida pela Constituição, não pode refletir sobre o agente público que promove a dispensa. Encontrando a atuação exorbitante, o órgão de controle deve ingressar com as ações pertinentes, recomendando o fato ao Ministério Público, e , se for Tribunal de Contas, negando a eficácia de

---

[735] BRASIL. **Constituição da República Federativa do Brasil**. Organização dos textos e índice por J. U. JACOBY FERNANDES. 1. ed. Atualizada até Abril de 2007. Belo Horizonte: Fórum, 2007. Arts. 1º, IV, e 170, IV.

[736] BRASIL. **Constituição da República Federativa do Brasil**. Organização dos textos e índice por J. U. JACOBY FERNANDES. 1. ed. Atualizada até Abril de 2007. Belo Horizonte: Fórum, 2007. Confira o art. 173.

[737] *Ibidem*, art. 1º, inc. IV.

[738] BRASIL. Supremo Tribunal Federal. Processo Recursos Extraordinário nº 220.906 – DF. **Informativo do STF** nº 213 (transcrições).

[739] Nesse sentido: RODRIGUES, Eduardo Azeredo. Da dispensa de licitação na contratação de órgão ou entidade exploradora de atividade econômica. **Direito Federal** – Revista da Associação dos Juízes Federais do Brasil, Rio de Janeiro, n. 73, p. 81-92, jun. 2003.

Lei ou ato normativo, como autoriza o Supremo Tribunal Federal em matéria sumulada. O que parece inadequado é pretender que o gestor público não utilize a norma porque a entidade tem sua criação contrária à Constituição.

Com relação ao segundo argumento - impossibilidade de aplicação do art. 24, inc. VIII diante de eventual viabilidade de competição, o erro é manifesto. Ser viável ou não a competição é requisito da aplicação do art.25 que cuida da inexigibilidade de licitação.

O interesse de restringir a aplicação do inc VIII do art. 24 é plenamente satisfeito pela exigência dos requisitos "fim específico do objeto" e "compatibilidade de preços" vistos.

Quanto à constitucionalidade, por ferir os fundamentos da ordem econômica, há que se vislumbrar a situação mediante análise de caso a caso. É que a Constituição, por exceção, admite[740] a exploração de atividade econômica pelo estado diante de imperativo da segurança nacional ou de relevante interesse coletivo, conforme definido em lei. Portanto, não é o fato de haver dispositivo assegurando a contração direta que legitimará a sua constitucionalidade, mas sim o uso que faz da norma e o que pretende realizar com a gestão que levará a merecer elogio ou censura determinado ato.

10. Segurança nacional

Dispõe a Lei nº 8.666/1993, art. 24, *in verbis*:

> Art. 24. É dispensável a licitação:
>
> [...]
>
> IX - quando houver possibilidade de comprometimento da segurança nacional, nos casos estabelecidos em decreto do Presidente da República, ouvido o Conselho de Defesa Nacional;

Deve ser observado que o dispositivo não é restrito aos órgãos encarregados da defesa nacional. Sua abrangência é mais ampla, admitindo-se, pelo menos em tese, que qualquer órgão, empresa ou pessoa física seja beneficiária da dispensa, bastando para isso a satisfação dos demais requisitos estabelecidos pela lei: possibilidade de comprometimento da segurança nacional, requisito de mérito, e que o caso seja estabelecido pelo Presidente da República, em decreto, com audiência do Conselho de Defesa Nacional, ambos requisitos de forma.

---

[740] Idem à nota 737, art. 1º, IV, 170, IV e art. 173.

10.1. comprometimento da segurança nacional

Deve ser notado que a possibilidade de comprometimento deve ser real e efetiva, sendo que a contratação direta é a forma adequada de afastar os riscos à segurança nacional, no juízo do Presidente da República com a audiência do Conselho de Defesa Nacional (CDN).

Embora o conceito de comprometimento da segurança nacional seja aferível, a relação inclui certa dose de discricionariedade e pode referir-se a bens, serviços ou obras, indistintamente.

O dispositivo delineia a possibilidade de comprometimento da segurança nacional, afastada desde logo a extensão de hipóteses semelhantes serem geridas em âmbito estadual ou municipal. Só se refere o dispositivo à segurança nacional, definindo com precisão o âmbito da ocorrência do bem jurídico que se pretende tutelar: nacional. Não podem Municípios, Estados ou o Distrito Federal ampliar essa hipótese ou sequer confundi-la com segurança pública ou segurança local.[741]

Como em outros dispositivos, nesse caso, o plano da elaboração da lei, houve confronto entre dois princípios: o da licitação e o da segurança nacional, entendendo o legislador que deveria prevalecer o segundo sobre o primeiro nos limites que definiu. O risco à segurança nacional poderia advir de diversos procedimentos ínsitos ao processo licitatório, como, por exemplo:

- publicidade ou divulgação da realização da obra, serviço ou fornecimento pretendido pelo Estado brasileiro, pois nesse caso haverá dispensa de publicidade do procedimento instituído pelo art. 16, parágrafo único, da Lei nº 8.666/1993;
- escolha de proposta mais vantajosa, quando, por exemplo, motivos relacionados à capacidade de "mobilidade" nacional recomendarem que seja contratada empresa nacional, em detrimento de outra possível proposta mais vantajosa de empresa estrangeira, com o fim único de assegurar o aparelhamento da indústria bélica nacional;
- prazo dos procedimentos, quando o decurso dos lapsos temporais impostos pela Lei nº 8.666/1993 sejam incompatíveis com determinado fato, diretamente relacionado com a segurança nacional.

---

[741] Em sentido contrário: SOUTO, Marcus Juruena Villela: **Licitações & contratos administrativos**. Rio de Janeiro: Esplanada/ADCOAS, 1993, p. 92.

Cabe assinalar, contudo, que esse dispositivo não é um "cheque em branco" passado pelo legislador em proveito dos que se dedicam a zelar pela segurança nacional ou que, de algum modo, lhes permita permanente fuga do procedimento licitatório. O uso ficou vinculado à causa - segurança nacional - e ao prudente arbítrio do Chefe do Poder Executivo federal, com a participação do CDN.

10.2. caso SIVAM e financiamento externo

Os comentários a esse dispositivo estariam incompletos se não fosse feita referência ao memorável caso SIVAM, devido à atenção que despertou junto à comunidade nacional, e porque, a princípio, estaria sendo violada a regra que impede licitar o objeto e o respectivo financiamento.[742]

Submetido a exame do TCU, entendeu o relator:

> Assim, sob os dois prismas, podemos verificar que a exigência estatuída no Decreto nº 892/1993, quanto à obtenção de financiamento por parte das empresas participantes da competição levada a cabo pela CCSIVAM, não se afigurou como procedimento ilegal, não tendo ferido o espírito da lei das licitações.
>
> [...]
>
> O Tribunal Pleno, diante das razões expostas pelo Relator, com fulcro nos arts. 1º, I, 41, II, e 43, I, todos da Lei nº 8.443/92, DECIDE:
>
> 8.1. considerar regulares os procedimentos adotados pelo Ministério da Aeronáutica objetivando a seleção e contratação da firma fornecedora de equipamento para o projeto SIVAM.[743]

Desse modo, criou-se precedente admitindo que o Decreto regulamente questão atinente à segurança nacional, inclusive afastando a vedação do art. 7º § 3º da Lei nº 8.666/1993.

10.3. casos estabelecidos em decreto do Presidente da República

Nesse ponto, o dispositivo define a forma do ato administrativo: há que ser, necessariamente, por decreto do Presidente da República.

---

[742] BRASIL. **Lei nº 8.666/93 (Versão Bolso).** Organização dos textos e índice por J. U. JACOBY FERNANDES. 12. ed. amp., rev. e atual. Belo Horizonte: Fórum, 2010. Q. cfr. art. 7º, § 3º.

[743] BRASIL. Tribunal de Contas da União. Processo nº TC-003.974/96-0 [Sigiloso]. Decisão nº 806/1996 - Plenário. Relator: Ministro Adhemar Paladini Ghisi. **Diário Oficial [da] República Federativa do Brasil**, Brasília, DF, 16 jan. 1997, Seção 1.

Dúvidas poderiam ser suscitadas quanto à possibilidade de, por meio de Decreto, o Presidente da República transferir a competência para outros órgãos, como, por exemplo, o Ministério da Defesa. Seria delegável tal competência?

A melhor exegese recomenda que o dispositivo se refere a "casos", e não propriamente que o Presidente, em cada caso, baixará um decreto, coisa bem distinta. Caberia um regramento infralegal definindo os casos, genericamente, e a delegação a outro órgão para avaliar *de per si* o enquadramento da situação fática ao comando normativo referido.

10.4. audiência do Conselho de Defesa Nacional

A audiência do CDN foi estabelecida pela lei, havendo pronunciamentos da doutrina questionando a constitucionalidade desse procedimento, vez que estaria estatuindo competência além da prevista no art. 91 da Constituição Federal.[744]

O assunto não é, todavia, pacífico, pois casos haverá em que a própria autorização para o afastamento do certame licitatório implicará o reconhecimento jurídico de uma situação fática da atribuição do CDN.

Por outro lado, sendo a competência genérica estabelecida na Constituição Federal, pode a lei discipliná-la no detalhamento, sendo, porém, vedado inová-la. Nesse contexto, afigura-se possível o exercício dessa competência.

A audiência, segundo parece, pode dar-se posteriormente, ficando a validade e também a eficácia do ato pendentes do *referendum* desse colegiado. Igualmente, pode incidir sobre o decreto de caráter normativo, a que se referiu anteriormente, ou a cada decreto estabelecido para cada caso concreto.

10.5. Decreto nº 2.295/1997

Em feliz iniciativa, que inclusive contornou com mestria a questão da constitucionalidade, o presente inciso foi regulamentado pelo Decreto nº 2.295, de 4 de agosto de 1997, que dispensa a licitação para compras e contratações de obras ou serviços quando a revelação de sua localização, necessidade, característica do seu objeto, especificação ou quantidade coloque em risco objetivos da segurança nacional.

[744] JUSTEN FILHO, Marçal. **Comentários à lei de licitações e contratos administrativos**. 11 ed. São Paulo: Dialética, 2005, p. 249-250.

O Decreto nº 2.295/1997 enumera restritivamente as possibilidades de contração direta, ficando os casos não elencados, que porventura venham a surgir, submetidos à apreciação do Conselho de Defesa Nacional. São eles:

1. aquisição de recursos bélicos navais, terrestres e aeroespaciais;
2. contratação de serviços técnicos especializados na área de projetos, pesquisas e desenvolvimento científico e tecnológico;
3. aquisição de equipamentos e contratação de serviços técnicos especializados para a área de inteligência.

Há que se observar, ainda, que, além da justificativa quanto à escolha do preço e fornecedor, o diploma legal, *in fine*, exige também a ratificação da justificativa pelo titular da pasta ou órgão que tenha prerrogativa de Ministro de Estado.[745]

10.6. dispositivos correlatos

É conveniente lembrar que o art. 26 estabelece procedimento inafastável para a regularidade da dispensa e inexigibilidade de licitação, entre os quais o dever de publicar a razão de escolha do fornecedor, a caracterização da situação e a justificativa do preço. Não é todo contrato que tenha objeto relacionado à segurança nacional que deve ter a chancela de sigilo, razão pela qual se entende que não poderia o legislador pátrio obviar genericamente o princípio da publicidade dos atos praticados com fundamento nesse dispositivo.

Na tentativa de regular o assunto, a Lei nº 8.666/1993 estabeleceu, no seu art. 16, um procedimento que obriga os órgãos da Administração a darem publicidade, mensalmente, à relação de todas as compras feitas, excetuando-se as decorrentes de dispensa de licitação promovidas com base nesse inciso, conforme esclarece o parágrafo único.

Nos casos em que for imperioso o sigilo, devem ser adotados os procedimentos instituídos pelo Decreto nº 4.553/2002[746] e Lei nº 8.159/1991.[747]

Há ainda outro dispositivo da lei que apresenta correlação com o presente: trata-se do inciso XIX, concernente à compra de materiais de uso das

---

[745] Consulte a propósito do esforço para padronização e catalogação a Portaria Normativa n.º 1669/MD, de 3 de dezembro de 2008. **Diário Oficial da União [da] República Federativa do Brasil**, Brasília, DF, 4 dez. 2008.

[746] BRASIL. Decreto nº 4.553, de 27 de dezembro de 2002. Dispõe sobre a salvaguarda de dados, informações, documentos e materiais sigilosos de interesse da segurança da sociedade e do Estado, no âmbito da Administração Pública Federal, e dá outras providências. **Diário Oficial da União [da] República Federativa do Brasil**, Brasília, DF, 20 dez. 2002.

[747] BRASIL. Lei nº 8.159, de 08 de janeiro de 1991. Dispõe sobre a política nacional de arquivos públicos e privados, e dá outras providências. **Diário Oficial da União [da] República Federativa do Brasil**, Brasília, DF, 09 jan. 1991.

Forças Armadas, cuja efetivação também depende da audiência de uma Comissão, mas os assuntos são diferentes, razão pela qual se remete o leitor aos comentários daquele dispositivo.

11. Compra ou locação de imóvel para finalidades precípuas da Administração

Dispõe a Lei nº 8.666/1993, art. 24, *in verbis*:

> Art. 24. É dispensável a licitação:
>
> [...]
>
> X - para a compra ou locação de imóvel destinado ao atendimento das finalidades precípuas da Administração, cujas necessidades de instalação e localização condicionem a sua escolha, desde que o preço seja compatível com o valor de mercado, segundo avaliação prévia;

Trata-se, em verdade, de hipótese de inexigibilidade de licitação, visto que, uma vez existindo apenas um imóvel que satisfaça ao interesse da Administração, estará caracterizada a inviabilidade jurídica de competição. Nesse caso, se tão-somente um imóvel[748] é que atende às necessidades, não haverá licitação, tendo o legislador preferido colocar a hipótese entre os casos de dispensa, embora isto seja doutrinariamente condenável.

11.1. necessidade de instalação e localização condicionando a escolha

O principal ponto de reflexão, que merece a maior cautela, é exatamente a questão da definição dos fatores determinantes da identificação do objeto pretendido pela Administração, pois esse dispositivo não está isolado na lei, devendo ser harmonizado com as restrições do art. 3º, § 1º, I, e art. 7º, § 5º e § 9º que proíbem a indicação de características exclusivas.

Poucas vezes vislumbra-se o estabelecimento de características em plena consonância com o interesse público. Exemplo prático poderia ser citado: uma Prefeitura, em convênio com a União, pretende instalar um posto do SINE ou outra entidade própria para o recrutamento de profissionais desempregados.

---

[748] a) O TCU, em pedido de reexame, julgou regular a compra de imóvel em fase de construção. BRASIL. Tribunal de Contas da União. Processo nº TC-525.072/95-0. Decisão nº 589/1997 - Plenário. Relator: Ministro Adhemar Paladini Ghisi. **Diário Oficial [da] República Federativa do Brasil**, Brasília, DF, 07 out. 1997. Seção1, p. 22460.

b) O inciso X do art. 24 não pode fundamentar a compra de imóvel inacabado. BRASIL. Tribunal de Contas da União. Processo nº TC-525.075/95-0. Decisão nº 70/1996 - Plenário. Relator: Ministro Carlos Átila Álvares da Silva. **Diário Oficial [da] República Federativa do Brasil**, Brasília, DF, 18 mar. 1996. Seção 1, p. 4535.

Tendo optado por localizá-lo nas proximidades da rodoviária da cidade, constatou existir apenas um imóvel com o espaço mínimo necessário que atendesse a esse interesse. Sempre, porém, pode-se questionar por que o Poder Público, que pode desapropriar, prefere comprar ou alugar. A resposta é muito mais de fundo ideológico do que jurídico, vez que a desapropriação é reservada para casos extremos, preferindo-se sempre o meio mais democrático e em consonância com os princípios fundamentais da República.

As condições do imóvel devem atender também às prescrições do art. 12 da mesma lei, acrescidas da localização como elemento fundamental para o atingimento do interesse público pretendido pelo órgão.[749]

Nesse sentido, o TCU determinou ao TRT/RS a observância, no que concerne à dispensa de licitação para aquisição de imóveis, de que o enquadramento no art. 24, inciso X, da Lei nº 8.666/1993 somente é possível quando a localização do imóvel for fator condicionante para a escolha.[750]

11.2. finalidades precípuas da Administração

Qualquer entidade da Administração pode ter dezenas de imóveis necessários para a operacionalização de suas atividades, mas apenas alguns estão dirigidos especificamente para as finalidades "precípuas" da Administração. Esse termo tem por sinônimo a ideia de "principal" ou "essencial", significando que o imóvel dirige-se à finalidade essencial da Administração.[751]

Parece razoável admitir que, distinguindo os órgãos de uma entidade numa organização sistêmica, entre os que se dedicam as atividades-meio e outros que se dirigem às atividades-fim, para os últimos poderiam ensejar

---

[749] A DAMF/SC fez contratação direta sem justificar. O TCU deixou de multar, porque já tinha feito recomendação. BRASIL. Tribunal de Contas da União. Processo nº TC-650.173/96-1. Decisão nº 99/1998 - Plenário. Relator: Ministro-Substituto José Antonio Barreto de Macedo **Diário Oficial [da] República Federativa do Brasil**, Brasília, DF, 07 ago. 1998. Seção 1, p. 15 a 17.

[750] BRASIL. Tribunal de Contas da União. Processo nº TC-625.362/95-0. Decisão nº 337/1998 - 1ª Câmara. Relator: Ministro Carlos Átila Álvares da Silva. **Diário Oficial [da] República Federativa do Brasil**, Brasília, DF, 19 nov. 1998. Seção 1, p. 78. **No mesmo sentido**: Processo nº TC-001.026/1998-4. Acórdão nº 320/2002 - 1ª Câmara. Relator: Ministro Iram Saraiva. **Diário Oficial da União [da] República Federativa do Brasil**, Brasília, DF, 16 maio 2002. Seção 1.

[751] a) a publicação é formalidade essencial e não deve ser olvidada. Nesse sentido o TCU recomendou: "providencie a formalização adequada dos atos referentes às aquisições de imóveis destinados às suas atividades precípuas, inclusive a publicação na imprensa oficial, conforme estabelecido no art. 26 da Lei n. 8.666/1993". BRASIL. Tribunal de Contas da União. Processo nº TC-010.666/2004-1. Acórdão nº 992/2006 - 2ª Câmara. **Diário Oficial da União [da] República Federativa do Brasil**, Brasília, DF, 28 abr. 2006, p. 165.

b) O TCDF decidiu que, no caso de locação de imóvel destinado ao uso de órgão público, é cabível a dispensa de licitação, com fundamento no art. 24, inciso X, da Lei nº 8.666/93. Processo nº 5.515/1994. Decisão nº 1.246/1995, de 07 de março de 1995. Disponível em: http://www.tc.df.gov.br. Acesso em 26 jan. 2011.

compra ou locação com dispensa de licitação se, para a concretização de suas tarefas, fosse imprescindível locar ou adquirir um imóvel que pelas suas características tivesse se tornado único.

Luxo, opulência e fatores históricos ligados à burguesia não devem ser considerados como condicionantes, vez que não se coadunam com as finalidades precípuas da Administração.

A propósito, releva observar que, com a edição da Lei nº 8.025, de 28 de maio de 1990, regulamentada pelo Decreto nº 99.266, de 28 de maio de 1990, ficou vedada a aquisição, construção ou locação de imóvel residencial no Distrito Federal por órgão da Administração Pública Federal, para ocupação por seus servidores, bem como a renovação dos contratos de locação em vigor.

11.3. avaliação prévia e compatibilidade de preços

Sobre este tema consulte o subitem "3.2. avaliação prévia", no capítulo 4.

Como referido anteriormente, a Lei nº 8.666/1993, em vários de seus dispositivos, exigiu expressamente que fosse feita a comparação com os preços praticados no mercado, embora no art. 26 tivesse estabelecido a necessidade dessa informação como condição imprescindível à regularidade da contratação direta. Muitas dúvidas têm sido suscitadas acerca de qual é o agente competente para proceder à avaliação.

No âmbito do Poder Judiciário, a questão é facilmente equacionável, visto que o procedimento de avaliação é rotineiro nas demandas, mostrando-se razoável que o balizamento legal seja aproveitado na esfera administrativa. Obviamente, terão maior possibilidade de resistir ao crivo do Poder Judiciário os procedimentos que são adotados com analogia aos praticados naquele âmbito.

Nesse diapasão, deve-se fixar como premissa que a competência jurídica de cada agente, pessoa física ou jurídica, provém da lei, sendo de lembrar antiga parêmia latina, segundo a qual não é competente quem quer, mas apenas quem a lei autoriza.

Prescindindo de conhecimentos especializados das áreas do conhecimento humano, a avaliação, por mais das vezes, integra o elenco de atividades privativas de determinada profissão regulamentada. Assim ocorre com a área de engenharia, entre outras.

Em Brasília, em parecer emitido pelo Ministério Público junto ao Tribunal de Contas do Distrito Federal, no Processo nº 5.521/1992, foi firmado entendimento no sentido de que essa regra inserta no CPC, pode e deve ser aplicada no âmbito das avaliações promovidas pela Administração, em face do princípio da legalidade e, também, pelo princípio lógico de que a avaliação é uma atividade de natureza técnica, não podendo ser realizada por qualquer pessoa.[752]

Desse modo, no caso específico de imóveis, a competência é de engenheiro. Sobreleva registrar que a avaliação deve necessariamente anteceder a compra ou a locação, e a inobservância de tal dispositivo pode acarretar penalidades a serem aplicadas pelas Cortes de Contas, nos termos dos arts. 57 e 58, inciso II, da Lei Orgânica do TCU.[753] Efetivamente, sendo a licitação caracterizada como ato administrativo formal (v. art. 4º, parágrafo único, da Lei nº 8.666/1993 o afastamento dos ditames da lei constitui infração legal de natureza grave e, portanto, punível. Sem a avaliação prévia, não há como aferir o preço praticado no mercado.[754]

Há, entretanto, caso julgado no TCDF em que se questionava a irregularidade da falta de avaliação prévia por parte do Banco de Brasília S.A., que locara espaço para instalação de posto em hipermercado de Brasília. O Tribunal julgou regular o procedimento, em caráter excepcional, cabendo, aqui, transcrever parte do voto, como forma de ilustração:

> A singularidade da locação em questão é manifesta, o que, de acordo com o que se expôs, contraditoriamente afasta a existência de avaliação prévia e induz à fixação de um preço único, que é cobrado de clientes do mesmo ramo de atividade nas demais lojas da locadora. Trata-se, pois, de adesão. Ou se aceitam as regras do locador ou se abre oportunidade para que outros concorrentes, que a elas se submetem, ofereçam os seus serviços com comodidade e eficiência, fator de inegável relevância nas relações entre as instituições bancárias, estatais ou não, e seus correntistas.[755]

Em outro caso, o Hospital Central da Aeronáutica procedeu à compra do imóvel pelo valor da média dos laudos de avaliação, contrariando imperativo

---

[752] Cabe destacar que o art. 4º e seu parágrafo único da Resolução CONFEA nº 345, de 27 de julho de 1990, dispõem: "Art. 4º. Os trabalhos técnicos indicados no artigo anterior, para a sua plena validade, deverão ser objeto de Anotação de Responsabilidade Técnica (ART), exigida pela Lei nº 6.496, de 7 de dezembro de 1977. *Parágrafo único*. As Anotações de Responsabilidade Técnica dos trabalhos profissionais de que trata a presente Resolução serão efetivadas nos CREAs em cuja jurisdição será efetuado o serviço."

[753] BRASIL. Lei nº 8.443, de 16 de julho de 1992. Dispõe sobre a Lei Orgânica do Tribunal de Contas da União e dá outras providências. **Diário Oficial [da] República Federativa do Brasil**, Brasília, DF, 17 jul. 1992.

[754] BORGES, Alice Gonzáles. Critério de Aceitabilidade de Preços nas Licitações. **Boletim de Licitações e Contratos** - BLC, nº 8/94. São Paulo: NDJ, p. 361.

[755] DISTRITO FEDERAL. Tribunal de Contas. Processo nº 5.337/95 (B). Disponível em: http://www.tc.df.gov.br. Acesso em 26 jan. 2011.

da Lei nº 8.666/1993 que autoriza a aquisição pelo preço de mercado. O fato foi denunciado pela imprensa. O TCU analisou e concluiu que, embora feito pela média dos valores, o valor estava compatível com o preço de mercado e mandou arquivar o processo.[756]

11.4. legislação correlata

É importante notar, sobre bens imóveis, que invariavelmente deverá ser pesquisada e consultada legislação correlata esparsa, a qual poderá normatizar supletivamente sobre o tema em questão.

A Lei nº 8.666/1993 ressalvou de sua incidência a situação dos imóveis da União, a exemplo do que fez o Decreto-Lei nº 2.300/1986, mandando que se lhes continuasse aplicando o Decreto-Lei nº 9.760,[757] de 5 de setembro de 1946.[758]

Esse precitado diploma estabelece regramento dirigido à alienação dos bens da Administração e não sobre aquisição, podendo-se dele extrair alguns parâmetros sobre a manutenção de tais bens no domínio da Administração Pública.

Mais importante para o tema em destaque foi, sob a égide do Decreto-Lei nº 2.300/1986, o Decreto nº 30, de 7 de fevereiro de 1991, que inovadoramente instituiu medida racionalizadora para a aquisição de bens imóveis federais, obrigando que a entidade interessada, antes de adquirir ou locar, consultasse o Departamento do Patrimônio da União para ser informada da disponibilidade de bem com as características almejadas.

Sobre o assunto, na edição anterior, sustentamos que "esse normativo está, em princípio, revogado, por ter a natureza regulamentar do referido Decreto-Lei".[759]

Evoluímos para entender a continuidade de sua eficácia, mesmo após o advento da Lei nº 8.666/1993, porque essa é geral e aquele decreto, especial.

---

[756] BRASIL. Tribunal de Contas da UniãoProcesso nº TC-014.833/95-6 (apenso nº TC-014.785/95-6). Decisão nº 671/1995 - Plenário. Relator: Ministro Adhemar Paladini Ghisi. **Diário Oficial da União [da] República Federativa do Brasil**, Brasília, DF, 12 dez. 1995, p. 22566.

[757] Alterado pela Lei nº 9.636 de 15 de maio de 1998. Dispõe sobre a regularização, administração, aforamento e alienação de bens imóveis de domínio da União, altera também o dispositivo do Decreto-Lei 2.398/1987. **Diário Oficial [da] República Federativa do Brasil**, Brasília, DF, 18 maio 1998.

[758] Q. cfr. artigo 88, parágrafo único, do Decreto-Lei nº 2.300/1986, e art. 121, parágrafo único, da Lei nº 8.666/1993.

[759] Em sentido contrário, sustentando que continua em vigor: VILLELA SOUTO, Marcus Juruena. **Licitações & Contratos Administrativos**. Rio de Janeiro: Esplanada/ADCOAS, 1993, p. 94.

Aplica-se, ao caso, portanto, a regra de que a lei que estabelece regra geral não altera nem revoga norma especial.[760]

Na esfera do Distrito Federal, a Lei Orgânica, que é a sua Constituição em sentido material, no art. 49, condicionou a aquisição por compra ou permuta à prévia avaliação e à autorização da Câmara Legislativa, além da necessidade de comprovação de interesse público.

a) prorrogação da locação

Em escólio ao art. 24, inciso X, examinado, observa Marcus Juruena Villela Souto que a legislação do Estado do Rio de Janeiro, Decreto Estadual nº 3.149/1980, já exigia que a contratação direta fosse justificada, nos termos que a lei agora se refere à explicitação das condicionantes da escolha. Há um importante precedente, em assunto conexo, registrado na jurisprudência do TCU. Examinando atos praticados no Banco Meridional, entendeu o zeloso corpo técnico ser irregular a prorrogação do contrato de locação por período superior a 60 meses.

O eminente relator do feito, no entanto, assim se manifestou:

> Em referência ao fato de o contrato de locação da agência do Meridional de Alvorada/RS vir sendo prorrogado desde 1985, esclareço que o art. 24 da Lei nº 8.666/1993, no seu inciso X, prevê a dispensa de licitação para compra ou locação de imóvel destinado ao atendimento das finalidades precípuas da Administração, cujas necessidades de instalação e localização condicionem a sua escolha, desde que o preço seja compatível com o valor de mercado, segundo avaliação prévia.
>
> Dessa maneira, não me parece que haja nenhum óbice legal às prorrogações sucessivas do referido contrato, uma vez que a lei permite a sua celebração através de dispensa do processo licitatório.[761]

Cabe obtemperar, divergindo, *data venia*, de ambas as exegeses expostas, que as prorrogações desse contrato são regulares, simplesmente porque a Lei nº

---

[760] BRASIL. Decreto-Lei nº 4.657 de 04 de setembro de 1942. Lei de introdução às nomas do direito brasileiro. **Diário Oficial [da] República Federativa do Brasil**, Brasília, DF, 09 set. 1942. Art. 2º, § 2º.

[761] BRASIL. Tribunal de Contas da União. Processo nº TC-625.062/96-5. Decisão nº 503/1996 - Plenário. Relator: Ministro Humberto Souto. **Diário Oficial [da] União**, Brasília, DF, 04 set. 1996. Seção 1, p. 17355.

8.666/1993 expressamente afasta a norma do art. 57 nos casos de contrato de locação em que o Poder Público é locatário.[762]

Esse tipo peculiar de ajuste segue as regras gerais da locação[763] e passa para prazo indeterminado,[764] sem ofensa ao art. 57, § 3º, simplesmente porque não incidente na hipótese.

Posteriormente à 7ª edição, o Tribunal de Contas da União veio firmar entendimento - portanto, sem efeitos pretéritos - recomendando que o prazo indeterminado não fosse aplicado. [765]

Tem-se, assim, o seguinte:

- não se aplicam aos contratos de locação as limitações de prazo do art. 57 da Lei nº 9666/1993;
- embora a Lei de locação - que é aplicável ao caso, Lei 8245/1991 - permita a prorrogação por vigência indeterminada, o TCU recomenda que sejam as prorrogações objeto de aditivos contratuais específicos;
- para cada aditivo deverá ser estabelecido prazo - e o TCU corretamente não fixou, nem poderia fazê-lo;
- esse prazo deve assegurar para a Administração a condição mais vantajosa.

Importa ainda observar que muitos investimentos já feitos no imóvel com adaptações podem e devem ser considerados como elemento do processo decisório da renovação. Vetores como legalidade, economicidade e oportunidade de reformas devem atuar de forma conjunta.

Ao ensejo, destaca-se que reiteradamente as leis de diretrizes orçamentárias da União têm vedado a realização de despesas com reformas voluptuárias, ou seja, meramente embelezadoras.[766]

---

[762] BRASIL. **Lei nº 8.666/93 (Versão Bolso).** Organização dos textos e índice por J. U. JACOBY FERNANDES. 12. ed. amp., rev. e atual. Belo Horizonte: Fórum, 2010. Conforme art. 62, § 3º, I.

[763] A locação de imóvel pela administração, conquanto regida por algumas regras de direito público, sofre maior influência de normas do direito privado, aplicando-se-lhe, na essência, a Lei do Inquilinato. Possível, inclusive a denúncia vazia. BRASIL. Tribunal Regional Federal da 4ª Região. Processo AC nº 950461885-5. Relator: Juiz Paulo Afonso B. Vaz. **Diário da Justiça [da] República Federativa do Brasil**, Brasília, DF, 11 nov. 1998, p. 485.

[764] BRASIL. Lei nº 8.245, de 18 de outubro de 1991. Dispõe sobre as locações dos imóveis urbanos e os procedimentos a elas pertinentes. **Diário da Justiça [da] República Federativa do Brasil**, Brasília, DF, 21 out. 1991. Art. 56, parágrafo único.

[765] BRASIL. Tribunal de Contas da União. Processo nº TC-002.210/2009-0. Acórdão nº 1.127/2009 - Plenário. Relator: Ministro Benjamin Zymler. **Diário Oficial da União [da] República Federativa do Brasil**, Brasília, DF, 01 jun. 2009. Seção 1.

b) sujeitos da locação

Em conclusão, cabe, ainda tecer algumas considerações sobre os sujeitos que estão aptos a firmar a relação locatícia aqui prevista. O dispositivo em estudo não esclarece se os bens, objeto de locação por parte da Administração, devem ser de particulares ou não. Pode ser que o legislador tivesse consciência da desnecessidade de tal afirmação, considerando que "os bens de uso comum do povo e os de uso especial estão fora do comércio jurídico de direito privado."[767] Mas a questão suscita dúvidas, tendo sido, inclusive, objeto de consulta[768] formulada pelo Presidente do TRE/SC ao Tribunal de Contas da União.

A consulta, embora não conhecida por aquela Corte, trouxe alguns esclarecimentos à questão, merecendo, pois a transcrição dos principais pontos. Do judicioso relatório do Ministro-Substituto Lincoln Magalhães da Rocha, depreende-se que, em relação à locação de imóvel por parte da União de bem particular, o tratamento jurídico é semelhante a de quaisquer outros locatários, com os seguintes benefícios:

a) prazo em quádruplo para contestação e em dobro para recorrer;

b) competência territorial para o foro de pessoas jurídicas;

c) necessidade da confirmação da sentença, conforme art. 475 do CPC.

Em outro ponto continua a esclarecer o relatório que, em se tratando de aquisição de imóvel de particular pela União:

> [...] concluímos tratar-se de bem de natureza especial, porque afetado a fim público. Todo bem público nesta situação não pode ser objeto de qualquer relação jurídica de ordem privada, dentre as quais está a locação (neste sentido, temos a Decisão nº 19/95 - Plenário, Ata nº 04/95, Processo nº TC-350.271/94-7). [...] Em nosso entendimento, a passagem de um bem imóvel privado ao domínio da União extingue o vínculo contratual anterior. Desta forma, não há que se falar em pagamento de aluguel, pois não há cabimento da União pagar aluguel a si mesma. Do exposto, entendemos que, em tese, deveriam os titulares dos possíveis

---

[766] Nesse sentido: Lei nº 11.514, de agosto de 2007. Dispõe sobre as diretrizes para a elaboração e execução da Lei Orçamentária de 2008 e dá outras providências. "Art. 25. Não poderão ser destinados recursos para atender a despesas com: I - início de construção, ampliação, reforma voluptuária, aquisição, novas locações ou arrendamentos de imóveis residenciais. [...]."

[767] DI PIETRO, Maria Sylvia Zanella. **Direito Administrativo**. São Paulo: Atlas, 2001, p. 372-373.

[768] BRASIL. Tribunal de Contas da União. Processo nº TC-650.032/98. Decisão nº 688/1998 - Plenário. Relator: Ministro-Substituto Lincoln Magalhães da Rocha. **Diário Oficial [da] União**, Brasília, DF, 19 out. 1998. Seção 1.

> órgãos públicos envolvidos recorrer à Secretaria de Patrimônio da União, a fim de dirimir qualquer dúvida quanto à utilização do imóvel. Acrescenta, ainda que a aquisição de bem imóvel pela União, cujo locatário é órgão da administração pública federal, não enseja o pagamento de aluguel, extinguindo-se o contrato de locação firmado com entidade privada."
>
> Em relação aos documentos exigidos para assinatura do contrato de locação, entendeu a Secretaria do Tesouro Nacional que a comprovação de regularidade com a seguridade social somente deve ser exigida de locadores pessoas jurídicas.[769]

12. Contratação de remanescente de obra, serviço ou fornecimento

Dispõe a Lei nº 8.666/1993, art. 24, *in verbis*:

> Art. 24. É dispensável a licitação:
>
> [...]
>
> XI - na contratação de remanescente de obra, serviço ou fornecimento, em consequência de rescisão contratual, desde que atendida a ordem de classificação da licitação anterior e aceitas as mesmas condições oferecidas pelo licitante vencedor, inclusive quanto ao preço devidamente corrigido;

12.1. noções

A licitação, como regra, esgota-se com a adjudicação, que é a proclamação do vencedor do certame seletivo. Em princípio, só o primeiro colocado passa a ter direitos ou, como ainda entendem alguns, expectativas de direito oponíveis perante a Administração Pública.[770]

---

[769] Nesse sentido: Secretaria do Tesouro Nacional. Mensagem PROFS CONED/STN, sem número, de 12.11.93, origem DRTN/SE. Disponível no site www.jacoby.pro.br.

[770] a) Considerando que com a Lei nº 8.666/1993 a anulação e a revogação passaram a ser atos vinculados, vencer a licitação constitui, em princípio, direito a ser contratado. Nessa linha de entendimento, decidiu o TCU que o desfazimento da licitação deve ser precedido de oportunidade de ampla defesa e contraditório, não bastando a simples alegação de vício ou de interesse público, sendo necessário que a Administração demonstre o motivo invalidatório. BRASIL. Tribunal de Contas da União. Processo nº TC-650.012/95-0. Decisão nº 340/1995 - Plenário. **Diário Oficial da União [da] República Federativa do Brasil**, Brasília, DF, 7 ago. 1995. Seção 1, p. 11815.

b) Em sede cautelar, o juiz proibiu a realização de nova licitação para o mesmo objeto, em face da revogação desmotivada de licitação anterior, até que o órgão motivasse o ato revogatório, nos termos do art. 49 da Lei nº 8.666/1993. DISTRITO FEDERAL. Tribunal de Justiça do Distrito Federal e Territórios. Processo nº

Em dois casos, porém, o legislador pátrio ressalvou a possibilidade de contratar o segundo colocado ou os classificados remanescentes de um processo licitatório:

- num primeiro caso, estabeleceu o art. 64, § 2º, que, se o primeiro colocado numa licitação não comparecer para assinar o contrato, nos termos da convocação ou retirar o instrumento equivalente, a Administração poderá convocar os licitantes remanescentes, observando a ordem de classificação;
- no segundo caso, de que trata este inciso XI do art. 24, a hipótese é diversa: aqui, houve um contrato assinado e o início da obra, serviço ou fornecimento, mas o pacto foi rescindido. Para dar continuidade, pode também a Administração aproveitar a licitação anterior e convocar os licitantes remanescentes, observada a ordem de classificação, para dar continuidade ao ajuste interrompido.

12.2. vinculação à proposta do licitante vencedor

Em ambos os casos, porém, os licitantes remanescentes, se aceitarem, estarão vinculados à proposta do licitante classificado em primeiro lugar no certame; não só ao preço, como também a todas as condições ofertadas, integralmente. A proposta que o licitante remanescente formulou à Administração será desprezada, não intervindo de qualquer modo no ajuste: ou ele aceita as condições ofertadas pela Administração, que estará balizada, repita-se, integralmente, pelas condições constantes da proposta do licitante vencedor ou não. Inexiste qualquer possibilidade de negociação, acertamento, conciliação ou alteração equivalente.

12.3. prazo de validade da proposta do licitante

Não se pode falar em prazo de validade da proposta, a que se refere o § 3º do art. 64, porque os licitantes remanescentes não estão obrigados a sujeitar-se à proposta formulada por um terceiro. Nem mesmo a Administração está obrigada a convocar os licitantes remanescentes, podendo, se preferir, realizar nova licitação, ainda que não decorrido o prazo de validade e haja interesse do

AC 67.726/97. Relator: Desembargador Arnoldo Camanho. Arquivado desde 2001: http://www.tjdft.jus.br. Acesso em 26 jan. 2011.

segundo ou terceiro colocado em assinar o contrato ou continuar com o remanescente do contrato anterior.[771]

É importante notar que o entendimento do STJ é de que o prazo de validade da proposta não é peremptório, mas de simples termo liberatório dos compromissos assumidos pelo proponente.[772]

12.4. requisitos

12.4.1. existência de licitação anterior

A hipótese em comento só poderá ocorrer validamente se tiver havido uma licitação anterior para a contratação do mesmo objeto. Se, por algum motivo, essa foi dispensada, ainda que tenha havido um rol de interessados classificados, descabe invocar este dispositivo para proceder à contratação direta. Trata-se de *conditio sine qua non*. Para os fins desse dispositivo, não há prazo de validade da licitação anterior: durante todo o curso do contrato, a faculdade de convocar os licitantes remanescentes continua existindo latente, em proveito da Administração, nos casos de rescisão contratual.

12.4.2. contratação do objeto com o licitante vencedor

O contrato chegou a ser firmado com o licitante vencedor e a obra, serviço ou fornecimento chegou a ter início. Concretamente, o ajuste teve efeitos no mundo dos fatos, não se podendo mais utilizar a faculdade prevista no art. 64, § 2º, da Lei nº 8.666/1993.

Tendo ou não operado efeitos, havendo a necessidade da rescisão, deverá a Administração promover o acerto de contas e, se for o caso, a aplicação de penalidades.[773]

No Boletim de Licitações e Contratos nº 02/1994, p. 87, foi analisada a questão da rescisão, promovida pela Administração em virtude de falência ou concordata da contratada, concluindo-se pela possibilidade da contratação direta com base nesse permissivo legal.

---

[771] Vide subtítulo 12.4.3, a seguir: observância da ordem de classificação da licitação.

[772] BRASIL. Superior Tribunal de Justiça. Mandado de Segurança nº 86/DF. Relator: Ministro Geraldo Sobral. **Diário da Justiça [da] República Federativa do Brasil**, Brasília, DF, 18 dez. 1989, p. 18455.

[773] Para aplicação de penalidades deve a Administração utilizar-se da dosimetria da pena, levando em conta a lesividade do bem protegido. Falta contratual de natureza leve não deve ser apenada acirradamente com a proibição de licitar. BRASIL. Tribunal Regional Federal da 5ª Região. Processo AC nº 519303. Relator: Juiz Rivaldo Costa. **Diário da Justiça [da] República Federativa do Brasil**, Brasília, DF, 16 jul. 1993, p. 28189.

Efetivamente, a lei não alude à causa da rescisão do contrato, podendo a mesma, decorrer de ato da Administração, de culpa do contratado ou até de caso fortuito ou força maior que inviabilize a prestação do objeto pelo contratado. Em todos os casos, poderá a Administração servir-se desse permissivo para a contratação direta.

12.4.3. observância da ordem de classificação da licitação

É uma garantia da atuação impessoal da Administração Pública e efetivação do princípio da isonomia. A Administração tem a faculdade de aproveitar os remanescentes da licitação anterior ou realizar nova licitação, mas não poderá subverter a ordem de classificação.

Exige-se, pois, cautela do agente público em resguardar a Administração, comprovando que convocou regularmente, obedecendo à ordem de classificação. Não há impedimento, contudo, a que a convocação dos licitantes remanescentes se faça simultaneamente, informando-se, no ato, que terá preferência à contratação o licitante que obteve melhor classificação na licitação anterior. Carta registrada com "aviso de recebimento" ou, mais eficaz, carta em "mão própria" são serviços prestados pela Empresa Brasileira de Correios e Telégrafos que satisfazem plenamente ao formalismo mínimo exigível. Preferindo, poderá o órgão proceder à convocação pessoal, mandando emissário com o documento por escrito, em duas vias, onde o licitante remanescente aporá o recibo na segunda via.

A propósito da convocação, via fax, temos sugerido que o edital regule seu uso, com cláusula específica, de seguinte teor:

> Os licitantes poderão obter esclarecimentos ou impetrar recursos via fac-símile (fax), observando o seguinte:
>
> a) a Administração poderá, a seu exclusivo critério, se necessário, conferir a autenticidade do documento junto ao remetente, ficando nessa hipótese suspensos os prazos;
>
> b) o licitante que fizer uso desse meio de comunicação deve declarar, expressamente, que aceita, pela mesma via, a resposta e qualquer comunicação;
>
> c) o nº do fac-símile (fax) da Administração para os fins deste item é, exclusivamente, 061- XX, considerando-se não recebido ou dirigido a qualquer outro aparelho;
>
> d) a Administração não se responsabiliza por problemas de comunicação que ocorrerem, sendo o meio fac-símile meramente facultativo para os licitantes;

e) a administração se obriga a transmitir recibo das comunicações recebidas, declarando o nº de folhas e a clareza, ou não, da mensagem.[774]

Nesses termos, a regulamentação do uso do fac-símile (fax) pode ser feita, por se tratar de omissão da Lei de Licitações, oferecendo-se a potencialidade da força normativa do edital. Observe-se que aqui o uso do fax foi estabelecido como via de mão dupla, em relação às partes envolvidas. Se não impugnada pelo licitante, este decairá do direito de arguir sua invalidade.

A inobservância da rigorosa ordem de classificação poderá:

- se verificada no curso do contrato, obrigar a Administração a anular o ajuste irregular e promover nova contratação, indenizando o que tiver sido executado;
- se constatada somente após a completa execução do contrato, não poderá ensejar indenização ao licitante que deveria ter sido contratado, pois haveria um pagamento sem causa. A expectativa de direito de ser contratado, em tais circunstâncias, não gera, em princípio, prejuízo, mas não deixa de constituir grave infração à norma legal, que deverá ter reflexos no julgamento das contas do agente perante os Tribunais de Contas, além das sanções criminais pertinentes ao art. 89 da Lei nº 8.666/1993.

Convém registrar que o prazo para atender ao chamado da Administração também é de decadência, dada a similitude de natureza com a convocação do *caput* do art. 64.

É importante notar que o licitante remanescente não está obrigado a aceitar o contrato: a proposta que formulou só o obrigava no curso do prazo de 60 dias, estabelecido no art. 64, § 3º, ou em menor prazo, até a proclamação do vencedor da licitação. Efetivamente, o prazo referido nesse dispositivo é para o licitante assinar o contrato, vinculando só o vencedor da licitação ao qual foi adjudicado o objeto.

A partir da proclamação do licitante vencedor, aqui entendida como homologação da licitação, todos os demais licitantes estão liberados do compromisso oriundo da apresentação da proposta, mesmo que em curso o prazo de validade. Se a Administração convocá-los, terão a faculdade de aceitar ou não o contrato, até porque, se o fizerem, será com base nas

[774] Excerto do livro: JACOBY FERNANDES, Jorge Ulisses. **Sistema de Registro de Preços e Pregão Presencial Eletrônico.** 3. ed. Belo Horizonte: Fórum, 2009.

condições oferecidas pelo primeiro signatário do ajuste, com abatimento da parcela realizada.

12.4.4. contratação de remanescente

Para que a contratação direta se enquadre nesse dispositivo, é imprescindível que a execução do objeto tenha sido iniciada. Se o licitante vencedor assinou o contrato mas não deu início à execução, pode o contrato ser rescindido e convocado o segundo licitante, na forma do art. 64, § 2º, da Lei nº 8.666/1993.

Os efeitos são, na prática, absolutamente equivalentes, repousando o exato enquadramento na nota diferenciadora: num caso - que é tratado neste inciso - houve início da execução, pouco importando o quanto foi realizado; noutro, nada chegou a ser executado (art. 64, § 2º).

O estado da obra ou serviço ou dos bens fornecidos devem ser objeto de minucioso laudo,[775] preferencialmente elaborado pelo gestor do contrato[776] e pelo preposto do contratado, para resguardar de ambos os lados os interesses. Se não for possível o acordo entre as partes, pelo menos será imprescindível que a Administração, por meio do executor do contratado - que é o nome do representante da Administração encarregado de acompanhar o ajuste no interesse da Administração - proceda ao levantamento, inclusive contratando peritos ou assessores para auxiliá-lo, sem perder de vista a imprescindível atualidade da coleta de informações que constituirá, sem dúvida, ponto angular se houver demanda judicial ou avaliação dos fatos pelos órgãos de controle.

Memorável caso foi julgado pelo Tribunal de Contas da União, demonstrando que a expressão posta em destaque, na epígrafe, contém outros limites imanentes, devendo ser tomada com o sentido de "para completar o contrato".

Assim, o TCU firmou o entendimento de que:

> [...] a dispensabilidade de licitação prevista no art. 24, XI, da Lei nº 8.666/1993, que pressupõe a convocação de concorrente classificado imediatamente após o licitante

[775] Havendo possibilidade de litígio, a Administração deve ingressar com processo de vistoria nos termos do art. 849 do Código de Processo Civil, também denominada de vistoria *ad perpetuam rei memoriam*. Esse procedimento parece recomendável especialmente à luz do art. 113 da Lei nº 8.666/1993 e porque o judiciário tem, lamentavelmente, mitigado o valor da prescrição de legitimidade dos atos administrativos.

[776] Sobre gestor do contrato, vide subtítulo 18.2.2, a seguir, onde foi transcrita a Instrução nº 03, de 22 de dezembro de 1997 do TCDF, também disponível em: http://www.tc.df.gov.br; e: JACOBY FERNANDES, Jorge Ulisses. **Manual de Gestão de Contratos Administrativos na Justiça Eleitoral.** 2 ed. Belo Horizonte: Fórum. 2006.

> vencedor cujo contrato foi rescindido, incide tão-somente na espécie rescisão do gênero extinção, não se aplicando, portanto, às contratações extintas por atingimento do prazo de duração.[777]

Ao sufragar essa exegese, o Tribunal evidenciou a aplicabilidade desse dispositivo, inclusive aos serviços de natureza contínua, eliminando definitivamente dúvidas que pairavam a respeito.

12.4.5. condições e preço do licitante vencedor

Deve ser assinalado que toda rescisão de contrato exige que as partes promovam o encontro de contas, com a finalidade de verificar a exata correspondência entre o que foi executado e o que foi pago. Muitas vezes, incorretamente, procede-se a pagamento em desconformidade com a proporção realizada, e o momento da rescisão constitui a oportunidade adequada para o acerto. Noutros casos, infelizmente mais frequentes, há um grande descompasso entre o que foi realizado e o que foi pago,[778] seja porque o cronograma de verificação das etapas não foi cumprido, seja porque houve atraso no pagamento[779] das respectivas faturas.

O valor despendido com o pagamento do que foi realizado deve ser deduzido do valor corrigido da proposta ofertada pelo licitante vencedor para que, no total, a Administração não desembolse mais do que o preço ofertado, garantindo-se na integralidade a qualidade do objeto pretendido nos termos da proposta mais vantajosa. Para a verificação desse procedimento, havendo correção monetária ou índices de atualização de preços, ou simplesmente inflação no período, deve-se reajustar o preço ofertado e o valor da parcela

[777] Excerto da Decisão nº 531/1993 - Plenário do Tribunal de Contas da União, citada pelo Ministro Relator Paulo Afonso Martins de Oliveira no Processo nº TC-008.151/94-6. **Diário Oficial [da] República Federativa do Brasil**, Brasília, DF, 15 out. 1996. Seção 1, p. 20939.

[778] O pagamento deve estar associado à realização física da obra. Dissociá-lo pode implicar pagamento antecipado. BRASIL. Tribunal de Contas da União. Processo nº TC-001.025/98-8. Acórdão nº 45/1999 - Plenário. Relator: Ministro Adhemar Paladini Ghisi. **Diário Oficial [da] República Federativa do Brasil**, Brasília, DF, 19 maio 1999. Seção 1, p. 23. **No mesmo sentido**: Processo nº TC-017.777/2000-0. Acórdão nº 26/2001 - Plenário. Relator: Ministro-Substituto Lincoln Magalhães da Rocha. **Diário Oficial [da] República Federativa do Brasil**, Brasília, DF, 9 fev. 2001. Seção 1.

[779] O atraso no pagamento gera direito a correção monetária, mesmo em se tratando de contrato de obra pública, pois é um ilícito contratual. BRASIL. Superior Tribunal de Justiça. Processo REsp. nº 55.004-1-SP. Relator: Ministro César Asfor Rocha. **Diário da Justiça [da] República Federativa do Brasil**, Brasília, DF, 05 dez. 1994, p. 33536.

realizada, mesmo quando o ato convocatório ou o contrato não tenham previsto correção.[780]

O fundamento dessa posição reside no princípio que permeia toda a Lei nº 8.666/1993, ordenando a atualização financeira do valor da proposta,[781] do contrato e da fatura por atraso de pagamento, e no dever de manter o equilíbrio econômico-financeiro do contrato.

A equação da proposta mais vantajosa não pode ser alterada com a contratação do licitante remanescente. Desse modo, quando os valores pagos ao primeiro licitante, somados aos pagos ao licitante remanescente, atualizados, ultrapassar o valor inicial da proposta mais vantajosa, também atualizada, a diferença é tecnicamente despesa não autorizada ou prejuízo. Ensejando, nesse caso, o dever das autoridades competentes de promover a instauração de tomada de contas especial para identificar o agente causador e o valor desembolsado a maior. Impossível transferir para o cidadão contribuinte de impostos a ineficiência dos agentes públicos mediante a autorização para que a entidade absorva o prejuízo.

12.5. alteração do objeto

Hipótese interessante ocorreu, certa vez, em um dado Município em que o contrato foi assinado com o segundo colocado - porque o primeiro não compareceu para assiná-lo (v. o art. 64, § 2º) - e, treze meses após o seu início, este foi rescindido pela lentidão na sua execução, nos termos permissivos do art. 78, III, da Lei nº 8.666/1993 quando já haviam sido executados 50% da obra. Logo após a contratação procedida com o licitante classificado em terceiro lugar, a Prefeitura necessitou alterar o objeto, também dentro dos limites de 25% a que alude o art. 65, § 1º, da Lei nº 8.666/1993. Foram, à

---

[780] O marco inicial da contagem do prazo para fins de atualização monetária é a "data limite para apresentação da proposta ou do orçamento a que essa se referir", conforme estabelece o art. 40, XI, da Lei nº 8.666/93 e o art. 3º, § 1º da Lei nº 10.192/2001, que dispõe sobre medidas complementares ao Plano Real.

[781] a) O TCU entende que, exaurida a validade da proposta, sem concretizar-se a contratação pretendida, não podia a Administração emprestar à situação o entendimento de que o pacto firmado veio concluir o procedimento então em andamento. Também rejeitou a justificativa para a contratação com valores revistos, sob alegação de reequilíbrio econômico-financeiro, concedido apenas ao licitante vencedor sem comparação com preços de mercado. BRASIL. Tribunal de Contas da União. Processo nº TC-018.874/96-7. Decisão nº 586/1998 - Plenário. Relator: Ministro Adhemar Paladini Ghisi. **Diário Oficial [da] República Federativa do Brasil**, Brasília, DF, 15 set. 1998. Seção 1, p.19/20.

b) A garantia do equilíbrio econômico-financeiro do contrato, foi definida pela Constituição Federal, no art. 37, inciso XXI, como dever de que sejam "mantidas as condições efetivas da proposta".

c) Versam sobre o tema garantia da proposta os artigos 5º; 24, inciso XI; 40, XIV; 55, III; 57, § 1º; 58, § 2º; 64, § 2º; 65, I, b; 65, inciso II, d; 65, § 4º, 5º e 6º, todos da Lei nº 8.666/93.

época, suscitadas muitas dúvidas se o limite de 25% deveria ser considerado sobre o valor total da obra ou apenas do remanescente.

A resposta parece provir da mera literalidade do dispositivo que se refere a "contratado" e "valor inicial atualizado do contrato". Portanto, o art. 65, § 1º, quando autoriza a alteração do contrato, tem em conta os termos iniciais do ajuste - e sobre o valor, não sobre a quantidade, é que estabeleceu os limites de acréscimo e supressão. Nesse ponto, o legislador foi bastante feliz ao mandar considerar o valor inicial do ajuste, devidamente atualizado, porque assegurou a factibilidade em períodos de alta inflação, quanto à isonomia de tratamento a todos os contratos. De se notar que, para as reformas, no mesmo dispositivo, a lei permitiu o acréscimo de até 50%, continuando para a hipótese de supressão o limite de até 25%, salvo, nesse último caso, acordo entre as partes, quando então se admite limite inferior.[782]

12.6. modalidade pregão

A modalidade pregão tem regra própria e diversa da prevista no art. 64, § 2º da Lei nº 8.666/1993: se o licitante declarado vencedor não apresentar os documentos no prazo definido no edital ou não assinar o contrato ou omitir em retirar o instrumento equivalente ao contrato, o pregoeiro convocará os licitantes remanescentes, segundo a ordem de classificação para negociar e contratar ao seu respectivo preço. Diversamente da Lei nº 8.666/1993, não há necessidade de que a contratação do licitante remanescente se faça ao preço e condições do primeiro colocado.

No entanto, essa diferença cessa se for firmado o contrato e iniciada a execução. Nesse caso, a contratação do licitante remanescente se fará ao preço e condições do primeiro colocado. A igualdade do procedimento decorre apenas do fato de que a lei parte da presunção de que o fato de haver o início da execução revela que o preço é exequível.

13. Hortifrutigranjeiros, pão e perecíveis

Dispõe a Lei nº 8.666/1993, art. 24, *in verbis*:

> Art. 24. É dispensável a licitação:
>
> [...]
>
> XII - nas compras de hortifrutigranjeiros, pão e outros gêneros perecíveis, no tempo necessário para a realização

[782] Redação do § 2º do art. 65, com a alteração da Lei nº 9.648, de 27 de maio de 1998.

dos processos licitatórios correspondentes, realizadas diretamente com base no preço do dia;[783]

13.1. noções

Esse dispositivo apresentou avanço significativo na evolução legislativa. Anteriormente, dispunha o Decreto-Lei nº 2.300/1986 que seria dispensável a licitação para as compras eventuais de gêneros alimentícios perecíveis em centro de abastecimento, tendo então por base o preço do dia (art. 21, § 3º).

A Lei nº 8.666/1993, em sua redação original, seguiu o Decreto-Lei nº 2.300/1986, de tal modo que bastava ser eventual a compra para que a licitação deixasse de ser obrigatória, inclusive com os consectários naturais, daí decorrentes, consistentes na imprecisão, para alguns, do termo "eventuais".

A Lei nº 8.883/1994 adotou um novo requisito, delimitando a possibilidade de contratação direta apenas pelo tempo necessário para a realização do certame licitatório, no que foi mais feliz.

Assim, no atual ordenamento jurídico, a possibilidade de utilização desse permissivo aproxima-se à figura do contrato provisório ou emergencial, que as Cortes de Contas vêm admitindo, numa analogia ao inciso IV do art. 24.[784]

13.2. requisitos

Vislumbram-se nesse dispositivo três fundamentais requisitos para a regularidade da dispensa de licitação: o primeiro, temporal; o segundo, relacionado ao objeto; o terceiro, referente ao preço da compra.[785]

13.2.1. o requisito temporal

Como referido, a Lei nº 8.883/1994 passou a limitar a contratação direta dos produtos perecíveis ao tempo necessário para a realização de processo licitatório.[786]

---

783 Consulte o livro: JACOBY FERNANDES, Jorge Ulisses. **Tomada de Contas Especial:** Processo e Procedimento nos Tribunais de Contas e na Administração Pública. 4 ed. Belo Horizonte: Fórum, 2009.

784 Vide comentários a respeito no subtítulo 5.9.: requisitos para a validade da contratação direta.

785 No magistério do emérito Professor Diógenes Gasparini, são quatro os requisitos, a saber: a) que se trate de gênero alimentício; b) que seja perecível; c) que esteja instaurado o processo licitatório para sua aquisição; d) que se faça com base no preço do dia. Ref.: GASPARINI, Diógenes. **Direito administrativo**. 11. ed. São Paulo: Saraiva, 2006, p. 526.

786 Determinado Prefeito fez compra com base nesse dispositivo de um produto (iogurte) enquanto realizava a concorrência. Não houve superfaturamento. Alegou emergência e eventualidade. TCU fez recomendação. BRASIL. Tribunal de Contas da União. Processo nº TC-250.326/98-1. Decisão nº 313/1999 - 1ª Câmara. Relator: Ministro Marcos Vinicios Vilaça. **Diário Oficial da União [da] República Federativa do Brasil**, Brasília, DF, 28 set. 1999. Seção 1, p. 198 a 201.

Observe-se que, normalmente, cabe ao órgão proceder ao planejamento visando às compras, mas poderá ocorrer de este não ser ultimado, seja pela sua não realização, seja por imprevisto fato intercorrente no processo licitatório que comprometa a sua conclusão no tempo estimado. No primeiro caso, poderá o órgão de controle, a exemplo do que acontece em relação à falta de planejamento, referida no inciso IV deste mesmo artigo, promover recomendação aos titulares da unidade pelo não planejamento;[787] no segundo, normalmente não há como responsabilizar os gestores. O tempo de contratação direta que o dispositivo autoriza é aquele necessário à realização do processo licitatório normal desde o início até a conclusão.

Qual seria, pois, o termo *a quo* para a contratação direta? Há, sem laivo de dúvida, mais de uma interpretação possível. Num extremo, considerando-se regulares as contratações que ocorrem entre a data de início a que se refere o art. 38, *caput*, ou associando-se esse termo à instauração do processo, como tal considerada a fase externa da licitação.

Estabelece o art. 38 da Lei nº 8.666/1993 que o procedimento da licitação inicia-se com a abertura do processo administrativo, autuado, protocolado e numerado, contendo a autorização respectiva, a indicação sucinta do objeto e dos recursos próprios para a despesa. Essa exegese parece razoável, porque pode a Administração enfrentar diversos tipos de situações em que a necessidade da aquisição anteceda até mesmo a elaboração de um ato convocatório. Tal pode ocorrer, por exemplo, quando um fornecedor suspende abruptamente a entrega dos gêneros alimentícios indispensáveis a uma repartição ou escola.

Em tese oposta, sustenta o consagrado professor Diógenes Gasparini[788] que essas contratações somente serão legítimas se acontecer depois de instaurada a licitação e durante o tempo necessário a sua conclusão.

Além dessas possíveis interpretações sobre o termo inicial da contratação direta, não pode ser olvidado que o tempo para a conclusão é variável segundo a modalidade de licitação cabível no caso. Num convite, normalmente 20 dias, por exemplo.

Admitem-se ainda como regulares as compras feitas diretamente por tempo superior ao normal da modalidade de licitação se, no curso desta, algum recurso judicial ou outro fator, como greve no órgão, impedir a conclusão do

[787] BRASIL. Tribunal de Contas da União. Processo nº TC-009.653/2004-4. Acórdão nº 38/2006 - Plenário. Relator: Ministro Marcos Bemquerer. **Diário Oficial da União [da] República Federativa do Brasil**, Brasília, DF, 19 maio 2006, p. 137.

[788] GASPARINI, Diógenes. **Direito Administrativo**. 11. ed. e atual. São Paulo: Saraiva, 2006, p. 526.

certame licitatório. Tem-se, no caso, que se trata da aquisição de alimentos destinados a suprir necessidades essenciais de determinada comunidade.

Poderá, entretanto, ter-se em conta a aquisição de produtos para um evento,[789] os quais, embora empregados na alimentação, não tenham o caráter de subsistência, como, por exemplo, num coquetel comemorativo. Nesse caso, embora se trate de gêneros perecíveis, não caberá a utilização desse permissivo, porque não estará a aquisição associada à realização de uma licitação, e o intérprete não pode deixar de considerar os termos da lei: a autorização para a contratação direta só existe se já tiver sido iniciado ou, segundo a outra sustentável corrente, instaurado o processo licitatório. Se não houver processo licitatório, não pode haver contratação direta com base nesse inciso. Ocorreu que determinado Município recebeu a visita imprevista do Chefe de uma missão estrangeira de passagem pelo País. Não constando o fato da programação, a aquisição dos produtos para a preparação de um jantar foi feita sem licitação, posto que o tempo para sua realização seria incompatível com a necessidade de aquisição. O ato, contudo, não pode amparar-se nesse inciso, porque ele não autoriza a compra de gêneros alimentícios sem licitação; permite, sim, a aquisição direta, durante o tempo necessário para a realização do processo licitatório. Como regra, contudo, esses eventos são contratados com empresas especializadas e o custo de pequenas recepções permite a contratação direta, na forma do art. 24, inciso II, da Lei nº 8.666/1993.

13.2.2. requisitos do objeto

O dispositivo tem nítido caráter exemplificativo. Gênero perecível é o que perece com o decorrer do tempo e, portanto, nele estariam abrangidos os de longo e curto espaço de tempo para a perecibilidade. A autorizada palavra do emérito Professor Diógenes Gasparini esclarece que:

> [...] a expressão gêneros perecíveis, consignada no inciso XII do art. 24 do referido Estatuto, não pode significar outra coisa senão gêneros alimentícios perecíveis. Estes são todos os produtos que comumente servem para a alimentação humana, suscetíveis de perecimento, ainda que se possa afirmar que não há alimento não perecível.[790]

---

[789] O TCU afirma que esses serviços devem ser licitados pelo menor preço. Admitiu "serviço-teste" desde que conste do edital e que o serviço-teste seja realizado na fase de julgamento apenas para fins de desclassificação de proposta. BRASIL. Tribunal de Contas da União Processo nº TC-001.377/97-3. Decisão nº 739/1998 - Plenário. Relator: Ministro Iram Saraiva. **Diário Oficial [da] República Federativa do Brasil**, Brasília, DF, 06 nov. 1998. Seção 1, p. 54.

[790] **Boletim de Licitações e Contratos** - BLC, nº 11/94. São Paulo: NDJ, p. 529.

A natureza do objeto a ser adquirido é, por dois motivos, de curta perecibilidade: primeiro, porque o exemplo dado pelo início do inciso cita produtos de prazo de consumo bastante exíguo; segundo, porque a aquisição está condicionada ao limite temporal anteriormente referido.

Na mesma linha de raciocínio, cabe obtemperar que produtos com validade de vários meses não podem ser adquiridos para serem estocados, além do prazo razoável para a conclusão do certame licitatório.

Não pensa de outro modo o autor supracitado, asserindo que, "se fosse permitida a compra de qualquer quantidade, estaria caracterizada a fraude e o facultado pelo inciso em comento perderia sua finalidade, sua razão de ser". E, com notável senso de oportunidade, complementa:

> Por outro lado, nada obriga que o necessário seja atendido com uma única operação. Pode a Administração Pública licitante, pelas mais diversas razões (falta de recursos financeiros, dificuldade de armazenamento) promover dentro do período em que se processa a licitação mais de uma aquisição direta dos referidos bens.[791]

A propósito das condições da aquisição, entre outras, devem ser consideradas pela unidade adquirente as referentes a armazenamento, conforme programaticamente recomenda o art. 15, § 7º, III e § 8º da Lei nº 8.666/1993.

Por outro lado, é conveniente repetir que não é a natureza de tais produtos que autoriza a contratação direta, pois a jurisprudência, de há muito assentada, exige a licitação para a aquisição de hortifrutigranjeiros e outros gêneros.[792]

13.2.3. preço

Além de constituir-se em instrumento para a concretização do princípio da isonomia, a licitação objetiva à conquista da proposta mais vantajosa para a Administração.

Nesse sentido, é necessário que, na aquisição, seja preservado como parâmetro - não absoluto - o preço do dia praticado no local.

---

[791] *Ibidem*, p. 530-1.

[792] BRASIL. Tribunal de Contas da União. Processo nº TC-449.023/92-3. Acórdão nº 143/1994 - Plenário. Relator: Ministro Olavo Drummond. **Diário Oficial [da] República Federativa do Brasil**, Brasília, DF, 12 dez. 1994, p. 19229. **No mesmo sentido**: TCU. Processo nº TC-012.860/2002-1. Acórdão nº 515/2005 - Plenário. Ministro-Substituto Lincoln Magalhães da Rocha. **Diário Oficial [da] República Federativa do Brasil**, Brasília, DF, 15 maio 2005. Seção 1.

Em centro de abastecimento, grandes mercados e semelhantes, há, sem laivo de dúvida, margens de valores variáveis, segundo a qualidade ou procedência do produto, e a busca da proposta mais vantajosa deve nortear a aquisição, não necessariamente a mais barata ou de menor preço.

A dificuldade, mesmo nos grandes centros, é a de comprovação da faixa de preços ofertada para documentação no processo, nos termos do art. 26, requisito inafastável.

Se no local houver jornal de grande circulação que publique os preços, a questão estará solucionada com a juntada de um exemplar aos autos do processo ou apenas da página que publica a cotação, pois não se pode exigir grande rigor de comprovação, dada a tipicidade da natureza desses revendedores. Também é válido que o órgão junte, por exemplo, uma tabela de preços fornecida por grandes atacadistas, ainda que a aquisição se faça de outro revendedor. Nesse caso, a tabela servirá apenas como elemento referencial de preços.

Municípios pequenos terão, inegavelmente, dificuldade em comprovar a satisfação desse requisito, razão pela qual se sugere que a pesquisa de preços procedida, ainda que em caráter informal, seja posteriormente juntada aos autos: algo como a indicação dos vendedores e os preços praticados no dia, numa lista elaborada pelo próprio servidor encarregado da aquisição e por ele assinada e datada, constitui razoável início de prova e poderá ser suficiente nas circunstâncias.

Jessé Torres Pereira Júnior, circundado por Diógenes Gasparini, no sentido do exposto, esclarece que a Administração deve levantar o preço do dia junto à "bolsa de alimentos" e, com base nesse preço, promover a compra. O preço levantado, obtempera o segundo citado mestre, deve restar devidamente comprovado no processo de dispensa, mediante a juntada de documento correspondente ou de certidão da lavra do servidor competente, em que reste certificado esse preço.

Há, ainda, que se observar, na compra direta de pequenos produtores rurais - pessoas físicas - que pode ser dispensada a prova de regularidade com a previdência social, pois:

- a Constituição Federal a exige para a contratação de pessoa jurídica e não de pessoa física;[793]
- a Lei de Licitações autoriza a dispensa;[794]

[793] BRASIL. **Constituição da República Federativa do Brasil**. Organização dos textos e índice por J. U. JACOBY FERNANDES. 1. ed. Atualizada até Abril de 2007. Belo Horizonte: Fórum, 2007. Vide art. 195, § 3º.

- a legislação previdenciária, também, dispensa a regularidade.[795]

14. Instituição brasileira de pesquisa, ensino, desenvolvimento institucional ou dedicada à recuperação social do preso

Dispõe a Lei nº 8.666/1993, art. 24, *in verbis*:

> Art. 24. É dispensável a licitação
>
> [...]
>
> XIII - na contratação de instituição brasileira incumbida regimental ou estatutariamente da pesquisa, do ensino ou do desenvolvimento institucional, ou de instituição dedicada à recuperação social do preso, desde que a contratada detenha inquestionável reputação ético-profissional e não tenha fins lucrativos;

14.1. noções

Esse dispositivo constitui uma inovação da Lei de Licitações e, sobre ele, vem sendo colhido razoável escólio dos melhores doutrinadores pátrios.

Nesse sentido, ensina Jessé Torres Pereira Júnior:[796]

> [...] a lei licitatória cumpre, neste inciso, a ordem do art. 218 da Constituição Federal, que incumbe o Estado de promover e incentivar o desenvolvimento científico, a pesquisa e a capacitação tecnológica.

Efetivamente, a exemplo do que foi prescrito no inciso XX do mesmo artigo, uma das formas mais eficazes de incentivar o desenvolvimento é por meio da valorização do trabalho. A lei estabelece uma desigualdade jurídica no universo dos licitantes visando, sobretudo, resguardar outros valores, também tutelados pelo Direito. No aparente conflito, deve o legislador estabelecer, com sabedoria, a prevalência do bem jurídico fundamental, no caso.[797]

---

[794] BRASIL. **Lei nº 8.666/93 (Versão Bolso).** Organização dos textos e índice por J. U. JACOBY FERNANDES. 12. ed. amp., rev. e atual. Belo Horizonte: Fórum, 2010. Vide art. 32, § 1º.

[795] BRASIL. Decreto nº 3.048, de 6 de maio de 1999. Aprova o regulamento da previdência social, e dá outras providências. **Diário Oficial [da] República Federativa do Brasil**, Brasília, DF, 7 maio 1999. Art. 257, § 11.

[796] PEREIRA JÚNIOR, Jessé Torres. **Comentários à Lei das Licitações e Contratações da Administração Pública**: Lei nº 8.666/93. Rio de Janeiro: Renovar, 1994, p. 161.

[797] A Universidade Federal do Paraná transferia à FUNPAR a prática de atos de competência exclusiva do Hospital de Clínicas da Universidade, como a aquisição de materiais e a contratação de serviços específicos. O TCU mandou suspender essa prática. BRASIL. Tribunal de Contas da União. Processo nº TC-550.070/95-8. Decisão nº 293/1995 - Plenário. Relator: Ministro Homero Santos. **Diário Oficial [da] República Federativa do Brasil**, Brasília, DF, 24 jul. 1995. Seção 1, p. 11042. **No mesmo sentido**: Processo nº TC-010.037/2002-0.

Excerto do Voto do Eminente Ministro-Substituto José Antonio Barreto de Macedo vem dar a matiz do posicionamento da Egrégia Corte de Contas:

> 5.2.1 A nosso ver, o propósito do art. 24, XIII, do Estatuto é estimular as instituições que menciona, favorecendo-lhes a obtenção de contratos com o serviço público como forma de ajudar-lhes no seu autocusteio. Com isso, o Estado estará estimulando, em cumprimento aos mandamentos constitucionais, ainda que por via indireta, as ações voltadas para o ensino, a pesquisa e o desenvolvimento institucional. Nesse sentido, pouco importa o objeto específico da contratação, desde que seja compatível com os objetivos sociais da instituição contratada e possa ser satisfatoriamente prestado com sua própria estrutura.[798]

O próprio Tribunal de Contas da União, consolidando vasta jurisprudência dominante em seus julgados, publicou recente Súmula delimitando as fronteiras permissivas ao uso desse dispositivo, nos seguintes termos:

> A contratação de instituição sem fins lucrativos, com dispensa de licitação, com fulcro no art. 24, inciso XIII, da Lei nº 8.666/1993, somente é admitida nas hipóteses em que houver nexo efetivo entre o mencionado dispositivo, a natureza da instituição e o objeto contratado, além de comprovada a compatibilidade com os preços de mercado.[799]

14.2. requisitos

A lei preocupou-se em estabelecer vários requisitos,[800] muitos voltados para a pessoa do futuro contratado, como será visto a seguir.

Acórdão nº 1590/2004 - Plenário. Relator: Ministro Marcos Vinicios Vilaça. **Diário Oficial da União [da] República Federativa do Brasil**, Brasília, DF, 25 out. 2004. Seção 1.

798 BRASIL. Tribunal de Contas da União. Processo nº TC-001.199/97-8. Decisão nº 657/1997 - Plenário. Relator: Ministro-Substituto José Antonio Barreto de Macedo. **Diário Oficial [da] República Federativa do Brasil**, Brasília, DF, 14 out. 1997. Seção 1, p. 23209. **No mesmo sentido**: Processo nº TC-003.261/2002-7. Acórdão nº 2.582/2005 - 1ª Câmara. Relator: Ministro Augusto Nardes. **Diário Oficial da União [da] República Federativa do Brasil**, Brasília, DF, 28 out. 2005. Seção 1.

799 BRASIL. Tribunal de Contas da União. Súmula nº 250, aprovada na Sessão Ordinária de 27 de junho de 2007. **Diário Oficial da União [da] República Federativa do Brasil**, Brasília, DF, 29 jun. 2007.

800 Em decisão do TCU, são explicitados todos os requisitos para a contratação com base no inciso XIII. BRASIL. Tribunal de Contas da União. Processo nº TC-017.537/96-7. Decisão nº 114/1999 - Plenário. (anexo nº TC-017.229/96-0). Relator: Ministro Marcos Vinicios Vilaça. **Diário Oficial da União [da] República Federativa do Brasil**, Brasília, DF, 26 dez. 1997. Seção 1, p. 31402-23.

14.2.1. instituição brasileira

a) instituição

A lei usa o termo "instituição", que não apresenta conteúdo jurídico preciso.

O institucionalismo foi um movimento de ideias que se iniciou, na França, com Maurice Hauriou. A instituição consiste numa ideia de obra ou de empreendimento que se realiza e pereniza juridicamente em um determinado grupo, havendo por parte dos membros desse grupo um interesse de comunhão dirigido e regulado por um procedimento previamente estabelecido.[801]

Miguel Reale, circundado por Amauri Mascaro Nascimento, assinala que surge uma "instituição" toda vez que uma ideia diretora se impõe objetivamente a um grupo de homens, e as atividades reciprocamente se auto limitam segundo regras sociais indispensáveis à consecução do fim, em cuja função a autoridade do todo se constitui e se exerce.[802]

No magistério do professor Carlos Motta:

> [...] o vocábulo instituição é geralmente compreendido em um sentido amplo e abrangente, que pode conter todos os grupos sociais oficiais, como escolas, sindicatos, órgãos de governo e também empresas.[803]

b) nacionalidade brasileira

Tomando emprestado os parâmetros do art. 171, inciso I, da Constituição Federal - que, a propósito, nesse particular seguiu o Decreto-Lei nº 2.672/1940 - admissível por analogia, é válido conceituar instituição brasileira como aquela que se tenha constituído sob as leis brasileiras e que tenha sua sede e administração no País.

Mesmo com a revogação do art. 171 pela Emenda Constitucional nº 6, o conceito continua válido, pois o fato de revogação implica o caso em lacuna, suprível pela norma inferior, que continua válida. Se pretendesse o constituinte extirpar qualquer desigualdade, tê-lo-ia feito expressamente. Com a revogação do art. 171, deixou de haver desigualdade, em favor da empresa brasileira,

---

801 HAURIOU, Maurice. La Théorie de l'Institution et de la Fondation, 1925.

802 NASCIMENTO, Amauri Mascaro. **Compêndio de Direito do Trabalho**. São Paulo: Ed. LTr, 1976, p. 305.

803 MOTTA, Carlos Pinto Coelho. **Eficácia nas licitações & contratos**: estrutura da contratação, concessões e permissões, responsabilidade fiscal, pregão - parcerias público-privadas. 10º ed. Belo Horizonte: Del Rey, 2005, p. 221.

permanente e absoluta, ficando, ao prudente arbítrio do legislador ordinário, estabelecer em cada caso, se, e como haverá diferença.[804]

c) instituição pública de outra esfera de governo

Há discussão doutrinária a respeito da possibilidade de contratação de Instituição de outra esfera da Administração. O TCU, admitiu a regularidade da contratação feita pelo Ministério da Educação e Cultura com a Fundação do Instituto de Administração da Universidade de São Paulo, vem dando espaço à tese de que não se deve restringir o uso do art. 24, inciso XIII, à mesma esfera de governo.[805] É importante notar porém, que posteriormente o TCU restringiu a interpretação que favorecia as contratações de fundações em especial as de apoio às Universidades.[806] Desse modo, o precedente invocado serve apenas para ilustrar que não há impedimento às contratações entre esferas de governo distintas.

14.2.2. estatuto ou regimento e objetivo da instituição

14.2.2.1. dedicação à pesquisa, ensino ou desenvolvimento institucional

Com relação à pesquisa, ao ensino e ao desenvolvimento institucional, deve-se observar o seguinte:

a) as três expressões são muito abrangentes, não identificando com precisão o objeto da pesquisa, do ensino e do desenvolvimento institucional, permitindo até inferências que só terão validade se contrastadas com o interesse público;
b) embora a entidade seja dedicada à pesquisa, algo absolutamente imensurável, o objeto pretendido pela Administração, mesmo diante dos contratos firmados com dispensa de licitação, deve atender aos requisitos dos arts. 7º, § 2º, e 14;

Objetos vagos, para os fins da Lei nº 8.666/1993 como, por exemplo, pesquisar a cura da AIDS, são ilegais, dispondo o Estado de outros meios para realizar tais atividades, inclusive mediante subvenção. Aqui, busca-se serviço

---

[804] Consulte a propósito da revogação do art. 171:
- Parecer/CONJUR/MCT nº 231/95, do Dr. Ailton Carvalho Freitas;
- Parecer PGFN/CAT/nº 2119/96. **Diário Oficial da União [da] República Federativa do Brasil**, Brasília, DF, 10 out. 96. Seção 1, p. 20302/20303.

[805] BRASIL. Tribunal de Contas da União. Processo nº TC-001.198/97-1. Decisão nº 100/1998 - 1ª Câmara. Relator: Ministro Carlos Átila Alvares da Silva. **Diário Oficial da União [da] República Federativa do Brasil**, Brasília, DF, 05 maio 1998. Seção 1, p. 112-3.

[806] Veja adiante subtítulo 14.2.5.: objeto do contrato.

ou o bem absolutamente definido e mensurável, com programação de etapas perfeitamente claras. A atividade poderá, inclusive, nem ser a pesquisa, embora firmada com uma entidade dedicada à pesquisa, havendo compatibilidade com o objeto.[807] Tal ocorreria, por exemplo, se uma Prefeitura firmasse um contrato de treinamento do pessoal acerca de agressões de cobras e aracnídeos e de fornecimento de vacinas com a Fundação Osvaldo Cruz.

c) de igual modo, é possível o ajuste de um contrato que guarde correlação com a atividade de ensino sem que o objeto seja propriamente este.

Lembra-se, aqui, o exemplo de uma outra Prefeitura que firmou contrato com uma Escola Técnica para manutenção de seus computadores quando vislumbrou nociva cartelização do setor. Busca-se uma correlação entre as instituições e o objeto do futuro contrato, embora a lei expressamente não o exija, sob pena de desautorizar a causa justificadora da norma.

14.2.2.2. instituição para serviço de seleção e concurso

É possível terceirizar a realização de concurso público, com e sem licitação. Nesse sentido, é firme a jurisprudência do TCU, valendo transcrever o seguinte excerto do voto do Ministro Paulo Affonso M. Oliveira:[808]

> [...]
> Destes autos, sobressaem duas questões centrais: o entendimento sobre a necessidade de licitar para contratar empresas executoras de concursos públicos, o que engloba a discussão sobre a natureza pública dos recursos provenientes de taxas de inscrição em concursos públicos e o entendimento sobre a independência das instâncias penal e administrativa, dando ou não validade à aplicação de multa por via administrativa a responsável penalmente absolvido.
> 21. Sobre a primeira questão, cumpre destacar a posição, pacífica nesta Corte, sobre a exigência de certame licitatório para o caso em tela. O voto exarado no processo TC nº

---

[807] BRASIL. Tribunal de Contas da União. Processo nº TC-011.768/2001-1. Acórdão nº 1045/2006 - Plenário. Relator: Ministro Benjamin Zymler. **Diário Oficial da União [da] República Federativa do Brasil**, Brasília, DF, 30 jun. 2006. Seção 1, p. 296.

[808] a) BRASIL. Tribunal de Contas da União. Processo nº TC-013.862/94-4. Decisão nº 228/1997 - Plenário. **Diário Oficial [da] República Federativa do Brasil**, Brasília, DF, 12 maio 1997. Seção 1, p. 9.650.

b) Sobre o assunto, consulte parecer da lavra deste autor, na qualidade de Procurador-Geral do *Parquet* Especial, atuando em caso em que a Companhia de Água e Esgoto de Brasília contratou entidade promotora de concurso público, preterindo outra instituição, por proposta de preço superior. DISTRITO FEDERAL. Tribunal de Contas. Processo nº 3.321/97. Parecer nº 3.01021/97.

> 600.067/94-7, citado pelo responsável em sua defesa, é inequívoco ao considerar irregular a contratação sem certame licitatório de empresa de seleção de pessoal. Esse entendimento, corroborado por outras decisões deste Tribunal, fundamenta-se não só na exigência constitucional de assegurar igualdade de condições a todos os concorrentes, como também no entendimento de que os recursos arrecadados a título de taxa de inscrição em concursos constitui receita pública (TC nº 014.861/93-3), não havendo como prosperar a tese de que, na contratação dessas empresas, remuneradas exclusivamente com a arrecadação de taxas de inscrição, não há gasto público envolvido. 22. Cabe, aqui, salientar que a Decisão nº 470/93-TCU-Plenário, alusiva ao TC 014.861/93-3, que entendeu regular a dispensa de certame licitatório na contratação da Fundação CESGRANRIO, não se aplica ao caso em discussão. A essa fundação, instituição sem fins lucrativos, aplica-se o permissivo do art. 24, inciso XIII da Lei 8.666/93, que não pode ser estendido à empresa ACCESS, constituída como sociedade civil com fins lucrativos, fato apontado pela primeira instrução deste processo (fls. 46/51). 23. Dessa forma, manifesto-me de acordo com as determinações propostas pela Diretora e endossadas pelo Ministério Público.

Nos mesmos autos, o TCU, em defesa dos mais elevados princípios do interesse público, decidiu:

> [...]
>
> a) determinar aos Tribunais Regionais do Trabalho que observem os princípios constitucionais da legalidade, moralidade, publicidade e impessoalidade no sentido de:
>
> [...]
>
> b) promover a pré-qualificação das instituições profissionais aptas a prestar tais serviços ao Tribunal, de forma a resguardar a transparência da Administração e assegurar o respeito ao princípio da igualdade (Decisão nº 69/93 - Plenário - TC nº 022.225/92-7);
>
> c) levantar a estimativa dos custos da realização dos concursos públicos de forma a permitir a fixação prévia do preço para o serviço a ser executado pela firma contratada (art. 7º, inciso II);

> d) publicar, resumidamente, os instrumentos contratuais no Diário Oficial da União (art. 61, parágrafo único da Lei de Licitações);
>
> e) cumprir o disposto no art. 1º do Decreto - Lei nº 1.755 de 31.12.79, que determina que toda a arrecadação das receitas da União deverá ser recolhida à conta do Tesouro Nacional.

De todas as expressões utilizadas no inciso pelo legislador, o "desenvolvimento institucional" foi a mais ampla. Se a doutrina se debate, até agora, por açambarcar e analisar as acepções da palavra instituição, a rigor, "desenvolvimento institucional"[809] compreenderia crescimento, progresso, de qualquer coisa em que possa estar compreendido o termo instituição. Cuidam do desenvolvimento institucional tanto uma empresa que possui um centro de controle de qualidade, como uma faculdade, sindicato ou associação de moradores, qualquer "instituição", portanto, que se dedique a um fim. Por óbvio, impõe o interesse público a restrição ao termo, a fim de que o mesmo se harmonize com o ordenamento jurídico.

Há entidades que, a toda evidência, foram criadas pela conjugação de esforços de outras, com o objetivo de promover o desenvolvimento institucional que lhe é inerente.

Dois nítidos exemplos podem ser citados: a ASBACE e o IEL.[810]

A Associação Brasileira dos Bancos Estaduais enquadra-se no permissivo legal, assim como o Instituto Euvaldo Lodi, destinado ao desenvolvimento institucional da indústria.

Aliás, sobre o primeiro, pronunciou-se o Dr. Fernando Dusi Rocha ao responder questão pertinente ao tema, merecendo destaque o seguinte excerto de sua judiciosa manifestação:

> 1º quesito: Dentro das características da ASBACE, sociedade civil sem fins lucrativos que tem como associados os bancos comerciais estaduais e que está credenciada pelo Banco Central do Brasil a representar seus associados nas

[809] O TCU negou provimento a pedido de reexame e manteve entendimento sobre a impossibilidade da Universidade de Brasília contratar diretamente a [...] para prestação de serviços não caracterizados como de desenvolvimento institucional. [...] O objeto do contrato era assessoramento e organização do acervo histórico, higienização superficial, agrupamento e armazenamento de documentos. BRASIL. Tribunal de Contas da União. Processo nº TC-013.184/1999-7. Acórdão nº 777/2004 - Plenário. Relator: Ministro Walton Alencar Rodrigues. **Diário Oficial da União [da] República Federativa do Brasil**, Brasília, DF, 2 jul. 2004. Seção 1.

[810] A CEB contratou o Instituto Euvaldo Lodi e o TCDF aceitou a justificativa, com base no art. 24, XIII, condicionada à observância do art. 26, IV - documento de aprovação dos projetos de pesquisa aos quais os bens serão alocados. DISTRITO FEDERAL. Tribunal de Contas. Processo nº 3.036/1997. Disponível em: http://www.tc.df.gov.br. Acesso em 26 jan. 2011.

Câmaras de Compensação (Circular BACEN nº 2.481), e a natureza dos serviços pretendidos contratar, poder-se-ia enquadrar Dispensa de Licitação na hipótese de exceção prevista no inciso XIII do art. 24 da Lei nº 8.666/1993.

[...]

Constitui objeto social da Consulente, basicamente, 'conjugar esforços para a consecução de fins que interessem às atividades de seus associados, pertinentes às peculiaridades de sua situação como bancos oficiais das unidades da Federação', como disposto no inciso I do art. 2º do seu estatuto social. A partir dessa finalidade primeira e institucional, a ASBACE desenvolve outras, como a promoção de estudos e o intercâmbio de soluções acerca de questões econômicas, financeiras e técnicas de interesse nacional, regional ou atividade bancária (inciso II), ou como o favorecimento da atualização permanente dos associados, através da disseminação de conhecimentos oriundos de estudos, pesquisas e por trabalhos técnico-científicos (inciso X), ambos diretamente ligados à pesquisa e ao ensino. Por fim, não pretendendo esgotar o rol de finalidades da instituição, é preciso destacar o objetivo de 'contribuir para a criação de estruturas organizacionais nas instituições filiadas voltadas para a administração de produtos e serviços' (inciso IX), que diz respeito especificamente à prestação de serviços de representação dos associados nas Câmaras de Compensação, constante do quesito.

[...]

II - com a incumbência, expressa no estatuto ou no regimento de pesquisa, de ensino ou de desenvolvimento institucional, aí residindo o núcleo da hipótese de dispensabilidade. Trata-se da avaliação objetiva da qualidade da pessoa a ser contratada sem licitação. Se o objetivo da contratação direta, no caso do inciso em exame, é o de auxiliar, com recursos estatais, o desenvolvimento de atividades voltadas à realização do interesse público ou social, é mister que tais finalidades resultam fartamente demonstradas.

III - com inquestionável reputação ético-profissional, exigindo-se da Consulente comprovada capacitação para o correto desempenho das atividades que lhes são cometidas. Afora o fato de ser uma instituição que congrega bancos estaduais (o que lhe assegura os atributos de confiabilidade e eficiência, por servir aos seus destinatários finais), a

> ASBACE, tal como as raras entidades de classe de âmbito nacional enunciadas na Circular BACEN nº 1.565/90, detém a representação das instituições bancárias que congrega, exatamente por reunir condições que atestam sua probidade perante o órgão fiscalizador da atividade bancária no Brasil.
>
> Há, portanto, sobejas razões de ordem objetiva para o perfeito enquadramento da ASBACE nos pressupostos do inciso XIII do art. 24, prescindindo-se de inferências carregadas de subjetividade e dando-se mais segurança ao administrador que opte pela sua contratação direta.

Eventualmente, instituições como o IEL e a ASBACE podem ainda ser contratadas diretamente, com fulcro no art. 25, *caput*, ou 25, II, da Lei nº 8.666/1993, dependendo do objeto que a administração pretenda. São situações possíveis de ocorrer, mas com menos frequência. Seria necessária, então, a ocorrência da absoluta inviabilidade de competição (art. 25, *caput*) ou a singularidade de um serviço técnico profissional que exija uma instituição notoriamente especialista, como será demonstrado no comentário a esses dispositivos.

Em relação ao inciso em comento, o que não parece razoável é:

a) fazer um contrato tipo 'guarda-chuva' entre o órgão público e uma entidade, de tal modo que tudo o que o primeiro necessite seja realizado pelo segundo;

b) que a instituição contratada transfira/subcontrate o objeto do contrato na sua totalidade.

No primeiro caso, porque é objeto indeterminado (vedado pelo art. 7º, § 4º, c/c o § 9º) e manifesta burla ao princípio da licitação; no segundo, porque há vedação no art. 13, § 3º, c/c o art. 78, VI, todos da Lei de Licitações.

Fácil visualizar casos de regularidade nas contratações, como, por exemplo, todo e qualquer treinamento de pessoal que envolva direta ou indiretamente a atividade bancária (p. ex., atendimento a clientes, gerência de patrimônio bancário, consultoria de *marketing*) ou atividades das empresas estatais (licitação de serviços/terceirização na Administração Pública, recebimento de dívidas em precatórios, controle externo etc.), ou, ainda, outra atividade que para os instituidores tenha relação com o desenvolvimento. Irregular, porém, será pretender ampliar o escopo das atividades dessas instituições - ASBACE e IEL - para admitir, por exemplo, que ministre cursos de especialização em Direito ou aulas de secretariado. Nesse caso, a irregularidade pode implicar crime de dispensa.

Cabe ainda asserir que a licitação é, por força da Constituição Federal, a forma impositiva de seleção dos futuros contratantes, e tem por objetivo fundamental a garantia do princípio da isonomia. A lei infraconstitucional só pode permitir ao Administrador Público afastar-se do procedimento licitatório quando buscar harmonizar o princípio da isonomia com outro tão intensamente relevante quanto este. Inconcebível, assim, o afastamento do processo licitatório, se o desenvolvimento institucional não estiver consentâneo com os valores tutelados pelo constituinte, como o amparo à infância, ao deficiente, ao menor abandonado e outros valores constantes do Texto Fundamental.[811]

Diversamente do que ocorreu no inciso VIII, neste caso o legislador permitiu que as instituições a serem contratadas diretamente fossem criadas posteriormente à edição da lei, a qualquer tempo. De igual modo, é admissível que uma instituição altere seus estatutos e deles passe a constar o objetivo desta alínea.

Decidiu o TCU que, quando for contratada Fundação vinculada à Universidade, com base no art. 24, XIII, deve a mesma Fundação seguir a Lei nº 8.666/1993, por força da Lei nº 8.958/1994, art. 3º, I.[812]

14.2.2.3. fundações de apoio

Há entidades que, a toda evidência, foram criadas pela conjugação de esforços de outras, com o objetivo de promover o desenvolvimento institucional que lhe é inerente.

O inciso ora em estudo vem representando, efetivamente, importante fonte de recursos para essas instituições. A Folha de São Paulo anunciou que a Universidade de Brasília, mediante prestação de serviços, consultorias, convênios e desenvolvimento de projetos têm conseguido angariar o equivalente a 1/3 dos recursos que recebe do orçamento da União, com a vantagem de que essa fonte não sofre contingenciamentos. Enquanto a

---

[811] BRASIL. **Constituição da República Federativa do Brasil**. Organização dos textos e índice por J. U. JACOBY FERNANDES. 1. ed. Atualizada até Abril de 2007. Belo Horizonte: Fórum, 2007. Confira arts. 3º, 170, 200, 214, 216, § 1º, 217, entre outros.

[812] a) BRASIL. Tribunal de Contas da União. Processo nº TC-013.258/97-4. Decisão nº 839/1997 - Plenário. Relator: Ministro-Substituto Lincoln Magalhães da Rocha. **Diário Oficial da União [da] República Federativa do Brasil**, Brasília, DF, 12 dez. 1997. Seção 1, p. 29842-4.

b) A jurisprudência do TCU é pacífica, no sentido de considerar irregularidades as contratações das fundações de apoio para a prestação de serviços de informática. BRASIL. Tribunal de Contas da União. Processo nº TC-002.690/1998-5. Decisão nº 302/1998 - 1ª Câmara. Relator: Ministro Umberto Souto. **Diário Oficial [da] República Federativa do Brasil**, Brasília, DF, 16 out. 1998. **No mesmo sentido**: Decisões Plenárias nºs 830/1998, 252/1999, 968/2001, 030/2002; Acórdão nº 98/2008 - 1ª Câmara; e Acórdãos nºs 427/2002, 1614/2003, 839/2004 todos do Plenário.

Universidade proporciona aos seus estudantes e pesquisadores a oportunidade de aplicar os conhecimentos teóricos, recebe os recursos e os aplica desenvolvendo e qualificando ainda mais os setores envolvidos.

Coerentemente com sua jurisprudência, o TCU – paradigma do controle externo[813] – firmou entendimento de que os recursos repassados a fundações de apoio às universidades continuam com natureza pública. Assim decidiu que:

> 9.1. [...] a expressão "recursos públicos" a que se refere o art. 3º, *caput*, da Lei 8.958/1994 abrange não apenas os recursos financeiros aplicados nos projetos executados com fundamento na citada lei, mas também toda e qualquer receita auferida com a utilização de recursos humanos e materiais das Instituições Federais de Ensino Superior, tais como: laboratórios, salas de aula; materiais de apoio e de escritório; nome e imagem da instituição; redes de tecnologia de informação; documentação acadêmica e demais itens de patrimônio tangível ou intangível das instituições de ensino utilizados em parcerias com fundações de apoio, sendo obrigatório o recolhimento de tais receitas à conta única do Tesouro Nacional; [...]."[814]

Por esse motivo ordenou ao Ministério da Educação que elaborasse norma definindo procedimentos "regulamentando o relacionamento das Instituições Federais de Ensino Superior com suas fundações de apoio"[815].

Essa orientação deve guiar todas as contratações a esse respeito e está disponível no Portal Jacoby - www.jacoby.pro.br.[816]

A oportunidade oferecida pela Lei de Licitações deve ser aproveitada como uma solução concreta e eficaz à sobrevivência de instituições que desenvolvem trabalhos de relevante importância ao progresso do País, desde que sejam fielmente observados os requisitos legais.

Conquanto a dimensão seja bastante ampla, não deverá a Administração curvar-se à instituições que só preenchem literalmente a extensão desse inciso. Não raras vezes, instituições voltadas para objetivos elevados e nobres,

---

[813] Ver: BRASIL. Tribunal de Contas da União. Súmula nº 222. **Diário Oficial da União [da] República Federativa do Brasil**, Brasília, DF, 05 jan. 1995, Seção 1.

[814] Ver: BRASIL. Tribunal de Contas da União. Processo nº TC- 017.177/2008-2. Acórdão 2731/2008 – Plenário. Relator: Ministro Aroldo Cedraz. **Diário Oficial da União [da] República Federativa do Brasil**, Brasília, DF, 1º dez. 2008, Seção 1.

[815] *Idem*, item 9.2.

[816]Link: http://www.jacoby.pro.br/novo/nav.php?link=http://jacoby.pro.br/novo/uploads/licita_es_e_contratos/juris/funda_es_de_apoio//tcu_ac_rd_o_n_2731_2008_a_plen_rio.pdf.

mascaram interesses escusos de sobreviver à custa do erário numa Administração cara e ineficiente, mas que apanigua "amigos do rei". Em todos os momentos, deve o administrador ter em linha de consideração que o seu dever de eficiência não lhe permite ser um mero submisso e cego às expressões literais; deve enxergar mais longe e verificar se a contratação atenderá ao interesse público, que é o seu real objetivo, sem favorecer indiscriminadamente ou injustificadamente instituições que verdadeiramente mascaram o desenvolvimento tecnológico ou a filantropia.[817]

Importante salientar que tais requisitos são verdadeiramente *intuitu personae*, obrigando o contratado à execução direta dos serviços, visto que está subjacente um objetivo maior, que é o de prestigiar a finalidade da instituição por meio do trabalho desta. Se a subcontratação total é em regra vedada, nesse caso, com muito mais razão há de sê-lo.[818]

Na tentativa de resolver a polêmica conceituou-se, por meio do Decreto nº 5.205/2004, o que seria desenvolvimento institucional. Recentemente, essa norma foi revogada pelo Decreto nº 7.423/2010, que alterou a redação anterior, dispondo:

> [...] Art. 2º Para os fins deste Decreto, entende-se por desenvolvimento institucional os programas, projetos, atividades e operações especiais, inclusive de natureza infraestrutural, material e laboratorial, que levem à melhoria mensurável das condições das IFES e demais ICTs, para o cumprimento eficiente e eficaz de sua missão, conforme descrita no Plano de Desenvolvimento Institucional, vedada, em qualquer caso, a contratação de objetos genéricos, desvinculados de projetos específicos.[819]

---

[817] a) A Súmula nº 02 da Consultoria Zênite, publicada no ILC nº 24, de fevereiro de 1996, estabelece: "Configura a hipótese do inciso XIII do art. 24 da Lei nº 8.666/93, quando o objeto do contrato a ser celebrado consistir na pesquisa, no ensino, ou no desenvolvimento institucional, não bastando apenas que se trate de instituição que se dedique às referidas atividades".

b) No passado, a posição do Tribunal de Contas da União foi mais flexível, como se infere no exame do Processo nº TC-014.470/94-2. Decisão nº 228/1995 - 2ª Câmara, em que a Fundação Universidade de Brasília foi contratada para realizar serviços de informática, por meio do CESPE/UnB - cursos e concursos. Na atualidade, porém, exige-se estrita relação entre o objeto do contrato e a natureza da instituição. Chegou ao fim a era dos contratos "guarda-chuva" que abrigavam qualquer objeto e excluíam essas fundações da competitividade.

[818] BRASIL. Tribunal de Contas da União. Processo nº TC-017.537/96-7. Decisão nº 881/1997 - Plenário. Relator: Ministro Marcos Vinicios Vilaça. **Diário Oficial [da] República Federativa do Brasil**, Brasília, DF, 26 dez. 1997. Seção 1, p. 31374. **No mesmo sentido**: Processo nº TC-019.365/95-0. Decisão nº 138/1998 - Plenário. Relator: Ministro Adhemar Paladini Ghisi. **Diário Oficial [da] República Federativa do Brasil**, Brasília, DF, 07 abr. 1998. Seção 1, p. 77.

[819] BRASIL. Decreto nº 7.423, de 31 de dezembro de 2010. Regulamenta a Lei nº 8.958, de 20 de dezembro de 1994, que dispõe sobre as relações entre as instituições federais de ensino superior e de pesquisa científica e

Espera-se que com a vedação expressa da contratação de "objetos genéricos, desvinculados de projetos específicos," as fundações de apoio deixem de ser contratadas para abrigar contratos cujo objeto não se enquadre perfeitamente na regra da licitação. Mais, subtraindo da sala de aula o já reduzido efetivo de professores universitários dedicados ao magistério que passaram a desenvolver qualquer serviço, inclusive na área de informática.[820]

14.2.2.4. recuperação social do preso

Sobre o produto do trabalho do preso e a importância da participação do Estado na sua recuperação, a legislação processual penal acessória, também lembrada pelo precitado professor Carlos Motta (Lei nº 7.210, de 11 de julho de 1984, art. 35), tentou equacionar a questão dispensando a licitação, nos seguintes termos:

> Art. 35. Os órgãos da administração direta ou indireta da União, Estados, Territórios, Distrito Federal e dos Municípios adquirirão, com dispensa de concorrência pública, os bens ou produtos do trabalho prisional, sempre que não for possível ou recomendável realizar-se a venda a particulares.
>
> Parágrafo único. Todas as importâncias arrecadadas com as vendas reverterão em favor da fundação ou empresa pública a que alude o artigo anterior ou, na sua falta, do estabelecimento penal.

Além de utilizar como gênero o termo "concorrência pública", já superado então pelo Decreto-Lei nº 200/1967, que nesse particular revogou o Código de Contabilidade Pública, o legislador desconheceu o fato de que muitos estabelecimentos penais constituíam meros órgãos despersonalizados da Administração Direta e, portanto, o ingresso de receitas para os presídios acabava por constituir receita do próprio tesouro. Quando o comprador era a própria entidade que mantinha o presídio, o "negócio" era extremamente

tecnológica e as fundações de apoio, e revoga o Decreto nº 5.205, de 14 de setembro de 2004. **Diário Oficial da União [da] República Federativa do Brasil**, Brasília, DF, 31 dez. 2010 – Edição Extra.

[820] Elucida bem essa perspectiva o seguinte excerto de acórdão: "[...] 1.1 observe que as dispensas de licitação com amparo no inc. XIII, art. 24 da Lei nº 8.666/1993, só são possíveis quando houver nexo entre o objeto pretendido e as atividades de ensino, pesquisa ou desenvolvimento institucional, o que não seria o caso de serviços ordinários de informática, e mesmo os de desenvolvimento de sistemas nos termos de entendimento prolatado nas Decisões/TCU nºs 830/98-P; 362/99-P e nos Acórdãos/TCU nºs 427/02-P e 1616/03-P. [...]" BRASIL. Tribunal de Contas da União. Processo nº TC-009.073/2004-0. Acórdão 998/2008 – 1ª Câmara. Relator: Ministro Adylson Martins Motta. **Diário Oficial da União [da] República Federativa do Brasil**, Brasília, DF, 11 abr. 2008. Seção 1, p. 183.

vantajoso, visto que a lei não vinculava a receita à finalidade de incentivo e recuperação do trabalhador preso. Além de tais aspectos, a falta de vontade política fez com que esse dispositivo não encontrasse a dimensão que se pretendia, embora inolvidável, que possuía a didática orientação de preferência de aquisição pelo setor privado.

Com o sistema legalmente instituído, em relação ao trabalho do preso, a lei inovou substancialmente:

a) enquanto que, antes, a Administração tinha o dever de comprar, na atualidade, a aquisição fica condicionada à necessidade e ao interesse da Administração e, mesmo assim, foi definida como uma possibilidade a ser permitida ao agente público;
b) a aquisição funda-se num contrato com uma instituição[821] que pode até ser, por exemplo, da Prefeitura com o Estado que mantém um presídio. A condição do agente e a finalidade a que se dedica são fatores que motivam a contratação;
c) a dispensa de licitação, agora, poderá ocorrer para qualquer das modalidades, com exceção do leilão, que é próprio para à alienação de bens da Administração e, no caso, está-se pretendendo adquirir bens ou serviços para a Administração.

Permanece em vigor, regendo as relações entre o preso e o estabelecimento penitenciário, a Lei nº 3.274 de 02 de outubro de 1957.

14.2.2.5. pesquisa energética

A pesquisa da matriz do potencial energético do país, constitui elemento de extrema relevância sob o ponto de vista da estratégia da segurança nacional e vital ao desenvolvimento econômico.

A interferência de fatores como preservação ambiental, associados a necessidades de alavancar investimentos e desenvolver a associação de capital público e privado, justificam tratamento diferenciado a essa peculiar atividade de pesquisa e a criação da Empresa de Pesquisa Energética - EPE.[822]

Conforme o ato de criação, os órgãos públicos estão dispensados de promover licitação para contratar atividades do objeto da EPE. O objeto está definido em lei como competência e é bastante amplo, mas sempre associada à matriz energética, petróleo e gás natural, carvão mineral e outras.

---

[821] O TCDF, em exame a contrato celebrado entre a CEB e a Fundação de Amparo ao Trabalhador Preso, decidiu ser inaplicável a CLT, exceto para regime aberto; possível, entretanto, o uso de convênio. Processo nº 3836/95. Disponível em: http://www.tc.df.gov.br. Acesso em 26 jan. 2011.

[822] Ver art. 6º da Lei nº 10.847, de 15 de março de 2004.

14.2.2.6. concurso público

As condições de trabalho decorrentes da relação pública ou assemelhada, guiada pelos princípios da isonomia, impessoalidade e moralidade, resultam num conjunto de proteção jurídica para a pessoa física contratada ou admitida. Assim, tanto para os contratos de emprego como para a relação estatutária há uma maior proteção contra despedida arbitrária, gerando segurança para o ocupante de emprego ou cargo público.

14.2.2.6.1. taxa de inscrição

Esse motivo, somado eventualmente a parâmetros de remuneração justa e digna, fizeram da seleção por concurso público não só um consectário do regime republicano; fomentou um novo tipo de serviço, cuja ausência de regularidade e continuidade tem recomendado a terceirização dessa atividade.

Como sói acontecer, pagou-se um preço econômico e social elevado pela experiência. Inicialmente, sob amparo do art. 24, inc. XIII, ora em comento, desenvolveu-se a indústria do concurso que, assumindo todas as responsabilidades, remunerava-se da taxa de inscrição. Não é preciso refletir muito para perceber que em curto espaço de tempo as taxas passaram a ter valores abusivos. Se de um lado constituíram-se em fonte de lucros abusivos para instituições, que pelo estatuto não têm essa finalidade, por outro serviram para nulificar o princípio da isonomia criando odiosa restrição pelo poder econômico. Concursos foram realizados no Brasil com mais de um milhão de inscritos e taxas equivalentes a meio salário mínimo.

Depois, por força da orientação do TCU, a legislação foi alterada para determinar que a taxa de inscrição deve ser modesta e servir para ressarcir os custos do concurso. Reiteradamente, em todas as oportunidades, temos lembrado que se esse entendimento merece encômios pela sua linha evolutiva, ainda é muito distante de uma justiça social: as taxas de inscrição não devem ter o propósito de cobrir custos de concurso; o custo de seleção de pessoal é do empregador, exclusivamente; a taxa de inscrição, necessariamente modesta, deve servir apenas para reprodução de material e evitar que pessoas sem pretensão de ingresso no quadro desperdicem tempo e material do contribuinte. O pagamento da taxa também serviria para organizar o procedimento e seria até razoável cobrar algo como 1% da futura remuneração limitada a 5% do salário mínimo nacional.[823]

[823] Consulte: BRASIL. Tribunal de Contas da União. Súmula nº 214. **Diário Oficial [da] República Federativa do Brasil**, Brasília, DF, 9 nov. 1982. Em decisão isolada, que não deve ser tomada por precedente

14.2.2.6.2.empresa e instituição – licitação

Como escolher o prestador de serviço tão complexo e especializado?

A segurança de informações e a reputação de algumas instituições foram utilizadas durante muito tempo para fundamentar a inexigibilidade e a dispensa da licitação. Distante da teoria e de seus fundamentos, instituições sem fins lucrativos foram contratadas por preços abusivos e envolveram-se em fraudes tanto graves como volumosas em número, chegando a comprometer a credibilidade do instituto do concurso público. Essas mesmas instituições, isoladas pelo privilégio da dispensa, quando em regime concorrencial, praticaram preços inferiores e até quase a metade.

A complexidade do serviço, em extensão e infraestrutura, somada a fatores como segurança da informação – evidenciam a necessidade de restringir a competição a empresas e instituições com experiência exitosa anterior. Empresas podem se adequar às normas de segurança de impressão de textos[824] e mesmo estes serem licitados.

O mais recomendável é que a Administração contrate por dispensa ou inexigibilidade instituição para elaborar projeto básico que deverá:

a) definir estimativa de inscritos com base em série histórica de seleções similares anteriores;
b) estimar infraestrutura necessária;
c) estimar custos de elaboradores de questões, corretores, aplicadores, transportadores, impressores, seguros e segurança, armazenagem;
d) análise de unicidade ou divisibilidade do objeto, segundo critérios técnicos e econômicos;
e) análise de execução direta ou terceirizada.

Após, preferencialmente, licitar o objeto, restringido a competição pela qualificação técnica e experiência similar anterior.

---

em sentido contrário à súmula, o TCU conheceu o procedimento adotado por um órgão público que recolheu o dinheiro da taxa de inscrição, remunerou a instituição contratada e repassou ao tesouro apenas o saldo dos valores apurados. BRASIL. Tribunal de Contas da União. Processo nº TC-014.861/93-3. Decisão nº 470/1993 - Plenário. Relatora: Ministra Élvia L. Castello Branco. **Diário Oficial [da] República Federativa do Brasil**, Brasília, DF, 16 nov. 1993, Seção 1.

[824] O Tribunal Superior Eleitoral, na austera gestão do Ministro Marco Aurélio e sua competente equipe, deu provas do valor da licitação. Contactado para ser contratado sem licitação o CESPE/UnB cotou proposta de R$ 6.460.000,00 (seis milhões e quatrocentos e sessenta mil reais) acrescidos de R$ 38,00 (trinta e oito reais) por inscrição excedente. Licitado por pregão o mesmo objeto foi contratado pelo mesmo CESPE por R$ 4.638.000,00 (quatro milhões e seiscentos e trinta e oito mil reais). BRASIL. Tribunal Superior Eleitoral. Processo Administrativo nº 1689/2006 - Pregão Eletrônico TSE nº 00066/2006 – Objeto: Recrutamento e Seleção de Pessoal/Concurso Público.

Ao tempo desta edição a jurisprudência se mostrava em evolução, havendo acórdãos do Tribunal de Contas da União exigindo licitação se viável a competição[825] e outros admitindo a dispensa, com fundamento no art. 24, XIII.

14.2.3. inquestionável reputação ético-profissional

Reputação é também requisito à válida aplicação desse inciso e diz respeito ao conceito de que desfruta a instituição perante a sociedade na qual exerce as funções, a sua fama, o seu renome.

Estabelece a lei que, a reputação seja avaliada pelos fatores ético-profissionais, sem considerar, portanto, a localidade,[826] o patrimônio ou mesmo esses fatores, se condizentes diretamente com as pessoas instituidoras da entidade. Não só "o que faz", mas também "o porquê faz", já que não pode ter fins lucrativos, como também a forma como realiza a sua função.

Não raro, vislumbra-se que são confundidos os conceitos das pessoas físicas que criaram a entidade com esta própria, ou, então, o que é pior, confunde-se reputação ético-profissional com a ausência de comentários depreciativos sobre uma entidade. São coisas bastante distintas: exige a lei "inquestionável reputação ético-profissional" sendo insuficiente a ausência de comentários negativos ou a existência simultânea de fatores positivos e depreciativos, com prevalência do primeiro; mas é suficiente que a instituição só seja conhecida no âmbito restrito dos que atuam naquele segmento do mercado (caso típico das instituições dedicadas à recuperação do preso que são até "famosas" entre os que se dedicam a esse tipo de filantropia, mas absolutamente ignoradas pela grande maioria da sociedade).

No campo das licitações, outro conceito, que será visto depois, guarda semelhança: a "notória especialização", que assim como a "inquestionável reputação" não exige que seu detentor esteja frequentando as primeiras páginas dos jornais, bastando que a comunidade de determinada atividade laboral o conheça, nos limites e características definidos na lei.

---

[825] Nesse sentido: BRASIL. Tribunal de Contas da União. Acórdãos n°s 221/2006, 596/2005 e 1111/2010, todos do Plenário.

[826] O Estado de Minas Gerais, aplicando o art. 48 da Lei estadual nº 7.291/1978, instituiu os "tributos devidos ao Estado" como critério de julgamento das licitações, concedendo preferência em razão da localidade. O STF declarou a inconstitucionalidade da expressão "tributos devidos ao Estado", contida no referido dispositivo legal. BRASIL. Supremo Tribunal Federal. Processo RE nº 152449-9 - 1ª Turma. Representação nº 1.308-1/MG. Relator: Ministro Ilmar Galvão. **Diário da Justiça [da] República Federativa do Brasil**, Brasília, DF, 09 abr. 1999, p. 34.

A propósito, é evidente que não há reputação ético-profissional em favor da instituição, quando contratada fora do seu ramo de atividade.[827]

Bem, por isso, o TCU recomendou que o gestor "verifique, tanto nas licitações como em suas dispensas e inexigibilidades, se o ramo da atividade da empresa licitante ou se a finalidade da instituição sem fins lucrativos é compatível com o objeto a ser contratado".[828]

14.2.4. reputação ético-profissional e notória especialização

Não raro, ouvem-se críticas a tais conceitos, que são bastante etéreos ou abstratos e, em última essência, impeditivos de serem contrastados judicialmente.

Devido ao subjetivismo que envolve os conceitos de reputação ético-profissional e notória especialização, a doutrina ainda não se pacificou sobre o assunto. Como forma de ilustração, trazemos excerto do voto do Ministro Iram Saraiva,[829] que com propriedade lança suas luzes sobre o assunto:

> Como se vê, embora se possa estabelecer alguma relação entre a notória especialização de que trata o art. 25, II, da Lei nº 8.666/1993 e a inquestionável reputação ético-profissional mencionada no art. 24, XIII, da mesma lei, os dois termos não se confundem. O primeiro deles, quando aliado à singularidade do objeto, afasta a licitação por inviabilidade de competição (inexigibilidade). Já o segundo, atendidos os demais requisitos postos em lei (art. 24, XIII), enseja a dispensa da licitação, mesmo quando a competição se revela viável. É uma faculdade deferida por lei ao administrador e que não implica qualquer ofensa ao princípio da igualdade, já que a Constituição Federal tutela outros valores além da isonomia, como o desenvolvimento do ensino, da pesquisa e da capacitação tecnológica (art. 218 e 219 da Constituição Federal de 1988, dentre outros).

A tradição doutrinária do nosso Direito e a remansosa jurisprudência dos Tribunais acabaram por estabelecer que os atos administrativos não podem ter

---

827 TCU decidiu: "[...] 9.1.3. deixe de celebrar contratos e convênios com fundações de apoio que não preencham critérios de habilitação técnica e jurídica, inclusive por ausência de credenciamento". BRASIL. Tribunal de Contas da União. Processo nº TC-018.852/2008-6. Acórdão nº 6.109/2009 – 2ª Câmara. **Diário Oficial da União [da] República Federativa do Brasil**, Brasília, DF, 20 nov. 2009.

828 BRASIL. Tribunal de Contas da União. Processo nº TC-010.055/2003-7. Acórdão nº 2505/2006 - 2ª Câmara. **Diário Oficial da União [da] República Federativa do Brasil**, Brasília, DF, 08 set. 2006, p. 119.

829 BRASIL. Tribunal de Contas da União. Processo nº TC-275.423/95-6. Decisão nº 172/1996 - Plenário, citada no Processo nº TC-017.537/96-7 (Anexo nº 017.229/96-0). Relator: Ministro Marcos Vinicios Vilaça. **Diário Oficial [da] República Federativa do Brasil**, Brasília, DF, 26 dez. 1997. Seção 1, p. 31402-23.

o mérito aferido ou julgado pelo Poder Judiciário. Numa feliz síntese dessa linha de pensamento, ficou assentado que ao Poder Judiciário só competia "patrulhar as fronteiras da legalidade" dos atos da Administração Pública. Enquanto o Judiciário inibiu-se, avolumou-se a descrença de alguma tutela sobre o gestor de recursos públicos, até que, em boa hora, o Constituinte pôs definitivamente por terra todas as concepções que tornaram invioláveis os atos da Administração, impondo indelevelmente, e ao contrário do que até então ocorria, que os atos deveriam ser plenamente examinados, não só quanto à legalidade, mas também quanto à legitimidade, à moralidade, à eficiência e à eficácia, atendendo-se ainda a outros atributos, como a economicidade, estabelecendo essa competência para os Tribunais de Contas.

Mesmo o Poder Judiciário tem dado importantes passos rumo ao questionamento de conceitos abstratos como a idoneidade ou a reputação ilibada, como se tem notícias em alguns acórdãos.[830]

São fatos significativos que afetam irremediavelmente a reputação ético-profissional, por exemplo, a sonegação de tributos e contribuições parafiscais, a exploração aviltante da mão de obra, o contumaz descumprimento da legislação obreira ou a subcontratação, o frequente e grande volume de reclamações trabalhistas procedentes, a reiterada impontualidade no cumprimento das obrigações, o descumprimento de normas técnicas, o uso da atividade para a obtenção de interesses escusos e também a exiguidade de tempo de existência da empresa.[831]

Encontram-se na doutrina comentários associando a dispensa de licitação tratada nesse inciso com a notória especialização que, em suma, declararia inexigível a licitação.[832]

Sustentam alguns renomados mestres do Direito que a licitação seria dispensável se não houvesse possibilidade de competição e que, em havendo, seria indeclinável o procedimento licitatório para garantir a efetividade do princípio da isonomia.

---

[830] BRASIL. Supremo Tribunal Federal. Processo RE nº 167.137-8/TO - Ação Popular. Relator: Ministro Paulo Brossard. **Diário da Justiça [da] República Federativa do Brasil**, Brasília, DF, 25 nov. 1994, p. 32312 (vide fls. 39 do voto).

[831] BRASIL. Tribunal de Contas da União. Processo nº TC-017.537/96-7. Decisão nº 881/1997 - Plenário. Relator: Ministro Marcos Vinicios Vilaça, em citação ao estudo feito pela 6ª Secex. **Diário Oficial [da] República Federativa do Brasil**, Brasília, DF, 26 dez. 1997. Seção 1, p. 31374.

[832] SOUTO, Marcus Juruena Villela: **Licitações & Contratos Administrativos**. Rio de Janeiro: Esplanada/ADCOAS, 1993, p. 95; FERRAZ, Sérgio e FIGUEIREDO, Lúcia Valle. **Dispensa e Inexigibilidade de Licitação**. São Paulo: Malheiros, p. 59.

Outros, não menos ilustres, relacionam o requisito "inquestionável reputação ético-profissional" com a notória especialização, ensejando a igual conclusão de que seria inexigível a licitação.

O assunto merece detida reflexão: em primeiro plano, deve-se observar que as hipóteses de dispensa de licitação elencadas no art. 24, em exame, constituem, como exposto no capítulo 3, o reconhecimento prévio pelo legislador do "conflito" entre valores tutelados pelo Direito, os quais adredemente a lei resolveu, permitindo a contratação direta. Na inexigibilidade de licitação, ao contrário, o legislador partiu do fato de que seria inviável a competição, deixando ao prudente arbítrio do agente público o enquadramento dos fatos à norma. Corolário dessa assertiva é que, em quase todos os casos de dispensa, poderá o administrador promover a licitação se entender conveniente, embora o legislador lhe tenha permitido a contratação direta. Não há nisso, evidentemente, afronta ao princípio da isonomia, vez que a Constituição tutela outros princípios além do da igualdade.

Em segundo, não há que se associar "inquestionável reputação ético-profissional" com notória especialização.[833]

Por ora, basta salientar que pode uma instituição ser detentora da primeira adjetivação sem possuir qualquer notoriedade em qualquer especialidade. Aliás, não raro pululam instituições probas, sérias, que vêm levando a cabo, nos mais estritos limites da ética profissional, o seu mister na sua área de desenvolvimento, seja no ensino ou outro ramo. Em tese, pelo menos, seria também possível encontrar um notório especialista a quem faltasse a inquestionável reputação ético-profissional, mas cujo conceito no ramo de atividades fosse de tal ordem capaz de credenciá-lo a um mister, onde, por exemplo, para prestigiar antiga parêmia, os "fins justificassem os meios".

Na área do ensino, a diferença que se almeja demonstrar mais se evidencia, porquanto mais frequente. A contratação de escolas técnicas ou de profissionalização pode ser efetivada sem atendimento a qualquer requisito de notória especialização, sendo suficiente a reputação ético-profissional dos seus trabalhos e a estrita correlação entre a matéria do curso e o objeto do contrato.

Para que a contratação de empresa possa basear-se no inciso XIII do art. 24, é necessário que a empresa preencha todos os requisitos exigidos pelo dispositivo. A exiguidade de tempo de existência da empresa é motivo suficiente para descaracterizar a hipótese do inciso XIII, conforme lição do

[833] Consulte o capítulo 6, subtítulo 4.2.6.3.: a notória especialização.

Ministro Marco Vinicios Vilaça, em citação ao relatório da 6ª Secex daquela Corte.[834]

14.2.5. objeto do contrato

À primeira vista, o inciso XIII do art. 24 nada dispôs sobre o objeto do contrato. Exame mais atento, porém, revela que, ao referir-se à reputação ético-profissional, implicitamente erigiu estreita relação entre o que a Administração pretende e em que consiste a atividade do contratado (profissão). Somente as instituições encarregadas da recuperação social do preso não precisam ter reputação profissional na área do objeto pretendido, bastando reputação ética nas suas relações.

Mais do que isso, é preciso que o objeto que será contratado seja a causa da reputação da instituição pelo modo diferenciado qualitativamente que executa.[835] Por isso não se concebe - e é irregular - que uma instituição seja contratada para objetos distintos, diferentes.[836] Há que ser sempre objeto da

---

[834] a) BRASIL. Tribunal de Contas da União. Processo nº TC-017.537/96-7. Decisão nº 881/1997 - Plenário. (Processo Anexo nº 017.229/96-0). Relator: Ministro Marcos Vinicios Vilaça. **Diário Oficial [da] República Federativa do Brasil**, Brasília, DF, 26 dez. 1997. Seção 1, p. 31402-23.

b) a propósito, o TCU, interpretando o art. 24, inciso XIII e sua aplicação a treinamento, recomendou: "[...] efetue as contratações de entidades executoras do Programa com dispensa de licitação, fundamentada no art. 24, inciso XIII, c/c art. 13, inciso V, da Lei nº 8.666/93, somente em casos excepcionais devidamente justificados, conforme determinação contida no item 8.2.2 'b' da Decisão nº 354/2001 TCU-Plenário, realizando a respectiva licitação nos casos em que não se configure a situação de singularidade dos cursos oferecidos e a excepcionalidade da entidade executora [...]." BRASIL. Tribunal de Contas da União. Processo nº TC-017.889/2002-2. Acórdão nº 191/2003 - Plenário. **Diário Oficial da União [da] República Federativa do Brasil**, Brasília, DF, 12 mar. 2003.

c) no mesmo sentido o TCU decidiu: "[...] 1.1.12. nas relações com a FAURG, observe o que dispõe o artigo 1º da Lei 8.958/94, combinado com o disposto nos artigos 1º e 3º, § único do Decreto 5.205/94, abstendo-se de firmar contratos para execução de projetos e serviços de caráter continuado, bem como evite a contratação de pessoal pela fundação de apoio para a prestação de serviços de caráter permanente na UFRG, conforme disposto no artigo 4º, § 3º, do Decreto 5.205/94; [...] 1.1.16. observe, nas contratações efetuadas com a FAURG, com base no inciso XIII do art. 24 da Lei 8.666/93 c/c o art. 1º da Lei 8.958/94, a devida formalização do processo de dispensa, em especial realizando prévia pesquisa de preço de mercado, e o devido processo de liquidação de despesa, abstendo-se de efetuar repasse antecipado dos recursos [...]." BRASIL. Tribunal de Contas da União. Processo nº TC-013.582/2005-1. Acórdão nº 2774/2006 - 2ª Câmara. **Diário Oficial da União [da] República Federativa do Brasil**, Brasília, DF, 05 out. 2006, p. 96.

d) sobre a execução de vestibulares, o TCU determinou: "[...] 9.3.3. não mais se valha da Lei nº 8.958/1994 e do art. 24 da Lei nº 8.666/1993 para a contratação de fundação de apoio para a prestação de serviços de execução de vestibulares, planejando antecipadamente os devidos processos licitatórios [...]."BRASIL. Tribunal de Contas da União. Processo nº TC-004.139/2002-5. Acórdão nº 6/2007 - Plenário. **Diário Oficial da União [da] República Federativa do Brasil**, Brasília, DF, 22 jan. 2007, p. 67.

[835] BRASIL. Tribunal Regional Federal da 1ª Região. Processo nº 1998.01.00.084552-3. AC nº 01000845523/DF. 3ª Turma Supl. **Diário da Justiça [da] República Federativa do Brasil**, Brasília, DF, 20 out. 2003, p. 104. Seção 3.

[836] BRASIL. Tribunal de Contas da União. Processo nº TC-010.4331/1999-6. Acórdão nº 245/2004 - 1ª Câmara. Relator: Ministro Sherman Cavalcanti. **Diário Oficial da União [da] República Federativa do Brasil**,

mesma natureza em todas as contratações fundadas no art. 24. XIII, da Lei nº 8.666/1993. Se uma instituição ora é contratada para realizar serviço de informática, noutra de pesquisa médica, noutra de treinamento, fica evidenciado que sua múltipla funcionalidade não é pertinente à reputação ético-profissional.

Nesse sentido a jurisprudência firmou-se exigindo estrita conexão entre o objeto do contrato e a causa da reputação.[837]

Também não se deve admitir a contratação de objetos genéricos, indeterminados. Ao contrário, só é regular a dispensa de objeto preciso e certo, embora possa ser de longa duração, e até de indeterminado prazo.[838]

É indispensável para a regularidade da contratação - no caso de pesquisa, ensino ou desenvolvimento institucional - estrita conexão entre o objeto pretendido e o motivo da recuperação.

Brasília, DF, 3 mar. 2004. **No mesmo sentido**: Processo nº TC-004.265/2003-9. Acórdão nº 506/2004 - Plenário. Relator: Ministro Guilherme Palmeira. **Diário Oficial da União [da] República Federativa do Brasil**, Brasília, DF, 17 abr. 2004. Seção 1.

[837] TCU determinou: "[...] 2.1.19. abstenha-se de contratar a instituição com dispensa de licitação fundamentada no art. 24, inciso XIII, da Lei nº 8.666/1993 sem que haja nexo entre esse dispositivo, a natureza da instituição contratada e o objeto contratual, este, necessariamente relativo a ensino, pesquisa ou a desenvolvimento institucional, o que não é o caso da realização de Plano Diretor para o campus de São Cristóvão (AC- 1349-21/03-1, AC-0388-09/04-2. Acórdão nº 1.613/2004 - Plenário. Decisão nº 404/02-18 Câmara) [...]." BRASIL. Tribunal de Contas da União. Processo nº TC-007.665/2005-0. Acórdão nº 822/2006 - 2ª Câmara. Relator: Ministro Walton Alencar Rodrigues. **Diário Oficial da União [da] República Federativa do Brasil**, Brasília, DF, 18 abr. 2006. Seção 1, p. 142.

É importante notar que o Tribunal de Contas da União deixou de penalizar os agentes que acolheram interpretação literal do dispositivo, em vários casos, até que ficasse consolidada a jurisprudência. Nesse sentido, destaca-se o seguinte ilustrativo escólio: O TCU "[...] pela Decisão nº 830/1998 - Plenário, conferiu ao mencionado dispositivo legal interpretação restritiva, no sentido de que somente será aplicável essa espécie de contratação direta aos casos em que haja nexo entre o referido dispositivo, a natureza da instituição e o objeto a ser contratado, sendo este objeto necessariamente relativo ao ensino, à pesquisa ou ao desenvolvimento institucional. 5. Quanto à proposta de apenação dos responsáveis, observo que as decisões desta Corte, ao se deparar com falhas de idêntica natureza e ocorridas à mesma época ou anteriormente às ora verificadas, têm sido predominantemente no sentido de se expedir determinação corretiva às entidades e órgãos faltosos, promovendo o apensamento dos autos às respectivas contas anuais, sem aplicar multa aos gestores (Decisões nºs 830/1998, 346/1999, 252/1999, 1.101/2002, 1.232/2002, 955/2002, 145/2002, todas do Plenário), medida que considero apropriada ao caso em exame, mormente tendo em vista que, no caso concreto, não se apurou dano ao erário, não se vislumbrando, ademais, dolo ou má-fé na atuação dos responsáveis. [...]." BRASIL. Tribunal de Contas da União. Processo nº 014.874/01-8. Acórdão nº 767/2005 - Plenário. Relator: Ministro Walton Alencar Rodrigues. **Diário Oficial da União [da] República Federativa do Brasil**, Brasília, DF, 23 jun. 2005.

[838] Fundação de apoio. **Diário Oficial da União [da] República Federativa do Brasil**, Brasília, DF, 22 maio 2009, Seção 1, p. 163. Determinação à UTFPR para que se abstenha de celebrar, renovar ou às prescrições da Lei nº 8.958/1994, especialmente quando configurada a contratação indireta de obras, aquisição de bens e serviços, atividades de manutenção ou que o contrato não esteja diretamente vinculado a projeto com prazo de conclusão e produto bem determinados, sendo vedada a contratação de atividades continuadas e de objeto genérico (item 1.5.1.7, TC – 019.781/2007-9, Acórdão n.º 2.461/2009- 2ª Câmara.

Nesse sentido é pacífica a jurisprudência do Tribunal de Contas da União, extensível inclusive a Estados, Distrito Federal e Municípios.[839]

O TCU já considerou irregular:

1. contratar a Fundação Getúlio Vargas - FGV para prestação de serviços de assessoria e consultoria técnica para estudos de meio ambiente[840], porque viável a competição;
2. contratar a FUNCATE para prestar serviços de processamento de dados. [841]

14.2.6. contratado sem fins lucrativos

Essa exigência, que constitui obviamente um dos elementos essenciais da instituição, deve fazer parte do próprio registro, como característica inafastável da finalidade.[842]

A ausência de fim lucrativo não impede que a instituição cobre remuneração pelo serviço que presta ou pelo produto que vende, fato absolutamente natural e até próprio de tais instituições. O que se lhe impede é a finalidade lucrativa. Lembra Marçal Justen Filho, com seu habitual senso de oportunidade, que tais instituições só podem se revestir de personalidade jurídica de direito civil, pois é impróprio à atividade mercantil não buscar lucro.[843]

Por diversos episódios colhidos na prática, percebe-se que instituições que buscam o lucro e, muitas vezes, de forma exagerada, abrigam-se no sofisma inverso para usufruir favores do Estado e chancelar ainda mais a espoliação. Planos de saúde, escolas de inglês e faculdades ostentam publicamente que não almejam lucro para obter isenção de tributos, adquirir terrenos, firmar "convênios".[844]

---

[839] Q . cfr. Súmula nº 128 do Tribunal de Contas da União.

[840] BRASIL. Tribunal de Contas da União. Processo nº TC-003.317/2001-6. Decisão nº 145/2002 - Plenário. Relator: Ministro Ubiratan Aguiar. **Diário Oficial da União [da] República Federativa do Brasil**, Brasília, DF, 27 mar. 2002. Seção 1.

[841] BRASIL. Tribunal de Contas da União. Processo nº TC-001.199/1197-8. Decisão nº 657/1997 - Plenário. Relator: José Antonio Barreto de Macedo. **Diário Oficial [da] República Federativa do Brasil**, Brasília, DF, 14 dez. 1997. Seção 1.

[842] Admite-se, no caso particular de entidades do Sistema "S" que esteja implícita a ausência de fins lucrativos. Consulte, porém, a respeito, a explanação sobre subcontratação, no capítulo 7, subtítulo 12.5: subcontratação na contratação direta.

[843] JUSTEN FILHO, Marçal. **Comentários à lei de licitações e contratos administrativos**. 11 ed. São Paulo: Dialética, 2005, p. 253.

[844] A Procuradoria do DF exarou parecer pela inviabilidade e não pagamento de ressarcimento de despesas médicas, pleiteado por clínica particular que recebeu paciente oriundo do Sistema Único de Saúde, com base no

Por inexistirem meios de controle prévio sobre os atos constitutivos e também posteriores, pululam essas instituições "hipócritas", que geram a indignação da comunidade.

Na área das licitações e contratos, porém, as Cortes de Contas que podem apreciar o mérito do ato administrativo, inclusive quanto à economicidade e à legitimidade têm podido obstruir esse "mascaramento", impondo que não prossigam os contratos firmados com irregular dispensa de licitação.

Devem ser julgados com rigor os agentes que compactuam dessa prática, não só porque a lei considera crime dispensar a licitação fora dos casos legalmente previstos, como também porque é dever do administrador verificar com cautela a qualidade do agente com quem contrata. Notadamente, a reputação ético-profissional na comunidade.

14.3. viabilidade de competição

Alguns doutrinadores de nomeada, com frequência, examinando incisos do art. 24, colocam para contraste a questão da isonomia e concluem que havendo mais de uma instituição o objeto deve ser licitado.[845]

Cabe obtemperar que a licitação não é o único meio de garantir a efetividade dos princípios da isonomia e da impessoalidade. Segundo, o legislador pátrio não pode abrir, ao seu talante, possibilidades de contratação direta sem acatamento ao princípio da licitação se não tiver a sustentá-lo outro princípio, também consignado na Constituição Federal.

É importante lembrar que a inviabilidade de competição só é requisito para a contratação direta por inexigibilidade, conforme expressamente estabelece o art. 25. Não se pode criar, pela via doutrinária, palavras que não existem na lei! Logo, mesmo existindo várias instituições com igualdade de condições - se forem exatamente iguais, o que é pouco provável - a escolha pode ser feita por uma pesquisa de preços, por exemplo. Mais adequado seria que a justificativa da escolha do contratado[846] tivesse relação com a capacidade da instituição e o objeto do contrato, e não só com o preço.

Em importante acórdão, o TCU firmou entendimento sobre essa questão e definiu que "atendidos os demais requisitos postos em lei" (art. 24, inciso

---

art. 24 da Lei nº 8.080/90, sobre participação complementar da iniciativa privada. Inexistência de convênio ou contrato. Desrespeito ao estatuto das licitações. Parecer nº 5.257/97 - 1ª SPR. Processo nº 060.000.473/97.

[845] Neste sentido: DALLARI, Dalmo de Abreu. Folha de São Paulo, 12 de janeiro de 1996, caderno 1, p. 3; e JUSTEN FILHO, Marçal. **Comentários à lei de licitações e contratos administrativos**. 11 ed. São Paulo: Dialética, 2005, p. 253.

[846] BRASIL. **Lei nº 8.666/93 (Versão Bolso).** Organização dos textos e índice por J. U. JACOBY FERNANDES. 12. ed. amp., rev. e atual. Belo Horizonte: Fórum, 2010. Q. cfr. o art. 26, parágrafo único, II.

XIII), enseja a dispensa de licitação, mesmo quando a competição se revela viável.[847]

No âmbito do TCU, contudo, o tema não é pacífico.[848]

14.4. dispositivos correlatos

Duas exigências são relevantes a contratação, com fundamento nesse inciso e estão regulados em outros dispositivos. A primeira, atinente a preço; a segunda ao próprio objeto referente a terceirização.

Além dessas exigências, inerentes aos casos de contratação direta, em geral, também as regras do art. 7º, §§ 2º, 6º e 9º da Lei nº 8666/1993 devem ser observados exigindo-se projeto básico, planilha de custos e prévia dotação orçamentária. Em relação ao primeiro, que deve ser consciente sob o aspecto técnico, exige-se também prévia aprovação pela autoridade competente.

Mesmo para os casos de contratação direta sem licitação, exige-se a observância de outras regras da Lei de Licitações, inclusive o rigoroso acatamento dos princípios vetoriais.

Interessante precedente foi enfrentado pelo eminente Procurador Gabriel de Britto Campos ao examinar a pretensão de um Secretario de estado em contratar instituição privada sem fim lucrativo da qual integrava o Conselho Deliberativo. O fato foi descoberto pelo próprio Procurador em pesquisa que empreendeu. Destacou, então: "Tal contatação por si só constitui motivo suficiente para indeferir de plano qualquer pretensão de contratação da entidade, por violação ao princípio da moralidade administrtiva. insculpido no art. 37 da Constituição Federal e art. 19 da Lei Orgânica do Distrito Federal".

---

[847] BRASIL. Tribunal de Contas da União. Processo nº TC-017.537/96-7. Acórdão nº 114/1999 - Plenário. Relator: Ministro Marcos Vinicios Vilaça. **Diário Oficial [da] República Federativa do Brasil**, Brasília, DF, 26 dez. 1997. Seção 1, p. 31402-23. Releva notar que, há decisão do TCU em sentido contrário: "[...] determinar à Eletrobrás que [...] quando da contratação de instituição sem fins lucrativos, com fulcro no art. 24, XIII, da Lei nº 8.666/93, demonstre a inexistência de outras entidades em condições de prestar os serviços a serem contratados, caso contrário, deve ser feita licitação entre essas entidades para escolha da melhor proposta técnica, em obediência ao princípio constitucional da isonomia;" BRASIL. Tribunal de Contas da União. Processo nº 003.317/2001-6. Decisão nº 145/2000 - Plenário. Relator: Ministro Ubiratan Aguiar. **Diário Oficial da União [da] República Federativa do Brasil**, Brasília, DF, 27 mar. 2002.

[848] O TCU recomendou: "[...] 1.7.8. Se abstenha de promover dispensas de licitação fundamentadas no art. 24, inciso XIII, da Lei nº 8.443/1992, quando os serviços requeridos exigirem o emprego de técnica dominada por diversas empresas no mercado. BRASIL. Tribunal de Contas da União. Acórdão nº 5660/2008 - TCU - 2ª Câmara; **Diário Oficial da União [da] República Federativa do Brasil**, Brasília, DF, 8 dez. 2008.

De fato, não é possível que um mesmo agente figure nos dois polos da relação processual, ainda que indiretamente; ofende a moralidade, privilegia uma instituição em detrimento da isonomia.

14.4.1. preço

A questão pertinente ao preço contratado será examinada com mais detalhe no capítulo 7. Ao ensejo, cabe antecipar, porém, que o inciso não exige que o preço seja compatível com o de mercado, aceitando-se justificativa para o descompasso entre o preço contratado e o praticado no comércio.[849]

Às vezes a vantagem auferida com a contratação direta não está no preço, mas em algum outro fator.[850]

A propósito, não se justificam pagamentos feitos sem qualquer critério sob o argumento de que, o contrato tem a finalidade de incentivar o desenvolvimento institucional ou social. Parece melhor ajustar-se à legislação dos contratos a ideia de que o Estado continua buscando as condições mais vantajosas ou iguais às de mercado. O favorecimento que o legislador assegurou, apaniguando tais instituições, expira com a possibilidade de contratação direta, dispensando-as da licitação e da competição com outras congêneres do mercado, sem, contudo, estabelecer reservas de mercado para tais instituições.

Nesse sentido, não cabe contratar com fundações de apoio objetos genéricos na figura de administração contratada a ser paga com taxa.[851]

Em reforço a tais considerações, é importante assinalar que a Lei de Licitações e Contratos não constitui instrumento autorizador de intervenção na ordem econômica, sendo prudente em assegurar a isonomia dos administrados,

---

[849] Nesse sentido, o TCU recomendou: "[...] restringir as contratações por dispensa de licitação, com fulcro no art. 24, inc. XIII, da Lei 8.666/93, aos específicos casos em que esteja comprovado o nexo entre o mencionado dispositivo, a natureza da instituição e o objeto a ser contratado, instruindo o processo com documentos que comprovem a razoabilidade do preço cotado". Processo nº TC-010.055/2003-7. Acórdão nº 2505/2006 - 2ª Câmara. **Diário Oficial da União [da] República Federativa do Brasil**, Brasília, DF, 08 set. 2006, p. 119.

[850] O TCU entende que, para realizar concurso, é possível contratar com base no art. 24, XIII. BRASIL. Tribunal de Contas da União. Processo nº TC-014861/93-3. Decisão nº 470/1993 - Plenário. Relator: Ministra Élvia L. Castello Branco. **Diário Oficial [da] República Federativa do Brasil**, Brasília, DF, 16 nov. 1993. Seção 1, p. 17186.

[851] BRASIL. Tribunal de Contas da União. Processo nº 018.852/2008-6. Acórdão nº 6109/2009 – 2ª Câmara. **Diário Oficial da União [da] República Federativa do Brasil**, Brasília, DF, 20 nov. 2009: "[...] 9.1.2 por ausência de base legal, abstenha-se de contratar fundação de apoio mediante o pagamento de taxas de administração ou similares, regime de contratação denominado "administração contratada" que atenta contra o princípio da economicidade na medida em que mantém a cargo da Administração Pública os custos fixos da contratação, assegurando ao contratado, sem os riscos do empreendimento, remuneração fixa, cujo valor é atrelado ao custo total do contrato."

como princípio fundamental, destacado em preâmbulo no art. 3º da Lei nº 8.666/1993.

14.4.2. limites à terceirização

As atividades inerentes aos cargos e empregos da Administração Pública não podem ser objeto de terceirização, como regra.[852]

O próprio Tribunal de Contas da União com freqüência, faz recomendação no sentido de impedir esse tipo de terceirização, inclusive mediante a aplicação do inc. XIII, do art. 24, em comento.[853]

15. Aquisição de bens ou serviços nos termos de acordo internacional específico

Dispõe a Lei nº 8.666/1993, *in verbis*:

> Art. 24. É dispensável a licitação
>
> [...]
>
> XIV - para a aquisição de bens ou serviços nos termos de acordo internacional específico aprovado pelo Congresso Nacional, quando as condições oferecidas forem manifestamente vantajosas para o Poder Público;

15.1. noções

A Lei nº 8.666/1993 inovou sobre o tema, em relação ao Decreto-Lei nº 2.300/1986, que não previa permissão para essa hipótese de contratação direta.

A redação inicial da Lei nº 8.666/1993 estabelecia o seguinte:

> XIV - para a aquisição de bens ou serviços por intermédio de organização internacional, desde que o Brasil seja membro e nos termos do acordo específico, quando as condições ofertadas forem manifestamente vantajosas para o Poder Público.

852 A propósito, consulte o Decreto nº 2.271, de 7 de julho de 1997, que regula a terceirização no âmbito da Administração Pública Federal, e o *Livro Responsabilidade Fiscal - Questões Práticas*, da editora Brasília Jurídica.

853 Nesse sentido o TCU determinou: "[...] restrinja a contratação por dispensa de licitação, com fulcro no art. 24, inciso XIII da Lei de Licitações, às situações em que o objeto da avença estiver compreendido entre atividades de ensino, pesquisa ou desenvolvimento institucional, este caracterizado pela melhoria mensurável da eficácia e eficiência no desempenho da instituição beneficiada, deixando de contratar diretamente o serviço relacionado a atividade fim do Instituto, como a realização de censos". BRASIL. Tribunal de Contas da União. Processo nº TC-012.217/2005-2. Acórdão nº 2526/2006 - 1ª Câmara. **Diário Oficial da União [da] República Federativa do Brasil**, Brasília, DF, 15 set. 2006, p. 155.

Prevalecia, assim, a ideia de intermediação, sem alusão ao contratado, além da necessidade de o Brasil, necessariamente, fazer parte do organismo internacional. Afastavam-se, portanto, acordos internacionais adotados com o fim de abrir mercados estrangeiros, como seria o caso de uma eventual tentativa de ingresso de produtos no Mercado Comum Europeu, com reciprocidade de equilíbrio entre importações e exportações. A nova redação evoluiu e aprimorou o texto anterior.

Pelo dispositivo, na atualidade, em razão de acordo internacional, a Administração Pública poderá, ou deverá, segundo os termos do acordo, adquirir diretamente, sem prévio procedimento licitatório, bens e serviços normalmente produzidos no exterior, em detrimento do fornecedor nacional. A isonomia cederá passo ao interesse nacional de intercâmbio entre nações, essencial no relacionamento dos povos. Imperativamente, reza o normativo que as condições oferecidas, para que seja válida a dispensa, deverão ser manifestamente vantajosas para o Poder Público.

15.2. alcance da dispensa

O inciso só autoriza a contratação direta, sem prévio procedimento licitatório, para a aquisição de bens e serviços.

Fica, desde logo, afastada a possibilidade de contratação para obras ou alienações, conceituadas pelo próprio legislador no art. 6º da Lei nº 8.666/1993. É possível, contudo, a combinação de aquisição de bens e serviços, simultaneamente, ou só a compra de bens ou a contratação de serviços, vez que a alternatividade imposta pela partícula "ou" não deve ser entendida de modo a impedir a contratação simultânea. Corroboram essa assertiva as observações que seguem, sob a epígrafe de "acordo internacional".[854]

Se ocorrer de o acordo referir direta ou indiretamente que a obra deve ser contratada com determinada empresa, a licitação será inexigível, com fundamento no art. 25, *caput*, da Lei nº 8.666/1993. Na esfera de controle, caberá questionar a constitucionalidade do acordo, porém, não mais do ato de inexigibilidade, porque o ato jurídico precedente afasta qualquer responsabilização do administrador e o transfere para o partícipe do acordo.

---

[854] PEREIRA JUNIOR, Jessé Torres. **Comentários à Lei das Licitações e contratações da administração pública**: Lei nº 8.666/93. 6ª ed. Rio de Janeiro: Renovar, p. 288.

15.3. requisitos

Além da limitação quanto ao objeto - alcance da dispensa - o inciso impõe três requisitos:

a) existência de acordo internacional que estabeleça a aquisição de bens e serviços;
b) aprovação do acordo pelo Congresso Nacional;
c) condições oferecidas para a aquisição manifestamente vantajosas para o Poder Público.

Em relação ao primeiro, insta ressaltar que algumas críticas têm sido formuladas ao inciso, com absoluta propriedade, podendo ser lembrada a do eminente Marcus Juruena[855] que, comentando a redação anterior do dispositivo, obtempera:

> o próprio tratado, que no direito interno tem hierarquia de lei ordinária, poderia excepcionar a regra para o caso específico, sem necessidade de outra legislação, até porque o art. 4º da Constituição Federal já prevê a cooperação entre os povos e a integração econômica como princípios das relações internacionais brasileiras.

No projeto inicial da Lei de Licitações, houve a ideia de sistematizar em um só diploma todo o tema, absorvendo as legislações esparsas, cuja sistematização tanta dificuldade traz à aplicação do Direito. Contudo, como referido no capítulo 3, título 5, permaneceram válidas algumas disposições da legislação pretérita, além de terem sido promovidas inovações por leis posteriores.

Assim, frustrada parcialmente a ideia de sistematização de toda a legislação e, tendo em consideração, como bem lembra o precitado autor, que o texto do acordo aprovado ingressa no ordenamento jurídico com força de lei ordinária, podendo consubstanciar-se em decreto legislativo, qualquer acordo poderá instituir novas hipóteses de contratação direta, validamente, se observados os preceitos constitucionais pertinentes.

Referiu-se, no parágrafo precedente, à frustração parcial, porque, efetivamente, a inscrição dessa hipótese de contratação direta acabou por demonstrar o interesse de conciliar o texto interno específico com as normas absorvidas pelo Direito Pátrio, por força de acordo internacional, afastando

---

[855] VILLELA SOUTO, Marcus Juruena. **Licitações & contratos administrativos**. Rio de Janeiro: Esplanada/ADCOAS, 1993, p. 95.

definitivamente a ideia de conflito entre tais normas, que poderiam ser suscitadas.

Mas qual a natureza jurídica da norma inserta nesse dispositivo, frente àquela, oriunda de um acordo internacional? Em poucas palavras, retrata a "norma geral de licitação", referida no inciso XXVII do art. 22 da Constituição Federal.

Assentada essa premissa, todo o estudo do dispositivo objetivará ajustar a norma do acordo à regra geral do inciso.

Mostra-se conveniente, nesse passo, observar que a lei referiu-se a acordo, havendo no âmbito do Direito Internacional outras expressões de amplitude conceptual distinta, como, por exemplo, tratado e convenção, além de acordo. Celso de Albuquerque Mello[856]ensina que o termo "tratado" é utilizado para acordos solenes, ao passo que "convenção" corresponderia ao tratado que cria normas gerais. O acordo seria uma manifestação de vontade dos Países envolvidos, que tornaria efetivo o regime de cooperação. Nesse sentido, é o acordo que implicará a possibilidade de aquisição de bens e serviços, e não o tratado ou a convenção internacional, que têm, por natureza, caráter normativo.[857]

Com referência à aprovação do acordo exigida pelo inciso, deve ser observado que, conforme estatui o art. 49, inciso I, da Constituição Federal, é da competência exclusiva do Congresso Nacional resolver definitivamente sobre tratados, acordos ou atos internacionais que acarretem encargos ou compromissos gravosos ao patrimônio nacional. É importante salientar que, de acordo com o art. 84, inciso VIII, do mesmo Estatuto, compete privativamente ao Presidente da República celebrar tratados, convenções e atos internacionais, sujeitos a referendo do Congresso Nacional.

É voz corrente que o Congresso Nacional tem sido pouco célere na tramitação dos assuntos de sua competência, razão pela qual se impõe obtemperar que, sem a aprovação do acordo, os atos complementares referentes à aquisição autorizada não poderão ser implementados. O referendo constitui formalidade inafastável, vez que é um ato complexo, na classificação de Hely Lopes Meirelles, e, portanto, o mesmo só existe no mundo jurídico, só se aperfeiçoa com a integração da vontade do último órgão, formador da vontade do Estado.

---

[856] MELLO, Celso de Albuquerque. **Curso de Direito Internacional Público**, vol. 1. Rio de Janeiro: Editora Renovar, p. 133-4.

[857] Veja o minucioso estudo de Marcos Juruena Villela Souto: Mercosul e a nova Lei de Licitações, no Boletim de Licitações e Contratos - BLC, nº 5/94, São Paulo, editora NDJ, página 69.

Qualquer aquisição efetivada sem o procedimento licitatório, baseada em acordo internacional, não referendado pelo Congresso Nacional, não apresentará o suporte de legalidade indispensável e sujeitará a autoridade responsável às penalidades do art. 89 da Lei nº 8.666/1993.

Quanto ao terceiro requisito, curiosa observação do mesmo autor, Marcus Juruena, diz respeito à busca de condições mais vantajosas, propugnada pelo inciso, fato que em si constitui normal propósito do procedimento licitatório. Assim, pretendendo o agente a satisfação desse requisito, seu ideal seria plenamente atendido com a realização da licitação, e não com sua dispensa.

Um maior esforço de hermenêutica aqui se impõe para o equacionamento adequado do dispositivo, ajustando-o à lógica, servindo de balizamento à mesma premissa já referida: "todo o estudo do dispositivo objetivará ajustar a norma do acordo à regra geral do inciso".

Com fulcro nesse ponto angular, compreende-se que o requisito permanece válido como norma diretiva até mesmo dos futuros acordos.

Efetivamente, se a Lei nº 8.666/1993 impõe norma geral sobre o tema e se a licitação é também a regra geral, as normas específicas - aí compreendidas as contidas nos acordos que autorizem contratação direta sem licitação - terão sua validade condicionada, se harmônicas com a Constituição Federal e com as regras gerais aqui delineadas. Mesmo quando o acordo não faça alusão à obrigação de oferecer condições mais vantajosas para o Poder Público, aquela regra deverá permear o ajuste.

Consequência prática relevante, no caso, parece advir quando a Administração firma um acordo motivada, por exemplo, pelo interesse em manter o equilíbrio da balança comercial com determinado País, adquirindo, por preço superior ao praticado no mercado interno, produto de qualidade inferior, como já ocorreu em relação a determinado País devedor. Qual seria a sua validade frente ao inciso em comento? Prevaleceria a regra que determina a busca de oferta "manifestamente mais vantajosa"? No seu bojo, poderia ser considerado como vantajoso o interesse público de integração de mercados econômicos? Como ficaria o produtor ou prestador de serviços nacionais capaz de oferecer condições mais vantajosas no caso?

A atual Constituição Federal traça um balizamento que parece indicar uma possibilidade de resposta a tais indagações.

Destaca-se nesse regramento o inciso IV do art. 1º, estabelecendo como fundamentos da República os valores sociais do trabalho e da livre iniciativa, norma essa que deve ser coordenada com o inciso XXI do art. 37, no qual está subjacente o princípio da isonomia, e ambas confrontadas com a regra insculpida no art. 4º, parágrafo único, também da Constituição, a qual programaticamente dispõe que o Brasil buscará a integração econômica, visando à formação de uma comunidade latino-americana de nações.

Com tais prescrições, é possível concluir que, se para atender à última regra, houver a aquisição em condições não manifestamente mais vantajosas, o acordo ainda terá validade jurídica, visto que se trata de encontrar um equilíbrio entre as normas. Mas, mesmo nesse caso, deverá haver uma contrapartida, de tal modo significativa, que demonstre a prevalência do interesse público, ou seja, o dispositivo do inciso XIV do art. 24 da Lei nº 8.666/1993, por encontrar esteio no fato de ser norma geral, regulamentadora do art. 37, inciso XXI, e do art. 171, § 1º, da Constituição, serve de alavanca para questionar acordos nocivos. Longe, porém, do pretendido objetivo de formação e participação no mercado latino-americano, não haveria espaço para, mediante acordo internacional, adquirir produtos e bens em condições menos vantajosas para a Administração. Garante-se, assim, a supremacia dos princípios dos arts. 1º e 37, referidos, da Constituição, e a norma geral inserta no art. 24, inciso XIV, da Lei nº 8.666/1993, em comento.

É imperioso salientar, contudo, que os órgãos de controle externo da Administração Pública, judicial ou não, procuram prestigiar a letra de tratados e convenções firmados pelo governo brasileiro, esforçando-se por emprestar-lhes eficácia diante do ordenamento jurídico pátrio, até pelo interesse maior de garantir a honorabilidade das autoridades brasileiras e, por essa via, do próprio Brasil. Daí porque o assunto merece cautela e, no exame de tais atos, não se deve deixar de questionar a conduta do agente que promove acordo para aquisição em condições menos vantajosas para a Administração.

A possibilidade de conciliar normas alienígenas com o Direito Positivo pátrio, dependerá do exame caso a caso, em boa medida conduzido pelo subjacente interesse de fazer prevalecer as normas nacionais.

Relevante episódio, ocorrido ao tempo do Decreto-Lei nº 2.300/1986, deu-se no Tribunal de Contas da União, em julgamento onde se examinava o confronto entre disposições do convênio firmado entre a Empresa Brasileira de Pesquisa Agropecuária (EMBRAPA) e o Banco Interamericano de Reconstrução e Desenvolvimento (BIRD). Em virtude de tal acordo, a primeira recebeu recursos a serem empregados em material científico, mas com a obrigação de promover o emprego de tais recursos mediante o processo seletivo adotado pelo BIRD. Atuando no feito, o Ministério Público junto ao Tribunal de Contas da União, na palavra precisa e judiciosa do Professor

Francisco Salles de Mourão deixou assentado o seguinte pronunciamento embasador da decisão posteriormente adotada[858]

> Discute-se, no processo, a questão da prevalência de cláusulas constantes de Contrato de Empréstimo celebrado entre o Brasil e o BIRD - operação essa que, por sua natureza financeira e por ser de interesse da União, não prescinde da necessária autorização do Senado Federal, ante o que prescreve a Lei Maior (cf. art. 52, V).
>
> Ganha relevo, para o exato desate da questão posta nos autos, a circunstância de que a Convenção constitutiva do BIRD, subscrita pelo Brasil em 22.07.44 e ratificada pelo Dec.-Lei nº 8.479/45, não contém qualquer disposição que abone a ingerência do Banco nos procedimentos de administração pública consagrados na lei brasileira.
>
> A par disso, as cláusulas contratuais em causa não têm a força de normas de Direito Internacional, a preponderar sobre as normas jurídicas editadas no País, as quais prevaleceriam, inclusive, sobre as normas internacionais escritas e costumeiras, consoante o magistério autorizado do eminente jurista José Francisco Rezek, em sua prestimosa monografia Direito Internacional Público: Curso Elementar (cf. Ed. Saraiva, 2ª edição, 1991, p. 5 e 6). Nessa obra, o autor revela que a teoria do monismo nacionalista 'norteia as convicções judiciárias em inúmeros Países do Ocidente - incluídos o Brasil e os Estados Unidos da América - quando os Tribunais enfrentam o problema do conflito entre normas de direito internacional e de direito interno'.
>
> Em linha de coerência, aliás, com esta lição encontra-se o célebre e fundamental julgado do Pretório Excelso, oportunamente colacionado pela Oitava Inspetoria Geral (cf. RE nº 80.004-SE, in RTJ 83/809), em que a nossa Suprema Corte de Justiça reconheceu que, 'embora a Convenção de Genebra, que previu uma lei uniforme sobre letras de câmbio e notas promissórias, tenha aplicabilidade no Direito brasileiro, não se sobrepõe ela às leis do País, disso decorrendo a constitucionalidade e consequente validade do Dec.-Lei nº 427/69, que instituiu o registro obrigatório da

---

858 BRASIL. Tribunal Contas da União. Processo nº TC-001.525/92-1. Decisão nº 245/1992 - Plenário. Relator: Ministro Luciano Brandão Alves de Souza. **Diário Oficial [da] República Federativa do Brasil**, Brasília, DF, 2 jun. 1992. Seção 1, p. 6969.

> Nota Promissória em Repartição Fazendária, sob pena de nulidade do título'.
>
> [...]
>
> Daí a assertiva vitoriosa do eminente Ministro Cunha Peixoto, no referido precedente do Supremo, segundo o qual 'o cerne do problema encontra-se, pois, em nosso parecer, não nas teorias sobre o direito internacional, mas no direito constitucional de cada País'. E, passos adiante, S. Exa. asseria não estar consagrada no Direito positivo interno a teoria da irrevogabilidade dos tratados e convenções internacionais por lei ordinária interna. E, valendo-se do magistério de TRIEPEL, pondera que 'o dever de obediência dos súditos perante a lei do Estado é absoluto, seja qual for a atitude tomada por essa lei em relação ao direito internacional. A lei interna contrária ao direito internacional, obriga os súditos tanto quanto a lei conforme a esse direito, pouco importando que se trate de súdito em sentido estrito, isto é, de nacionais ou de estrangeiros'. E aduz, com ênfase: 'O princípio que assentamos não é menos importante para os titulares de funções públicas, e, especialmente, para os juízes: 'são todos obrigados a aplicar o direito interno, mesmo contrário ao direito internacional'.
>
> Donde a inferência de que tais contratos de empréstimos devem sujeitar-se às disposições do direito interno, máxime, no caso concreto em que o Brasil dispõe de um pormenorizado e altamente moralizador Estatuto Jurídico das Licitações e Contratos Administrativos (cf. Dec.-Lei nº 2.300/86). Não há como justificar a exclusão da soberania da lei brasileira na formalização das despesas realizadas à conta de tais recursos, até porque, através de cláusula contratual expressa (cf. Seção 3.02 do art. III, às fls. 164 do volume I), admite-se a possibilidade de estudar outra forma de obtenção dos bens, obras e serviços, incumbindo às autoridades monetárias brasileiras, credenciadas pela Convenção do BIRD, levar as ponderações cabíveis no caso ao conhecimento da Direção Executiva do Banco, em grau de negociação, prevista no mesmo contrato.

Em absoluta correspondência de conteúdo, inclusive fazendo referência à mesma lição transcrita acima, encontra-se a manifestação da Secretaria do Tesouro Nacional, que enfrentou a questão da ausência de elementos/informações contratuais em acordo internacional, considerados obrigatórios pela Lei nº 8.666/1993, oportunidade em que deixou assentado o seguinte:

> Conclui-se, assim, que o acordo não contém elementos suficientes para orientar a sua execução, especialmente porque o seu objeto não está definido como exige a lei, sendo, inclusive, omisso em relação a várias cláusulas necessárias, como as previstas no art. 55 da Lei nº 8.666/1993, carecendo, por tudo isso, de regulamentação para torná-lo exequível. Sem dúvida, essa regulamentação processar-se-á mediante a celebração de convênios, suas condições observarão as disposições da Lei nº 8.666/1993, particularmente contidas nos arts. 54, 55 e 58 a 61.[859]

Outro aspecto a destacar diz respeito ao emprego da expressão "Poder Público", como destinatário das condições ofertadas. O percuciente professor Carlos Motta esclarece, com razão, que a expressão deve ser acolhida como sinônimo de Administração Pública, conceituada pelo próprio Legislador no art. 6º, XI. A vantagem poderá não ser, em nosso entendimento, direta para o órgão contratante, sendo satisfatório que a contrapartida para a Administração Pública como um todo seja vantajosa.

Ainda é de se pôr em relevo que o dispositivo não alude à compatibilidade de preços e condições com os elementos de mesma natureza praticados no mercado,[860] impondo severamente que as condições oferecidas sejam "manifestamente vantajosas", implicando a necessidade inafastável de que o órgão adquirente explicite, demonstre e justifique as vantagens ofertadas e as contraste com outras possibilidades de contratação. É que, manifestamente, só pode ser entendido como algo que se revele ao mundo cognitivo.

Tais elementos integram, necessariamente, o elenco das justificativas da escolha do fornecedor, a que alude o art. 26, e devem ser previamente elaboradas em relação à contratação, cabendo lembrar que a sua omissão pode até ser caracterizada como o tipo penal do art. 89,[861] vez que se trata de formalidade indispensável ao ato de contratação.

---

[859] BRASIL. Secretaria do Tesouro Nacional. Parecer STN/CONED nº 45, de 28 de fevereiro de 1994.

[860] A rigor é o preço de mercado porque o Poder Público está adstrito a contratar no mercado localizado. Esse termo deve ser considerado à luz também do art. 15, inciso V, da Lei nº 8.666/1993: prelo praticado no âmbito da Administração Pública.

[861] Determinado Presidente do Tribunal Regional do Trabalho do Piauí e seu Diretor figuraram como réus numa ação de improbidade motivada pela contratação de empresa para realizar o projeto arquitetônico da nova sede do tribunal, por inexigibilidade de licitação, com base no art. 25, II.

15.4. dispositivos correlatos

Seria possível firmar um contrato com dispensa de licitação, nos termos do inciso, e mais tarde sucedê-lo com outro contrato com dispensa de licitação? A resposta é afirmativa e poderá ocorrer, por exemplo, com alguma frequência, na hipótese tratada no inciso XVII do mesmo artigo, que permite a contratação sem licitação para a aquisição de componentes ou peças de origem nacional ou estrangeira, necessárias à manutenção de equipamentos durante o período de garantia técnica, nas condições ali definidas.

Já foi exposto que, como regra, a dispensa de licitação é uma possibilidade que foi erigida pelo legislador para o agente público, mas poderá ocorrer de os termos do acordo terem imposto, de forma coativa, a contratação direta, e, nesse caso, sendo a proposta mais vantajosa, não poderá o administrador pretender realizar a licitação, sob pena de ferir o ordenamento jurídico, pois, como assinalado, as normas decorrentes do acordo internacional ingressam no direito positivo pátrio com força de lei, podendo ter caráter cogente.

Assim, mesmo existindo mais de um possível fornecedor ou mais de um acordo internacional, e pretendendo o agente proceder à licitação, deverá consultar os textos do acordo, encaminhando a matéria ao órgão jurídico da unidade para exame.

Por outro lado, como a lei exige que as condições ofertadas sejam manifestamente vantajosas para a Administração Pública, deverá haver um estudo preliminar indicativo das condições de mercado ou, se inexistentes estas, dos fatos e circunstâncias que motivaram o ato.

Há ainda outra questão que demanda referência condizente com o fato de que as despesas devem estar previstas no orçamento, conforme preceitua o art. 165, § 5º, da Constituição Federal, não podendo qualquer convênio internacional ou acordo impor a realização de despesas sem que, no âmbito interno, antes de sua realização, seja atendido o princípio do orçamento denominado "universalidade", segundo o qual toda a despesa, para sua regularidade, deve ser expressamente antecedida de autorização do Poder Legislativo. Nesse sentido, encontra-se o valioso trabalho da Secretaria do Tesouro Nacional, materializado no parecer STN/CONED nº 45, de 28 de fevereiro de 1994.

16. Aquisição ou restauração de obras de arte e objetos históricos

Dispõe a Lei nº 8.666/1993, art. 24, *in verbis*:

> Art. 24. É dispensável a licitação
>
> [...]
>
> XV - para a aquisição ou restauração de obras de arte e objetos históricos, de autenticidade certificada, desde que compatíveis ou inerentes às finalidades do órgão ou entidade;

16.1. noções

A possibilidade de contratação tratada nesse inciso foi classificada como inexigibilidade de licitação pelo Decreto-Lei nº 200/'967 e também pelo Decreto-Lei nº 2.300/1986. Na doutrina, sustenta-se ainda que o melhor tratamento seria sua continuidade naquela classificação, em face da inviabilidade de competição e da normal singularidade do objeto de arte e de valor histórico.

Há conexão íntima entre o inciso XV, em tela, e o art. 25, II e III, da Lei nº 8.666/1993, que tratam da inexigibilidade de licitação. No inciso II do art. 25, reconhece-se a inviabilidade de competição entre os profissionais prestadores de serviços técnicos, dada a singularidade do trabalho pretendido e a notória especialização do agente a ser contratado. No inciso III, permite-se a contratação direta do artista, consagrado pela crítica, que poderá ser, então, o encarregado da restauração de uma obra. Mas o inciso XV do art. 24, de que se cuida agora, tem sua utilidade, como adiante será visto, ainda que as críticas pela inadequada sistematização sejam procedentes.

16.2. objeto

16.2.1. compras

Poderá ser contratada diretamente, sem necessidade do certame licitatório, a compra de obras de arte e objetos históricos.

"Obras de arte" é uma expressão de significado bastante amplo, capaz de sustentar o produto da atividade criativa humana que, embora em seu conteúdo vernacular esteja associada à produção de sensações agradáveis ou de estado de espírito de caráter estético, nem sempre, na atualidade, a isso correspondem.

Tanto poderá ser adquirida uma escultura quanto um quadro de pintura, um objeto de porcelana, um monumento, enfim, um bem com características próprias de trabalhos humanos, descartando-se do elenco a aquisição de imóveis.

Em termos práticos, vislumbra-se certa confusão, ainda, entre objetos de arte e objetos de decoração. A originalidade e singularidade de um objeto podem ser critérios distintivos, mas, com certeza, só as circunstâncias poderão permitir enfrentar adequadamente a questão.

O "objeto histórico", por sua vez, poderá consistir, também, numa obra de arte ou não. É um bem que, pela característica pretérita a ele imprimida, assumiu certa singularidade, como, *v.g.*, "a caneta com a qual a Princesa Isabel sancionou a lei que aboliu a escravatura". Não é necessário que o bem tenha sido tombado pelo patrimônio histórico, bastando a autenticidade comprovada.[862]

Também não cabe aqui a aquisição de prédios históricos que, a propósito, poderão enquadrar-se no *caput* do art. 25. Há, porém, duas considerações importantes sobre o objeto a ser adquirido:

- o interesse público; e
- a autenticidade certificada.

Conquanto o primeiro não esteja previsto expressamente na lei, constitui ponto basilar de toda atividade administrativa.

Estabelece a Constituição Federal, no art. 23, III, que é da competência comum da União, dos Estados, do Distrito Federal e dos Municípios "proteger os documentos, as obras e outros bens de valor histórico, artístico e cultural[...]" e, em continuidade, "impedir a evasão, a destruição e a descaracterização de obras de arte e de outros bens de valor histórico, artístico ou cultural", repetindo, para os Municípios, enfaticamente, a mesma competência, no art. 30, IX.

Ao lado dessas disposições está o interesse público de que os edifícios públicos não sejam povoados com obras de arte, em detrimento da austeridade que um País em fase de desenvolvimento deve ostentar, para fazer frente às grandes prioridades sociais. Aliás, há muito tempo Martin Luthero sentenciava que:

> [...] a prosperidade de um País não depende da abundância das suas rendas, nem da importância de suas fortalezas, nem da beleza de seus edifícios públicos; consiste no número dos seus cidadãos cultos, nos seus homens de educação, ilustração e caráter. Nisso é que está o seu verdadeiro interesse, a sua principal força, o seu real poder.

---

862 SOUTO, Marcos Juruena Villela. **Licitações & contratos administrativos**. Rio de Janeiro: Esplanada/ADCOAS, 1998, p. 157.

O processo de aquisição com dispensa de licitação, fundado no inciso XV do art. 24 para satisfazer as prescrições do art. 26 da Lei nº 8.666/1993, deve consignar a justificativa do ato. Nesse sentido, colhe-se o magistério de Marçal Justen Filho, que prescreve:

> Deverá ser justificado o interesse público na aquisição do bem. Usualmente, isso se passa quando os custos de conservação sejam insuportáveis para o proprietário, quando se pretenda assegurar o amplo acesso da população ao bem, quando se trate de evitar o deslocamento do bem para o estrangeiro etc.

Tradicionalmente, por serem esses bens singulares, firmou-se uma visão deformada de que o valor dos mesmos é incomensurável. Não pode haver equívoco maior!

A valoração do bem não deprecia o talento artístico e é, na sociedade, a forma adequada e única de "traduzir" a sua expressão. Só uma Administração ineficiente e pouco atenta ao interesse público deixa de promover uma avaliação idônea de uma obra de arte ou de um bem de valor histórico como medida prévia à aquisição. Qualquer particular, cidadão comum, antes de fazer uma aquisição, procuraria saber o real valor do bem. Se essa conduta é a ordinária do *bonus pater familis*, com muito mais razão não se a pode relegar quando o adquirente é um agente remunerado pelo erário, responsável pelo emprego de verbas públicas.

O laudo de avaliação, instrumento que formaliza o procedimento referido no parágrafo anterior, deverá ser elaborado por um profissional com capacidade técnica para tanto - e esta será demonstrada pelo próprio contratado, pelos documentos de que dispuser, se não se tratar de atividade referente a profissão regulamentada por lei, hipótese em que só serão admitidos os títulos estabelecidos pela norma legal pertinente - por um grupo de profissionais ou, dependendo do vulto da aquisição, por mais de um laudo. É importante consignar que, pela natureza dos objetos pretendidos, o laudo não constitui valor absoluto final e indiscutível, ao contrário das hipóteses de dispensa, vez que é admissível certa margem de negociação sobre o valor considerado justo.

O proprietário do bem, de fato, não estará obrigado a aceitar o valor encontrado pelos peritos, mostrando-se razoável uma variação que as circunstâncias considerem adequada. Não pode, porém, o Poder Público, que tem seus recursos oriundos da compulsoriedade dos tributos, curvar-se à especulação abusiva.

Ocorrendo tal fato, e em se tratando de relevante interesse (como, por exemplo, se um particular, proprietário de um objeto de valor histórico, extremamente importante para o Brasil, ameaça vendê-lo a um estrangeiro), a Administração não deve se inibir no uso do seu poder de império e, de imediato, deve proceder à desapropriação, usando das medidas cautelares, se necessário, para garantir a integridade do bem, com a retirada da posse.[863]

Aliás, um determinado Município enfrentou situação curiosa: possuindo em seu acervo uma escultura de artista nordestino famoso, de "notória" autenticidade, viu-se com dificuldades para cumprir as prescrições do inciso, devido ao fato de que, ao tempo em que a mesma fora doada, o artista não era famoso. A sugestão encontrada foi a contratação de perito, mediante licitação, na modalidade convite, para atestar a autenticidade da obra e, a partir daí, contratar com dispensa de licitação a sua restauração. Nesse momento, outro fato ocorreu: tendo o próprio autor da obra interesse em promover a restauração, e ofertando, para tanto, preço muito razoável, a contratação acabou efetivando-se por inexigibilidade de licitação, na forma do art. 25, inciso III, da Lei nº 8.666/1993.

16.2.2. restauração e dispositivos correlatos

Trata-se da possibilidade de contratação de serviços sem licitação.

A crítica mais acentuada que se promove em relação a esse inciso repousa, com certeza, no fato de seu objeto ter sido retirado do grupo das inexigibilidades e transportado para o elenco das dispensas, permanecendo sua autorização para a contratação dos serviços de restauração. É que, para adquirir obras de arte e objetos de valor histórico, pode ou não ser viável a competição; quando inviável, a inexigibilidade deverá ser fundamentada no *caput* do art. 25. Já os serviços de restauração poderão ser contratados diretamente, na forma prescrita nos incisos II e III do art. 25, conforme o caso, ensejando, daí, a crítica formulada pela doutrina.[864]

Para enfrentar a questão, deverá a Administração considerar as seguintes hipóteses (h):

---

[863] A título de ilustração, lembra-se a Lei nº 4.845, de 19 de novembro de 1965, que proibiu a saída para o exterior de obras de arte e ofícios produzidos no País até o fim do período monárquico.

[864] FIGUEIREDO, Lúcia Valle; FERRAZ, Sérgio. **Dispensa e Inexigibilidade de Licitação**. São Paulo: Malheiros, 1994, p. 64 ; ESCOBAR, J. C. Mariense. **Licitação, Teoria e Prática**. Porto Alegre: Livraria do Advogado, 1993, p. 81.

h.1. o bem a ser restaurado é comum e o seu valor histórico decorre apenas de episódio no qual se inseriu, como, por exemplo, os móveis de uma sala de jantar de um encontro importante;

O serviço de restauração pode ser realizado por profissionais da área, desde que idôneos, para garantir a eficiência do serviço: a licitação é, portanto, viável, sendo conveniente que a Administração cerque-se de algumas garantias, como a inclusão, no ato convocatório, de exigência de comprovação de aptidão, na forma do art. 30, II, observando a forma prescrita no § 1º do mesmo artigo, com indicação das parcelas de maior relevância, notadamente de ordem estética, a serem discriminadas na forma do § 2º do art. 30 da Lei nº 8.666/1993. Recomendável também que, a exigência de garantia, segundo as circunstâncias, seja elevada para 10%, como autoriza o § 3º do art. 56. Havendo a entrega dos bens para restauração, a Administração ainda poderá acrescer ao valor da garantia exigida o valor dos próprios bens, como faculta o § 5º do mesmo artigo. Com essas cautelas, o interesse público ficará devidamente resguardado, sendo possível o certame licitatório;

h.2. o bem a ser restaurado apresenta singularidade de tal ordem que, exige a sua restauração por grupo restrito de profissionais;

Entre os diversos possíveis futuros contratados, apenas dois, por exemplo, residem no Município e a Prefeitura entende inconveniente o transporte do bem, que ocorrerá se promover a licitação e sair vencedor alguém de fora da localidade. Por outro lado, se promover a licitação, não poderá restringir a participação de profissional de outra região e, a rigor, a obrigação de promover a restauração na localidade poderá ser tida como impertinente.[865]

Nesse contexto, existindo poucos profissionais com aptidão e, tendo o objeto certas características singulares, parece possível dispensar a licitação, como preceitua o inciso XV em comento, e escolher um determinado profissional sem ofensa ao princípio da isonomia, justificando adequadamente a escolha por fatores como o bom nome do profissional, o aparelhamento e instalações que possui, a experiência, a desnecessidade de transporte dos bens com a sua contratação. Indubitavelmente, essas assertivas que justificam a escolha, se colocadas em ato convocatório, seriam rechaçadas por impertinentes, irrelevantes e restritivas à competitividade; somadas, contudo, fundamentam com segurança a dispensa. Ademais, é sempre conveniente recordar que o próprio legislador assegurou a hipótese de contratação direta,

[865] BRASIL. **Lei nº 8.666/93 (Versão Bolso).** Organização dos textos e índice por J. U. JACOBY FERNANDES. 12. ed. amp., rev. e atual. Belo Horizonte: Fórum, 2010. Vide art. 3º, I.

sem que o profissional seja detentor de notória especialização ou artista de renome consagrado pela crítica;

h.3. o objeto a ser restaurado guarda certas características de grande singularidade e, no mercado, há empresa com especialização na área, à qual é reconhecidamente atribuída notoriedade no ramo, levando a Administração a concluir tratar-se indubitavelmente da única capaz de levar a termo o serviço, nas condições pretendidas, pelo órgão contratante;

Dois dispositivos autorizam a contratação direta: o inciso XV do art. 24 e o inciso II do art. 25, todos da Lei nº 8.666/1993. A justificativa pode fazer referência a ambos, mas o ato é praticado com fundamento em apenas um deles. Como recomendação, pode-se registrar que, se forem atendidos plenamente os requisitos do dispositivo que trata da dispensa (art. 24, XV), deve-se optar por esse que é, na prática, mais fácil de enfrentar se o ato vier a ser questionado;

h.4. só um artista ou o próprio autor da obra é capaz de promover a restauração de modo eficaz.

Valem aqui as mesmas considerações expendidas em relação ao caso tratado na hipótese anterior e as mesmas conclusões adotadas, obtemperando-se que a inexigibilidade, no caso, seria fundamentada no inciso III do art. 25 da Lei nº 8.666/1993.

Para todas as hipóteses, valem as recomendações da conveniência de a Administração garantir-se da eficaz execução do serviço, como sugerido em h.1, e da avaliação prévia, recomendada no desenvolvimento do subtítulo 16.2.1. antecedente.

Deve-se recomendar, ainda, que, por se tratar de serviço, antes seja elaborado singelo projeto básico, prevendo detalhadamente o que é pretendido, o tempo de execução necessário, os materiais a serem empregados, os cuidados no transporte do objeto e meios de sua realização, vez que, conforme o art. 7º, § 2º, I, c/c o § 9º, é imprescindível a existência do projeto básico para a licitação de qualquer serviço. No caso de serviços, é ele o elemento do processo que define com precisão o objeto pretendido pela Administração, que o minudencia e detalha.[866]

---

[866] BRASIL. Tribunal de Contas da União. Processo nº TC-014.511/2005-4. Acórdão nº 989/2006 - 1ª Câmara. Relator: Ministro Valmir Campelo. **Diário Oficial da União [da] República Federativa do Brasil**, Brasília, DF, 02 maio 2006. Seção 1, pág. 67.

16.3. contratante

Não é qualquer entidade que pode utilizar-se desse dispositivo para promover a aquisição ou restauração de obras de arte ou objetos históricos. A lei impõe que a contratação guarde correspondência de compatibilidade ou inerência entre as finalidades da entidade e a aquisição ou restauração para que seja permitida a aquisição ou restauração sem licitação.

Nos casos dos órgãos que não apresentem atividades compatíveis ou inerentes à aquisição de obras de arte ou objeto de valor histórico, a compra ou serviço deverá processar-se mediante regular procedimento licitatório. Por óbvio, mesmo nesse caso, exige-se o interesse público específico para justificar a aquisição, como referido anteriormente.[867]

Razões didáticas impõem que, primeiramente, seja analisada a expressão "desde que compatíveis ou inerentes com as finalidades do órgão ou entidade".

Os termos empregados não são sinônimos e o legislador usou-os de modo alternativo, de tal sorte que cada um poderá ensejar caminhos diversos para o administrador público, fato que tem passado despercebido pelos doutrinadores pátrios.

Efetivamente, "compatível" é o que pode coexistir, conciliar-se, harmonizar-se com algo,[868] enquanto que "inerente" é o que está por natureza inseparavelmente ligado a alguma coisa.[869]

No caso, para que se considere compatível, é necessário verificar se a aquisição ou a contratação da restauração harmonizam-se com as atribuições e finalidades do órgão ou entidade; já a inerência seria a relação direta com a finalidade do órgão.

Exemplificando, na esfera federal seriam inerentes às atribuições do Departamento do Arquivo Nacional adquirir os originais da Lei Áurea; seria compatível com a finalidade do Departamento de Imprensa Nacional adquirir a primeira máquina prensa usada, no Império, para divulgar os atos do Reino, ou a Embratur contratar a restauração do Cristo Redentor do Rio de Janeiro. Percebe-se que há uma relação indireta entre a contratação e a finalidade do órgão, mas há um liame de harmonia evidente. É justamente essa evidência que demonstra a compatibilidade e afasta o mero interesse de adornar repartições

---

[867] O TCU vedou a compra de obra de arte por um TRT. Processo nº TC-350.336/91-1. Relator: Jose Antonio Barreto de Macedo. **Diário Oficial [da] República Federativa do Brasil**, Brasília, DF, 08 nov. 91. Seção 1, p. 25227.

[868] FERREIRA, Aurélio Buarque de Holanda. **Novo Dicionário da Língua Portuguesa**. 2ª ed. 25ª impressão. Rio de Janeiro: Nova Fronteira,1986, p. 439.

[869] FERREIRA, Aurélio Buarque de Holanda, *op. cit. supra*, p. 941.

ou ambientes de trabalho à custa do erário, que deve ser amplamente rechaçada pela sociedade. Guardada relação de inerência ou compatibilidade com a finalidade do órgão ou entidade, quais pessoas estão autorizadas a promover a dispensa?

Considerando-se que é da competência da União, Estados, Distrito Federal e Municípios proteger as obras de arte e objetos de valor histórico, bem como impedir a evasão, a destruição e a descaracterização, nos termos do art. 23, III e IV, da Constituição Federal, são regulares as dispensas quando promovidas por órgãos da Administração Direta. Essa premissa, contudo, deve ser balizada pela distribuição sistêmica de funções adotada como modelo na Administração Pública brasileira.

Nesses termos, o que pode ser compatível com um Ministério poderá não ser com outro, sendo que ambos integram a mesma entidade, exigindo o dispositivo a correlação de inerência ou compatibilidade com a finalidade do órgão, aqui entendido como não personalizado ou entidade.

Na esfera da Administração descentralizada, porém, os fatos se passam de modo diverso, pois não há como regra geral, pertinência ou correlação da atividade com a finalidade e a aquisição ou restauração, ressalvado, por óbvio, quando é a própria atividade de proteção, conservação e manutenção dos objetos históricos ou de arte que se descentraliza. Exemplos comuns são as fundações culturais municipais, escolas de arte, museus, galerias de arte, que podem por interesse da Administração, atuar descentralizadamente.

A aquisição ou a restauração deverá aproveitar o órgão ou dar cumprimento a sua finalidade, sendo inconcebível que entidades como as referidas no parágrafo anterior adquiram ou restaurem obras e objetos para uso de outras repartições, fato que, como lembra Marcos Juruena, caracterizaria ato simulado, vedado pelo Direito.[870]

Também esse ato seria nulo de pleno direito, por desvio de finalidade, contrastável no bojo de ação popular ou mediante a ação dos Tribunais de Contas.

17. Impressão oficial e serviços de informática

Dispõe a Lei nº 8.666/1993, art. 24, *in verbis*:

> Art. 24. É dispensável a licitação:
>
> [...]

---

[870] VILLELA SOUTO, Marcos Juruena. **Licitações & Contratos Administrativos**. Rio de Janeiro: Esplanada/ADCOAS, 1998, p. 157.

> XVI - para a impressão dos diários oficiais, de formulários padronizados de uso da Administração, e de edições técnicas oficiais, bem como para a prestação de serviços de informática a pessoa jurídica de direito público interno, por órgãos ou entidades que integrem a Administração Pública, criados para esse fim específico;[871]

17.1. noções

Na excepcional didática da professora Lúcia Valle Figueiredo, o dispositivo em tela apresenta duas coordenadas: a primeira, objetiva, condizente com o objeto pretendido pela Administração, que pode ser a impressão dos diários oficiais, formulários padronizados de uso da Administração, e de edições técnicas oficiais, ou serviços de informática; a segunda, subjetiva, que se dicotomiza na figura do agente do contratante, pessoa jurídica de direito público interno, e na pessoa do contratado, órgão ou entidade da Administração Pública.

Essa hipótese estava implicitamente consagrada no art. 22, parágrafo único, do Decreto-Lei nº 2.300/1986, mas não constava da redação inicial da Lei nº 8.666/1993, razão pela qual, se prevalecesse aquela redação inicial, deveriam os órgãos encarregados da prestação desses serviços submeterem-se ao procedimento licitatório.

Para compreender adequadamente a hipótese de contratação direta tratada nesse inciso, é imperioso que se tenha em linha de consideração que as atividades gráficas e de informática, quando realizadas pelo Estado, podem traduzir medidas essenciais à sociedade, cujo sigilo ou oportunidade de divulgação poderiam ser diminuídos. Assim, só as pessoas jurídicas de direito público, e, portanto, as que exercem atividades consideradas típicas da Administração é que são beneficiárias desse permissivo legal para a contratação direta.

Conquanto a justificativa exposta no parágrafo precedente tenha motivado a discussão e, por fim, a inclusão do dispositivo em comento no texto legal, mostra-se em absoluto descompasso com a política de redução das atividades do Estado e com a melhor diretiva de Administração Pública observada nos Países desenvolvidos. Sustenta verdadeiras "reservas de mercado de certas entidades ou órgãos estatais", na feliz expressão do festejado jurista Carlos Motta, que acabaram por livrar-se até da necessidade de ofertar

---

[871] Sobre os conceitos de contratante e contratado, vide capítulo 1, subtítulo 2: conceitos fundamentais.

preços compatíveis com os de mercado, caso tivesse sido incluído pela Lei nº 8.883/1994 apenas o inciso VIII.

Obtempera, com propriedade, Jessé Torres Pereira Júnior[872] que a distinção fundamental entre esse inciso e o VIII do mesmo artigo é a liberação em relação à necessidade de observar a compatibilidade dos preços contratados com os praticados no mercado.

Para evitar a repetição do que foi exposto naquele inciso, recomenda-se a leitura do subtítulo 9 deste capítulo, fazendo-se aqui breve comentário.

17.2. requisitos

Para que se opere legitimamente a contratação direta, é necessário:

a) que o contratante seja pessoa jurídica de direito público interno;
b) que o contratado seja órgão ou entidade que integre a Administração Pública;
c) que o contratado tenha sido criado para o fim específico do objeto pretendido pela Administração contratante;
d) que o objeto da contratação seja:
   d.1. serviços gráficos:[873]
   - impressão de diários oficiais;
   - impressão de formulários padronizados de uso da Administração;
   - impressão de edições técnicas oficiais;

   d.2. serviços de informática.

Nada obstante já terem sido as características do contratante e do contratado objeto de comentários ao inciso VIII desse mesmo artigo, merece, ainda, registro o fato de que, no caso desse inciso, o ato de criação do contratado poderá ter ocorrido antes ou após a vigência da lei, ao contrário do que dispõe aquele inciso.

A respeito, cabe trazer à balha importante debate registrado no âmbito do Tribunal de Contas do Distrito Federal, no sentido de avaliar a regularidade ou

---

[872] PEREIRA JÚNIOR, Jessé Torres. **Comentários à Lei das Licitações e Contratações da Administração pública**. Rio de Janeiro: Renovar, 2003. Cap. II. Seção I.

[873] O Decreto nº 86.873, de 26 de janeiro de 1982, proíbe a criação de unidades orgânicas de artes gráficas na Administração Federal, direta e indireta, bem como nas fundações instituídas ou mantidas pela União. O Tribunal de Contas da União, no julgamento publicado no Diário Oficial da União, Brasília, DF, 22 abril 1996, página 6807-8, tendo como Relator o Ministro Carlos Átila, entendeu que a vedação não alcança o Poder Judiciário, em face do art. 99 da CF/1988.

não de o DF contratar com o Departamento de Imprensa Nacional, sob o amparo do art. 24, VIII. Indispensável transcrever excerto do voto vencedor.[874]

> Em discussão nestes autos a possibilidade de a Administração Pública local efetivar contratação direta com a Imprensa Nacional de serviços de encadernamento, confecção de relatórios e documentos ou serviços gráficos assemelhados, ante o permissivo constante do inciso VIII do art. 24 da Lei nº 8.666/93. No entender do Relator deste feito, Conselheiro José Milton Ferreira, tais serviços não podem ser contratados diretamente com a Imprensa Nacional, com base no inciso VIII do art. 24 da Lei nº 8.666/93, à alegação de que tal órgão foi criado com o fim específico de prestar serviços aos entes da União, conforme estabelece o artigo 1º do seu Regimento Interno, verbis: '[...] tem por finalidade publicar e divulgar os atos oficiais e executar trabalhos gráficos para a Administração Pública Federal'. Com as vênias de estilo, entendi que a acepção do termo 'Administração Pública Federal' foi utilizada por se tratar de órgão pertencente à estrutura organizacional da União, o que não impede que outros órgãos da Federação utilizem seus serviços, desde que, nos termos da lei, o preço contratado seja compatível com o praticado no mercado. É sabido que as normas gerais de competência exclusiva da União devem ser seguidas pelos demais entes da Federação, inclusive pelo Distrito Federal.
>
> [...]
>
> Art. 6º Para os fins desta lei, considera-se:
>
> [...]
>
> XI - Administração Pública - a administração direta e indireta da União, dos Estados, do Distrito Federal e dos Municípios, abrangendo, inclusive, as entidades com personalidade jurídica de direito privado sob o controle do Poder Público e das fundações por ele instituídas ou mantidas.
>
> Este último, quando definiu o verdadeiro significado da expressão ADMINISTRAÇÃO PÚBLICA, o fez no sentido *lato sensu*, conforme se verifica do texto acima reproduzido.

[874] DISTRITO FEDERAL. Tribunal de Contas. Processo nº 7.171/96 (apenso o de nº 7.710/96). Decisão nº 5.563/1997. Sessão Ordinária de 26 de agosto de 1997. Disponível em: http://www.tc.df.gov.br. Acesso em 26 jan. 2011.

> [...] Sem deixar de reconhecer o caráter polêmico da matéria, inclusive em nível doutrinário, em que se verificaram interpretações díspares de renomadas personalidades do meio jurídico, conforme citado pelo Relator deste feito, tenho para mim que as contratações ora questionadas estão perfeitamente elencadas dentre aquelas admitidas no inciso VIII do art. 24 da Lei nº 8.666/93, devendo ser comprovado, no entanto, em tais situações, que os preços dos serviços contratados diretamente com a Imprensa Nacional estão compatíveis com aqueles praticados no mercado, conforme estabelece o mencionado inciso, *in fine*. [...] Ante todo o exposto, *data venia* dos posicionamentos em contrário, VOTO por que este Plenário, em caráter excepcional, **tenha por precedente o fato de o Distrito Federal proceder à contratação direta, com a Imprensa Nacional, dos serviços objeto do inciso VIII do art. 24 da Lei nº 8.666/93, desde que o preço seja compatível com os praticados no mercado, consoante o inciso VIII, *in fine*, pelas razões e fatos que acabo de apresentar.**"[875]

Para evitar repetições e dada à similaridade dos incisos XVI e VIII, nesse particular, remetemos o leitor às considerações expendidas no subtítulo 9.2.2.2, deste capítulo.

Também deve ser lembrado que o TCU respondeu consulta, em caráter normativo, portanto, sobre a possibilidade de aplicar o art. 25, inc. II, da Lei nº 8.666, de 21 de junho de 1993 a *software*. A questão era a seguinte: um *software*, especificamente desenvolvido para um projeto de acréscimo de arrecadação promovido por terceiros, pode caracterizar singularidade para efeito da inexigibilidade da licitação conforme preceitua o § 1º do art. 25 da Lei nº 8.666/1993?

Após expender criteriosas considerações, dedicidiu, em "conclusão, deverá ser informado ao autor da consulta que a hipótese por ele levantada mostra-se sujeita à competição e, somente os casos especiais devidamente comprovados podem ser caracterizados como inexigibilidade de licitação"[876]

Com relação ao objeto, cabe observar que tanto a impressão dos diários oficiais, quanto a publicação das edições técnicas oficiais, em razão do qualificativo que o legislador lhe atribui - oficial - devem estar previstos em lei

---

[875] Grifos nossos.

[876] BRASIL. Tribunal de Contas da União. Processo nº TC-016.084/2001-0. Decisão 1704/2002 - Plenário. Relator: Ministro Ubiratan Aguiar. **Diário Oficial da União [da] República Federativa do Brasil**, Brasília, DF, 07 jan. 2003.

como instrumento de divulgação oficial, sem o que será imperiosa a realização de licitação. Apenas excepcionam-se dessa exigência os órgãos do Poder Legislativo, que podem organizar seus serviços independentemente de lei, a teor do que dispõe a Constituição Federal de 1988, o que abrange a prerrogativa de criar seu veículo de divulgação oficial por meio de Resolução.[877]

Revistas, boletins e outros informativos internos, ou mesmo de distribuição fora do âmbito das repartições, se não foram criadas por lei, não possuem caráter de edição oficial e, portanto, a contratação dos serviços de impressão sujeitam-se ao procedimento licitatório. E, assim é porque os veículos prestigiados com a dispensa de licitação somente foram aqueles que veiculam matéria de caráter oficial, com assuntos inerentes ao interesse da Administração e dos administrados, cuja leitura apresenta caráter compulsório para alguns setores. Somente o legislador poderá determinar o que é publicação oficial ou não, mas poderá fazê-lo sem titularizar a obra, indicando o assunto ou os temas e a periodicidade. Já com relação aos formulários padronizados de uso da Administração, o ato que os padroniza poderá ser interno do próprio órgão, prescindindo de quaisquer outras formalidades.

Nesse particular, uma questão vem suscitando debates, notadamente entre os órgãos situados em Brasília. Trata-se de avaliar se o Decreto nº 80.739, de 14 de novembro de 1977,[878] harmoniza-se com a Lei nº 8.666/1993 a ponto de amparar a dispensa de licitação.

O fato é relevante porque esse decreto padronizou[879] o formato fundamental para papéis de expediente de uso no serviço público federal, inclusive papéis para ofícios, cartas, cartão-ministro e modelos de envelopes.

À primeira vista, quando uma servidora apresentou-nos a questão, inclinamo-nos por considerar que a padronização de papéis não pode ser açambarcada pela expressão "formulários padronizados". Contudo, o tema vem ocupando espaço em discussões mais recentes e é forçoso admitir que até o envelope, na forma como foi padronizado - tipo de papel, tamanhos e timbre, nome do órgão e armas nacionais - está tecnicamente adequado ao conceito de

[877] BRASIL. **Constituição da República Federativa do Brasil**. Organização dos textos e índice por J. U. JACOBY FERNANDES. 1. ed. Atualizada até Abril de 2007. Belo Horizonte: Fórum, 2007. Vide arts. 51, IV, e 52, XIII.

[878] BRASIL. Decreto nº 80.739, de 14 de novembro de 1977. Fixa o formato fundamental para papéis de expediente de uso no Serviço Público Federal e dá outras providências. **Diário Oficial [da] República Federativa do Brasil**, Brasília, DF, 16 nov. 1977.

[879] A Instrução Normativa/DASP nº 83, de 03 de abril de 1978, detalhou a padronização dos papéis. **Diário Oficial [da] República Federativa do Brasil**, Brasília, DF, 03 abr. 1978. Seção 1, p. 4651.

formulário. Por isso, parece-nos que não está irregular a contratação dos mesmos diretamente com a Imprensa Nacional, atendidos os demais requisitos.

Feito esse breve registro, cabe observar que a regularidade da dispensa, como de qualquer ato da Administração, deverá ter em conta o princípio da economicidade, cuja fiscalização compete aos Tribunais de Contas.[880] Em consonância com o exposto, impõe-se obtemperar que todos os serviços contratados deverão primar pelo integral atendimento ao princípio da economicidade - editar somente o que é necessário, evitando usar materiais dispendiosos, cores sem justificativa, gramatura de papel de preço elevado, vias em número desnecessário etc. - e da eficiência, buscando evitar o acúmulo de tarefas e rotinas burocratizantes ou prolixas. Também é incompatível com o interesse público e com os princípios expostos a impressão de materiais de conteúdo de promoção pessoal, ainda que em edições oficiais.[881]

Do mesmo modo, concede-se amplitude à expressão "prestação de serviços de informática", abrangendo toda atividade de trabalho especializado e a entrega desse produto, inclusive assistência técnica a sistemas implantados. Com referência à venda de *softwares*, que constituem programas previamente elaborados, e à parte lógica dos computadores, também estão abrangidos na expressão "serviços de informática", mesmo quando o órgão público apenas intermedeia a venda ou a locação do direito de uso.

A propósito da contratação de *software*, é conveniente recordar que as despesas de aquisição deverão ser sempre classificadas como serviços de terceiros, independentemente de tratar-se de locação ou compra definitiva e, por se tratar de bem de uso duradouro, contabilizado como patrimônio. Essa orientação, que é válida para os órgãos da Administração Direta Federal, foi firmada a partir da Mensagem CONED/Secretaria do Tesouro Nacional nº 253.567, de 9 de novembro de 1993, e pode ser estendida por analogia às demais esferas de Governo.

18. Manutenção de equipamentos durante a garantia técnica

Dispõe a Lei nº 8.666/1993, art. 24, *in verbis*:

---

[880] O TCU decidiu que, no julgamento de contas e na fiscalização que lhe incumbe, decidirá não só quanto à legalidade e legitimidade, mas também sobre a economicidade dos atos de gestão praticados pelos responsáveis sujeitos à sua jurisdição, cf. art. 1º § 2º, da Lei nº 8.443/92. Processo nº TC-000.175/95-1. Decisão nº 1/1995 - Plenário. **Diário Oficial da União [da] República Federativa do Brasil**, Brasília, DF, 31 jan. 1995. Seção 1, p. 1336.

[881] De acordo com o art. 37, § 1º, da Constituição Federal, não podem constar da publicidade dos atos, programas, obras, serviços e campanhas dos órgãos públicos, nomes, símbolos ou imagens que caracterizem promoção pessoal de autoridades ou servidores públicos.

> Art. 24. É dispensável a licitação:
>
> [...]
>
> XVII - para a aquisição de componentes ou peças de origem nacional ou estrangeira, necessários à manutenção de equipamentos durante o período de garantia técnica, junto ao fornecedor original desses equipamentos, quando tal condição de exclusividade for indispensável para a vigência da garantia;

18.1. noções

O dispositivo constitui novidade introduzida pela Lei nº 8.883/1994, sem precedentes na legislação pátria, e assegura à Administração Pública, mesmo havendo vários possíveis fornecedores e, portanto, ainda que viável a competição entre ofertantes, que seja dispensada a licitação, desde que a aquisição de componentes de determinado fornecedor constitua *conditio sine qua non* à manutenção da garantia técnica.

Foi recebido com aplauso pela doutrina, tendo o Professor Toshio Mukai assim se expressado: "essa hipótese era absolutamente necessária para viabilizar serviços de manutenção de equipamentos durante o período de garantia técnica junto ao fornecedor original".[882]

Adverte Jessé Torres Pereira Júnior,[883] magistrado e notável estudioso do tema, que, "nessas circunstâncias, a condição mais vantajosa não é a do menor preço, mas a que vincule a responsabilidade do fabricante pelo correto funcionamento da máquina, o que, a seu turno, vincula o interesse da Administração".

Há, sem laivo de dúvida, subjacente, o interesse econômico da Administração de permitir que as vantagens decorrentes da garantia técnica sejam efetivadas, pois a inclusão da possibilidade de contratação direta foi elencada entre os casos de dispensa de licitação. Essa classificação legal induz ao entendimento de que o agente público pode deixar de fazer a aquisição direta e até acabar por renunciar à garantia técnica, quando, pela abusiva cotação de preços, mostrar-se inviável continuar adquirindo componentes do fornecedor original.

Aliás, é conveniente que, desde logo, fique assentado que a Administração não está obrigada a ficar adquirindo peças do fornecedor

---

[882] Boletim de Licitações e Contratos - BLC, nº 9/94. São Paulo: Ed. NDJ, p. 418.

[883] PEREIRA JUNIOR, Jessé Torres. **Comentários à Lei das Licitações e contratações da Administração Pública**. Rio de Janeiro: Renovar, 1994, p. 164.

original para assegurar-se da garantia técnica,[884] pois é evidente que empresas vão, a partir da aprovação desse dispositivo, tentar elastecer o prazo de garantia técnica, a fim de criar reservas de mercado para a venda de peças. Artifícios de tal ordem devem encontrar sobranceiros os agentes da Administração, com capacidade técnica para fazer prevalecer o interesse público sem submeter o Estado ao vergonhoso cartel de um segmento de fabricantes que pretende, por ironia, um País capitalista sem livre concorrência.

No ápice da lógica jurídica e do bom senso, repousa uma ideia simples de que, a colocação de componente não genuíno em um equipamento não pode exonerar totalmente de responsabilidade o fabricante por outros defeitos oriundos dos demais componentes. A carta de alforria que o termo de garantia técnica busca vincular ao fornecimento de peças originais não pode ser absoluta. Exames e perícias, cujo custo é do vencido em uma demanda judicial, lembre-se, podem determinar a causa do defeito e servir de instrumento para à luz da responsabilidade civil, impor o dever de ressarcir o dano.

Obviamente não se pretende que a Administração deixe de usar tal prerrogativa de contratação direta que o inciso permite, mas também, que não se submeta cegamente à aquisição das peças, ignorando por completo os princípios da eficiência e economicidade que devem nortear a ação da Administração Pública.

Por analogia, lembram-se os famosos contratos de manutenção, cujos fabricantes tentaram estabelecer reservas de mercado de manutenção, corajosamente combatida pelos órgãos de controle e, notadamente pelo Tribunal de Contas da União, que firmou sólida jurisprudência no sentido de que a licitação seria obrigatória (elevadores, máquinas fotocopiadoras, revendedores de peças de automóveis etc.).

Em face do advento desse dispositivo, antevê-se a criação de casos semelhantes, impondo-se a análise detida de cada situação.

18.2. requisitos

Convém examinar *de per si* os requisitos para a validade da dispensa em causa.

a) objeto do contrato: compra de componente de origem nacional ou estrangeira;

[884] Em sentido contrário: PEREIRA JUNIOR, Jessé Torres. **Comentários à Lei das Licitações e contratações da administração pública**. 6ª ed., Rio de Janeiro: Renovar. Páginas 290 e 291

b) que o componente seja necessário à manutenção de equipamento da Administração;

c) que esteja em curso o período de garantia técnica;

d) que a compra seja feita diretamente do fornecedor original;

e) que a exclusiva aquisição junto ao fornecedor original seja condição indispensável para a vigência da garantia.

Sobre esses requisitos, parece oportuno tecer algumas considerações, que se seguem.

18.2.1. objeto

A lei, indistintamente, estabeleceu que o objeto do contrato deverá ser a aquisição de componentes nacionais ou estrangeiros, podendo advir algumas situações interessantes a respeito, em diferentes hipóteses:

a) o componente só é fabricado por uma empresa e não há similar no mercado:

a.1. na praça, só há um fornecedor;

a.2. na praça, há mais de um fornecedor.

b) o componente tem similar no mercado:

b.1. na praça, só há um fornecedor;

b.2. na praça, há mais de um fornecedor.

Na hipótese da subalínea "a.1", a Administração poderá optar por dispensar a licitação na forma do inciso em comento, ou adotar como fundamentação o disposto no art. 25, inciso I, da Lei nº 8.666/1993.

A rigor, trata-se verdadeiramente de inexigibilidade de licitação, amparada no último dispositivo citado, mas não há irregularidade em fundamentá-la como dispensa se verificados os requisitos que estão previstos neste inciso.

Na situação tratada na subalínea "a.2" há viabilidade de competição, e, à luz do art. 25, seria obrigatória a licitação entre os fornecedores das peças genuínas.[885] Embora possam parecer semelhantes, as hipóteses em comento de fato não o são, porque a dispensa se enquadra como autorização especificamente na hipótese b, sendo apenas admissível para "a.1". Não

[885] O TJDF estava comprando peças Mercedes-Benz de um revendedor, embora na praça existissem vários fornecedores. O TCU limitou-se a recomendar a correção, sem punir os envolvidos. BRASIL. Tribunal de Contas da União Processo nº TC-010.230/94-7. Decisão nº 110/1996 - Plenário. Relator: Ministro Humberto Guimarães Souto. **Diário Oficial [da] República Federativa do Brasil**, Brasília, DF, 26 mar. 1996. Seção 1, p. 5005.

haveria como justificar a escolha de um fornecedor quando o que constitui o objeto da dispensa é o fato de se tratar de componente original, necessário à manutenção da garantia.

Poderá ocorrer, porém, que, num contrato, a garantia técnica do fabricante fique vinculada à sua manutenção por determinado fornecedor ou à aquisição dos componentes no local - na loja - onde foi comprado o equipamento. Nesse caso, mesmo sendo viável a competição, pode legalmente a Administração dispensá-la, porque expressamente autoriza o inciso, quando alude a autorização para adquirir sem licitação "junto ao fornecedor original desses equipamentos".

Em determinado município, ocorreu o seguinte fato: um representante comercial apresentou sua proposta para fornecer determinada máquina de escrever que a Prefeitura estava comprando, mediante convite, no tipo menor preço. Na proposta, ofertou o menor preço, mas condicionou a garantia de fábrica a que as peças de reposição fossem compradas em sua loja, exclusivamente. O procedimento correto, no caso, deveria ser desclassificar a proposta, porque inovava condição não requerida pela Administração ou determinar sua correção pelo licitante, mas a Comissão, não se apercebendo da exigência, acabou por adjudicar a licitação, enfrentando, depois, os problemas decorrentes do aceite tácito da cláusula.

Tendo em conta, agora, as hipóteses das alíneas "b" mais ocorrentes, existem várias peças que atendem à necessidade de fazer o equipamento funcionar adequadamente, mas o contrato, na cláusula que dispõe sobre a garantia, estabelece que, se for utilizada peça não genuína, a garantia resolve-se.

Para aproveitar a garantia, a Administração acata as disposições contratuais e compra diretamente do fornecedor o componente original. Poderá ser inviável a competição se houver só um fornecedor na praça (hipótese b.1), mas, ainda assim, o caso é de dispensa, porque outras peças, não genuínas, atendem ao interesse da Administração. Se na praça houver mais de um fornecedor do componente, poderá ser obrigatória a licitação ou não. Será dispensável a licitação se a condição da manutenção da garantia estiver associada à aquisição da peça na loja fornecedora original do equipamento, ou, ao contrário, será obrigatória a licitação, se a cláusula de garantia estiver associada apenas à genuinidade da peça, sem referência à aquisição obrigatória no fornecedor do equipamento, existindo mais de um com capacidade atestada pela fábrica para dar manutenção. Aqui é preciso muito cuidado, pois, se de um lado é admissível que o poder público acolha regras do fabricante, que distribui entre vários fornecedores de seus produtos a exclusividade na venda do equipamento e fornecimento das peças necessárias à manutenção da garantia, por outro lado poderá estar subjacente o artifício desenvolvido pelo fornecedor para obter a dispensa de licitação. Só o caso concreto e suas circunstâncias elucidarão a questão.

Referência breve, mas especial, demanda a questão da aquisição de componentes estrangeiros do fornecedor original do equipamento. Se a aquisição for feita diretamente no estrangeiro pela Administração Pública direta, sem intermediação de representante nacional ou filial brasileira, poderá a compra ter o preço reduzido pela não incidência de tributos, em face do que dispõe o art. 150, inciso VI, "a", da Constituição Federal, de acordo com a redação dada pela Emenda Constitucional nº 3, de 1994.

O que já foi considerado irregular é a importação do produto pelo fornecedor nacional, com a isenção de tributos da pessoa jurídica de direito público interno contratante, com a interveniência e incidência de lucro sem transferência da redução tributária. Por via oblíqua, lesava-se a fazenda pública e o contratante.

18.2.2. componente necessário à manutenção do equipamento

Fazem parte do triste folclore nacional alguns casos em que o sujeito responsável pela manutenção acaba "condenando" peças em bom estado de conservação para lucrar com a venda de novo componente.

A Administração Pública, atenta ao império da lei, deve nomear para acompanhar o contrato um representante integrante do seu quadro de pessoal que poderá ser assistido ou assessorado por especialista, inclusive, se for o caso, contratado para prestação de serviços. É o que se denomina gestor do contrato, figura pouco compreendida no universo administrativo.

"Gestor do contrato"[886] é o agente da Administração responsável pela fiscalização e fiel acompanhamento do ajuste, constituindo-se um verdadeiro preposto. Os órgãos de controle têm procurado questionar e responsabilizar os executores de contratos imperfeitos, de obras inexistentes, de desperdícios e erros na execução. Não raro, é nomeado gestor do contrato um agente de escritório que jamais comparece ao local da obra ou serviço ou não detém capacidade técnica para promover com eficácia o acompanhamento do ajuste. Alguns municípios chegaram a criar uma espécie de executor de contratos

[886] Consulte: JACOBY FERNANDES, Jorge Ulisses. **Manual de Gestão de Contratos Administrativos na Justiça Eleitoral.** 2 ed. Belo Horizonte: Fórum. 2006, ou, ainda, as próprias normas no sítio www.jacoby.pro.br/lc_normas.php. Ver: contratos - execução.

como uma função, sobre cujo ocupante recairia a responsabilidade de atestar todas as faturas, num verdadeiro ato absurdo. Atestar uma fatura, como todo ato administrativo, faz atrair a responsabilidade pela regularidade e fidelidade das declarações e coloca o agente que o pratica diante do ônus de arcar com as provas de suas declarações. Veja, a propósito, o que dispõe o art. 67 da Lei nº 8.666/1993 e o art. 10, IX e XI, da Lei nº 8.429/1992, que dispõem sobre as sanções aplicáveis aos agentes públicos nos casos de enriquecimento ilícito no exercício de mandato, cargo, emprego ou função pública.

Nesse sentido, a solicitação de troca de peças deverá ser acompanhada pelo gestor do contrato da aquisição do próprio equipamento ou outro que vier a ser designado especificamente para acompanhar a manutenção[887] e, se possível, deverá acompanhar inclusive o serviço de manutenção, verificando as condições dos componentes cuja substituição é requerida.

Outra providência recomendável consiste em requerer e juntar, ao processo, relatório das visitas do CREA, quando se tratar de equipamento de engenharia, para documentar o acompanhamento da execução do contrato.

Ao ensejo, insta observar que, embora a lei aluda a equipamento da Administração, também é legal a dispensa quando se trata de equipamento usado pela repartição, sob contrato de *leasing*,[888] empréstimo ou outra forma.

18.2.3. período de garantia técnica

A rigor, para que se processe regularmente a dispensa, é necessário que sua aquisição seja determinada no curso da garantia técnica do fabricante ou montador do equipamento, mas a entrega e pagamento poderão ocorrer após vencido tal prazo. Nesse caso, contudo, o serviço deverá ser executado nos termos da garantia técnica em vigor ao tempo da aquisição.

É que não pode o erário responder por eventuais atrasos decorrentes de culpa do fornecedor. Se, contudo, o atraso decorreu de culpa da Administração e o fornecimento só se dá após o vencimento do prazo, poderá ser paga a reposição do componente fora dos termos da garantia se encomendada antes do seu termo.

---

887 A licitação para contratação de serviços para manutenção de veículos, não pode ser realizada tendo por base, exclusivamente, o valor estimado da despesa. DISTRITO FEDERAL. Tribunal de Contas. Processo nº 1526/1993. Decisão nº 1457/1996. Disponível em: http://www.tc.df.gov.br. Acesso em 26 jan. 2011.

888 BRASIL. Tribunal de Contas da União Processo nº TC-012.146/2002-4. Acórdão nº 746/2003 - Plenário. Relator: Ministro Adilson Motta. **Diário Oficial da União [da] República Federativa do Brasil**, Brasília, DF, 3 jul. 2003. Seção 1.

No caso do parágrafo antecedente, não se pode olvidar que o eventual retardo da aquisição, caso seja decorrente de negligência de servidores e que gere prejuízos ao erário, deverá ser apurado em sindicância ou processo de tomada de contas especial,[889] para que o cidadão contribuinte não venha a ser onerado com uma administração ineficiente.

Após o prazo de garantia, a exigência de prévio procedimento licitatório[890] para a aquisição de componentes volta a ser a regra.

Ao ensejo, cabe obtemperar que o art. 62 da Lei nº 8.666/1993 impõe a necessidade de contrato formal para todos os casos que exijam a manutenção do vínculo obrigacional, independentemente do valor, ainda que nas simples relações de assistência técnica.[891]

Nos cursos que ministramos temos sugerido que, nos contratos de manutenção em geral, sempre que possível, sejam fixados prazos para a correção/operação do equipamento, vencido o qual o contratado colocará, conforme o caso, similar no local. Não faz sentido que o serviço público, carente de automóveis, computadores, impressoras e equipamentos em geral, fique à mercê de fatores imprevisíveis ou dependentes da boa-vontade do contratado ou fabricante.

18.2.4. fornecedor original do equipamento

Esse requisito merece uma observação consistente na necessária amplitude que deve ser dada ao termo, vez que não se pode associá-lo exclusivamente à pessoa jurídica vendedora do equipamento.

Quando o legislador indicou quem seria o contratado, teve a cautela, reforçada nos debates sobre a conversão da medida provisória em lei, de utilizar o termo "junto ao fornecedor original desses equipamentos", que na sua exata dimensão difere da expressão "do fornecedor original...". Pode um mesmo fabricante ter, em um determinado município, mais de um representante, e credenciá-lo ou descredenciá-lo segundo sua conveniência e,

---

[889] Sobre o tema, consulte o livro: JACOBY FERNANDES, Jorge Ulisses. **Tomada de Contas Especial:** Processo e Procedimento nos Tribunais de Contas e na Administração Pública. 4 ed. Belo Horizonte: Fórum, 2009.

[890] A obrigatoriedade de certame licitatório para a manutenção de elevadores constitui entendimento consolidado. BRASIL. Tribunal de Contas da União Processo nº TC-001.339/93-1. Decisão nº 448/1993 - Plenário. Relator: Ministro Luciano Brandão Alves de Souza. **Diário Oficial [da] República Federativa do Brasil**, Brasília, DF, 26 out. 1993. Seção 1, p. 16025; **No mesmo sentido**: Processo nº TC-025.590/92-8. Decisão nº 704/1998 - Plenário. Relator: Ministro-Substituto José Antonio Barreto de Macedo. **Diário Oficial [da] República Federativa do Brasil**, Brasília, DF, 23 out. 1998. Seção 1, p. 31-4.

[891] Neste sentido é a Mensagem CONED/STN nº 470.383, de 18 de abril de 1994.

ainda assim, a Administração poderá proceder à aquisição direta de quem, à época da compra, estiver representando o fabricante ou montador.[892]

Se o contrato, porém, como foi visto, vincular a cláusula de garantia a que as aquisições sejam feitas em uma determinada empresa representante do fabricante ou fornecedor, na localidade onde exista mais de uma autorizada, aí sim deve ser entendido restritivamente o termo "fornecedor original desses equipamentos", salvo se o fabricante ou montador proceder à alteração contratual dos termos da garantia, responsabilizando-se pelas perdas e danos oponíveis pela empresa intermediária afastada, por via oblíqua, do ajuste com a Administração.

18.2.5. aquisição junto ao fornecedor original e a condição da garantia

A literalidade da lei é expressa no sentido de que a aquisição junto ao fornecedor deve ser condição indispensável para a vigência da garantia.

Outras vantagens, ainda que relevantes, na aquisição dos componentes junto ao fornecedor não têm o condão de legitimar a dispensa de licitação. Qualidade, eficiência do equipamento, vida útil etc., para autorizar a contratação direta, dependerão de comprovação e, mesmo assim, só poderão ter por fundamento outro dispositivo da lei.[893]

---

892 O órgão exigia que os licitantes apresentassem declaração de que o fabricante comprometia-se a fornecer peças originais para manutenção de elevadores e pessoal treinado na fábrica. O TCU julgou pela ilegalidade. BRASIL. Tribunal de Contas da União Processo nº TC-013.570/95-1. Decisão nº 645/1995 - Plenário. Relator: Ministro Paulo Affonso Martins de Oliveira. **Diário Oficial [da] União**, Brasília, DF, 22 dez. 1995. Seção 1, p. 21903.

893 O TCU manifestou-se acerca do assunto da seguinte forma: "[...] 10.2.4. Diante do exposto, apesar dos argumentos apresentados pela [...] para preferir cartuchos produzidos pelo fabricante, consideramos que a busca pela qualidade do produto poderia ter sido contornada, sem que fosse restringido o universo de participantes qualificados. Acerca do assunto, o entendimento do TCU indica que a exigência de só admitir peças genuínas e de marca idêntica a do fabricante do equipamento impressor constitui restrição à competitividade do processo licitatório. [...] 10.2.4.1. Neste sentido, o voto do Ministro Relator Iram Saraiva que fundamentou o Acórdão nº 1476/2002 - Plenário (TC 011.579/2002-2, Ata 40/2002): 'Como se pode verificar do Relatório precedente, a exigência contida no edital quanto à aceitação apenas de cartuchos de toner originais dos equipamentos indica claramente a preferência por marca, o que contraria alguns dos princípios basilares que devem orientar os procedimentos licitatórios no âmbito da Administração Pública [...]'. [...] 10.2.4.2. Citamos ainda o voto do Ministro Relator Marcos Bemquerer Costa na Decisão nº 130/2002 - Plenário (TC 012.416/2001-3 - Ata 05/2002): 'De fato, verifica-se que, no certame em foco, houve restrição da competitividade ao exigir-se que os cartuchos fossem da mesma marca da impressora sem justo motivo técnico.' [...] 10.2.4.3. Sobre o tema, o Ministro Relator Adylson Motta, no relatório que acompanhou o Acórdão nº 1685/2004 - Segunda Câmara (TC 006.872/2004-3 - Ata 33/2004), se manifestou: 'Desta forma, o TCU entende que o simples fato de uma determinada peça ser da mesma marca do equipamento a qual se destina não é suficiente para atestar sua superioridade em relação às peças análogas, fabricadas por outras empresas.' [...] 10.2.5. Diante do exposto, em concordância com o representante, consideramos que condicionar que os suprimentos sejam produzidos pelo fabricante do equipamento afronta a lei de licitações e contratos, especificamente os artigo 3º, §1º, I e 15, §7º, I." TCU. Processo nº TC-000.236/2005-5. Acórdão nº 520/2005 - Plenário. Relator: Ministro Ubirathan Aguiar. **Diário Oficial da União [da] República Federativa do Brasil**, Brasília, DF, 12 maio 2005. Seção 1.

É um requisito que não comporta interpretação ampliativa.

18.3. peças genuínas

A exigência de aquisição de peças genuínas é um dos fundamentos da contratação direta, no caso do inciso, tão-somente porque permite à Administração usufruir da garantia técnica, não constituindo em si mesma justificativa válida para restringir a competitividade, em princípio.

Não raro, vem à balha a antiga discussão sobre a possibilidade de exigir, no ato convocatório, ou utilizar-se como fundamento da inexigibilidade de licitação (art. 25, inciso I) a qualificação "genuína", após a descrição das peças.[894] Os componentes, assim adjetivados, teriam a vantagem de possuir uma garantia de fábrica e, portanto, ofertarem uma vantagem para a Administração.

Em princípio, todo e qualquer fabricante de componentes está sujeito a preceitos da responsabilidade civil e às prescrições do Código de Defesa do Consumidor, razão pela qual tal exigência constitui uma indébita restrição à competitividade e, por corolário, vedada pelo Direito, conforme o art. 3º, § 1º, I, da Lei nº 8.666/1993.

As alegações do tipo: "as outras não prestam", "não dá certo com essa marca" ou "é incompatível, apesar da embalagem rezar o contrário", necessitam de comprovação.

O que normalmente ocorre é que os setores técnicos, pouco afeiçoados à necessidade de provar/documentar fatos, acabam por imprimir aos órgãos encarregados de promover a licitação suas densas impressões sobre qualidade do produto ou sua real utilidade, ou, por outras vezes, as comissões de licitação é que, para acatar fielmente a lei, acabam por ignorar conceitos que entendem de natureza pessoal dos órgãos compradores. Um bom meio termo, sempre sugerido nos cursos ministrados, é que a Comissão dê ouvidos aos servidores que utilizam o produto e oriente sobre como documentar ou descrever as falhas dos componentes, por exemplo. A partir daí, numa visão crítica isenta, busque a Comissão um profissional habilitado[895] para dar um parecer - laudo pericial, até, se necessário - e, justificadamente, excluir, desde logo, no ato

---

[894] O antigo Ministério da Administração e Reforma do Estado, MARE, exigiu no edital de manutenção de elevadores, peças da marca ATLAS. O TCU admitiu a validade. BRASIL. Tribunal de Contas da União Processo nº TC-018.973/1996-5. Decisão nº 757/1997 - Plenário. Relator: Ministro Carlos Átila Alves da Silva. **Diário Oficial da União [da] República Federativa do Brasil**, Brasília, DF, 24 nov. 1997. Seção 1.

[895] Consultar: Resolução/CONFEA nº 430, de 13 de agosto de 1999. Relaciona os cargos e funções dos serviços da Administração Pública direta e indireta, da União, dos Estados, do Distrito Federal e dos Municípios, cujo exercício é privativo de profissionais da Engenharia, da Arquitetura ou da Agronomia e dá outras providências. **Diário Oficial [da] República Federativa do Brasil**, Brasília, DF, 15 set. 1999. Seção 1, p. 45.

convocatório, peças da marca tal, ou especificar a marca do produto pretendido. O que a lei veda é a injustificada indicação de marca ou características exclusivas de determinado produto, numa atitude verdadeiramente simulada de licitação. Veja, a propósito de marca, os comentários ao inciso I do art. 25, no capítulo 6, subtítulo 4.2.2.

Outra possibilidade é exigir no momento da habilitação que os licitantes tragam uma amostra do produto. Sendo essa incompatível com o modelo apresentado pela Administração, desclassifica-se a proposta.[896]

Consultadas as normas técnicas da ABNT, verifica-se que o conceito de "genuína" inexiste como adjetivo, com sentido técnico próprio. Clássico exemplo demonstrará que muitos casos albergam injustificável discriminação: as fábricas de veículos nacionais, em grande número de componentes, são consideradas grandes montadoras de peças produzidas por outras indústrias. Estas, além de fornecerem para as montadoras, vendem diretamente suas peças no mercado, com embalagem própria. Em vários casos, a diferença acaba residindo exatamente na parcela do produto menos relevante: a embalagem. Temos sugerido que, antes da compra de peças genuínas, seja verificado se há outras marcas, integrantes da linha de montagem, e se estas passaram no controle de qualidade das respectivas linhas.

Esse procedimento poderá demandar mais tempo da Comissão, entretanto, tendo em vista a grande diferença de preço existente entre as peças genuínas e outras marcas, que podem ter tanta qualidade quanto as primeiras, a economia em prol do erário público será compensadora. Noutros casos, contudo, há diferenças de controle de qualidade que chegam a comprometer resultados e deverão ser demonstradas pela Administração contratante, justificada a definição de marca.

De qualquer modo, mesmo definindo a marca do produto e a necessidade de ser genuíno o componente, deverão ser atendidos todos os demais requisitos desse inciso - já explicitados - para justificar a contratação direta sem licitação.

O TCU já decidiu que peças de reposição podem ser adquiridas com indicação de marca. A informação da economicidade por servidores justifica a exigência das características exclusivas.[897]

---

896 BRASIL. Tribunal de Contas da União. Processo nº TC-006.004/98-9. Decisão nº 438/1999 - Plenário. Relator: Ministro Walton Alencar Rodrigues. **Diário Oficial [da] República Federativa do Brasil**, Brasília, DF, 22 jul. 1999. Seção 1, p. 54.

897 BRASIL. Tribunal de Contas da União. Processo nº TC-500.134/93-6. Decisão nº 132/1997 - Plenário. Relator: Ministro Bento José Bugarin. **Diário Oficial [da] República Federativa do Brasil**, Brasília, DF, 15 abr. 1997. Seção 1, p. 7395.

19. Abastecimento de navios, embarcações, unidades aéreas ou tropas em deslocamento

Dispõe a lei nº 8.666/1993, art. 24, *in verbis*:

> Art. 24. É dispensável a licitação:
>
> [...]
>
> XVIII - nas compras ou contratações de serviços para o abastecimento de navios, embarcações, unidades aéreas ou tropas e seus meios de deslocamento, quando em estada eventual de curta duração em portos, aeroportos ou localidades diferentes de suas sedes, por motivo de movimentação operacional ou de adestramento, quando a exiguidade dos prazos legais puder comprometer a normalidade e os propósitos das operações e desde que seu valor não exceda ao limite previsto na alínea "a" do inciso II do art. 23 desta lei;

19.1. noções

O dispositivo em tela tem sido bastante criticado. De um lado, por ter particularizado demasiadamente o destinatário e criado situação tão peculiar que seria facilmente vencível à luz da inexigibilidade de licitação.[898] De outro lado, a sua quase ineficácia, dada a quantidade de requisitos estabelecidos.

Há inúmeros dispositivos correlatos que podem abrigar o caso concreto, como os referidos nos incisos I, II, III, IV, IX e XIX, além dos casos de inexigibilidade estabelecidos no art. 25, inclusive o *caput*.

A título de ilustração deve ser observado que, nas medidas provisórias que alteraram a Lei nº 8.666/1993, a hipótese em comento foi estabelecida em parágrafo autônomo.

19.2. requisitos

São os seguintes os requisitos que devem ocorrer e ser discriminados pela Administração, na justificativa a que alude o art. 26, para a validade da dispensa:

a) que o órgão contratante seja o responsável por navios, embarcações, unidades aéreas ou tropas;

---

[898] MOTTA, Carlos Pinto Coelho. **Eficácia nas Licitações & Contratos**: Estrutura da Contratação, Concessões e Permissões, Responsabilidade Fiscal, Pregão - Parcerias Público-Privadas. 10 ed. Belo Horizonte: Del Rey, 2005, p. 223.

b) que estejam, em caráter eventual, em portos, aeroportos ou localidades diferentes de suas sedes;

c) que seja necessário abastecê-los;

d) que o tempo exigido para o regular processo licitatório seja incompatível com a necessidade a satisfazer, no sentido de afetar a normalidade e os propósitos das operações desenvolvidas;

e) que a compra ou contratação não exceda ao limite do valor estabelecido para a modalidade convite, estabelecido no inciso II, alínea "a", do art. 23 da Lei nº 8.666/1993.

Recomendável o exame mais detido de alguns dos requisitos.

19.2.1. contratante responsável pelo abastecimento

O dispositivo está dirigido para as mobilizações das Forças Armadas, mas, como oportunamente ensina Jessé Torres,[899] a hipótese de dispensabilidade pode aproveitar as polícias militares e o corpo de bombeiros.

É o seguinte o escólio do estudioso jurista:

> [...] o inciso, aludindo genericamente a "tropas", não discrimina entre as das Forças Armadas (apenas Marinha, Exército e Aeronáutica, segundo a Constituição Federal de 1988, art. 142) e as que, auxiliares do Exército, desempenham outras funções que não as de combate. A aplicação fica condicionada, todavia, ao preenchimento de todos os requisitos da espécie, que inclui a permanência da tropa em "localidades diferentes de suas sedes". Sendo, como são, estaduais, "as polícias militares e corpo de bombeiros militares têm sede no Estado a que pertençam, não sendo viável movimentação que ultrapassa os limites territoriais de cada Estado.

Mais adiante, esclarece o autor que é possível elastecer o significado de sede para alcançar movimentações intermunicipais, exegese essa absolutamente correta.

Também podem beneficiar-se do dispositivo, ao contrário do que sustentam alguns doutrinadores, empresas responsáveis pelo deslocamento de navio, embarcações e unidades aéreas. Dada a extensa dimensão do território nacional e a diversidade de composição das regiões, parece possível exemplificar várias hipóteses em que outras unidades, além das militares,

[899] PEREIRA JÚNIOR, Jessé Torres. **Comentários à Lei das Licitações e Contratações da Administração Pública**. Rio de Janeiro: Renovar, 1994, p. 165-6.

poderiam utilizar-se desse inciso para promover a contratação sem prévio procedimento licitatório: a FUNAI, em expedição organizada fora da sede, usando de avião em município distante; a SUCAM, em atividade típica que desloca um grupo de profissionais da área de Saúde para uma região endêmica, por embarcação; a Presidência da República, no deslocamento das autoridades do governo, inclusive no helicóptero presidencial, que está abrangido na expressão "unidades aéreas"; nos casos citados, tais órgãos poderão abastecer os meios de deslocamento com dispensa de licitação, promovendo diretamente as compras e as contratações de serviços.

Fato interessante ocorreu em pequeno município que recebeu e hospedou uma tropa de militares responsáveis pela distribuição de alimentos a comunidades carentes. O prefeito pretendia, segundo informou em um seminário do qual participamos, fundamentar a contratação direta de víveres para a tropa nesse inciso. Em princípio, só quem está autorizado pelo inciso é que detém a responsabilidade para abastecer, não sendo abrangidos pelo dispositivo atos de cooperação de caráter informal. A contratação direta seria regular se fundamentada no inciso XII do mesmo artigo, devendo ser adotada a cautela de justificar o ato de cooperação e sua motivação, vez que promoção pessoal ou política não autorizam legitimamente o emprego de recursos públicos.

Registre-se que o dispositivo faz expressa alusão a navios, embarcações e unidades aéreas, e os meios de deslocamento desses três e também de tropas. Não raro, embarcações e unidades aéreas são transportadas por outros veículos terrestres, que por disposição expressa da lei também estão abrangidos. Razoável parece que o mesmo motivo que autoriza a compra e a contratação de serviços para o abastecimento daquelas unidades de deslocamento autorize o abastecimento de viaturas e blindados, e os meios de transporte de todo o material necessário à movimentação operacional e ao adestramento, pois nada mais são do que meios específicos de deslocamento e, portanto, abrangíveis pelo dispositivo, desde que presentes todos os demais fatos estabelecidos como requisitos.

19.2.2. localização em caráter eventual

Em diversos dispositivos da Lei nº 8.666/1993, a noção de que se trata de um acontecimento eventual permeia a *mens legis*, como referido, por exemplo, nos comentários ao inciso XII do mesmo artigo.

Estabelece o dispositivo a condição de eventualidade desse deslocamento. Eventual é, pois, o que depende de acontecimento incerto, casual, fortuito, acidental,[900] opondo-se à noção de periódico, mas que pode ser até razoavelmente previsível.

Nesse diapasão, podem ocorrer hipóteses várias que autorizam, ou não, a contratação direta:

h.1. o próprio deslocamento só ocorre em caráter eventual, como, por exemplo, o helicóptero utilizado eventualmente por uma equipe de resgate na selva amazônica. Plenamente viável e jurídico que seja abastecido e consertado mediante contratação direta em algum município;

h.2. o deslocamento é rotineiro, mas o destino, imprevisível, ensejando, portanto, a impossibilidade de, por meio de regular processo licitatório, estabelecer pontos de previsão de abastecimento de embarcações, navios, unidades aéreas ou tropas. A consequência direta é que a estada apresenta o caráter de eventualidade, previsto expressamente no dispositivo como autorizador da dispensa. Há um detalhe a contrastar, condizente à efetiva atuação dos órgãos de suprimento. A exemplo do que foi referido nos comentários ao inciso IV desse mesmo artigo, a negligência da atividade não pode obviar o acatamento da lei;

h.3. o deslocamento é rotineiro e periódico para itinerários previsíveis. Nesse caso, o abastecimento é de integral responsabilidade dos órgãos de apoio e, dada a periodicidade, é absolutamente impositivo o certame licitatório. Sem o caráter de eventualidade, não pode haver dispensa de licitação, respondendo o agente pela prática do ato ilegal em processo administrativo e/ou tomada de contas especial,[901] e até criminalmente, se caracterizado o dolo, nos termos do art. 89 da Lei nº 8.666/1993, sem prejuízo de outras sanções.

Como exposto na parte preliminar dos comentários desse inciso, a expressão "localidades diferentes de suas sedes" pode ter amplitude suficiente para comportar, por exemplo, o afastamento de tropas da polícia militar para fora do quartel, que seria, no caso, a sede da unidade. O fundamento lógico que permeia a autorização para a compra direta, no caso, é a impossibilidade de

---

[900] FERREIRA, Aurélio Buarque de Holanda. **Novo Dicionário da Língua Portuguesa**. 2ª ed. 25ª impressão. Rio de Janeiro: Nova Fronteira,1986, p. 736.

[901] Consulte o livro: JACOBY FERNANDES, Jorge Ulisses. **Tomada de Contas Especial:** Processo e Procedimento nos Tribunais de Contas e na Administração Pública. 4 ed. Belo Horizonte: Fórum, 2009.

retornar à sede e ali proceder ao abastecimento do avião, por exemplo, ou à alimentação da tropa que se afastou da sede para atender à necessidade de manter a ordem em determinada localidade, afetada por uma comoção interna. Permanece, contudo, a noção de eventualidade, a ser rigorosamente apreciada no caso concreto.

19.2.3. a necessidade do abastecimento

A exemplo do que ocorre no inciso IV, a autorização para a compra direta restringe-se a itens necessários ao abastecimento durante o deslocamento que se faz em continuidade, fora da sede ou em estadia eventual. Não pode o agente público utilizar o pretexto para promover aquisições não necessárias, sob pena de praticar ato simulado, nulo perante a lei, e atrair para si a responsabilidade administrativa, civil e penal.

Toda a documentação poderá ser examinada pelos órgãos de controle, mostrando-se desde logo conveniente que as contratações que fujam à rotina mereçam circunstanciado registro por parte do agente, o que pode ser feito até no verso dos documentos da despesa, apontando as causas da aquisição, para que, depois, no regresso, sirva de base às formulações das justificativas a que alude o art. 26 da Lei nº 8.666/1993.

Estão abrangidas pelo dispositivo as aquisições feitas para abastecimento, durante a estada e também as necessárias ao deslocamento até o próximo ponto de abastecimento do navio, embarcação, unidade aérea ou da tropa.

19.2.4. tempo exigido para o processo licitatório

Apresenta o inciso uma exigência de ordem temporal, visando resguardar a prevalência do princípio da licitação; exige que o tempo previsto de estada eventual seja de curta duração, de modo a inviabilizar a adoção do procedimento licitatório, em virtude da incompatibilidade entre a necessidade a ser satisfeita e o decurso dos prazos legais.

Tendo como linha de pensamento que a aquisição atinge, por exemplo, o montante do convite, o tempo razoável para sua realização é, na melhor das hipóteses, de dez dias - o art. 21, § 2º, IV, estabelece o prazo de cinco dias úteis - considerando a pouco provável hipótese de não impetração de recurso por parte de licitantes. Mas, para os fins deste artigo, pode o administrador considerar o prazo eventual de recurso e deixar de promover licitações quando a estada alcance até o dobro do prazo referido, ou seja, vinte dias.

Observe-se que a tripulação do navio, embarcação ou unidade aérea, bem como a tropa, não necessita promover a licitação, pois devido à organização sistêmica da Administração Pública, quando os prazos de estada forem maiores, a licitação poderá até ser feita por órgão da sede da entidade para que a entrega do produto ou a prestação do serviço seja feita no local determinado previamente no ato convocatório.[902]

Poderá ainda ocorrer de não ser feita a licitação, dispondo a sede de meios de providenciar o abastecimento mediante o transporte dos bens necessários até a localidade, aeroporto ou porto.

Na apreciação do prazo, para justificar a autorização, deve-se situar o termo da necessidade. Por exemplo, se um navio partirá do porto daqui a 30 dias e o combustível de que necessita está aquém do valor estipulado como limite máximo para a modalidade de licitação do convite, a licitação é viável, deixando de existir amparo à dispensa da mesma. Porém, no mesmo caso, se há necessidade de víveres para a tripulação do navio, cujo suprimento só dá para dois dias, é possível adquiri-los com dispensa de licitação. Recomendável, no caso, que se faça a aquisição parcial da quantidade necessária para atender o tempo suficiente até a conclusão do certame licitatório, que deverá ser instaurado de imediato. Qualquer obstrução no curso do processo licitatório autoriza a nova aquisição com dispensa, fundada no mesmo artigo e inciso.

Situação diversa ocorrerá, no entanto, se o deslocamento se deu para solo estrangeiro, quando poderá ser adotada a licitação ou dispensada a sua realização, nos termos do inciso.

Já as repartições sediadas no exterior, circunstância bem diversa daquela que está fora da sede, tratada no inciso, poderá ter normas próprias, que deverão levar em conta as peculiaridades locais e os princípios adotados pela Lei nº 8.666/1993, nos termos do art. 123 do mesmo diploma legal.

19.2.5. limite do valor

O limite refere-se ao total e não pode ser ultrapassado, sob pena de ser considerada irregular a dispensa. Acima desses valores, a contratação direta só pode ocorrer com fulcro em outro dispositivo da Lei nº 8.666/1993.[903]

Pode acontecer, contudo, que ocorra o fracionamento[904] da despesa ou o parcelamento. Fracionamento é o termo, geralmente, empregado para designar

---

[902] BRASIL. **Lei nº 8.666/93 (Versão Bolso).** Organização dos textos e índice por J. U. JACOBY FERNANDES. 12. ed. amp., rev. e atual. Belo Horizonte: Fórum, 2010. Veja exceção permitida no art. 20.

[903] Vide último parágrafo das "noções", no subtítulo 19.1 dos comentários a este inciso.

[904] BRASIL. Tribunal de Contas da União. Processo nº TC-013.992/96-1. Decisão nº 103/1998 - Plenário. Relator: Ministro Humberto Guimarães Souto. **Diário Oficial [da] República Federativa do Brasil**, Brasília, DF, 30 mar. 1998. Seção 1, p. 55; BRASIL. Tribunal de Contas da União. Processo nº TC-400.047/95-0.

a compra ou contratação de serviços parcelados, com o objetivo de fugir à modalidade de licitação pertinente ou provocar a indébita dispensa de licitação, tanto na hipótese deste inciso, quanto na dos incisos I e II do mesmo art. 24. Já parcelamento é o nome legal utilizado para designar o dever da Administração de dividir a contratação pretendida com o objetivo de ampliar a competição.

As compras não podem, em regra, ser fracionadas, mas para serviços e obras há uma norma específica, adotada na parte final do § 5º do art. 23, que o permite quando se trate de executor de especialidade diversa da do executor principal. De qualquer modo, não há autorização legal para desconsiderar o limite estatuído no inciso em comento, ainda que se trate de serviço a ser realizado por executores diferentes.

A respeito de parcelamento e fracionamento, não deixe de consultar o capítulo 2, subtítulo 8.1.2., onde o tema é aprofundado.

Os valores despendidos com o abastecimento de navio, embarcações, unidades aéreas e meios de deslocamento de tropas também não podem, no total, ultrapassar o valor previsto como limite máximo para convite; é a regra inafastável, cujo acatamento legitima a utilização do inciso para fundamentar a dispensa de licitação.

Se a aquisição ultrapassar o valor do convite, com a satisfação dos demais quatro requisitos, autoriza a contratação com base no inciso IV do mesmo artigo? A resposta é, em princípio, pela negativa, vez que naquele dispositivo há em destaque outros requisitos relacionados a uma situação de risco a pessoas e bens. Somente satisfeita essa condição é que o caso poderá ajustar-se àquela hipótese.

O limite é avaliado em cada ponto de abastecimento/localidade.

20. Materiais de uso pelas Forças Armadas

Dispõe a lei nº 8.666/1993, art. 24, *in verbis*:

> Art. 24. É dispensável a licitação:
>
> [...]
>
> XIX - para as compras de materiais de uso pelas Forças Armadas, com exceção de materiais de uso pessoal e administrativo, quando houver necessidade de manter a padronização requerida pela estrutura de apoio logístico dos

Acórdão nº 142/1996 - 2ª Câmara. Relator: Ministro Fernando Gonçalves. **Diário Oficial [da] República Federativa do Brasil**, Brasília, DF, 03 abr. 1996. Seção 1, p. 5599-5601.

meios navais, aéreos e terrestres, mediante parecer de comissão instituída por decreto;

20.1. noções

É um dispositivo elaborado com vistas ao atendimento das necessidades das Forças Armadas, embora, como se verá mais adiante, a sua literalidade permita que outras entidades dele se sirvam.

No 1º Simpósio de Licitações e Contratos promovido pelo Departamento Geral de Serviços do Ministério do Exército, de 27 a 30 de abril de 1992, do qual participaram os professores Toshio Mukai, Carlos Pinto Coelho Motta e este autor, além da padronização, outro aspecto relevante surgiu nos debates, referente à necessidade de as Forças Armadas promoverem a preparação da indústria nacional para o "esforço de guerra", desenvolvendo a capacidade de mobilização nacional. Assim, por exemplo, projetado e definido determinado tipo de veículo blindado, seria conveniente que algumas unidades fossem encomendadas em uma fábrica no sul do País e outras em regiões diversas, de tal modo que, em caso de conflito, houvesse no território nacional mais de uma indústria apta a fabricar aquele veículo com o nível de padronização necessário.[905]

À época, já se discutia a elaboração da nova Lei de Licitações e a resposta oferecida foi no sentido de que a solução para atender ao interesse das pastas militares no desenvolvimento da capacidade de mobilização nacional deveria advir por via legislativa.

Não pela influência do histórico do dispositivo, mas especialmente pelo que foi exposto na parte introdutória do capítulo e na parte geral das dispensas, é que não se acolhe a ideia comungada por alguns autores no sentido de que, havendo viabilidade de competição, ou seja, mais de um fornecedor com capacidade de oferecer o produto padronizado, seria obrigatória a realização da licitação, invariavelmente. O que deve nortear a escolha do fornecedor é uma causa legítima, amparada em interesse público e impessoal. A preparação da indústria nacional para a mobilização de guerra - que deve ser preocupação permanente das Forças Armadas, mesmo em tempo de paz - é uma justificativa legítima para a escolha do fornecedor, nos termos do art. 26 da Lei nº 8.666/1993.

A título de ilustração, cabe observar que, em algumas Medidas Provisórias alteradoras da Lei nº 8.666/1993, a hipótese acabou constando em

---

[905] Notas pessoais do autor Jacoby Fernandes.

parágrafos do art. 24 e, somente com a Lei nº 8.883/1994, foi incorporada como inciso do artigo.

20.2. requisitos

O dispositivo, cujo escólio é adiante apresentado, impõe os seguintes requisitos para a dispensa de licitação:

a) as compras devem visar materiais de uso pelas Forças Armadas;
b) não pode ser objeto da dispensa, material de uso pessoal e administrativo;
c) o objetivo da compra deverá ser a manutenção da padronização;
d) a padronização deverá ser impositiva pela estrutura de apoio logístico dos meios navais, aéreos e terrestres;
e) a padronização[906] deverá contar com o parecer de comissão instituída por decreto.

20.2.1. objeto do contrato

A primeira leitura do dispositivo poderia levar ao entendimento de que se trata de aquisição de material para as Forças Armadas e para seu exclusivo uso. A rigor, talvez fosse essa a pretensão da iniciativa, mas a literalidade permite que outras organizações que utilizem material de uso das Forças Armadas dele se sirvam para proceder à aquisição direta.[907]

Verifica-se, de fato, que o dispositivo não faz referência a uso exclusivo das Forças Armadas, mas tão-só que seja de uso das mesmas.

Haverá, pois, uma utilidade direta para as Forças Armadas, na medida em que deterão o controle sobre o material adquirido pelas corporações militares, forças reservas, polícias e outras organizações. Tal controle estabelecer-se-á não só pela eventual restrição de ordem legislativa a que outras organizações utilizem material próprio das Forças Armadas, quanto pelos termos em que for aprovado o parecer referido no final do inciso.

---

906 Dispõe a Resolução CONFEA nº 430, de 13 de agosto de 1999 (publicada no Diário Oficial da União em 15 set. 1999, Seção 1, p. 45), que a padronização, e outras atividades ali mencionadas, são atividades de engenheiro, arquiteto e agrônomo.

907 Em sentido contrário, entendendo que as forças reservas auxiliares não podem se utilizar do dispositivo: PEREIRA JUNIOR, Jessé Torres. *Comentários à Lei das Licitações e Contratações da Administração Pública*. Rio de Janeiro: Renovar, 1994, p. 166; e entendendo que as Forças Armadas são destinatárias subjetivas singulares do permissivo legal: FIGUEIREDO, Lúcia Valle; FERRAZ, Sérgio. *Dispensa e Inexigibilidade de Licitação*. São Paulo: Malheiros, 1994, p. 67.

Esse procedimento não afetará a autonomia administrativa dos demais entes da federação, pois sobre o tema há muito tempo existe interferência federal acentuada.[908]

Poderá, assim, uma determinada Polícia Militar utilizar um fuzil de uso normal pelas organizações militares federais e até adquiri-lo com dispensa de licitação se a Comissão e o parecer se inclinarem pela conveniência de padronização e, com isso, aumentar o potencial de mobilização nacional.

O que se não admite é a aquisição direta, a pretexto de padronizar, promovida na esfera militar federal ou não, sem o formalismo imposto pelo dispositivo.

Ressalte-se que o inciso só autoriza compras, descabendo para obras e serviços a possibilidade de dispensa; admissível, no entanto, a realização dos serviços inerentes à garantia técnica, quando constituir elemento acessório do contrato de compras, mas inadmissível a contratação da manutenção dos equipamentos por absoluta ausência de previsão legal.

20.2.2. material de uso pessoal e administrativo

Estabelece o inciso em tela que não haverá dispensa de licitação para a aquisição de material de uso pessoal e administrativo.

Estão afastadas da possibilidade de contratação direta, com fundamento neste normativo, as fardas, calçados, divisas, condecorações, formulários, máquinas de escrever, computadores, impressoras, veículos de características não militares etc.

Mesmo quando padronizados tais materiais, a sua aquisição há de ser feita mediante procedimento licitatório, pois não há, em princípio, qualquer interesse de segurança ou mobilização subjacente a tais aquisições.

20.2.3. manutenção da padronização

No I Seminário Nacional de Direito Administrativo, realizado em novembro de 1994, na cidade do Recife, promovido pela Editora NDJ, o tema padronização nas aquisições da Administração Pública foi amplamente debatido, após magnânima aula do professor Diógenes Gasparini, em painel presidido pela Dra. Yara Darcy Police Monteiro. Houve unânime conclusão, entre as maiores autoridades presentes, sobre as vantagens da padronização e a

[908] BRASIL. **Constituição da República Federativa do Brasil**. Organização dos textos e índice por J. U. JACOBY FERNANDES. 1. ed. Atualizada até Abril de 2007. Belo Horizonte: Fórum, 2007. Confira arts. 22, XXI, e 144, §§ 5º e 6º.

necessidade de que os atos que a imponham sejam amplamente justificados, sob pena de configurar odiosa ofensa ao princípio da isonomia.

Indiscutivelmente, a padronização, que é um princípio informativo das compras em geral, consubstanciado no art. 15, inciso I, da Lei nº 8.666/1993, deve ser precedida de estudos técnicos, extremamente amplos, de mercado, onde todas as possibilidades de exame de produtos sejam esgotadas, a fim de que a escolha recaia sobre a aquisição que retrate a condição mais vantajosa. Uma vez definido, em parecer técnico que deve haver padronização, elencando-se circunstanciadamente os motivos, será indicado o produto cujas características serão adotadas como padrão e, caso exclusivas de determinada marca, também a marca e o modelo.

Os princípios da impessoalidade e moralidade são efetivados com o estudo técnico, que levará em conta o primado do interesse público da Administração. Obviamente, muito mais que qualquer ato da licitação, deverá o exame ser solidamente fundamentado para resistir ao crivo dos órgãos de controle e do Poder Judiciário e, sempre que possível, a exemplo do que é feito com o edital de licitação e com os contratos,[909] ser submetido ao exame do órgão jurídico.

20.2.4. padronização impositiva

A Administração Pública poderá ser levada a padronizar os bens e materiais a serem adquiridos, por diversas razões consentâneas com o interesse público, entre as quais lembra-se o atendimento ao princípio da economicidade, reduzindo custos de manutenção pela escolha de melhor produto e treinamento de servidores para uso e manutenção, diminuindo a quantidade de itens de almoxarifado etc.

A autorização consubstanciada no inciso em exame tem o motivo vinculado: é imperioso que a padronização se faça por questões impositivas requeridas pela estrutura de apoio logístico.

Motivos de ordem econômica poderiam recomendar que a padronização recaísse em bens, por exemplo, de origem estrangeira, mas poderia haver, no caso, comprometimento do interesse em desenvolver determinada área da indústria. Por isso, a lei vinculou a padronização ao que a estrutura de apoio logístico requerer, deixando os motivos subjacentes ao prudente arbítrio da Comissão.

---

[909] BRASIL. **Lei nº 8.666/93 (Versão Bolso).** Organização dos textos e índice por J. U. JACOBY FERNANDES. 12. ed. amp., rev. e atual. Belo Horizonte: Fórum, 2010. Vide art. 38, parágrafo único.

20.2.5. parecer de comissão instituída por decreto

O legislador não deixou a decisão da padronização a ser adotada para a estrutura administrativa convencional.[910] Ao contrário, impôs a existência de um órgão específico para examinar a questão, alcançando uma visão mais ampla de tudo o que deve ser padronizado e centralizando o assunto.

Efetivamente, se assim não houvesse procedido, estaria permitindo a padronização, na esfera federal, em setores das Forças Armadas, mostrando-se mais vantajoso que se opere de igual modo entre todos os órgãos envolvidos.

Como parece admissível que corporações militares estaduais sejam alcançadas com esse dispositivo, a pergunta que se impõe é: poderá haver comissões estaduais para disciplinar o assunto em nível regional?

A resposta, observadas as restrições ao uso de equipamento exclusivo das Forças Armadas, parece ser afirmativa. Não poderá ser qualquer material, mas apenas aqueles próprios das Forças Armadas de uso não pessoal ou administrativo. O interesse maior de preservar a padronização nas forças auxiliares reservas do Exército poderá ser alcançado por diversos meios, inclusive por legislação específica como autoriza o art. 22, inciso XXI, da Constituição Federal. Pode, inclusive, com o advento dessa legislação, a Comissão passar a ser única em nível nacional.

Evidentemente, a Comissão não está isenta de responsabilidade, e seus membros respondem pelos atos praticados, ficando inclusive sujeitos às penalidades do art. 89, motivos pelos quais também se impõe, ainda que em caráter reservado, a fundamentação do ato de padronização, pois constitui elemento indissociável da justificativa exigida pelo art. 26 da Lei nº 8.666/1993.

Mesmo em caráter reservado, esses documentos podem ser examinados pelos órgãos de controle externo da Administração Pública, que possui procedimento próprio para o julgamento das contas oriundas de processos reservados ou sigilosos.

A ideia de instituir uma comissão permanente contribuirá para a preservação da continuidade das noções elementares diretivas da padronização e evitará que, para cada padronização, seja baixado um decreto, comprometendo o sigilo quando este se fizer necessário.

---

[910] Para maiores detalhes sobre padronização, consulte o capítulo 6, subtítulo 3.2.3.2.: padronização de produtos e marcas.

A propósito, por Decreto de 2 de abril de 1996,[911] o Presidente da República instituiu, no âmbito do Ministério da Aeronáutica, comissão com competência para examinar e emitir parecer sobre dispensa de licitação e para compras de materiais de uso da Aeronáutica com exceção de material de uso pessoal e administrativo, quando houver necessidade de manter a padronização requerida pela estrutura de apoio logístico dos meios aéreos e terrestres. Outrossim, estabeleceu que os pareceres emitidos pela comissão sobre dispensa de licitação terão validade enquanto o material padronizado permanecer registrado no acervo do Ministério da Aeronáutica.

21. Associação de portadores de deficiência física

Dispõe a lei nº 8.666/1993, art. 24, *in verbis*:

> Art. 24. É dispensável a licitação:
>
> [...]
>
> XX - na contratação de associação de portadores de deficiência física, sem fins lucrativos e de comprovada idoneidade, por órgãos ou entidades da Administração Pública, para prestação de serviços ou fornecimento de mão de obra, desde que o preço contratado seja compatível com o praticado no mercado;

21.1. noções

Compete à União, aos Estados, ao Distrito Federal e aos Municípios cuidar da saúde e assistência pública, da proteção e garantia das pessoas portadoras de deficiência, nos termos do art. 23, inciso II, da Constituição Federal.

Uma das formas estabelecidas pelo Constituinte para alcançar esse objetivo foi estatuída no art. 203 da Lei Fundamental, quando dispôs que a seguridade social teria por objetivo buscar a habilitação e a reabilitação do deficiente e a promoção de sua integração à vida comunitária.[912]

Além de constituir um objetivo da seguridade social, expressando a consciência coletiva, no art. 227 da Constituição Federal, foi assentado indelevelmente que constitui dever da família, da sociedade e do Estado, a ser efetivado por meio inclusive de entidades não governamentais, a criação de

---

[911] Publicado no Diário Oficial [da] República Federativa do Brasil , Brasília, DF, 03 abr. 1996.

[912] BRASIL. **Constituição da República Federativa do Brasil**. Organização dos textos e índice por J. U. JACOBY FERNANDES. 1. ed. Atualizada até Abril de 2007. Belo Horizonte: Fórum, 2007. Confira art. 203, II.

programas de prevenção e atendimento especializado para os portadores de deficiência física, sensorial ou mental, bem como de integração social do adolescente portador de deficiência, mediante o treinamento para o trabalho e a convivência e facilitação do acesso aos bens e serviços coletivos, com a eliminação de preconceitos e obstáculos arquitetônicos.[913]

A ênfase dada ao trabalho como forma de habilitação e reabilitação também foi enfatizada no art. 37, inciso VIII, da Constituição Federal. Aliás, sinais expressivos da evolução de uma sociedade são a eliminação de grandes círculos de preconceitos e a redução da parcela ociosa da sociedade, pelo engajamento ao trabalho. A participação social pelo trabalho representa o meio mais eficaz de integração social, trazendo o inegável benefício da redução da carga tributária, em prol de toda população economicamente ativa. Para ilustrar, conforme discutido no II Encontro Nacional de Reabilitação Profissional,[914] basta esclarecer que, no Japão, tanto para atingir a integração como para reduzir o ônus para a sociedade existem programas que utilizam mão de obra até de deficientes mentais - expressão que, a propósito, difere de "loucos"- em serviços compatíveis com o nível de comprometimento, fato que torna injustificável a restrição do dispositivo aos deficientes físicos.

Com esse propósito de buscar a integração pelo trabalho, criou o legislador uma desigualdade jurídica no universo dos licitantes, visando, sobretudo, um resguardo de outros valores também tutelados pelo Direito.

Verifica-se, pois, quão harmônico é o Direito: quando o legislador permite abandonar o princípio da isonomia, está agasalhando outros princípios tutelados pela própria Constituição Federal, resguardando a harmonia do sistema jurídico.[915]

21.2. requisitos

O legislador estabeleceu três requisitos para a regularidade da contratação direta:

a) o primeiro, atinente às qualificações do contratado, que deverá ser:

a.1. associação de portadores de deficiência física;

---

[913] *Op. cit. supra*. art. 227, § 1º, II.

[914] Ocorrido em Brasília, em maio de 1987, sob os auspícios do Centro de Reabilitação Profissional, à época dirigido pela Dra. Leila Silva Cannalonga. Notas pessoais do autor.

[915] É viável a contratação direta de associação de portadores de deficiência física para fornecimento de mão de obra, com fulcro no art. 24, XX, desde que justificada a necessidade e a inviabilidade de competição. PGDF. Parecer nº 5.875/1998 da Procuradora Dra. Ana Virgínia Christofoli Alvim, 1ª SPR da Procuradoria Geral do DF, Processo GDF nº 146.000.742/98.

a.2. sem fins lucrativos; e

a.3. de comprovada idoneidade.[916]

b) o segundo, referente ao objeto pretendido, qual seja:

b.1. prestação de serviços;

b.2. fornecimento de mão de obra.

c) o terceiro, referente ao preço do contrato, que deve ser compatível com o praticado no mercado.

Sobre os requisitos cabem as seguintes observações.

21.2.1. qualificação do contratado

A forma jurídica do contratado deverá ser associação civil congregadora dos portadores de deficiência física ou de seus responsáveis. Outras entidades não estão abrangidas, como fundações de amparo aos deficientes físicos, sociedades beneficentes que auxiliem deficientes, igrejas e empresas, que não podem se utilizar desse dispositivo para serem contratadas diretamente.

O legislador apaniguou apenas as pessoas jurídicas revestidas de forma associativa, possivelmente porque nelas o interesse dos deficientes seria representado pelos próprios interessados. De qualquer modo, como as normas que versam sobre dispensa de licitação abrem exceção à regra da obrigatoriedade da licitação, recomenda a hermenêutica que a interpretação seja sempre restritiva, não comportando ampliação.

Além de possuir a forma de associação, não poderá ter finalidade lucrativa, embora, como visto nos comentários ao inciso XIII desse mesmo artigo, possa exercer atividade remunerada. O interesse social de cooperação e filantropia entre os associados deve predominar em toda sua extensão.

Enquanto que no inciso XIII o legislador exigiu inquestionável reputação ético-profissional, aqui empregou o termo “comprovada idoneidade”.

As revelações à imprensa, ocorridas no curso da investigação da CPI do orçamento, nos anos de 1993 e 1994, demonstraram que, sob o manto da filantropia, são praticados atos vergonhosos e contrários ao interesse público.

[916] No Tribunal de Contas do Distrito Federal discutia-se sobre denúncia acerca da idoneidade ou não da Associação de Deficientes de Brasília, também objeto de processo na Justiça Comum. A Relatora do Processo em que se pedia a anulação do contrato com a referida instituição, por estar descaracterizado um dos requisitos da contratação, pediu o sobrestamento do processo até decisão final do Poder Judiciário. DISTRITO FEDERAL. Tribunal de Contas. Processo nº 5117/1992. Disponível em: http://www.tc.df.gov.br. Acesso em 26 jan. 2011.

Não há no Brasil cartório de idoneidade onde se possa tirar certidões. Como já foi referido anteriormente, o conceito moral é um tanto etéreo, pouco concreto, mas nem por isso inaferível. A comprovada idoneidade, como prova negativa, se faz na inversa positiva, ou seja, para provar que alguém não tem comprovada idoneidade, deve-se demonstrar que há máculas de ordem moral que afetam substancialmente o conceito que a sociedade detém da instituição. Não se impõe a necessidade de condenação criminal, porque não se estará buscando a comprovação de prática de crime, mas muito menos, almejar-se-á, apenas, demonstrar a violação de normas de natureza moral, aquelas que provocam a repugnância no *bonus pater familis*.

O exemplo referido anteriormente pode justificar o impedimento à contratação direta enquanto a entidade ou seus dirigentes estiverem respondendo por crime de apropriação indébita ou estelionato.

21.2.2. o objeto do contrato

A entidade contratada funcionará como intermediária da mão de obra dos deficientes.

Em regra, o Direito do Trabalho abomina esse tipo de intervenção, estabelecendo que, fora dos casos expressamente autorizados em lei, a relação de emprego se estabelece diretamente entre o empregado e o tomador dos serviços, evitando com isso ainda mais o aviltamento do preço da mão de obra, consequência inexorável, se adotado entendimento diferente.

Nesse caso, porém, o legislador permite que a entidade congregadora dos deficientes físicos intermedeie a mão de obra, sob duas diferentes formas.

Na primeira, como prestadora de serviço. A associação poderá ser a empregadora, regendo-se, em relação aos seus associados, pela Consolidação das Leis do Trabalho, com os encargos normais, ou empreiteira agregando/supervisionando autônomos. A supervisão de seus empregados, no primeiro caso, é feita por seu próprio pessoal, ficando firme e inabalável o vínculo de subordinação direta entre o deficiente e a Associação. Agregando autônomos, serão esses subempreiteiros.[917]

A associação pode, ainda, fornecer a mão de obra, não havendo subordinação entre o deficiente e a associação, mas com o tomador do serviço. O órgão ou entidade pública requer a uma determinada associação que coloque à sua disposição a mão de obra de tantos deficientes com aptidão para tal

[917] Entendemos que a associação pode contratar o trabalho de não deficiente para gerenciar a prestação do serviço. Essa conduta tanto mais se justifica quando podem os deficientes, por exemplo, serem todos portadores de dificuldades de locomoção.

tarefa. A associação é contratada para garantir a continuidade da ocupação de determinado número de postos de trabalho e recebe uma comissão pelo seu trabalho de agenciadora de deficientes, acrescida da remuneração das pessoas que estão trabalhando com os encargos legais. Os deficientes, prestadores de serviço direto da contratante, são subordinados tecnicamente ao tomador do serviço. É caso semelhante ao que ocorre com os estivadores de portos, amplamente regulado pela Consolidação das Leis do Trabalho, nos arts. 254 e ss., podendo as normas serem acolhidas por analogia para dirimir questões entre a associação de trabalho mantida com os deficientes.

Em qualquer dos casos assinalados, não é licito à Administração contratar qualquer mão de obra por qualquer tempo.[918]

21.2.3. restrições ao contratante

Não foi estabelecido pelo legislador, ao estatuir o diploma legal das licitações e contratos, restrições à contratação de prestação de serviços e ao fornecimento de mão de obra, mas elas existem no mundo jurídico e merecem ser aqui lembradas, pois também implicam a legalidade do ato.

A terceirização dos serviços administrativos é um tema que possui forte componente político, variável segundo as circunstâncias em que se busque ampliar ou restringir a atividade estatal. Mas alguns postulados firmaram-se na melhor doutrina e jurisprudência.

Esquematicamente, poder-se-ia alinhar as premissas em que se admite tal contratação:

1. contratação eventual
   - 1.1. a atividade não integra o rol de atribuições dos agentes da Administração;
   - 1.2. a atividade integra o rol de atribuições, mas faz-se necessário atender grande demanda eventual.
2. contratação não eventual (política de terceirização)
   - 2.1. contratação de empresa prestadora de serviços;
   - 2.2. contratação de fornecimento de mão de obra.

[918] Sobre o assunto, consulte o capítulo 2, subtítulo 5.2 e ss. e a Decisão do TCU que impede a contratação indireta de mão de obra, quando as tarefas pretendidas são inerentes a cargos permanentes do órgão contratante. Processo nº TC-575.098/92-8. Decisão nº 153/1994 - Plenário. Relator: Ministro Auditor Bento José Bugarin. **Diário Oficial [da] União**, Brasília, DF, 11 abr. 1994, p. 5180.

21.2.3.1. contratação eventual

A possibilidade de contratação, em caráter eventual, é amplamente admitida pela doutrina.

Tem-se a contratação eventual quando se pretende atender a um fato incerto, casual ou acidental. Poderá ser previsível ou não, mas não poderá ser periódico, no sentido de se repetir a curtos intervalos de tempo.

Certos fatos que ocorrem, exigem do Estado e dos órgãos uma atividade: a prestação de um serviço, que tanto pode ser para atender à comunidade, quanto a interesses internos da própria repartição, constituindo-se, nesse último caso, em meio para a atividade-fim do Poder Público.

Pode então ocorrer que, para atender a essa demanda, a Administração necessite da atividade que não se encontre descrita no elenco daquelas próprias dos cargos que possui. Por exemplo, se em um determinado município, a Prefeitura não tivesse em seu quadro o cargo de eletricista, deveria contratar tal serviço de um particular, pessoa física ou jurídica, sempre que necessitasse promover reparos ou manutenção em suas instalações; outro exemplo pode ocorrer quando o órgão possui um cargo com as atribuições de que necessita, mas na localidade o quadro não comporta tal profissional, como se daria em uma pequena unidade regional de um Ministério.

Sendo a atividade eventual, a contratação em caráter permanente de profissional na área, ou a criação do cargo, mostram-se antieconômicas. Nessa hipótese, pode a Administração contratar uma empresa ou profissional, mediante regular processo licitatório que poderá ser efetivado mediante a modalidade de convite, tomada de preços, concurso ou concorrência. Será possível, ainda, a contratação sem licitação quando houver na localidade associação de deficientes físicos de comprovada idoneidade que tenha entre os seus deficientes pessoas com aptidão para desenvolver a tarefa pretendida. Nesse caso, poderá, como referido anteriormente, a associação assumir uma das duas seguintes posições no polo contratual: ou se torna a prestadora de serviço ou intermedeia o fornecimento de mão de obra.

Outra hipótese de contratação eventual poderá ocorrer, mesmo quando a atividade consta do elenco das atribuições dos cargos da unidade contratante, mas sobrevém tal demanda extraordinária que a carga de trabalho, embora de caráter eventual, é incompatível com a mão de obra disponível nos quadros da Administração. Um exemplo elucidará melhor a questão: um Tribunal Regional Eleitoral possui em seu quadro digitadores, mas na época das eleições poderá contratar prestadoras de serviço para digitação dos boletins de apuração eleitoral. Também nesse caso a contratação é plenamente admissível pelo Direito e poderia ser efetivada com prévio procedimento licitatório ou dispensando-o, se a contratada fosse associação de deficientes de comprovada idoneidade e pudesse fornecer tal mão de obra.

Questão interessante ocorreu em um município, segundo nos relatou seu Secretário de Administração. A prefeitura necessitava contratar os serviços de 30 digitadores, mas a associação só poderia fornecer 12 profissionais da área; para atender ao restante da necessidade de mão de obra, o município foi obrigado a promover licitação e acabou contratando empresa de fora da localidade; no momento do fechamento do contrato, apareceu outra entidade de deficientes, com sede em outra localidade, pretendendo a contratação direta dos serviços. Por decisão do referido Secretário, foi mantida a contratação dos 18 digitadores da empresa vencedora da licitação, não se favorecendo a entidade de deficientes da outra localidade, vez que o processo de licitação já estava encerrado e a dispensa, aqui tratada, constitui autorização estabelecida em favor da Administração Pública, não caracterizando, em princípio, dever. A propósito, acrescentou o referido Secretário que, para contratação de maior número de funcionários, sua experiência tem indicado que uma parcela, ainda que pequena, não deve integrar o contingente de deficientes, ou o tipo de deficiência deve ser diferente para que, no conjunto, sempre possa contar com todas as qualificações físicas, evitando ter que promover grandes adaptações de ambientes ou condições de trabalho. Assim, no caso exemplificado, preferiu que nem todos os digitadores fossem deficientes auditivos, ficando com uma parcela com capacidade de audição, mas dificuldade de locomoção.

Outro episódio memorável ocorreu envolvendo empresa estatal - Eletronorte - quando necessitou contratar vigilância para a subestação de Calçoene no Amapá: as empresas de vigilância convidadas não aceitaram prestar o serviço, restando a companhia contratar pessoa física para prestar serviços de vigilância. O caso acabou parando na Justiça do Trabalho e no TCU. Coube ao Ministro Ubiratan Aguiar em mais um escólio ponderar a eventualidade da contratação e, como fez a Justiça do Trabalho, admitiu a regularidade do contrato de prestação do serviço, sem caracterização da realização de trabalho.[919]

21.2.3.2. contratação não eventual - terceirização

Existe, ainda, a possibilidade de contratação em caráter não eventual de prestadoras de serviços pela Administração. Desde a origem do Decreto-Lei nº

---

[919] BRASIL. Tribunal de Contas da União. Processo nº 015.232/2001-0. Decisão nº 1724/2002 - Plenário. Relator: Ministro Ubiratan Aguiar. **Diário Oficial da União [da] República Federativa do Brasil**, Brasília, DF, 7 jan. 2003.

200/67, foi estabelecido como princípio corolário da descentralização a terceirização de certas atividades, nada obstante o fato de que essa última expressão só ingressou para o jargão nos últimos anos.

Efetivamente, estabelece o precitado diploma legal em norma que continua em vigor:

> [...] para melhor desincumbir-se das tarefas de planejamento, coordenação, supervisão e controle, e com o objetivo de impedir o crescimento desmesurado da máquina administrativa, a Administração procurará desobrigar-se da realização material das tarefas executivas, recorrendo, sempre que possível, à execução indireta, mediante contrato, desde que exista, na área, iniciativa privada suficientemente desenvolvida e capacitada a desempenhar os encargos de execução.[920]

Na implantação dessa diretiva ocorreram graves distorções, ensejando que o Poder Judiciário se opusesse à certos tipos de contratações verdadeiramente nocivas ao princípio da isonomia, pois, não raro, encontravam-se trabalhando lado a lado servidores vinculados à Administração, com salários compatíveis com seus encargos, e pessoa contratada por interposta empresa, percebendo salário aviltante e, muitas vezes, com produtividade muito maior que a do servidor. Inexistindo a exigência do concurso para a ocupação do cargo, em várias demandas a Justiça reconheceu a relação de emprego diretamente com o tomador dos serviços, por vislumbrar que se tratava de contrato fraudulento.

Na atualidade, as distorções ocorridas no processo de terceirização têm sido mais enfrentadas pelos órgãos de controle da Administração Pública, pois como a Constituição Federal impôs como formalidade essencial a participação em concurso público, mesmo a Justiça do Trabalho não tem decidido pelo reconhecimento da relação de emprego com o tomador do serviço quando este integra a Administração Pública *lato sensu*.

O Tribunal de Contas da União decidiu por considerar irregular a contratação de empresa prestadora de serviço que locava a mão de obra de ascensorista, garçom e copeiro, tendo em vista que tais atribuições integravam

---

[920] BRASIL. Decreto-Lei nº 200, de 25 de fevereiro de 1967. Dispõe sobre a organização da Administração Federal, estabelece diretrizes para a reforma administrativa e dá outras providências. **Diário Oficial [da] República Federativa do Brasil**, Brasília, DF, 27 dez. 1967. Art. 10, § 7º.

o elenco de tarefas de cargos do quadro da Administração. [921] O substrato jurídico da decisão repousa no fato de que os cargos são criados por lei ou por norma interna, no caso empresas estatais, e, portanto, ao decidir que determinado grupo de tarefas integra o elenco de atribuições de um cargo, não poderia, depois, a Administração, sem amparo legal, transferir o cometimento do encargo a terceiro. A jurisprudência nesse sentido cristalizou-se.

Para que a terceirização se processe de forma legal, nos cursos ministrados tem-se proposto que, preliminarmente, sejam contrastadas as tarefas previstas para os cargos com aquelas que se pretende terceirizar. A terceirização deve ser procedida em etapas, com a extinção do cargo, ou, simplesmente, decreto vedando novas admissões naquele cargo, respeitando sempre o direito adquirido dos exercentes. Mostra-se antieconômico e até imoral, no âmbito da Administração direta, colocar o ocupante do cargo em disponibilidade em razão de pretendida terceirização. A propósito, na extinção do cargo, deve ser observado o § 1º, do art. 28, da Lei nº 8.112 para a Administração Pública federal, direta, autárquica e fundacional.

O servidor ocupante de cargo, cujas tarefas se pretende ver terceirizadas, deve ser mantido no quadro e produzindo normalmente. O ato que motiva a terceirização, os limites pretendidos e o interesse da Administração em extinguir os cargos transferindo suas atribuições, devem ser consubstanciados em um documento, adotado ou ratificado pela cúpula diretiva da entidade, a fim de que os empregados das empresas prestadoras de serviços contratadas não venham a ter êxito em pleitos de equiparações ou isonomia.

Tornando transparentes os propósitos de terceirização, inclusive com observância do princípio da publicidade do ato que a estabelece, as contratações serão legítimas.

Até aqui, foram apreciados os problemas que podem ocorrer com a terceirização,[922] cabendo, agora, analisar as duas possibilidades de contratação não eventual[923] que foram colocadas em epígrafe, no subtítulo 21.2.3.2.

A primeira delas consiste na contratação de empresa prestadora de serviços que assumirá, então, os encargos da contratação da mão de obra, orientação técnica dos empregados, supervisão da frequência, e que se

---

[921] BRASIL. Tribunal de Contas da União Processo nº TC-575.098/92-9. Decisão nº 153/1994 - Plenário. Relator: Ministro Auditor Bento José Bugarin. **Diário Oficial [da] República Federativa do Brasil**, Brasília, DF, 11 abr. 1994. Seção 1, p. 5180.

[922] Sobre terceirização não deixe de consultar o Decreto nº 2.271, de 07 de julho de 1997, cujas normas temos recomendado sejam adotadas por Decretos estaduais e municipais.

[923] Consulte a propósito o capítulo 2, subtítulo 5.7.: serviços advocatícios.

constituirá no verdadeiro empregador, do qual a contratante usufruirá apenas os resultados do trabalho.

A associação de deficientes colocará a serviço da contratante mão de obra de pessoas deficientes, não importando se são associados ou não da entidade, desde que ostentem a condição de deficientes físicos. Será admissível, no entanto, que sejam supervisionados, orientados ou dirigidos por profissional não deficiente, vez que o maior objetivo é a integração social e produtiva da pessoa que se pretende ver tutelada pelo Direito.

Exemplo interessante de aplicação dessa hipótese ocorreu no Distrito Federal, onde firmou-se um contrato administrativo que tinha por objeto a prestação de serviços de mão de obra, por preço global, composta de 50 (cinquenta) empregados portadores de deficiência física a serem aproveitados no Viveiro I do Departamento de Parques e Jardins – DPJ, da Diretoria de Urbanização, Novacap.

O assunto foi submetido ao Poder Judiciário local que deliberou pela regularidade do ajuste.[924]

Na segunda hipótese, referida como contratação de fornecimento de mão de obra, a associação apenas fornece o pessoal necessário a uma atividade da administração, não tendo qualquer responsabilidade técnica pela qualidade do serviço que vier a ser executado: seu compromisso resume-se em manter uma determinada quantidade de postos de trabalho ativos, assumindo o ônus de pagar os salários, os encargos sociais decorrentes da relação de emprego,[925] como INSS, FGTS, PIS etc., recebendo pelo trabalho de recrutamento e seleção da mão de obra um valor fixo ou percentual incidente sobre o total dos custos demonstrados.[926]

Normalmente, esse tipo de intermediação de mão de obra, cognominado de *merchandising*, é vedado pelo Direito do Trabalho. Ocorre que o caso estabelecido pela lei visa a facilitar o emprego da mão de obra do deficiente e é realizado por intermédio de uma entidade associativa, na qual não há busca de

---

[924] DISTRITO FEDERAL. Tribunal de Justiça do Distrito Federal e Territórios. Processo RMO nº 2000.01.1.092866-6 - 3ª Turma. Relator: Desembargador Jerônymo de Souza. **Diário da Justiça [da] República Federativa do Brasil**, Brasília, DF, 28 maio 2003, Seção 3, p. 66.

[925] Estudo realizado pela Secretaria de Controle Interno do STF fixou por Ordem de Serviço o percentual máximo de encargos sociais em 72,55%. A Portaria nº 3.256 de 11 de novembro de 1996 do MARE fixou em 89%.

[926] A ausência de regular recolhimento das contribuições previdenciárias pode acarretar a solidariedade para os agentes públicos (Lei nº 9.032/95, que alterou a redação do art. 71 da Lei nº 8.666/93). Não sendo efetuado o recolhimento, deve ser feita a retenção na forma do art. 39 da Lei nº 8.212/90. Em contratos públicos ou privados que envolvam a prestação de serviço o órgão pagador deve reter 11% de fatura e recolher ao INSS, para compensação no final do ano, conforme Lei nº 9.711/98, art. 23 que alterou o art. 31 da Lei nº 8.112/90.

lucro, possuindo como ideário a valorização e integração social dos deficientes. É caso semelhante ao já consagrado pelo Direito do Trabalho, da contratação de carga e descarga de navios, por meio de sindicatos de estiva.

Em relação ao enquadramento da despesa, o tema sofreu inovações face a Lei de Responsabilidade Fiscal, urgindo do Administrador cuidados especiais em relação aos custos da terceirização, que agora devem ser enquadrados como "Outras Despesas de Pessoal", conforme dispõem os arts. 18, § 1º, e 72, *in verbis*:

> Art. 18. Para os efeitos desta Lei Complementar, entende-se como despesa total com pessoal: o somatório dos gastos do ente da Federação com os ativos, os inativos e os pensionistas, relativos a mandatos eletivos, cargos, funções ou empregos, civis, militares e de membros de Poder, com quaisquer espécies remuneratórias, tais como vencimentos e vantagens, fixas e variáveis, subsídios, proventos da aposentadoria, reformas e pensões, inclusive adicionais, gratificações, horas extras e vantagens pessoais de qualquer natureza, bem como encargos sociais e contribuições recolhidas pelo ente às entidades de previdência.
>
> § 1º Os valores dos contratos de terceirização de mão de obra que se referem à substituição de servidores e empregados públicos serão contabilizados como "Outras Despesas de Pessoal".
>
> [...]
>
> Art. 72. A despesa com serviços de terceiros dos Poderes e órgãos referidos no art. 20 não poderá exceder, em percentual da receita corrente líquida, a do exercício anterior à entrada em vigor desta Lei Complementar, até o término do terceiro exercício seguinte.

21.2.4. preço

Exige o inciso XX, em comento, que o preço seja compatível com o praticado no mercado.

Havendo outras empresas do mesmo ramo em que a associação se propõe a prestar os serviços, não será difícil o confronto dos preços, mediante pesquisa que poderá ter o caráter de razoável informalidade. No próprio processo de contratação, um servidor da Administração lançará os preços obtidos em uma pesquisa que poderá ser feita até por telefone, tendo-se a cautela de identificar a empresa e o empregado responsável pela informação prestada, bem como, dia e hora em que foi realizado o contato. Se possível, juntará algum orçamento por escrito. Esses elementos são imprescindíveis e constituem exigência legal.[927]

Impende salientar que a lei não exige que o preço contratado seja o menor, mas que seja compatível com o de mercado e, do processo de dispensa de licitação, conste a justificativa.[928]

Dificuldades advirão quando não houver na praça empresa atuando no ramo em que a associação se dispõe a prestar serviços ou quando a mesma é contratada apenas para fornecimento de mão de obra, vez que, por inexistir mercado, impossível será avaliar a compatibilidade. Mas será necessário que o preço contratado seja razoável e amplamente justificado.

Nesses dois casos precitados, como naquele em que há possibilidade de contrastar o preço, o ponto de partida é o orçamento detalhado, elaborado pela Administração previamente à contratação. Em um município carente de profissionais na área de Economia e Administração, foi necessário elaborar uma dessas planilhas de custo, na oportunidade em que um dos dirigentes participava de um Seminário sobre Licitações, promovido pelo Centro Brasileiro para Formação Política. Foi sugerido, à falta de outros parâmetros e, na impossibilidade de obtê-los, que se utilizasse a pesquisa salarial que a Folha de São Paulo publica aos domingos, para o preço da mão de obra direta, e os percentuais publicados nos Boletins IOB ou FGV como custos incidentes sobre o setor, acrescidos da margem de lucro praticada na localidade por empresas de outros ramos de prestação de serviços, como conservação e limpeza, ou simplesmente uma margem de 5% quando se tratasse de fornecimento de mão de obra. Mais tarde, fomos informados de que diversos outros órgãos passaram a adotar esse procedimento para justificar o preço, nos termos do art. 26 da Lei nº 8.666/1993. Como esclarecido, o procedimento é admissível quando não houver melhor meio de alcançar, com rigor técnico, o preço razoável da contratação.[929]

A criteriosa análise desse detalhamento revela sua incontestável correção, ao mesmo tempo em que evidencia que o Poder Público vem pagando uma sobretaxa na mão de obra terceirizada.

---

[927] BRASIL. **Lei nº 8.666/93 (Versão Bolso).** Organização dos textos e índice por J. U. JACOBY FERNANDES. 12. ed. amp., rev. e atual. Belo Horizonte: Fórum, 2010. Confira o art. 26, III, c/c o art. 7º, § 2º, II, c/c o § 9º.

[928] *Ibidem*, arts. 24, XX, e 26, III.

[929] Equipe do Controle Interno do Supremo Tribunal Federal detalhou a pesquisa de encargos sociais, incidentes sobre a mão de obra em Brasília, encontrando o percentual de 72,55%. O MARE, por meio da Portaria 3.256 de 11 de novembro de 1996, já havia fixado em 89%. **Diário Oficial [da] República Federativa do Brasil**, Brasília, DF, 18 nov. 1996. Seção 1, p. 23899.

22. Bens para pesquisas científica e tecnológica

Dispõe a lei nº 8.666/1993, art. 24, *in verbis*:

> Art. 24. É dispensável a licitação:
>
> [...]
>
> XXI - para a aquisição de bens e insumos destinados exclusivamente à pesquisa científica e tecnológica com recursos concedidos pela Capes, pela Finep, pelo CNPq ou por outras instituições de fomento a pesquisa credenciadas pelo CNPq para esse fim específico;

22.1. noções

Esse inciso foi incluído na lei por força de Medida Provisória que foi sendo sucessivamente reeditada,[930] mais tarde convertida na Lei nº 9.648/1998. Em 2010 procedeu-se a nova redação do dispositivo[931] que, após aprimorar a redação, permitiu a dispensa também para insumos, os quais não haviam sido contemplados na redação anterior que previu a contratação direta sem licitação apenas para equipamentos.

Anteriormente à primeira edição de Medida Provisória, o Deputado Federal Jorge Anders apresentou, em 25.03.96, o projeto de lei, tombado sob nº 1.705/1996, que pretendia alterar a Lei nº 8.666/1993, incluindo:

> XXI - para aquisição de máquinas, equipamentos, aparelhos e instrumentos, bem como suas partes e peças de reposição, acessórios, matérias-primas e produtos intermediários, destinados à pesquisa científica e tecnológica por parte do Conselho Nacional de Desenvolvimento Científico e Tecnológico (CNPq) e por entidades sem fins lucrativos ativas no fomento, na coordenação ou na execução de programas de pesquisa científica e tecnológica ou de ensino, devidamente credenciadas pelo CNPq.

Justificando seu projeto, sustentou o parlamentar:

> Essa constatação ajusta-se com perfeição à aquisição de bens e serviços destinados à pesquisa científica e tecnológica, já tão maltratada pela carência de recursos. Nessa complexa

---

930 BRASIL Lei nº 9.648, de 27 de maio de 1998. Altera dispositivos da Lei 8.666/93. **Diário Oficial [da] República Federativa do Brasil**, Brasília, DF, 28 maio 1998.

931 BRASIL. Lei nº 12.349, de 15 de dezembro de 2010. Altera as Leis nºˢ 8.666, de 21 de junho de 1993, 8.958, de 20 de dezembro de 1994, e 10.973, de 2 de dezembro de 2004 e revoga o § 1º do art. 2º da Lei nº 11.273, de 6 de fevereiro de 2006. **Diário Oficial [da] República Federativa do Brasil**, Brasília, DF, 16 dez. 2010.

> área, de peculiaridades próprias, é frequente a compra de uma diversidade muito grande de itens que, não raro, ultrapassa a casa das centenas, tanto no mercado interno quanto no internacional. O processo atual é lento, em função das limitações e condicionantes impostas pela lei, comprometendo, às vezes de maneira irreparável, o início de novas pesquisas ou o andamento daquelas em curso, pondo por terra anos de dedicação de abnegados cientistas.
>
> Não podemos mais tolerar que a ciência brasileira, ao ser tratada como uma atividade administrativa corriqueira, engessada por preciosismos de natureza puramente formal, seja penalizada, com incalculáveis prejuízos para a sociedade.
>
> A nossa proposição, visando minimizar tais dificuldades, pode ser considerada uma extensão da Lei nº 8.010, de 1990, que isentou, no caso de importação, os bens em questão de diversos impostos e taxas, além de simplificar o despacho aduaneiro.

Toda comunidade jurídica lamenta que temas dessa natureza venham a ter regulamentação por esse instrumento de caráter transitório (Medida Provisória), notadamente em processos como o de licitação ou dispensa de licitação, que implicam planejamento e desenvolvimento de atividades que se protraem no tempo, gerando a instabilidade nas relações jurídicas, objetivo diametralmente oposto à ciência jurídica.

Ademais, causa estranheza que a inserção de novos dispositivos na Lei de Licitações estejam sendo promovidos por autoridades que consideram o tema "exageradamente" regulamentado, para usar a terminologia que vêm empregando.

Há, porém, dois pontos positivos que não podem ser olvidados: é uma forma de incentivo à pesquisa, feita com recursos extra-orçamentários da entidade que promove as aquisições, fato muito auspicioso, notadamente num País pobre que, por injunções políticas externas, não vem dedicando recursos a essa relevante área. A MP melhorou a redação em relação ao PL, que abria excessivamente a possibilidade de contratação direta.

Assim, mesmo reconhecendo a validade das críticas oriundas da comunidade jurídica, não se pode deixar de valorizar essa possibilidade de desenvolvimento da pesquisa.

Por esse inciso, podem ser promovidas as aquisições de bens; pelo inciso XIII, pode ser contratada a instituição que se dedica à pesquisa. Há, porém, semelhanças entre os dois incisos:

- nos dois casos, as contratações podem ocorrer diretamente, sem a obrigatoriedade da licitação;
- nas duas hipóteses, a lei efetiva o comando insculpido no art. 218 da Constituição Federal em vigor.[932]

Expendidas essas breves considerações de cunho crítico é imperioso proceder ao exame do dispositivo em tela.

A primeira observação que se impõe é que, a exemplo de outras possibilidades de contratação direta, o inciso XXI não determinou a qualificação do contratante e nem a do contratado, permitindo, portanto, que qualquer entidade que esteja sujeita ao império da Lei de Licitações dele faça uso.

Conselhos de profissões regulamentadas (CONFEA, CREA, OAB, entre outros), bancos estaduais e federais, empresas de pesquisa, universidades, secretarias de governo, tribunais e órgãos do Poder Legislativo, enfim, qualquer órgão pode ser o contratante. Se por um lado o dispositivo em comento, na voz do seu editor, não restringiu a aplicação da norma, inevitavelmente o exame dos casos concretos levará a restringi-la.

Efetivamente, em inspeções a serem promovidas pelos Tribunais de Contas, ou no bojo de processos que venham a ser submetidos ao exame do Poder Judiciário, deverá ficar subjacente a correlação entre a atividade de pesquisa científica ou tecnológica e a finalidade do órgão. Alguns exemplos de legítima aplicação do inciso podem ser citados:

- um Tribunal de Contas que compra determinado equipamento, indispensável ao desenvolvimento de pesquisa de um *software* para auditoria em sistemas informatizados;
- um Banco estadual que adquira maquinário, indispensável ao desenvolvimento de pesquisa de matéria-prima para cartão magnético;
- uma universidade que compra microscópio ou computador para desenvolver pesquisa em laboratório;
- uma entidade que exerça a função de arquivo público e que adquire equipamento para desenvolver tecnologia voltada para a restauração de documentos.

---

[932] BRASIL. **Constituição da República Federativa do Brasil**. Organização dos textos e índice por J. U. JACOBY FERNANDES. 1. ed. Atualizada até Abril de 2007. Belo Horizonte: Fórum, 2007. *In verbis*: “Art. 218. O Estado promoverá e incentivará o desenvolvimento científico, a pesquisa e a capacitação tecnológicas.”

Enfim, é possível vislumbrar as mais variadas atividades de pesquisas científica e tecnológica relacionadas aos fins dos órgãos, mesmo que a relação seja indireta. Sempre, porém, deverá ser respeitada a distribuição sistêmica estabelecida nas leis que organizam o serviço público e o interesse coletivo.

Com relação ao contratado, também o dispositivo é aberto, podendo ser qualquer pessoa física ou jurídica que comercialize bens.

22.2. objeto

Esse inciso determina que sua aplicação só pode ser destinada à aquisição de bens. Afastada fica a possibilidade de contratar serviços ou realizar obras, ainda que objetive o desenvolvimento científico ou tecnológico.

Os bens a serem adquiridos devem ser empregados - destinados - exclusivamente a esse tipo de pesquisa. Essa premissa merece especial atenção, pois tem gerado alguma polêmica entre órgãos, confundindo a expressão "exclusivamente" com diretamente, de significado, no caso, diverso.

O que pretende a norma, na sua melhor interpretação, é evitar que "mascarada" de aquisição de bens com essa finalidade, os órgãos busquem reequipar-se, utilizando os bens em várias atividades e, inclusive em caráter eventual, na pesquisa. Numa inspeção deve, portanto, ser verificado onde estão sendo empregados os bens adquiridos com base nesse permissivo legal e considerado irregular quando não estiverem sendo utilizados na pesquisa pelos órgãos que se dedicam a tal mister. Só por meio de inspeção direta é possível avaliar o regular cumprimento da norma.

Outra questão relevante diz respeito ao tipo de bens que podem ser adquiridos: somente aqueles empregados diretamente na pesquisa ou também os que, de modo indireto, dão suporte à mesma? Exemplificando: na área de pesquisa biomédica o microscópio e pipetas de vidro, ou também máquinas de escrever, mesas e computadores?

O alcance da norma ficaria comprometido se apenas os bens de aplicação direta pudessem ser adquiridos. Efetivamente, no presente caso, o legislador teve várias oportunidades de refletir o exato alcance dos termos empregados - com as reedições das Medidas Provisórias e consequente conversão na Lei nº 9.648/1998 - e preferiu o termo "exclusivamente", voltado para a aplicação dos bens, à expressão "diretamente". Parece ter agido acertadamente nesse particular, porque o suporte à atividade de pesquisa pode ser tão ou mais essencial do que o instrumental e os equipamentos.[933]

22.3. a origem dos recursos

A aquisição dos bens deve ser promovida com recursos concedidos pelas seguintes instituições:

- CAPES;
- FINEP;
- CNPq;
- outras instituições oficiais de fomento à pesquisa credenciadas pelo CNPq para esse fim específico.

Conquanto seja possível a qualquer instituição adquirir bens, somente os que forem pagos com recursos das precitadas instituições poderão ser contratados diretamente. E justifica-se que assim seja, com o objetivo de permitir a análise de cada caso aos órgãos oficiais que fomentam a pesquisa, evitando-se o abuso nas contratações diretas que poderiam advir.

Participando de debates promovidos por algumas instituições, temos demonstrado que a redação da norma deveria ser aprimorada com vistas à expungir qualquer traço de inconstitucionalidade decorrente da redação atual.

Explicaremos:

- de acordo com o art. 24, inciso V, da Constituição Federal, e art. 218, § 5º, é inafastável que o incentivo à pesquisa compete às três esferas de governo;
- o inciso XXI, em comento, ao pretender impor certa parcimônia à possibilidade de contratação direta que regula, centralizou o credenciamento de instituições na esfera federal.

É consabido que em quase todos os Estados brasileiros existem instituições oficiais de pesquisa ou de fomento à pesquisa, às vezes de pequeno porte, mas que, pelo nível de especialização, seriam capazes de obter recursos internacionais, inclusive junto a organismos estrangeiros, e repassá-los para projetos que aprovassem.

[933] A propósito, o TCU recomendou abster-se "[...] de realizar contratações de materiais gráficos/impressos utilizando-se do previsto no art. 24, inciso XXI, da Lei nº 8.666/1993." BRASIL. Tribunal de Contas da União. Processo nº TC-010.631/2003-8. Acórdão nº 3559/2006 - 1ª Câmara. **Diário Oficial da União [da] República Federativa do Brasil**, Brasília, DF, 08 dez. 2006, p. 156.

Assim, se é verdade que o inciso não impediu as atividades dessas instituições, também é correto afirmar que privilegiou os programas que tivessem buscado aprovação junto aos órgãos federais.

Mostra-se importante notar que o CNPq poderá credenciar instituições oficiais para conceder recursos, com a finalidade específica de repassá-los, autorizando os órgãos que receberem a concessão a adquirir os bens diretamente sem licitação.

Como formalidade adicional a esse tipo de contratação direta, estabeleceu no art. 26, parágrafo único, que deverá ser juntado aos autos o documento de aprovação dos projetos de pesquisa aos quais os bens serão alocados.

23. Fornecimento ou suprimento de energia elétrica

Dispõe a lei nº 8.666/1993, art. 24, *in verbis*:

> Art. 24. É dispensável a licitação
>
> [...]
>
> XXII - na contratação do fornecimento ou suprimento de energia elétrica com concessionário, permissionário ou autorizado, segundo as normas da legislação específica;

23.1. noções

Até o advento dessa modificação da Lei nº 8.666/1993, os órgãos da Administração enquadravam a despesa com energia elétrica no art. 25, *caput*, ou simplesmente lançavam a despesa no SIAFI - Sistema Integrado de Administração Financeira Federal, classificando-a como "despesa não aplicável", ou seja, não sujeita à Lei de Licitações.

Alguns órgãos, mais corretamente, firmaram contratos com as concessionárias de energia elétrica, obtendo descontos significativos, nos termos regulamentados pelo DENAEE, órgão antecessor à ANEEL, Agência Nacional de Energia Elétrica.

À primeira análise o dispositivo em tela não teria razão de ser. Logo após a privatização desse setor de serviço público, na grande maioria das cidades continuou a existir um só fornecedor; num cenário de futuro, admitindo-se a possibilidade de mais de um fornecedor, a licitação será inafastável.

Justifica-se, porém, a inclusão da norma quando considerado o conjunto da legislação reguladora do tema energia elétrica.[934] É que, no art. 23, § 1º, da Lei nº 9.427/1996,[935] por exemplo, o legislador vedou fundamentar, no art. 25, a concessão e permissão de serviço público, afetos à energia elétrica.

Nesse horizonte de incertezas, admite-se a iniciativa de estabelecer hipótese para o caso, ficando a escolha do fornecedor para definição do administrador, desde que justifique o fato na forma e com o rigor do art. 26.

23.2. requisitos

Expendidas as considerações propedêuticas, descendo aos elementos objetivos da norma, tem-se que, para se enquadrar no referido inciso, a contratação deverá:

- ter por objeto o fornecimento ou suprimento de energia elétrica;
- o contratado deverá ser concessionário, permissionário ou autorizatário para fornecimento ou suprimento de energia elétrica;
- deverão ser observadas as formalidades constantes do art. 26, *caput* e parágrafo único, da Lei nº 8.666/1993.

Como a norma em tela abre exceção ao procedimento licitatório, há que ter interpretação restritiva, segundo elementar princípio de hermenêutica. Assim, não podem ser contratados com fundamento nesse inciso a instalação de rede elétrica, troca ou manutenção de subestação própria da Administração e outros serviços dessa natureza, pois o objetivo é restrito a fornecimento ou suprimento, devendo aqueles serviços serem licitados.

Há precedentes na jurisprudência em sentido contrário.[936]

Na alínea "b", supra, foi colocada em destaque a condição de contratado, com as reservas que temos em relação à terminologia assinalada.[937]

---

[934] Sobre o tema: BRASIL. Lei nº 9.074, de 07 de julho de 1995. Estabelece normas para outorga e prorrogações das concessões e permissões de serviços públicos e dá outras providências. **Diário Oficial [da] República Federativa do Brasil**, Brasília, DF, 08 jul. 1995, republicada em 28 set. 1998.

[935] BRASIL. Lei nº 9.427, de 26 de dezembro de 1996. Institui a Agência Nacional de Energia Elétrica - ANEEL, disciplina o regime das concessões de serviços públicos de energia elétrica e dá outras providências.**Diário Oficial [da] República Federativa do Brasil**, Brasília, DF, 27 dez. 1996.

[936] Determinada estatal promoveu procedimento seletivo denominado Termo de Referência 1/2004, destinado a selecionar empresas para contratação de suprimento de energia elétrica, na modalidade de Produtor Independente de Energia – PIE. O procedimento estabelecia obrigação para a representante construir nova linha de transmissão e implantar nova usina. A representação foi considerada improcedente. BRASIL. Tribunal de Contas da União. Acórdão nº 1.404/2004 - Plenário. Relator: Ministro Walton Alencar Rodrigues. **Diário Oficial da União [da] República Federativa do Brasil**, Brasília, DF, 23 set. 2004.

[937] Vide capítulo 1, subtítulo 2: conceitos fundamentais.

Após o advento da referida norma, inquietantes preocupações vieram a lume, especialmente para os que têm em vista o acatamento do princípio da legalidade e a busca do interesse público.

Observe que, a partir de então, a noção de que era inaplicável a Lei nº 8.666/1993 não mais pode ser considerada correta. Mas, outras questões persistem: em se tratando de fornecimento, deverá ser observada a regra do *caput* do art. 57 da Lei nº 8.666/1993, que limita a sua duração à vigência do respectivo crédito orçamentário? Se não for feito contrato - como, por exemplo, no caso de a concessionária não ter interesse - como fica a regra do parágrafo único, do art. 26, e o atendimento das formalidades exigidas? A cada mês deverá ser feita a justificativa e a publicação.

Assinala Pontes de Miranda, com singular mestria, que "o que importa é erguer a sistemática que serve à lei e fazê-la fecunda, no seu plano e dentro dos limites em que tem de ser aplicada."[938]

A Lei nº 8.666/1993 deu contornos distintos aos contratos em que a Administração Pública é contratante e em que é mera usuária de serviço público. Nessa hipótese, as regras pertinentes são ditadas pelo concessionário, permissionário ou autorizatário, sem a sujeição a algumas regras da Lei nº 8.666/1993. É nesse sentido o comando do art. 62, § 3º, da Lei nº 8.666/1993.

> Art. 62. [...]
>
> [...]
>
> § 3º. Aplica-se o disposto nos arts. 55 e 58 e 61 desta Lei e demais normas gerais, no que couber:
>
> I - aos contratos de seguro, de financiamento, de locação em que o Poder Público seja locatário, e aos demais cujo conteúdo seja regido, predominantemente, por norma de direito privado.
>
> II - aos contratos em que a Administração for parte como usuária de serviço público.

Objetivamente, pode-se asserir que:

a) deve existir contrato entre os órgãos da Administração Pública e os concessionários, na forma a ser regulamentada pela ANEEL, para definição da incidência ou não de normas da Lei nº 8.666/1993;
b) por expressa disposição legal, tais contratos não estão sujeitos à regra do art. 57 da Lei nº 8.666/1993, podendo ser ajustados pelo prazo que for estabelecido naquela regulamentação;

---

[938] *In*: MIRANDA, Pontes de. **Comentários ao CPC/1973**. 5ª ed., Rio de Janeiro: Forense. Prólogo, v. 1, p. 13.

c) reiteradamente vem decidindo o Tribunal de Contas da União que, como regra, não cabe definir multa contra a Administração Pública em instrumento de contrato, salvo expressa previsão legal, em sentido contrário.[939]O assunto foi sumulado nos seguintes termos:

> Súmula nº 226. É indevida a despesa decorrente de multas moratórias aplicadas entre órgãos integrantes da Administração Pública e entidades a ela vinculadas, pertencentes à União, aos Estados, ao Distrito Federal ou aos Municípios, inclusive empresas concessionárias de serviços públicos, quando inexistir norma legal autorizativa.

No caso, a legislação em vigor admite a cobrança genérica de multa por atraso.[940]

Especificamente sobre esse tema, no mesmo sentido de nosso entendimento pela cobrança de multa já manifestado em edições anteriores, o TCU vem se manifestando reiteradamente:[941]

> [...]
>
> 8.1.1. nos termos da Decisão nº 537/99 - TCU - Plenário, é cabível cobrança de multa moratória, pelas concessionárias de serviços públicos, sejam elas privadas ou integrantes da Administração Pública, em desfavor dos órgãos e entidades públicos, por atraso no pagamento;
>
> 8.1.2. consequentemente, é admissível, nos temos da consulta formulada, a multa moratória decorrente de lei complementar municipal a órgãos da Administração Direta Federal.

É preciso ter em conta que nos casos de contratação de fornecimento de energia elétrica, a Administração figura como contratante - é usuária do serviço público prestado, sujeitando-se pois às condições impostas pelo concessionário ou permissionário. Não pode aqui utilizar-se de seu poder de império. Fica, pois, sujeita às mesmas condições contratuais, previstas para o usuário comum.

---

[939] Neste sentido: BRASIL. Tribunal de Contas da União. Decisão nº 197/1997 - Plenário. Relator: Ministro Paulo Affonso Martins de Oliveira. **Diário Oficial [da] República Federativa do Brasil**, Brasília, DF, 07 maio 1997. Seção 1, p. 9174-6; Processo nº TC-012.070/94-7. Decisão nº 399/1995 - Plenário. **Diário Oficial [da] República Federativa do Brasil**, Brasília, DF, 04 set. 1995. Seção 1, p. 3620.

[940] BRASIL. Ministério das Minas e Energia. Parecer CONJUR/MME nº 235/1996. **Diário Oficial [da] União**, Brasília, DF, 27 nov. 1996. Seção 1, p. 25009-11.

[941] BRASIL. Tribunal de Contas da União. Processo nº TC-014.714/96-5. Decisão nº 686/1999 - Plenário. Relator: Ministro Bento José Bugarin. **Diário Oficial [da] República Federativa do Brasil**, Brasília, DF, 08 nov. 1999. Seção 1, p. 38.

Ainda que seja, no terreno essencialmente filosófico - em face do redesenho do papel do Estado, cada vez menos correto - o argumento de que não se admite a cobrança de multa por todos os recursos advirem da mesma fonte, fato é que se legitima a cobrança de multa, agora, plenamente em razão da privatização do setor e pela impossibilidade jurídica da supressão do suprimento ou fornecimento. A multa compensatória e a atualização monetária são inafastavelmente devidas, sob pena de afetar o equilíbrio financeiro do contrato de concessão de energia elétrica.

Sobre a incidência do art. 26, no caso, apenas a consideramos burocrática e lamentável. Esse inciso (XXII) deveria ter sido excepcionado no art. 26, da mesma forma que o foram os incisos I e II do art. 24. Há, porém, de ser cumprida, inclusive sob as penas do art. 89 da Lei nº 8.666/1993.

24. Contratação de empresa pública ou sociedade de economia mista, com suas subsidiárias e controladas

Dispõe a lei nº 8.666/1993, art. 24, *in verbis*:

> Art. 24. É dispensável a licitação
>
> [...]
>
> XXIII - na contratação realizada por empresa pública ou sociedade de economia mista com suas subsidiárias e controladas, para a aquisição ou alienação de bens, prestação ou obtenção de serviços, desde que o preço contratado seja compatível com o praticado no mercado;

24.1. noções

Dispõe o inciso XXIII[942] que será dispensável a licitação para contratação realizada por empresa pública ou sociedade de economia mista com suas subsidiárias e controladas, para a aquisição ou alienação de bens, prestação ou obtenção de serviços, desde que o preço contratado seja compatível com o praticado no mercado. Essa norma merece profundas críticas.

Preliminarmente, porque mostra-se de constitucionalidade duvidosa. Em seguida, porque contrapõe-se no plano ideológico ao modelo neoliberal do papel do Estado.

---

942 Inciso acrescido pela Lei nº 9.648, de 27 de maio 1998.

A preliminar repousa no fato de que adota como princípio a livre concorrência e a livre iniciativa,[943] não devendo o Estado exercer atividade econômica. Há, inclusive, vedação expressa no sentido de que "a exploração direta de atividade econômica pelo Estado só é permitida quando necessária aos imperativos da segurança nacional ou a relevante interesse coletivo, conforme definidos em lei." [944]

O exercício de atividade econômica por meio indireto - empresas subsidiárias ou controladas por empresas públicas e sociedades de economia mista - fere, sem laivo de dúvida, o ideário principiológico do art. 170 da Constituição Federal.

Aliás, do exame em conjunto do art. 37, incisos XIX e XX, da Constituição Federal, verifica-se que o desenho do tamanho do Estado é feito a partir do princípio da legalidade. O contorno, ou seja, os limites da atuação do Estado no domínio econômico é contido pelas regras do art. 170 e 173 da própria Constituição. Nesse ponto, deve ser lembrado a notável visão de futuro, alcançada pelo Decreto-Lei nº 200/67, em uma de suas mais importantes normas, *in verbis*:

> Art. 10. A execução das atividades da Administração Federal deverá ser amplamente descentralizada.
>
> [...]
>
> § 7º Para melhor desincumbir-se das tarefas de planejamento, coordenação, supervisão, e controle e com o objetivo de impedir o crescimento desmesurado da máquina administrativa, a Administração procurará desobrigar-se da realização material de tarefas executivas, recorrendo, sempre que possível, à execução indireta, mediante contrato, desde que exista, na área, iniciativa privada suficientemente desenvolvida e capacitada a desempenhar os encargos de execução.

Se essa norma impõe que o Estado busque na iniciativa privada o complemento da ação do Estado, como conceber a existência de subsidiárias explorando atividade econômica e ainda se favorecendo da ausência de licitação?

---

[943] BRASIL. **Constituição da República Federativa do Brasil**. Organização dos textos e índice por J. U. JACOBY FERNANDES. 1. ed. Atualizada até Abril de 2007. Belo Horizonte: Fórum, 2007. Confira art. 170, *caput* e inciso IV.

[944] *Op. cit. supra*, art. 173.

A norma ainda evidencia afronta ao propalado neoliberalismo, que serviu de pano de fundo para privatizações em setores estratégicos ao desenvolvimento nacional, fazendo permanecer, ainda, órgãos que vêm funcionando apenas como intermediários de mão de obra para os Ministérios federais, com salários favorecidos por meio de subsidiárias das subsidiárias da administração indireta.[945]

24.2. requisitos

De novo ampara essa conclusão o dever de consagrar exegese estrita às disposições que abrem exceção e a indeclinável interpretação literal restrita.

A subsidiária ou controlada pode igualmente ser empresa pública ou sociedade de economia mista ou revestir-se de outra forma jurídica.

A norma em tela elencou os seguintes requisitos:

a) contratante: deve ser empresa pública ou sociedade de economia mista;
b) contratado: subsidiária ou controlada da respectiva contratante;
c) objeto: aquisição ou alienação de bens, prestação ou obtenção de serviços;[946]
d) preço: necessariamente compatível com o praticado no mercado;
e) deverão ser observadas as formalidades do art. 26 e parágrafo único da Lei nº 8.666/1993.[947]

24.2.1. contratante

O dispositivo em tela, extremamente casuístico, dispôs que somente podem efetuar contratações com amparo nessa norma as empresas públicas e sociedades de economia mista.

Como é norma que abre exceção, deve ter interpretação restritiva. Assim, não podem servir-se desse dispositivo as pessoas jurídicas, mesmo que

---

[945] O inciso segundo consta, objetivou assegurar ao Banco do Brasil a possibilidade de aplicar norma semelhante ao inciso VIII do mesmo artigo e continuar contratando a BBTur e a COBRA S/A.

O Jornal de Brasília de 28 de agosto de 1997, página 5, relata que, após decisão TCU vedando a contratação, houve pressões dos concorrentes da BBtur para que o Banco licitasse. Antes do julgamento do recurso, o inciso XXII foi acrescido e por isso é conhecido como "o inciso da BBtur", numa irreverente alusão a legislação casuística.

[946] Em pacto firmado entre o Banco do Brasil e a BBTur, o TCU entendeu viável enquadrar o serviço em contrato. A forma de convênio foi considerada irregular. BRASIL. Tribunal de Contas da União. Processo nº TC-010.699/96-1. Decisão nº 686/1998. Relator: Ministro-Substituto Lincoln Magalhães da Rocha. **Diário Oficial [da] República Federativa do Brasil**, Brasília, DF, 19 out. 1998. Seção 1, p. 19/20.

[947] Vide capítulo 7.

integrem a Administração Pública, se não se revestirem desses tipos de personalidade jurídica. Estão fora a União, Estados, Municípios, Distrito Federal e suas autarquias e fundações. Mas, podem servir-se as empresas públicas e sociedades de economia mista federais, estaduais, municipais e distritais.

24.2.2. contratada

Quando a norma usou o pronome possessivo no início da oração "suas subsidiárias e controladas", evidentemente restringiu o âmbito das possíveis entidades a serem contratadas. Uma empresa pública só pode, com fundamento nesse dispositivo, contratar com sua subsidiária ou controlada. Idem para uma sociedade de economia mista. Não podem, portanto, contratar as subsidiárias umas das outras.

O casuísmo da exceção pretendida evidenciou mácula de inconstitucionalidade.

24.2.3. objeto

O legislador cuidou da bilateralidade da relação jurídica, admitindo que a empresa pública ou a sociedade de economia mista adquira ou aliene bens da subsidiária ou controlada. De igual modo, permitiu que preste serviços para a subsidiária ou controlada ou que dela obtenha o serviço.

Diferenciando-se, porém, das demais normas constantes de artigos da Lei nº 8.666/1993, não abrangeu obras, admitindo implicitamente a possibilidade de que o objeto seja serviços de engenharia.

24.2.4. preço

Aqui, a exemplo do que ocorre com os incisos VIII, X, XII e XX do art. 24, o legislador exigiu a compatibilidade com preços[948] de mercado. Para maiores detalhes, consulte o subtítulo 21.2.4 deste capítulo.

25. Contrato com as organizações sociais

Dispõe a Lei nº 8.666/1993, art. 24, *in verbis*:

---

[948] As sociedades de economia mista ficaram desobrigadas da realização de licitação nas contratações celebradas com suas subsidiárias. Como o Banco comprovou a compatibilidade entre o preço contratado e aquele praticado no mercado, a instrução entendeu que o procedimento foi regular. BRASIL. Tribunal de Contas da União. Processo nº TC-000.905/99-2. Decisão nº 436/1999 - Plenário. Relator: Ministro Bento José Bugarin. **Diário Oficial [da] República Federativa do Brasil**, Brasília, DF, 22 jul. 1999. Seção 1, p. 53.

> Art. 24. É dispensável a licitação:
>
> [...]
>
> XXIV - para a celebração de contratos de prestação de serviços com as organizações sociais, qualificadas no âmbito das respectivas esferas de governo, para atividades contempladas no contrato de gestão.

25.1. noções

Também esse inciso vem merecendo ferrenhas críticas, principalmente no que diz respeito à sua constitucionalidade, tendo sido inclusive objeto da ADI nº 1.923-5,[949] proposta contra a Lei nº 9.637/1998.

Para melhor compreender o alcance do inciso em tela, é necessário situar essa nova figura jurídica, denominada organização social, no contexto da reforma do Estado.[950]

As mudanças institucionais foram colocadas como alicerce indispensável à concretização da reforma do aparelho do Estado, buscando estabelecer novos paradigmas para a organização estrutural. Surgem, assim, duas novas instituições: as Agências Executivas, para atividades típicas do Estado, e as Organizações Sociais, para atividades que passam a ser geridas fora do Estado, mas dentro da Esfera Pública.

Pela proposta da reforma delineada no Plano Diretor da Reforma do Aparelho do Estado, a Administração Pública foi dividida em quatro núcleos:[951]

> **- estratégico -** ao qual compete o "exercício das funções indelegáveis do Estado, correspondente ao Poder Legislativo, ao Poder Judiciário, ao Ministério Público e, no Poder Executivo, à cúpula diretiva (Presidente da República, ministros e auxiliares diretos), responsável pelo planejamento e formulação de políticas públicas e regulações, defesa nacional, segurança pública, relações exteriores, arrecadação de impostos, administração financeira e pessoal do Estado".

---

[949] Proposta pelo PT e o PDT. O STF, por meio do Ministro Relator Ilmar Galvão negou liminar que suspendesse os efeitos do retrocitado dispositivo e indeferiu a cautelar: "[...] 2. Afastamento, no caso, em sede de medida cautelar, do exame das razões atinentes ao *fumus boni iuris*. O *periculum in mora* não resulta no caso caracterizado, seja mercê do transcurso do tempo --- os atos normativos impugnados foram publicados em 1998 --- seja porque no exame do mérito poder-se-á modular efeitos do que vier a ser decidido, inclusive com a definição de sentença aditiva. 3. Circunstâncias que não justificariam a concessão do pedido liminar. 4. Medida cautelar indeferida.". Disponível em: http://www.stf.gov.br. Acesso em: 05 jan. 2011.

[950] Consulte também artigo da Dra. Vanice Regina Lírio do Valle. **Informativo de Licitações e Contratos** - ILC, nº 47, jan./98. Curitiba: Zênite, p. 34.

[951] PEREIRA, Luiz Carlos Bresser. **Reforma do Estado para a Cidadania**. Brasília: Enap, 1998.

- **atividades exclusivas** - ao qual compete a prestação de serviços públicos típicos e indelegáveis, cobrança de impostos, fiscalização, previdência social, serviço-desemprego, polícia, serviço de trânsito, subsídios à educação básica e à saúde. "Para esse, a Reforma prevê a descentralização de atividades, por meio da criação de entidades voltadas à execução, chamadas Agências Executivas".

- **serviços não exclusivos** - efetuando um papel transitivo entre o público e o privado.

- **produção de bens e serviços para o mercado** - nesse núcleo, como o Estado estaria agindo "substitutivamente ao capital privado", seriam os entes privatizados.

De fato, é crescente a absorção de atividades sociais pelas instituições privadas, baseada no estabelecimento de alianças estratégicas entre Estado e sociedade, quer para atenuar disfunções operacionais daquele, quer para maximizar os resultados da ação social geral.

Expendidas essas considerações, cabe centralizar agora o estudo sobre as organizações sociais.[952]

Na inicial da ADI nº 1.923-5, foi aduzido, sobre a natureza dessas entidades que:

> Fica desde logo claro, portanto, que as Organizações Sociais, pela sua natureza de entidades de natureza associativa ou fundacional de direito privado, não se encaixam nesse conceito, pelo que se pode dizer que se trata de descentralização por colaboração impropriamente configurada. Nem mesmo se configura, no plano formal, a criação de um ente paraestatal, à semelhança dos serviços sociais autônomos, que se caracterizam como entes de colaboração com o Estado que independem de contrato de concessão ou ato unilateral de permissão. Isso porque os serviços sociais autônomos, espécie do gênero paraestatal, são criados por lei, enquanto a organização social propriamente dita não deriva a sua existência diretamente da lei - embora só venha a ter existência material mediante a cessão de patrimônio, servidores e recursos financeiros antes pertencentes a entidades de direito público que, no processo, é extinta.

[952] No âmbito do Distrito Federal, a Lei nº 2.177, de 30 de dezembro de 1998, dispõe sobre a qualificação de entidades como organizações sociais. **Diário Oficial do Distrito Federal**, Brasília, DF, 31 dez. 1998.

Esse atributo especial qualificativo de pessoa jurídica mereceu também o escólio do eminente e culto Leon Frejda Szklarowski,[953] nos seguintes termos:

> As organizações sociais são entidades privadas - pessoas jurídicas de direito privado - sem fins lucrativos, destinadas ao exercício de atividades dirigidas ao ensino, à pesquisa científica, ao desenvolvimento tecnológico, à proteção e preservação do meio ambiente, à cultura e à saúde. Integram, segundo a doutrina, um terceiro gênero, uma novidade alvissareira, submetidas a princípios privados e publicistas, mas não fazem parte da Administração Pública indireta. Este entendimento recebeu o aval de Paulo Modesto, que propõe ser uma entidade privada prestadora de serviço privado de interesse público. No entanto, a lei forneceu ao Poder Executivo exagerados poderes. Esses organismos são declarados de interesse social e utilidade pública, podendo-lhes ser destinados recursos orçamentários e bens públicos necessários aos contratos de gestão, que deverão prever o cronograma de desembolso e as liberações financeiras
>
> O Poder Executivo pode, de acordo com o comando da Lei nº 9.637, de 15 de maio de 1998, qualificar as entidades privadas que exerçam aquelas atividades como organizações sociais, desde que: 1. comprovem o registro de seu ato constitutivo, dispondo sobre os requisitos previstos no artigo 2º, entre os quais a natureza social de seus objetivos, finalidade não lucrativa, e obrigando-se ela a investir o excedente financeiro no desenvolvimento das próprias atividades; previsão obrigatória de um conselho de administração e uma diretoria, como órgãos de deliberação superior e direção. O conselho deverá, segundo os estatutos, ter composição e atribuições normativas e de controle básicas, previstas nesse diploma legal. O Poder Público e a comunidade deverão estar representados nessas entidades, cujos membros serão de notória capacidade profissional e idoneidade moral. 2. atendendo à conveniência e oportunidade, o Ministro ou titular de órgão supervisor ou regulador da área de atividade, que corresponde ao seu objeto social, e o Ministro de Estado da Administração Federal e Reforma do Estado aprovem sua qualificação como organização social.

[953] Artigo publicado no caderno Direito e Justiça do Correio Braziliense de 09 de novembro de 1998.

Como a qualificação "organização social" é atribuída pelo Estado segundo critérios por ele próprio estabelecidos, de forma objetiva, atendido estaria o princípio da impessoalidade. Subsequentemente passou a existir um novo problema, que consistia em saber qual das entidades consagradas como "organização social" seria beneficiária do aporte de recursos financeiros e humanos do Estado? Como selecionar essa organização social?

No modelo anterior, o Estado poderia firmar convênio, nos termos da Instrução Normativa/STN nº 1,[954] entregando os subsídios. No novo modelo, em que há típico contrato, com metas definidas e quantificáveis, inclusive a possibilidade de repasse de recursos humanos vinculados juridicamente à Administração, a competição era, em tese, viável, mas em termos lógicos aparentemente não, justificando-se que, na forma do art. 37, inciso XXI, da Constituição Federal, fosse permitida a contratação direta sem licitação.

A propósito do repasse de recursos para o setor privado, a Lei de Responsabilidade Fiscal passou a exigir prévia autorização na Lei de Diretrizes Orçamentárias e, em vários casos, lei específica.[955]

Maria Sylvia Zanella di Pietro ensina que:

> [...]
>
> Na esfera federal, o objetivo evidente com a instituição das OS foi o de que elas substituíssem entidades públicas que atuam em uma das referidas áreas. A ideia seria a de que os próprios dirigentes da entidade públicas (por exemplo, um hospital público ou universidade pública) contituíssem uma associação ou uma fundação sem fins lucrativos e se qualificassem perante o poder público mediante a apresentação de um projeto; uma vez aceito, a entidade recebe o título de OS e passa a administrar o mesmo hospital público ou a mesma universidade, porém "transformados" em OS. Paralelamente, a entidade pública que desempenhava a mesma atividade é extinta.
>
> [...]
>
> Aqui no Estado de São Paulo, as OS assumem também a gestão de serviço público, porém sem substituir entidade pública previamente existente e em funcionamento. As OS

---

[954] BRASIL. Secretaria do Tesouro Nacional. Instrução Normativa STN/CONED nº 01. **Diário Oficial [da] República Federativa do Brasil**, Brasília, DF, 31 jan. 1998.

[955] BRASIL. Lei Complementar nº 101, de 04 maio 2000. Estabelece normas de finanças públicas voltadas aresponsabilidade na gestão fiscal e dá outras providências. **Diário Oficial [da] República Federativa do Brasil**, Brasília, DF, 5 maio 2000. Art. 26 a 28.

> da área da saúde recebem verbas do Estado e atendem exclusivamente pelo regime do SUS. Não podem atender pacientes mediante cobrança de remuneração.[956]

Essa lógica de o Estado escolher a qual organização social deverá aliar-se estrategicamente, até o momento, tem resistido sem grandes problemas jurídicos. Duas organizações sociais — Associação de Comunicação Educativa Roquette Pinto - ACERP e Associação Brasileira de Tecnologia de Luz Síncrotron - ABTLus — foram as primeiras a assinar os contratos de gestão. Há fundadas dúvidas porém, sobre se, no futuro, a visão jurídica não demonstrará a violação dos princípios da impessoalidade e da isonomia. A margem discricionária sempre persistirá, e recomenda que, para o futuro, visando à manutenção desses princípios, seja a escolha estabelecida a partir da pré-qualificação.[957]

Essa providência - pré-qualificação - enquanto o número de organizações sociais for restrito, é prescindível, desde que evidenciado o objetivo estratégico e o espaço da organização.

Como costumam distinguir ou, às vezes, confundir OS com Organização da Sociedade Civil de Interesse Público - OSCIP - é importante expender breves considerações sobre esse tipo de entidade.

A OSCIP também não é pessoa jurídica, mas uma qualificação que a Lei Federal[958] permite ao Ministério da Justiça atribuir a determinadas pessoas jurídicas, para a consecução de interesse público. Enquanto a OS pode ser qualificada em âmbito em âmbito estadual e municipal, a OSCIP somente poderá sê-lo a nível federal.

Com a OS é firmado contrato de gestão, que pode ser sem licitação, como autoriza esse inciso. A OSCIP é selecionada por escolha de projeto e firma com o poder público termo de parceria.

Em escólio a esse novo tipo de ajuste, di Pietro esclarece:

> O objetivo do termo de parceria não é o de transferir à OSCIP a prestação de serviços públicos e sim o de fomentar o exercício de atividades de interesse público por entidades privadas. A ideia é que elas atuem paralelamente ao Estado, prestando uma atividade dirigida à sociedade, à proteção do

---

[956] DI PIETRO, Maria Sylvia Zanella . Organizações sociais e organizações da sociedade civil de interesse público. 2006. (Palestra). Disponível em http://acrenews.blogspot.com/2007/04/espectativa-do-blog.html , acessado em 09/11/2010.

[957] Consulte o livro: JACOBY FERNANDES, Jorge Ulisses. **Sistema de Registro de Preços e Pregão Presencial Eletrônico.** 3 ed. Belo Horizonte: Fórum, 2009.

[958] BRASIL. Lei Federal nº 9.790 de 23 de março de 1999.

> interesse público e exatamente por isso o Estado faz parcerias e fomenta. A lei não diz que tipo de ajuda pode ser dada pelo poder público. Presume-se que serão recursos financeiros, cessão de bens ou imóveis, dentre outros incentivos, já que os artigos 12 e 13 falam das consequências de irregularidades na aplicação de recursos ou bens de origem pública.[959]

Em 30 de junho de 1999, veio a lume o Decreto nº 3.100 que estabelece que a escolha da organização da sociedade civil de interesse público, para a celebração do termo de parceria, poderá ser feita por meio de publicação de edital, ou seja, por meio de concurso.[960]

25.2. requisitos

Mantendo a objetividade que guia o presente estudo, destacam-se os requisitos para validade da dispensa de licitação:

a) contratante - nos termos do art. 6º, XII, da Lei nº 9.637/1998;
b) contratado - organização social definida nos termos desse mesmo diploma;
c) objeto - prestação de serviço, constante do contrato de gestão;
d) deverão ser observadas as formalidades do art. 26, *caput*, e parágrafo único, da Lei nº 8.666/1993.[961]

25.2.1. contratante

A Administração Pública será o contratante. Poderá ser contratante a Administração, diretamente, agindo por seus órgãos, ou indiretamente, no caso, Agência Executiva ou não,[962] e ainda empresas públicas, sociedades de economia mista, fundações, entidades do sistema "S", conselhos profissionais etc.

25.2.2. contratado

Necessariamente qualificado como organização social.

---

[959] DI PIETRO, Maria Sylvia Zanella . Organizações sociais e organizações da sociedade civil de interesse público. 2006. (Palestra). Disponível em http://acrenews.blogspot.com/2007/04/espectativa-do-blog.html

[960] Publicado no Diário Oficial da República Federativa do Brasil de 13 de julho de 1999, Seção 1, p. 1-3.

[961] Vide capítulo 7.

[962] Para diferençar órgão ou entidade, consulte o subtítulo 9, deste capítulo: aquisição de bens ou serviços de órgão ou entidade pública.

No subtítulo noções, foi visto que esse qualificativo pode ser atribuído a uma pessoa jurídica, independentemente da personalidade jurídica de que se reveste, desde que satisfeitos os requisitos legais (art. 2º da Lei nº 9.637/1998).

É bem de ver, contudo, que entre os requisitos, alguns incompatibilizam-na com determinadas formas jurídicas, como, por exemplo:

- finalidade não lucrativa, daí porque não pode ser sociedade comercial;
- destinação do patrimônio a outra organização social, no caso de extinção ou desqualificação, não podendo, portanto, ser fundação (art. 69 do Código Civil). Esse obstativo legal pode ser validamente afastado pelo Ministério Público, pois admite-se previsão em contrário no estatuto.

As duas primeiras organizações sociais que firmaram contrato de gestão eram entidades integrantes da Administração Pública. Assim é, no mínimo, intrigante esse inovador traspasse de todo o patrimônio público e pessoal estatutário para órbita privada, no caso, sob a forma de associação.

É imprescindível que a organização social integre a mesma esfera de governo que a entidade contratante, em face da literalidade inafastável do inciso em comento.

25.2.3. objeto

O objeto é necessariamente prestação de serviços referente a uma atividade que consta do contrato de gestão.[963]

Se justificável a nova conformação jurídica de organizações sociais e do contrato de gestão, o mesmo não se pode afirmar da restrição do objeto a serviço, pois o Poder Público poderia contratar também a alienação de bens e fornecimento.

25.2.3.1. viabilidade de competição

E se for viável a competição? Foi esclarecido no capítulo 3, subtítulo 3, que a inviabilidade da competição não é requisito para a aplicação das dispensas do art. 24 da Lei nº 8.666/1993, mas somente do art. 25, desse diploma.

Observe que, pela experiência pretérita, o Estado se servirá da combinação desses dois instrumentos - organização e contrato de gestão - para

---

[963] Consulte, a propósito da terceirização, artigo deste autor, intitulado: A Terceirização no Serviço Público. **Revista de Licitações e Contratos**, nº 19, ano III, jan./2000, p. 12-15.

extinguir órgãos e entidades e absorver suas atribuições por organizações sociais. Logo, preexistia relação jurídica de prestação de serviço que será mantida ou ampliada, visando carrear recursos para a manutenção da entidade, até que consiga autossustentar-se. Mesmo após atingir essa meta, não há impedimento, no inciso em comento, para a continuidade do contrato.

Esse cenário de transição não retira a força normativa da exceção que consta do art. 24, XXIV, da Lei nº 8.666/1993 e, por esse motivo, deve-se ter em mente:

a) que o contrato de prestação de serviço há que guardar pertinência entre o objetivo da organização social e o objeto pretendido pela Administração e constante do contrato de gestão. Se o serviço não está nesse escopo, a contratação não é legítima;
b) que a organização social seja efetivamente responsável pela execução do serviço. Deve ser considerada irregularidade grave a mera intermediação do serviço.[964]

Importa assinalar que o objeto não é o contrato de gestão, mas um serviço, uma atividade, um trabalho. Este guarda pertinência com o contrato de gestão e com a finalidade da organização social.

25.2.3.2. notória especialização

Também prescinde que a organização social seja notória especialista. A lei não exige esse requisito, não cabendo ao intérprete fazê-lo.

A notória especialização, se existir, poderá legitimar contratos com outras esferas do governo, na forma do art. 25, inciso II e § 1º da Lei nº 8.666/1993.

25.3. aplicabilidade do instituto da licitação e as organizações sociais

Estariam as organizações sociais obrigadas a acatar, na íntegra, a Lei de Licitações.

Ao primeiro exame, a resposta seria negativa, por tratar-se de entidade paraestatal totalmente privada. Uma análise compreendida com mais vigor, porém, leva à conclusão diversa.

Para comprovar a negativa da abrangência da norma, basta recorrer ao art. 1º da Lei nº 8.666/1993. O teor dessa norma subordina, além da

[964] Consulte, a propósito, comentários acerca da subcontratação e terceirização inseridos em escólio ao art. 24, XIII, o subtítulo 14, deste capítulo.

Administração direta, os fundos especiais e, entre outras, as demais entidades controladas direta ou indiretamente pela União, Estados, Distrito Federal e Municípios. De acordo com o art. 3º, I, alínea "a", da Lei nº 9.637/1997, de 20 a 40% de membros natos do Conselho de Administração das organizações sociais serão representantes do Poder Público, razão pela qual forçoso é concluir: também não estão sob o controle indireto.

Se não estão sob controle de gestão, é certo que, se utilizarem recursos públicos, atraem junto com a natureza jurídica deste os princípios correlatos à gestão da coisa pública estampados no art. 37, entre os quais o da licitação.[965]

Para reclamarem a completa liberdade de gestão, idêntica à da iniciativa privada, hão que subsistir como esta, ou seja, sem o ingresso de recursos públicos. Pretender gerir recursos do erário - e, portanto, oriundos do cidadão do qual são extraídos compulsoriamente - com preferências pessoais e completa liberdade, somente admite-se no regime imperial, em que o governante é uma extensão do poder divino e dono dos bens que geram a riqueza dos cidadãos. No regime democrático e republicano, não!

Por outro lado, é admissível que tais organizações sociais, observando os princípios gerais do uso responsável de recursos públicos, adotem procedimentos licitatórios simplificados, como as agências executivas ou as ditas entidades integrantes do sistema "S", como o SENAI, SENAC, SEBRAE etc.

Nessa linha de entendimento, pontifica com sua habitual mestria o Professor Leon Frejda:

> O regulamento contendo os procedimentos para a referida contratação, inclusive com recursos públicos, deverá ser publicado no prazo máximo de noventa dias do contrato de gestão e deverá consubstanciar os princípios gerais do processo licitatório, tendo em vista a Decisão Plenária TCU nº 907/97, em hipótese semelhante, ao concluir que os serviços sociais autônomos não estão sujeitos à observância aos estritos procedimentos estabelecidos na Lei nº 8.666/93, e sim aos seus regulamentos próprios devidamente publicados, consubstanciados nos princípios gerais do processo licitatório.[966]

---

[965] BRASIL. **Constituição da República Federativa do Brasil**. Organização dos textos e índice por J. U. JACOBY FERNANDES. 1. ed. Atualizada até Abril de 2007. Belo Horizonte: Fórum, 2007. Vide art. 37, XXI.
[966] Artigo publicado no Caderno Direito e Justiça do Correio Braziliense, 09 de novembro de 1998.

26. Contratação por ICT ou agência de fomento

Dispõe a Lei nº 8.666/1993, art. 24, *in verbis*:

> Art. 24. É dispensável a licitação:
>
> [...]
>
> XXV - na contratação realizada por Instituição Científica e Tecnológica - ICT ou por agência de fomento para a transferência de tecnologia e para o licenciamento de direito de uso ou de exploração de criação protegida.

26.1. considerações iniciais

Instituindo nova hipótese ampliativa do rol de dispensa de licitação, o inciso XXV foi inserido pela Lei nº 10.973/2004,[967] que em cumprimento a dispositivo constitucional[968] promove o incentivo à inovação e à pesquisa científica e tecnológica no ambiente produtivo.

A proposta do legislador revela o intuito de colaborar com a modernização, racionalização e melhoria de desempenho, da eficiência e da eficácia da atuação institucional dos órgãos incluídos na hipótese.

Em consenso com a ideia, o Tribunal de Contas da União determinou o esclarecimento aos quadros de determinada instituição das vantagens advindas da Lei 10.973/2004, para aqueles que se envolverem com a política de inovação tecnológica no ambiente produtivo.[969]

26.2. conceituações

As Instituições Científicas e Tecnológicas - ICTs, na conceituação legal do art. 2º, inciso V, da Lei nº 10.973/2004, são órgãos ou entidades da Administração Pública que têm por missão institucional, dentre outras, executar atividades de pesquisa básica ou aplicada de caráter científico ou tecnológico. Também conceitua o inciso I do mesmo artigo e Lei, as agências de fomento como sendo órgãos ou instituições de natureza pública ou privada

---

[967] BRASIL. Lei nº 10.973, de 2 de dezembro de 2004. Dispõe sobre incentivos à inovação e à pesquisa científica e tecnológica no ambiente produtivo e dá outras providências. **Diário Oficial da União [da] República Federativa do Brasil**, Brasília, DF, 3 dez. 2004.

[968] BRASIL. **Constituição da República Federativa do Brasil**. Organização dos textos e índice por J. U. JACOBY FERNANDES. 1. ed. Atualizada até Abril de 2007. Belo Horizonte: Fórum, 2007. Vide arts. 218 e 219.

[969] BRASIL. Tribunal de Contas da União. Processo nº TC-006.997/2005-6. Acórdão nº 642/2006 - Plenário. Relator: Ministro Valmir Campelo. **Diário Oficial da União [da] República Federativa do Brasil**, Brasília, DF, 8 maio 2006.

que tenham entre os seus objetivos o financiamento de ações que visem a estimular e promover o desenvolvimento da ciência, da tecnologia e da inovação.

Sob o aspecto jurídico, ICT e Agência de Fomento são qualificações atribuíveis aos entes públicos ou particulares, assim como Agência Reguladora é uma qualificadora que se agrega a uma autarquia. Não existe no mundo jurídico como um *tertium genus*, ao lado das pessoas jurídicas elencadas no art. 4º do Decreto-Lei nº 200/67.

Tal aspecto, no entanto, não retira o valor dessas expressões qualificadoras; ao contrário, muito auxiliará na identificação de peculiaridades e propósitos.

26.3. requisitos

São requisitos para a dispensa de licitação que:

a) o contratante, órgão ou entidade pública ou privada:
   - a.1. esteja qualificado como Instituição Científica ou Tecnológica ou Agência de Fomento;
   - a.2. seja detentora da tecnologia ou licença de direito de uso ou de exploração de criação protegida;
   - a.3. haja interesse na transferência da tecnologia ou da licença dos direitos referidos na alínea anterior;

b) a tecnologia e a licença pertençam ao ICT ou Agência de Fomento e sejam transferíveis nos termos da Lei nº 10.973/2004.

Não há requisitos exigíveis do contratado.

A dispensa de licitação incluída neste inciso traduz-se num complemento facilitador da exploração dos resultados alcançados, em vista da faculdade dos arts. 6º e 7º da Lei nº 10.973/2004 para a celebração de contratos de transferência de tecnologia e de licenciamento para outorga de direito de uso, além da possibilidade de obtenção do direito de uso ou de exploração de criação protegida, que deve se consolidar sem a obrigatoriedade de licitação, nos casos em que não ofenda ao princípio da isonomia e não infrinja o caráter competitivo das alienações públicas.

27. Contrato de programa para a prestação de serviços públicos

Dispõe a lei nº 8.666/1993, art. 24, *in verbis*:

> Art. 24. É dispensável a licitação:
>
> [...]

> XXVI - na celebração de contrato de programa com ente da Federação ou com entidade de sua administração indireta, para a prestação de serviços públicos de forma associada nos termos do autorizado em contrato de consórcio público ou em convênio de cooperação.

27.1. noções

Os consórcios públicos em gestão associada possuem personalidade jurídica de direito público e integram a Administração indireta de todos os entes da Federação consorciados, conforme pode-se verificar da leitura do artigo 6º da Lei nº 11.107/2005.

Os contratos de programa estão previstos no artigo 13 da Lei nº 11.107/2005,[970] que introduziu mais essa hipótese de dispensa de licitação no art. 24 da Lei nº 8.666/1993. Conforme o dispositivo mencionado, o contrato de programa é condição de validade da constituição e regulação das obrigações firmadas por entes da federação entre si ou com consórcio público em gestão associada, que tenha por escopo a "prestação de serviços públicos ou a transferência total ou parcial de encargos, serviços, pessoal ou de bens necessários à continuidade dos serviços transferidos."

27.2. divergência doutrinária quanto à natureza jurídica do instituto

Parte da doutrina sustenta entendimento no sentido de que o pressuposto de inviabilidade de competição recomendaria o enquadramento do presente dispositivo no rol do art. 25, inexigibilidade de licitação, visto que contrato de programa caracteriza-se pela conjugação de esforços e recursos de diversos entes federativos, sem transferência de encargos para a iniciativa privada.[971]

27.3. requisitos

São requisitos para a dispensa de licitação que:

a) exista um consórcio público;

b) formalize entre os consorciados um contrato de programa;

---

[970] BRASIL. Lei nº 11.107, de 6 de abril de 2005. Dispõe sobre normas gerais de contratação de consórcios públicos e dá outras providências. **Diário Oficial da União [da] República Federativa do Brasil**, Brasília, DF, 07 abr. 2005.

[971] JUSTEN FILHO, Marçal. **Comentários à Lei de Licitações e Contratos Administrativos**. 11ª ed. São Paulo: Dialética, 2005, p. 271. **No mesmo sentido**: MOTTA, Carlos Pinto Coelho. Eficácia nas Licitações & Contratos: Estrutura da Contratação, Concessões e Permissões, Responsabilidade Fiscal, Pregão - Parcerias Público-Privadas. 10ª ed. Belo Horizonte: Del Rey, 2005, p. 228.

c) o contratante e o contratado sejam integrantes do consórcio ou alternativamente, que o contratante e o contratado firmem convênio com o consórcio.

É preciso compreender a necessidade da inserção dessa nova dispensa de licitação. Para tanto, exemplifica-se:

- três municípios decidem consorciar-se para execução de um programa de saúde;
- o consórcio, firmado a partir de um contrato de programa, constituirá nova pessoa jurídica.

Desse modo, para cada município contratar os serviços prestados pelo consórcio deveria observar a regra da licitação, o que de certo modo constituiria em óbice intransponível.

Daí a necessidade de explicitar-se a nova dispensa de licitação.

Diversamente do exposto por outros nobres doutrinadores no subtítulo 27.2, trata-se mesmo de hipótese de dispensa, pois o objeto será licitável, como regra, não sendo possível arguir a formação da pessoa jurídica a ser contratada como causa de dispensa. É sempre o objeto que é determinante da escolha do sujeito e não o raciocínio inverso. A admitir-se tal entendimento no futuro haveria o risco de insurgir-se uma licitação apenas por ser notório especialista o contratado. Ora, é consabido que somente se pode contratar um especialista notório quando o objeto for singular.

Por isso e do mesmo modo há que se admitir a correção da inserção como dispensa.

É nesse prisma que pode ocorrer situação alheia a vontade de um dos consorciados para que não se justifique a dispensa em caso determinado. Em continuidade a essa perspectiva se um serviço médico é realizado em consórcio mas um município, posteriormente desenvolve serviços próprios poderá manter-se consorciado e contributivo para as demandas em caráter suplementar.

28. Resíduos sólidos urbanos recicláveis ou reutilizáveis

Dispõe a lei nº 8.666/1993, art. 24, *in verbis*:

> Art. 24. É dispensável a licitação:
>
> [...]
>
> XXVII - na contratação da coleta, processamento e comercialização de resíduos sólidos urbanos recicláveis ou reutilizáveis, em áreas com sistema de coleta seletiva de lixo, efetuados por associações ou cooperativas formadas

> exclusivamente por pessoas físicas de baixa renda reconhecidas pelo poder público como catadores de materiais recicláveis, com o uso de equipamentos compatíveis com as normas técnicas, ambientais e de saúde pública. (Redação dada pela Lei nº 11.445, de 2007)

28.1. noções

A limpeza urbana e manejo de resíduos sólidos, é um dos elementos integrantes da definição de saneamento básico, inserta no art. 3º, inc. I, da Lei nº 11.445/2007,[972] que simboliza o marco regulatório do setor no país.

A citada lei estabelece diretrizes nacionais para o saneamento básico que, não obstante sua indiscutível relevância, permanecia sem regulação específica.

Inserido no rol art. 24 como a mais recente hipótese de dispensa de licitação, restritivamente permitida pela Lei geral de Licitações e Contratações Públicas, o inciso XXVII destina-se essencialmente ao incentivo e apoio às associações e cooperativas de "catadores de materiais recicláveis" formadas exclusivamente por pessoas físicas de baixa renda.

28.2. requisitos

Impõem-se alguns requisitos para a possibilidade de dispensa de licitação, na hipótese em comento.

28.2.1. titularidade do contratante

Ponto controvertido é a questão da titularidade dos serviços de saneamento básico.

A lei, a doutrina e a jurisprudência, ainda não conseguiram esclarecer de forma direta e definitiva essa questão.

A Constituição Federal de 1988, em seu art. 30, inc. I, atribui aos municípios a competência para organizar e prestar os serviços públicos de interesse local.

Diante disso as discussões acerca da titularidade e competência para prestação dos serviços de saneamento básico, acirraram-se entre Estados e Municípios.

---

[972] BRASIL. Lei nº 11.445, de 5 de janeiro de 2007. Estabelece diretrizes nacionais para o saneamento básico; altera as Leis nos 6.766, de 19 de dezembro de 1979, 8.036, de 11 de maio de 1990, 8.666, de 21 de junho de 1993, 8.987, de 13 de fevereiro de 1995; revoga a Lei nº 6.528, de 11 de maio de 1978; e dá outras providências. **Diário Oficial da União [da] República Federativa do Brasil**, Brasília, DF, 08 jan. 2007.

Aguardam definição na Suprema Corte algumas ações diretas de inconstitucionalidade que, após posicionamento de seu egrégio colegiado, espera-se que solucionem o assunto.

28.2.2. requisitos constantes do dispositivo

São os seguintes os requisitos explícitos no inciso XXVII, do art. 24:

- Contratante: Poder público;
- Contratado: associação ou cooperativas de "catadores de materiais recicláveis":
  - formadas exclusivamente por pessoas físicas de baixa renda; e
  - que utilizem equipamentos compatíveis com as normas técnicas, ambientais e de saúde pública;
- Objeto: serviço de coleta, processamento e comercialização de resíduos sólidos urbanos recicláveis ou reutilizáveis, nas áreas de coleta seletiva de lixo.

28.3. considerações finais

Essa evidente preocupação com a gestão social e ambientalmente correta do lixo urbano merece aplauso, visto a importância da inclusão econômica e social dos catadores de lixo em associações e cooperativas, promovendo a geração de emprego e renda e auxiliando-os a enfrentar as numerosas dificuldades que se impõem, diante das suas condições de extrema penúria que lhes coloca em situação de pouca ou nenhuma chance de competir no mercado de trabalho.

29. Bens e serviços de alta complexidade tecnológica e defesa nacional

Dispõe a Lei nº 8.666/1993, art. 24, *in verbis*:

> Art. 24. É dispensável a licitação:
>
> [...]
>
> XXVIII - para o fornecimento de bens e serviços, produzidos ou prestados no País, que envolvam, cumulativamente, alta complexidade tecnológica e defesa nacional, mediante parecer de comissão especialmente designada pela autoridade máxima do órgão.

29.1. considerações iniciais

Introduzido anteriormente pela Lei nº 11.196/2005,[973] esse dispositivo representava o texto do inciso XXVII, porém a Lei nº 11.445, de 05/01/2007, literalmente substitui o texto antigo, introduzindo a nova hipótese de licitação comentada no item anterior.

Essa supressão provavelmente tenha ocorrido em virtude de algum percalço na elaboração do processo legislativo que alterou o artigo 24 da Lei nº 8.666/1993, tanto que o inteiro teor do antigo inciso XXVII, foi restabelecido pela Medida Provisória nº 352/2007, convertida na Lei nº 11.484/2007, porém agora como inciso XXVIII.

Importante frisar, no entanto, que pela redação do art. 65, da Lei nº 11.484/2007, o atual inciso XXVIII não se aplica às dispensas realizadas entre 05/01/2007 e 19/02/2007, período em que desapareceu do mundo jurídico por força da supressão legal.

A Lei nº 11.196/2005, que introduziu originariamente esse dispositivo no rol do art. 24 da Lei nº 8.666/1993, em consonância direta com o inciso XXV[974] do mesmo artigo, que igualmente faculta a dispensa de licitação na área tecnológica, em situações específicas, vem regulamentar o art. 28 da Lei 10.973/2004, no que tange a concessão de incentivos fiscais para o fomento de tais atividades. Nesse sentido é o escólio colhido de Voto do eminente Ministro Valmir Campelo, do Tribunal de Contas da União:

> 18. Com relação à proposta de se recomendar ao Ministério da Fazenda as providências necessárias à elaboração de projeto de lei para regulamentar o art. 28 da Lei nº 10.973/2004, que trata da criação de incentivos fiscais para fomentar a inovação nas empresas, deixo de acolhê-la visto a matéria ter sido regulamentada na Lei nº 11.196, de 2005.[975]

---

[973] BRASIL. Lei nº 11.196, de 21 de novembro de 2005. Institui o Regime Especial de Tributação para a Plataforma de Exportação de Serviços de Tecnologia da Informação - REPES, o Regime Especial de Aquisição de Bens de Capital para Empresas Exportadoras - RECAP e o Programa de Inclusão Digital; dispõe sobre incentivos fiscais para a inovação tecnológica; altera [...] as Leis nºs [...] 8.666, de 21 de junho de 1993 [...] e dá outras providências. **Diário Oficial da União [da] República Federativa do Brasil**, Brasília, DF, 22 nov. 2005. Art. 118.

[974] Comentado anteriormente no título 26 do presente capítulo.

[975] BRASIL. Tribunal de Contas da União. Processo nº TC-006.997/2005-6. Acórdão nº 642/2006 - Plenário. **Diário Oficial da União [da] República Federativa do Brasil**, Brasília, DF, 8 maio 2006.

Dentre as inovações que promoveu em vários dispositivos legais, incluem-se as alterações às Leis n°s 8.666/1993 e 8.987/1995.[976]

Já a recente Lei nº 11.484/2007, promove incentivos às indústrias de equipamentos para TV Digital e de componentes eletrônicos semicondutores e sobre a proteção à propriedade intelectual das topografias de circuitos integrados, dentre outros.

29.2. do incentivo a investimentos em pesquisa científica e tecnológica

O inciso XXVIII tem por escopo incentivar a pesquisa, inovação e produção tecnológicas no País, fomentando este mercado especializado, associado à defesa nacional.

De fato, essa lei atuou em dois distintos interesses tutelados pelo Direito: nesse inciso restringiu tecnologia ao uso na defesa; no art. 3º, § 1º, II, genericamente como direito de preferência nas licitações.

29.3. requisitos

São requisitos para a dispensa de licitação, facilmente destacáveis pelo processo de decomposição semântica, que:

- o objeto seja compra e/ou serviços;
- o objeto seja produzido no País ou o serviço seja prestado no território nacional;
- o fornecimento do bem e/ou a prestação do serviço seja de alta complexidade tecnológica e associado à defesa nacional;
- seja constituída previamente à dispensa uma Comissão, pela máxima autoridade do órgão.

Esclarece, com propriedade o eminente Ivan Barbosa Rigolin:

> O parecer daquela comissão especial deverá pronunciar-se afirmativamente ao menos quanto a dois aspectos: primeiro, que a questão de fato envolve ou afeta a defesa nacional, e, segundo, que o objeto pretendido, seja serviço, sejam bens, envolve alta complexidade tecnológica. Para esse último, se aquela constatação não for óbvia e notória, então a comissão precisará contar com laudos, pareceres, atestados, certidões

[976] BRASIL. Lei nº 8.987, de 13 de fevereiro de 1995. Dispõe sobre o regime de concessão e permissão da prestação de serviços públicos previsto no art. 175 da Constituição Federal, e dá outras providências. **Diário Oficial [da] República Federativa do Brasil**, Brasília, DF, 14 fev. 1995 e republicado em 28 set. 1998.

> ou quaisquer outros documentos demonstrativos da natureza complexamente tecnológica do objeto.

Como a hipótese versa sobre defesa nacional, restrita, portanto, à União Federal, a autoridade máxima do órgão poderá ser: no Comando do Exército, Marinha e Aeronáutica, os respectivos Comandantes, e, no Ministério da Defesa, o respectivo Ministro.

Com vistas a garantir o atingimento do fim social perseguido pela Administração Pública sem causar maiores prejuízos aos demais valores e princípios do Estado, deverá haver a demonstração inequívoca da vantagem que a dispensa proporcionará nesta hipótese de contratação pública, quando ponderada com a realização de um processo licitatório normal, avaliada segundo os aspectos da economicidade, eficiência e eficácia.

Apesar de ser louvável a iniciativa de fomento do empreendedorismo e a atenção ao primado da defesa nacional, a justificativa deverá estar fulcrada nos princípios basilares da Lei nº 8.666/1993/1993 e em parecer de Comissão especialmente designada pela autoridade máxima do órgão, a fim de que não haja proveito direcionado para a fuga do procedimento licitatório, que deve ser sempre a regra nas contratações públicas.

30. Contingentes militares em operações de paz no exterior

Dispõe a lei nº 8.666/1993, art. 24, *in verbis*:

> Art. 24. É dispensável a licitação:
>
> [...]
>
> XXIX – na aquisição de bens e contratação de serviços para atender aos contingentes militares das Forças Singulares brasileiras empregadas em operações de paz no exterior, necessariamente justificadas quanto ao preço e à escolha do fornecedor ou executante e ratificadas pelo Comandante da Força.

30.1. noções

A importância do país no cenário internacional e o seu envolvimento na defesa dos valores da pessoa humana e da democracia têm justificado a inserção do contingente militar e civil em operações de apoio a forças multilaterais supranacionais.

A Lei nº 11.783, de 17 de setembro de 2008, no cenário da motivação nacional instituiu mais uma dispensa de licitação.

No plano teórico e jurídico não há fundamentação para a nova exceção à regra de licitar. Sob essa exceção pode abrigar-se amplo elastério capaz de nulificar a regra da licitação, como se verá adiante no subtítulo requisitos.

Os argumentos que poderiam justificar a edição não resistem a uma análise mais profunda, como dita, no plano teórico.

É que essas operações não se assemelham à guerra, sendo necessário e imprescindível um adequado planejamento e coordenação de ações sob pena de comprometer a vida dos envolvidos e, no final, a própria missão. Episódios recentes demonstram que o desatino de se aventurar sem preparo, em solos desconhecidos, criaram riscos que para a mídia pode representar atos de heroísmo, mas que não resistem, como tais, a um melhor estudo e análise. Afinal, por mais nobres que sejam os ideais envolvidos, a missão se faz em tempos de paz.

Deixando o plano teórico, na prática realmente existem motivos para a criação desse inciso. É que, ao contrário do que recomenda a boa gestão, as decisões de inserir-se em operações militares dessa natureza não nasce no âmbito da força; a decisão é política e tomada em nível superior com absoluta desconsideração à capacidade, estrutura e adestramento dos planos inferiores. A intendência não é ouvida e a área operacional, subordinada à rígida hierarquia, acaba por não levar as instâncias superiores à efetiva capacidade de operação. Desse modo, recebendo a missão os agentes acabam por devotar-se com tal espírito em que os aspectos legais acabam mitigados. Assim, o dispositivo assegura ampla margem para contratações nacionais e não nacionais, direta ou indiretamente vinculadas às necessidades dos contingentes militares das Forças Singulares brasileiras empregadas em operações de paz no exterior.

30.2. dispositivos correlatos

Soma-se a esse quadro que a dispensa tem dispositivos correlatos que muito auxiliam na solução de questões que se apresentam como justificadoras da exceção:

a) o inciso IV, do mesmo artigo 24, autoriza a exceção se houver emergência para a contratação de serviços e fornecimentos por até 180 dias;

b) o inciso XVIII, do mesmo artigo, autoriza a contratação de serviços e fornecimentos para o abastecimento de navios, embarcações, unidades aéreas ou tropas e seus meios de deslocamento em localidades diferentes de suas sedes, por motivo de movimentação operacional ou de adestramento, desde que seu valor não exceda ao limite previsto na alínea "a" do inciso II do art. 23 desta Lei;

c) o inciso XIX autoriza a contratação de fornecimentos de material de uso pelas Forças Armadas, com exceção de materiais de uso pessoal e administrativo, quando houver necessidade de manter a padronização requerida pela estrutura de apoio logístico dos meios navais, aéreos e terrestres.

Verifica-se, portanto, que a nova hipótese difere:

a) do inciso IV, porque não exige a ocorrência de situação calamitosa ou emergencial; mesmo havendo falta de planejamento a norma é permissiva; também não limita a 180 dias, podendo protrair-se no tempo;

b) do inciso XVIII, porque não exige que o destino da contratação seja determinado para o abastecimento de navios, embarcações, unidades aéreas ou tropas e seus meios de deslocamentos; a finalidade do inciso XXIX é atender aos contingentes militares das Forças Singulares brasileiras empregadas em operações de paz no exterior; também difere porque o inciso XVIII tem limite de valor;

c) do inciso XIX, porque não é destinado a material padronizado para as forças armadas.

30.3. requisitos

A decomposição semântica da norma indica que são requisitos para a aplicação dessa exceção a regra constitucional de licitar:

- **Objeto:** compra de bens ou contratação de serviços, não importando se administrativo, operacional ou estritamente militar. A norma não distingue e, mesmo em se tratando de norma que abre exceção, não pode o intérprete restringir.
- **Objetivo da contratação:** atender as necessidades dos contingentes militares das Forças Singulares brasileiras empregadas em operações de paz no exterior. Somente a esse grupo é que a contratação poderá se destinar, embora os excedentes das contratações existentes por fatores externos ao bom planejamento possam não ter essa finalidade.
- **Proposta mais vantajosa:** a contratação não necessita ser pelo menor preço, mas ao gestor não será permitido abandonar o dever de buscar a proposta mais vantajosa. Nessa parte a norma repete o que já é exigida de toda contratação direta sem

licitação, conforme consta do art. 26, parágrafo único, inciso III. Desse modo, sugere-se ao leitor exame do que é tratado no capítulo 7, item 7.

- **Garantia da impessoalidade:** repetindo outras normas do mesmo artigo, exige-se que seja justificada a razão do escolha do fornecedor ou contratado. Também nesse dispositivo a norma repete a regra geral de toda contratação direta sem licitação, conforme consta do art. 26, parágrafo único, inciso II. Desse modo, sugere-se ao leitor exame do que é tratado no capítulo 7, item 6.
- **Formalidade adicional:** é consabido que toda contratação sem licitação segue formalidades específicas previstas na Lei nº 8.666, de 21 de junho de 1993. Semelhantemente às licitações exige-se que duas autoridades atuem no processo: nessa, uma para adjudicar e outra para homologar; na contratação direta sem licitação, uma que decide e outra que ratifica, nos termos do art. 26, parágrafo único. Na aplicação deste inciso, a norma define a autoridade ratificadora: o Comandante da Força. Essa é a autoridade que se desloca com os militares para a operação no exterior. Essa regra vale mesmo para as compras feitas em solo nacional, com destinação à satisfação das necessidades da Força.

Continua sendo imprescindível que no processo conste a autoridade que decide, de graduação inferior ao Comandante da Força e que tem a responsabilidade de instruir o processo, com fiel atendimento aos requisitos indicados.

31. Incentivos à inovação e à pesquisa científica e tecnológica no ambiente produtivo

Dispõe a lei nº 8.666/1993, art. 24, *in verbis*:

> Art. 24. É dispensável a licitação:
>
> [...]
>
> XXXI - nas contratações visando ao cumprimento do disposto nos arts. 3º, 4º, 5º e 20 da Lei nº 10.973, de 2 de dezembro de 2004, observados os princípios gerais de contratação dela constantes.

31.1. noções

Essa exceção ao dever de licitar foi inserida pela Lei nº 12.349, de 15 de dezembro de 2010. O legislador sistematicamente sensibiliza-se com a pretensão externada pelo Governo para estimular a ciência e a tecnologia, não faltando legislação que incentive esses relevantes propósitos.

A norma tem conteúdo bastante amplo e bem aproveita a todas as esferas de governo, Estados, Distrito Federal e Municípios. A partir da permissão ao abandono da licitação, terão a possibilidade de contratar instituições de pesquisa ou criar mecanismos para indiretamente incentivá-las. Por força de outras alterações dessa mesma lei, também poderão dirigir as licitações para determinados produtos e segmentos, estabelecendo privilégios e preferências.

31.2. Dispositivos correlatos

A contratação com base nesse inciso veio resolver questão tormentosa para os gestores e agentes de controle, em especial para o TCU. Essa instituição, corretamente, vinha impedindo que, na aplicação da exceção à regra da licitação prevista no inciso XIII do art. 24, fosse permitida açambarcar toda e qualquer contratação com instituição dedicada a pesquisa, ensino e ao desenvolvimento institucional. Para tanto, pela via interpretativa, foi erigida a necessidade de estrita correlação entre o objeto do contrato e a finalidade da instituição, não se admitindo a subcontratação, para evitar os chamados contratos "guarda-chuva". Tal entendimento foi absolutamente coincidente com aquele que consta desde a primeira edição deste trabalho.

É inegável que o dever constitucional do poder público de investir em pesquisa deve ter no poder de compras governamental uma alavanca expressiva. O que se não admite é alterar a finalidade da instituição, notadamente as vinculadas às instituições de ensino superior, retirando os professores da sala de aula, para criar contratos com flagrante ofensa aos princípios e fundamentos da economia do país. Na aplicação do inciso XIII, como relatado naquele tópico, fundações de apoio foram contratadas até para serviço de conservação e limpeza, em manifesto desvio à pretensão do legislador, desviando recursos públicos para serem geridos por agentes não integrantes da administração.

Portanto, o que difere a aplicação do novo inciso XIII é o objeto do contrato que deve guardar estrita conexão com a finalidade e os fatores que levaram a sua reputação ético-profissional.

Outro inciso, o XXI, abriu exceção à regra da licitação para assegurar a dispensa para a aquisição de bens e insumos destinados exclusivamente à pesquisa científica e tecnológica com recursos concedidos pela Capes, pela Finep, pelo CNPq ou por outras instituições de fomento a pesquisa credenciadas pelo CNPq para esse fim específico.[977]

A substancial diferença entre os incisos é que no inciso XXI o poder público adquire os bens e insumos; nesse novo a contratação é que tem o propósito do incentivo à pesquisa e tecnologia.

Também tem correlação com esse novo inciso o dever de seguir os procedimentos para a contratação direta sem licitação, previstos no art. 26.

31.3 requisitos

Os requisitos ficaram extremamente vagos e dependem da situação a que se aplica, tendo em conta a remissão aos arts. 3º, 4º, 5º e 20 da Lei nº 10.973/2004,[978] desse modo é necessário analisar cada um dos artigos para concluir o entendimento dos requisitos.

31.3.1. requisitos vinculados ao art. 3º.

Dispõe o art. 3º da Lei nº 10.973, de 2 de dezembro de 2004:

> Art. 3º A União, os Estados, o Distrito Federal, os Municípios e as respectivas agências de fomento poderão estimular e apoiar a constituição de alianças estratégicas e o desenvolvimento de projetos de cooperação envolvendo empresas nacionais, ICT e organizações de direito privado sem fins lucrativos voltadas para atividades de pesquisa e desenvolvimento, que objetivem a geração de produtos e processos inovadores.
>
> Parágrafo único. O apoio previsto neste artigo poderá contemplar as redes e os projetos internacionais de pesquisa tecnológica, bem como ações de empreendedorismo tecnológico e de criação de ambientes de inovação, inclusive incubadoras e parques tecnológicos.

O poder público de todas as esferas de governo pode:

a) estimular e apoiar a constituição de alianças estratégicas que objetivem a geração de produtos e processos inovadores.

O estímulo e o apoio, no âmbito da despesa pública, podem se concretizar em contribuições e subvenções, que podem por lei ser destinadas a instituições públicas e privadas. As subvenções econômicas podem ser

---

[977] Essa redação já está em conformidade com a Lei nº 12.349, de 2010.

[978] Alterada pela Lei nº 12.349, de 15 de dezembro de 2010.

destinadas a empresas públicas ou privadas de caráter industrial, comercial, agrícola ou pastoril. Nesse sentido, embora a função de pesquisa e tecnologia não esteja expressamente prevista, não há dificuldade de compreendê-los pela semelhança nessas categorias. Também pode haver transferências de capital por meio de dotações para investimentos ou inversões financeiras. Para essa categoria não se faz necessária a existência de contraprestação direta em bens ou serviços. Nesse ponto, é questão de direito financeiro que transcorre sem a interferência da Lei de Licitações e Contratos.

A questão que tangencia essa norma diz respeito ao que se pode entender como aliança estratégica: se for compreendido firmar contrato em que o poder público se beneficia com a tecnologia desenvolvida, além da subvenção econômica e da contribuição poderá ser utilizado o instrumento do contrato? A resposta é negativa: uma das características do contrato é sua relação sinalagmática, isto é de troca de obrigações, fato que a pesquisa pela sua própria natureza não pode assegurar o resultado. Daí porque haverá algumas restrições ao uso de contrato por dispensa, para formar essa aliança estratégica.

Não é, porém, de desprezar-se o instrumento do contrato para a hipótese. Situações haverá em que o contrato será o instrumento melhor para assegurar a relação entre as partes, como ocorreria se uma parte da pesquisa já fosse fruível pelo contratado, havendo necessidade de novos incentivos para o aperfeiçoamento do produto.

b) desenvolver projetos de cooperação com empresas nacionais, ICT e organizações de direito privado sem fins lucrativos voltadas para atividades de pesquisa e desenvolvimento, que objetivem a geração de produtos e processos inovadores.

A exemplo do estímulo e apoio, o poder público pode buscar o desenvolvimento de projetos de cooperação. É pressuposto desse o afastamento do processo licitatório. A Lei nº 10.973/2004 cuidou de definir sistemática para a seleção de projetos, os quais, para desenvolvimento, poderão ser firmados mediante contrato, nesse caso, sem licitação.

31.3.2. requisitos vinculados ao art. 4º

Dispõe o art. 4º da Lei 10.973/2004:

> Art. 4º As ICT poderão, mediante remuneração e por prazo determinado, nos termos de contrato ou convênio:
>
> I - compartilhar seus laboratórios, equipamentos, instrumentos, materiais e demais instalações com microempresas e empresas de pequeno porte em atividades voltadas à inovação tecnológica, para a consecução de

> atividades de incubação, sem prejuízo de sua atividade finalística;
>
> II - permitir a utilização de seus laboratórios, equipamentos, instrumentos, materiais e demais instalações existentes em suas próprias dependências por empresas nacionais e organizações de direito privado sem fins lucrativos voltadas para atividades de pesquisa, desde que tal permissão não interfira diretamente na sua atividade-fim, nem com ela conflite.
>
> Parágrafo único. A permissão e o compartilhamento de que tratam os incisos I e II do *caput* deste artigo obedecerão às prioridades, critérios e requisitos aprovados e divulgados pelo órgão máximo da ICT, observadas as respectivas disponibilidades e assegurada a igualdade de oportunidades às empresas e organizações interessadas.

Todas as ações aqui previstas necessitam de instrumentos para a definição jurídica das responsabilidades. Por esse motivo, divide-se a análise em duas e distintas perspectivas.

31.3.2.1 seleção de microempresas e empresas de pequeno porte de inovação tecnológica

A simples leitura do dispositivo evidencia que o propósito mais elevado pretendido pelo legislador é dificultado pela seleção pública isonômica feita para gerar a proposta mais vantajosa.

No caso do inciso I, há precedentes no exterior que demonstram a utilidade de envolver pequenas e microempresas na atividade de pesquisa científica e tecnológica. De fato, o modelo da relação de trabalho ortodoxo, notadamente o vínculo empregatício público ou estatutário, é incompatível com o espírito da pesquisa, não só pela rígida disciplina, horário e resultados previamente definidos e mensuráveis, quanto pelo valor da remuneração. Desse modo, a retenção de pesquisadores no solo nacional ou em favor do país necessita de certa flexibilização incompatível os contornos da gestão de pessoal pelo poder público.

O incentivo para que o pesquisador forme sua equipe e a partir dela constitua um núcleo produtivo, sob a forma de pessoa jurídica, com o apoio do poder público, tem-se revelado como modelo mais adequado. Surge, porém, a necessidade de que a escolha da empresa ou instituição seja motivada por critérios impessoais. Mesmo para isso, a Lei de Licitações apresenta respostas: a realização de concurso – modalidade prevista no art. 22, § 4, permite a seleção por banca de especialistas com razoável flexibilidade para definir critérios. Poucos vislumbram, mas a seleção pode ser feita a partir de projetos de pesquisa e de inovação para posterior desenvolvimento, conforme se extrai do próprio conceito da Lei que permite a remuneração ou prêmio.

Como se percebe, mais uma vez, a proliferação de dispensas de licitação se deve, sobretudo, ao desconhecimento das potencialidades da Lei de Licitações. Também cabe registrar que o mesmo objetivo da norma poderia ser plenamente realizado pela edição de regulamento próprio pelas instituições envolvidas.

Censuras a parte, o dispositivo, de forma pragmática, estabelece os requisitos seguintes:

a) o dispositivo dirige-se aos das Instituições Científicas e Tecnológicas - ICT, para dispensar a licitação para duas ações distintas: permitir o uso e compartilhar o uso;
b) a norma não esclarece se o laboratório deve ser de propriedade da ICT, razão pela qual se pode admitir que a mesma não seja detentora da propriedade, mas apenas da posse, assegura por meio de contratos ou outros instrumentos jurídicos. Assim, as microempresas e empresas de pequeno porte - ME/EPP´s - podem estar na condição de subpermissionárias, subcontratadas ou subarrendatárias, acolhendo-se figuras jurídicas equivalentes;
c) é necessária que a ICT receba recursos por isso, mas a norma não exige que o preço seja o de mercado, nem em espécie, podendo a remuneração se fazer pelos frutos da atividade de encubação da ME/EPP. Recomenda-se ao gestor, porém, prudência, editando regulamento próprio com critérios, pois estará envolvida a aplicação de recursos públicos no âmbito da contratação direta sem licitação. Se a intenção do legislador fosse “dar” o direito de compartilhamento ou permissão, sem ônus, portanto, teria se servido de outros instrumentos jurídicos ao seu alcance e expressamente previstos na lei de regência do direito financeiro, como auxílio ou subvenção, inclusive econômica. Desse modo se não o fez e ainda determinou remuneração é porque busca uma contrapartida e uma justificativa, na forma do art. 26, parágrafo único, inciso III, da Lei nº 8.666/1993;
d) o compartilhamento e a permissão devem ter prazo determinado, mas a norma não impede prorrogações sucessivas. Certamente o gestor público deve ter a cautela mínima de reavaliar a atividade e as razões justificadoras ao prorrogar os prazos, para não se desenvolver a acomodação e a letargia absolutamente impróprias ao interesse da pesquisa e inovação;

e) outro aspecto importante é que o compartilhamento não precisa estar diretamente voltado para a finalidade da ICT, estrito senso, podendo ser complementar dessa ou acessória; não se pode conceber, porém, que não tenha qualquer relação com a atividade envolvida. Caso ocorra, o dirigente deverá direcionar o interesse para a instituição que tenha correlação com a pretensão da pesquisa e inovação pelo empreendedor;

f) no inciso I, a norma permite a ICT envolver a ME/EPP e visa a atividade de encubação; no inciso II, a norma permite a ICT envolver empresas nacionais e organizações de direito privado sem fins lucrativos voltadas para atividades de pesquisa. Por isso nota-se uma falta de sistematização, vez que o lucro é permitido, mas apenas quando envolver ME/EPP e empresas nacionais; mas a finalidade lucrativa não é permitida quando a norma abre para a possibilidade de permissão para as "organizações de direito privado sem fins lucrativos voltadas para atividades de pesquisa". É óbvio que se percebe que o objetivo da lei é o desenvolvimento da pesquisa e inovação tecnológica no país, mas a norma não esclarece bem o tema, exigindo esforço razoável de compreensão; outra questão cuja resposta se deduz da norma é que as ME/EPP não nacionais estão fora da dispensa. Essa conclusão decorre do objetivo da norma que é justamente a valorização nacional. Assim, a síntese de beneficiários de dispensa, elegíveis segundo critérios que devem ser objetivos e previamente definidos em edital, são:

f.1. microempresa – ME, nacional;

f.2. empresa de pequeno porte – EPP, nacional;

f.3. microempreendedor individual – MEI, nacional, que por força da Lei complementar nº 123/2006 foi equiparado para vários fins a ME e a EPP;

f.4. empresa nacional, de qualquer porte;

f.5. organizações de direito privado sem fins lucrativos voltadas para atividades de pesquisa, podendo essas não ser nacionais.

g) a norma define que a relação jurídica pode ser através de contrato ou convênio, mas ao mesmo tempo define a necessidade de remuneração, o que mostra-se incompatível com a figura do convênio, no sentido estrito. Para superar a falta de técnica legislativa há que se compreender:

g.1. que pode haver convênio, com ressarcimento das despesas, conforme autorizam as normas federais mais recentes;

g.2. que a contrapartida pode ser a "remuneração" em sentido amplo. Explicando melhor: a contrapartida se aplica ao objeto; a remuneração aquele que executa o objeto em seu proveito próprio;

g.3. como dito, a remuneração não precisa ser em espécie, mas em retorno econômico.

h) O objeto da relação pode ser o compartilhamento ou a permissão de uso de laboratórios, equipamentos, instrumentos, materiais e demais instalações; no primeiro caso a atividade será a incubação da empresa; no segundo a atividade de pesquisa; ambas devem ser precedidas de projeto para o desenvolvimento;

i) Antes de qualquer relação de que trata a norma, exige-se:

i.1. a divulgação da definição de prioridades, de critérios e requisitos

i.2. a disponibilidade

i.3. embora não exigido expressamente que seja em forma de norma, recomenda-se que a ICT a edite não só para definir o que a Lei exige – assegurar a igualdade de oportunidades às empresas e organizações interessadas, mas especialmente para definir a responsabilidade patrimonial de tudo que for compartilhado ou permitido; afinal o viés público faz pairar sobre a atividade um tipo de controle multiforme entre social e estatal.

31.3.3. requisitos vinculados ao art. 5º

Dispõe o art. 5º da Lei 10.973:

> Art. 5º Ficam a União e suas entidades autorizadas a participar minoritariamente do capital de empresa privada de propósito específico que vise ao desenvolvimento de projetos científicos ou tecnológicos para obtenção de produto ou processo inovadores.
>
> Parágrafo único. A propriedade intelectual sobre os resultados obtidos pertencerá às instituições detentoras do capital social, na proporção da respectiva participação.

31.3.3.1. noções

É injustificável que a presente hipótese de contratação direta sem licitação tenha se limitado à esfera federal. O modelo de pesquisa de estruturação de padrões de incentivo a pesquisa não pode se restringir a esfera federal. A atenção dos integrantes do parlamento federal deve ser redobrada com as normas que abrem exceção à regra de licitação, pois a interpretação prevalecente é que nessa estrita seara a competência é exclusivamente federal, com a exceção registrada com relação ao art. 17, no item próprio deste trabalho.

É necessário iniciar com uma breve explicação sobre a figura da sociedade de propósito específico para melhor situar o tema. O texto a seguir foi produzido pelo eminente Professor Marlon Tomazzeti e gentilmente cedido para integrar o presente trabalho.

As atividades econômicas em geral não são desenvolvidas apenas pelas pessoas físicas isoladamente, porquanto nem sempre é possível que elas sozinhas exerçam a atividade pretendida. Em muitos casos, é necessária a combinação de esforços ou recursos dessas pessoas para que a atividade pretendida seja exercida da melhor maneira.

Em outras palavras, é extremamente frequente a união dessas pessoas em sociedades para o exercício de atividades econômicas. Tal união se dá por meio da formação de sociedade, cujo conceito é dado pelo artigo 981 do CC: "Celebram contrato de sociedade as pessoas que reciprocamente se obrigam a contribuir, com bens ou serviços, para o exercício de atividade econômica e a partilha, entre si, dos resultados." [979]

De acordo com a atual terminologia, as sociedades necessariamente exercem uma atividade que representa o que normalmente é denominado de objeto social, vale dizer, é o conjunto de atos que a sociedade se propõe a praticar. Nas palavras de Antonio Brunetti, "aquele conjunto de operações que esta se propõe a realizar para exercer em comum uma determinada atividade econômica".[980]

Tal objeto deve ser explicitado no ato constitutivo da sociedade de forma clara e determinada, devendo tratar-se de um atividade econômica idônea, vale dizer, objeto possível, lícito e determinado,[981] sob pena de ser obstado o arquivamento do ato constitutivo - art. 35, inc. I, da Lei 8.934/1994.

A atividade econômica a ser desenvolvida pela sociedade pode ter as mais variadas feições, desde que as operações sejam possíveis física e juridicamente, isto é, compatíveis com as leis da natureza e com o ordenamento

---

[979] BRASIL. Lei nº 10.406, de 10 de janeiro de 2002. Instiui o Código Civil. **Diário Oficial da União [da] República Federativa do Brasil**, Brasília, DF, 11 jan. 2002.

[980] BRUNETTI, Antonio. **Tratado del derecho de las sociedades**. Tradução de Felipe de Solá Cañizares. Buenos Aires: UTEHA, 1960, tomo I, p. 254. Tradução livre de "*aquel conjunto de operaciones que esta se propone realizar para ejercer en común una determinada actividad económica*".

[981] RÁO, Vicente. **Ato jurídico**. 4. ed. São Paulo: Revista dos Tribunais, 1997, p. 132.

jurídico.[982] Além disso, deve tratar-se de objeto lícito em sentido mais amplo, ou seja, deve estar em conformidade com a lei, a moral e os bons costumes.[983]

Na definição desse objeto, o próprio artigo 981 do CC admite que ele se restrinja a uma ou mais atividades, dando margem ao que se convencionou denominar de Sociedade de Propósito Específico – SPE, também conhecida como *Special Purpose Company – SPC* - que pode ser entendida como uma sociedade que se destina a um objeto específico e determinado.

Após o advento da Lei nº 11.079/2004, é comum a aplicação de uma SPE no âmbito das PPPs. Entretanto, a sua colocação não se resume a isso, de sorte que uma SPE pode servir também de instrumento nas operações de recuperação judicial de empresas e de securitização de créditos, além do que os editais de licitação que permitem a participação de consórcios podem exigir a constituição de uma SPE para a assinatura do contrato.

> Em termos mais específicos, a SPE pode ser definida como:
>
> [...] uma estrutura negocial agregadora de interesses e recursos de duas ou mais pessoas, naturais ou jurídicas, nacionais ou estrangeiras para a consecução de empreendimento de objeto específico e determinado, mediante a constituição de uma nova sociedade com personalidade jurídica distinta dos seus integrantes.[984]

Não se trata de um novo tipo societário, mas de uma sociedade que se destina a um fim específico, representando um instrumento a serviço dos seus sócios. Não há uma disciplina societária específica, isto é, sob o ponto de vista societário a SPE será regida pelas normas inerentes ao tipo societário escolhido e, nessa perspectiva, ela será uma pessoa jurídica dotada os consectários inerentes a essa condição.

Embora seja uma nova pessoa jurídica, dotada de autonomia patrimonial e de direitos e obrigações próprias, não há como negar que a SPE possui uma relação direta com a sua controladora. Nas palavras de José Edwaldo Tavares Borba, as Sociedades de Propósito Específico são constituídas "única e exclusivamente para desenvolver uma ação ou um projeto de interesse exclusivo de seu controlador". E prossegue o referido autor, "a S. P. E. não tem

---

[982] *Op. cit.*,p. 133.

[983] MELLO, Marcos Bernardes de. **Teoria do fato jurídico**: plano da validade. 4. ed. São Paulo: Saraiva, 2000, p. 34.

[984] PORTES, Renan Moreira; MAGALHÃES, Rodrigo Almeida. **Sociedade de propósito específico** – SPE. Análise da natureza jurídica e viabilidade do instituto no mercado econômico-financeiro atual. In: AMARAL, Paulo Adyr Dias do; FLORIANO NETO, Alex. **Direito empresarial**: teorias, práticas e estratégias. Belo Horizonte: Del Rey, 2010,p. 206.

interesse próprio, não cumpre um objeto social próprio, não se destina a desenvolver uma vida social".[985]

Para se interpretar qualquer relação jurídica entre a SPE e sua controladora, deve-se ter em mente que a primeira é apenas "uma fórmula adequada para o desenvolvimento autônomo de determinado projeto da controladora".[986] É uma íntima relação de causa e consequência.

31.3.3.2. requisitos

A norma veio estabelecer que é dispensável a licitação para implementar a necessidade da União fazer parte de uma SPE.

Em outras normas não se aludiu a esse tipo de dispensa, ficando a mesma implícita na autorização para formar uma SPE. A inovação deve ser bem saudada vez que resguarda o gestor de futuros litígios decorrentes de interpretações lançadas casuisticamente.

Importante esclarecer que nesse tipo de associação – em forma de SPE, há riscos, sigilo comercial, prazos e oportunidades inimagináveis com os procedimentos do processo licitatório e sua divulgação.

Assim, para integrar uma SPE, a decisão do gestor deve ser criteriosamente considerada, até porque utilizará recursos públicos na formação da SPE. É fato inconteste: a atividade comercial não se insere na Lei de Licitações com harmonia.

Não há, portanto, como definir previamente critérios de seleção para a oportunidade e dinâmica da escolha do negócio. Em situações como essa, o Direito Administrativo reconhece a necessidade do uso do poder discricionário; o controle se exercerá sobre a motivação, que deve ser mais sobre o aspecto econômico e estratégico do que jurídico. Mas novamente a melhor compreensão da Lei nº 8.666/1993 traz a solução nesse sentido: a conjugação do dever de motivar os atos – previstos no art. 113, com a possibilidade de edição de regulamentação própria – prevista em vários dispositivos, como os arts. 115, 118 e 119, que podem e devem servir para delinear procedimentos céleres e mais compatíveis com as necessidades do negócio. Como por exemplo: a necessidade de parecer econômico ainda que simplificados, com a definição prévia de critérios dos básicos que normalmente são necessários para o processo decisório; a submissão a um colegiado – como Diretoria ou Conselho para melhor preservar a impessoalidade da gestão.

---

[985] BORBA, José Edwaldo Tavares. **Direito societário**. 8. ed. Rio de Janeiro: Renovar, 2003, p. 542.

[986] *Op. cit.,*, p. 543.

Registradas essas recomendações, os requisitos objetivos para a dispensa são:

a) a forma de Sociedade de Propósito Específico de modo que o patrimônio da União e de suas entidades fica limitado ao que for reservado para o empreendimento;
b) a participação deve ser minoritária na formação do capital de empresa privada de propósito específico;
c) o outro ou outros participantes da SPE podem ser igualmente públicos ou privados da mesma esfera ou de outras esferas de governo, nacionais ou estrangeiros;
d) o objetivo da SPE deve ser o desenvolvimento de projetos científicos ou tecnológicos, os quais devem visar a obtenção de produto ou processo inovadores;
e) o contrato social de formação da SPE deve resguardar que a propriedade intelectual sobre os resultados obtidos pertencerá às instituições detentoras do capital social, na proporção da respectiva participação.

31.3.4. requisitos vinculados ao art. 20

Dispõe a Lei nº 10.973/2004, no art. 20, *in verbis*:

> Art. 20. Os órgãos e entidades da administração pública, em matéria de interesse público, poderão contratar empresa, consórcio de empresas e entidades nacionais de direito privado sem fins lucrativos voltadas para atividades de pesquisa, de reconhecida capacitação tecnológica no setor, visando à realização de atividades de pesquisa e desenvolvimento, que envolvam risco tecnológico, para solução de problema técnico específico ou obtenção de produto ou processo inovador.
>
> § 1º Considerar-se-á desenvolvida na vigência do contrato a que se refere o *caput* deste artigo a criação intelectual pertinente ao seu objeto cuja proteção seja requerida pela empresa contratada até 2 (dois) anos após o seu término.
>
> § 2º Findo o contrato sem alcance integral ou com alcance parcial do resultado almejado, o órgão ou entidade contratante, a seu exclusivo critério, poderá, mediante auditoria técnica e financeira, prorrogar seu prazo de duração ou elaborar relatório final dando-o por encerrado.
>
> § 3º O pagamento decorrente da contratação prevista no caput deste artigo será efetuado proporcionalmente ao

resultado obtido nas atividades de pesquisa e desenvolvimento pactuadas.

31.3.4.1. noções

Nesse ponto o dispositivo amplia a aplicação da contratação direta sem licitação ao definir que todos os órgãos e entidades integrantes da Administração pública, expressão essa que, por lei, abrange a União, Estados, Distrito Federal e Municípios.[987] Corrige, assim, as falhas referidas no art. 5º, precedentemente examinado.

Importante que a forma da redação evidencia duas condicionantes para sua aplicação: ou pré-existe o problema ou se tem por objetivo a obtenção de produto ou processo inovador.

A redação, porém, deve ser compreendida para que não se alargue o conteúdo, fazendo *tabula rasa* do princípio da licitação. Note-se que a amplitude da norma, por abrir exceção exige a aplicação do processo restritivo. O estudo dos requisitos a seguir evidenciará o fato.

31.3.4.2. requisitos

São requisitos para a validade da contratação direta sem licitação::

a) contratante: órgãos e entidades da Administração Pública, como tal entendida "a administração direta e indireta da União, dos Estados, do Distrito Federal e dos Municípios, abrangendo inclusive as entidades com personalidade jurídica de direito privado sob controle do poder público e das fundações por ele instituídas ou mantidas, em matéria de interesse público";

b) contratado:

   b.1. empresa, portanto pessoa jurídica constituída e em funcionamento com fim de lucro;

   b.2. consórcio de empresas – reunião de empresas, por contrato de formação de consórcio;

   b.3. entidades nacionais de direito privado sem fins lucrativos.

c) finalidade da instituição a ser contratada: atividades de pesquisa, de reconhecida capacitação tecnológica no setor correspondente à necessidade da Administração Pública. Esse fato é relevante para que o dispositivo não permita a ampla aplicação a qualquer instituição de

---

[987] BRASIL. **Lei nº 8.666/93 (Versão Bolso).** Organização dos textos e índice por J. U. JACOBY FERNANDES. 12. ed. amp., rev. e atual. Belo Horizonte: Fórum, 2010. Q. cfr. art. 6º, inc. XI.

pesquisa de qualquer coisa; a pesquisa há que ser setorial, admitindo-se a correlação de conhecimentos e produtos com essa finalidade;

d) objetivo da contratação: a realização de atividades de pesquisa e desenvolvimento, que envolvam risco tecnológico, para solução de problema técnico específico ou obtenção de produto ou processo inovador:

d.1. risco: sem risco de êxito ou da economicidade da solução no desenvolvimento da atividade, o objeto é amplamente licitável. Portanto, o risco é elemento essencial para justificar a contratação direta sem licitação;

d.2. divisão do risco: o risco deve ser compartilhado conforme as regras dos parágrafos seguintes do mesmo artigo;

d.3. a finalidade – solução de problema. A finalidade da contratação é a necessidade da Administração Pública com essa atividade, envolvendo certo grau de risco, solucionar um problema técnico específico. É bem de ver que a Lei nº 8.666/1993 exige que as contratações, inclusive as diretas, sejam por regra antecedidas de projeto básico. Há, contudo, que se ver tratar-se de solução de problema que pode envolver alta complexidade. Justifica-se, portanto, certa flexibilidade no detalhamento do projeto básico nesse caso, sob pena de inviabilizar a própria dispensa. O conjunto de elementos necessários e suficientes deve considerar as limitações técnicas e econômicas dos órgãos contratantes; ou

d.4. finalidade – produto ou processo inovador. Se a Administração Pública não tiver um problema específico pode abrir a possibilidade de firmar a parceria com quem se disponha a assumir parte de risco para a criação de produto ou processo inovador. Aqui, inclusive, se pode lançar mão de um processo conhecido vulgarmente como "chamamento público", figura que se aproxima do credenciamento, vista no capítulo 6. A dificuldade é estruturar a pretensão para a oferta do produto ou processo inovador. Vencida esta etapa certamente a pesquisa e a tecnologia muito ganharão com a parceria nesse setor.

Deixa-se de tecer considerações sobre os parágrafos do art. 20 por serem matérias atinentes às relações contratuais negociais típicas, preferindo-se remeter o leitor para a doutrina especializada.[988]

32. Serviços de assistência técnica e extensão rural para PRONATER

Por meio de lei[989] o Governo Federal reorganizou o que se pretende que seja um sistema para desenvolver uma política nacional de assistência técnica e extensão rural para a agricultura familiar e reforma agrária. A atuação, em forma sistêmica, tem o relevante valor de envolver todas as esferas de governo e sociedade civil organizada.

Políticas públicas recentes demonstram que o desenvolvimento de uma política agropecuária, de âmbito nacional, exige o fortalecimento de infraestrutura e de serviços de apoio, cujo rearranjo do processo produtivo requer apoio do poder público.[990] Os atuais centros de produção agrícola e pecuária foram formados a partir de elevadas cifras de investimento.

Para implementar a política referida, o governo instituiu o Programa Nacional de Assistência Técnica e Extensão Rural na Agricultura Familiar e na Reforma Agrária. O programa se apóia no uso de instituições que são contratadas sem licitação, dentre as que forem credenciadas pelo ministério engarregado do desenvolvimento do programa, atualmente Ministério do Desenvolvimento Agrário – MDA.

32.1. requisitos

A redação do dispositivo não fixa os requisitos da instituição que será contratada, sendo o conteúdo da norma amplamente liberatório. Assim é que permite que:

- a instituição seja pública ou privada;

---

[988] Consulte: TOMAZETTE, Marlon . **Questões objetivas anotadas de Direito Empresarial**. 1. ed. Brasília: Gran Cursos, 2009. v. 1; ____. **Curso de Direito Empresarial**: Teoria Geral e Direito Societário. 2. ed. SÃO PAULO: ATLAS, 2009. v. 1

[989] BRASIL. Lei nº 12.188, de 11 de janeiro de 2010. Institui a Política Nacional de Assistência Técnica e Extensão Rural para a Agricultura Familiar e Reforma Agrária - PNATER e o Programa Nacional de Assistência Técnica e Extensão Rural na Agricultura Familiar e na Reforma Agrária - PRONATER, altera a Lei nº 8.666, de 21 de junho de 1993, e dá outras providências. **Diário Oficial da União [da] República Federativa do Brasil,** Brasília, DF, 12 jan. 2010.

[990] São metas do Brasil para o ano 2022: "[...] Duplicar a produção agropecuária; Duplicar as exportações agropecuárias; Aumentar a produtividade agropecuária em 50%; Aumentar os níveis de controle de sanidade; Triplicar os investimentos destinados à pesquisa agropecuária; [...]. BRASIL 2022. Secretaria de Assuntos Estratégicos. Brasília: Presidência da República – SAE, 2010.

- tenha ou não fim lucrativo;
- tenha a forma de instituição ou simples conjunto de pessoas organizadas,[991] ideia essa que adiante se verificará ser apenas falta de técnica para redação legislativa.

Os requisitos, como tal considerados os que restringem, estão no credenciamento, o qual foi disciplinado por lei.[992]

Portanto, são requisitos para que a instituição:

1. contemple, no seu objeto social, a execução de serviços de assistência técnica e extensão rural;

O conceito de assistência técnica e extensão rural se encontra na própria norma que seguindo as boas práticas do direito administrativo estabelece o sentido apropriado aos termos técnicos que utiliza.[993]

2. esteja legalmente constituída há mais de 5 (cinco) anos;

A exigência de constituição de acordo com as leis, afasta o sentido permissivo de organização utilizado no inciso XXX do art. 24, para contê-lo na equivalência de personalidade jurídica.

Censuras têm sido manifestadas a esse longo período de constituição especialmente pelos partidos de oposição que vislumbraram nesse lapso temporal uma pretensão de abrigar apenas instituições com alinhamento ideológico aos partidos da base governante. Sob o aspecto da ciência jurídica a discricionariedade de antecedente à norma não pode ser causa de invalidade desta, se no curso do desenvolvimento permitir o saneamento. É o caso.

De fato, progressivamente as instituições completarão o quinquênio legal e ficarão aptas a atender esse requisito.

---

[991] JÔNATAS MILHOMENS, Geraldo Magela Alves. Vocabulário Jurídico de Direito: doutrina, legislação, jurisprudência, formulário. Rio de Janeiro: Forense, 2000, p. 691: "Os dicionários jurídicos estabelecem como sinônimo do verbete "organização" a associação com finalidade específica".

SILVA, De Placido e. Vocabulário Jurídico. Rio de Janeiro: Forense, 1999, p. 578: "No entanto, a rigor técnico, organização exprime propriamente o conjunto de regras e de princípios que vão servir de base à criação ou formação de uma instituição, respeitadas as regras e princípios legais, para que se lhe dê personalidade jurídica e se tracem as normas de funcionamento e de existência legal".

[992] BRASIL. Lei nº 12.188, de 11 de janeiro de 2010. Institui a Política Nacional de Assistência Técnica e Extensão Rural para a Agricultura Familiar e Reforma Agrária - PNATER e o Programa Nacional de Assistência Técnica e Extensão Rural na Agricultura Familiar e na Reforma Agrária - PRONATER, altera a Lei nº 8.666, de 21 de junho de 1993, e dá outras providências. **Diário Oficial da União [da] República Federativa do Brasil**, Brasília, DF, 12 de jan. de 2010. Confira o art. 15.

[993] *Ibidem*, *in verbis*: "Art. 2º [...] I - Assistência Técnica e Extensão Rural - ATER: serviço de educação não formal, de caráter continuado, no meio rural, que promove processos de gestão, produção, beneficiamento e comercialização das atividades e dos serviços agropecuários e não agropecuários, inclusive das atividades agroextrativistas, florestais e artesanais;".

3. possua base geográfica de atuação no Estado em que solicitar o credenciamento;

Base geográfica de atuação contempla a prévia necessidade de, ao pleitear o credenciamento, encontrar-se desenvolvendo atividade de assistência técnica e extensão rural. A comprovação de atuação na base geográfica pode ser feita por todos os meios em direito admitido, entre os quais:

a) atestados com o rigor da lei de licitações;[994]
b) pelos meios de prova previstos na legislação processual civil;
c) por justificação judicial.

4. conte com equipe técnica multidisciplinar, abrangendo as áreas de especialidade exigidas para a atividade;

Trata-se de qualificação técnica a qual deve ser adequada e pertinente ao objeto. Note-se que diferentemente da Lei de Licitações, não exige a norma que o profissional integre o quadro permanente, admitindo-se a prova da qualificação por outros vínculos jurídicos além da relação de emprego, como contrato de prestação de serviços, associado, sócio fundador, diretor, consultor etc.

5. registro do profissional;

O profissional que ampara a qualificação técnica da instituição deve estar registrado na entidade profissional competente, quando esse registro for exigível para o desempenho da profissão, como ocorre com engenheiros, arquitetos e agrônomos que devem estar registrados no CREA.[995]

Como já consolidado pela jurisprudência, não se exige que a inscrição seja no Conselho da localidade, nem que o profissional esteja em situação regular com suas mensalidades ou anuidades. É suficiente a inscrição.

6. atenda a outros requisitos do regulamento;

Cabe ao regulamento explicitar os requisitos, detalhando os elementos para a compreensão, sendo-lhe vedado ampliar ou reduzir os que a lei definiu.

---

[994] BRASIL. Lei 12.188, de 11 de janeiro de 2010. Institui a Política Nacional de Assistência Técnica e Extensão Rural para a Agricultura Familiar e Reforma Agrária - PNATER e o Programa Nacional de Assistência Técnica e Extensão Rural na Agricultura Familiar e na Reforma Agrária - PRONATER, altera a Lei nº 8.666, de 21 de junho de 1993, e dá outras providências. **Diário Oficial da União [da] República Federativa do Brasil**, Brasília, DF, 12 de jan. de 2010. Vide art. 30, inc. II e § 1º.

[995] Exemplos: Lei nº 5.194/1966 - Regula o exercício das profissões de Engenheiro, Arquiteto e Engenheiro-Agrônomo, e dá outras providências; Lei nº 8.906/1994 - Dispõe sobre o estatuto da advocacia e a Ordem dos Advogados do Brasil – OAB; Decreto-lei nº 9.295/1946 - Cria o Conselho Federal de Contabilidade, define as atribuições do Contador e do Guarda-livros, e dá outras providências.

O regulamento da Lei nº 12.188/2010, foi editado[996] definindo que a entidade para requerer o credenciamento deve demonstrar que possui:

a) infraestrutura e capacidade operacional;
b) conhecimento técnico e científico na área de atuação; e
c) experiência na execução de serviços na área de atuação, por mais de dois anos.

Merece censura o regulamento, não por estabelecer requisitos de absoluta pertinência, mas por ultrapassar os limites da lei e, ainda, oportunizar que os meios de comprovação sejam definidos pelos órgãos responsáveis a nível regional.[997]

32.2. operacionalização da contratação

O procedimento da contratação é o seguinte:

a) os órgãos públicos encarregados de desenvolver o Programa Nacional de Assistência Técnica e Extensão Rural na Agricultura Familiar e na Reforma Agrária procedem à chamada pública destinada a classificar propostas técnicas apresentadas pelas entidades executoras;
b) selecionada a proposta, pela ordem de classificação, a entidade proponente será convocada para a contratação, que ocorrerá por dispensa de licitação, na forma do art. 24, inc. XXX.

Como se observa, segundo o procedimento, não há violação dos princípios republicanos, sendo bastante razoável a criação da nova dispensa de licitação.

[996] BRASIL. Decreto nº 7.215, de 15 de junho de 2010. Regulamenta a Lei nº 12.188, de 11 de janeiro de 2010, para dispor sobre o Programa Nacional de Assistência Técnica e Extensão Rural na Agricultura Familiar e na Reforma Agrária - PRONATER. **Diário Oficial da União [da] República Federativa do Brasil**, Brasília, DF, 16 jun. 2010.

[997] BRASIL. Decreto nº 7.215, de 15 de junho de 2010. Regulamenta a Lei nº 12.188, de 11 de janeiro de 2010, para dispor sobre o Programa Nacional de Assistência Técnica e Extensão Rural na Agricultura Familiar e na Reforma Agrária - PRONATER. **Diário Oficial da União [da] República Federativa do Brasil**, Brasília, DF, 16 jun. 2010. *In verbis*: "Art. 3º Para requerer o credenciamento na qualidade de Entidade Executora do PRONATER, a instituição ou organização deverá cumprir os requisitos estabelecidos no art 15 da Lei nº 12.188, de 2010, e demonstrar que possui: I - infraestrutura e capacidade operacional; II - conhecimento técnico e científico na área de atuação; e III - experiência na execução de serviços na área de atuação, por mais de dois anos. § 1º O prazo previsto no inciso III não se aplica às entidades públicas. § 2º Os meios para comprovação dos requisitos previstos nos incisos I a III serão definidos pelos órgãos responsáveis pela implementação do PRONATER."

Capítulo 6

Inexigibilidade de Licitação

Neste capítulo serão abordadas as aplicações dos três incisos do art. 25 da Lei de Licitações e Contratos que tratam respectivamente da contratação de fornecedor exclusivo, de serviço técnico singular a ser desenvolvido por notório especialista e de artistas, respectivamente.

Dedica-se, ainda, especial atenção aos casos amparados no *caput* do referido art. 25 em virtude da ampliação dos limites da interpretação definidos pelos órgãos de controle, ressaltando a inserção de uma atualização jurisprudencial das Cortes de Contas.

O Decreto-Lei nº 2.300/1986, sistematizando melhor as hipóteses em que é admitida a contratação direta,[998] estabeleceu, como referido anteriormente, distinção entre licitação dispensada, dispensável e inexigível, permanecendo a mesma nomenclatura na Lei nº 8.666/1993.

A principal distinção entre dispensa, *lato sensu*, e inexigibilidade é que no primeiro caso o legislador procedeu ao minucioso exame e confronto entre os princípios fundamentais agasalhados pela Constituição Federal e o princípio da licitação, estabelecendo previamente, em *numerus clausus*,[999] as hipóteses em que o Administrador está autorizado a promover a contratação direta.

Já a inexigibilidade tratou do reconhecimento de que era inviável a competição entre ofertantes, seja porque só um fornecedor ou prestador de serviços possuía a aptidão para atender ao interesse público, seja porque fazia face às peculiaridades no objeto contratual pretendido pela Administração.[1000] Por esse motivo, o legislador elencou as três principais hipóteses, em caráter exemplificativo,[1001] permitindo ao agente que, diante do caso concreto, reconhecendo a inviabilidade de competição, promova a contratação direta. Sobre o assunto, manifestou-se o Tribunal de Contas do Estado do Paraná, *in verbis*:

> Os casos de inexigibilidade de licitação não se exaurem nas disposições legais, as quais consignam, apenas exemplificativamente, algumas situações.[1002]

---

[998] O Decreto-Lei nº 200, de 25 de fevereiro de 1967, não distinguia dispensa e inexigibilidade, vide seu art. 126.

[999] Elenco restrito.

[1000] BRASIL. Tribunal de Contas da União Processo nº TC-003.190/2004-0. Acórdão nº 2096/2004 - Plenário. Relator: Ministro Marcos Vinicios Vilaça. **Diário Oficial da União [da] República Federativa do Brasil**, Brasília, DF, 5 jan. 2005. Seção 1.

[1001] ESCOBAR, J. C. Mariense. **Licitação, Teoria e Prática**. Porto Alegre - RS: Livraria do Advogado, 1993, p. 84; SUNDFELD, Carlos Ari. **Licitação e Contrato Administrativo**. São Paulo: Malheiros. 1994, p. 42; DALLARI, Adilson de Abreu. **Aspectos Jurídicos da Licitação**. São Paulo: Saraiva, 1981, p. 36.

[1002] PARANÁ. Tribunal de Contas do Estado. Processo nº 4707-02.00/93-5.

Lúcia Valle Figueiredo e Sérgio Ferraz[1003] sustentam, com acerto, que a inviabilidade pode se impor quer pela natureza específica do negócio, quer pelos objetivos sociais visados pela Administração, e Vera Lúcia Machado D'Avila[1004] observa que a singularidade que justifica a inexigibilidade pode advir tanto do objeto pretendido pela Administração quanto do contratado.

De um modo geral, a doutrina é unânime em reconhecer que em vários casos de dispensa, elencados no art. 24, está implícita verdadeira inexigibilidade de licitação, em virtude da inviabilidade de competição.

1. A inviabilidade de competição e a inexigibilidade

O *caput* do art. 25 da Lei nº 8.666/1993, estabelece que é inexigível a licitação quando houver *inviabilidade de competição,*[1005] *em especial*, quando ocorrer uma das três hipóteses retratadas nos incisos que anuncia.[1006] A expressão utilizada é salientada pela doutrina pátria para assegurar que se trata de elenco exemplificativo, firmando a assertiva de que os casos registrados não são únicos. Há, porém, outra consequência decorrente do uso de tal expressão, nem sempre alcançada pelos estudiosos do tema: ao impor taxativamente a inviabilidade, associando-a ao termo inexigibilidade, a lei estabeleceu característica essencial e inafastável do instituto da inexigibilidade. Assim, mesmo quando se caracterizar um dos casos tratados nos incisos, se for viável a

---

[1003] FIGUEIREDO, Lúcia Valle; FERRAZ, Sérgio. **Dispensa e Inexigibilidade de Licitação**. São Paulo: Malheiros, 1994, p. 102.

[1004] DI PIETRO, Maria Sylvia Zanella (org.). **Temas Polêmicos sobre Licitações e Contratos**. São Paulo: Malheiros, 2005, p. 127.

[1005] "[...] A inviabilidade de competição dever ser demonstrada de forma induvidosa." BRASIL. Tribunal de Contas da União Processo nº TC-004.948/95-5. Decisão nº 613/1996 - Plenário. Relator: Ministro Bento José Bugarin. **Diário Oficial [da] República Federativa do Brasil**, Brasília, DF, 15 out. 1996. Seção 1, p. 20931. **No mesmo sentido**: Processo nº TC-008.470/2001-1. Acórdão nº 1790/2004 - 2ª Câmara. Relator: Ministro Benjamin Zymler. **Diário Oficial da União [da] República Federativa do Brasil**, Brasília, DF, 27 set. 2004. Seção 1.

[1006] O TCU ao deliberar sobre Recurso de Reconsideração interposto contra o Acórdão nº 226/2001 - Plenário, manteve a decisão que responsabilizou e penalizou com multa o Procurador-Geral da Universidade [...], que recorria à parecer jurídico favorável à contratação por inexigibilidade de licitação sem demonstrar os elementos exigidos no art. 25, *caput*, inciso II da Lei nº 8.666/93 (inviabilidade de competição, notória especialização e singularidade do objeto). BRASIL. Tribunal de Contas da União. Processo nº TC-375.268/1998-7. Acórdão nº 1412/2003 - Plenário. Relator: Ministro Marcos Bemquerer. **Diário Oficial da União [da] República Federativa do Brasil**, Brasília, DF, 3 out. 2003. Em recurso a esse mesmo processo o TCU manteve a decisão que responsabilizou e penalizou com multa, contudo, houve redução do valor: Acórdão nº 459/2004 - 1ª Câmara. Relator: Ministro Marcos Bemquerer. **Diário Oficial da União [da] República Federativa do Brasil**, Brasília, DF, 25 mar. 2004. Seção 1.

competição, a licitação é exigível, porque não foi preenchido o requisito fundamental descrito no *caput* do art. 25.[1007]

Coincidente com o exposto, colhe-se a seguinte decisão do Tribunal de Contas da União, plenamente aplicável aos demais incisos do art. 25 da Lei nº 8.666/1993:

> [...] o enquadramento em situação de inexigibilidade de licitação prevista no Estatuto de Licitações e Contratos - Lei nº 8.666/93, art. 25, *caput* - exige inviabilidade de competição, sendo que o caso especial previsto no inciso I do mesmo artigo só se configura comprovado não apenas que determinado material, equipamento ou gênero só possam ser fornecidos por produtor, empresa ou representante comercial exclusivo - vedada à preferência de marca - mas também que inexistem produtos similares capazes de atender às necessidades do serviço, devendo ambas as assertivas estar devidamente comprovadas nos autos.[1008]

Todavia, o contrário poderá ocorrer, isto é, apresentar-se hipótese em que é inviável a competição, mas o caso descrito não se enquadra em nenhuma das situações estabelecidas nos incisos. Nessas hipóteses o fundamento legal será o próprio *caput* do art. 25. Exemplificam-se essas hipóteses no título dois, a seguir.

2. Casos amparados no *caput* do art. 25

2.1. inviabilidade de competição por contratação de todos

A Lei nº 8.666/1993 prevê no art. 25, *caput*, que é "inexigível" a licitação quando houver a "inviabilidade de competição".[1009]

[1007] Neste sentido: BRASIL. Tribunal de Contas da União Processo nº TC-004.675/1998-3. Acórdão nº 581/2003 - Plenário. Relator: Ministro Marcos Vinicios Vilaça. **Diário Oficial da União [da] República Federativa do Brasil**, Brasília, DF, 10 jun. 2006. Seção 1.

[1008] BRASIL. Tribunal de Contas da União. Processo nº TC-025.590/92-8. Decisão nº 325/1993 - Plenário. Relator: Ministro-Substituto José Antônio Barreto de Macedo. **Diário Oficial [da] República Federativa do Brasil**, Brasília, DF, 13 dez. 1993. Seção 1, p. 19082.

[1009] TCU decidiu: "A inviabilidade se faz necessária para haver a contratação por inexigibilidade, caso não existindo, obrigatoriamente, a Administração terá de licitar." BRASIL. Tribunal de Contas da União Processo nº TC-044.225/2002-5. Acórdão nº 1705/2003 - Plenário. Relator: Ministro Marcos Bemquerer. **Diário Oficial [da] República Federativa do Brasil**, Brasília, DF, 21 nov. 2003. Seção 1. **No mesmo sentido**: Processo nº TC-010.435/2003-6. Acórdão nº 717/2005 - Plenário. Relator: Ministro Ubiratan Aguiar. **Diário Oficial [da] República Federativa do Brasil**, Brasília, DF, 20 jun. 2005. Seção 1.

Todos os compêndios clássicos sobre o tema colocavam a ideia de que a inviabilidade de competição caracterizava-se quando só um futuro contratado ou só um objeto vendido por fornecedor exclusivo pudessem satisfazer o interesse da Administração.

Carlos Ari Sundfeld[1010] foi um dos primeiros mestres a estabelecer a teoria da inviabilidade de competição por contração de todos, uma das formas de pré-qualificação.[1011]

Se a Administração convoca todos os profissionais de determinado setor, dispondo-se a contratar todos os que tiverem interesse e que satisfaçam os requisitos estabelecidos, ela própria fixando o valor que se dispõe a pagar, os possíveis licitantes não competirão, no estrito sentido da palavra, inviabilizando a competição, uma vez que a todos foi assegurada a contratação. É a figura do "credenciamento",[1012] que o Tribunal de Contas da União vem recomendando para a contratação de "serviços médicos,[1013] jurídicos e de treinamento".

A mesma identidade de fundamentos fez com que aquela egrégia Corte recomendasse a adoção da pré-qualificação para a contratação de serviços advocatícios comuns, que podem ser realizados de modo satisfatório pela maior parte dos advogados, desde que a Administração fixe critérios objetivos para credenciamento.

Nos cursos de auditoria em licitações que ministramos, lembramos que há quatro aspectos fundamentais que definem a possibilidade de uso ou não da pré-qualificação do tipo credenciamento:

[1010] SUNDFELD, Carlos Ari. **Licitação e Contrato Administrativo**. São Paulo: Malheiros, 1994, p. 42.

[1011] Vide: JACOBY FERNANDES, Jorge Ulisses. **Sistema de Registro de Preços e Pregão Presencial Eletrônico.** 3 ed. Belo Horizonte: Fórum, 2009.

[1012] Inexiste lei que trata do sistema de credenciamento, mas tal procedimento já foi objeto de análise, sendo acatado pelo TCU: BRASIL. Tribunal de Contas da União Processo nº TC-016.171/94. Decisão nº 104/1995 - Plenário. Relator: Ministro Adhemar Paladini Ghisi. **Diário Oficial [da] República Federativa do Brasil**, Brasília, DF, 27 mar. 1995. Seção 1, p. 4215; Processo nº TC-016.522/95-8. Decisão nº 656/1995 - Plenário. Relator: Ministro Homero Santos. **Diário Oficial [da] República Federativa do Brasil**, Brasília, DF, 28 nov. 1998, p. 22555; e Processo nº TC-004.605/92-4. Decisão nº 126/1998 - Plenário. Relator: Ministro Valmir Campelo. **Diário Oficial [da] República Federativa do Brasil**, Brasília, DF, 07 abr. 1998. Seção 1, p. 77.

[1013] "A contratação de entidade médica privada, sem licitação, para prestar serviços na área do Sistema Único de Saúde - SUS, enseja danos ao patrimônio público da União." BRASIL. Tribunal Regional Federal da 1ª Região. Processo AI nº 96.01.18642-5/MA - 3ª Turma. **Diário da Justiça [da] República Federativa do Brasil**, Brasília, DF, 12 jan. 1998.

a) todos os que satisfaçam às condições exigidas

Se o objeto só pode ser realizado por um, como uma ponte ou um só curso, descabe a pré-qualificação, pois constitui característica fundamental do tipo credenciamento que todos os selecionados sejam contratados, embora demandados em quantidades diferentes;

b) impessoalidade na definição da demanda, por contratado

Observe que a jurisprudência já consagrou pelo menos três possibilidades do uso do credenciamento, mas sempre excluindo a vontade da Administração na determinação da demanda por credenciado;

c) que o objeto satisfaça a forma definida no edital

São serviços em que as diferenças pessoais do selecionado têm pouca relevância para o interesse público, dado os níveis técnicos da atividade, já bastante regulamentada ou de fácil verificação. Por exemplo, num curso de *Windows* com programa definido e condições de ensino objetivamente determinadas é possível, com um fiscal ou "gestor do contrato",[1014] avaliar o cumprimento da obrigação;

d) que o preço de mercado seja razoavelmente uniforme

A fixação dos valores previamente pela Administração implica o dever inafastável de comprovar e demonstrar, nos autos, a vantagem ou igualdade dos valores definidos em relação à licitação convencional ou preços de mercado.[1015] Essa justificativa será objeto de futuro exame perante as esferas de controle, nos termos da lei.

2.1.1. credenciamento de serviço médico

No caso do serviço médico, o TCU aceitou que a escolha fosse feita pelo próprio servidor interessado entre os profissionais credenciados.[1016]

[1014] a) Consulte: JACOBY FERNANDES, Jorge Ulisses. **Manual de Gestão de Contratos Administrativos na Justiça Eleitoral.** 2 ed. Belo Horizonte: Fórum. 2006, p. 23.

b) Ver normas no sítio www.jacoby.pro.br/lc_normas.php.

[1015] A cada processo de compra o gestor deverá verificar a relação dos preços praticados, disponibilizada no módulo gerencial de COMPRASNET/SIASG, de acordo com a IN nº 04, de 08 de abril de 1999. **Diário Oficial [da] República Federativa do Brasil**, Brasília, DF, 09 abr. 1999. Seção 1.

[1016] No relatório que gerou a Decisão, consta que o sistema de credenciamento, quando realizado com a devida cautela, assegurado tratamento isonômico aos interessados na prestação dos serviços e negociando-se as condições de atendimento, obtém melhor qualidade dos serviços, além do menor preço - art. 25, *caput* da Lei nº

Exemplificando, para melhor compreensão: se o interesse é na contratação de médico oftalmologista, para prestar assistência aos servidores, a Administração lançaria um edital, similar ao de concorrência, nos termos do art. 114 da Lei nº 8.666/1993, convocando os profissionais formados em Medicina, com especialização em Oftalmologia, que possuíssem consultório e atendessem com hora marcada, fixando previamente os honorários adequados em tabela própria ou tendo por referência a de outro órgão (AMB, por exemplo), abrindo inscrições. Desse modo, todos os médicos que tivessem interesse no contrato compareceriam ao órgão, fariam sua inscrição, comprovando o atendimento aos requisitos estabelecidos, e seriam contratados diretamente, sem licitação, por "inexigibilidade", nos termos do art. 25, *caput*, da Lei nº 8.666/1993.[1017]

Em continuação ao exemplo, nesse caso, quando o servidor precisasse consultar-se com um médico oftalmologista, marcaria consulta com o que melhor lhe aprouvesse dentre todos os cadastrados.

Esse é o instituto do "credenciamento", que na Lei nº 8.666/1993 foi tratado de modo extremamente superficial, embora seja na prática uma solução para grandes problemas nos quais a licitação mostra-se inadequada.[1018]

Após permitir o uso do credenciamento, o TCU também admitiu como válida a licitação de planos de saúde com a previsão de pré-pagamento.

Esclareceu o Ministro Benjamin Zymler, em substancioso voto que alterou a jurisprudência firmada, que:

[...]

8.666/1993 BRASIL. Tribunal de Contas da União Processo nº TC-016.171/94-2. Decisão nº 104/1995 - Plenário. Relator: Ministro Adhemar Paladini Ghisi. **Diário Oficial [da] República Federativa do Brasil**, Brasília, DF, 27 mar. 1995, p. 4215-16.

[1017] Neste sentido: BRASIL. Tribunal de Contas da União Processo nº TC-014.662/2001-6. Acórdão nº 2.521/2003 - 1ª Câmara. Relator: Ministro Augusto Sherman Cavalcanti. **Diário Oficial da União [da] República Federativa do Brasil**, Brasília, DF, 20 out. 2003. Seção 1.

[1018] a) "[...] I - Os serviços funerários, por sua própria natureza, constituem serviços públicos de natureza local, por razões morais, de saúde e de segurança. Submetem-se, por isso, às regras do art. 175, da Constituição Federal, em caráter geral, e do art. 15, incisos VI e XVII, da Lei Orgânica do Distrito Federal, daí por que, se concedidos ou permitidos, reclamam prévio procedimento licitatório. II - Apelação e remessa providas. Unânime." DISTRITO FEDERAL. Tribunal de Justiça do Distrito Federal e Territórios. Processo APC nº 4361697 DF, c/ Remessa de Ofício. Relatora: Adelith de Carvalho Lopes. **Diário da Justiça [da] República Federativa do Brasil**, Brasília, DF, 29 abr. 1998. Seção 3, p. 48.

b) No mesmo sentido o TCU recomendou ao Hospital de Clínicas: "[...] 9.2.3. no prazo de 90 (noventa) dias, proceda, com fulcro no art. 25 da Lei nº 8.666/1993, ao credenciamento de médicos anestesiologistas, fixando previamente os honorários de acordo com os valores constantes da Tabela do SUS. [...]." BRASIL. Tribunal de Contas da União Processo nº TC-012.265/2002-5. Acórdão nº 437/2006 - Plenário. Relator: Ministro Lincoln Magalhães da Rocha. **Diário Oficial da União [da] República Federativa do Brasil**, Brasília, DF, 31 mar. 2006, p. 280.

> 56. Verifica-se, pois, que a assistência médica mediante o credenciamento ou a contratação de pessoas jurídica, ainda que mediante pré-pagamento, apresenta problemas incontornáveis.
>
> 57. O primeiro sistema, embora possa atender melhor os ditames da Lei nº 8666/1993 quanto aos princípios da impessoalidade, da moralidade etc., revelou-se extremamente oneroso para alguns órgãos, em razão de fraudes e da incapacidade de a Administração fiscalizar os serviços prestados.
>
> 58. Já a contratação de pessoa jurídica, mediante licitação, padece de todas as dificuldades já avaliadas neste processo.
>
> 59. A tão esperada regulamentação do art. 230 da Lei nº 8.111/90 poderia clarear essa questão. Contudo, não pode ser o servidor prejudicado por essa ausência de regulamentação da mesma forma que não podem os gestores serem apenados por tentarem elaborar o plano de assistência médica de seu órgão num contexto de tantas restrições de ordem legal e orçamentária.[1019]

Na atualidade vigora a seguinte jurisprudência sintetizada nas palavras do próprio TCU:[1020]

> [...] 2.23. Então, em decisões posteriores, o TCU estabeleceu os seguintes parâmetros:
>
> a) se a contratação do serviço de saúde for realizada por credenciamento, pode ser feito mediante inexigibilidade (Decisões nº 656, Ata nº 58/95 - Plenário, nº 104, Ata nº 10/95 - Plenário.)
>
> b) se a contratação do serviço de saúde for feita por seguro-saúde, deve haver licitação (Decisões nº 203, Ata nº 21/95 – Plenário, nº 349. Ata nº 31/95 - Plenário e nº 342, Ata nº 20/98 - Plenário);
>
> c) se a contratação do serviço de saúde for feita por livre-escolha, também deve haver licitação (Decisão nº 340, Ata nº 22/97 - Plenário).

[1019] Representação do art. 113 da Lei nº 8666/93. BRASIL. Tribunal de Contas da União. Processo TC nº 011.994/2002-0. Decisão nº 1667/2002 - Plenário. Interessado: AMIL - Assistência Médica Internacional. Relator: Ministro Benjamim Zyler. **Diário Oficial da União [da] República Federativa do Brasil**, Brasília, DF, 8 jan. 2003. Seção 1.

[1020] BRASIL. Tribunal de Contas da União Processo nº TC-015.528/2002-1, Acórdão nº 542/2003, 1ª Câmara, Relator: Ministro Marcos Vinicios Vilaça, **Diário Oficial da União [da] República Federativa do Brasil**, Brasília, DF, 3 abr. 2003.

2.1.2. credenciamento para treinamento

Na área de "treinamento", um órgão público que tem por disposição estatutária desenvolvimento frequente de atividade no exterior pode utilizar o sistema de credenciamento para solucionar e contratar curso de idioma/língua estrangeira. Credenciaria, por exemplo, as escolas e cursos, definindo previamente o valor da hora-aula em condições mais vantajosas para a Administração. Seus servidores escolheriam, então, entre os credenciados, aquele que melhor lhe aprouvesse, solicitando, de acordo com as normas internas, autorização para frequentar o curso. O acompanhamento da prestação do serviço pode ser feito mediante lista de frequência e declaração do servidor. O faturamento deve ater-se ao limite previamente autorizado.[1021]

É importante ressaltar que, para a contratação de serviços de treinamento, é indispensável a elaboração de projeto básico, nos termos do art. 7º, § 2º, II, da Lei nº 8.666/1993. No projeto básico, deverão ser descritas todas as condições exigidas para a realização objeto, como número de alunos, número de alunos por instrutor, salas com espaço suficiente indicado em metragem, banheiro ou sanitário, disponibilização de água potável, distância máxima do estabelecimento do contratante, entre outros.

2.1.3. credenciamento para serviços jurídicos

O TCU, no caso dos serviços advocatícios, aceita que a definição sobre a que advogado caberá contestar ou propor a ação seja feita por sorteio aleatório entre todos os credenciados, excluindo-se sempre os sorteados anteriormente.[1022]

[1021] Neste sentido: BRASIL. Tribunal de Contas da União Processo nº TC-125.111/96-7. Decisão nº 535/1996 - Plenário. Relator: Ministro Paulo Afonso Martins de Oliveira. **Diário Oficial [da] República Federativa do Brasil**, Brasília, DF, 21 ago. 1996. Seção 1.

[1022] a) O entendimento do TCU, na atualidade é: "[...] 1.1.1.3. na contratação de serviços advocatícios, proceda ao devido certame licitatório, conforme dispõe o inciso XXI do art. 37 da Constituição Federal e o art. 2º da Lei nº 8.666/1993, e no caso de a competição se revelar inviável, realize a pré-qualificação dos profissionais aptos a prestarem os serviços, adotando sistemática objetiva e imparcial da distribuição de causas entre os pré-qualificados, de forma a resguardar o respeito aos princípios da publicidade e da igualdade; 1.1.1.4. na contratação de serviços advocatícios em que se configurar situação excepcional que refoge à regra geral acima referida, demonstre de forma fundamentada em processo formal que a contratação direta amparada na inexigibilidade de que trata o art. 25 da Lei nº 8.666/93, atende aos seguintes requisitos: natureza singular do serviço, a notória especialização do contratado e a inviabilidade de competição [...]."BRASIL. Tribunal de Contas da União Processo nº TC-018.116/2005-7. Acórdão nº 1913/2006 - 2ª Câmara. **Diário Oficial da União [da] República Federativa do Brasil**, Brasília, DF, 27 jul. 2006, p. 101.
b) O TCDF também admite o credenciamento ou pré-qualificação para serviços jurídicos. DISTRITO FEDERAL. Tribunal de Contas. Processo nº 342/98. Parecer MP/TCDF nº 1756/99.

Considerando que há razoável espaço de definição técnica, dependendo do serviço a ser prestado, basta que no ato de seleção do credenciamento sejam exigidos, por exemplo, para contestação de reclamação trabalhista, dois anos de experiência em processos trabalhistas.

2.1.4. credenciamento para execução de créditos hipotecários

Neste caso a existência de várias opções é inclinada a melhorar a relação de confiança dos fiduciários com o devedor. Note-se o seguinte excerto do entendimento do TCU:

> No caso do serviço de execução extrajudicial de hipotecas, o devedor tem o direito de recusar o agente fiduciário definido pelo credor. Se o credor é a Caixa, e o agente fiduciário foi selecionado por meio de licitação, pode ser que o devedor não o aceite. Então a Caixa teria que repetir o procedimento licitatório até que o vencedor se revelasse enfim da confiança do executado. É claro que, mesmo o exemplo sendo em tese, isso é irrazoável e impraticável.[1023]

2.1.5. credenciamento para cobrança da dívida ativa

A terceirização da cobrança de dívida ativa municipal, por vezes merece censura. Reservas a parte, em se admitindo esse procedimento deve-se considerar a orientação do TCE do Rio Grande do Sul: "na contratação de instituição privada para cobrança da dívida ativa municipal, é possível a utilização de licitação e credenciamento de instituições financeiras."[1024]

2.1.6. credenciamento para vale-transporte

Adiante será tratada a inexigibilidade para compra de vale-transporte.

Alguns órgãos e entidades têm preferido promover o credenciamento de sistemas de transporte coletivo e empresas de ônibus. Essa preferência tem razão de ser: simplifica a burocracia de sucessivos processos de

---

[1023] O TCU alterou a Decisão nº 411/1999 - 1º Câmara, de relatoria do Ministro Adhemar Ghisi, que determinava a Caixa Econômica Federal que adotasse as providências no sentido de realizar processo licitatório para contratar serviços de agente fiduciário. No reexame foi determinado à Caixa que adotasse as providências no sentido de realizar o credenciamento de agentes fiduciários, com base no art. 25 da Lei nº 8.666/1993 mediante edital com ampla divulgação para contratação de serviços de execução extrajudicial. BRASIL. Tribunal de Contas da União Processo nº TC-007.407/1995-5. Acórdão nº 1.751/2004 - Plenário. Relator: Ministro Marcos Vinicios Vilaça. **Diário Oficial da União [da] República Federativa do Brasil**, Brasília, DF, 23 nov. 2004. Seção 1.

[1024] RIO GRANDE DO SUL. Tribunal de Contas do Estado. Processo nº 00587-02.00/00-0. **Boletim 621/2000**, 20 nov. 2000.

inexigibilidade; pode ser feita por credenciamento aberto, sem prazo; reduz o desconforto do empregado ou servidor quando muda o percurso ou a linha de ônibus que utiliza.

No caso, se encontram presentes os elementos para o credenciamento: quem escolhe é o usuário, o preço é tarifado, todas as empresas serão contratadas. Vão ser credenciadas todas as empresas possíveis e tem-se como resultado uma inexigibilidade de licitação, com base no art. 25, *caput*, da Lei nº 8.666/1993.[1025]

2.1.7. tipos de credenciamento

Basicamente existem dois tipos de credenciamento: o fechado e o aberto. É credenciamento fechado o que segue mais de perto o rito da pré-qualificação: a Administração lança edital definindo os documentos exigidos para habilitação, fixa data certa para recebimento dos envelopes fechados e julga a habilitação. Credenciamento aberto não define data certa, mas data a partir da qual os interessados podem se credenciar; não tem envelope e os documentos são entregues nos órgãos que avaliando-os, credencia ou não os interessados.

2.2. atividades em monopólio - correios, telefonia e venda de combustíveis

Tradicionalmente, é considerada inexigível a licitação, também pelo *caput* do art. 25, para contratação dos serviços de correios[1026] e telefonia, pois, face ao monopólio, tornava-se inviável a competição. Atente-se que a inviabilidade só ocorria diante dos serviços exercidos nos estritos termos do monopólio, sendo que, nos demais, se viável a competição, haverá licitação,[1027] como ocorre na cobrança de carnês de pagamento pelos correios e no transporte de cargas e encomendas.

Nas edições anteriores sustentamos que o monopólio, contudo, não mais atinge os serviços que foram delegados, mesmo mediante franquia, ou

[1025] Contribui nesse item a Dra. Glauciene Clemente da Cruz, advogada da ECT.

[1026] BRASIL. Tribunal de Contas da União Processo nº TC-013.038/2004-8. Acórdão nº 1.776/2004 - Plenário. Relator: Ministro Benjamin Zymler. **Diário Oficial [da] República Federativa do Brasil**, Brasília, DF, 10 dez. 1997. pág. 2930.

[1027] O STJ decidiu: "É inafastável a exigência constitucional e legal da realização de licitação, quando se verifica que o objeto do contrato a ser firmado é passível de prestação por mais de uma empresa de telecomunicação" BRASIL. Superior Tribunal de Justiça. Processo RMS nº 15251/CE. Registro nº 20020149829 - 2ª Turma. **Diário da Justiça [da] República Federativa do Brasil**, Brasília, DF, 5 maio 2003, p. 00237.

franchising, impondo-se nessa hipótese a licitação,[1028] porque há viabilidade de competição entre os prestadores diretos do serviço, entre os quais pode se encontrar a entidade delegante.

Efetivamente destacamos então que quando o órgão detentor do monopólio decide, mediante concessão do serviço ou *franchising*, delegar parte do serviço a particulares, cria contra si a possibilidade de competição.

Logo em seguida deliberou o TCU:[1029]

> 8.6 encaminhar à Secretaria Federal de Controle e aos órgãos de controle interno dos Poderes Legislativo e Judiciário expediente ressaltando a necessidade de realização, pelos órgãos e entidades públicas, de processo licitatório para contratação de Agências de Correio franqueadas (Lei nº. 8.666/93, arts. 2º. e 3º.).

A questão está, no momento, superada porque a ECT passou a inserir em seus contratos de franquia a vedação para o franqueado participar em licitação. Desse modo, juridicamente foi inviabilizada a competição para os serviços abrangidos pelo monopólio de correios.[1030]

A contratação dos serviços de telefonia, no passado, amparava-se no *caput* do art. 25 da Lei nº 8.666/1993. Após a privatização das empresas tornou-se viável a licitação e, em tese, obrigatória a competição.[1031]

No mesmo sentido, a compra de combustíveis não pode ser feita, em princípio, com supedâneo no art. 25, ou seus incisos, porque há viabilidade de competição entre os fornecedores, não cabendo à Petrobrás qualquer privilégio nesse sentido.[1032]

[1028] No mesmo sentido o TCDF apresentou parecer. DISTRITO FEDERAL. Tribunal de Contas. Processo nº 5139/1997. Decisão nº 7239/1998. Parecer MP/TCDF nº 3.0722/98.

[1029] BRASIL. Tribunal de Contas da União Processo nº TC-013.889/94-0. Decisão nº 601/1994 - Plenário. Relator: Ministro Paulo Affonso Martins de Oliveira. **Diário Oficial [da] República Federativa do Brasil**, Brasília , DF, 06 out. 1994. Seção 1, p. 15145-8.

[1030] Recomenda a equipe do BLC que nesses casos a formalização do processo pode ser feita diretamente por 5 anos, considerando a natureza continua do contrato. **Boletim de Licitações e Contratos** - BLC, nº 5, ano XI, maio 98. São Paulo: Ed. NDJ, p. 257.

[1031] Neste sentido o TCU recomendou: "[...] Abstenha-se prorrogar os contratos relativos à prestação de serviços de telefonia fixa comutada que tenham sido formalizados mediante contratação direta, promovendo o certame licitatório para a contratação de tais serviços, observadas as disposições da Lei nº 8.666/1993 bem como os procedimentos previstos na Portaria Normativa nº 01, de 06/08/2002, da Secretaria Logística e Tecnologia da Informação do Ministério do Planejamento, Orçamento e Gestão." BRASIL. Tribunal de Contas da União Processo nº 005.561/2002-2. Acórdão nº 2.960/2003 - 1º Câmara. Relator: Ministro-Substituto Lincoln Magalhães da Rocha. **Diário Oficial da União [da] República Federativa do Brasil**, Brasília, DF, 3 dez. 2003. Seção 1.

[1032] Consulte os comentários ao art. 24, inciso VIII e respectivas notas de rodapé, Ver também: BRASIL. Tribunal de Contas da União. Processo nº TC-625.200/1995-0. Acórdão nº 73/1998 - Plenário. Relator: Ministro Marcos Vinicios Vilaça. **Diário Oficial [da] República Federativa do Brasil**, Brasília, DF de 03 jun. 1998.

Sobre este mesmo tema, um fato passou a ser reconhecido pelos Tribunais de Contas: a situação em que na cidade há um só ponto de revenda de combustível, ou existindo vários só um está em dia com a seguridade social. No primeiro caso, mesmo não estando em situação regular perante a seguridade social, faz-se a contratação ser inviável sob o aspecto econômico, o abastecimento em outra localidade. Reconhecendo-se a inviabilidade de fato na competição. No segundo, mesmo havendo uma pluralidade de fornecedores, pode ocorrer de somente um ser passível de contratação porque os outros todos estão inadimplentes com a seguridade social, inviabilizando a competição à luz do art. 195, § 3º da Constituição Federal, que veda manter contrato com quem está inadimplente.

A contratação, em virtude da atividade monopolizada, deverá merecer atenção especial do Administrador para verificar se o fornecedor direto do bem, produto ou serviço também está sob a égide do monopólio. Caso afirmativo, a contratação poderá ocorrer nos termos do *caput* do art. 25, ou no inciso I desse mesmo dispositivo, se atendidos os requisitos ali estabelecidos. Caso negativo, havendo viabilidade de licitação, impõe-se a realização do certame, mesmo que dele participe entidade pública e privada.

São consequências da política de privatização e seus corolários que afetam a Administração Pública e o Direito Administrativo.

2.3. vale-transporte

É inexigível a licitação para a compra de vale-transporte[1033] para servidores do órgão. A Administração estará autorizada a comprar vale-transporte para os seus servidores e poderá fazê-lo sem prévio processo licitatório, porque há legislação obrigando a concessão do benefício e transferindo o direito de escolha para o empregado quando existente mais de uma linha de transporte público convencional. Assim, o interesse do servidor em utilizar o transporte coletivo convencional de determinada linha com tarifa normal pode ser atendido, sem ofensa aos princípios básicos da licitação. É oportuno lembrar que, conforme art. 6º, inciso II, da Lei nº 8.666/1993, transporte é considerado serviço e, por esse motivo, não se enquadra no inciso I do art. 25, que se refere apenas a compras.

Seção 1, p. 39; Processo nº TC-007.241/1994-1. Decisão nº 253/1997 - Plenário. Relator: Ministro Bento José Bugarin. **Diário Oficial [da] República Federativa do Brasil**, Brasília, DF, 21 maio 1997. Seção 1.

[1033] DISTRITO FEDERAL. Tribunal de Contas. Processo nº 2139/1994. Decisão nº 6590/1994; Processo nº 2659/1996, Decisão nº 6518/1996; e Processo nº 1995/1996. Decisão nº 3047/1996. Disponíveis em: http://www.tc.df.gov.br.

Para evitar a formalidade dos processos de inexigibilidade de licitação, cita-se como exemplo a Empresa Brasileira de Correios e Telégrafos – ECT, que passou a utilizar o credenciamento.[1034]

2.3.1. credenciamento – boa prática

A Empresa Brasileira de Correios e Telégrafos passou a utilizar o sistema de credenciamento para a compra de vale-transporte.

O enquadramento legal da despesa continuará sendo o mesmo - art. 25, caput, Lei nº 8.666/1993 - contudo, o procedimento trará grandes vantagens reduzindo custos.

Quando se contrata por inviabilidade de competição cada contrato terá prazo certo e respectivo extrato publicado; diferentemente do que ocorre, quando se faz credenciamento - aberto[1035]. Além dessas vantagens, o credenciamento institucionaliza uma rotina mais eficaz.[1036]

É possível, porém, que na prática órgãos públicos com baixa demanda não consigam implantar o credenciamento por desinteresse da empresa.

2.4. serviços de manutenção - elevadores e central telefônica

É comum que, iniciado o processo licitatório para a manutenção de determinado equipamento, apresente-se o próprio fabricante pretendendo demonstrar a inviabilidade de competição. Redobrada cautela deve ser adotada em relação à questão.

Poderá determinado fabricante "credenciar" apenas uma empresa em cada localidade para realizar os serviços de manutenção em seus equipamentos. Esse credenciamento deve ser examinado por agentes especializados da Administração, que, independentemente desse ato do fabricante, deverão verificar se existem outros profissionais ou empresas com efetiva capacidade de fazer a manutenção nos equipamentos, sejam eles credenciados ou não. O ato de credenciamento do produtor não deve ser acolhido como relevante mesmo quando registrado em cartório ou Junta Comercial, porque tais órgãos são uma espécie de depósito oficial dos registros sem exercer qualquer exame de mérito nos documentos apresentados.[1037]

[1034] Ver subitem 2.1.7., antecedente. Esse excerto contou com a contribuição da Dra. Glauciene Clemente da Cruz, advogada da ECT.

[1035] Ver subitem 2.1.7., antecedente.

[1036] Contribui nesse item a Dra. Glauciene Clemente da Cruz, advogada da ECT.

[1037] Sobre atestado de exclusividade, ver, no presente capítulo, o subtítulo 3.2.5.: atestado: forma de comprovação da exclusividade.

Outra será a solução, contudo, se o fabricante do bem é também o fabricante exclusivo das peças e não as vende direta ou indiretamente, criando com isso, intencionalmente, uma reserva de mercado para si próprio. A esse respeito, o Tribunal de Contas da União, examinando caso concreto, adiantou que:

> [...] o fabricante não poderia negar-se, como unidade de revenda de seus próprios produtos, a comercializar os seus componentes às empresas que atuam na área de manutenção de elevadores, face ao disposto na Lei nº 8.884/94, art. 87, e, na condição de fabricante, não deveria deixar de assegurar a oferta de componentes e peças de reposição enquanto perdurar a fabricação dos seus elevadores, conforme determinação contida na Lei nº 8.078, de 11.09.90, arts. 32 e 33.[1038]

Essa distinção foi balizada, com notável senso jurídico, no voto que firmou precedente de jurisprudência a Decisão nº 392/1993 - TCU - 2ª Câmara,[1039] onde foram comparadas as situações da manutenção de elevadores com a manutenção de telefonia. Eis o elucidativo excerto do voto:

> 11. Relativamente à questão de inexigibilidade de licitação verificada nas duas contratações do IBAC, não resta dúvida que o caso das Indústrias Villares S.A. não estaria amparado pelo dispositivo legal invocado (art. 23, I, do Dec.-Lei nº 2.300/86), uma vez que existem outras firmas capazes de executar a prestação de serviços de manutenção e assistência técnica dos referidos elevadores.[1040]
>
> 12. Já o caso da EQUITEL, as peças processuais comprovam ser ela a única em todo o território nacional que presta serviços de manutenção e assistência técnica para os equipamentos mencionados, que são também fabricados pela citada empresa. Diante disso, está caracterizada a

---

[1038] BRASIL. Tribunal de Contas da União Processo nº TC-011.372/94-0. Decisão nº 323/1994 - 2ª Câmara. Relator: Ministro Carlos Átila Álvares da Silva. **Diário Oficial [da] República Federativa do Brasil**, Brasília, DF, 02 nov. 1994. Seção 1, p. 18248.

[1039] BRASIL. Tribunal de Contas da União Processo nº TC-625.141/94-6. Decisão nº 323/1994 - 2ª Câmara. Relator: Ministro Homero Santos. **Diário Oficial [da] República Federativa do Brasil**, Brasília, DF, 21 nov. 1994. Seção 1, p. 20172.

[1040] Os fatos ocorreram sob a égide do Decreto-Lei nº 2.300/1986. **No mesmo sentido**: BRASIL. Tribunal de Contas da União Processo nº TC-399.148/91-4. Decisão nº 323/1994 - 2ª Câmara. Relator: Ministro Bento José Bugarin. **Diário Oficial [da] República Federativa do Brasil**, Brasília, DF, 08 ago. 1994. Seção 1, p. 11935.

> inexigibilidade de licitação, por exclusividade nos serviços, conforme previsão legal.[1041]

Merecem especial registro dois fatos:

1. o dispositivo legal pertinente ao caso da Equitel é o próprio *caput* do art. 25, vez que o inciso I do mesmo artigo só é aplicável à inexigibilidade de licitação para compras, não abrangendo a exclusividade do prestador de serviços;
2. a Lei nº 8.666/1993, com a alteração promovida pela Lei nº 8.883/1994, passou a permitir a dispensa de licitação para a "aquisição de componentes ou peças de origem nacional ou estrangeira, necessários à manutenção de equipamentos durante o período de garantia técnica, junto ao fornecedor original desses equipamentos, quando tal condição de exclusividade for indispensável para a vigência da garantia", fato que deverá ser sopesado pela Administração no momento da aquisição.[1042]

A obrigatoriedade de licitação, para manutenção de elevadores, constitui entendimento consolidado da Suprema Corte de Contas.[1043]

Sobre a modernização de elevadores, o TCU também ratificou a necessidade do procedimento licitatório para a contratação de serviços da espécie, entendimento firmado mediante a Decisão nº 117/1999.[1044] Anteriormente, em exame de caso concreto idêntico, havia considerado estar configurada a inviabilidade de competição e do consequente procedimento licitatório.[1045]

[1041] Boletim de Licitações e Contratos, nº 03/94, p. 119. No mesmo sentido, considerando inexigível a licitação, o Ministro Fernando Gonçalves do TCU decidiu não considerar irregular a contratação de empresa para proceder a ampliação da central telefônica. BRASIL. Tribunal de Contas da União Processo nº TC-250.053/95-0. Decisão nº 559/95. Ata 49/95. Relator: Ministro Fernando Gonçalves. **Diário Oficial [da] República Federativa do Brasil**, Brasília, DF, 28 nov. 1995, p. 19.420.

[1042] BRASIL. **Lei nº 8.666/93 (Versão Bolso).** Organização dos textos e índice por J. U. JACOBY FERNANDES. 12. ed. amp., rev. e atual. Belo Horizonte: Fórum, 2010. Confira o art. 24, inciso XVII.

[1043] Dentre outros, consulte: BRASIL. Tribunal de Contas da União Processo nº TC-004.906/95-0. Decisão nº 165/1995 - 1º Câmara; Processo nº TC-001.339/93-1. Decisão nº 448/1993 - Plenário; Processo nº TC-013.570/95-1. Decisão nº 645/1995 - Plenário; Processo nº TC-700.449/95-7. Decisão nº 419/1996 - Plenário; Processo nº TC-007.955/93-6. Decisão nº 583/1994 - Plenário; e Processo nº TC-025.590/92-8. Decisão nº 704/98 - Plenário.

[1044] BRASIL. Tribunal de Contas da União Processo nº TC-926.180/98-3 Decisão nº 117/1999 - Plenário. Relator: Ministro Adhemar Ghisi. **Diário Oficial [da] República Federativa do Brasil**, Brasília, DF, 12 abr. 1999. Seção 1.

[1045] a) BRASIL. Tribunal de Contas da União Processo nº TC-000.706/97-3. Decisão nº 415/98 - Plenário. Relator: Ministro Carlos Átila Alves da Silva. **Diário Oficial [da] República Federativa do Brasil**, Brasília, DF, 17 jul. 1998. Seção 1, p. 21; Processo nº TC-001.587/99-4. Decisão nº 242/1999 - 2º Câmara. Relator: Ministro Bento Bugarin. **Diário Oficial [da] República Federativa do Brasil**, Brasília, DF, 20 ago. 1999. Seção 1, p. 92.

2.5. cursos de treinamento - aperfeiçoamento

É também inexigível a licitação para a matrícula de servidor em curso de treinamento oferecido por instituição privada de treinamento, porque esses eventos são realizados em períodos determinados, mostrando-se inviável a competição.[1046] Contudo, para a realização de seminários fechados, promovidos por quaisquer instituições, é, em princípio, exigível a licitação, porque o interesse e conveniência de treinamento pode ser determinado pela Administração, ao contrário do caso anterior, em que a oportunidade é ditada pelas instituições.[1047]

2.6. direitos autorais

Considerando que o inciso I do art. 25 só se aplica à compras e não à prestação de serviços, como será visto, parece oportuno examinar ainda, no *caput* desse artigo, a questão do direito de propriedade, direito autoral, marca e patente.

A lei permitiria licitar, por exemplo, um *software* com direito autoral depositado?

A resposta a tal questão pode ser vislumbrada com a seguinte lição de hermenêutica:

> [...] não se encontra um princípio isolado, em ciência alguma; acha-se cada um em conexão íntima com outros. O Direito objetivo não é um conglomerado caótico de

b) No mesmo sentido, o TCDF vem considerando irregular a contratação de empresas de elevadores sem licitação. Manteve o contrato até nova licitação. DISTRITO FEDERAL. Tribunal de Contas. Processo nº 4709/1998. Disponível em: http//www.tc.df.gov.br. Acesso em 26 jan. 2011.

[1046] O TCU decidiu: "[...] Considerar que as contratações de professores, conferencistas ou instrutores para ministrar cursos de treinamento ou aperfeiçoamento de pessoal, bem como a inscrição de servidores para participação de cursos abertos a terceiros, enquadram-se na hipótese de inexigibilidade de licitação prevista no inciso II do art. 25, combinado com o inciso VI do art. 13 da Lei nº 8.666/1993." BRASIL. Tribunal de Contas da União Processo nº TC-010.583/2003-9. Acórdão nº 654/2004 - 2ª Câmara. Relator: Ministro-Substituto Lincoln Magalhães da Rocha. **Diário Oficial da União [da] República Federativa do Brasil**, Brasília, DF, 7 maio 2004. Seção 1.

[1047] a) No último caso, a licitação poderá ser inexigível se preenchidos os requisitos do art. 25, II, e § 1º, referentes a contratações de notórios especialistas, para cursos com objetos singulares. Vide comentários a esse dispositivo.

b) Enquadram-se na hipótese de inexigibilidade as contratações de professores para treinamento de pessoal de servidores em cursos abertos. Art. 25, II c/c art. 13 VI da Lei nº 8.666/1993 BRASIL. Tribunal de Contas da União Processo nº TC-000.830/84-4. Decisão nº 439/1998 - Plenário. Relator: Ministro Adhemar Paladini Ghisi. **Diário Oficial [da] República Federativa do Brasil**, Brasília, DF, 31 jul. 1998. Seção 1, p. 23 a 25. **No mesmo sentido**: Processo nº TC-010.583/2003-9. Acórdão nº 654/2004 - 2ª Câmara. Relator: Ministro-Substituto Lincoln Magalhães da Rocha. **Diário Oficial da União [da] República Federativa do Brasil**, 7 maio 2004. Seção 1.

> preceitos; constitui vasta unidade, organismo regular, sistema, conjunto harmônico de normas coordenadas, em interdependência metódica, embora fixada cada uma no seu lugar próprio. De princípios jurídicos mais ou menos gerais deduzem corolários; uns e outros se condicionam e restringem reciprocamente, embora se desenvolvam de modo que constituem elementos autônomos operando em campos diversos.[1048]

Se a Lei de Registros permite que o inventor cadastre uma obra, um método de trabalho, um sistema operacional, não pode a Administração, pretendendo aquele objeto que está sob registro de exclusividade, licitá-lo, salvo se, no registro, o inventor permitir sua comercialização.[1049] Em princípio, se há apenas um fornecedor de posse da carta patente, não poderá a Administração contratar uma reprodução ilegal,[1050] já que o fato caracteriza crime, punível de 3 (três) meses a um ano ou multa.[1051]

Ensina Carlos Fernando Mathias de Sousa que, na realidade, no Direito brasileiro, programa de computador (*software*) é matéria de direito autoral, enquanto a máquina (*hardware*) é de direito industrial.[1052] Quando se tratar de aquisição de bens e serviços de informática,[1053] o assunto deve ser tratado com cautela.

A jurisprudência do TCU, sobre o tema pode ser sintetizada da seguinte forma:

[1048] MAXIMILIANO, Carlos. **Hermenêutica e Aplicação do Direito**. Rio de Janeiro: Forense, 1988, p. 128.

[1049] O titular da patente ou o depositante poderá celebrar contrato de licença para exploração que deverá ser averbado no INPI para que produza efeitos em relação a terceiros, conforme art. 61 c/c com § 1º do art. 62 da Lei nº 9.279/1996.

[1050] Consulte o subtítulo 3, a seguir, sobre a comprovação da inviabilidade de competição e atestados de exclusividade.

[1051] Vide art. 183, inciso I da Lei nº 9.279/1996.

[1052] SOUZA, Carlos Fernando Mathias de. **Direito Autoral**: legislação básica. Brasília: Brasília Jurídica, 1999, p. 61.

[1053] a) Tema disposto nas Leis nº 8.010/90, 8.666/93, nos Decretos nº 792/1993, nº 1.070/1994 e na Portaria Interministerial nº 360 dos Ministérios da Ciência e Tecnologia e da Fazenda, de 17 de outubro de 1995, que teve seu texto revogado pela Portaria MCT/MF de 15 de dezembro de 1998. BRASIL. Tribunal de Contas da União Processo nº TC-650.191/97-8. Acórdão nº 454/1998 - Plenário. Relator: Ministro Humberto Guimarães Souto. **Diário Oficial [da] República Federativa do Brasil**, Brasília, DF, 12 nov. 1998. Seção 1, p. 52/53.

b) Em caráter excepcional, o TCU julgou regular a compra de laboratório inteiro para ensino de informática, sem o acatamento à regra do parcelamento. Processo nº TC-007.596/97-0. Decisão nº 182/1998 - Plenário. Relator: Ministro Iram Saraiva. **Diário Oficial [da] República Federativa do Brasil**, Brasília, DF, 28 abr. 1998. Seção 1, p. 112.

- Decisão nº 648/1996:[1054] admitiu que para *software* pode ocorrer a inviabilidade de competição.
- Decisões nºs 123/1997; 357/1995 e 150/2000 e Acórdãos nºs 064/1996 e 098/1997:[1055] não admitiu justificativa da contratação direta, por notória especialização em conhecimento técnico do assunto, de empresa contratada para prestar serviços de processamento de dados, em face do amplo desenvolvimento dos serviços de informática.
- Decisão nº 305/1997:[1056] em sentido contrário, posteriormente decidiu que o desenvolvimento e produção de equipamentos de informática não são, em princípio, fatores que gerem a inviabilidade de competição.
- Decisão nº 441/1998:[1057] considerou irregular a compra de *software* que melhor atendia às necessidades do SERPRO, havendo no mercado vários *softwares* capazes de realizar a tarefa. A opção de compra foi justificada subjetivamente.
- Decisão nº 704/1998:[1058] considerou a alegação de que o projeto implantado em administrações anteriores somente poderia ter continuidade por meio de *softwares* adquiridos. A unidade técnica considerou aceitáveis as justificativas apresentadas, e elidida, portanto, a irregularidade, que consistia na injustificada inexigibilidade de licitação.
- Decisão nº 846/1998:[1059] a administração do TCU contratou a empresa Data Link para fazer o registro de bens patrimoniais,

---

[1054] Como se observa na manifestação implícita no julgamento do Processo nº TC-010.525/96-3 (sigiloso), notadamente no item 5.3, transcrito no **Diário Oficial [da] República Federativa do Brasil**, Brasília, DF, 30 out. 1996, p. 22263, 2ª coluna até a p. seguinte, 1ª coluna. Relator: Ministro-Substituto Lincoln Magalhães da Rocha. **No mesmo sentido**: BRASIL. Tribunal de Contas da União Processo nº TC-001.743/2003-5. Acórdão nº 1.158/2005 - Plenário. Relator: Ministro-Substituto Lincoln Magalhães da Rocha. **Diário Oficial da União [da] República Federativa do Brasil**, Brasília, DF, 22 out. 2005.

[1055] Citados na Lei nº 8.666/1993 comentada e anotada pela Secretaria de Controle Interno do TRF da 1ª Região. Brasília, mar/1999, p. 106.

[1056] Posição adotada em Consulta do TSE - não conhecida. BRASIL. Tribunal de Contas da União Processo nº TC-003.319/97-0 - Plenário. Relator: Ministro Iram Saraiva. **Diário Oficial [da] República Federativa do Brasil**, Brasília, DF, 12 jun. 1997. Seção 1, p. 12179.

[1057] BRASIL. Tribunal de Contas da União Processo nº TC-001.777/97-1. Relator: Ministro Bento José Bugarin. **Diário Oficial [da] República Federativa do Brasil**, Brasília, DF, 07 ago. 1998. Seção 1, p. 10-3.

[1058] BRASIL. Tribunal de Contas da União Processo nº TC-015.152/92-8. Apenso (Processo nº TC-25.590/92-8). Relator: Ministro-Substituto José Antônio Barreto de Macedo. **Diário Oficial [da] República Federativa do Brasil**, Brasília, DF, 23 nov. 1998. Seção 1, p. 31 a 34.

[1059] BRASIL. Tribunal de Contas da União Processo nº TC-004.415/98-1. Relator: Ministro Valmir Campelo. **Diário Oficial [da] República Federativa do Brasil**, Brasília, DF, 11 nov. 1998. Seção 1, p. 66/67.

seu gerenciamento e a obtenção de informações históricas. Houve denúncia ao próprio TCU, que reafirmou a inexigibilidade.

Mais tarde, o TCU consolidou esses entendimentos[1060] e inaugurou nova fase enfatizando o dever de licitar como regra. Tais orientações ensejaram a edição da Instrução Normativa nº 4/2008 do MPOG, que posteriormente converteu-se na IN nº 04/2010.

Aliás, é muito difícil alguma decisão do TCU tolerar, na atualidade, a inexigibilidade de licitação nessa seara. A Câmara dos Deputados consultou o TCU se um *software*, especificamente desenvolvido para um projeto de acréscimo de arrecadação promovido por terceiros, pode caracterizar singularidade para efeito da inexigibilidade da licitação, conforme preceitua o § 1º do art. 25 da Lei nº 8.666/1993?

Analisando o caso, o TCU considerou que essa

> "[...] forma, o serviço de desenvolvimento de software 'para um projeto de acréscimo de arrecadação', em princípio, apesar de requerer especialização em informática, não requer a superespecialização nessa atividade. Eventualmente, poderá existir um caso concreto especialíssimo, que envolva grande volume de tributos, requerendo exacerbada complexidade técnica para o seu tratamento, que possa vir a configurar a singularidade do serviço, mas a situação projetada nos autos não é de forma alguma a regra, ao contrário, é insuficiente para afastar o dever de licitar, mandamento constitucional (art. 37, inciso XXI, da CF). 11. Em conclusão, deverá ser informado ao autor da consulta que a hipótese por ele levantada mostra-se sujeita à competição e, somente os casos especiais devidamente

---

[1060] BRASIL. Tribunal de Contas da União Processo nº TC-020.513/2005-4. Acórdão nº 786/2006 - Plenário. Relator: Ministro Augusto Sherman Cavalcanti. **Diário Oficial da União [da] República Federativa do Brasil**, Brasília, DF, 25 maio 2006; Processo nº TC-019.983/2005-8. Acórdão nº 116/2006 - Plenário. Relator: Ministro Augusto Sherman Cavalcanti. **Diário Oficial da União [da] República Federativa do Brasil**, Brasília, DF, 8 fev. 2006; e Processo nº TC-005.449/2005-7. Acórdão nº 2.023/2005 - Plenário. **Diário Oficial da União [da] República Federativa do Brasil**, Brasília, DF, 30 nov. 2005. **No mesmo sentido**: Acórdão nº 950/2006 - 1º Câmara; Acórdão nº 870/2006 - Plenário; Acórdão nº 2.172/2005 - Plenário; Acórdão nº 2.171/2005 - Plenário; Acórdão nº 2.103/2005 - Plenário; Acórdão nº 1.806/2005 - Plenário; Acórdão nº 1.707/2005 - Plenário; Acórdão nº 449/2005 - Plenário; Acórdão nº 140/2005 - Plenário; Acórdão nº 667/2005 - Plenário; Acórdão nº 2.561/2004 - 2º Câmara; Acórdão nº 1.558/2004 - Plenário; Acórdão nº 2.094/2004 - Plenário; Acórdão nº 481/2004 - Plenário; Acórdão nº 1.937/2003 - Plenário; Acórdão nº 1.656/2003 - Plenário; 1.521/2003 - Plenário; Decisão nº 819/2000 - Plenário; Decisão nº 140/1999 - Plenário; Decisão nº 20/1998 - Plenário; Decisão nº 408/1996 - Plenário; e Decisão nº 393/1994 - Plenário. Disponíveis no sítio www.tcu.gov.br.

comprovados podem ser caracterizados como inexigibilidade de licitação".[1061]

2.7. convênio

Como regra, o convênio enquadra-se no *caput* do art. 25, porque a Administração tem o poder discricionário de escolher seus colaboradores.[1062]

Nesse sentido é o entendimento do TCDF em vários acórdãos, em especial:

a) a despesa referente à restituição dos saldos dos convênios devem ser enquadradas no art. 25, *caput*, da Lei nº 8.666/1993;[1063]

b) tem natureza contratual o convênio realizado com a Associação dos Empregados da CEB (ASCEB) para administração dos serviços de fretes e requisições de passagens aéreas e terrestres. É irregular a inexigibilidade de licitação do pseudoconvênio.[1064]

Cabe trazer, a título de esclarecimento, doutrinárias e legais diferenças entre o contrato e o convênio[1065], que podem ser assim sintetizadas:

[1061] BRASIL. Tribunal de Contas da União. Processo nº TC-016.084/2001-0. Decisão nº 1704/2002 - Plenário. Relator: Ministro Ubiratan Aguiar. **Diário Oficial da União [da] República Federativa do Brasil**, Brasília, DF, 07 jan. 2003.

[1062] a) O tema convênio é regulado na esfera federal pelas seguintes normas: art. 116 da Lei nº 8.666/1993; Decreto 5.504/2005; e Instrução Normativa nº 01 da Secretaria do Tesouro Nacional;

b) Recomenda-se para o estudo das irregularidades em convênios os livros:

- JACOBY FERNANDES, Jorge Ulisses. **Tomada de Contas Especial:** Processo e Procedimento nos Tribunais de Contas e na Administração Pública. 4 ed. Belo Horizonte: Fórum, 2009.;

- CUNHA BARROS, Emílio Carlos da. **Gestão de recursos públicos e procedimentos administrativos**. Ed. Brasília Jurídica, 2004; e

- SOUZA, Carlos Fernando Mathias de. **Direito Autoral**. Brasília: Brasília Jurídica, 2003.

c) Sobre execução de convênios veja:

- RAMIDOFF, Cláudio Iporan e ROCHA, Dagmar Anjos de Oliveira. **Gestão de convênios.** Ed. Copyright. 4º ed., 2005;

- AGUIAR, Ubiratan *et al.* Convênios e Tomadas de Contas Especiais: Manual Prático. Ed. Fórum: 2004; e

- RIBEIRO, Jorge Miranda e PIRES, Maria Mota. **Convênios da União**. Ed. Brasília Jurídica. 2005.

[1063] DISTRITO FEDERAL. Tribunal de Contas. Processo nº 4506/1994. Decisão nº 6632/1994. Disponível em http:// www.tc.df.gov.br.

[1064] DISTRITO FEDERAL. Tribunal de Contas. Processo nº 6.990/93. Decisão nº 6.184/1995. Disponível em: http://www.tc.df.gov.br. Acesso em 26 jan. 2011.

[1065] O TCU decidiu: "[...] nesse sentido há que se distinguir, a bem da verdade, as diferenças fundamentais existentes entre Convênios e Contratos. Convênio é ato de colaboração entre as partes, nas palavras do Professor Jorge Ulisses Jacoby Fernandes 'é a conjunção de esforços entre dois entes públicos ou tendo um ente privado como uma das partes, visando à consecução de um bem comum ou a realização de objetivos de interesse comum. Já os contratos têm interesses opostos e contraditórios, vontades antagônicas, não se adicionam', ou seja, diferem dos convênios por não terem a mesma finalidade não se somarem com o intuito de atingir ao mesmo objetivo de interesse público, estando presente em uma das partes envolvidas interesses comerciais. [...]."BRASIL. Tribunal de Contas da União Processo nº TC-007.075/2004-6. Acórdão nº

a) o termo convênio deve ter utilização restrita aos casos em que o interesse dos signatários seja absolutamente concorrente - um objetivo comum - ao contrário do que ocorre no contrato, em que o interesse dos que o firmam é diverso e contraposto;
b) por almejarem o mesmo objetivo, os signatários não são, a rigor terminológico, partes, e não cobram taxa ou remuneração entre si;
c) no convênio descabe a aplicação de penalidade por rescisão, bastando não haver mais interesse na sua continuação para que se promova a sua denúncia;
d) com referência a uma particular hipótese, em que a Administração seja usuária do serviço público, há norma expressa recomendando a utilização do contrato, conforme dispõe o art. 62, § 3º, inciso II, da Lei nº 8.666/1993. Nos demais casos, os parâmetros aqui delineados indicam quando deve ser utilizado o convênio ou o contrato;
e) não há amparo jurídico para o ajuste de convênios, em que a parte responsável pela execução dos serviços ou obras possa subempreitar ou subcontratar totalmente a execução do objeto, ficando com a taxa de administração, sem ônus ou responsabilidades;
f) o uso de convênio, quando cabível o contrato,[1066] não pode ser considerado mero erro de forma, vez que o regramento entre ambos é bastante diverso e a ação dos órgãos de controle é menos intensa no convênio. Subjacente ao interesse em não adotar o instrumento de contrato, poderá ficar caracterizada motivação de mitigar a ação do controle, fazendo exsurgir, para a autoridade que empregou o meio diverso para formalizar o ajuste, a responsabilidade nos termos da Lei Complementar DF nº 01/1994[1067].

1.470/2004 - Plenário. Relator: Ministro Adylson Motta. **Diário Oficial [da] República Federativa do Brasil**, Brasília, DF, 8 out. 2004. Seção 1.

[1066] Neste sentido: BRASIL. Tribunal de Contas da União Processo nº TC-016.078/1999-3. Acórdão nº 1302/2004 - Plenário. Relator: Benjamin Zymler. **Diário Oficial da União [da] República Federativa do Brasil**, Brasília, DF, 10 set. 2004. Seção 1.

[1067] DISTRITO FEDERAL. Lei Complementar nº 1, de 9 de maio de 1994. Dispõe sobre a Lei Orgânica do Tribunal de Contas do Distrito Federal e dá outras providências. **Diário Oficial do Distrito Federal**, Brasília, DF, 10 maio 1994.

2.8. tradutor e intérprete

A profissão de tradutor e intérprete está parcialmente regulamentada no Decreto nº 13.609, de 21 de outubro de 1943.[1068]

São serviços profissionais especializados, cuja contratação, como as demais, deve ser precedida de licitação na modalidade de concurso ou pré-qualificação.[1069]

A propósito, o TCU chegou a deliberar que é incorreto classificar como inexigível a contratação de tradutor, mesmo quando de matéria técnica.[1070]

O Supremo Tribunal Federal, na sua atuação administrativa, passou a proceder a contratação de tradutores por meio de credenciamento. [1071]

2.9. peritos designados pela Justiça

Jessé Torres Pereira Júnior[1072] relata o caso de inexigibilidade de licitação, justificada no *caput* do art. 25, consistente no pagamento de honorários do perito judicial, em demanda em que a Administração Pública sucumbiu, pois a escolha desse profissional é prerrogativa pessoal do magistrado da causa e o seu pagamento constitui ônus inafastável do vencido em processo judicial. O caso pode ser vislumbrado à luz da Lei das Licitações, nos termos propugnados no parecer, ou como despesa judicial, vez que, a rigor, a contratação se dá pelo próprio magistrado, cabendo apenas o pagamento a quem sucumbir na demanda.

Acolhendo o segundo entendimento, a despesa seria classificada como *não aplicável*. Esse procedimento, definido pelos sistemas financeiros do Governo Federal, indica que na classificação jurídico-contábil não é aplicável a Lei de Licitações.

Enquadram-se na categoria *não aplicável* as despesas de pessoal, pagamento de multa de trânsito, seguro obrigatório, e outras dessa espécie para as quais o conceito de inexigibilidade é bastante superado.

[1068] BRASIL. Instrução Normativa DNRC nº 84, de 29 fevereiro de 2000. Dispõe sobre a habilitação, nomeação e matrícula e seu cancelamento de Tradutor Público e Intérprete Comercial e dá outras providências. **Diário Oficial da União [da] República Federativa do Brasil**. Brasília, DF, 1º mar. 2000.

[1069] Veja no capítulo 2, subtítulo 5.6.: serviços técnico-profissionais e notória especialização.

[1070] BRASIL. Tribunal de Contas da União Processo nº TC-016.572/94-7. Decisão nº 372/1995 - Plenário. Relator: Ministro Paulo Affonso Martins de Oliveira. **Diário Oficial [da] República Federativa do Brasil**, Brasília, DF, 28 de agosto 1995. Seção 1.

[1071] Sobre edital de credenciamento vide o sítio www.jacoby.pro.br/lc_sc.php; e sobre credenciamento consulte neste capítulo o subtítulo 2.1.: inviabilidade de competição por contratação de todos.

[1072] **Boletim de Licitações e Contratos** - BLC, jan. 97, São Paulo: NDJ, p. 20 e ss.

2.10. patrocínio cultural

De acordo com a Lei nº 8.313/1991 - lei federal de incentivo à cultura[1073] - qualquer pessoa física ou jurídica poderá atuar como incentivador contribuinte. Uma empresa pública poderá atuar como incentivadora, apoiando financeiramente um projeto cultural, mediante patrocínio.[1074] Desse modo, o instrumento contratual poderá ser celebrado com base no *caput* do art. 25 da Lei nº 8.666/1993, desde que demonstrada a inviabilidade e obedecidos as formalidades do art. 26.

A precitada lei criou o PRONAC, um programa que tem por finalidade captar e canalizar recursos para o setor. Isso implica dizer que o recurso não é direcionado para determinada instituição, exceto no que diz respeito às doações dedutíveis do Imposto de Renda. Sendo dedução, o doador não pode ser ente público da Administração direta, já que a Constituição proíbe a tributação de um órgão público por outro. Com relação às empresas públicas e sociedades de economia mista que explorem atividade econômica, a Constituição Federal[1075] as submete ao regime tributário das empresas privadas, sendo, portanto, possível utilizarem-se do Programa.

2.11. patrocínio e publicidade

Cabe, a propósito, fazer distinção entre os termos patrocínio, publicidade e propaganda. Para tanto, segue a notável lição do Ministro Adhemar Paladini Ghisi, extraída da Decisão nº 855/1997 que legou ao controle o precedente sobre o assunto:[1076]

> [...]
>
> 8. Nesse mister, impende destacar que a contratação de **patrocínio** não pode ser confundida com outros serviços comuns de **publicidade**,[1077] aludidos no art. 2º da Lei nº

[1073] BRASIL. Lei nº 8.313, de 23 de dezembro de 1991. Restabelece princípios da Lei nº 7.505, de julho de 1996, institui o Programa Nacional de Apoio à Cultura (Pronac) e dá outras providências. **Diário Oficial [da] República Federativa do Brasil**, Brasília, DF, 24 dez. 1991.

[1074] No caso de contratos de patrocínio, exemplo de um Banco que pagou certa quantia em troca de espaço na televisão durante os jogos olímpicos de Atlanta, não houve necessidade de licitação em razão da inviabilidade de competição prevista no art. 25 *caput* da Lei nº 8.666/1993.

[1075] BRASIL. **Constituição da República Federativa do Brasil**. Organização dos textos e índice por J. U. JACOBY FERNANDES. 1. ed. Atualizada até Abril de 2007. Belo Horizonte: Fórum, 2008. Art. 173, § 1º.

[1076] BRASIL. Tribunal de Contas da União Processo nº TC-000.925/97-7. Decisão nº 855/1997 - Plenário. Relator: Ministro Adhemar Paladini Ghisi. **Diário Oficial [da] República Federativa do Brasil**, Brasília, DF, 17 nov. 1997. Seção 1, p. 30159.

[1077] O TCE/RS decidiu "[...] o patrocínio, entendido como incentivo à cultura, diferencia-se completamente de publicidade, pois a divulgação do patrocínio aparece apenas como fim último. A exigência de procedimento licitatório, a ser efetuado de acordo com as normas da Lei nº 8.666/1993 é a regra, somente afastável nos casos

8.443/92, que devem ser licitados. A licitação será sempre exigível quando houver a contratação de trabalhos técnicos e/ou artísticos que visem à divulgação de determinada ideia ou produto. Na verdade, a ideia de **publicidade** retratada na Lei nº 8.666/93 diz respeito a um produto final elaborado, e não à simples divulgação do nome de uma instituição. O próprio conceito constante do Regulamento para a execução da lei nº 4.680/65, que dispôs sobre a profissão de publicitários, diz que essa profissão compreende as atividades daqueles que, em caráter regular e permanente, exercem funções artísticas e técnicas por meio das quais estuda-se, concebe-se, executa-se e distribui-se **propaganda**. Logo, a ideia de **publicidade** constante da Lei nº 8.666/93 não pode ser dissociada da existência de criação artística que é, via de regra, a essência das diversas campanhas promocionais. No caso tópico de um contrato de **patrocínio**, entretanto, tal criação artística não existe.

9. Aliás, torna-se importante destacar algumas sutis diferenças conceituais entre a **Publicidade**, a **Propaganda** e as Relações Públicas Institucionais, que lamentavelmente são tratadas, no direito pátrio e na linguagem usual, indevidamente, como sinônimos.

10. Diz a bibliografia especializada que a **publicidade**, qualquer que seja sua forma de ação, é antes de tudo uma forma de vender. Já em 1929, Claude Hopkins, em sua obra **Scientific Advertising**, dizia que a **publicidade** é a arte de despertar no público o desejo de compra, levando-o à ação. Nos dizeres de Martha D'Azevedo, a **publicidade** cria necessidades para levar o público à compra dos produtos por ela anunciados e visa sempre ao mesmo fim: estimular a oferta e a procura do produto ou do serviço, para aumentar as vendas (in Relações Públicas - Teoria e Processo, 2. ed., p. 145).

11. A **propaganda**, por seu turno, liga-se a um componente ideológico, e apela aos dotes morais e cívicos dos indivíduos. É, portanto, dirigida ao indivíduo, que espera persuadir mediante a enunciação daquilo que prega ser a verdade. Diferentemente da **publicidade**, não é paga

de dispensa e inexigibilidade, ou seja, nesse último, demonstrada a inviabilidade de competição. [...]." RIO GRANDE DO SUL. Tribunal de Contas. Processo nº 008580-02.00/99-2 - Pleno. Relator: Conselheiro Helio Saul Mileski. **Boletim 734/1999**, 02 dez. 1999.

> diretamente pelo indivíduo, mas pelas organizações que as vinculam (na **publicidade**, o custo das campanhas torna-se um custo adicional dos produtos). Nesse sentido, Carlos Pinto Coelho Motta, em consulta que lhe foi formulada pela Empresa Brasileira de Correios e Telégrafos em momento peculiar de processo de consolidação de sua imagem institucional, invocou a lição de Rogério Nunes para dizer que: '**Propaganda**, em linguagem correntia, é empregada como sinônimo de publicidade. Porém, no vocabulário dos profissionais de comunicação, ela apresenta sentido diferente. [...] A **publicidade** - do latim ***publicus*** - significa tornar público ou difundir uma atividade comercial, com o objetivo de despertar na pessoa que recebe a mensagem publicitária o desejo de comprar, ao passo que a **propaganda** - do gerúndio ***propagare*** - exprime formulação de juízo sobre determinados assuntos ou fatos, com a finalidade de persuadir, modificar atitudes ou comportamentos, em relação a eles, sem o propósito mercantil, mas com fim ideológico (in **Boletim de Licitações e Contratos**, fev. 1994).
>
> 12. As Relações Públicas Institucionais representam a fusão das técnicas da publicidade e da propaganda, para a divulgação da imagem da organização, e são consideradas como atividades criadas em torno da filosofia da empresa e sua participação na comunidade, procuram granjear simpatia e boa vontade e não tem objetivos comerciais imediatos. A diferença é que procuram produzir uma atitude mental ao invés de uma venda imediata (Martha D'Azevedo, op. cit., p.150).[1078]

Desse modo, enquanto o patrocínio referido no subitem anterior se faz por inexigibilidade, a publicidade é por licitação; a lei veda, expressamente, a inexigibilidade para a publicidade no final do inc. II do art. 25 da Lei nº 8.666/1993.[1079]

2.12. publicidade legal

Distinguindo-se do gênero publicidade está a espécie publicidade legal.

[1078] Grifos nossos.

[1079] Para regular o tema foi editada a Lei nº 12.232/2010, regulamentada pela IN/SECOM nº 4, de 21 de dezembro de 2010.

Em resposta à consulta, o TCU firmou entendimento em caráter normativo, no sentido de que a prestação dos serviços de distribuição da publicidade legal dos órgãos e entidades da Administração Federal, quando divulgada em veículos da imprensa comum ou geral, deverá ser obrigatoriamente feita por intermédio da RADIOBRÁS, prevalecendo a Lei nº 6.650/1979, que a criou. Os serviços de publicidade poderão, nesse caso, ser contratados com base no art. 25 *caput*, pois a vedação prevista no inciso II do mesmo dispositivo não alcança essa contratação.[1080]

Posteriormente a essa decisão, foi editada norma[1081] criando uma sociedade anônima de capital fechado que incorporou a Radiobrás. Surgiu assim a EBC – Empresa Brasil de Comunicação.

Entre as incumbências dessa empresa está a de distribuir a publicidade legal, conceituada com muita propriedade pela norma.[1082] Ao lado dessa incumbência foram acrescentadas outras que se inserem, sem distinção em serviços comuns, como as que a EBC exerce por equiparação às agências de publicidade e propaganda.[1083]

Sob o aspecto jurídico a questão se tornou complexa, isso porque a decisão do TCU que considerou inexigível a licitação para a contratação da Radiobrás não foi bem acolhida pelos estudiosos que consideravam melhor o enquadramento na dispensa prevista no art. 24, inc. VIII, da Lei nº 8.666/1993.[1084]

Com a criação da EBC e o enquadramento nessa norma não seria mais possível o uso da dispensa, porque no inc. VIII referido exige-se que a entidade tenha sido criada antes da Lei nº 8.666/1993. Visando superar esse óbice e tendo em vista que pela Constituição Federal[1085] é suficiente a forma de lei para

---

[1080] BRASIL. Tribunal de Contas da União Processo nº TC-002.751/99-2. Decisão nº 538/1999 - Plenário. Relator: Ministro Adilson Motta. **Diário Oficial [da] República Federativa do Brasil**, Brasília, DF, 02 set. 1999. Seção 1, p. 33-36.

[1081] Medida Provisória nº 398/2007, convertida na Lei nº 11.652/2008.

[1082] BRASIL. Lei 11.652, de 7 de abril de 2008. Institui os princípios e objetivos dos serviços de radiodifusão pública explorados pelo Poder Executivo ou outorgados a entidades de sua administração indireta; autoriza o Poder Executivo a constituir a Empresa Brasil de Comunicação – EBC; altera a Lei nº 5.070, de 7 de julho de 1966; e dá outras providências. **Diário Oficial da União [da] República Federativa do Brasil**, Brasília, DF, 8 abr. 2008. *In verbis*: "Art. 8º [...] § 1º. Entende-se por publicidade legal a publicação de avisos, balanços, relatórios e outros a que órgãos e entidades da Administração Federal estejam obrigados por força de lei ou regulamento."

[1083] *Idem*, Art. 11 § 3º c/c Lei nº 4.680 de 18 de junho de 1965.

[1084] NETTO, Luiz Fernando Silveira. Uma nova hipótese de dispensa de licitação. **Licitações & Contratos**, n. 164, p. 33-34, ago. 2009.

[1085] BRASIL. **Constituição da República Federativa do Brasil**. Organização dos textos e índice por J. U. JACOBY FERNANDES. 1. ed. Atualizada até Abril de 2007. Belo Horizonte: Fórum, 2008. Art. 37, inc. XXI

abrir exceção ao dever de licitar, foi inserido na lei de criação da EBC dispositivo específico autorizando os órgãos e entidades da Administração Pública a contratarem a EBC para realizar as atividades relacionadas ao seu objeto.[1086] Se o objeto da EBC fosse apenas a publicidade legal, poder-se-ia com razoabilidade sustentar a existência de interesse público para justificar o privilégio do ente estatal. É que, embora a Constituição permita que qualquer lei federal tenha aptidão para afastar o instituto da licitação, não é menos correto que as normas da contratação direta devem subjugar-se aos demais dispositivos da mesma Constituição e com essa harmonizar-se. Entre esses outros dispositivos sobressaem os fundamentos da atividade econômica, entre os quais os que vedam ao Estado à sua exploração, com as duas ressalvas que indica o próprio texto.[1087] Os órgãos jurídicos e o próprio TCU se posicionam nesse sentido.[1088]

Desse modo, quando a norma dispensou os órgãos para contratar o objeto da EBC, procedeu à ampliação ofensiva aos fundamentos da ordem econômica do país,[1089] especialmente porque equiparou essa as agências.

[1086] BRASIL. Lei 11.652, de 7 de abril de 2008. Institui os princípios e objetivos dos serviços de radiodifusão pública explorados pelo Poder Executivo ou outorgados a entidades de sua administração indireta; autoriza o Poder Executivo a constituir a Empresa Brasil de Comunicação – EBC; altera a Lei nº 5.070, de 7 de julho de 1966; e dá outras providências. **Diário Oficial da União [da] República Federativa do Brasil**, Brasília, DF, 8 abr. 2008. "Art. 8º [...] § 2º É dispensada a licitação para a: [...] II – contratação da EBC por órgãos e entidades da administração pública, com vistas na realização de atividades relacionadas ao seu objeto, desde que o preço contratado seja compatível com o de mercado".

[1087] BRASIL. **Constituição da República Federativa do Brasil**. Organização dos textos e índice por J. U. JACOBY FERNANDES. 1. ed. Atualizada até Abril de 2007. Belo Horizonte: Fórum, 2007. *In verbis*: "Art. 173. Ressalvados os casos previstos nesta Constituição, a exploração direta de atividade econômica pelo Estado só será permitida quando necessária aos imperativos da segurança nacional ou a relevante interesse coletivo, conforme definidos em lei."

[1088] BRASIL. AGU. Orientação Normativa nº 13, de 1º de abril de 2009. Empresa pública ou sociedade de economia mista que exerça atividade econômica não se enquadra como órgão ou entidade que integra a Administração Pública, para os fins de dispensa de licitação com fundamento no inc. VIII do art. 24 da Lei nº 8.666/1993. **Diário Oficial da União [da] República Federativa do Brasil**, Brasília, DF, 7 abr. 2009.

[1089] BRASIL. Lei 11.652, de 7 de abril de 2008. Institui os princípios e objetivos dos serviços de radiodifusão pública explorados pelo Poder Executivo ou outorgados a entidades de sua administração indireta; autoriza o Poder Executivo a constituir a Empresa Brasil de Comunicação – EBC; altera a Lei nº 5.070, de 7 de julho de 1966; e dá outras providências. **Diário Oficial da União [da] República Federativa do Brasil**, Brasília, DF, 8 abr. 2008. *In verbis*:

"Art. 6º. A EBC tem por finalidade a prestação de serviços de radiodifusão pública e serviços conexos, observados os princípios e objetivos estabelecidos nesta Lei.

[↑↓]

Art. 4º Os serviços de radiodifusão pública outorgados a entidades da administração indireta do Poder Executivo serão prestados pela empresa pública de que trata o art. 5º desta Lei e poderão ser difundidos e reproduzidos por suas afiliadas, associadas, repetidoras e retransmissoras do sistema público de radiodifusão e outras entidades públicas ou privadas parceiras, na forma do inciso III do caput do art. 8º desta Lei."

Considerando, porém, que aos administradores públicos compete o cumprimento das leis e que essas têm a seu favor a presunção de constitucionalidade, correta está a conclusão de Luiz Fernando Silveira Neto:[1090]

> Em face do acima analisado, a hipótese de contratação direta feita pela Administração Pública da distribuição de publicidade legal não é a da inexigibilidade nem a da dispensa de licitação da LGL, mas sim o item II do § 2º do art. 8º da Lei nº 11.652/08 (dispensa de licitação, desde que o preço contratado seja compatível com o de mercado).
>
> E o administrador/ordenador de despesa nada deverá temer em assim contratar, pois estará cumprindo lei, esta com a nota da presunção de constitucionalidade.

Caberá aos órgãos especificados na Constituição Federal arguirem, se assim entendemos, perante o STF a incompatibilidade dessa lei com a própria Constituição; até lá o gestor federal está autorizado a efetuar a contratação direta. Por simetria, considerando que a Lei nº 11.652/2008, que criou a EBC e autorizou nova dispensa, não tem para os fins da licitação o caráter de norma geral, mas sim norma específica, criou-se uma interessante questão: se é norma específica a União há que tolerar normas específicas das demais esferas de governo; as demais esferas de governo podem ter empresas estatais para serem contratadas com dispensa para a publicidade legal, generalizando o objeto da contratação direta, incidindo na mesma censura que hoje faz a doutrina à Lei nº 11.652/2008.

A Advocacia Geral da União firmou entendimento sobre o tema, concluindo que:

> [...]
>
> 32. Ante o exposto, em resposta à provocação do Núcleo de Assessoramento Jurídico de Porto Alegre, entendo que, nos temos do art. 8º, inciso VII, e § 2º, inciso II, da Lei nº 11.652/08, e do art. 9º, § 3º, do Decreto 6.555/08, a contratação da Empresa Brasil de Comunicação – EBC pelos órgãos e entidades da Adminsitração Pública Federal deve se dar por inexigibilidade de licitação, nos termos do art. 25, da Lei nº 8.666/93.
>
> 33.Sugiro, ademais, seja remetida cópia do presente expeidente administrativo à Secretaria de Comunicação da Presidência da República – SECOM, à qual se encontra

---

[1090] NETTO, Luiz Fernando Silveira. Uma nova hipótese de dispensa de licitação. **Licitações & Contratos**, nº 164, p. 33-34, ago. 2009.

> vinculada a EBC, bem como à própria empresa, para que seja analisada a possibilidade de adoção das providências sugeridas no item 31 retro.[1091]

2.13. depósito judicial - ato discricionário - contrapartida de vantagens

O TRT 2ª Região estabeleceu por meio de acordo de cooperação técnica que os depósitos judiciais seriam realizados junto ao Banco do Brasil, obtendo em contrapartida construção de creche, mobiliário e equipamentos de informática.

O TCU considerou correto o procedimento.[1092] Do Acórdão extrai-se que:

- a licitude decorreu da eleição de banco oficial;
- o acordo de cooperação técnica decorre de poder discricionário autorizado pelo art. 666 do Código de Processo Civil;
- não há prejuízo, no exercício do poder discricionário para o depositante, para o depositário e para o erário.

2.14. membro de banca examinadora de concurso

Como regra, a escolha para contratação de membro para banca examinadora de concurso recai sobre notórios especialistas, vez que a singularidade do objeto é, além do elevado nível de conhecimentos, a reputação do mesmo de modo a assegurar a maior credibilidade do concurso.

Com relação, porém, as indicações vinculadas - tal como ocorre com a indicação da Ordem dos Advogados do Brasil em concursos jurídicos, o enquadramento se faz no art. 25, caput. da Lei nº 8.666/1993.

2.15. outros

Apresentamos abaixo, outras hipóteses de contratação com base no art. 25, *caput*, já consideradas pela jurisprudência:

[1091] BRASIL. Advocacia Geral da União. Processo nº 00400.016883/2009-11. Parecer nº 041/2010/DECOR/CGU/AGU. Fls. 317

[1092] BRASIL. Tribunal de Contas da União Processo nº TC-002.401/2004-1. Acórdão nº 1.130/2004 - Plenário. **Diário Oficial da União [da] República Federativa do Brasil**, Brasília, DF, 20 ago. 2004. Seção 1, p. 131-132.

a) água e esgoto

Devem ser classificadas na Lei de Licitações no art. 25, *caput*, da Lei nº 8.666/1993.[1093]

b) arte para presente

> No tocante à aquisição direta de objetos para presentes, descaracterizada a irregularidade, ante a efetiva condição, na hipótese de inexigibilidade de licitação, que pelas características dos artigos adquiridos - peças de arte confeccionadas em prata e em pedras brasileiras - quer por sua destinação - cerimônias protocolares de troca de presentes com autoridades estrangeiras, por ocasião de visitas oficiais.[1094]

Para as entidades que possuem a condição de representação do governo brasileiro, a aquisição de objeto de arte para presentes em cerimônia protocolares com autoridades estrangeiras deve ser enquadrada no art. 25, *caput*, da Lei nº 8.666/1993. No caso, eram joias de prata com pedra brasileira.

c) arquivos deslizantes

É viável a competição.[1095]

d) cessão de uso de espaço para associação

Predomina o entendimento no sentido de que não pode haver cessão, mas em condições modestas com ressarcimento de água e energia, já foi admitida a regularidade.[1096]

1093 a) DISTRITO FEDERAL. Tribunal de Contas. Processo nº 2139/1994. Decisão nº 6.590/1994. **No mesmo sentido**: Processo nº 3570/1996. Decisão nº 3570/1996; Processo nº 1995/96. Decisão nº 3047/1996;

b) BRASIL. Tribunal de Contas da União Processo nº TC-013.038/2004-8 Acórdão nº 1.776/2004 - Plenário. Relator: Ministro Benjamin Zymler. **Diário Oficial [da] República Federativa do Brasil**, Brasília, DF, 10 dez. 1997, p. 2930. Seção 1.

1094 BRASIL. Tribunal de Contas da União Processo nº 005.453/1997-6. Acórdão nº 210/2001 - Plenário. Relator: Guilherme Palmeira. **Diário Oficial [da] República Federativa do Brasil**, Brasília, DF, 11 set. 2001. Seção 1.

1095 BRASIL. Tribunal de Contas da União Processo nº TC-001.658/2001-6. Acórdão nº 1739/2003 - Plenário. Relator: Ministro Marcos Vinicios Vilaça. **Diário Oficial da União [da] República Federativa do Brasil**, Brasília, DF, 28 nov. 2003. Seção 1.

1096 BRASIL. Tribunal de Contas da União Processo nº TC-400.047/1995-0. Decisão nº 016/2000 - 2ª Câmara. Relator: Ministro Adhemar Ghisi. **Diário Oficial [da] República Federativa do Brasil**, Brasília, DF, 25 fev. 2000. Seção 1.

e) equipamentos

O TCU considerou regular a contratação da Xerox do Brasil, por inexigibilidade de licitação, para a prestação de serviços de locação do equipamento "Publicadora Digital Docutech", incluindo assistência técnica, conservação e reposição de peças e fornecimento de toner, bem como treinamento aos operadores indicados pela Secretaria da Receita Federal, face às peculiaridades do trabalho pretendido. [1097]

O TCDF considerou correto o fundamento jurídico evocado - art. 25, *caput* - para a inexigibilidade de licitação praticada no caso, vez que pesquisa de mercado e informações de órgãos governamentais e de particulares embasaram a decisão de que a máquina fotocopiadora da marca Xerox atenderia os interesses da TERRACAP.[1098]

No entanto, ambos tribunais já aplicaram multa a servidor que superdimensionou a demanda com vista a provocar a inviabilidade de competição.

f) hospedagem

Já entendeu o TCU que:

> a contratação de serviços de hospedagem para autoridades estrangeiras em visita ao País pode prescindir do certame licitatório, com fundamento no art. 25, *caput*, da Lei nº 8.666/93, desde que presentes as circunstâncias que recomendam a adoção deste procedimento excepcional, observadas as formalidades prescritas no estatuto das licitações e contratos.[1099]

Nos demais casos a licitação é obrigatória.

A propósito, consulte licitação para contratação de eventos realizada pelo Ministério da Educação, seguindo rigorosamente a melhor jurisprudência do TCU.[1100]

[1097] BRASIL. Tribunal de Contas da União Processo nº TC-004.919/95-5. Decisão nº 598/1998 - Plenário. Relator: Ministro Adhemar Ghisi. **Diário Oficial [da] República Federativa do Brasil**, Brasília, DF, 24 set. 1998.

[1098] DISTRITO FEDERAL. Tribunal de Contas. Processo nº 1.448/97. Disponível em: http://www.tc.df.gov.br. Acesso em 26 jan. 2011.

[1099] BRASIL. Tribunal de Contas da União Processo nº 001.610/97-0. Decisão nº 447/1997 - Plenário. Relator: Ministro Iram Saraiva. **Diário Oficial [da] República Federativa do Brasil**, Brasília, DF, 13 ago. 1997. Seção 1. p 17444; e Processo nº TC-004.691/95-4. Decisão nº 303/1995 - 1ª Câmara. **Diário Oficial [da] República Federativa do Brasil**, Brasília, DF, 21 nov. 1995.

[1100] Edital e Ata disponíveis em www.jacoby.pro.br/licitacoesecontratos

g) jornais, revistas e publicidade

Nos casos de aquisição de assinaturas de jornais e periódicos, deve se observar o disposto no *caput* do art. 25, da Lei nº 8.666/1993, como fundamentação legal para a realização da despesa;[1101]

O mesmo entendimento se aplica à assinatura dos diários oficiais.[1102]

h) pagamento de pessoal

Há entendimento firmado no sentido de que, nos casos de despesas com pessoal, a Administração deverá citar como base legal o *caput* do artigo 25 da Lei nº 8.666/1993[1103] No mesmo sentido em relação à realização de despesas de ressarcimento paga a servidores.[1104] Na esfera federal, porém, tais despesas são classificadas como "não aplicável" no sistema SIAFI.

i) passagem aérea

O TCU já recomendou a observância do disposto nos arts. 25 e 26, com seus incisos e parágrafos, evitando especialmente a inexigibilidade de licitação para aquisição de combustíveis e passagens aéreas ou serviços de publicidade e divulgação,[1105] procedendo à licitação desses serviços.

Em sentido contrário, o TCDF chegou a admitir a aquisição com base no art. 25 *caput*. Nesse sentido decidiu recomendar que, quando da aquisição de passagens aéreas sem realização de licitação, a fundamentação legal mais adequada é o *caput* do art. 25 da Lei nº 8.666/1993, alertando para a necessidade de se proceder à pesquisa de mercado com a finalidade de obtenção de tarifas promocionais.[1106]

[1101] BRASIL. Tribunal de Contas da União Processo nº TC-009.158/2001-5. Acórdão nº 558/2002 - 2ª - Câmara. Relator: Ministro Valmir Campelo. **Diário Oficial da União [da] República Federativa do Brasil**, Brasília, DF, 4 dez. 2002. Seção 1.

[1102] BRASIL. Tribunal de Contas da União Processo nº TC-019.237/2004-9. Acórdão nº 2.485/2006-1ª Câmara. Relator: Ministro Guilherme Palmeira. **Diário Oficial da União [da] República Federativa do Brasil**, Brasília, DF, 8 set. 2006. Seção 1.

[1103] DISTRITO FEDERAL. Tribunal de Contas. Processo nº 6.478/1994. Decisão nº 359/1995. Brasília, 10 de fevereiro de 1995. Disponível em: http//www.tc.df.gov.br. Acesso em 26 jan. 2011.

[1104] DISTRITO FEDERAL. Tribunal de Contas. Processo nº 6.728/1994. Decisão nº 5.193/1995. Brasília, 11 de maio de 1995. Disponível em: http//www.tc.df.gov.br. Acesso em 26 jan. 2011.

[1105] BRASIL. Tribunal de Contas da União Processo nº TC-625.200/95-0. Acórdão nº 73/98 - Plenário. Relator: Ministro Marcos Vinicios Vilaça, **Diário Oficial [da] República Federativa do Brasil**, Brasília, DF, 03 jun. 1998. Seção 1, p. 39.

[1106] DISTRITO FEDERAL. Tribunal de Contas. Processo nº 6.869/94. Decisão nº 4044/1995. Brasília, 18 abr. 1995. Disponível em: http://www.tc.df.gov.br. Acesso em 26 jan. 2011.

Na atualidade, porém, é uniforme o entendimento de que tais serviços devem ser licitados.

j) selos

As despesas com compra de selos de postagem devem ser classificadas também no *caput* do art. 25.[1107]

k) sistema de segurança bancária

O TCDF entende que sistema de segurança bancária pode ser contratado sem licitação, com base no art. 25, *caput*.[1108]

l) arrecadação de tributos

O serviço de arrecadar tributos correspondente à simples função de caixa, pode ser cometida a instituições bancárias sem licitação.

Note-se, por relevante, que não se trata no caso de delegar a cobrança de crédito tributário não pagos pois essa função de acordo com o art. 7º do Código Tributário Nacional só pode ser delegada a pessoa jurídica de decreto público.

2.16. vedação ao uso do art. 25, *caput*

- energia elétrica

Estabelece o art. 23, § 1º, da Lei nº 9.427, de 26 de dezembro de 1996, que, nas licitações "[...] destinadas a contratar concessões e permissões de serviço público e uso de bem público é vedada a declaração de inexigibilidade prevista no art. 25 da Lei nº 8.666/1993, de 21 de junho de 1993".

O dispositivo, dada a natureza da norma onde está inserido, destina-se a abranger todos os contratos direta ou indiretamente vinculados à energia elétrica. Trata-se de mera decorrência lógica de interpretação literal do art. 175 da Constituição Federal, frente ao inciso XXI do art. 37, conforme estamos sustentando desde 1994. Esse último dispositivo permite à lei abrir exceção ao processo licitatório, enquanto que aquele é taxativo: exige licitação e na modalidade concorrência, sem exceção.[1109]

1107 DISTRITO FEDERAL. Tribunal de Contas. Processo nº 1.995/96. Decisão nº 3.047/1996. Relator: Conselheiro Frederico Augusto Bastos. Brasília, 29 abr. 1996. Disponível em: http:// www.tc.df.gov.br. Acesso em 26 jan. 2011.

1108 DISTRITO FEDERAL. Tribunal de Contas. Processo nº 2.434/99(a). Disponível em: http://www.tc.df.gov.br. Acesso em 26 jan. 2011.

1109 Para maiores detalhes, consulte o subtítulo 5.2.6.: delegação de serviços públicos de forma direta sem licitação, do capítulo 3.

A Lei nº 9.074/1995[1110], previu a possibilidade de autorização para implantação de usina destinada a uso exclusivo do autoprodutor e o aproveitamento de potencial hidráulico até determinada potência e inclusive a dispensa de concessão, permissão ou autorização - art. 7º e 8º.

No que diz respeito à contratação do fornecimento de energia elétrica pela Administração Pública, esta é plenamente possível sem licitação, nos termos do art. 24, inciso XXII, da Lei nº 8.666/1993, comentada no subtítulo 23 do capítulo 5.

Com relação ao uso de bens, a norma está em plena consonância com a Constituição Federal.

3. Art. 25 - fornecedor exclusivo

Dispõe a Lei nº 8.666/1993, art. 25, *in verbis*:

> Art. 25. É inexigível a licitação quando houver inviabilidade de competição, em especial:
>
> I - para aquisição de materiais, equipamentos, ou gêneros que só possam ser fornecidos por produtor, empresa ou representante comercial exclusivo, vedada a preferência de marca, devendo a comprovação de exclusividade ser feita através de atestado[1111] fornecido pelo órgão de registro do comércio do local em que se realizaria a licitação ou a obra ou o serviço, pelo Sindicato, Federação ou Confederação Patronal, ou, ainda, pelas entidades equivalentes.

3.1. noções

Na legislação antecedente à edição da Lei nº 8.666/1993, o dispositivo em tela já se encontrava em vigor da forma epigrafada. Sua primeira origem

[1110] BRASIL. Lei nº 9.074 de 7 de julho de 1995. Estabelece normas para outorga para prorrogação das concessões e permissões de serviços públicos e dá outras providências. **Diário Oficial [da] República Federativa do Brasil**, Brasília, DF, 8 jul. 1995. Consulte, sobre a relação entre geradores de energia elétrica: MINISTÉRIO DE MINAS E ENERGIA. ANEEL. Resolução Normativa nº 417, de 23 de novembro de 2010. **Diário Oficial da União [da] República Federativa do Brasil**, Brasília, DF, 26 nov. 2010, Seção 1, p.118-121. Disciplina os procedimentos destinados à delegação de competência para a execução de atividades descentralizadas de apoio à regulação, controle e fiscalização dos serviços e instalações de energia elétrica, sob o regime de gestão associada de serviços públicos entre a União e os Estados ou o Distrito Federal.

[1111] TCU decidiu: "[...] No recebimento de atestados de exclusividade de fornecimento de materiais, equipamentos ou gêneros (art. 25, inciso I, da Lei nº 8.666/1993), adote medidas cautelares visando à assegurar a veracidade das declarações prestadas pelos órgãos e entidades eminentes [...]." BRASIL. Tribunal de Contas da União Processo nº TC-015.824/2001-0. Acórdão nº 223/2005 - Plenário. Relator: Ministro Marcos Bemquerer. **Diário Oficial da União [da] República Federativa do Brasil**, Brasília, DF, 17 mar. 2005.

advém do Decreto-Lei nº 200/67, repetida no Decreto-Lei nº 2.300/1986, que teve o meio de comprovação da exclusividade definido pelo Decreto nº 30/1991, na forma como hoje se encontra estabelecido.

É preciso, para a regularidade da contratação direta, que sejam integralmente acatadas as prescrições da lei, sob pena de sujeitar-se a autoridade decisória às penalidades do art. 89 da Lei nº 8.666/1993.

Tem-se vislumbrado várias irregularidades que podem ser classificadas em dois grupos: o primeiro abrangente da definição do objeto; o segundo, relacionado à forma de comprovação da exclusividade. Efetivamente, por vezes, seria viável a competição se não se tivesse estabelecido de forma restritiva a definição do objeto, afrontando o art. 3º, § 1º, da Lei nº 8.666/1993. Têm ocorrido, mais recentemente, outras situações ligadas diretamente ao meio de comprovar a exclusividade, pois para Estados e Municípios não havia disciplinamento a respeito, encontrando-se casos em que as certidões apresentadas não satisfazem o comando legal, como será visto.

3.2. requisitos

Os requisitos para que a contratação direta seja considerada legal são:

a) referentes ao objeto da contratação:
   - a.1. só pode ser referente a compras, não se permitindo para serviços ou obras;[1112]
   - a.2. não pode ser indicada marca do produto, em princípio.[1113]

b) referentes ao contratado:
   - b.1. deve ser fornecedor exclusivo do produto;
   - b.2. a exclusividade, dependendo do vulto da aquisição, pode ser somente no local.

c) referentes aos meios de comprovação:
   - c.1. a exclusividade deve ser comprovada por atestado ou certidão;[1114]

[1112] O TCU reiterou seu entendimento no sentido de que não se deve realizar a contratação de serviços com fundamento no inciso I do art. 25 da Lei de Licitações, já que este dispositivo é específico para a aquisição de materiais, equipamentos ou gêneros fornecidos por produtor, empresa ou representante comercial exclusivo. BRASIL. Tribunal de Contas da União Processo nº TC-001.829/2006-6. Acórdão nº 1057/2006 - 2ª Câmara. **Diário Oficial da União [da] República Federativa do Brasil**, Brasília, DF, 12 maio 2006, p. 115. **No mesmo sentido**: Processo nº TC-014.001/2004-2. Acórdão nº 1096/2007 - Plenário. **Diário Oficial da União [da] República Federativa do Brasil**, Brasília, DF, 11 jun. 2007, p. 85;

[1113] O TCU aplicou multa ao Prefeito que comprou leite em pó por exclusividade, pois há no mercado inúmeras marcas de leite em pó que possivelmente atendessem as especificações do Programa. BRASIL. Tribunal de Contas da União Processo nº TC-400.100/96-7. Decisão nº 56/1999 - 2ª Câmara. Relator: Ministro Valmir Campelo. **Diário Oficial [da] República Federativa do Brasil**, Brasília, DF, 22 mar. 1999. Seção 1, p. 46/47.

c.2. a certidão deve ser expedida por um dos seguintes órgãos:

- junta comercial;
- sindicato, federação ou confederação patronal;
- entidade equivalente.

3.2.1. o objeto do contrato

A autorização legal para declarar inexigível a licitação restringiu-se, nesse inciso, aos casos de compras.[1115] Serviços e obras não foram abrangidos nessa hipótese, sendo pacífica a jurisprudência a respeito.[1116]

Nesse sentido, destaca-se o Processo nº TC-001.339/93-1, em cujo voto do Ministro Relator, Luciano Brandão, ficou assentado que, à vista das regras constantes do inciso I do art. 23 do Decreto-Lei nº 2.300/1986:

> [...] mantidas integralmente no novo Estatuto das Licitações e Contratos (Lei nº 8.666/93, art. 25, I) - não resta dúvida de que a exclusividade ali contemplada não inclui a prestação de serviços, limitando-se à aquisição de materiais, equipamentos ou gêneros.[1117]

Esse entendimento foi reafirmado pelo Tribunal de Contas da União, no voto do Ministro Homero Santos, quando asseriu que:

> Há de se ressaltar, de plano, que é indevida a fundamentação utilizada para o procedimento, pois o referido dispositivo legal - art. 25, inc. I - restringe a inexigibilidade somente

---

[1114] O TCU decidiu: "[...] A administração deve tomar as seguintes precauções antes de licitar: O atestado fornecido por um sindicato ou junta comercial não basta para comprovar a inviabilidade de competição; A administração deve se cercar de cautelas averiguando a veracidade das informações contidas nas declarações; As declarações emitidas por sindicatos ou por juntas comerciais nada mais representam do que atestado de existência de uma carta de exclusividade, nada garantindo acerca da veracidade do contido na carta [...]." BRASIL. Tribunal de Contas da União. Processo nº TC-008.818/2003-0. Acórdão nº 838/2004 - Plenário. Relator: Ministro Ubiratan Aguiar. **Diário Oficial da União [da] República Federativa do Brasil**, Brasília, DF, 8 set. 2004. Seção 1.

[1115] O TCU, em decisão isolada e não representativa da sua jurisprudência, no Processo nº TC-300.061/95-1, que gerou a Decisão nº 63/1998 - Plenário, admitiu-se, equivocadamente, o enquadramento também de serviços. Publicação no Diário Oficial da União de 17 de março de 1998, Seção 1, p. 64.

[1116] A contratação direta dos serviços de manutenção preventiva e corretiva dos equipamentos do laboratório INMETRO não encontra amparo legal, mesmo que se trate de representante exclusivo no País. Decisão s/n adotada em consulta, Processo nº TC-019.535/90-2, publicada no Diário Oficial da União em 14 de janeiro de 1991, Seção 1, p. 967.

[1117] BRASIL. Tribunal de Contas da União. Processo nº TC-001.339/93-1. Decisão nº 448/1993 - Plenário. Relator: Ministro Luciano Brandão Alves de Sousa. **Diário Oficial [da] República Federativa do Brasil**, 26 out. 1993. Seção 1, p. 16025. **No mesmo sentido**: Processo nº TC-001.339/93-1. Decisão nº 17/1994 - Plenário.

> para os casos de compras, não sendo abrangidos, na hipótese, os serviços, como ocorrido na espécie e as obras.[1118]

Compras, no caso, toleram a contratação da manutenção do equipamento, como acessório da aquisição referente à garantia técnica, mas não se admite a contratação, de forma autônoma, do agente autorizado a prestar assistência técnica,[1119] ou se vencido o prazo de garantia de fábrica. Ainda assim, o contrato não existe de forma independente, constituindo mero acessório ou cláusula da venda por tempo restrito e preços muito módicos.

3.2.2. a possibilidade jurídica de indicar marcas

Boa parte da doutrina considera essencial que o produto seja definido com características exclusivas, tendo em conta o panorama dos grandes centros. Parece mais acertado, contudo, que a noção de exclusividade seja associada ao fornecedor do produto pretendido pela Administração do que ao objeto direto. Nesse sentido, pode ocorrer que um determinado produto, onde sejam aceitas várias marcas como satisfatórias, só encontre um fornecedor na localidade. Exemplifica-se com um fato ocorrido em município do Estado de Goiás, onde só havia uma empresa vendedora de máquinas de escrever e calcular. Assim, independentemente da marca ou produto dessa natureza que se pretendesse, a loja seria o fornecedor exclusivo na localidade.

Antes da decisão de licitar ou declarar a inexigibilidade - art. 25, inc. I, da Lei nº 8.666/1993 - e da própria aquisição, os órgãos da Administração devem providenciar a descrição do objeto pretendido com sua adequada caracterização e de todos os respectivos atributos.

Qual a gramatura e composição de um papel branco e resistente para a datilografia e outro, amarelado e que rasga com facilidade? Como descrever um lápis que escreve escuro e não quebra a ponta com facilidade e outro que não escreve? Esses singelos exemplos demonstram que, mesmo para simples objetos, é necessário um grau de conhecimento técnico para descrevê-los e para, no recebimento, certificar-se da qualidade do produto adquirido.

[1118] BRASIL. Tribunal de Contas da União.Processo nº TC-300.061/95-1. Decisão nº 397/1996 - Plenário. Relator: Ministro Homero Santos. **Diário Oficial [da] República Federativa do Brasil**, Brasília, DF, 23 jul. 1996. Seção 1, p. 13651. Excerto do voto proferido nos autos.

[1119] DISTRITO FEDERAL. Tribunal de Contas. "[...] No decurso de ambas peças de defesa, observa-se a assunção de falha ocorrida no enquadramento da prestação sob exame, isto é, no inciso I, art. 25 da Lei nº 8.666/1993 visto que tal dispositivo em si contempla apenas compra. Obtempera-se, todavia, ser factível a inexigibilidade de licitação também na prestação de serviços técnicos especializados, como assim dispôs o Tribunal de Contas do DF, por meio da sua Decisão Normativa nº 003/94, de 15.12.94, transcrita pela Instrução nº 3, de 15.12.94. [...]." Processo nº 3.494/96. Parecer MP/TCDF nº 30.017/98. Disponível em: http://www.tc.df.gov.br. Acesso em 26 jan. 2011.

A estrutura legislativa atual, pouco conhecida e compreendida, mas muito criticada, constituiu um aprimoramento da normatização anterior, permitindo superar diversos óbices ao controle da Administração Pública. Efetivamente, a Lei de Licitações não está isenta de críticas, mas é uma obra nitidamente nacional constituída sob a égide de uma época que buscou normatizar, como forma de corrigir distorções, e apresenta avanços nas mais diversas ramificações que o tema comporta.

Hoje, a Administração pode adquirir produtos exigindo especificação completa do bem de acordo com as regras de ergonomia, estabelecer testes[1120] laboratoriais por conta do contratado[1121] ou até mesmo exigir que o licitante apresente amostras do produto,[1122] garantindo-se ao licitante o direito à contraprova.[1123] Tudo em nome da qualidade! Cabe, todavia, ressaltar que o Administrador deverá sempre ter em mente o interesse público e procurar resguardar-se em relação a interesses escusos por trás de grandiosas ofertas particulares, que venham a comprometer os princípios da licitação.[1124]

Cumpre, antes de examinar detidamente a questão da possibilidade ou não da indicação de marca,[1125] firmando o entendimento de que equivale à

[1120] O TCU decidiu pela legalidade de teste de produto por pré-qualificação, como critério para definir licitação. BRASIL. Tribunal de Contas da União. Processo nº TC-003.289/95-8. Decisão nº 491/1995 - Plenário. Relator: Ministro Iram Saraiva. **Diário Oficial [da] República Federativa do Brasil**, Brasília, DF, 10 out. 1995. Seção 1, p.1594.

[1121] BRASIL. **Lei nº 8.666/93 (Versão Bolso).** Organização dos textos e índice por J. U. JACOBY FERNANDES. 12. ed. amp., rev. e atual. Belo Horizonte: Fórum, 2010. Confira o art. 75. Contando a seu favor com um moderno código de defesa do consumidor, um instrumento que não pode ser olvidado, além das severas penalidades que pode impor ao contratante desonesto ou inidôneo.

[1122] O Edital exigia entrega de amostra para análise. A análise reprovou os produtos e, como o licitante não impugnara o edital, o procedimento foi julgado regular. BRASIL. Tribunal de Contas da União. Processo nº TC-650.049/98-5. Decisão nº 877/1998 - Plenário. Relator: Ministro Humberto Guimarães Souto. **Diário Oficial [da] República Federativa do Brasil**, Brasília, DF, 30 dez. 1998. Seção 1, p. 224.

[1123] O TCU entendeu ser conveniente que o órgão respeite o direito dos licitantes à "contraprova", tendo em vista as garantias inerentes à ampla defesa e ao contraditório, previstas no inciso LV do art. 5º da Constituição Federal/1988. BRASIL. Tribunal de Contas da União. Processo nº TC-350.333/97-1. Decisão nº 485/1998 - Plenário. Relator: Ministro-Substituto José Antônio Barreto de Macedo. **Diário Oficial [da] República Federativa do Brasil**, Brasília, DF, 10 ago. 1998. Seção 1, p. 27.

[1124] Com a intenção de testar determinado produto, o SLU/DF firmou, com uma empresa alemã, contrato de comodato para utilização gratuita de 535 contêineres, obrigando-se ao pagamento do transporte e taxas de desembaraço alfandegário e ainda, se aprovado o produto, a realizar o competente processo licitatório para aquisição do produto testado, com claros indícios de direcionamento. DISTRITO FEDERAL. Tribunal de Contas. Processo nº 6.363/1995. Decisão nº 5614/1997. Brasília, DF, 26 de agosto de 1997. Disponível em: http://www.tc.df.gov.br. Acesso em 26 jan. 2011.

[1125] BRASIL. Tribunal de Contas da União. Processo nº TC-005.512/2005-2. Acórdão nº 828/2006 - 1ª Câmara. Relator: Ministro Guilherme Palmeira. **Diário Oficial da União [da] República Federativa do Brasil**, Brasília, DF, 10 abr. 2006. Seção 1.

indicação de marca a indicação de produto com características exclusivas.[1126] No segundo caso, se está mascarando uma condição essencial da aquisição, decorrendo, portanto, as mesmas consequências que poderão advir se o fato for irregular.[1127]

É possível, licitamente, indicar a marca do produto pretendido? O saudoso mestre Hely Lopes Meirelles, em escólio a dispositivo similar ao Estatuto de Licitações anterior, entendia pela admissibilidade. Posteriormente o entendimento foi modificado, nos seguintes termos:

> Nas edições anteriores, o Autor defendia a possibilidade de escolha de marca desde que, em processo regular de padronização ou uniformização, a Administração demonstrasse cabalmente as vantagens econômicas, técnicas ou administrativas do uso de produto de determinada marca. Neste caso, a continuidade de marca poderia ser conveniente, justificando a inexigibilidade da licitação. Todavia a lei não mais permite a dispensa de licitação para a aquisição de produtos padronizados, salvo materiais de uso pessoal e administrativo. Nestas condições, o raciocínio do Autor só pode prevalecer quando a escolha da marca, devidamente justificada, visa a garantir a uniformização de produtos estratégicos destinados ao apoio logístico dos meios navais, aéreos e terrestres.[1128]

A padronização é possível tanto para a aquisição de novos produtos quanto para dar continuidade a um "sistema" já implantado.[1129] A segunda hipótese, que ocorreu em determinado município, passou-se nos seguintes termos: a Secretaria de Administração, com o intuito de não fracionar um

---

[1126] O TCU julgou irregular porque não se encontrava nos autos qualquer indicação de que o equipamento comprado fosse o único no mercado nacional a atender as especificações requisitadas, ao contrário, as especificações técnicas solicitadas são compatíveis com qualquer marca de impressora a laser. BRASIL. Tribunal de Contas da União. Processo nº TC-025.590/92-8. Decisão nº 704/1998 - Plenário. Relator: Ministro José Antonio B. de Macedo. **Diário Oficial [da] República Federativa do Brasil**, Brasília, DF, 23 out. 1998. Seção 1, p. 31/34.

[1127] BRASIL. Tribunal de Contas da União. Processo nº TC-008.595/1999-2. Acórdão nº 452/2001 - 1ª Câmara. Relator: José Antônio Barreto de Macedo. **Diário Oficial [da] República Federativa do Brasil**, Brasília, DF, 9 ago. 2001. Seção 1.

[1128] MEIRELLES, Hely Lopes. **Curso de direito administrativo**. 32ª ed. São Paulo: Malheiros, 2006, p. 285.

[1129] O TCU acolheu a tese, quanto à exigência da marca Motorola, visando obter compatibilidade entre o aparelho atual e aquele que viria a ser adquirido. BRASIL. Tribunal de Contas da União. Processo nº TC-625.299/92-2. Decisão nº 549/1992 - Plenário. Relator: Ministro Paulo Affonso Martins de Oliveira. **Diário Oficial [da] República Federativa do Brasil**, Brasília, DF, 08 dez. 1998. Seção 1, p. 16929. **No mesmo sentido**: Processo nº TC-004.809/1999-8. Decisão nº 695/1999 - Plenário. Relator: Ministro Marcos Vinicios Vilaça. **Diário Oficial [da] República Federativa do Brasil**, Brasília, DF, 08 nov. 1999. Seção 1, p. 49-50. Em sentido contrário: TCU. Processo nº TC-010.194/2004-9. Acórdão nº 2098/2006 - 1ª Câmara. **Diário Oficial da União [da] República Federativa do Brasil**, Brasília, DF, 4 ago. 2006. Seção 1.

processo licitatório, promoveu a aquisição de máquinas de escrever numa grande quantidade, promovendo a alienação de velhas máquinas, verdadeiramente obsoletas. Em seguida, necessitou adquirir novas máquinas e aproveitou o contrato anterior, que ainda estava em curso pela pendência de entrega de algumas unidades e, na forma do art. 65, § 1º, da Lei nº 8.666/1993, acresceu mais 25% à quantidade inicialmente comprada. Dois anos após, tencionando promover novas aquisições, decidiu adotar a mesma marca da já existente, a título de padronização. O procedimento foi correto, tendo faltado apenas um estudo técnico,[1130] indicativo de que o produto atendia às necessidades da Administração e das vantagens econômicas dessa medida para a municipalidade. Vem à reflexão questionar se seria lícito preterir produtos já existentes, com requisitos de satisfação já comprovados, estando ele disponível para promover uma compra de similar, que não atenderia plenamente às necessidades da Administração. Ora, a Lei nº 8.666/1993 permite a Administração ser eficiente e eficaz se for bem empregada, bastando que o intérprete conte com o interesse de cumpri-la efetivamente.

A padronização pode ter várias vantagens, como o treinamento dos servidores para o manuseio do equipamento, barateamento do custo de manutenção pela compra de peças de reposição com economia de escala e facilidade de substituição. Há, em alguns casos, desvantagens, como impedir o avanço tecnológico e submeter as aquisições a um campo restrito de fornecedores, facilitando a formação de cartéis. Entre esses extremos, deve a decisão pela padronização refletir a prevalência do interesse público, dos princípios da eficiência, da economicidade,[1131] da impessoalidade, entre outros,

---

[1130] a) "[...] A padronização deve ser objeto de competente processo administrativo, aberto e instruído com toda transparência e conduzido por uma comissão especial. [...] Devem fazer parte desse processo todos os elementos indispensáveis à comprovação da necessidade da padronização da necessidade para justificar as suas vantagens, tais como estudos, pareceres, perícias, laudos, relatórios etc., conforme o caso concreto." **Boletim de licitações e contratos** - BLC, São Paulo: NDJ, n. 02, fev./98, p. 107. Neste sentido o TCU firmou entendimento voltado à aquisição de *software* livre pela Administração: BRASIL. Tribunal de Contas da União. Processo nº 004.193/2001 - 1. Acórdão nº 1713/2003 - Plenário. **Diário Oficial da União [da] República Federativa do Brasil**, Brasília, DF, 21 nov. 2003. Seção 1.

b) O TCU determinou: "[...] efetuar, nas contratações que considere inexigível o procedimento licitatório por padronização, estudos técnicos que justifiquem tal situação, atentando para a existência prévia de objetos a ser padronizados e da necessidade futura de permanência de utilização do mesmo. [...]." BRASIL. Tribunal de Contas da União. Processo nº TC-013.661/2003-0. Acórdão nº 740/2004 - Plenário. Relator: Ministro Walton Alencar Rodrigues. **Diário Oficial da União [da] República Federativa do Brasil**, Brasília, DF, 18 jun. 2004. Seção 1.

[1131] A Secretaria Municipal de Abastecimento realizara três concorrências para aquisição do mesmo objeto - aquisição de bolo - que se diferenciavam apenas pelo sabor. Uma empresa representou contra estes atos alegando ofensa ao princípio da padronização, previsto no art. 15, inc. I da Lei nº 8.666/93 e ainda da economicidade, haja vista a multiplicação desnecessária de dispendiosos expedientes administrativos com a realização de múltiplas concorrências, além do fato de o órgão estar estabelecendo distinção em virtude de

e, se contrariá-los, os responsáveis poderão ser questionados pelas Cortes de Contas e condenados a ressarcir o erário pelo resultado danoso do ato.[1132]

J.C. Mariense Escobar aduz que:

> [...] minha experiência como Prefeito Municipal de São Borja convenceu-me ser vantajoso para as administrações municipais de pequeno e médio porte possuírem um parque de máquinas rodoviárias padronizado, de características técnicas peculiares à determinada marca, o que facilita sua manutenção, que se realiza a custos menores, inclusive nas compras de peças de reposição.[1133]

A questão só se mostra temerária, na atualidade, porque os órgãos de controle foram dotados de competência para avaliar os atos praticados em toda sua extensão, com possibilidade de questionar a decisão sob o aspecto da eficiência, da economicidade, da legalidade e da legitimidade. Esse amplo espectro da ação do controle pelos Tribunais de Contas invade o, até então, inquestionável mérito do ato administrativo para verificar não só sua conformidade com o interesse público, mas também quanto a ser a prática a melhor forma de satisfazê-lo, ou não.

Fato ilustrativo ocorreu em consulta formulada pelo Supremo Tribunal Federal ao pretender manter a padronização na aquisição de veículos de seis cilindros para uso de representação, merecendo os seguintes posicionamentos:

> [...] decorre, essa opção, das características de espaço interno, robustez de desempenho e segurança, compatíveis com a natureza do serviço e o grau de representação de autoridade a cuja disposição seriam colocados os veículos;

Examinando o fato, entendeu o Ministério Público junto ao TCU que:

> [...] a justificativa da padronização também, no caso, não é motivo inarredável, posto que improvável a existência de

---

circunstâncias irrelevantes, no caso o sabor. Os procedimentos foram posteriormente revogados por outros fatores e o processo arquivado. Nada obstante, o Tribunal determinou à Origem " [...] que passe a observar em todos os procedimentos licitatórios, além das normas legais que regem a matéria, os benefícios decorrentes da economia de escala, em função da maior quantidade a ser adquirida, em uma única vez, de produto possuidor das mesmas características, tudo no objetivo de ver cumprido o princípio da eficiência, previsto no art. 37 da Constituição Federal. [...]". SÃO PAULO. Tribunal de Contas do Município. Processo nº 72-003.981.97-07. Relator: Conselheiro Roberto Braguim. São Paulo, 23 ago. 2000. Jurisprudência coligida pelo Conselheiro Antonio Carlos Caruso, Presidente do TCM/SP, em 02 maio 2002, encaminhada ao autor pelo Ofício SSDG-GAB nº 0445/2002.

[1132] "Mesmo após a efetiva padronização, poderá haver vários interessados que possam fornecer o material da marca padronizada e, se assim o for, anote-se que, em havendo a viabilidade de competição, necessária será a realização de certame licitatório." **Boletim de licitações e contratos - BLC**, São Paulo: NDJ, n. 02, fev./98, p. 107.

[1133] ESCOBAR, J. C. Mariense. **Licitação, teoria e prática**. Porto Alegre: Livraria do Advogado, 1993, p. 85.

> vantagens econômicas, técnicas ou administrativas em dar-se continuidade à aquisição de veículos que, como aqueles da antiga frota (mod. Opala-Diplomata), possuem motores de seis cilindros.

E, arremata o ilustre Procurador-Geral daquele *parquet*, que "a padronização, baseada exclusivamente nessa característica do motor, leva-nos a concluir que seria bastante desvantajosa para a Administração".

Em linha diametralmente oposta, votou o Ministro Relator, Luciano Brandão, acentuando que seria possível a indicação do número de cilindros, acolhendo a justificativa que amparava a consulta e pronunciando-se no seguinte sentido:

> Acreditamos, portanto, que o STF, dentro de suas disponibilidades orçamentárias, poderá adquirir veículos de representação com as características julgadas indispensáveis, em termos de espaço interno, robustez de desempenho e segurança. Para tanto, promoverá o indispensável certame licitatório, em circunstâncias que viabilizem o seu caráter competitivo. Não vislumbramos no elemento 'motor de seis cilindros' impedimento ou obstáculo à obtenção de propostas junto ao mercado concorrente, onde atuam livremente os possíveis e numerosos fornecedores (fabricantes, revendedores, agências especializadas, representações etc.), cada qual com seu nível de competição.[1134]

Insta ressaltar que, em seu voto, acolhido pelo Plenário daquela Corte de Contas, foi considerada a possibilidade dessa padronização, tendo em conta o nível da representatividade nacional daquelas autoridades as quais se destinavam os referidos veículos. É óbvio que, para outras autoridades, tais características seriam incompatíveis com o seu grau de representação.

Em outro caso, o colendo Tribunal de Contas da União, em processo de prestação de contas, cientificado da aquisição de veículos sem licitação, solicitou da unidade gestora esclarecimentos, tendo sido informado que a mesma ocorreu diretamente do fornecedor, porque havia o interesse na padronização dos veículos do órgão. Reconhecendo como legítimo o ato de padronização, entendeu que o mesmo não encontrava amparo em lei, visto que havia sido enquadrado em outro dispositivo legal que não o agora em comento.

[1134] BRASIL. Tribunal de Contas da União. Processo nº TC-018.783/93-7. Decisão nº 147/1994 - Plenário. Relator: Ministro Luciano Brandão. **Diário Oficial [da] República Federativa do Brasil**, Brasília, DF, 11 abr. 1994. Seção 1, p. 5180.

Ressalte-se que a aquisição foi de apenas quatro unidades para complementar uma frota já constituída, ficando cabalmente provada a ausência de dolo ou má-fé e de prejuízo ao erário, bem como a plena satisfação ao fator economicidade. Tais motivos fundamentaram a decisão daquele colegiado a aceitar a justificativa, não imputando responsabilidade ao gestor.[1135] Esse fato narrado é ilustrativo da importância de se promover o adequado enquadramento legal dos atos praticados, além de evidenciar que aquela Corte promove uma avaliação ampla do ato, sob os aspectos da legalidade, legitimidade e economicidade.

A insegurança para definir ostensivamente uma marca é por isso mesmo compreensível, mas não pode inibir a ação do agente público quando essa for a alternativa mais adequada para alcançar com eficiência e eficácia a satisfação do interesse público. Mas, quais as cautelas e limites que devem contornar a decisão?

A resposta poderia encontrar seu equacionamento nas seguintes diretivas:

a) a palavra marca aparece apenas três vezes na lei, sendo que em todas vedando-se a sua indicação, e apenas em uma admitindo-a como exceção. No art. 15, § 7º, inciso I, e no art. 25, inciso I, veda-se a indicação de marca, e, no art. 7º, § 5º, admite-se, em caráter excepcional, em duas hipóteses:
   a.1. quando se tratar de caso tecnicamente justificável;[1136]
   a.2. quando se tiver em conta a execução por administração contratada, regime de execução vetado na sanção da lei, e, portanto, inexistente;[1137]

b) a justificativa para a indicação de marca deverá, como se insere no único dispositivo que baliza o assunto, amparar-se em motivos de ordem técnica, como tal entendido o alinhamento de fatores impessoais e que tenham um fundamento científico;

c) a especialização do conhecimento humano e o fato de que várias áreas da ciência constituem, na atualidade, profissões regulamentadas

---

[1135] BRASIL. Tribunal de Contas da União. Processo nº TC-449.038/93-9. Acórdão nº 562/1994 - 1ª Câmara. Relator: Ministro Olavo Drummond. **Diário Oficial [da] República Federativa do Brasil**, Brasília, DF, 21 dez. 1994. Seção 1, p. 20114.

[1136] Peças de reposição podem ser indicadas com marca. A informação da economicidade por servidores justifica a indicação de características. BRASIL. Tribunal de Contas da União. Processo nº TC-500.134/93-6. Decisão nº 132/1997 - Plenário. Relator: Ministro Bento José Bugarin. **Diário Oficial [da] República Federativa do Brasil**, Brasília, DF, 15 abr. 1997. Seção 01, p. 7438/39.

[1137] Porque a alínea "c" do inciso VIII do art. 6º da Lei nº 8.666/93, que previa esse regime de execução, foi vetada.

por diplomas legais[1138] são fatores que indicam que a justificativa técnica deverá preencher os rigores da lei, devendo ser documentada,[1139] quando se tratar de área de ciência autônoma, mediante laudo pericial circunstanciado. Em se tratando de equipamento eletrônico, por um engenheiro da especialidade que não apenas descreva a característica pretendida e considerada essencial para a Administração, quanto demonstre que as outras marcas não a ostentam, acrescentando, inclusive, porque essa peculiaridade é essencial;

d) rigor recomendado para a justificativa resultará em proveito do agente que o adota, na medida em que tornará transparente a motivação do ato e reforçará a fundamentação da decisão. Ademais, nessa seara é imperioso que a demonstração das razões do convencimento fique documentada, porque está se afastando da órbita o princípio da isonomia, fundamental em sede de licitações;
e) laudo pericial que conclui pela indicação da marca deve fazer parte integrante do processo ou ficar junto do edital original quando for o caso de realização do processo licitatório;
f) se o parecer técnico indicar a necessidade de se adotar determinada marca, deverá a Administração indicá-la ou apresentar as respectivas características exclusivas daquela determinada marca? A resposta deverá levar em consideração o fato concreto, mas, em princípio, parece mais razoável que sejam indicadas as características que levaram à designação da marca, fazendo alusão à mesma, seja entre parênteses, seja anunciando as características e anunciando a marca seguida da expressão ou similar. Tal recomendação tem por

[1138] Por exemplo: Nutricionista: Lei nº 8.234 de 17 de setembro de 1991. Regulamenta a profissão de nutricionistas e determina outras providências. **Diário Oficial [da] República Federativa do Brasil**, Brasília, DF, 18 set. 1991; Químico: Lei nº 2.800, de 18 jun. 1956. Cria os Conselhos Federal e Regionais de Química, dispõe sobre o exercício da profissão de químico, e dá outras providências. **Diário Oficial [da] República Federativa do Brasil**. Brasília, DF, 25 jun. 1956; Lei nº 5.530, de 13 nov. 1968. Dispõe sobre o exercício da profissão de químico pelos portadores de carteira expedida pelo Ministério do Trabalho e providência social até o advento da Lei nº 2.800, de 18 jun. 1956. **Diário Oficial [da] República Federativa do Brasil**, Brasília, DF, 09 abr. 1968 e Decreto nº 85.877, de 7 abril de 1981. **Diário Oficial [da] República Federativa do Brasil**, Brasília, DF, 09 abr. 1981.

[1139] O TCU determinou que se evitasse a inclusão de expressões que caracterizem, na prática, preferência por marca devendo, nos casos em que for imprescindível, fazer constar dos respectivos processos, previamente ao lançamento do edital, a justificativa técnica. BRASIL. Tribunal de Contas da União. Processo nº TC-013.992/96-1. (Apensos: TC nºs 005.144/96-5; 010.407/96-0; 011 e 011.333/96-0). Decisão nº 103/1998 - Plenário. Relator: Ministro Bento José Bugarin. **Diário Oficial [da] República Federativa do Brasil**, Brasília, DF, 30 mar. 1998. Seção 1, p. 72.

fundamento o fato de que, não raro, os meios técnicos são surpreendidos com um produto novo que apresenta características similares e, às vezes, melhores do que o já conhecido. Contudo, se, mesmo existindo outro similar, a Administração só se satisfizer com a marca, esta deverá ser expressamente indicada, ao invés das características exclusivas, posto que não deve o Administrador praticar ato simulado;[1140]

g) a mera indicação de marca pode ou não levar à inexigibilidade de licitação. Haverá inexigibilidade se, na localidade, só houver um fornecedor daquele produto e, do contrário, a licitação será obrigatória.[1141]

Em todas as oportunidades que teve de examinar a descrição do objeto com características exclusivas ou com indicação de marca, tanto o TCU, como os demais Tribunais de Contas, buscaram confrontar a razoabilidade dessa restrição à competitividade com o interesse público. Com sabedoria e cautela, equacionaram os princípios da isonomia na medida da desigualdade indispensável à satisfação eficiente do interesse público.

Pela clareza, destaca-se o teor da seguinte recomendação do plenário do TCU dirigida ao Serviço Brasileiro de Apoio às Micro e Pequenas Empresas - SEBRAE:

> 8.2.1. faça constar dos processos licitatórios a competente justificativa técnica, cujo objeto inclua bens e serviços sem similaridade ou de marcas, características e especificações exclusivas, consoante o disposto no § 5º do art. 7º da Lei nº 8.666/93.[1142]

[1140] O TCU recomendou não fazer referências nas definições dos objetos a quaisquer marcas de produtos, mesmo que seguidas da expressão "ou similar", exceto se inexistir outra maneira para definição do objeto desejado e desde que o similar seja de fato aceito pela administração. BRASIL. Tribunal de Contas da União. Processo nº TC-013.992/96-1. (Apensos: TC nºs 005.144/96-5; 010.407/96-0; 011 e 011.333/96-0). Decisão nº 103/1998 - Plenário. Relator: Ministro Humberto Guimarães Souto. **Diário Oficial [da] República Federativa do Brasil**, Brasília, DF, 30 mar. 1998. Seção 1, p. 71/72.

[1141] Nesse sentido, o TCU decidiu: "[...] 9.3.5. atentar para os fatos de a exclusividade citada no art. 25, inc. I, da Lei 8.666/93 ser acompanhada de vedação à preferência de marca, e de somente ser admitida quando restar suficientemente demonstrado que determinado produto é o único que atende efetivamente às necessidades da entidade [...]." BRASIL. Tribunal de Contas da União. Processo nº TC-010.055/2003-7. Acórdão nº 2505/2006 - 2ª Câmara. **Diário Oficial da União [da] República Federativa do Brasil**, Brasília, DF, 08 set. 2006, p. 119.

[1142] BRASIL. Tribunal de Contas da União. Processo nº TC-012.431/95-8. Decisão nº 530/1995 - Plenário. Relator: Ministro Bento José Bugarin. **Diário Oficial [da] República Federativa do Brasil**, Brasília, DF, 31 out. 1995. Seção 1, p. 17332.

3.2.3. boas práticas

Quatro boas práticas de gestão podem ser destacadas:

a) banco de qualidade;

b) caderno de especificações;

c) exigência de amostras de produtos;

d) padronização.

3.2.3.1. exigência de amostras do produto

Um dos temas polêmicos, na licitação, é a possibilidade de ser exigida, ou não, amostra do produto. Com frequência apontam os menos atentos a existência de acórdãos controvertidos sobre o assunto, nos Tribunais de Contas.

A controvérsia se esgota com o exame detido dos julgados, evidenciando a possibilidade da adoção dessa sistemática quando for observado o seguinte:

a) a descrição do produto, bem como dos critérios que serão aferidos na amostra, não pode ser subjetiva, isto é, não contrastável pelo senso comum mediano;

b) a amostra do produto não pode ser exigida como condição de habilitação do licitante, pois nessa fase são aferidas, em princípio, as condições do licitante e não do objeto que oferece;

c) a exigência da amostra encontra arrimo jurídico na primeira parte do art. 43, inc. IV, da Lei nº 8.666/1993, quando determina que a Comissão de Licitação deverá, na fase de julgamento da proposta, "verificar a conformidade de cada proposta com os requisitos estabelecidos no edital". Esse é o momento jurídico mais adequado para a Comissão verificar se o produto que o agente pretende oferecer é efetivamente o pretendido pela Administração. No caso do "pregão" a apresentação da amostra ocorrerá com fundamento no art. 4º, inc. XV, da Lei nº 10.520/02;

O Tribunal de Contas da União firmou entendimento, extensível a Estados, Distrito Federal e Municípios, no sentido de que a amostra do produto deve ser exigida apenas do vencedor do certame, provisoriamente classificado em primeiro lugar. Após o exame da amostra, se fez a adjudicação do objeto ao vencedor.[1143]

[1143] BRASIL. Tribunal de Contas da União. Processo nº TC-001.103/2001-0. Acórdão nº 1237/2002 - Plenário. Relator: Ministro Walton Alencar Rodrigues. **Diário Oficial da União [da] República Federativa do Brasil**, Brasília, DF, 27 set. 2002. Seção 1. **No mesmo sentido**: Processo nº 009.124/2002-5. Acórdão nº 491/2005 -

d) a apreciação das amostras, se possível, deve ser feita em sessão pública, com a presença dos licitantes interessados. Observe-se que não há prescrição legal nesse sentido, sendo razoável a adoção do procedimento proposto com base nos princípios agasalhados pela Lei nº 8.666/1993.

Uma vez testada a amostra, sempre que possível deve ser ela guardada pela Administração para confronto de sua "qualidade" com a dos produtos que vierem a ser entregues.[1144]

3.2.3.2. padronização de produtos e marcas

É sabido que a padronização de bens e produtos constitui uma possibilidade legal de indicar marca ou características exclusivas.

As dúvidas só ocorrem, na prática da aplicação da norma, quanto aos limites dessa padronização e se, em determinado caso concreto, a justificativa é ou não aceitável.

De forma bastante objetiva, sobre a padronização, pode-se asseverar o seguinte:

1. é um princípio para compras, obras e serviços;[1145]
2. é admitida e recomendada pela lei;
3. não pode ser imposta de forma açodada ou sem justificativa, conforme jurisprudência dos Tribunais de Contas.[1146]

A padronização não é só um princípio, mas, no âmbito das compras, o que foi erigido em precedência pelo legislador, posto que sua operacionalização é evidentemente muito mais factível em relação a compras do que a obras e serviços.

O segundo postulado enfatiza ser a padronização uma recomendação da lei, condicionada apenas à sua possibilidade de implantação. Nesse ponto em

---

Plenário. Relator: Ministro Marcos Bemquerer Costa. **Diário Oficial da União [da] República Federativa do Brasil**, Brasília, DF, 09 maio 2005. Seção 1.

No processo nº 020.725/2004-8, o TCU relevou a exigência de amostra de todos os licitantes, mas fez recomendação para, no futuro, seguir o entendimento firmado no Acórdão nº 1.237/2002. Q. Cfr. Acórdão nº 526/2005 - Plenário. Relator: Ministro-substituto Lincoln Magalhães da Rocha. **Diário Oficial da União [da] República Federativa do Brasil**, Brasília, DF,12 maio 2005.

[1144] Possuem prescrições nesse sentido: Código Civil; Código de Processo Civil; Constituição Federal. Organização de Yussef Said Cahali. 4ª ed. São Paulo: RT, 2002; e Código de Defesa do Consumidor: Lei nº 8.078, de 11 de setembro de 1990. **Diário Oficial [da] União**, Brasília, DF, 12 set. 1990. Art. 18.

[1145] Para compras: art. 15, inc. I; para obras e serviços: art. 11, ambos da Lei nº 8.666/93.

[1146] BRASIL. Tribunal de Contas da União. Processo nº TC-425.069/93-1. Acórdão nº 305/1996 - 2ª Câmara. Relator: Ministro Paulo Afonso Martins. **Diário Oficial [da] República Federativa do Brasil**, Brasília, DF, 30 maio 1996. Seção 1, p. 9450.

particular, merece destaque o fato de a Lei nº 8.666/1993, no *caput* do art. 15, ter estabelecido "as compras, sempre que possível, deverão". Com esse comando legal, restringiu-se, inclusive, o poder discricionário dos agentes da Administração, que não ficam livres para considerar conveniência e oportunidade, mas simplesmente se é ou não possível padronização.

Na jurisprudência dos Tribunais, há registro de alguns episódios nos quais a indicação da marca, fundada na padronização, não foi aceita, simplesmente porque não era justificável.

Um caso concreto elucidará a questão: um determinado Tribunal Regional do Trabalho promoveu a aquisição de um veículo, tipo ambulância, com indicação de marca. Por inexistir justificativa no processo, o Tribunal de Contas da União solicitou-a da respectiva autoridade responsável pelo ato, quando obteve a resposta quase lacônica de que a indicação de marca decorreu de "padronização". Num esforço notável de apuração dos fatos, o analista esclareceu no processo que a unidade possuía várias marcas de veículos e que a "justificativa" não procedia. Vislumbra-se, no caso, várias irregularidades: por que um TRT precisa ter ambulância? Por que a autoridade não justificou no processo o fato, em acatamento ao art. 7º, § 5º, c/c 113, *caput* da Lei nº 8.666/1993? Por que, mesmo depois de instada, a unidade não apresentou a resposta satisfatória? Esse caso ilustra bastante a posição dos órgãos de controle: a padronização não é irregular; o que pode ser é a ausência de justificativa idônea, formulada com vistas ao atendimento do interesse público.

Fixados esses primeiros pressupostos, pode-se assentar, de forma também objetiva, quais são os parâmetros recomendados para considerar aceitável a padronização em determinado caso:

a) deve haver um estudo prévio, documentado em processo, autuado e tombado, ao que se fará referência em todas as aquisições para aquele material, bem ou produto. Ou seja, logo após a indicação da marca, coloca-se a indicação *v. proc. nº XXX*, sendo dispensável a transcrição da justificativa no processo de compra;
b) o estudo pode ser promovido por servidores do próprio órgão, envolvidos na requisição ou uso do produto, sendo recomendável formação superior voltada para a área, sempre que possível;
c) o estudo deve ser feito contrastando as vantagens e as desvantagens da padronização. Nesse ponto, os elaboradores da justificativa devem lembrar que "ficam os órgãos interessados da Administração responsáveis pela demonstração da legalidade da despesa", referentes à Lei nº 8.666/1993, conforme estabelece o art. 113. Portanto, como "o que não está no processo, não está no mundo jurídico", no clássico

postulado latino, se há justificativa, mas essa não consta dos autos, ela é inexistente para o controle;

d) quando a norma erigiu o princípio da padronização, delineou os pressupostos de sua vantagem e validade, que podem ser, assim, resumidos:

d.1. "compatibilidade de especificações técnicas" - no caso de a Administração possuir determinado equipamento só compatível com o de determinada marca. Aqui, o controle deverá avaliar se a primeira licitação não foi feita de forma dirigida - sem indicação de marca - que acarretaria, na segunda, a obrigatoriedade da aquisição de determinado equipamento. Contudo, se a primeira aquisição de equipamentos não foi dirigida e sagrou-se vencedor um fornecedor, cuja compatibilidade de especificação técnica impunha determinado acessório, e a relação custo/benefício é favorável à Administração, não há, em princípio, irregularidade;

d.2. "compatibilidade de desempenho" - a compatibilidade de desempenho é motivo de padronização, especialmente em equipamentos de produção seriada. Considere-se o caso de determinado equipamento que produz o material "a", insumo de outro equipamento. A incompatibilidade de desempenho, até em termos de volume de produção, pode trazer prejuízos à Administração e, portanto, autorizar a padronização;

d.3. "condições de manutenção, assistência técnica e garantia oferecidas" - também é outro motivo de padronização. Muitas vezes a Administração possui uma quantidade muito grande de determinado equipamento - máquinas de escrever, por exemplo - e promove uma licitação para a compra do mesmo produto, em quantidade pequena, ensejando a contratação de duas ou três empresas de manutenção, de forma antieconômica e contraproducente. Outras vezes, o pessoal da manutenção é da própria Administração e já está adaptado e treinado para o reparo de determinada marca: em outras hipóteses, o estabelecimento do agente que presta a manutenção é tão distante que inviabiliza a prontidão de um equipamento;

d.4. "relação custo/benefício" - diversamente de considerar o menor preço, a equação traduz a essência da proposta mais vantajosa. Pode a Administração, antes de licitar, estabelecer a relação custo/benefício de várias marcas existentes no mercado, elegendo a que melhor atenda ao interesse público. Exemplificando com veículos: deverá ser a fabricação nacional, porque esse determinado órgão possui representação em capitais e cidades diferentes do interior, onde normalmente inexiste rede de manutenção de veículos importados; tipo de combustível;[1147] após estudar a relação km/l, e troca habitual de peças, no prazo de um ano - muitas vezes até especificada pelo próprio fabricante - associada aos respectivos custos, poderá conduzir a determinada marca.

e) a padronização, na implantação do SRP, deve ser progressiva, efetuada após levantamento e tratamento dos dados relativos a consumo pretérito e expectativas para o próximo período. Percebendo a possibilidade de padronizar determinados itens, a comissão de implantação do SRP promoverá contatos com os órgãos consumidores e requisitantes dos produtos para a elaboração da justificativa;

f) a justificativa da padronização, isto é, o conjunto das razões que contrastam as vantagens e desvantagens, ponderando os princípios da licitação, frente à relação custo/benefício deve assumir o nome jurídico de laudo de padronização e ser firmado pelos servidores envolvidos e responsáveis pelas declarações, cuja exatidão e correção responderão perante os órgãos de controle.

Não é indispensável a publicação do laudo de padronização a rigor.

Ocorre que é fato não deixar a premissa de que o laudo gera direito e restringe a participação, no entanto só efetiva concretamente esses aspectos no momento da licitação. Desse modo, mesmo que o laudo tenha sido publicado e não contestado, não impede que o licitante impugne a indicação do padrão no momento da licitação.

3.2.3.3. caderno de especificações e **As built**

Após a edificação de uma obra, uma boa prática é exigir do construtor um documento denominado *As built*, significando como construído. Antes da construção de uma obra, a Administração Pública elabora um projeto básico e um projeto executivo. Esse último também pode ser desenvolvido durante a execução da obra, embora essa prática não seja recomendável. Durante a construção é natural que ocorram pequenas alterações, como locais de caixa de passagem, fiação, instalação de portas e outros pequenos melhoramentos.

[1147] BRASIL. Lei nº 11.097, de 13 de janeiro de 2005. Dispõe sobre a introdução do Biodiesel na matriz energética brasileira; altera as Leis nº 9.478, de 6 de agosto de 1997, nº 9.847 de 26 de outubro de 1999 e nº 10.636, de 30 de dezembro de 2002. **Diário Oficial da União [da] República Federativa do Brasil**, Brasília, DF, 14 jan. 2005.

Desse modo, na maioria das vezes após a obra verificam-se divergência entre as projeções básica e executiva e o que foi concretamente realizado. Por isso, muitos editais costumam prever a entrega de um novo projeto *As built* apresentando todas as modificações incorporadas ao empreendimento.

Desse modo uma boa prática é padronizar materiais e equipamentos das instalações de um edifício, de acordo com o *As built*.

Não possuindo o *As built* o procedimento adequado é construir um grupo de trabalho, por portaria, designando três servidores, para que elaborem o Caderno de Especificações visando padronizar materiais e equipamentos do prédio. Cada prédio terá o seu próprio Caderno de Especificações, o qual, sempre que possível, deve buscar a padronização, inclusive além dos prédios isolados.[1148]

Essa é a forma adequada para manter uma uniformidade dos edifícios públicos, sem ferir os postulados básicos da licitação. Desse modo ao indicar que a cerâmica deve ser, por exemplo,

Piso Incepa, 40 x 40, Duomo creme

evita-se o constrangimento de se ter cada parede ou piso com cores diferentes. Quando a lei proíbe ao gestor a indicação de marcas ou características exclusivas não o impede de manter o padrão que foi definido em condições alheias à sua vontade pessoal.

3.2.3.4. banco de qualidade

Um desdobramento da ideia de pré-qualificação de produtos é o Banco de Qualidade.

A partir de convocação pública solicita-se aos interessados em fornecer materiais para a Administração que apresentem amostras; avaliam-se as amostras segundo critérios posteriormente informados aos ofertantes e classificam-se ou rejeitam-se os produtos.[1149]

[1148] Consulte: BRASIL. **Lei nº 8.666/93 (Versão Bolso).** Organização dos textos e índice por J. U. JACOBY FERNANDES. 12. ed. amp., rev. e atual. Belo Horizonte: Fórum, 2010.

[1149] Com a intenção de testar determinado produto, o SLU/DF firmou, com uma empresa alemã, contrato de comodato para utilização gratuita de 535 contêineres, obrigando-se ao pagamento de transporte e taxas de desembaraço alfandegário e ainda, se aprovado o produto, a realizar o competente processo licitatório para aquisição do produto testado, com claros indícios de direcionamento. DISTRITO FEDERAL. Tribunal de Contas. Processo nº 6.363/1995. **Diário Oficial do Distrito Federal**, Brasília, DF, 18 mar. 1996.

O passo inicial do Banco de Qualidade pode ser dado com a inclusão automática de marcas já adquiridas que foram consideradas satisfatórias, fazendo na comunicação da convocação referência ao fato de que as marcas tais e quais estão previamente dispensadas da apresentação de amostras.[1150]

3.2.3.5. requisitos do contratado

Para que ocorra a inexigibilidade da licitação, é necessário que se trate de produtor, empresa ou representante comercial exclusivo.[1151]

Só há um fornecedor em condições de oferecer o que a Administração pretende,[1152] razão pela qual não é viável a competição; não há, de fato, como exigir a realização de licitação.

Algumas questões de ordem prática se apresentam: a primeira delas, refere-se ao fato de que existem vários fornecedores possíveis, mas apenas um em condições de contratar, impondo-se questionar se está ou não caracterizada a inexigibilidade de licitação. A resposta é afirmativa e, não raro, o fato ocorre quando apenas um fornecedor apresenta-se em dia com o recolhimento do

---

[1150] Para maiores detalhes consulte nos sítios: www.jacoby.pro.br, link licitação & contratos > revisão da Lei nº 8.666 e outras normas > pré-qualificação Manual do Banco de Controle de Qualidade; ou www.editoraforum.com.br, links fórum de contratação e gestão pública > sumários 31ª edição > Jul/2004 > modelos de gestão pública eficaz > licitação > Banco de Marcas e Amostras > Tribunal de Justiça do Estado do Rio de Janeiro.

[1151] BRASIL. Tribunal de Contas da União. Processo nº TC-001.658/2001-6. Acórdão nº 1.739/2003 - Plenário. Relator: Marcos Vinicios Vilaça. **Diário Oficial da União [da] República Federativa do Brasil**, Brasília, DF, 28 nov. 2003. Seção 1.

[1152] a) "[...] Se a inexigibilidade de licitação pautou-se na exclusividade do fornecedor e instalou-se dúvida quanto ao motivo invocado, deve a Administração proceder a abertura de regular procedimento licitatório." BRASIL. Tribunal Regional Federal da 1ª Região. MAS nº 01000338080/DF - 3ª Turma. Processo nº 1997.0100033808-0. **Diário da Justiça [da] República Federativa do Brasil**, Brasília, 22 jan. 2002, p. 72. Seção 2.

b) O TJDF decidiu: "Sendo inexigível a realização de licitação para a aquisição de materiais, equipamentos e prestação de serviços de representante comercial exclusivo, conforme o disposto no artigo 25 da Lei nº 8.666/93, correta a decisão que julga improcedente a ação popular proposta visando à invalidação da contratação, ao reconhecimento de que o ato administrativo praticado não foi ilegal nem lesivo ao patrimônio público." DISTRITO FEDERAL. Tribunal de Justiça do Distrito Federal e Territórios. Processo REO nº 20000110928705 - 5ª Turma Cível. **Diário da Justiça [da] República Federativa do Brasil**, Brasília 8 out. 2003. Seção 3.

FGTS e do INSS,[1153] que, por exemplo, são obrigações que afetam diretamente a capacidade de contratar com a Administração Pública.[1154]

O TCU determina que se exija o comprovante de regularidade com a Seguridade Social ao contratar mediante inexigibilidade de licitação, conforme determina o art. 195, § 3º, da Constituição Federal e a Decisão nº 705/1994.[1155]

Não se pode considerar como licitante quem não detém habilitação e capacidade jurídica para contratar. A segunda possibilidade ocorre quando não há nenhum licitante em condições de oferecer o objeto pretendido e um deles se apresenta informando que, se for contratado, adquirirá o produto junto ao fabricante. Nesse caso, também comum, pretende o futuro contratado diminuir os riscos de um negócio com a Administração, reduzindo sua margem de risco, que adviria se tivesse que adquirir o produto para depois obter o contrato assinado. O recomendável, no caso, é, se possível, impor de forma categórica que a solução pretendida fere a isonomia, pois, provavelmente, com essa garantia, outros aceitassem igual contrato, não havendo razão para privilegiar determinado contratado com a intermediação; ainda, se possível, ampliar o mercado consultando outras praças.

3.2.4. a exclusividade deve ser aferida só no local?

Para que se caracterize a inexigibilidade de licitação é suficiente que o fornecedor seja exclusivo na localidade onde se realiza a licitação, a obra ou serviço?

A expressão "localidade" tem aqui a conotação, em princípio, equivalente a município, devendo ser estendida quando normalmente o mercado ou praça é constituído de municípios agregados ou não há divisão em municípios, como no Distrito Federal.

Em relação a essa premissa, já foi comentado que, adotando entendimento tão restritivo, estar-se-ia infringindo o art. 3º, § 1º, inciso I, que

---

[1153] Podem ser dispensadas as exigências dos documentos de habilitação, para contratação com base no art. 24, I e II, exceto aqueles elencados na Lei nº 8.036 (FGTS) e 8.212 (INSS). Mensagem CONED/STN nº 539.943, de 03 de junho de 1994. Assunto: exigência de doc. em dispensa de interessado: CRP/Santos. **No mesmo sentido**: BRASIL. Tribunal de Contas da União. Ata nº 54/1994. Relator: Ministro Paulo Affonso Martins de Oliveira. **Diário Oficial [da] República Federativa do Brasil**, Brasília, DF, 06 nov. 1994. Seção 1, p. 18599.

[1154] a) Vide art. 29 da Lei nº 8.666/93, e Leis nºs 8.036/90 e 8.212/91; Mensagem CONED da Secretaria do Tesouro Nacional nº 238.312, de 27 out. 1993; TCU. Processo nº TC-020.032/93-5. Decisão nº 705/1994 - Plenário; e capítulo 2, subtítulo 2.3, deste livro.

b) Consulte, ainda, o Decreto nº 2.173, de 5 de março de 1997, art. 84, §§ 3º e 13, da regularidade com o INSS e a não obrigatoriedade para pessoas físicas; e ainda, sobre a dispensa para pessoas físicas o Decreto nº 3.048, de 6 de maio de 1999.

[1155] BRASIL. Tribunal de Contas da União. Processo nº TC-010.407/96-0. Relator: Ministro Bento José Bugarin. **Diário Oficial [da] República Federativa do Brasil**, Brasília, DF, 30 mar. 1998. Seção 1, p. 72.

veda admitir, prever, incluir ou tolerar restrições à competitividade em virtude da localização da sede dos licitantes. A questão parece não refletir a ideia fundamental de que a lei não veda tal fato à inexigibilidade de licitação, mas aos atos convocatórios, e, ainda, que qualquer interessado poderá eliminar a exclusividade, inscrevendo-se na Junta do Comércio local com uma filial na cidade. Por outro lado, não se restringe à participação de licitantes de fora da praça, mas se aceita que uma determinada empresa seja contratada diretamente pelo fato de ser a única localizada naquele município.

A propósito, o assunto não é pacífico, e, nesse sentido, encontra-se o seguinte acórdão do Tribunal de Contas da União, o qual entendeu que a justificativa da contratada ser a única empresa do ramo sediada no Estado do Rio Grande do Norte é "extremamente frágil" para sustentar a inexigibilidade de licitação. No caso examinado, o Tribunal Regional do Trabalho do Maranhão pautou sua defesa em considerar como presumível, pelo fato de a contratada ser a única na localidade, que ofertaria preços menores, tese veementemente rejeitada, com razão, pelo TCU. É possível asserir que, se o recurso daquele órgão do Judiciário se tivesse circunscrito à analogia com a expressão restrita de "local", insculpida no inciso I, do art. 25, ao invés de discutir a economicidade, talvez tivesse tido melhor sorte.

É que, o âmbito a ser perquirido para definição da exclusividade, ainda não se consolidou na jurisprudência.[1156]

A lei refere-se a local onde se realiza a licitação, a obra ou serviço. Nos termos do art. 20 da Lei nº 8.666/1993, "as licitações serão efetuadas no local onde se situar a repartição interessada, salvo por motivo de interesse público, devidamente justificado", acrescentando o respectivo parágrafo único, que o comando normativo em tela não impede a habilitação de licitantes sediados ou residentes em outros locais.

Como a licitação, seguindo a regra epigrafada, ocorre no local onde está a sede da repartição interessada, o fornecedor deve ser exclusivo nessa localidade, para que se caracterize a inexigibilidade de licitação. Podem, contudo, razões de interesse público recomendarem que a licitação ocorra no local da obra ou serviço pretendido pela Administração, diferente da sede da repartição. Nesse caso, a comprovação da exclusividade deverá ser pertinente a essa praça, pouco importando que na sede da empresa exista a viabilidade de

[1156] BRASIL. Tribunal de Contas da União. Processo nº TC-000.578/94-0. Decisão nº 710/1994 - Plenário. Relator: Ministro Adhemar Paladini Ghisi. **Diário Oficial [da] República Federativa do Brasil**, Brasília, DF, 10 nov. 1994. Seção 1, p. 16917.

competição,[1157] pois, segundo os termos da lei, não se poderá exigir do agente a realização do certame.

Haverá, contudo, obrigação de licitar, se um possível interessado, cientificado de que está em curso processo de declaração de inexigibilidade de licitação, manifestar seu interesse em viabilizar a competição; participar da licitação. Surgirá, então, uma situação de fato, que, superando o direito do agente público de deixar de promover a realização da licitação, obrigará, em virtude do princípio da isonomia, que se dê igual oportunidade à licitante sediada em outra localidade, por analogia com o disposto no parágrafo único do art. 20 da Lei nº 8.666/1993, c/c o art. 3º, *caput*, do mesmo diploma legal. A ideia de recomendar ao interessado que se estabeleça na localidade para terminar com a exclusividade da outra empresa, conquanto de caráter prático, não encontra amparo legal; outra prática, contudo, pode ser adotada para que o compromisso de participar da licitação seja concreto e efetivo, e que consiste na solicitação da Administração no sentido de que o pretenso interessado manifeste o seu interesse em participar da licitação que será promovida no município tal, até uma data determinada, sob pena de a Administração promover com a empresa "x" a aquisição direta por inexigibilidade de licitação, na forma do art. 25, inciso I, da Lei nº 8.666/1993.

A essas premissas assentadas, deve ser associada a questão do valor da obra. Efetivamente, verifica-se que a lei não estabeleceu qualquer limite de valor para os contratos firmados mediante inexigibilidade de licitação e, pela literalidade da lei, seria possível burlar o interesse público para construir, por exemplo, uma hidrelétrica com uma empreiteira que mantivesse na pequena localidade um escritório seu. Atento à questão, com a argúcia peculiar, Hely Lopes Meirelles estabeleceu uma correspondência entre a localidade e a modalidade de licitação, asserindo que:

> Para a Administração, a exclusividade do produtor é absoluta e afasta sumariamente a licitação em qualquer de suas modalidades, mas a do vendedor e a do representante comercial é na praça, tratando-se de convite; no registro cadastral, no caso de tomada de preços; no País, na hipótese de concorrência. Considera-se, portanto, vendedor ou representante comercial exclusivo, para efeito de convite, o que é único na localidade; para tomada de preços, o que é

[1157] O TCU considerou licitação anterior com um só licitante um dos indicativos da exclusividade e mandou o contratado apresentar planilha de custos. BRASIL. Tribunal de Contas da União. Processo nº TC-018.112/95-1. Decisão nº 71/1997 - Plenário. Relator: Ministro-Substituto José Antonio Barreto de Macedo. **Diário Oficial [da] República Federativa do Brasil**, Brasília, DF, 11 mar. 1997. Seção 1, p. 4776-7.

> único no registro cadastral; para concorrência, o que é único no País.

Mais adiante esclarece que "em se tratando de concorrência internacional só se configura a exclusividade, para dispensa de licitação se o produtor, vendedor ou representante comercial for único na área de comércio exterior no Brasil".[1158]

Observa-se, desde logo, que a lição deve ser atualizada, pois, pelo conceito atual da modalidade de tomada de preços, essa licitação não mais se restringe ao cadastro.

Esse paralelo estabelecido pelo precitado administrativista, como dito, não está contido no texto do art. 25, inciso I, em comento, mas é juridicamente razoável, especialmente quando se tem em consideração que, mesmo ocorrendo à situação descrita no inciso I - exclusividade local - só será inexigível a licitação se for atendida a condição do *caput*, isto é, for inviável a competição.

A melhor exegese, contudo, sem desconsiderar a precitada lição, parece repousar no entendimento de que, para se considerar a viabilidade ou não de competição, deve o Administrador se ater ao universo dos possíveis licitantes: se for uma compra enquadrável na modalidade de concorrência, efetivamente o universo será ampliado pela competição, mostrando-se injustificável que fique restrito à localidade.

As considerações expendidas autorizam a concluir que, para atender ao requisito do *caput* do art. 25, isto é, avaliar se é juridicamente viável a competição, deverá a Administração:

a) verificar qual o universo, em que, em tese, se daria a competição, se fosse feita a licitação:
    - a.1. se tiver em vista a realização de uma compra com valor estimado até o limite máximo para convite, poderá analisar a exclusividade em âmbito local;
    - a.2. se a compra tiver o valor estimado, for enquadrável em outra modalidade de licitação - como tomada de preços ou concorrência - a Administração deverá levar em conta o universo que será atingido com a publicidade:

[1158] MEIRELLES, Hely Lopes. **Curso de Direito Administrativo**. Atual. 32ª ed. São Paulo: Malheiros, 2006, p. 284.

- se a compra tiver a publicidade de âmbito nacional, na forma do art. 21, inciso I, da Lei nº 8.666/1993, a exclusividade deverá ser avaliada na mesma dimensão;
- se a publicidade da possível licitação tiver âmbito estadual, na forma preconizada pelos incisos II e III do art. 21, precitado, será suficiente a exclusividade estadual.

b) a comprovação[1159] da exclusividade deve abranger o universo acima recomendado, conforme as circunstâncias.

Essa interpretação é a que melhor assegura a preservação da harmonia do sistema jurídico e é a que se recomenda.

3.2.5. atestado: forma de comprovação da exclusividade

O dispositivo estabeleceu a forma com que deverá ser comprovado que o interessado é fornecedor exclusivo na localidade do produto pretendido pela Administração.[1160]

Em primeiro plano, assentou que a forma é escrita, mediante atestado, que constitui um documento emitido por pessoa certa e determinada, a qual assume, portanto, responsabilidade pelo que atesta.

A apresentação do documento, materialmente, dispensa maiores formalidades, inclusive o reconhecimento de firma[1161] do signatário, se emitido em papel timbrado por órgão oficial integrante da Administração Pública.[1162]

[1159] Sobre o assunto, há decisão do TCU que entende ser o fornecimento exclusivo, fundamentado no art. 25, I, adstrito à base territorial, devendo esta corresponder à localidade do órgão. BRASIL. Tribunal de Contas da União. Processo nº TC-300.061/95-1. Decisão nº 397/1996. Relator: Ministro Homero Santos. **Diário Oficial [da] República Federativa do Brasil**, Brasília, DF, 23 jul. 1996. Seção 1, p. 13659-62.

[1160] O TCDF, diante da ausência de comprovação de exclusividade, decidiu alertar para a observância dos requisitos de comprovação de exclusividade, hoje previstos no inciso I do art. 25 da Lei nº 8.666/93, de 21 jun. 93. DISTRITO FEDERAL. Tribunal de Contas. Processo nº 1669/1994. Decisão nº 5740/1994. Brasília, DF, 25 de outubro de 1998. Disponível em: http://www.tc.df.gov.br. Acesso em 26 jan. 2011.

[1161] Em sentido contrário, O TCDF decidiu que a declaração de exclusividade não deve conter expressões que restrinjam sua abrangência ao âmbito de empresas filiadas à entidade declarante e, sendo esta uma instituição privada, deve ser reconhecida em cartório a firma do signatário daquele documento. DISTRITO FEDERAL. Tribunal de Contas. Processo nº 3.494/1996. Decisão nº 3.960/1997. Brasília, DF, 19 de junho de 1997. Disponível em: http://www.tc.df.gov.br. Acesso em 26 jan. 2011.

[1162] O TCU determinou: "[...] promova a inclusão, nos processos em que for inexigível a licitação dos comprovantes de exclusividade do fornecedor, bem como da ratificação da situação de inexigibilidade pela autoridade superior e sua publicação na imprensa oficial. [...]." BRASIL. Tribunal de Contas da União. Processo nº TC-004.724/95-0. Decisão nº 301/1997 - 1º Câmara. Relator: Ministro-Substituto Lincoln Magalhães da Rocha. **Diário Oficial [da] República Federativa do Brasil**, Brasília, DF, 25 nov. 1997. Seção 1, p. 27553. No mesmo sentido inúmeros outros acórdãos, como: "[...] 2.3.5. Demonstre nos processos de inexigibilidade de licitação, amparados pelo art. 25, inciso I, da Lei nº 8.666/93, ser o contratado fornecedor exclusivo, devendo a comprovação de exclusividade ser feita por meio de atestado fornecido pelo órgão de registro do comércio do local em que se realizaria a licitação ou a obra ou o serviço, pelo Sindicato, Federação

Em se tratando de instituição privada, a assinatura deve obrigatoriamente ser reconhecida em cartório.[1163]

Por razões óbvias, aqui não é vedado limitar no tempo a validade da declaração pela Administração, não sendo mesmo razoável acolher declarações de exclusividade na região, emitidas, por exemplo, há mais de três ou seis meses, critério que deverá ser estabelecido subjetivamente pelo agente público, tendo em conta o dinamismo da expansão do mercado local.

Nesse sentido, decidiu o TCDF que os atestados de exclusividade devem se referir à época da realização da despesa.[1164]

Estabelece o inciso em comento que o atestado pode ser emitido por órgão de registro do comércio local, equiparando a esse os sindicatos, federações, confederações e entidades equivalentes.

Sobre a certidão emitida pelo primeiro, que em termos oficiais é a Junta de Comércio local, dúvidas normalmente não ocorrem, posto que se trata de órgão oficial que atua sem interesse pelas partes.

Vislumbra-se no campo prático, entretanto, que as Juntas Comerciais estão impedidas de emitir o citado atestado, por força da IN nº 56, de 06.03.96, do DNRC/MICT,[1165] que dispõe no seu art. 12, *in verbis*:

> A Junta Comercial não atestará comprovação de exclusividade, a que se refere o inciso I, do art. 25, da Lei nº 8.666/93, limitando-se tão somente, à expedição de certidão de inteiro teor do ato arquivado, devendo constar da certificação que os termos do ato são de exclusiva responsabilidade da empresa a que se referir.

O dispositivo contraria frontalmente a Lei de Licitações, quando busca tornar ineficaz o imperativo ali contido. O art. 25 estabelece um dever legal ao dispor que a comprovação de exclusividade deve ser feita mediante atestado fornecido pelo órgão de registro do comércio local em que se realizaria a

ou Confederação Patronal, ou, ainda, pelas entidades equivalentes (item 4.2.2.1 do Rel. de Aud. nº 190161)." Processo nº TC-019.235/2007-9. Decisão nº 301/1997 – 1ª Câmara. Relator: Ministro-Substituto Lincoln Magalhães da Rocha. **Diário Oficial da União [da] República Federativa do Brasil**, Brasília, DF, 15 ago. 2008. Seção 1, p. 123.

[1163] O TCDF decidiu que a declaração de exclusividade, a que se refere o dispositivo acima, sendo emitido por instituição privada, deve ter reconhecida em cartório a firma do signatário daquele documento. Processo nº 3.494/1996. Decisão nº 3.960/1997. Brasília, DF, 19 de junho de 1997. Disponível em: http://www.tc.df.gov.br. Acesso em 26 jan. 2011.

[1164] DISTRITO FEDERAL. Tribunal de Contas. Processo nº 2.110/1994. Decisão nº 6785/1994. Brasília, DF, 29 de novembro de 1994. **Diário Oficial do Distrito Federal**, Brasília, DF, 14 nov. 1994, págs. 59 a 83.

[1165] Publicada no **Diário Oficial [da] República Federativa do Brasil**, Brasília, DF, 15 mar. 1996. Seção 1, p. 4427-4431.

licitação ou a obra ou o serviço. O atestado fornecido, nos termos da norma em questão, não tem validade para a Administração, já que se consubstancia em simples declaração da empresa e isenta a Junta de qualquer responsabilidade. O fato é que, em atendimento à precitada IN, esses órgãos têm dificultado as aquisições por exclusividade, já que, embora pacífico o entendimento de que a carta patente é suficiente para comprovar a exclusividade, muitos administradores têm exigido ainda o atestado de exclusividade.

Algumas situações interessantes vêm ocorrendo em relação às declarações dessas outras entidades que a lei fez equivalente à Junta Comercial. Preliminarmente, impende salientar que o atestado não pode conter qualquer expressão que restrinja seu âmbito aquém do município ou localidade; expressões como "consultando nossos arquivos, verificamos que a empresa tal é a que fornece com exclusividade[...]", ou que "a empresa é a única no Município, filiada ao sindicato, que fornece[...]", não têm qualquer valor para fins de declaração de inexigibilidade de licitação.[1166]

Importando-se com o conteúdo do atestado de exclusividade, o TCU definiu que nele deve constar a justificativa detalhada dos critérios técnicos e objetivos para a escolha do fornecedor. Deve o administrador abster-se de aceitar atestado de exclusividade que não abranja todo o objeto contratado, inclusive, verificando a veracidade do conteúdo das declarações prestadas nas respectivas entidades competentes e no mercado, fazendo constar no processo a documentação comprobatória.[1167]

No Tribunal de Contas do Distrito Federal, o presente autor, no desempenho de função institucional, propôs a seguinte conclusão:

> as declarações fornecidas pelas associações comerciais não podem ser colhidas com a mesma eficácia daquelas fornecidas pelas Juntas Comerciais, Sindicatos, Federação e

---

[1166] O TCDF decidiu que a declaração de exclusividade, a que se refere o dispositivo acima não deve conter expressões que restrinjam sua abrangência ao âmbito de empresas filiadas à entidade declarante. DISTRITO FEDERAL. Tribunal de Contas. Processo nº 3.494/1996. Decisão nº 3.960/1997. Brasília, DF, 19 de junho de 1997. **Diário Oficial do Distrito Federal**, Brasília, DF, 30 jun. 1997, p. 4780 a 4786.

[1167] a) BRASIL. Tribunal de Contas da União. Processo nº TC-005.561/2002-2. Acórdão nº 2.960/2003 - 1ª Câmara. Relator: Ministro-Substituto Lincoln Magalhães da Rocha. **Diário Oficial da União [da] República Federativa do Brasil**, Brasília, DF, 3 dez. 2003. Seção 1.

b) Refletindo a reiterada jurisprudência, o TCU orientou: "[...] atente, nos procedimentos que visem à comprovação de exclusividade para efeito de inexigibilidade de licitação, para a validade das certidões de exclusividade e a sua conformidade com a realidade de mercado, como forma de cumprir o disposto nos arts. 3º, caput e § 1º, inciso I, e 25, inciso I, da Lei 8.666/1993. [...]." BRASIL. Tribunal de Contas da União. Processo nº TC-750.096/1997-7. Acórdão nº 1887/2006 - 1ª Câmara. **Diário Oficial da União [da] República Federativa do Brasil**, Brasília, DF, 24 jun. 2006, p. 100.

> Confederação, porque os seus arquivos não tem o mesmo caráter de abrangência e compulsoridade.[1168]

A lei permite que a exclusividade se comprove por meio de atestado do sindicato, não entre os filiados ao sindicato, até porque é princípio constitucional que ninguém é obrigado a filiar-se ou manter-se filiado a sindicato[1169] para contratar ou participar de licitação.

Se o sindicato pretende obter a equivalência de sua declaração perante a Administração, deverá atestar a situação da empresa no mercado local, abrangendo filiados e não filiados ao sindicato, enfim, todos no âmbito geográfico que declarar, seja local ou nacional.

Poderiam argumentar, com razão, que o sindicato não tem obrigação de manter cadastro de todo o empresário local, sendo conveniente para si que mantenha arquivo de seus associados. Indiscutível a razoabilidade dessa assertiva, como também o é que a declaração restrita aos associados de um sindicato de nada serve para a Administração comprovar que determinado fornecedor é exclusivo na localidade.

As considerações expendidas autorizam a concluir que, para fiel acatamento da lei, nos termos que satisfaçam a comprovação da inviabilidade de competição, é imprescindível que o atestado declare com clareza a exclusividade na localidade para o objeto pretendido pela Administração.

Deve ser observado, ainda, que a lei refere-se a sindicato, federação e confederação patronal, seguindo o modelo sindical tradicional brasileiro, cujo berço deita raízes na Itália. No Brasil, a organização sindical obedeceu à ideia de paridade da relação entre o capital e o trabalho, fundando-se sindicatos para os empregados e para os patrões da atividade empresarial correspondente à atividade laboral, sempre mantendo a paridade.

A referência a organizações sindicais patronais é para esclarecer que deve ser a representação que congregue os empresários, as quais, obviamente, devem ser pertinentes ao ramo do objeto pretendido pela Administração na localidade.

Como regra, o sindicato tem sua base de representação local, municipal ou maior; a federação, regional, entendendo-se como tal a abrangência de um Estado ou mais de um; a confederação, o âmbito nacional. Logo, mesmo não havendo sindicato patronal local, poderá o órgão licitante acolher o atestado do

---

1168 DISTRITO FEDERAL. Tribunal de Contas. Processo nº 3.638/1990. Parecer nº 218/91. Procurador: Jorge Ulisses Jacoby Fernandes. Brasília, DF, 6 ago. 1991.

1169 BRASIL. **Constituição da República Federativa do Brasil**. Organização dos textos e índice por J. U. JACOBY FERNANDES. 1. ed. Atualizada até Abril de 2007. Belo Horizonte: Fórum, 2007. Consulte art. 8º, V.

sindicato da região ou da federação que abranja a localidade ou da respectiva confederação. As federações e a confederação poderão, inclusive, atestar que na localidade o fornecedor é exclusivo, não necessitando fazer alusão à exclusividade de sua base territorial, pois, para a Administração, pode ser suficiente, como visto, que a exclusividade seja local.

Não há impedimento que a declaração do sindicado da localidade onde se realiza a licitação informe que no território nacional há exclusividade, pois a referência que a lei faz à localidade é apenas para registrar a competência territorial do emissor e não o conteúdo da declaração. Assim, por exemplo, se uma compra vai ser realizada em Porto Alegre, o atestado deve ser emitido por sindicato da categoria econômica gaúcha, mas pode revelar se a exclusividade é local ou nacional.

3.2.6. entidades equivalentes

Imperioso destacar que a expressão "entidades equivalentes" tem suscitado algumas dúvidas atinentes à necessidade de precisão do termo. Para enfrentá-las, sugere-se que o Administrador tenha em linha de consideração dois pontos basilares: os conceitos do Direito Coletivo do Trabalho e a possibilidade de responsabilização da instituição que atesta o fato da exclusividade.

Sob a ótica primeira, lembra-se aqui, uma assertiva de Mozart Victor Russomano, destacado jurista do Direito do Trabalho, o qual afirma que a associação está para o sindicato como a crisálida para a borboleta, numa alusão de que o desenvolvimento das relações coletivas de trabalho leva ao aperfeiçoamento da organização e que a associação leva consigo, desde o início, a gênese da formação de algo maior, proporcional à dimensão do ideário que motiva a sua criação. Para a matéria administrativa aqui tratada, deve-se escalonar a priorização de tal modo que só sejam aceitas as declarações de associação[1170] quando inviável a obtenção das organizações sindicais.

Quais os tipos de associação que podem ser ainda consideradas como equivalentes? Em princípio, além da associação comercial, até o clube de diretores lojistas. É preciso que a motivação da criação da instituição seja a agregação dos empresários - entidade patronal - descabendo qualquer declaração de entidade que não prime por tal objetivo. Clubes recreativos,

---

[1170] O TCU aceitou atestado de exclusividade da ASSEPRO - Associação das Empresas Brasileiras de Software e Informática. Processo nº TC-004.415/98-1. Decisão nº 846/1998 - Plenário. Relator: Ministro Valmir Campelo. **Diário Oficial [da] República Federativa do Brasil**, Brasília, DF, 11 nov. 1998. Seção 1, p. 66-67.

entidades de promoção social, clubes de serviço, por mais idôneos que sejam, não têm legitimidade para oferecer o atestado válido.

Marcus Juruena[1171] obtempera que a exclusividade também pode "ser comprovada através de contrato de exclusividade (distribuição, representação, licenciamento etc.)", acrescentando, mais adiante, as hipóteses de consulta ao INPI - Instituto Nacional de Propriedade Industrial, que é uma "autarquia federal encarregada da averbação dos contratos de transferência de tecnologia e da expedição de cartas-patentes[1172] e registros de marcas".[1173]

O primeiro meio exemplificado para demonstrar a exclusividade não está, a rigor, previsto na lei e é bastante utilizado na prática, partindo da premissa de que a exclusividade do produtor é absoluta, enquanto a do representante comercial ou distribuidor é relativa. Assim, pode-se inferir que a declaração do produtor de que na localidade apenas a empresa tal é fornecedora exclusiva dos bens pretendidos pela Administração pode ser suficiente. Conquanto apresente razoável fundamentação lógica, a aceitação do contrato de exclusividade impõe reflexões de duas ordens: o fato de ser fornecedor exclusivo não implica a impossibilidade de algum empresário que compre o produto desse revendedor com ele competir, não sendo raros os casos em que vendedores varejistas acabam viabilizando a competição até com os atacadistas e os próprios fabricantes; a segunda restrição, que vem a lume, decorre do acolhimento do princípio norteador da hermenêutica, segundo o qual "é nulo o negócio jurídico quando não revestir a forma prescrita em lei".[1174]

No caso, a lei estabeleceu o meio de prova - atestado - e os órgãos que poderão emiti-lo, não se devendo admitir, em princípio, o contrato como meio de prova, porque esse instrumento não guarda relação com o consignado em lei, que é o atestado; também não deve ser acolhido o atestado passado pelo produtor em benefício de seu revendedor, porque o emitente não apresenta condição de equivalência com os órgãos oficiais de registro comercial, nem com as organizações sindicais, onde há participação de parcela da sociedade. Parece mais razoável, assim, que o pretenso contratante seja orientado a

---

[1171] SOUTO, Marcus Juruena Villela. **Licitações & Contratos Administrativos**. Rio de Janeiro: Esplanada/ADCOAS, 1998, p. 165.

[1172] Da carta patente deverão constar, o número, o título e a natureza respectivos, o nome do inventor, observado o disposto no §4 do art. 6º, a qualificação e o domicílio do titular, o prazo de vigência, o relatório descritivo, as reivindicações e os desenhos, bem como os dados relativos à prioridade. Lei nº 9.279, de maio de 1996. Art. 39.

[1173] SOUTO, Marcus Juruena Villela. **Licitações & Contratos Administrativos.** Rio de Janeiro: Esplanada/ADCOAS, 1998, p. 166.

[1174] BRASIL. Lei nº 10.406, de 10 de janeiro de 2002. Institui o Código Civil. **Diário Oficial da União [da] República Federativa do Brasil**, Brasília, DF, 11 jan. 2002. Art. 166, inciso V.

averbar no registro comercial a condição de exclusividade que o contrato com o produtor lhe garante e a Junta Comercial expeça o atestado na forma prescrita no art. 25, inciso I, da Lei nº 8.666/1993.[1175]

Duas observações do professor Carlos Motta merecem registro: a primeira, atinente ao fato de que o substitutivo apresentado no Senado Federal ao Projeto de Lei de Licitações previa que, quando se tratar de produto nacional, considerar-se-ia fornecedor exclusivo se o mesmo fosse detentor de contrato de exclusividade para determinada praça ou região, devidamente registrado em cartório;[1176] a segunda, constante em suas anotações pessoais, lembrando ter o Professor Toshio Mukai obtemperado que na realidade as Juntas Comerciais não atestam a exclusividade, mas tratam da execução do registro do comércio e do assentamento dos usos e práticas mercantis.[1177]

A rigor, razão assiste aos renomados mestres, tendo, como é sabido, a nova lei estabelecido prática que não guarda incompatibilidade com as funções de tais órgãos. Assim, enquanto o meio de prova constava do Decreto nº 30/1991, dúvidas poderiam ser suscitadas sobre a legalidade das entidades públicas servirem-se apenas desse meio para comprovar a exclusividade do fornecedor; mas, como a Lei nº 8.666/1993 se encontra no mesmo nível jurídico do diploma legal que definiu as atribuições, a recusa das juntas em atestar a exclusividade não mais encontra guarida em nosso Direito positivo.

Quanto à consulta ao INPI, sem laivo de dúvida, constitui instrumento para a Administração aferir a exclusividade do produto, mas a mesma não é suficiente para comprovar a exclusividade do fornecedor no local. Por isso é que a lei refere-se ao registro do comércio e não ao da indústria ou produtor, pois, em princípio, esses órgãos não podem assegurar que a competição é inviável.

A Secretaria de Logística e Tecnologia da Informação, dirigindo-se aos encarregados do sistema de serviços gerais informou que:

> para a aquisição de materiais e equipamentos, nas situações de inexigibilidade previstas no art. 25 da lei nº 8.666 de 21.06.93, devem ser admitidos, exclusivamente, as certidões expedidas pelo INSTITUTO NACIONAL DE

[1175] BRASIL Decreto nº 916, de 24 de outubro de 1890. Crêa o registro de firmas ou razões commerciaes. **Coleção de Leis do Brasil**, 31 dez. 1890. Art. 11, alínea "e" e § 2º. Obs.: este Decreto havia sido revogado pelo Anexo IV do Decreto nº 11, de 18 de janeiro de 1991, porém sua revogação foi tornada sem efeito pelo Decreto nº 1.780, de 10 de janeiro de 1996.

[1176] MOTTA, Carlos Pinto Coelho. **Eficácia nas licitações e contratos**: estrutura da contratação, concessões e permissões, responsabilidade fiscal, pregão - parcerias público-privadas. 10. ed. Belo Horizonte: Del Rey, 2005, p. 234.

[1177] *Ibidem.*

> PROPRIEDADE INDUSTRIAL - INPI, devido à proteção de registro de patente ou do pedido de registro de patente, nos termos da Lei nº 9.279/96.[1178]

Mas, independentemente das entidades que possam ser açambarcadas pela expressão "equivalente" utilizada pelo legislador, é imprescindível que a pessoa jurídica, autora do atestado de exclusividade, possua idoneidade suficiente para responder por uma declaração falsa. Além dos termos da declaração, é preciso que a entidade seja conhecida na localidade, possua endereço ou sede social, que a declaração seja firmada e a assinatura reconhecida em cartório. Essa última formalidade parece inafastável em se tratando de instituição privada.

Como exemplo, no Diário Oficial da União de 03 de junho de 1992, a Secretaria da Fazenda Nacional, sob a égide do Decreto-Lei nº 2.300/1986, ratificou a inexigibilidade de licitação para renovação de assinatura técnica da TAB - Tarifa Aduaneira do Brasil, com base em certidão fornecida pela Câmara Brasileira do Livro, na qual informa que a publicação referida é exclusiva da empresa Orientador Alfandegário Rio Editora Ltda.

Essa entidade pode ser tomada como "equivalente", nos termos da lei, vez que seus registros não deixam de ostentar caráter público.

3.2.7. atestado falso - consequências

Já recomendou o TCU que, quando do recebimento de atestados de exclusividade de fornecimento de materiais, equipamentos ou gêneros, sejam adotadas medidas cautelares visando assegurar a veracidade das declarações prestadas pelos órgãos e entidades emitentes.[1179]

É preciso, pois, situar as diversas possibilidades que poderão advir da verificação de que um atestado de exclusividade é falso.[1180]

[1178] Ofício-circular nº 10, de 04 de outubro de 1999. **Diário Oficial [da] República Federativa do Brasil**, Brasília, DF, 08 out. 1999. Seção 1, p. 34. É evidente que há equívoco no caso, pois o INPI atesta a exclusividade do produto e a Lei nº 8.666/93 considera inexigível o fornecedor.

[1179] BRASIL. Tribunal de Contas da União. Processo nº TC-013.304/94-1. Decisão nº 47/1995 - Plenário. Relator: Ministro Carlos Átila Álvares da Silva. **Diário Oficial [da] República Federativa do Brasil**, Brasília, DF, 01 mar. 1995. Seção 1, p. 2759. **No mesmo sentido**: Processo nº TC-005.561/2002-2. Acórdão nº 2960/2003 - 1ª Câmara. Relator: Ministro-Substituto Lincoln Magalhães da Rocha. **Diário Oficial da União [da] República Federativa do Brasil**, Brasília, DF, 3 dez. 2003 e Processo nº TC-010.055/2003-7. Acórdão nº 2505/2006 - 2ª Câmara. **Diário Oficial da União [da] República Federativa do Brasil**, Brasília, DF, 08 set. 2006, p. 119.

[1180] BRASIL. Tribunal de Contas da União. Processo nº TC-015.822/2001-6. Decisão nº 578/2002 - Plenário. Relator: Ministro Benjamim Zymler. **Diário Oficial da União [da] República Federativa do Brasil**, Brasília, DF, 11 jun. 2002. Seção 1.

Após a investigação dos fatos e a garantia de ampla defesa dos envolvidos, é possível equacionar a questão, tendo em conta as sanções administrativas, penais e civis, que podem ser aplicadas em virtude das ações a serem iniciadas, quais sejam:

a.1. o atestado é falso, mas o fornecedor é, de fato, exclusivo:

- administrativamente: o uso de documento falso constitui ilícito que pode acarretar até a declaração de inidoneidade;
- penalmente: a falsificação e o uso do documento falso podem constituir os crimes capitulados nos arts. 301 e 304, do CPB.[1181]

a.2. o atestado é falso e o fornecedor não é exclusivo:

- administrativamente, igual ao anterior;
- penalmente: além da alternativa da alínea anterior, poderá ainda ficar caracterizado o crime capitulado no art. 92 da Lei nº 8.666/1993, por ter o agente fraudado a prática de ato licitatório.[1182]

b.1. a falsificação foi descoberta antes da contratação:

- administrativamente: igual a a.1;
- penalmente: igual a a.1.

b.2. a falsificação só foi descoberta depois da contratação:

- administrativamente: igual a a.1, acrescido das consequências do art. 49, § 1º;
- penalmente: igual a a.2.

c.1. a não exclusividade era de fácil verificação:

- administrativamente: para a empresa, igual a a.1;
- o servidor da Administração responde por negligência no cumprimento de suas funções, tanto diante da falsificação grosseira, quanto diante do fato de que a não exclusividade era de fácil verificação, como ocorre quando no catálogo

[1181] BRASIL. Decreto-Lei nº 3.914, de 9 dez. 1941. Lei de introdução do Código Penal (Decreto-Lei nº 2.848, de 7 de dezembro de 1940) e da Lei das Contravenções Penais (Decreto-Lei nº 3.688, de 3 outubro de 1941). **Diário Oficial [da] República Federativa do Brasil**, Brasília, DF, 11 dez. 1941.

[1182] Já decidiu o TCU que a declaração de exclusividade da Junta Comercial que não corresponde à realidade do mercado não tem valor. Processo nº TC-010.230/94-7. Decisão nº 110/1996 - Plenário. Relator: Ministro Humberto Guimarães Souto. **Diário Oficial [da] República Federativa do Brasil**, Brasília, DF, 26 mar. 1996. Seção 1, p. 5020-3.

telefônico são elencadas várias empresas para fornecer o produto;

- penalmente: igual a a.1, com possibilidade de o servidor também responder pelos crimes de ato de improbidade que importam em enriquecimento ilícito, nos termos do art. 9º, inciso VI, da Lei nº 8.429/1992[1183], ou de concussão ou corrupção, capitulados nos arts. 316 e 317, respectivamente, do Código Penal.

c.2. a não exclusividade era de difícil verificação:

- administrativamente: igual a a.1.;
- penalmente: igual a a.1. ou a.2., conforme o caso.

d.1. a contratação não gerou prejuízos ao erário:

- administrativamente: igual a a.1.;
- penalmente: igual a a.1. ou a.2., conforme o caso.

d.2. a contratação gerou prejuízos ao erário pelo superfaturamento de preços:

- além das medidas administrativas e penais, apontadas anteriormente, o causador do dano responderá civilmente, indenizando o prejuízo decorrente do acréscimo do preço, isto é, pela parcela que excede o preço normal ou de mercado.

4. Singularidade e notória especialização

Dispõe a lei nº 8.666/1993, art. 25, *in verbis*:

> Art. 25 - É inexigível a licitação quando houver inviabilidade de competição, em especial:
>
> [...]
>
> II - para a contratação de serviços técnicos enumerados no art. 13 desta lei, de natureza singular, com profissionais ou empresas de notória especialização, vedada a inexigibilidade para serviços de publicidade e divulgação;
>
> [...]

1183 BRASIL. Lei nº 8.429, de 2 de junho de 1992. Dispõe sobre as sanções aplicáveis aos agentes públicos nos casos de enriquecimento ilícito no exercício de mandato, cargo, emprego ou função na administração pública direta, indireta ou fundacional e dá outras providências. **Diário Oficial [da] República Federativa do Brasil**, Brasília, DF, 3 jun. 1992.

> § 1º - Considera-se de notória especialização o profissional ou empresa cujo conceito no campo de sua especialidade, decorrente de desempenho anterior,[1184] estudos, experiências, publicações, organização, aparelhamento, equipe técnica, ou de outros requisitos relacionados com suas atividades, permita inferir que o seu trabalho é essencial e indiscutivelmente o mais adequado à plena satisfação do objeto do contrato.

4.1. noções

Esse dispositivo, cuja origem deita raízes no Decreto-Lei nº 200/1967, teve mantida a redação inaugurada pelo Decreto-Lei nº 2.300/1986.

Na tramitação do Projeto de Lei nº 59 da Câmara, o Senador Pedro Simon ofereceu o substitutivo, destacando-se, entre as várias inovações propostas, a supressão dos serviços técnicos especializados com inexigibilidade de licitação, fato que, em princípio, aperfeiçoaria o texto legal, se aprovado fosse. A Câmara dos Deputados, contudo, decidiu manter essa possibilidade de contratação direta.

E a desmotivação pela manutenção desse inciso decorre muito mais da sua má aplicação do que da hipótese de que, no plano teórico, estabelece a inviabilidade de competição.

A definição das características pretendidas pela Administração não raro tem servido para estabelecer reservas de mercado, impróprias para um País que ostenta uma dívida social tão grande a ser resgatada, sem referir-se à manifesta afronta ao princípio da isonomia.

Exemplo típico pode ser observado nas obras civis, notadamente em edifícios públicos, onde se tem ignorado por completo os preceitos do art. 12, para manter um padrão de linhas arquitetônicas, como se essa exigência fosse essencial e não houvesse outro meio de alcançá-la com outros profissionais. Monumentos "faraônicos" vão se edificando à custa do erário sem atender aos princípios vetores do art. 12, que determina a funcionalidade, segurança e economia, entre outros, igualmente salutares a serem observados na elaboração dos projetos básicos e executivos.

[1184] O TCU, em consonância com o arts. 25 § 1º e 30, § 1, da Lei nº 8.666/93, determinou: "[...] nas próximas licitações, ao analisar a especialização de profissionais, a instituição admita a comprovação por meio de experiências anteriores devidamente documentadas. [...]." BRASIL. Tribunal de Contas da União. Processo nº TC-011.755/2004-8. Acórdão nº 1.452/2004 - Plenário. Relator: Benjamin Zymler. **Diário Oficial da União [da] República Federativa do Brasil**, Brasília, DF, 5 out. 2004.

Comumente, violam-se os mais elementares princípios da Constituição Federal, promovendo-se a contratação de notórios profissionais, de amplo renome, olvidando-se que qualquer contratação de obra e serviço deve iniciar-se com a definição do objeto e não do executor ou projetista. Quando os órgãos de controle iniciam a análise pela caracterização do objeto, percebe-se quão supérfluas foram as características que tornaram tão singular o objeto, a ponto de inviabilizar a competição.[1185]

Reiteradamente, temos propugnado por uma nova postura na atividade de controle que não se deixa diminuir pela grandeza do nome dos profissionais e sem contestar o renome ou a capacitação técnica, busca precisamente contrastar as características do objeto à frente daqueles requisitos expressamente definidos no art. 12 da Lei nº 8.666/1993. O resultado dessas análises tem demonstrado, cabalmente, que o interesse público, não raro, é olvidado em detrimento de outros interesses muito distantes dos que devem ser defendidos pela Administração e seus agentes políticos.[1186]

Assim, por exemplo, para a contratação do projeto de construção de um bairro em Brasília, o Ministério Público junto ao Tribunal de Contas do Distrito Federal endossou e fundamentou a viabilidade de competição no Processo nº 3.019/1993. Tese acolhida pela precitada Corte.

As novas dimensões dadas aos órgãos de controle pela Constituição Federal permitem que se questionem decisões em toda sua amplitude, inclusive de mérito, sob o aspecto da economicidade e legitimidade e tais órgãos não podem deixar de fazê-lo, sob pena de obstruírem um meio de expressão social, reconhecido pelo Constituinte; quando falham os instrumentos de expressão da vontade do povo e a indignação popular não encontra nenhuma ressonância nas instituições, a manifestação popular encontra outros meios de expressão que podem não se conformar com a ordem estabelecida.

[1185] O TCU não considerou correta a contratação por notória especialização de empresa objetivando o exame técnico-tributário a fim de identificar e determinar economias fiscais oriundas das taxações advindas do PASEP, FINSOCIAL, AIR, INSS e ICMS. BRASIL. Tribunal de Contas da União. Processo nº TC-015.918/94-7. Decisão nº 338/1997 - 1ª Câmara. Relator: Ministro Marcos Vinicios Vilaça. **Diário Oficial [da] República Federativa do Brasil**, Brasília, DF, 12 nov. 1997. Seção 1, p. 29892 a 29895.

[1186] Exemplo típico dessa reserva de mercado que tentaram implantar sem êxito, sob o aspecto jurídico, foi a Portaria nº 314, de 08 de outubro de 1992, do Instituto Brasileiro do Patrimônio Cultural. Absurda e manifestamente ilegal, por violar os princípios vetores da Administração Pública e a determinação constante do art. 12 da Lei nº 8.666/1993 (art. 11 do Decreto-Lei nº 2.300/1986).

4.2. requisitos

A inviabilidade da competição ocorrerá na forma desse inciso se ficar demonstrado o atendimento dos requisitos, que devem ser examinados na seguinte ordem:

a) referentes ao objeto do contrato:
- que se trate de serviço técnico;
- que o serviço esteja elencado no art. 13 da Lei nº 8.666/1993;
- que o serviço apresente determinada singularidade;
- que o serviço não seja de publicidade ou divulgação.

b) referentes ao contratado:
- que o profissional detenha a habilitação pertinente;
- que o profissional ou empresa possua especialização na realização do objeto pretendido;
- que a especialização seja notória;
- que a notória especialização esteja intimamente relacionada com a singularidade pretendida pela Administração.[1187]

4.2.1. a inviabilidade de competição

Todos esses requisitos, se tomados isoladamente, não garantem a inexigibilidade de licitação, por ser ainda possível e viável a competição.[1188]

[1187] Nos anos de 1995 a 1997 as decisões do TCU voltavam-se para a tese de que a correta interpretação a ser dada para o inciso II do art. 25 da Lei nº 8.666/1993 era a obrigatoriedade no preenchimento dos requisitos ali estabelecidos para a inexigibilidade da licitação. Um novo enfrentamento do tema culminou com a edição da Decisão nº 695/2001 - Plenário, do Relator Ministro Adylson Motta, que estabeleceu: "[...] 9. Quanto ao mérito, assiste razão ao Ministério Público/TCU quanto à parcial divergência em relação ao entendimento da Unidade Técnica, importando destacar os seguintes excertos do minucioso Parecer da lavra do douto Procurador-Geral: 'Os requisitos contidos no art. 25, II, da Lei 8.666/1993 são sim suficientes para configurar a inexigibilidade de licitação. Isto é, para que seja inexigível a licitação de um determinado serviço, basta que (i) ele se inclua entre os serviços técnicos especializados do artigo 13 da mencionada Lei; (ii) ele tenha natureza singular; e (iii) o contratado detenha notória especialização. Não se faz necessário que, além desses três requisitos, tenha de ser demonstrada ainda a inviabilidade de competição, pelo simples fato de que a conjunção deles configura, por si só, a própria inviabilidade de competição." BRASIL. Tribunal de Contas da União. Processo nº TC-005.720/2001-2. **Diário Oficial da União [da] República Federativa do Brasil**, Brasília, DF, 21 jan. 2002. Seção 1. **No mesmo sentido**: Processo nº TC-005.637/2002-2. Acórdão nº 1.625/2003 - Plenário. Relator: Ministro Benjamim Zymler. **Diário Oficial da União [da] República Federativa do Brasil**, Brasília, DF, 7 nov. 2003. Seção 1.

[1188] a) Nesse sentido, o TCU recomenda: "[...] somente contrate serviços diretamente, por inexigibilidade de licitação, quando restar comprovada a inviabilidade de competição, em consonância com o disposto nos arts. 25 e 26 da Lei nº 8.666/1993 [...]." BRASIL. Tribunal de Contas da União. Processo nº TC-014.001/2004-2. Acórdão nº 1096/2007 - Plenário. **Diário Oficial da União [da] República Federativa do Brasil**, Brasília, DF, 11 jun. 2007, p. 85.

Todo estudo da inexigibilidade de licitação repousa numa premissa fundamental: a de que é inviável a competição, seja porque só um agente é capaz de realizá-la nos termos pretendidos, seja porque só existe um objeto que satisfaça o interesse da Administração. Daí por que não se compreende que alguns autores e julgados coloquem lado a lado dois conjuntos de ideias antagônicas, quando firmam o entendimento de que há singularidade; que o agente é notório especialista, mas que, mesmo existindo mais de um agente capaz de realizá-lo, a licitação é inexigível, abandonando exatamente o requisito fundamental do instituto, constante do *caput* do art. 25 da Lei nº 8.666/1993.

4.2.2. objeto do contrato

O objeto do contrato a ser firmado só pode constituir-se em serviço, ao contrário do inciso I do mesmo art. 25, em que só se admite compra.

Salienta Ivan Barbosa Rigolin, acerca da possibilidade de a Administração Pública promover contratos simultâneos com um mesmo profissional:

> [...] nada na lei, nem na mais primitiva lógica, existe nem poderia existir no sentido de impedir à mesma empresa, ou ao mesmo profissional, firmar mais de um contrato de serviço técnico especializado com o mesmo ente público, e até, finalizando, por razão, que se extrai da leitura do texto da lei (art. 25, § 1º): se a Administração conclui que, entre os que conhece, um profissional, ou uma empresa, é, indiscutivelmente, o mais adequado à plena satisfação do objeto do contrato pretendido, então contratar outra empresa ou outro profissional, apenas porque o melhor já detinha um contrato, seria confessar que no segundo contrato não foi contratado o melhor[...] e tal redundaria em evidente prejuízo à entidade pública.[1189]

Em artigo publicado no Boletim de Licitação e Contratos, a ilustre Dra. Yara Darcy Police Monteiro obtempera, com absoluta propriedade, ser possível

b) O TCDF determinou à Secretaria de Administração que, nas contratações por inexigibilidade de licitação, deverão ser comprovadas, além da notória especialização, a singularidade dos serviços a serem prestados, de modo que fique evidenciada a inviabilidade da competição. DISTRITO FEDERAL. Tribunal de Contas. Processo nº 6.786/1996. Decisão nº 3.138/1997. Disponível em: http://www.tc.df.gov.br. Acesso em 26 jan. 2011.

[1189] *In* **Boletim de Licitações e Contratos** - BLC, nº 07/1994. São Paulo: Ed. NDJ, p. 334.

a recontratação de serviços técnicos profissionais especializados, com entidade notoriamente especializada.[1190]

4.2.3. serviço técnico e serviço técnico profissional especializado

O serviço pretendido deve estar elencado no art. 13 da Lei nº 8.666/1993 e deve ter natureza técnica. Sobre o assunto, cabe asserir que o precitado dispositivo arrola os serviços técnicos profissionais especializados, adjetivação essa bem mais completa do que a referida no inciso II do art. 25, que se contenta em referi-los como "serviços técnicos".

Em distinção conceitual, Hely Lopes Meirelles, com lapidar clareza, asseriu:

> *Serviços técnicos profissionais* são os que exigem habilitação legal para sua execução. Essa habilitação varia desde o simples registro do profissional ou firma na repartição competente até o diploma de curso superior oficialmente reconhecido. O que caracteriza o *serviço técnico* é a privatividade de sua execução por *profissional habilitado*, seja ele um mero artífice, um técnico de grau médio ou um diplomado em escola superior.[1191]

Já os serviços técnicos profissionais especializados:

> são os prestados por quem, além da habilitação técnica e profissional - exigida para os serviços técnicos profissionais em geral - aprofundou-se nos estudos, no exercício da profissão, na pesquisa científica, ou através de cursos de pós-graduação ou de estágios de aperfeiçoamento.[1192]

O art. 13 da Lei nº 8.666/1993, após elencar diversos tipos de serviços técnicos profissionais especializados, estabelece que, quando não se tratar de inexigibilidade de licitação, sejam os mesmos contratados preferencialmente mediante concurso, com estipulação prévia de prêmio ou remuneração. Poderão ser contratados também mediante convite, tomada de preços ou concorrência, vez que, em diversos casos, o concurso poderá não ser a melhor modalidade de licitação.

[1190] *Op. cit. supra*, p. 155.

[1191] MEIRELLES, Hely Lopes. **Curso de direito administrativo**. 32ª ed. São Paulo: Malheiros, 2006, p. 257.

[1192] *Op. cit. supra*, p. 285.

4.2.4. serviço técnico profissional especializado e o art. 13

Outro aspecto relevante constitui-se na seguinte questão: poderá ser objeto da inexigibilidade com fundamento nesse inciso a contratação de serviços técnicos não enumerados no art. 13?

A resposta é negativa, pois a norma do art. 25, inciso II, constitui regra que abre exceção e, de acordo com os princípios elementares de hermenêutica, esse tipo de norma deve ser interpretado restritivamente.[1193]

A prática, contudo, tem demonstrado que existem serviços, não registrados no art. 13, que não permitem viabilizar a contratação, como por exemplo, os serviços de correios, pois o regime de monopólio inviabiliza a competição.[1194] Em casos dessa natureza ou mesmo nos casos em que o serviço não guarda qualquer singularidade, mas por outro motivo qualquer a competição é inviável, monopólio, por exemplo, a contratação direta deve ter por fundamento o *caput* do art. 25 da Lei nº 8.666/1993, e não o inciso II.

Mais recentemente, vislumbra-se que os Tribunais de Contas têm admitido a interpretação ampliativa do elenco quando se tratam de serviços técnicos profissionais especializados de natureza semelhante aos indicados no art. 13 da Lei nº 8.666/1993.

4.2.5. a singularidade do serviço pretendido

É imperioso, contudo, que o serviço a ser contratado apresente uma singularidade que inviabilize a competição entre os diversos profissionais técnicos especializados.[1195]

A singularidade, como textualmente estabelece a lei, é do objeto do contrato;[1196] é o serviço pretendido pela Administração que é singular, e não o

---

[1193] Em sentido contrário, há decisão do TCU entendendo que: "[...] não basta que o profissional seja de notória especialização. É mister que o serviço esteja compreendido dentre aqueles expressamente enumerados e, sobretudo, que seja de natureza singular. [...]."BRASIL. Tribunal de Contas da União. Processo nº TC-279.062/95-8. Decisão nº 798/1996 - Plenário. Relator: Ministro Iram Saraiva. **Diário Oficial [da] República Federativa do Brasil**, Brasília, DF, 16 jan. 1997. Seção 1, p. 897.

[1194] Recomenda a equipe do BLC que nesses casos a formalização do processo pode ser feita diretamente por 5 anos, considerando a natureza contínua do contrato, *in* **Boletim de Licitações e Contratos** - BLC, nº 5, ano XI, maio 1998. São Paulo: Ed. NDJ, p. 257.

[1195] O TCU, em resposta à consulta ao CRC/SP, determinou que, para contratação de empresa especializada em cobrança, dever-se-ia desenvolver o devido certame licitatório. BRASIL. Tribunal de Contas da União. Processo nº TC-012.930/1995-4. Decisão nº 444/1996 - Plenário. Relator: Ministro-Substituto Lincoln Magalhães da Rocha. **Diário Oficial [da] República Federativa do Brasil**, Brasília, DF, 13 ago. 1993. Seção 1, p. 15312.

[1196] O autor do projeto pode ser contratado para fiscalizar, pelo art. 25, II, da Lei nº 8.666/1993. BRASIL. Tribunal de Contas da União. Processo nº TC-004.723/1995-3. Acórdão nº 85/1997 - Plenário. Relator: Ministro

executor do serviço.[1197] Aliás, todo profissional é singular, posto que esse atributo é próprio da natureza humana.[1198]

Singular é a característica do objeto que o individualiza, distingue dos demais. É a presença de um atributo incomum na espécie, diferenciador. A singularidade não está associada à noção de preço, de dimensões, de localidade, de cor ou forma.

A singularidade pode incidir sobre um serviço cujo valor esteja abaixo dos limites dos incisos I e II, do art. 24, da Lei nº 8.666/1993; pode recair em um serviço sobre pequeno objeto, como uma restauração; pode ensejar que o seu prestador o realize em uma pequena comunidade ou num grande centro; pode exigir alta tecnologia ou conhecimentos práticos de uma atividade. A essência da singularidade é distinguir os serviços dos demais a serem prestados. Por exemplo, é um serviço singular, a aplicação de revestimento em tinta com base de poliuretano, na parte externa de um reator nuclear, devido às irradiações desse objeto; enquanto pintar é uma atividade comum, as características do objeto que vai receber a tinta exigem uma forma de aplicação de produto que não ocorre nos demais; apagar um incêndio é uma atividade que pode ser executada por qualquer bombeiro, mas debelar um incêndio em um poço de petróleo apresenta-se como singular; a demolição é uma atividade comum, mas a necessidade de que seja efetuada por técnica de implosão pode torná-la singular.[1199]

Carlos Átila. **Diário Oficial [da] República Federativa do Brasil**, Brasília, DF, 21 maio 1997. Seção 1, p. 10500.

[1197] Em percuciente análise, a seguinte distinção: "[...] A singularidade, esta sim, é quem efetivamente dá causa a que se torne inviável licitar. A inviabilidade de competição que dá ensejo à possibilidade de se inexigir a licitação reside na singularidade da contratação. O que não implica dizer que os serviços sejam de natureza singular. O que confere legitimidade ao procedimento adotado com arrimo no art. 25, II, c/c art. 13, inciso VI, da Lei nº 8.666/1993, é a singularidade que permeia a situação específica. A singularidade não está, neste caso concreto, associada ao serviço - treinar, capacitar professores. [...] Qual é o objeto que se estuda neste caso concreto? Não é a contratação de uma fundação, a Fapes, para ministrar curso de capacitação de professores. O objeto, neste caso concreto, é a contratação da Fapes para ministrar curso de capacitação de professores do ensino infantil e fundamental no Nordeste, no sertão da Bahia." BRASIL. Tribunal de Contas da União. Processo nº TC-009.873/2002-8. Acórdão nº 1568/2003 - 1ª Câmara. **Diário Oficial da União [da] República Federativa do Brasil**, Brasília, DF, 30 jul. 2003.

[1198] O TCU tem determinado que somente se realize a contratação direta, com base na notória especialização do contratado, quando houver inviabilidade de competição, e desde que configurada, simultaneamente, a singularidade do objeto e a notoriedade na execução do serviço específico desejado. BRASIL. Tribunal de Contas da União. Processo nº TC-013.992/1996-1. Decisão nº 103/1998 - Plenário. Relator: Ministro Humberto Guimarães Souto. **Diário Oficial [da] República Federativa do Brasil**, Brasília, DF, 30 mar. 1998. Seção 1, p. 71-2.

[1199] Amparado nesse entendimento e transcrevendo este excerto decidiu o Tribunal de Contas da União no Processo nº 007.000/2002-9. Acórdão nº 550/2004 - Plenário. Relator Ministro Marcos Vinicios Vilaça. **Diário Oficial da União [da] República Federativa do Brasil**, Brasília, DF, 24 maio 2004.

Reside, precisamente nesse ponto, o nó górdio da questão, pois a definição da singularidade do objeto deve:

a) ser estabelecida exclusivamente à luz do interesse público;[1200]
b) ser justificada sob os princípios que informam a ação de toda a Administração Pública, *lato sensu*, expressamente declarados no art. 37, da Constituição Federal, quais sejam: legalidade, impessoalidade, moralidade e publicidade;
c) observar que, no caso de projeto básico ou executivo, existem requisitos próprios arrolados no arts. 12 e 111 da Lei nº 8.666/1993;
d) visar à realização do bem comum, alvo permanente da Administração Pública;
e) ser instituída sem estabelecer preferência em razão da nacionalidade, da naturalidade, da sede ou do domicílio do futuro contratado, nem fundar-se em circunstância impertinente ou irrelevante para o específico objeto do contrato.[1201]

Somente depois de definir o objeto que pretende contratar é que a Administração Pública deverá buscar o profissional para executá-lo. Nunca, em hipótese nenhuma, procede-se de forma inversa. Aqui, a ordem dos fatores altera a equação, pois quando se parte da definição do profissional, certamente se agregam ao objeto características que individualizam o executor do serviço.

A singularidade do objeto pretendido pela Administração é o ponto fundamental da questão,[1202] mas boa parte da doutrina pátria, *data venia*, não tem dado enlevo ao termo, ou quando o faz acaba por associá-lo ao profissional, deixando de identificar o serviço.

É possível que essa distorção decorra de razões históricas: o Decreto-Lei nº 200/67 e a redação primitiva do Decreto-Lei nº 2.300/1986 estabeleceram

---

[1200] Nesse sentido o TCU entendeu: "[...] 9.2.4. no que concerne à contratação direta com amparo no art. 25, inciso II, da Lei de Licitações, atente para o fato de que a inexigibilidade de licitação sujeita-se à fundamentada demonstração de que a singularidade do objeto - ante as características peculiares das necessidades da Administração - aliada ao caráter técnico profissional especializado dos serviços e à condição de notória especialização do prestador - inviabiliza a competição no caso concreto (v. Decisão 427/1999-Plenário e Acórdão 1.858/2004-Plenário e Acórdão 157/2000-2ª Câmara) [...]." BRASIL. Tribunal de Contas da União. Processo nº TC-022.059/2008-0. Acórdão nº 17/2010 - Plenário. **Diário Oficial da União [da] República Federativa do Brasil**, Brasília, DF, 22 de jan. de 2010.

[1201] BRASIL. **Lei nº 8.666/93 (Versão Bolso).** Organização dos textos e índice por J. U. JACOBY FERNANDES. 12. ed. amp., rev. e atual. Belo Horizonte: Fórum, 2010. Vide art. 3º, § 1º.

[1202] Ausente a singularidade, não é regular a inexigibilidade de licitação. BRASIL. Tribunal de Contas da União. Processo nº TC-004.689/1996-8 - Sigiloso (apenso: TC nº 012.439/1996-7). Decisão nº 61/1998 - Plenário. Relator: Ministro Bento José Bugarin. **Diário Oficial [da] República Federativa do Brasil**, Brasília, DF, 10 mar. 1998. Seção 1, p. 64.

que a contratação de profissionais de notória especialização era caso de dispensa de licitação. Mais tarde, o Decreto-Lei nº 2.348/1987, que alterou o Decreto-Lei nº 2.300/1986, considerou inexigível a licitação para a contratação de profissionais de notória especialização para a realização de serviços de natureza singular, utilizando a redação mantida pela Lei nº 8.666/1993.

Como a singularidade foi acrescida posteriormente, ainda há os que não conseguem alcançar a sua dimensão e, não raro, continuam entendendo que a contratação de profissionais de grande reputação efetua-se diretamente, chegando mesmo a considerar um acinte pretender submeter tais profissionais a um concurso para a escolha da proposta mais vantajosa.

Eros Roberto Grau, citado por Maria Zanella Di Pietro, chega a sustentar que "nada seria alterado se o texto normativo não tivesse albergado essa expressão - de natureza singular [...]"[1203]

Gianturco, citado por Carlos Maximiliano,[1204] ensina: "presume-se que a lei não contenha palavras supérfluas; *devem todas ser entendidas como escritas adrede para influir no sentido da frase respectiva*". Essa máxima da hermenêutica deve ser completada por outra, atribuída a François Geny, pelo mesmo autor pátrio:

> A prescrição obrigatória acha-se contida na fórmula concreta. Se a letra não é contraditada por nenhum elemento exterior, não há motivo para hesitação: deve ser observada. A linguagem tem por objetivo despertar em terceiros, pensamento semelhante ao daquele que fala; presume-se que o *legislador se esmerou em escolher expressões claras e precisas, com a preocupação meditada e firme de ser bem compreendido e fielmente obedecido*. Por isso, em não havendo elementos de convicção em sentido diverso, atém-se o intérprete à letra do texto.[1205]

Na elucidação desse meandro, deve-se ter em consideração que a expressão "singular" não foi incluída na redação original do texto, mas foi acrescida na primeira alteração que o Executivo procedeu no Decreto-Lei nº 2.300/1986, mostrando-se pouco razoável que viesse alterá-lo para incluir uma expressão inútil. Se, a título de ilustração, retirada do texto fosse a expressão singularidade, todo o dispositivo deveria ser condenado, pois a contratação de notórios especialistas só seria enquadrável no *caput* do artigo, por inviabilidade

---

[1203] DI PIETRO, Maria Sylvia Zanella. **Direito Administrativo**. São Paulo: Atlas, 2001, p. 69.
[1204] MAXIMILIANO, Carlos. **Hermenêutica e Aplicação do Direito**. Rio de Janeiro: Forense, 1988, p. 110.
[1205] MAXIMILIANO, Carlos. **Hermenêutica e Aplicação do Direito**. Rio de Janeiro: Forense, 1988, p. 110-111. Os grifos não são do original.

de competição, não fazendo qualquer sentido que o legislador tivesse privilegiado tais profissionais, dispensando-os de concorrer em um processo seletivo; alcançando a notória especialização, esses profissionais poderiam ser contratados para qualquer serviço; se isso fosse possível, para qualquer serviço não mais se faria licitação: todos os jardins do País poderiam ser projetados por Burle Marx; todos os serviços de arquitetura, por Oscar Niemeyer;[1206] todos os serviços da área de saúde, por Adib Jatene; enfim, um verdadeiro contrassenso ter-se-ia estabelecido. Sábio foi o legislador ao exigir a singularidade do objeto, como *conditio sine quo non* à declaração de inexigibilidade.

Ulpiano há séculos averbava que *verbum ex legibus, sic accipiendum est: tam ex legum sententia, quam ex verbis*: "O sentido das leis se deduz, tanto do espírito como da letra respectiva".[1207]

A notória especialização não inviabiliza a competição, a menos que ela seja imprescindível à realização de um determinado serviço singular e, mais do que isso, que a notoriedade apresente relação direta e imediata com a singularidade do objeto.

A esse respeito, no julgamento do Processo nº TC-013.263/93-5,[1208] mesmo a contratação de profissionais de grande renome, inclusive Ministro aposentado do Supremo Tribunal Federal, foi considerada irregular porque os serviços contratados não eram, a rigor, de natureza singular a ponto de justificar a inviabilidade de competição.

A constituição de reservas de mercado para determinados profissionais, que invariavelmente ocorreria se possível fosse contratar notórios especialistas

---

[1206] Sobre o mesmo assunto, já manifestou-se a Suprema Corte de Contas, quando considerou irregular a contratação do arquiteto Oscar Niemeyer por inocorrer a singularidade do objeto. BRASIL. Tribunal de Contas da União. Processo nº TC-015.327/1996-5. Decisão nº 161/1997 - Plenário. Relator: Ministro Humberto Guimarães Souto. **Diário Oficial [da] República Federativa do Brasil**, Brasília, DF, 22 abr. 1997. Seção 1, p. 7973 a 7974. No mesmo sentido, pela irregularidade para elaboração de projeto arquitetônico: BRASIL. Tribunal de Contas da União. Processo nº TC-425.086/1995-0. Decisão nº 781/1997 - Plenário. Relator: Ministro Carlos Átila Álvares da Silva. **Diário Oficial [da] República Federativa do Brasil**, Brasília, DF, 10 nov. 1997. Seção 1, p. 29358.

[1207] MAXIMILIANO, Carlos. **Hermenêutica e Aplicação do Direito**. Rio de Janeiro: Forense, 1988, p. 111.

[1208] a) BRASIL. Tribunal de Contas da União. Decisão nº 324/1994 - 2ª Câmara. Relator. Ministro Paulo Affonso Martins de Oliveira. **Diário Oficial [da] República Federativa do Brasil**, Brasília, DF, 21 nov. 1994. Seção 1, p. 20172.

b) Em um outro processo o TCU recomenda a existência simultânea da singularidade do objeto e da notoriedade do contratado. BRASIL. Tribunal de Contas da União. Processo nº TC-013.992/96-1, Decisão: 103/1998 - Plenário. Relator: Ministro Humberto Guimarães Souto. **Diário Oficial [da] República Federativa do Brasil**, Brasília, DF, 30 mar. 1998. Seção 1, p. 71-2. **No mesmo sentido**: Processo nº TC-375.358/95-1. Decisão nº 86/1996. Relator: Ministro Iram Saraiva. **Diário Oficial [da] República Federativa do Brasil**, Brasília, DF, 25 abr. 1996. Seção 1, p. 7051; Acórdão nº 540/97 e Decisões nºs 030/1997; 244/1995; 261/1997; 069/1993; 494/1994; 906/1997; 907/1997.

para qualquer serviço, obstruiria o desenvolvimento das ciências, desmotivaria a evolução e capacitação de profissionais e submeteria a Administração ao interesse de poucos.

A exegese filológica abona a lógica e demonstra a toda evidência a riqueza que a interpretação social permite.[1209]

Didática lição, em plena consonância com os termos expostos, colhe-se dos excertos deste voto do Eminente Ministro Bento Bugarin:[1210]

> Ao alegar a inexigibilidade de licitação, preocupou-se o gestor apenas em demonstrar, ainda que de forma pouco convincente, a notória especialização do contratado. Em nenhum momento, o dirigente procurou demonstrar ser o objeto da contratação de natureza singular, apesar de, em suas justificativas, ter citado o entendimento de renomado jurista a respeito do assunto.
>
> Consoante tese amplamente aceita na doutrina, assim como na jurisprudência deste Tribunal, a inexigibilidade de licitação, então prevista no art. 23, inciso II, do revogado Decreto-Lei 2.300/86, a atualmente tratada no art. 25, inciso II, da Lei nº 8.666/93, somente se configura quando há simultaneamente a presença de três elementos, quais sejam: o serviço profissional especializado, a notória especialização do profissional ou empresa e a natureza singular do serviço a ser contratado. *In casu*, verifica-se, sem nenhum esforço de exegese, o preenchimento apenas de um requisito: o tipo de serviço (fiscalização de obras), posto que expressamente previsto no art. 12, inciso IV, do Decreto-Lei 2.300/86, em vigor à época da contratação.
>
> [...]
>
> Não basta que o profissional seja de notória especialização. É mister que o serviço esteja compreendido dentre aqueles expressamente enumerados e, sobretudo, que seja de natureza singular. Em outro falar: é preciso a existência de serviço técnico que, por sua especificidade, demande alguém notoriamente especializado.

[1209] Neste sentido, sustentando que a singularidade é do objeto: FILHO, Marçal Justen. **Comentários à Lei de Licitações e Contratos Administrativos**. 11ª ed., São Paulo: Dialética, 2005, p. 284.

[1210] BRASIL. Tribunal de Contas da União. Processo nº TC-279.062/95-8. Decisão nº 798/1996 - Plenário. **Diário Oficial [da] República Federativa do Brasil**, Brasília, DF, 16 jan. 1997. Seção 1, p. 897. **No mesmo sentido**: Processo nº TC-005.132/2009-2. Acórdão nº 298/2005 - Plenário. **Diário Oficial da União [da] República Federativa do Brasil**, Brasília, DF, 1º abr. 2005.

A regra é que a singularidade se refere ao objeto e não ao prestador do serviço. Por isso comparar prestadores de serviços é o fim da licitação ou da razão de escolha do fornecedor e não para justificar a singularidade.[1211] As características da singularidade do objeto podem, posteriormente, serem associadas à causa da notoriedade do profissional.

4.2.5.1. serviços advocatícios [1212]

Entre os serviços elencados no art. 13, referido, a um tem sido devotada, em especial, a atenção do Executivo e dos doutrinadores. Trata-se da contratação, cujo objeto se encontra elencado no inciso V, do seguinte teor: "patrocínio ou defesa de causas judiciais ou administrativas. Para tais serviços, dever-se-ia promover licitação na modalidade de concurso, como regra."[1213]

Em regra, a contratação dos serviços jurídicos exige a habilitação legal e alguma experiência ou especialização[1214] em determinada área de atuação, sendo, portanto, amplamente encontrados no mercado.[1215]

1211 Por isso, a seguinte interpretação em acórdão isolado do TCU não corresponde à melhor interpretação da lei: "[...] 1.5.1.3. reúna elementos suficientes para comprovar a singularidade para a prestação dos serviços, ao compor o processo de contratação por inexigibilidade, apresentando comparativo entre características de empresas do ramo de forma a deixar clara a questão da natureza singular dos serviços prestados, permitindo o controle necessário nos casos em que não se verifica a inviabilidade de competição por exclusividade de fornecedor [...].". BRASIL. Tribunal de Contas da União. Processo nº TC-019.441/2007-7. Acórdão nº 13/2010 - 1ª Câmara. Relator: Ministro Walton Alencar Rodrigues. Diário Oficial da União [da] República Federativa, 29 jan. 2010, Seção 1.

1212 Consulte o subtítulo 5.7 do capítulo 2, sobre concurso para advogado, e o subtítulo 21.2.3.2 do capítulo 5, sobre contratação não eventual - terceirização.

1213 Veja o capítulo 2, subtítulo 5.2, onde foi distinguido concurso, modalidade de licitação, do concurso público, meio de seleção de pessoal para ingresso no quadro permanente. O TCE/MS sumulou: "[...] Os serviços de natureza técnico-jurídica, de interesse da coisa pública em defesa nas causas judiciais, assessoria ou consultoria, puderam ser considerados de notória especialização, desde que seja o mais adequado à satisfação do objeto do contrato, este firmado com dispensa do processo licitatório [...]." MATO GROSSO DO SUL. Tribunal de Contas. Súmula nº 62.

1214 BRASIL. Tribunal de Contas da União. Processo nº TC-012.154/93-8. Decisão nº 137/1994 - 1ª Câmara. Relator: Ministro Olavo Drummond. **Diário Oficial [da] República Federativa do Brasil**, Brasília, DF, 13 maio 1994, p. 7143.

1215 a) O TCU entende que "[...] não se pode falar em impossibilidade de competição quando se discute a contratação de serviços advocatícios, uma vez que os preços dos serviços são tabelados, no exato sentido da palavra [...]." BRASIL. Tribunal de Contas da União. Processo nº TC-650.148/96-7. Decisão nº 080/1998 - 2ª Câmara. Relator: Ministro Adhemar Paladini Ghisi. **Diário Oficial [da] República Federativa do Brasil**, Brasília, DF, 08 maio 1998. Seção 1, p. 166-7.

b) O TCU reiterou sua posição sobre a impossibilidade de contratação de serviços advocatícios pela Empresa Brasileira de Correios e Telégrafos, por inexigibilidade. BRASIL. Tribunal de Contas da União. Processo nº TC-008.429/1993-6. Decisão nº 296/1997 - 2ª Câmara. **Diário Oficial [da] República Federativa do Brasil**, Brasília, DF, 18 nov. 1997. Seção 1, p. 26810-1.

c) Em sentido contrário, pela possibilidade de contratação direta, com base na notoriedade e singularidade: SÃO PAULO. Tribunal de Contas. Processo nº 14.285/026/1996 - 2ª Câmara. Relator: Conselheiro Eduardo Bittencourt Carvalho. **Diário Oficial do Estado**, 26 nov. 1996, p. 26. No mesmo sentido o TCU determinou:

O Poder Executivo Federal, na Exposição de Motivos Interministerial nº 11/1992, tornou obrigatória a contratação, por parte do Banco Central do Brasil e entidades estatais, de empresas prestadoras de serviços técnicos profissionais de natureza jurídica, especializadas na área trabalhista, para a defesa de interesses em juízo, quando reclamadas em ações individuais, plúrimas ou coletivas na Justiça do Trabalho, sempre que houver a possibilidade de conflito entre interesses da parte dos quadros jurídicos próprios. Essa norma, contudo, não afastou a exigência do processo licitatório, que deve ser realizado mediante a pré-qualificação,[1216] versado no art. 114 da Lei nº 8.666/1993.

Os serviços profissionais de assistência jurídica de natureza corriqueira podem ser realizados por significativa parcela de escritórios de advocacia existente. Não têm caráter singular, não exigem notória especialização e, portanto, não preenchem os requisitos para enquadramento na inexigibilidade de licitação - art. 25 da Lei nº 8.666/1993. [1217]

"[...] abstenha-se da contratação de serviços de assistência jurídica, por inexigibilidade de licitação, quando não restar demonstrada, formalmente, a inviabilidade de competição de que trata o art. 25 da Lei nº 8.666/1993, devendo constar do processo de inexigibilidade, quando a contratação ocorrer nessa modalidade, a justificativa do preço contratado, conforme determina o parágrafo único, inciso III, do art. 26 da aludida norma". BRASIL. Tribunal de Contas da União. Processo nº TC-016.176/2005-6. Acórdão nº 817/2006 - Plenário. **Diário Oficial da União [da] República Federativa do Brasil**, Brasília, DF, 02 jun. 2006, p. 107.

d) Refletindo o entendimento predominante na atualidade, o TCU orientou: "[...] na contratação de serviços advocatícios, proceda ao devido certame licitatório, conforme dispõe o inciso XXI do art. 37 da Constituição Federal e o art. 2º da Lei nº 8.666/1993, e no caso de a competição se revelar inviável, realize a pré-qualificação dos profissionais aptos a prestarem os serviços, adotando sistemática objetiva e imparcial da distribuição de causas entre os pré-qualificados, de forma a resguardar o respeito aos princípios da publicidade e da igualdade (subitem 1.1.1.3 do Acórdão 1913/2006 - Segunda Câmara - TCU); 1.1.1.4. na contratação de serviços advocatícios em que se configurar situação excepcional que refoge à regra geral acima referida, demonstre de forma fundamentada em processo formal que a contratação direta amparada na inexigibilidade de que trata o art. 25 da Lei 8.666/93, atende aos seguintes requisitos: natureza singular do serviço, a notória especialização do contratado e a inviabilidade de competição (subitem 1.1.1.4. do Acórdão 1913/2006 - Segunda Câmara - TCU) [...]." BRASIL. Tribunal de Contas da União. Processo nº TC-018.116/2005-7. Acórdão nº 2447/2006 - 2ª Câmara. **Diário Oficial [da] República Federativa do Brasil**, Brasília, DF, 27 jul. 2006, p. 101.

e) O TCU verificou aprovação da contratação e da assinatura de Contrato de Prestação de Serviços de Advocacia com violação do art. 25 da Lei nº 8.666/1993, pois mencionados os serviços não eram de natureza singular nem os profissionais tinham notória especialização que caracterizasse a inviabilidade de competição. BRASIL. Tribunal de Contas da União. Processo nº TC-020.275/2003-4. Acórdão nº 1.524/2005 - Plenário. Relator: Ministro Marcos Vinicios Vilaça. **Diário Oficial da União [da] República Federativa do Brasil**, Brasília, DF, 07 out. 2005. Nesse caso, o TCU decidiu aplicar multa aos responsáveis nos valores de até R$ 25.000,00 (vinte e cinco mil reais).

1216 MOTTA, Carlos Pinto Coelho. **Eficácia nas Licitações e Contratos**: Estrutura da Contratação, Concessões e Permissões, Responsabilidade Fiscal, Pregão - Parcerias Público-Privadas. 10. ed. Belo Horizonte: Del Rey, 2005, p. 573.

1217 Neste sentido o TCU decidiu que os órgãos deixem de contratar serviços de assistência advocatícia quando não restar demonstrada, formalmente, a inviabilidade de competição de que trata o art. 26 da Lei nº 8.666/1993. BRASIL. Tribunal de Contas da União. Processo nº TC-016.176/2005-6. Acórdão nº 817/2006 - Plenário. Relator: Ministro Marcos Bemquerer. **Diário Oficial da União [da] República Federativa do Brasil**, Brasília, DF, 2 jun. 2006, p. 107.

O Tribunal de Contas de Minas Gerais, em pedido de reexame à decisão que considerava irregular a contratação por inexigibilidade de ex-empregado aposentado para prestar serviços advocatícios na Justiça laboral de 2ª instância, negou provimento, sustentando que a Administração "não comprovou que seu trabalho era essencial e indiscutivelmente o mais adequado à plena satisfação do objeto do contrato, requisito para a contratação com base no inciso II, do art. 25".[1218]

Essa ideia básica perlustra a seguinte manifestação do zeloso órgão instrutivo do TCU.

O TCU verificou a contratação, por inexigibilidade de licitação, de escritório de advocacia. Foram celebrados dois contratos com o escritório: o primeiro, firmado em 05/06/2002, cujo objeto era a defesa da entidade no processo administrativo junto ao CONFEA. Já o segundo, de 01/08/2002, tinha como objeto a defesa da entidade em um processo específico, e nos demais que tramitavam no TRF 1ª Região e nos Tribunais Superiores. O TCU decidiu:

> A diferença entre as duas contratações é que a primeira era para objeto certo e determinado, enquanto que a segunda era genérica, para todos os processos no TRF-1ª Região e nos Tribunais Superiores. A jurisprudência deste Tribunal é firme no sentido de considerar irregular este último tipo de contratação direta para a prestação de serviços comuns de advocacia, agravada pelo fato do objeto ser genérico e indeterminado, uma vez que, nesses casos, não há que se falar em singularidade de objeto (Acórdãos n°s 116/2002 - Plenário, 1691/2004 - Primeira Câmara, 1439/2003 - Primeira Câmara). A segunda contratação, portanto, é indubitavelmente irregular, conforme assinala a Unidade Técnica.[1219]

No final, houve aplicação de multa no valor de R$ 6.000,00 (nov/2004).

No mesmo caso, em pedido de reexame o Tribunal de Contas da União, considerando a continuidade do serviço, admitiu que fosse mantido o contrato

---

[1218] **Informativo de Licitações e Contratos** - ILC, nº 33. Curitiba: Zênite, nov./96, p. 855; BRASIL. Tribunal de Contas da União. Processo nº TC-375.058/95-8. **Diário Oficial [da] República Federativa do Brasil**, Brasília, DF, 29 ago. 1996, nº 168.

[1219] BRASIL. Tribunal de Contas União. Processo nº TC-021.640/2003-5. Acórdão nº 1.642/2004 - Plenário. Relator: Ministro Ubiratan Aguiar. **Diário Oficial da União [da] República Federativa do Brasil**, Brasília, DF, 29 out. 2004.

pelo tempo necessário à realização do certame licitatório, fundamentando a decisão no princípio da economicidade e do interesse público.[1220]

Do mesmo modo, em outro caso, o TCU tolerou a manutenção dos contratos relativos a ações em andamento, considerando irregular o procedimento da contratação direta sem licitação.[1221]

Em caso semelhante, a Universidade de Brasília contratava, desde 1967, o mesmo advogado e para justificar nova contratação, fez uso desse argumento. O TCU rejeitou a justificativa e anulou o contrato.[1222]

A síntese da melhor exegese foi retratada no relatório do Processo nº TC-005.852/94-3, diante da contratação de serviços não singulares, merecendo transcrição o seguinte excerto:

> Percebe-se, das considerações acima aduzidas, que a jurisprudência do Tribunal só vem consolidar a tese já consignada no Estatuto das Licitações e Contratos de que serviços profissionais podem ser contratados, sem prévio procedimento licitatório, se o forem com profissionais de notória especialização e desde que se qualifiquem como de natureza singular e não serviços rotineiros, requisitos aqueles não comprovados no caso subexame.
>
> A única alternativa, ao nosso ver, possível para operar-se a adjudicação direta dos serviços advocatícios a profissionais externos, fora das hipóteses expressamente indicadas pela norma permissiva como caracterizadoras da inexigibilidade de licitação, *ex vi* do art. 23, *caput* do Decreto-Lei nº 2.300/86 e alterações, seria a comprovação da inviabilidade de competição. Essa inviabilidade não se faz absoluta na hipótese versada, como aliás, bem salientou o eminente Ministro-Relator Bento José Bugarin, na Sessão de 02.06.93, ao relatar o Proc. TC-022.225/92-7 sobre denúncia de contratação pelo Banco do Brasil, sem prévio certame

---

1220 BRASIL. Tribunal de Contas da União. Processo nº TC-012.154/93-8. Decisão nº 314/1994 - 1ª Câmara. Relator: Ministro Iran Saraiva. **Diário Oficial [da] República Federativa do Brasil**, Brasília, DF, 02 nov. 1994. Seção 1, p. 18428.

1221 TCU decidiu: "[...] Se não há singularidade nos serviços advocatícios, não há razão para se discutir a notória especialização, pois esta somente poderá ser requerida quando evidenciada a singularidade do objeto [...]." BRASIL. Tribunal de Contas da União. Processo nº TC-009.282/2000-8. Decisão nº 938/2000 - Plenário. Relator: Ministro Adhemar Ghisi. **Diário Oficial [da] República Federativa do Brasil**, Brasília, DF, 14 nov. 2000.

1222 BRASIL. Tribunal de Contas da União. Processo nº TC-013.733/1997-4. Decisão nº 154/1999 - 2ª Câmara. Relator: Ministro Benjamin Zymler. **Diário Oficial [da] República Federativa do Brasil**, Brasília, DF, 12 jul. 1999. Seção 1, p. 23-24.

licitatório de advocacia (Ata nº 22/93 - Plenário - Decisão nº69/93).

"No caso presente, não antevemos qualquer fator de ordem jurídica ou concreta que implique na impossibilidade de realização do concurso licitatório, porquanto os serviços requeridos pela ECT/PB, pela sua índole comum, não se revestem da singularidade exigida pela lei e, portanto, não demandam notória especialização para a sua execução e não afastam a hipótese da existência de outras firmas ou escritórios potencialmente capazes, interessados e dispostos a oferecer seus serviços a uma Entidade Pública."[1223]

No subtítulo 21.2.3.2 do capítulo 5, foi analisada a questão da possibilidade de terceirização de mão de obra para realizar tarefas típicas de cargos da estrutura organizacional da entidade, onde ficou evidenciado firme entendimento do Tribunal de Contas da União sobre a ilegalidade desse procedimento.

Em relação aos serviços jurídicos, também é remansosa a jurisprudência daquela Corte no sentido de que as contratações de advogados só se justificam se a entidade não possuir essa categoria de profissionais[1224] ou, se possuindo, a natureza da tarefa pretendida, pelo volume ou peculiaridade[1225], não puder ser realizada pelos profissionais do quadro.

[1223] Excerto do relatório que gerou a Decisão nº 599/1995 - Plenário. Processo nº TC-005.852/94-3. Relator. Ministro Paulo Affonso Martins de Oliveira. **Diário Oficial [da] República Federativa do Brasil**, Brasília, DF, 13 nov. 1995, p. 20805.

[1224] a) A Empresa Brasileira de Correios e Telégrafos vinha adotando a prática de contratar, sem licitação, escritórios de advocacia, apesar de possuir em sua estrutura um Departamento Jurídico, uma Consultoria Jurídica da Presidência e órgãos jurídicos descentralizados em quase todos os Estados, por notória especialização e prejuízo do estatuído na Exposição de Motivos CGR 02/92. O TCU julgou irregular e mandou adequar. BRASIL. Tribunal de Contas da União. Processo nº TC-008.429/93-6. Decisão nº 296/1997 - 2ª Câmara. Relator: Ministro-Substituto Lincoln Magalhães da Rocha. **Diário Oficial [da] República Federativa do Brasil**, Brasília, DF, 18 nov. 1997. Seção 1, p. 26809.

b) O TCU considerou como atenuante o fato de o gestor ter mantido, em 2001, contrato firmado desde 1995 com a mesma advogada. Não multou porque o gestor apenas deu continuidade a contrato existente. BRASIL. Tribunal de Contas da União. Processo nº TC-008.838/2001-6. Acórdão nº 1.910/2003 - Plenário. Relator: Ministro Walton Alencar Rodrigues. **Diário Oficial da União [da] República Federativa do Brasil**, Brasília, DF, 23 dez. 2003. Seção 1.

[1225] a) Em determinado caso, a Companhia Energética de Brasília contratou, com fundamento no art. 24, IV, e 25, II, da Lei nº 8.666/93, um advogado para responder à ação civil impetrada pelo Ministério Público do Trabalho. A natureza da causa, o seu rito processual e o volume de processos, a cargo do órgão jurídico, aliados ao exíguo prazo para resposta, justificariam, no entender do Ministério Público junto ao TCDF, o enquadramento no art. 24, IV, da Lei de Licitações, embora a singularidade do objeto não fosse de tal ordem a amparar o enquadramento no art. 25, II. DISTRITO FEDERAL. Tribunal de Contas. Processo nº 342/1998. Disponível em: http://www.tc.df.gov.br. Acesso em 26 jan. 2011.

b) No mesmo sentido, considerando regular a contratação de advogado pela CAESB de Brasília, com base no art. 25, II, da Lei nº 8.666/1993, tendo em vista que o corpo jurídico daquele órgão participava da mesma

Numa lapidar síntese da jurisprudência do TCU, sobre as questões tratadas neste subtítulo, o Ministro-Substituto José Antonio B. de Macedo, reportando-se a voto do Ministro Carlos Átila, em precedente daquela Corte, registrou que:

> firmou-se o entendimento de que as contratações da espécie não são necessariamente ilegais, desde que efetivadas para serviços específicos, de natureza não continuada com características singulares e complexas, que evidenciam a impossibilidade de serem prestados por profissionais do próprio quadro da entidade.[1226]

É relevante destacar o entendimento do TCU, no sentido de que nessas circunstâncias não poderá haver substabelecimento da procuração, face expressa previsão legal sobre a execução de serviços de natureza singular,[1227] conforme observa-se:

> No presente caso, encontra-se devidamente fundamentada a hipótese de inexigibilidade de licitação, entretanto verifica-se que o contrato deveria conter cláusula que estabeleça a obrigação de que os serviços especializados sejam prestados

---

opinião da empresa litigante. DISTRITO FEDERAL. Tribunal de Contas. Processo nº 5869/1996. Decisão nº 4.563/1997. **Diário Oficial do Distrito Federal**, Brasília, DF, 16 jul. 1997. Seção 1;

c) O TCU julgou regular contratação de serviço jurídico de auditoria em ações trabalhistas, por inexigibilidade. BRASIL. Tribunal de Contas da União. Processo nº TC-625.075/1. Relator: Ministro Adhemar Paladini Ghisi. **Diário Oficial [da] União**, Brasília, DF, 15 set. 1998. Seção 1, p. 44-46.

d) Nos autos do TC- 019.893/93-0, (Decisao nº 494/94 – Plenário, Ata nº 36) foi firmado o seguinte entendimento pelo TCU:

1º) a circunstância de entidade pública ou órgão governamental contar com quadro próprio de advogados não constitui impedimento legal a contratar advogado particular para prestar-lhe serviços específicos, desde que a natureza e as características de singularidade e de complexidade desses serviços sejam de tal ordem que se evidencie não poderem ser normalmente executados pelos profissionais de pessoa cujo nível de especialização a recomende para a causa;

2º) o exame da oportunidade e da conveniência de efetuar tal contratação compete ao administrador, quem cabe analisar e decidir, diante da situação concreta de cada caso, se deve promover a contratação de profissional cujos conhecimentos, renome ou grau de especialização sejam essenciais para a defesa do interesse público que lhe cabe resguardar, e que não encontrem paralelo entre os advogados do quadro de pessoal da entidade sob sua responsabilidade;

3º) a contratação deve ser celebrada estritamente para prestação de serviço específico e singular, não se justificando portanto firmar contratos da espécie visando à prestação de tais serviços de forma continuada.

[1226] BRASIL. Tribunal de Contas da União. Processo nº TC-019.522/94-0. Decisão nº 438/1996 - Plenário. Relator: Ministro-Substituto José Antônio Barreto de Macedo. **Diário Oficial [da] República Federativa do Brasil**, Brasília, DF, 06 ago. 1996, p. 14783. **No mesmo sentido**: TCU. Processo nº 019.893/93. Acórdão nº 494/94 - Plenário e Processo nº 020.275/2003-4. Acórdão nº 1524/2005 - Plenário.

[1227] O TCU tem recomendado que se restrinja a contratação, com dispensa de licitação, às contratações de serviços jurídicos de alta complexidade que requeiram, de fato, notória especialização. BRASIL. Tribunal de Contas da União. Processo nº TC-350.328/95-1. Decisão nº 262/1998 - Plenário. Relator: Ministro Carlos Átila Álvares da Silva. **Diário Oficial [da] República Federativa do Brasil**, Brasília, DF, 26 maio 1998. Seção 1, p. 02.

> pessoalmente pelo próprio advogado, cujo renome e grau de especialização justificaram a invocação do referido instituto, conforme prevê o § 3º do art. 13 da Lei nº 8.666/93.

Demonstrada a coerente e uniforme interpretação do Tribunal de Contas da União, merece acréscimo à compreensão do tema o entendimento do Supremo Tribunal Federal, vez que a matéria tem fundo constitucional.

Para essa Corte, a regra também é a licitação e a exceção a inexigibilidade.

Há porém, um elemento que parece ser considerável para o STF na decisão do gestor público: confiança. Note-se que a literalidade da norma, ao conceituar notório especialista, permite ao gestor **inferir** que aquele profissional é essencial e indiscutivelmente o mais adequado a plena satisfação do objeto.

Esse escólio resolve, de forma lapidar, a difícil questão prática de ocorrência frequente, em que o objeto é singular mas existe mais de um notório especialista capaz, em tese, de realizá-lo. Por isso, a opção guarda certa discricionariedade. Note-se, porém, que para ser notório especialista, nos termos da lei, é necessária a satisfação de algum dos elementos do § 1º do art. 25 da Lei nº 8.666/1993, fato que limita a discricionariedade.

Eis parte elucidativa da ementa:

> III - Habeas corpus: crimes previstos nos artigos 89 e 92 da L. 8.666/93: falta de justa causa para a ação penal, dada a inexigibilidade, no caso, de licitação para a contratação de serviços de advocacia.
>
> 1. A presença dos requisitos de notória especialização e confiança, ao lado do relevo do trabalho a ser contratado, que encontram respaldo da inequívoca prova documental trazida, permite concluir, no caso, pela inexigibilidade da licitação para a contratação dos serviços de advocacia.
>
> 2. Extrema dificuldade, de outro lado, da licitação de serviços de advocacia, dada a incompatibilidade com as limitações éticas e legais que da profissão (L. 8.906/94, art. 34, IV; e Código de Ética e Disciplina da OAB/1995, art. 7º).[1228]

[1228] BRASIL. Supremo Tribunal Federal. HC 86.198-9/PR - 1ª Turma. Relator: Ministro Sepúlveda Pertence. **Diário da Justiça [da] República Federativa do Brasil**, Brasília, DF, 29 jun. 2007.

4.2.5.2. serviços de publicidade e divulgação

O inciso II do art. 25, expressamente, estabelece que não se admitirá a declaração de inexigibilidade de licitação para serviços de publicidade e divulgação.[1229] O tema tem ensejado apaixonados debates entre os doutos, firmando-se três correntes de pensamento: a dos que vislumbram em tais serviços um ato de criação, pessoal e característico, que inviabiliza a competição; de outro lado, os que sustentam que, em diversos outros ramos da ciência, até com mais elevado índice de criatividade, se tem admitido a licitação, inexistindo razão para a inviabilidade de competição; numa posição intermediária,[1230] alguns que vislumbram a licitação como regra para tais serviços, mas admitem a inexigibilidade da licitação em caráter excepcional.

O debate e a fundamentação dessa divergência doutrinária, mesmo que possa dar importante contribuição ao aprimoramento da ciência jurídica, será abandonado, temporariamente, em face da literalidade da lei, que objetivamente não permite o enquadramento dessa contratação direta neste inciso. Reforça o espírito do legislador, estampado já no inaugural art. 1º da Lei nº 8.666/1993, no sentido de submeter a contratação do serviço de publicidade à regra da licitação.

Há sobre publicidade, normatização específica, na esfera federal,[1231] que disciplina o tema e, segundo autorizadas vozes, continua em vigor. Em síntese, para a seleção da proposta mais vantajosa foi determinada a realização do sistema de pré-qualificação, normatização ainda vigente nos termos do art. 114 da Lei nº 8.666/1993.[1232]

O gasto com publicidade governamental tem despertado interesse de parlamentares no sentido de uma maior regulamentação.[1233]

O registro é feito para evidenciar que se esgota a necessidade de regulamentação e cresce na sociedade o desejo da ação eficaz do controle.[1234]

[1229] Sobre publicidade, propaganda, e patrocínio, consulte suas diferenças no subtítulo 2.11 deste capítulo.

[1230] Neste sentido, confira Parecer do Professor Carlos Pinto Coelho Motta *in* **Boletim de Licitações e Contratos** - BLC, nº 02/94. São Paulo: Ed. NDJ, p. 55.

[1231] BRASIL. Decreto nº 6.555, de 8 de setembro de 2008. Dispõe sobre as ações de comunicação do Poder Executivo Federal e dá outras providências. **Diário Oficial da União [da] República Federativa do Brasil**, Brasília, DF, 15 set. 2008.

[1232] Neste sentido: **Comentários à Lei das Licitações e Contratações da Administração Pública**: Lei nº 8.666/93. Rio de Janeiro: Renovar, 6º edição do autor Jessé Torres Pereira Junior, nas páginas 945 e 946.

[1233] Neste sentido, foram oferecidos à discussão do Congresso Nacional os PL's nºs 329/1989, 8.502/1986 e PL nº 191/1991, que receberam, do Deputado Jorge Wilson de Matos, parecer contrário opinando pela prejudicialidade dos mesmos, vez que o tema se encontra guarnecido pelas leis de licitações e pela possibilidade de ação dos Tribunais de Contas.

[1234] A respeito recomenda-se o interessante trabalho de Mario Rosa: *A era do escândalo*, Editora Geração, 2003.

4.2.5.3. a publicidade e a divulgação dos editais

O art. 21 da Lei de Licitações prevê que o resumo dos editais deverá ser publicado em Diários Oficiais e jornais de grande circulação, fazendo exsurgir invariavelmente uma pergunta: como escolher esse jornal? Existem, subjacentes à elucidação desse fato, outras emergentes questões, pois, por exemplo, a proposta de menor preço poderá advir de um jornal de pequena circulação, fato que contrariaria a lei, impositiva no sentido de que o veículo contratado deverá ser "jornal diário de grande circulação do Estado e também, se houver, em jornal de circulação no município ou na região onde será realizada a obra, prestado o serviço, fornecido, alienado ou alugado o bem".

A seleção desse jornal deverá ser feita mediante licitação porque não haverá, em princípio, permissivo para a contratação direta. Não raro, diante desse posicionamento, argumentam que a contratação pode situar-se aquém dos limites do inciso I do art. 24 da Lei nº 8.666/1993, o que de fato ocorre se for tomado o preço de um anúncio, mas que não prevalece se for levado em conta, o que é indispensável, o valor das contratações do ano correspondente ao exercício financeiro.

A licitação apresentará uma peculiaridade, estabelecida pela própria lei, pois só poderá ser veiculada a matéria, em jornal diário de grande circulação, podendo a Administração estabelecer os parâmetros do que venha a ser grande circulação ou até reconhecer que apenas um jornal tem circulação diária ou um só tem grande circulação. Recomenda-se, contudo, que se processe a licitação, vez que o selecionado poderá não ser diretamente o jornal, mas agência de publicidade, como ocorreu no Tribunal de Contas da União, em que inclusive a empresa vencedora da licitação, atuando no ramo de publicidade,[1235] ofertou preço inferior que os próprios jornais nos quais veiculariam os avisos dos editais. (Processo nº TC-014.340/93, referente ao convite nº 04/94).[1236]

[1235] Em resposta à consulta, o TCU firmou entendimento em caráter normativo, no sentido de que a prestação dos serviços de distribuição da publicidade legal dos órgãos e entidades da Administração Federal, quando divulgada em veículos da imprensa comum ou geral, deverá ser obrigatoriamente feita por intermédio da RADIOBRÁS, prevalecendo a Lei nº 6.650/1979, que a criou. Os serviços de publicidade poderão, nesse caso, ser contratados com base no art. 25 *caput*, pois a vedação prevista no inciso II do mesmo dispositivo não alcança essa contratação. BRASIL. Tribunal de Contas da União. Processo nº TC-002.751/99-2. Decisão nº 538/1999 - Plenário. Relator: Ministro Adilson Motta. **Diário Oficial [da] República Federativa do Brasil**, Brasília, DF, 02 set. 1999. Seção 1, p. 33-36.

[1236] Em sentido contrário, consulte: PEREIRA JUNIOR, Jessé Torres. **Comentários à Lei das Licitações e Contratações da Administração Pública: Lei nº 8.666/93**. 6ª edição. Rio de Janeiro: Renovar, páginas 945 e 946.

A Secretaria de Controle Externo do Tribunal de Contas da União no Estado do Rio Grande do Sul, examinando procedimentos adotados pela Justiça Federal, firmou seu entendimento no sentido de que:

> não basta que o jornal seja de grande circulação, mas que tenha abrangência em todo o Estado, o que não ocorreu, no caso, dado que 80% dos exemplares circulam em apenas 5 municípios (Novo Hamburgo, Ivoti, Estância Velha, Campo Bom e Sapucaia do Sul) em detrimento dos demais 422 que compõem o Estado, não estando entre os cinco acima citados, a Capital, município sede do Tribunal Regional Federal - 4ª Região e onde a maior parte dos contratos serão executados.[1237]

Fato curioso ocorreu no Estado do Paraná, em que uma Universidade daquela unidade da federação - Unioeste, localizada na cidade de Cascavel - foi vítima de um processo difamatório movido por algumas lideranças locais, tendo contratado um serviço de publicidade para elucidar os fatos, para que não prevalecesse a versão contrária. A contratação foi direta, mas sem qualquer justificativa legal, com inobservância das formalidades previstas nos diplomas legais pertinentes. Chegando o fato ao Tribunal de Contas do Estado, firmou-se o entendimento de que a despesa impugnada não deveria implicar penalização do agente responsável, que foi apenas admoestado. Nos autos, o Ministério Público junto àquela Corte firmou o entendimento de que a despesa se processara em caráter emergencial, reconhecendo a inviabilidade da realização do certame com o tempo necessário a uma eficaz resposta.[1238]

4.2.5.4. treinamento

Além da possibilidade de contratação por concurso, prevista no art. 22, § 4º, c/c o 13, VI e § 1º, e 24, XIII, é possível promover a contratação direta para treinamento de pessoal por notória especialização.

[1237] Entendimento destacado no relatório do Ministro Homero Santos e acolhido pela 1ª Câmara. BRASIL. Tribunal de Contas da União. Processo nº TC-625.373/95-2. Decisão nº 233/1996. **Diário Oficial [da] República Federativa do Brasil**, Brasília, DF, 29 out. 1996. Seção 1, p. 22106.

[1238] a) Revista nº 109 do Tribunal de Contas do Estado do Paraná, p. 111-5 .

b) Em resposta à consulta, o TCU firmou entendimento, em caráter normativo, no sentido de que a prestação dos serviços de distribuição da publicidade legal dos órgãos e entidades da Administração Federal, quando divulgada em veículos da imprensa comum ou geral, deverá ser obrigatoriamente feita por intermédio da RADIOBRÁS, prevalecendo a Lei nº 6.650/1979, que a criou. Os serviços de publicidade poderão, nesse caso, ser contratados com base no art. 25 *caput*, pois a vedação prevista no inciso II do mesmo dispositivo não alcança essa contratação. BRASIL. Tribunal de Contas da União. Processo nº TC-002.751/99-2. Decisão nº 538/1999 - Plenário. Relator: Ministro Adilson Motta. **Diário Oficial [da] República Federativa do Brasil**, Brasília, DF, 02 de set. 1999. Seção 1, p. 33-36.

O Instituto Serzedello Corrêa enfrentou a questão para definir qual dos caminhos legais deveria seguir. Com singular clareza, o TCU definiu a questão viabilizando, inclusive, a continuação das atividades daquela instituição no padrão de qualidade e excelência que a tem destacado no cenário nacional, merecendo transcrição o seguinte excerto do voto:

> 07. Podemos classificar, em princípio, numa forma mais abrangente, os cursos em dois tipos fundamentais: aqueles voltados para treinamento de analistas, ou seja, oferecidos a servidores que atuam na área-fim do Tribunal, e outros ministrados a todos os servidores da Casa, a exemplo dos cursos na área de informática, cursos de línguas, de formação gerencial, dentre outros.
>
> 08. No primeiro caso, dadas a peculiaridade e a singularidade dos trabalhos desta Corte de Contas, entendo que assiste razão à nobre Consultora em acatar as propostas de elaboração de cadastro e de contratação direta de professores para aperfeiçoamento/treinamento de servidores para atuarem na atividade-fim do Tribunal, haja vista o respaldo concedido pela lei que rege as licitações, senão vejamos:
>
> a) o art. 25 da Lei nº 8.666/93 elenca os casos em que é inexigível licitação, incluindo, dentre eles, a contratação de serviços técnicos especializados enumerados no art. 13 do mesmo diploma legal, de natureza singular, com profissionais ou empresas de notória especialização;
>
> b) no inciso VI do referido art. 13, consta como serviço técnico profissional especializado os trabalhos relativos a treinamento e aperfeiçoamento de pessoal;
>
> c) o § 1º do mesmo art. 25 considera como de notória especialização o profissional ou empresa cujo conceito no campo de sua especialidade, decorrente de desempenho anterior, estudos, experiências, publicações, organização, aparelhamento, equipe técnica, ou de outros requisitos relacionados com suas atividades permita inferir que o seu trabalho é essencial e indiscutivelmente o mais adequado à plena satisfação do objeto do contrato;
>
> d) podemos considerar que os serviços prestados pelos professores atuantes no treinamento/aperfeiçoamento na área-fim do Tribunal exigem notória especialização, tendo em vista a característica singular das atividades desta Casa; nesse caso, a notória especialização se fundamenta na exigência do conhecimento da disciplina sob a ótica do

> controle externo, ou seja, não basta ser mestre em determinada matéria, mas há também de sabê-la do ponto de vista do Tribunal de Contas da União.
>
> 09. No outro caso, quanto aos treinamentos de caráter mais genéricos que, embora muitas vezes especializados, não requerem conhecimentos específicos diferenciados, ou seja, os conhecimentos a serem transmitidos não variam de acordo com o público, a exemplo dos cursos de informática, que são os mesmos para todos os usuários de uma mesma ferramenta, seja na iniciativa privada, seja no serviço público, a contratação de professores ou de empresas é passível de licitação, conforme também observado pelos titulares do Instituto Serzedello Corrêa e da Consultoria-Geral.
>
> 10. Reputo apropriada, também, a proposta relativa à realização de um certame licitatório para cada conjunto de cursos de uma mesma disciplina, dado o conteúdo didático de cada uma delas, e tendo em vista as características do mercado de trabalho das áreas em questão. Como já enfatizado anteriormente, são áreas especializadas de conhecimento, o que importa dizer, que um profissional ou empresa de informática somente poderia atender a cursos na área de informática; profissionais e empresas especializadas em língua estrangeira, da mesma forma, só poderiam atender a editais que visassem à seleção de professor de línguas, e assim por diante.

Acolhendo a proposição decidiu a Corte:

> 8.1 - autorizar o Instituto Serzedello Corrêa a proceder ao cadastramento de docentes para ministrarem treinamento/aperfeiçoamento na área-fim do Tribunal;
>
> 8.2 - autorizar o ISC a proceder, sempre que necessário, à contratação direta, por prazo determinado, dos docentes previamente cadastrados e selecionados de acordo com o currículo, dando-se preferência aos professores do local onde será realizado o treinamento/aperfeiçoamento;
>
> 8.3 - autorizar o Instituto a proceder, nos demais casos, a licitações para a contratação de instrutores, realizando, dado o conteúdo didático de cada disciplina, um certame

> licitatório para cada conjunto de cursos de uma mesma disciplina.[1239]

Após essa Decisão, que tem caráter normativo,[1240] o TCU voltou a reapreciar o tema e considerou que:[1241]

> [...]
>
> 3. É notoriamente sabido que na maioria das vezes, no caso concreto, é difícil estabelecer padrões adequados de competição para escolher isentamente entre diferentes professores ou cursos, tornando-se complicado comparar o talento e a capacidade didática dos diversos mestres. [...]
>
> 9. A aplicação da lei deve ser compatível com a realidade em que está inserida, só assim o direito atinge seus fins de assegurar a justiça e a equidade social. Nesse sentido, defendendo o posicionamento de que a inexigibilidade de licitação, na atual realidade brasileira, estende-se a todos os cursos de treinamento e aperfeiçoamento de pessoal, fato que pode e deve evoluir no ritmo das mudanças que certamente ocorrerão no mercado, com o aperfeiçoamento das técnicas de elaboração de manuais padronizados de ensino.
>
> 10. Destarte, partilho do entendimento esboçado pelo Ministro Carlos Átila no sentido do reconhecimento de que há necessidade de assegurar ao Administrador ampla margem de discricionariedade para escolher e contratar professores ou instrutores. Discricionariedade essa que deve aliar a necessidade administrativa à qualidade perseguida, nunca a simples vontade do administrador. Pois, as contratações devem ser mais do que nunca, bem lastreadas, pois não haverá como imputar à legislação, a culpa pelo insucesso das ações de treinamento do órgão sob sua responsabilidade.

[1239] a) BRASIL. Tribunal de Contas da União. Processo nº TC-125.111/96-7. Decisão nº 535/1996 - Plenário. Relator: Ministro Paulo Affonso Martins de Oliveira. **Diário Oficial [da] República Federativa do Brasil**. Brasília, DF, 09 set. 1996. Seção 1, p. 17826 e ss.

b) Em caso semelhante o TCU decidiu pela admissibilidade da contratação direta da Fundação de Administração e Pesquisa Econômico-Social - Fapes, com inexigibilidade de licitação, para ministrar cursos de capacitação de professores dos ensinos infantil e fundamental em uma cidade da Bahia. BRASIL. Tribunal de Contas da União. Processo nº 009.873/2002-8. Acórdão nº 1.568/2003 - 1ª Câmara. Relator: Ministro Umberto Guimarães Aguiar. **Diário Oficial da União [da] República Federativa do Brasil**, Brasília, DF, 30 jul. 2003.

[1240] A Lei nº 8.443/1992, em seu art. 1º, § 2º, estabelece que tem caráter normativo a resposta dada pelo TCU à consulta.

[1241] BRASIL. Tribunal de Contas da União. Processo nº TC-000.830/98-4. Decisão nº 439/1998 - Plenário. **Diário Oficial [da] República Federativa do Brasil**, Brasília, DF, 23 jul. 1998.

Com base nesses fundamentos decidiu:

> [...]
>
> 1. considerar que as contratações de professores, conferencistas ou instrutores para ministrar cursos de treinamento ou aperfeiçoamento de pessoal, bem como a inscrição de servidores para participação de cursos abertos a terceiros, enquadram-se na hipótese de inexigibilidade de licitação prevista no inciso II do art. 25, combinado com o inciso VI do art. 13 da Lei nº 8.666/93;

Cabe destacar uma importante sugestão prática que constou da instrução desses autos para aferir qualidade, com o seguinte teor:

> [...]
>
> b) é permitido, com fundamentos no § 2º do art. 34, combinado com o § 2º do art. 36, da Lei 8.666/93, que as unidades e entidades da Administração Pública troquem entre si informações cadastrais relativas ao desempenho de profissionais e empresas contratadas para ministrar cursos de treinamento de servidores.

4.2.5.5. informática - software

Um dos pontos que vem sucitando dúvidas é a contratação, na área de informática, para alterar ou dar continuidade a um *software* que foi especialmente desenvolvido.

As decisões sobre o assunto eram divergentes no âmbito judicial e nos Tribunais de Contas. Alguns acórdãos aceitavam a inexigibilidade ora com fundamento no art. 25, caput, ora no inc. II, da Lei nº 8.666/1993.

Como regra, porém, descabe a inexigibilidade. O tema vem a ser definido no seguinte acórdão, da lavra do eminente Ministro que respondendo à consulta – e, portanto, em caráter normativo – deixou assentado:

> **Consulta da Câmara dos Deputados:** "um *software*, especificamente desenvolvido para um projeto de acréscimo de arrecadação promovido por terceiros, pode caracterizar singularidade para efeito da inexigibilidade da licitação conforme preceitua o § 1º do art. 25 da Lei nº 8.666/93?"
> "**Resposta do TCU:** Relativamente à outra questão apresentada, o insigne deputado suscita dúvidas quanto à possibilidade da aplicação do art. 25, § 1º da Lei 8.666/93, no caso da contratação de 'um *software*, especificamente desenvolvido para um projeto de acréscimo de arrecadação promovido por terceiros' Na espécie, faz-se necessário proceder à análise conjunta do parágrafo primeiro e do

inciso II do art. 25 da referida lei, [...]' 6. Como se vê, à luz do atual ordenamento (diga-se, também, da doutrina e da jurisprudência reinante nesta Corte), há que se examinar se estão presentes, *in casu,* cumulativamente, os seguintes requisitos: - primeiro, se o objeto pretendido enquadra-se em alguma das sete modalidades de 'serviços técnicos profissionais especializados', previstas no artigo 13 da lei; - segundo, se o serviço reveste-se de singularidade; e, - terceiro, se o profissional ou empresa contratada possui especialização na realização do objeto almejado. 7. Da forma como referida pelo consulente, a contratação de software apresenta características que lhe permite a acomodação entre os serviços técnicos arrolados no art. 13 da Lei 8.666/93, precisamente no inciso III: 'assessorias ou consultorias técnicas'. 8. A notória especialização, conforme definida por Jorge Ulisses Jacoby (in Contratação Direta Sem Licitação - 4ª edição - fl. 461), 'é de índole subjetiva, no sentido de ser um atributo ligado ao agente, profissional ou empresa e não possui forma legal própria, exclusiva, específica de documentação'. Portanto, apesar da natureza 'subjetiva', é perfeitamente passível de se concretizar, cabendo ao gestor comprová-la e ao Controle Externo verificá-la, uma vez consumada a contratação do terceiro de 'notória especialização'. 9. O último requisito diz respeito à singularidade do serviço pretendido. Celso Antônio Bandeira de Mello (*in* Curso de Direito Administrativo, 13.ª Edição, p. 493), assim caracterizou o serviço singular: 'quando nele tem de interferir, como requisito de satisfatório atendimento da necessidade administrativa, um componente criativo de seu autor, envolvendo o estilo, o traço, a engenhosidade, a especial habilidade, a contribuição intelectual, artística, ou a argúcia de quem o executa, atributos, estes que são precisamente os que a Administração reputa convenientes e necessita para a satisfação do interesse público em causa'. 10. Dessa forma, o serviço de desenvolvimento de software 'para um projeto de acréscimo de arrecadação', em princípio, apesar de requerer especialização em informática, não requer a superespecialização nessa atividade. Eventualmente, poderá existir um caso concreto especialíssimo, que envolva grande volume de tributos, requerendo exacerbada complexidade técnica para o seu tratamento, que possa vir a configurar a singularidade do serviço, mas a situação projetada nos autos não é de forma

> alguma a regra, ao contrário, é insuficiente para afastar o dever de licitar, mandamento constitucional (art. 37, inciso XXI, da CF). 11. Em conclusão, deverá ser informado ao autor da consulta que a hipótese por ele levantada mostra-se sujeita à competição e, somente os casos especiais devidamente comprovados podem ser caracterizados como inexigibilidade de licitação".[1242]

4.2.5.6. ativos fiscais

Um dos temas que mereceu polêmicas decisões foi a possibilidade de contratar, por inexigibilidade de licitação, empresa de consultoria para analisar e levantar ativos fiscais abrangendo, por exemplo, elisões fiscais.

O assunto foi pacificado na jurisprudência a partir de acórdão do TCU que respondeu consulta, ficando evidenciado a pretensão do controle externo em não considerar o objeto como singular.[1243]

Nada obstante esse entendimento, é razoável considerar que a natureza desse serviço pode justificar o uso do tipo " técnica e preço" e a exigência de sólida experiência anterior.

4.2.6. requisitos do contratado

4.2.6.1. a habilitação

A primeira exigência que se impõe é que o futuro contratado possua habilitação técnica para a realização do objeto pretendido pela Administração.

A habilitação constitui a capacidade legal para a realização de determinado serviço, necessitando, portanto, de atendimento dos requisitos legais no caso, vez que a lei refere-se a serviço técnico, excluindo os artísticos ou empíricos.[1244]

[1242] BRASIL. Tribunal de Contas da União. Processo nº TC-016.084/2001-0.Decisão 1702/2002 - Plenário. Relator: Ministro Ubiratan Aguiar. **Diário Oficial da União [da] República Federativa do Brasil**, Brasília, DF, 07 jan. 2003.

[1243] TCU decidiu: "[...] 8.1. conhecer da presente consulta, por preencher os requisitos de admissibilidade, para, no mérito, responder ao consulente que o serviço de levantamento de ativos fiscais visando à sua compensação tributária não tem, em princípio, natureza singular e, por isso, sua realização não exige que o executor detenha notória especialização, de modo que sua contratação exige o procedimento licitatório. [...]." BRASIL. Tribunal de Contas da União. Processo nº TC-005.720/2001-2. Decisão nº 695/2001 - Plenário. Relator: Ministro Antônio Valmir Campelo Bezerra. **Diário Oficial da União [da] República Federativa do Brasil**, Brasília, DF, 24 set. 2001, Seção 1.

[1244] Que são tratados no inciso III do art. 25 da Lei nº 8.666/1993.

É dever do administrador documentar nos autos - conforme art. 113 - a habilitação, que poderá consistir na exibição de registro junto ao órgão da Administração Pública encarregado desse mister, do diploma, ou qualquer outra forma admitida por lei.

4.2.6.2. a especialização

Enquanto a habilitação é um requisito objetivo, demonstrável mediante documentação própria, a especialização é de índole subjetiva, no sentido de ser um atributo ligado ao agente, profissional ou empresa e não possui forma legal própria, exclusiva, específica de documentação. Mas é aferível e contrastável e também deve ser demonstrada.

Para a regularidade da contratação direta impõe-se, ainda, que o profissional ou empresa possua especialização na realização do objeto pretendido pela Administração. A especialização, como indica a própria palavra, se faz no direcionamento, na busca do conhecimento e no desenvolvimento de certa atividade. Na atualidade é um atributo que, por si só, não tem o condão de afastar a realização de processo licitatório, nem muito menos credenciar a declaração de inviabilidade de competição.

4.2.6.3. a notória especialização

Exige a lei, ainda, que a especialização seja notória, e, mantendo coerência com o seu propósito de elaborar uma lei didática, o legislador albergou, no § 1º do mesmo art. 25, o conceito desse termo.[1245]

Como regra, os estudiosos do Direito condenam que o legislador apresente definições com força de lei, vez que, além de escapar ao real objetivo da atividade legislativa, na grande maioria das vezes, os conceitos formulados falham pela imprecisão técnica, acarretando o insuperável problema de advir com força normativa.

No caso específico, contudo, o legislador foi feliz, não havendo censura por parte da doutrina pátria, até porque o conceito acolheu mesma posição já assentada pelos estudiosos do Direito. Ivan Barbosa Rigolin, eminente mestre do Direito Administrativo, destaca que:

[1245] BRASIL. **Lei nº 8.666/93 (Versão Bolso).** Organização dos textos e índice por J. U. JACOBY FERNANDES. 12. ed. amp., rev. e atual. Belo Horizonte: Fórum, 2010. *In verbis*: "Art. 25. [...]. § 1º Considera-se de notória especialização o profissional ou empresa cujo conceito no campo de sua especialidade, decorrente de desempenho anterior, estudos, experiências, publicações, organização, aparelhamento, equipe técnica, ou de outros requisitos relacionados com suas atividades, permita inferir que o seu trabalho é essencial e indiscutivelmente o mais adequado à plena satisfação do objeto do contrato."

> [...] poucas vezes no direito brasileiro alinhou tão bem uma lei aos requisitos, pressupostos ou características de um conceito que emitiu, como quanto referentemente à notória especialização, de que aqui se cuida, conceito esse que a lei admitiu que certos profissionais e certas empresas detêm.[1246]

Observe-se que os conceitos vão crescendo até atingir a notória especialização. Primeiro, exige o dispositivo que o serviço esteja arrolado entre os previstos no art. 13, que são serviços técnicos profissionais - exigindo, portanto, habilitação - depois, exige que o profissional ou empresa seja especialista na realização do objeto pretendido - e, finalmente, que seja notória sua especialização.

Lúcia Valle Figueiredo e Sérgio Ferraz,[1247] discorrendo sobre o tema, impõem que seja respondida a seguinte indagação:

> [...] assim, há que explicitar: notória especialização, correto, mas notório para quem? Essa especialização tem que ser notória exatamente para aquele serviço complexo de empresas ou de profissionais que atuam no setor.

A reputação da notoriedade só precisa alcançar os profissionais que se dedicam a uma atividade, sendo absolutamente dispensável ou impertinente a fama comum, que a imprensa não especializada incentiva.

Mas a lei estabelece os parâmetros a serem utilizados para aferição da notoriedade, com o fito de reduzir a margem de discricionariedade e subjetivismo. A lei refere-se ao conceito do profissional ou empresa, para depois estabelecer que o mesmo deve advir do:

a) **desempenho anterior**, pouco importando se foi realizado para a Administração pública ou privada;
b) **estudos**, publicados ou não, que tenham chegado ao conhecimento da comunidade da área da atividade;
c) **experiências** em andamento ou já concluídas com determinado grau de êxito, capaz de constituírem uma referência no meio científico;
d) **publicações**, próprias do autor ou incluídas em outros meios de divulgação técnica, revistas especializadas, disquete, CD-ROM, *Internet*, periódicos oficiais ou não;

[1246] **Boletim de Licitações e Contratos - BLC**, nº 07/94. São Paulo: Ed. NDJ, p. 330.

[1247] FIGUEIREDO, Lúcia Valle; FERRAZ, Sérgio. **Dispensa e Inexigibilidade de Licitação**. São Paulo: Malheiros, 1994, p. 120

e) **organização**, termo que se emprega como designativo da forma de constituição da entidade e seu funcionamento, mas que, considerada individualmente, não caracteriza a inviabilidade de competição;

f) **aparelhamento**, significando a posse do equipamento e instrumental necessário ao desempenho da função que, pelo tipo, qualidade ou quantidade, coloque o profissional entre os mais destacados do ramo de atividade;

g) **equipe técnica**, conjunto de profissionais vinculados à empresa que se pretende notória especialista, ou mesmo ao profissional, pessoa física, firma individual. Pode a notoriedade ser aferida pelo nível de conhecimento e reputação dos profissionais ou esse fator constituir um dos elementos da aferição de um conjunto de fatores. Em seminário promovido na cidade do Recife pelo Ministério Público junto ao Tribunal de Contas daquele Estado,[1248] foi questionado se uma empresa recém constituída poderia pretender ser contratada com inexigibilidade de licitação, por possuir em seus quadros um profissional de notória especialização. A resposta é afirmativa, porque nesse caso as qualidades do agente agregam-se à instituição à qual serve, ensejando uma aferição direta do profissional que a empresa oferece. Só há restrição à contratação de profissional por interposta pessoa no inciso III desse mesmo artigo. Deve ser lembrado que o § 3º do art. 13 da Lei de Licitações atual estabeleceu, de forma imperativa, uma restrição a atos praticados visando elidir o certame licitatório ou a habilitação exigida, fixando que:

> Art. 13 [...]
>
> § 3º A empresa de prestação de serviços técnicos especializados que apresente relação de integrantes de seu corpo técnico em procedimento licitatório ou como elemento de justificação de dispensa ou inexigibilidade de licitação, ficará obrigada a garantir que os referidos integrantes realizem pessoal e diretamente os serviços objeto do contrato.

Desse modo, o gestor do contrato representante da Administração[1249] deverá verificar, no caso de inexigibilidade, se os agentes arrolados como

[1248] No mês de novembro de 1994.

[1249] Esta matéria é tratada detalhadamente na obra: JACOBY FERNANDES, Jorge Ulisses. **Manual de Gestão de Contratos Administrativos na Justiça Eleitoral.** 2 ed. Belo Horizonte: Fórum. 2006, p. 23.

integrantes da equipe técnica estão efetivamente ocupando-se da execução do serviço, ou supervisionando diretamente a execução.

Caso relevante foi apreciado pelo colendo TCU, que entendeu afastada a notória especialização numa determinada situação em que houve a contratação direta de advogado de renome, o qual, mais tarde, substabeleceu em favor de seu filho os mandatos outorgados, demonstrando que a licitação era viável.[1250]

h) outros requisitos relacionados com suas atividades.

Deixa aqui o legislador uma margem à discricionariedade do Administrador Público para aferir outros elementos não arrolados, mas suficientes para demonstrar a notoriedade do profissional ou empresa. Impende salientar que, no momento de firmar a sua convicção, deve o agente público ter em conta que deverá evidenciar esses meios de aferição para que a sua discricionariedade não seja considerada, mais tarde, arbítrio. Ademais, sempre tem-se recomendado que o responsável pelo processo decisório tenha a preocupação de evidenciar os motivos de sua deliberação, até porque, como o controle é feito posteriormente à prática dos atos, em muitos casos poderá ocorrer que os elementos de convicção sejam infirmados pela ação do tempo. Observe-se, contudo, que esses outros requisitos devem guardar proporção de equivalência com os arrolados anteriormente, motivo pelo qual não podem, por exemplo, ser considerados elogios, artigos de simples referência, cartas de apresentação, tempo de constituição de estabelecimento, luxo das instalações.

Obtempera, a propósito, Marçal Justen Filho[1251] que

> não se dispensa é a evidência objetiva da especialização e qualificação do escolhido. Evidência objetiva significa a existência de manifestações reais que transcendam à simples vontade ou conhecimento do agente administrativo responsável pela contratação".

Acerca da relação entre notória especialização e o serviço que é pretendido, sumulou o Tribunal de Contas da União, no Enunciado nº 39, que:

> a notória especialização só tem lugar quando se trata de serviço inédito ou incomum, capaz de exigir, na seleção do executor de confiança, um grau de subjetividade insusceptível de ser medido pelos critérios objetivos de qualificação inerentes ao processo de licitação.

[1250] BRASIL. Tribunal de Contas da União. Processo nº TC-066.425/91-7. Decisão nº 324/1994 - 2ª Câmara. Relator: Ministro Marcos Vinicios Vilaça. **Diário Oficial [da] República Federativa do Brasil**, Brasília, DF, 12 ago. 1994. Seção 1, p. 12196.

[1251] JUSTEN FILHO, Marçal. Comentários à Lei de Licitações e Contratos Administrativos. 11. ed. São Paulo: Dialética, 2005, p. 284.

Ademais não cabe arguir a regularidade da exigência da contratação de notório especialista se a atividade é rotineira e integra as atribuições ordinárias de cargo público.[1252]

4.2.7. a essencialidade da contratação e a viabilidade de competição

Além do fato de que o último meio de evidenciar a notoriedade deve guardar equivalência de importância com os antecedentemente citados, estabelece a lei que qualquer deles deve levar ao convencimento de que o trabalho do notório especialista é essencial e, indiscutivelmente, o mais adequado à plena satisfação do objeto contratado.

Esses atributos que devem cercar o profissional ou empresa a ser contratada não guardam discricionariedade extrema. A condição de essencialidade de um determinado agente para a satisfação de um objeto diz respeito ao fato de que apenas aquele determinado profissional ou a específica empresa é diretamente vinculada à essência de um objeto, sendo fundamental e indispensável para a Administração realizar o serviço com a singularidade definida.

Com referência ao fato de que a contratação deve ser indiscutível, isto é, não pode ser discutida a escolha, embora se apresente como subjetiva, em princípio, a simples existência de dúvidas sobre se outros seriam ou não melhores poderá demonstrar que, antes da escolha ter sido inadequada, talvez se trate de um caso em que a competição é viável. De fato, parece que existindo outros, mais de um, capaz de realizar o serviço singular, [1253] se está diante de um caso em que é possível licitar, ou seja, em que a licitação é exigível. Enfrentando o tema, o colendo Tribunal de Contas da União, em passagem colhida no voto do Ministro Marcos Vilaça deixou assentado que:

> como bem salientou a instrução, o cerne da questão, na espécie, não é a competência ou mesmo a notoriedade da contratada e de seus profissionais, mas a possibilidade de

[1252] Eis a síntese do escólio do Ministro Ubiratan Aguiar: "A questão principal reside na trangressão à norma legal, qual seja, a Lei nº 8666/93, em seu art.25, inciso II e § 1º, já que o resposável, ora recorrente, se firmou em interpretação equivocada do dipositivo, resultando em contratação de terceiros, baseada na inexigibilidade de licitação, para a consecução de tarefas relacionadas a acompanhamento de fases administrativas de processos, ou seja, atividades que não requeriam um profissional com notória especialização."

[1253] O TCDF entendeu irregular o fato de duas contratações para elaboração do PCC da CAESB, ambas por notória especialização. O fato demonstrou a viabilidade de competição. Processo TCDF nº 3.806/94. Parecer nº 3.0379/98. Disponível em: http://www.tc.df.gov.br. Acesso em 26 jan. 2011.

> competição no mercado para prestação dos serviços desejados[...][1254]

O Banco do Brasil contratou por inexigibilidade, empresa, notória especialista, para implementar o Plano de Desligamento Voluntário. O Ministro Relator, Carlos Átila Álvares da Silva, considerou regular a contratação, entendendo que:

> [...] a questão chave na interpretação deste artigo reside, a meu ver, na definição do sujeito oculto do verbo "inferir". Segundo o Aurélio, "inferir" significa "tirar por conclusão, deduzir por raciocínio". O dispositivo legal reconhece portanto que alguém deve praticar ato de natureza eminentemente subjetiva, qual seja, tirar uma conclusão mediante raciocínio, para atribuir a notória especialização a uma determinada empresa. Trata-se portanto de ação em que se vai formular juízo de valor - que os rudimentos da Filosofia conceituam como a atividade subjetiva por excelência.
>
> O legislador, como disse, se esforçou por fornecer parâmetros minimamente objetivos para disciplinar e conter dentro de limites razoáveis o grau de subjetividade inerente àquela "inferência". Esses parâmetros são encontrados nas informações e dados que se possa coligir sobre o conceito, a experiência, as realizações passadas do profissional ou da empresa cuja notória especialização se investiga. Se esses parâmetros podem ser considerados objetivos, ainda assim reservam grande margem discricionária para a definição da notória especialização pois, como admite o mesmo dispositivo legal, alguém vai ter de "inferir" - ou seja - "deduzir por raciocínio" - se aqueles dados e informações indicam, naquele caso determinado, que a aquela determinada empresa é a entidade cujo trabalho "é essencial e indiscutivelmente o mais adequado à plena satisfação do objeto do contrato. [...] singular não significa necessariamente único". O dicionário registra inúmeras acepções, tais como: invulgar, especial, raro, extraordinário, diferente, distinto, notável. A meu ver, quando a lei fala de serviço singular, não se refere a "único", e sim a invulgar, especial, notável." Escudo essa dedução lembrando que na lei não existem disposições inúteis. Se singular significasse único seria o mesmo que exclusivo, e portanto o dispositivo

[1254] Processo publicado no Boletim de Licitações e Contratos - BLC, nº 8/94. São Paulo: Ed. NDJ, p. 377.

> seria inútil, pois estaria redundando o inciso I imediatamente anterior. [...] após examinar esses ângulos da questão, julgo oportuno reafirmar minha convicção, já antes manifestada por vezes neste Plenário e acima reiterada, sobre a necessidade de respeitar e preservar o campo de ação discricionária que a lei explicitamente outorga ao administrador, sob pena de inviabilizar-se a gestão das entidades públicas. [1255]

Em tese, "inferência" é, em princípio, poder discricionário, limitada ao foro íntimo do agente. Contudo, em razão da inversão do princípio da presunção de legitimidade - consagrada expressamente no art. 113 da Lei nº 8.666/1993 - qualquer cidadão ou órgão de controle tem o direito de ver externado no processo o motivo da escolha. Assim, pode também ser contrastada a motivação. Não vai nisso qualquer diminuição do poder discricionário, mas democratização do poder estatal frente a parâmetros mais modernos, como impessoalidade, por exemplo.

4.2.8. a notória especialização e a singularidade

Por oportuno, insta ressaltar que a notória especialização do futuro contratado deve estar associada ao objeto pretendido pela Administração e ser suficiente para atender à singularidade imposta pelo interesse público.

Com esse raciocínio, afasta-se a possibilidade de contratar notórios profissionais para a execução de qualquer objeto, exigindo-se a especialização precisamente no ponto em que o serviço vai distinguir-se dos demais. Um notório especialista em engenharia de fundações não poderia ser contratado para edificar uma escola para deficientes visuais, assim como um notório especialista em Direito do Trabalho não poderia ser contratado, com inexigibilidade de licitação, para fazer a acusação em um processo de *impeachment*. Deve haver sempre íntima correlação entre a especialização e a singularidade do objeto.[1256]

[1255] BRASIL. Tribunal de Contas da União. Processo nº TC-010.578/95-1. Decisão nº 565/1995 - Plenário. **Diário Oficial [da] República Federativa do Brasil**, Brasília, DF, 28 nov. 1995. Seção 1, p. 19420.

[1256] A propósito, o TCU recomenda: "[...] atente, em contratações diretas, por inexigibilidade de licitação, para a prestação de serviços técnico-profissionais especializados, de natureza singular, ao que dispõe os arts. 25 e 26 da Lei nº 8.666/1993, instruindo os processos de forma a ficar evidenciada a inviabilidade de competição, a natureza singular do serviço, a notória especialização do profissional ou da empresa e a razoabilidade do preço contratado [...]." BRASIL. Tribunal de Contas da União. Processo nº TC-012.886/2003-6. Acórdão nº 251/2007 - 1ª Câmara. **Diário Oficial da União [da] República Federativa do Brasil**, Brasília, DF, 16 fev. 2007, p. 318. **No mesmo sentido**: Processo nº TC-010.032/2005-9. Acórdão nº 222/2007 - 1ª Câmara. **Diário Oficial [da União [da] República Federativa do Brasil**, Brasília, DF, 16 fev. 2007, p. 314.

5. Contratação direta de artista

Dispõe a Lei nº 8.666/1993, art. 25, *in verbis*:

> Art. 25 - É inexigível a licitação quando houver inviabilidade de competição, em especial:
>
> [...]
>
> III - para contratação de profissional de qualquer setor artístico, diretamente ou através de empresário exclusivo, desde que consagrado pela crítica especializada ou pela opinião pública.

A União, os Estados, o Distrito Federal e os Municípios têm obrigações em relação ao incentivo dos valores artísticos, como consta nas prescrições contidas nos arts. 23, incisos III e IV, e 216 da Constituição Federal de 1988.

É o próprio texto constitucional, contudo, que estabelece diferentes níveis de prioridade em relação às ações do governo,[1257] não se encontrando aquela obrigação no nível de prioridade. Se há um fundo de verdade no adágio consagrado popularmente de que o povo necessita de pão e circo, também é verdade que o primeiro deve preceder ao segundo, no sentido de que as necessidades básicas merecem prioridade.

A forma mais adequada de incentivar o desenvolvimento artístico não é por meio de contratação direta, mas promovendo concursos e premiando-se os melhores. Nesse sentido, o aproveitamento da sociedade será muito mais amplo pela diversidade dos talentos artísticos oferecidos e, principalmente, pela revelação de novos valores.

Pode a Administração necessitar promover a contratação direta, hipótese restrita, ditada pelo interesse público.

Nesse caso, não deve ser olvidado que a individualidade da produção artística acarreta, em regra, a inviabilidade de competição. É justamente a ausência de parâmetros que assegura a criatividade humana.

Está aí uma hipótese em que a contratação não pode efetivar-se com o atendimento pleno do disposto no art. 7º, § 2º, c/c o 9º da Lei nº 8.666/1993, que exige rigoroso detalhamento do objeto pretendido com a contratação dos serviços. Poderá, contudo a Administração, se for o caso, estabelecer os parâmetros para a prestação dos serviços, como dia e hora, no caso de

---

[1257] BRASIL. **Constituição da República Federativa do Brasil**. Organização dos textos e índice por J. U. JACOBY FERNANDES. 1. ed. atualizada até abril de 2007. Belo Horizonte: Fórum, 2008. Vide art. 227, *caput*, onde o constituinte usou a expressão "absoluta prioridade".

espetáculos artísticos, prazo, ônus das partes no cumprimento e no descumprimento da obrigação.

A entidade que está na defesa do interesse público não pode deixar de resguardá-lo, em qualquer momento, pois nem mesmo os mais expressivos artistas encontram-se distantes das leis. Daí por que deve exigir recibo nos seus pagamentos e adotar as mesmas regras que os particulares adotam, nesse tipo de contratação, para a garantia do cumprimento do contrato.

5.1. requisitos

Para a regularidade dessa contratação direta existem três requisitos, além da inviabilidade de competição:

a) que o objeto da contratação seja o serviço de um artista profissional;
b) que seja feita diretamente ou mediante empresário exclusivo;
c) que o contratado seja consagrado pela crítica especializada ou pela opinião pública.

5.1.1. objeto

A lei refere-se à contratação do profissional artista, excluindo da possibilidade da contratação direta os artistas amadores; só os profissionais, definidos pelos parâmetros existentes em cada atividade, podem ser contratados com fulcro nesse dispositivo.[1258]

Artista, nos termos da lei, é o profissional que cria, interpreta ou executa obra de caráter cultural de qualquer natureza, para efeito de exibição ou divulgação pública, por meios de comunicação de massa ou em locais onde se realizam espetáculos de diversão pública. O profissional artista deve estar inscrito na Delegacia Regional do Trabalho, o mesmo ocorrendo com os agenciadores dessa mão de obra, constituindo esse registro elemento indispensável à regularidade da contratação.[1259]

Sobre o assunto, parece útil a classificação das obrigações adotada pelo Direito Civil em três grupos: obrigações de dar, fazer, e não fazer, para situar com maior precisão o objeto da contratação de que se cuida no art. 25, inciso III, da Lei nº 8.666/1993.

[1258] A profissão do artista profissional, em geral, está regulada pela Lei nº 6.533, de 24 maio 1978, e regulamentada pelo Decreto nº 82.385, de 5 de outubro do mesmo ano.

[1259] BRASIL. Lei nº 6.533, de 24 de maio de 1978. Dispõe sobre a regulamentação das profissões de Artistas e de técnico em Espetáculos de Diversões, e dá outras providências. **Diário Oficial [da] República Federativa do Brasil**, Brasília, DF, 26 maio 1978. Confira arts. 1º, 4º e 6º.

A contratação de um artista, considerada como inviabilizadora da competição, constitui típica obrigação de fazer, do tipo *intuitu personae*, isto é, que só pode ser realizada diretamente pelo contratado. Nesse sentido, são úteis as disposições do Código Civil que estabelecem que incorre na obrigação de indenizar perdas e danos o devedor que recusar a prestação a ele só imposta, ou só por ele exequível.[1260]

Aliás, seria absolutamente irregular o fato da subcontratação, pois, se a obrigação não é *intuitu personae*, haverá viabilidade de competição e a licitação será exigível.

Admissível apenas a subcontratação parcial, nitidamente acessória, como seria o caso do acompanhamento instrumental feita por um cantor, diretamente por ele.

Outro dispositivo que pode ser aplicado, por analogia, é o que dispõe que, em se tratando de obrigação personalíssima, se a prestação do fato se impossibilitar sem culpa do devedor, resolver-se-á a obrigação; se por culpa do devedor, responderá este pelas perdas e danos. Do mesmo modo, incorre também na obrigação de indenizar perdas e danos o devedor que recusar a prestação a ele só imposta, ou só por ele exequível.[1261]

A contratação é do profissional e o objeto do contrato é a sua atividade: cantar para um artista dessa área, produzir uma pintura ou escultura para outro. Efetivamente, nos casos em que o produto da atividade se concretiza num objeto material, a Administração poderá obtê-lo como resultado direto do contrato. Em alguns casos é possível fazer juntar um esboço da obra que o artista pretende realizar, como meio de aferição do desenvolvimento de sua atividade.

Nessa última hipótese não se pode confundir a compra de uma obra de arte com a contratação do serviço do profissional artista. A primeira pode operar-se com dispensa de licitação, mas exige alguns requisitos, entre os quais destaca-se a inafastável correlação entre a aquisição e a finalidade do órgão ou entidade. Na contratação do profissional artista, esse requisito de compatibilidade não foi expressamente registrado pelo legislador, deixando certa margem de discricionariedade na sua contratação.

[1260] BRASIL. Lei nº 10.406, de 10 de janeiro de 2002. Institui o Código Civil. **Diário Oficial [da] República Federativa do Brasil**, Brasília, DF, 11 jan. 2002. Vide art. 247.

[1261] BRASIL. Lei nº 10.406, de 10 de janeiro de 2002. Institui o Código Civil. **Diário Oficial [da] República Federativa do Brasil**, Brasília, DF, 11 jan. 2002. Vide arts. 247 a 249; sobre indenização pelo descumprimento da obrigação, consulte os arts. 19 e ss. da Lei nº 6.533, de 24 de maio de 1978.

A limitação dessa margem, nada obstante, pode ser obtida pelo confronto entre o interesse público e a natureza da contratação. Ilustra-se: enquanto para comemorar o aniversário da cidade seria admissível a contratação de show de sua orquestra sinfônica, a mesma contratação seria irregular para comemorar o aniversário de um governador ou o de uma pequena repartição. Há um certo limite oriundo de uma valoração de ordem moral, mas nem por isso incontrastável no âmbito do Direito.

Esse dever de submeter os atos administrativos ao crivo dos princípios que norteiam a ação da Administração Pública, insculpidos no art. 37 da Constituição Federal de 1988, é permanente para os agentes públicos e órgãos de controle, e a Lei de Licitações determina que as circunstâncias e justificativas devem ser elaboradas previamente à prática do ato, ensejando, portanto, que sempre será possível aferir a realização do interesse público.[1262]

5.1.2. contração direta ou por empresário

A Lei de Licitações, atenta aos reclamos da imprensa sobre atividades escusas, pretendeu com essa inovadora exigência afastar a ocorrência de fatos verificados em algumas regiões ou órgãos em que algumas contratações só ocorriam quando eram feitas por determinados empresários, que quase monopolizavam a intermediação da contratação de artistas.

A contratação ou é feita diretamente com o artista ou com o seu empresário exclusivo[1263], como tal entendendo-se o profissional ou agência que intermedeia, com caráter de exclusividade, o trabalho de determinado artista. Numa analogia, é o fornecedor exclusivo daquela mão de obra.

Esse agenciador deve estar registrado no órgão do Ministério do Trabalho respectivo, mas não há nenhuma exigência sobre o meio de demonstrar a exclusividade, sendo aceita normalmente a declaração feita pelo próprio artista de que determinada pessoa é seu agente exclusivo, ou a exibição do contrato mantido entre o artista e o agente, que contenha essa cláusula.

[1262] BRASIL. **Lei nº 8.666/93 (Versão Bolso).** Organização dos textos e índice por J. U. JACOBY FERNANDES. 12. ed. amp., rev. e atual. Belo Horizonte: Fórum, 2010.Vide art. 26.

[1263] Neste sentido: BRASIL. Tribunal de Contas da União. Processo nº 003.499/1999-5. Acórdão nº 165/2001 - Plenário. Relator: Ministro Guilherle Palmeira. **Diário Oficial [da] República Federativa do Brasil**, Brasília, DF, 9 ago. 2000; Processo nº 005.453/1997-6. Acórdão nº 210/2001 - Plenário. Relator: Ministro Guilherme Palmeira. **Diário Oficial [da] República Federativa do Brasil**, Brasília, DF, 11 set. 2001.

Deve ser observado ainda que, em se tratando de contrato de trabalho, mantido entre o artista e determinada empresa, a cláusula de exclusividade não é absoluta em virtude de expressa disposição legal a respeito.[1264]

Nesse caso, a exclusividade[1265] deve ser aceita no modo relativo que a lei impõe quando se tratar de contrato de trabalho.

Releva obtemperar que a Administração poderá exigir, como condição de parte do pagamento, a demonstração do cumprimento das obrigações contratuais e legais entre o agente e o artista, porque a lei impõe que o tomador do serviço é solidariamente responsável pelo cumprimento dessas obrigações.[1266]

Essa cautela só é recomendável quando se trata de contratos de duração um pouco prolongada ou quando os servidores da Administração percebem, pelas circunstâncias, que há divergência entre o empresário e o artista e que, adimplindo o pagamento com aquele, este não terá o seu crédito satisfeito. Diante da imposição pela lei da cláusula de solidariedade, é legítimo à Administração Pública proceder a essa exigência para melhor resguardar o interesse público.

5.1.3. consagração pela crítica especializada ou pela opinião pública

O terceiro requisito apresentado pelo inciso III do art. 25, em comento, diz respeito ao fato de que o pretenso contratado deve ser consagrado pela crítica especializada ou pela opinião pública.

Essa exigência corresponde à notória especialização do inciso anterior e, embora apresente certo limite discricionário, não permite arbitrariedades.

A justificativa da escolha deve apontar as razões do convencimento do agente público, registrando-se, no processo de contratação, os motivos que o levaram à contratação direta.

Já foi questionado, em seminário promovido pelo Centro Brasileiro para Formação Política, se o fato notório da consagração pela opinião pública

---

[1264] BRASIL. Lei nº 6.533, de 24 de maio de 1978. Dispõe sobre a regulamentação das profissões de Artistas e de técnico em Espetáculos de Diversões, e dá outras providências. **Diário Oficial [da] República Federativa do Brasil**, Brasília, DF, 26 maio 1978. Vide art. 11.

[1265] O TCDF decidiu recomendar à Administração Regional de Samambaia - RA XII, que, na hipótese de contratação indireta de que trata o inciso III do art. 25 da Lei nº 8.666/93, exija do empresário do artista documento comprobatório que ateste ser aquele o representante legal deste evento. DISTRITO FEDERAL. Tribunal de Contas. Processo nº 2.204/1996. Decisão nº 956/1997. Brasília, DF, 04 mar. 1997. Disponível em: http://www.tc.df.gov.br. Acesso em 26 jan. 2011.

[1266] BRASIL. Lei nº 6.533, de 24 de maio de 1978. Dispõe sobre a regulamentação das profissões de Artistas e de Técnico em Espetáculos de Diversões, e dá outras providências. **Diário Oficial [da] República Federativa do Brasil**, Brasília, DF, 26 maio 1978. Vide art. 17.

necessita ser demonstrado nos autos.[1267] É óbvio que não se pretende que o agente faça juntar centenas de recortes de jornal, por exemplo, sobre o artista, mas que indique sucintamente por que se convenceu do atendimento desse requisito para promover a contratação direta, como citar o número de discos gravados, de obras de arte importantes, referência a dois ou três famosos eventos.

Não se pode confundir expressões distintas atinentes à mera qualificação profissional, como frequência a conservatórios de música, à consagração pela crítica especializada ou pela opinião pública. Aqui, só a fama e a notoriedade do artista permitem a contratação direta; os demais que ainda não alcançaram esse grau de reconhecimento podem ser contratados mediante concurso ou outra modalidade de licitação, ou ainda com dispensa, por exemplo, na forma do inciso II do art. 24 da Lei nº 8.666/1993.

Se a consagração pública é subjetiva, o dever de licitar não é, e deve ser invocado sempre que, para obras comuns, por meio de concurso puder ser obtida a satisfação do interesse público.

Determinado Tribunal contratou artista para fazer o retrato a óleo dos seus Presidentes, fundamentando posteriormente a conduta, em defesa junto ao TCU, citada pelo relator do processo, nos seguintes termos:

> irregularidade: "Item "e" - Inviabilidade de licitação verificada no Processo ILF nº 15/95 para a contratação dos serviços do Sr. Biaggio Mazzeo, tendo em vista que existem na capital do Estado de São Paulo diversos pintores capacitados para efetuarem esse trabalho. [...]
>
> defesa: A singularidade do objeto, sem possibilidade de confronto com outros do gênero, porque traz em seu bojo um estilo próprio e as características individuais e diferenciadas do autor, sem que haja equivalente perfeito, vem determinando a contratação do artista Biaggio Mazzeo, autor de todas as obras, nos termos do *caput* do art. 25 da Lei nº 8.666/93.

Sobre o assunto, o relator do processo no TCU entendeu que:

> quanto ao item "e" da aludida audiência, relativo à contratação de serviços de pintura a óleo dos retratos de ex-

[1267] O TCDF decidiu que, quanto à inexigibilidade prevista no art. 25, inciso III, da Lei nº 8.666/93 - contratação de profissionais artísticos - é necessária a apresentação de curriculum acompanhado de documentos (recorte de jornais, revistas etc.), que atestem a consagração pela crítica e opinião pública. DISTRITO FEDERAL. Tribunal de Contas. Processo nº 6.029/1995. Decisão nº 6.968/1996. Brasília, DF, 08 ago. 1996. Disponível em: http://www.tc.df.gov.br. Acesso em 26 jan. 2011.

> Presidentes daquele Tribunal, foi alegada inviabilidade de competição a que alude o *caput* do art. 25 da Lei nº 8.666/93. Em que pese a relativa razoabilidade das justificativas do órgão, que se orientou pelo citado dispositivo legal, entendo que o mesmo não se aplica exatamente ao caso, sendo necessário, por conseguinte, determinar àquele TRE a realização de licitação nas futuras contratações de serviços artísticos.

Essa posição foi acolhida pelo Pleno do TCU, que determinou ao Tribunal envolvido:

> 8.1.4 - realizar licitação nas futuras contratações de serviços artísticos, classificando-as na modalidade de licitação correspondente (art. 22).[1268]

5.1.4. amplitude geográfica da consagração

Demanda referência breve, mas especial, a amplitude geográfica da consagração anteriormente referida para justificar a contratação direta. Haverá inexigibilidade de licitação se o profissional for consagrado apenas pela opinião pública de uma cidade? Ou de um Estado? Ou é necessário que tenha sido consagrado nacionalmente?

O tema tem alguma relação com a amplitude da notoriedade, referida no estudo do inciso anterior, mas, no presente caso, só foi enfrentado por Diógenes Gasparini, Carlos Motta e Mariense Escobar, que aludem à conveniência de aceitar a notoriedade local, regional ou nacional, se o contrato estiver dentro do limite do convite, no âmbito do limite de tomada de preços, ou dentro do limite de concorrência, respectivamente.

Assim, como exposto anteriormente, parece que a amplitude geográfica da consagração não deve levar em conta propriamente a modalidade da licitação, mas o universo dos possíveis licitantes, estabelecido a partir do âmbito alcançado com a divulgação do ato convocatório, nos termos do art. 21 da Lei nº 8.666/1993. Nesse sentido, para convite, que só precisa ser afixado no local da licitação, a consagração pode restringir-se ao âmbito local, da cidade ou município licitante; no caso de editais que são publicados apenas em jornal local ou Diário Oficial do Estado, a consagração pode ser Regional; mas, quando se tratar de serviços que exijam publicação mais ampla ou nacional,

---

[1268] BRASIL. Tribunal de Contas da União. Processo nº TC-700.449/95-7. Decisão nº 419/1996 - Plenário. Relator: Ministro Humberto Guimarães Souto. **Diário Oficial [da] República Federativa do Brasil**, Brasília, DF, 06 ago. 1996. Seção 1, p. 14783.

este será o âmbito em que se deverá avaliar a consagração pela crítica especializada ou opinião pública.

5.1.5. preço

As ações dos órgãos de controle no campo de avaliação da contratação de artistas são bastante tímidas ainda, mas, nos termos da nova lei, o preço deverá ser justificado pelo agente responsável pela declaração de inexigibilidade da licitação.

O Tribunal de Contas do Distrito Federal enfrentou o tema quando, acolhendo proposição da 1ª Inspetoria, decidiu questionar um determinado órgão da Administração sobre os parâmetros utilizados para estabelecer a remuneração pela apresentação de uma banda de música popular, vez que, para a mesma, estava sendo pago valor de outros conjuntos semelhantes, com consagração muitas vezes mais expressiva do que a contratada.[1269]

O fato demonstra que a área não é tão subjetiva como à primeira vista possa parecer e que as Cortes de Contas iniciam o seu papel de avaliar a eficácia, eficiência e economicidade dos atos de gestão praticados, cumprindo assim seu relevante mister.

Como será visto no capítulo seguinte, a justificativa de preço deve ser construída pela combinação do art. 26, parágrafo único e 15, inciso V, da Lei nº 8.666/1993.[1270]

Ainda a propósito do tema, respondendo a consulta o Procurador do Distrito Federal, Alexandre Moraes Pereira, orientou de forma lapidar:

> Quanto à justificativa de preços, deve a Administração realizar exaustiva pesquisa de preços no mercado, comparando o cachê cobrado por aquele artista com outras

---

[1269] a) DISTRITO FEDERAL. Tribunal de Contas. Processo nº 1.948/1994. Decisões nºs 5442/94 e 8634/95. Disponível em: http://www.tc.df.gov.br. Acesso em 26 jan. 2011.

b) O TCDF esclarece que quanto à contratação com base no art. 25, III, da Lei nº 8.666/1993, deve ser adotado cautela no sentido de consultar previamente os valores cobrados por artistas concorrentes. DISTRITO FEDERAL. Tribunal de Contas. Processo nº 5.594/1993. Decisão nº 1.4320/1995. **Diário Oficial do Distrito Federal**, Brasília, DF, 21 nov. 1995. Disponível em: http//www.tc.df.gov.br. Acesso em 26 jan. 2011.

Nesse ponto, parece que a melhor regra não é buscar o preço de "mercado", mas observar quanto o mesmo artista cobra pelo espetáculo equivalente de outros órgãos da Administração Pública. Regra que se coaduna com o art. 15, V, da Lei nº 8.666/93.

[1270] O TCU recomendou que "[...] quando contratar a realização de cursos, palestras, apresentações, shows, espetáculos ou eventos similares, demonstre a título de justificativa de preços, que o fornecedor cobra igual ou similar preço de outros com quem contrata para evento de mesmo porte, ou apresente as devidas justificativas, de forma a atender ao inc. III do parágrafo único do art. 26 da Lei 8.666/1993. [...]."BRASIL. Tribunal de Contas da União. Processo nº 019.378/2003-9. Acórdão nº 819/2005 - Plenário. Relator: Ministro Marcos Bemquerer. **Diário Oficial da União [da] República Federativa do Brasil**, Brasília, DF, 30 jun. 2005.

apresentações em condições semelhantes àquelas em que se dará o evento. Tal consulta deverá incluir tanto o preço cobrado em eventos particulares como em eventos custeados por verba pública. Deverá, ainda, a Administração comparar os preços cobrados com aqueles praticados por artistas de semelhante consagração na crítica especializada e/ou opinião pública. O princípio da economicidade não autoriza a contratação de artistas profissionais a preços exorbitantes, devendo, nesse caso, a Administração buscar a contratação de outro artista que possa atender aos anseios do público, mas que ofereça proposta mais vantajosa.[1271]

[1271] O parecer, na íntegra, está disponível em www.jacoby.pro.br.

Capítulo 7

Procedimentos para a Contratação Direta

Este capítulo trata dos procedimentos para a contratação direta sem licitação. Por determinação legal, tanto é irregular dispensar ou inexigir indevidamente a licitação, quanto deixar de adotar os procedimentos previstos em lei. Por essa razão, o capítulo evidencia um roteiro bastante exemplificado a fim de que o intérprete tenha segurança sobre como documentar suas ações.

No final, dedica-se atenção ao contratado, que muitas vezes é atingido por se considerar irregular um contrato por deficiência na instrução processual.

Estabelece a Lei de Licitações e Contratos que constitui crime deixar de observar as formalidades pertinentes à inexigibilidade e à dispensa de licitação.[1272]

Com esse normativo, a lei colocou em igualdade de tutela o dever de licitar com o dever de a Administração Pública seguir, pontualmente, os procedimentos estabelecidos para promover a contratação direta. Rigoroso demais para alguns, o dispositivo legal constituiu significativo avanço para outros.

Parece efetivamente que o art. 89 da Lei nº 8.666/1993 situa-se na linha evolutiva do aperfeiçoamento da Administração Pública, pois, não raro, as justificativas da contratação direta eram elaboradas posteriormente à celebração do contrato, à sua execução e, às vezes, só após a ação dos órgãos de controle, onde passavam a desafiar a criatividade dos órgãos jurídicos das entidades públicas.

O fato é que, com o advento desse diploma legal, passou a haver maior preocupação com os procedimentos que devem ser adotados para que a contratação direta seja considerada regular.

Inúmeras denúncias com fundamento nesse art. 89 foram oferecidas ao Poder Judiciário pelo Ministério Público. Como exemplo cita-se o caso de autorização para utilização de área pública para estacionamento, garagem e oficina, sem licitação e sem atendimento a qualquer das formalidades previstas no art. 26 da Lei nº 8.666/1993.[1273]

[1272] BRASIL. **Lei nº 8.666/93 (Versão Bolso).** Organização dos textos e índice por J. U. JACOBY FERNANDES. 12. ed. amp., rev. e atual. Belo Horizonte: Fórum, 2010. Vide art. 89.

[1273] Inquérito nº 747/1996, do Ministério Público do Distrito Federal e Territórios, conduzido pelo eminente Promotor Guilherme Fernando Neto. No caso mostra-se evidente o irregular uso do instituto da autorização. Sobre a diferença entre autorização, permissão e concessão consulte o capítulo 3, subtítulo 5.2.

É possível vislumbrar ainda, no rigor imposto pelo art. 89, que, a médio prazo, esse cuidado reverterá em benefício do próprio agente público, que, justificando previamente os atos de dispensa e inexigibilidade, não será mais tarde surpreendido, por vezes, até decorridos alguns anos da exoneração ou aposentadoria, ao ser citado para explicar alguma contratação direta.

Eventualmente, porém, a ausência do atendimento ao princípio da licitação é tolerado pela prevalência do princípio da economicidade. Nesse sentido o Tribunal Regional Federal da 1ª Região negou provimento a agravo impetrado pelo Estado do Maranhão contra pleito do Ministério Público Federal que postulava a anulação de contratação de rede hospitalar privada, no âmbito do Sistema Único de Saúde, sem processo licitatório, sob o argumento de que a ausência de licitação teria acarretado, em tese, lesão ao patrimônio público.[1274]

2. Os processos de contratação direta

Há na lei referência à existência de processos de dispensa e inexigibilidade de licitação, fazendo surgir dúvidas se tais processos teriam caráter autônomo ou seriam elementos integrantes de outros processos.

Analisando o conjunto de disposições do art. 26 da Lei nº 8.666/1993, parece correto concluir que a redação do parágrafo único não se refere à existência de processos autônomos de dispensa ou de inexigibilidade, mas que, na sua redação, foi utilizada a forma elíptica, reduzida, para expressar que os processos de compras, obras, serviços e alienações da Administração que concluírem pela dispensa ou inexigibilidade de licitação, serão instruídos com os elementos ali indicados.

[1274] a) BRASIL. Tribunal Regional Federal da 1ª Região. Processo AI nº 96.01.20536-MA. Relator: Juiz Tourinho Neto. **Diário da Justiça [da] República Federativa do Brasil**, de 23 set. 1996, p. 70773.

b) **No mesmo sentido**: "[...] III - Habeas corpus: crimes previstos nos artigos 89 e 92 da L. 8.666/93: falta de justa causa para a ação penal, dada a inexigibilidade, no caso, de licitação para a contratação de serviços de advocacia. 1. A presença dos requisitos de notória especialização e confiança, ao lado do relevo do trabalho a ser contratado, que encontram respaldo da inequívoca prova documental trazida, permite concluir, no caso, pela inexigibilidade da licitação para a contratação dos serviços de advocacia. 2. Extrema dificuldade, de outro lado, da licitação de serviços de advocacia, dada a incompatibilidade com as limitações éticas e legais que da profissão (L. 8.906/94, art. 34, IV; e Código de Ética e Disciplina da OAB/1995, art. 7º)." BRASIL. Supremo Tribunal Federal. HC nº 86.198-9-PR - 1ª Turma. Relator: Ministro Sepúlveda Pertence. **Diário da Justiça [da] República Federativa do Brasil**, Brasília, DF, 29 jun. 2007.

c) Em vários casos, o TCU, entendendo irregular e grave o fato, vem coibindo a repetição mediante a aplicação de multa. Nessa linha de entendimento, verificou "ausência dos despachos de homologação e adjudicação das licitações realizadas ou justificativas para a sua dispensa ou inexigibilidade". BRASIL. Tribunal de Contas da União. Processo nº TC-000.967/2004-1. Acórdão nº 2.331/2005 - 2ª Câmara. **Diário Oficial [da] República Federativa do Brasil**, Brasília, DF, Seção 1, 02 dez. 2005, p. 176. Nota: o TCU obrigou a devolver o valor e multou em R$ 9.000 (nove mil reais).

Nesse sentido, dispõe o art. 38 da Lei nº 8.666/1993, que disciplina o procedimento da licitação, genérico, que o mesmo:

> Será iniciado com a abertura de processo administrativo, devidamente autuado, protocolado e numerado, contendo a autorização respectiva, a indicação sucinta de seu objeto e do recurso próprio para a despesa, e ao qual serão juntados oportunamente:
>
> [...]
>
> VI - pareceres técnicos ou jurídicos emitidos sobre a licitação, dispensa ou inexigibilidade.

Até por economia processual, tudo está a indicar que a deliberação pela contratação direta, seja por dispensa, seja por inexigibilidade de licitação, deve integrar os mesmos autos do "processo de licitação", terminologia empregada em sentido *lato*, o qual será concluído com a contratação e adimplemento das obrigações das partes.

Se a conotação prática corrobora esse entendimento, também a teórica o abona: procedimento, na lição de Celso Antonio Bandeira de Melo é uma "sucessão itinerária e encadeada de atos administrativos tendendo todos a um resultado final e conclusivo".[1275]

Se o procedimento tem por objetivo o alcance de um resultado, todo o conjunto de atos, visando à aquisição, deve integrar um só processo, mesmo que com vários volumes, como imperativa determinação do art. 38 da Lei de Licitações.

Em registro singular, o Tribunal de Contas da União já recomendou que o termo do contrato fosse juntado ao respectivo processo licitatório,[1276] e, posteriormente, determinou que se faça anexar ao processo as publicações legais relativas às inexigibilidades e dispensa de licitação e aos extratos de contratos e termos aditivos, conforme parágrafo único do art. 61 da Lei nº 8.666/1993. Nesse caso, como o art. 61, no final do parágrafo único, dispensa a

---

[1275] O excessivo rigor tem feito muitos autores se afastarem do termo "processo", pela inexistência de lide a compor. Parece razoável o emprego do termo em Direito Administrativo por transladação de sentido, como soe acontecer em diversos casos da língua portuguesa. Para maiores detalhes, consulte o livro: JACOBY FERNANDES, Jorge Ulisses. **Tomada de Contas Especial:** Processo e Procedimento nos Tribunais de Contas e na Administração Pública. 4 ed. Belo Horizonte: Fórum, 2009.

Após a Constituição de 1988 dúvidas não mais se justificam, pois em vários dispositivos o constituinte emprega o termo "processo" referindo-se a administrativo. Q. cfr. art. 37, XXI.

[1276] BRASIL. Tribunal de Contas da União. Processo nº TC-625.132/97-1. Decisão nº 733/1998 - Plenário. Relator: Ministro Humberto Guimarães Souto. **Diário Oficial [da] República Federativa do Brasil**, Brasília, DF, 06 nov. 1998. Seção 1, p. 47-9.

publicação dos contratos decorrentes de contratação direta, essa juntada só deve ser feita se o órgão, por procedimento, quiser publicar.[1277]

Após a primeira edição deste livro, o ilustrado Ministro Homero Santos, do TCU, demonstrou que o processo de contratação direta deve especificar os elementos previstos no art. 38, em linha coincidente com a que vínhamos sustentando, cabendo destacar o seguinte excerto do voto:[1278]

> [...]
>
> Além disso, o art. 38 da Lei nº 8.666/93, ao disciplinar de forma genérica o procedimento licitatório, especifica as informações e os documentos que devem constar do processo respectivo, entre os quais destaco: a indicação do recurso próprio para a despesa e "os pareceres técnicos ou jurídicos emitidos sobre a licitação, dispensa ou inexigibilidade" (*caput* e inciso IV do referido dispositivo legal, respectivamente).
>
> [...]
>
> Ora, se o gestor tem por dever e objetivo garantir a contratação mais vantajosa para o órgão, os atos precedentes devem integrar apenas um processo, ao qual serão juntados, também, se for o caso, os elementos explicitados no parágrafo único, incisos I a III, do art. 26 da Lei nº 8.666/93.
>
> Nesse contexto, é de se concluir que inexistem processos autônomos de dispensa e inexigibilidade de licitação, sendo aplicável, portanto, à espécie, as disposições contidas no *caput* do art. 38 da referida norma legal, tal como defendido pela Unidade Técnica.

O voto prima pela clareza, ao identificar que a decisão entre licitar ou não é um ato de um complexo procedimento que levará à contratação, sendo correta a exigência de que toda documentação dos atos anteriores e posteriores à licitação devem constar do processo. Entre os anteriores, a perfeita identificação do objeto, a indicação dos recursos orçamentários, a minuta do contrato, a forma de entrega do objeto comprado ou a prestação do serviço a ser contratado e, entre os posteriores, o contrato assinado pelas partes, as

---

[1277] Vide relatório do Processo nº TC-500.169/92-6, que fundamentou o Acórdão nº 488/1994 - 1ª Câmara. Relator: Ministro-Substituto Lincoln Magalhães da Rocha. **Diário Oficial [da] República Federativa do Brasil**, Brasília, DF, 02 dez. 1994. Seção 1, p. 18428.

[1278] BRASIL. Tribunal de Contas da União. Processo nº TC-625.373/95-2. Decisão nº 233/1996 - 1ª Câmara. Relator: Ministro Homero Santos. **Diário Oficial [da] República Federativa do Brasil**, Brasília, DF, de 29 out. 1996. Seção 1, p. 22106.

faturas atestadas pelos gestores dos contratos,[1279] recibos de entrega ou laudos circunstanciados, conforme o caso.

Em vários processos examinados pela Inspetoria do TCDF, foi verificado que as contratações diretas se iniciam, por exemplo, no caso do art. 25, inciso II, da Lei nº 8.666/1993, com a indicação do profissional pretendido pela Administração, sem a indicação nas páginas antecedentes da singularidade do objeto, fato indicativo de irregularidade.

3. Fases do procedimento

O procedimento da dispensa e inexigibilidade apresenta fases próprias, atípicas em relação aos demais procedimentos administrativos regulados por lei. Sua conclusão, de forma correta, foi erigida como condição de eficácia dos atos pelo legislador. Portanto, a rigor, mesmo que o contrato tenha sido assinado, enquanto não acabados os procedimentos delineados no art. 26, o mesmo não pode produzir efeitos válidos sob a ordem jurídica, como será visto.

São as seguintes as fases do procedimento para a dispensa ou inexigibilidade de licitação:

a) abertura de processo administrativo, devidamente autuado, protocolado e numerado e a autorização respectiva para a compra ou contratação da obra ou serviço, conforme art. 38, *caput*;

b) perfeita indicação do objeto pretendido pela Administração, conforme art. 14 e, em se tratando de obras e qualquer serviço, - não apenas os de engenharia, - projeto básico,[1280] de acordo com o art. 7º, § 2º c/c o § 9º;

c) elaboração da minuta do contrato a ser firmado;[1281]

[1279] Ver significado termo "gestor do contrato" no cap. V, subtítulo 18.2.2. subtítulo: componente necessário à manutenção do equipamento, e em JACOBY FERNANDES, Jorge Ulisses. **Manual de Gestão de Contratos Administrativos na Justiça Eleitoral**. 2ª ed. Belo Horizonte: Fórum, 2006.

[1280] BRASIL. Tribunal de Contas da União. Processo nº TC-475.198/95-6. Decisão nº 753/1998 - Plenário. Relator: Ministro Carlos Átila. **Diário Oficial [da] República Federativa do Brasil**, Brasília, DF, 16 nov. 1998.

[1281] a) A lei não especifica que a minuta do contrato deve ser elaborada antes da decisão de licitar ou não, mas a prática tem demonstrado que a antecedência desta etapa facilita a condução do processo, até porque, se a decisão for por licitar, é de todo conveniente que o edital seja elaborado já com a minuta do contrato, devidamente aprovada pelo órgão jurídico, conforme o art. 38, parágrafo único, da Lei nº 8.666/1993.

b) O TCU determinou que se faça constar, nos processos relativos à execução de obras e à prestação de serviços enquadrados nas hipóteses de dispensa de licitação, o projeto básico na forma estabelecida no art. 6º, inc. IX, em observância ao disposto no § 9º do art. 7º, salvo em situações de emergência ou calamidade pública. BRASIL. Tribunal de Contas da União. Processo nº TC-004.724/95-0. Decisão nº 301/1997 - 2ª Câmara. **Diário Oficial [da] União**, Brasília, DF, de 25 nov. 1997, p. 27553.

d) elaboração de parecer técnico ou jurídico, emitidos na oportunidade,[1282] examinando:

d.1. justificativa da dispensa ou inexigibilidade conforme art. 26, *caput*;[1283]

d.2. razão de escolha do fornecedor, conforme art. 26, inc. II;[1284]

d.3. justificativa do preço, conforme art. 26, inc. III;[1285]

e) decisão sobre licitar ou não, que poderá ter singela motivação se acolher o parecer antes referido e este estiver bem fundamentado;[1286]

f) comunicação à autoridade superior, conforme art. 26, *caput*;

g) ratificação da dispensa ou inexigibilidade, conforme art. 26, *caput*;[1287]

Há, entretanto, decisão exigindo projeto básico quando entre a ocorrência da emergência e a contratação havia tempo suficiente para a elaboração. Neste sentido: BRASIL. Tribunal de Contas da União. Processo nº TC-016.224/2001-2. Acórdão nº 100/2003 - Plenário. Relator: Ministro Marcos Bemquerer. **Diário Oficial da União [da] República Federativa do Brasil**, Brasília, DF, 24 fev. 2003. Seção 1.

1282 Conforme art. 38, inc. IV da Lei 8.666/1993.

1283 Neste sentido, o TCU recomendou que "[...] instrua os processos de contratação direta de acordo com o procedimento estabelecido pelo art. 26, parágrafo único, da Lei nº.666/93, de modo a formalizar os elementos requeridos pelos incisos I e IV desse dispositivo, por meio de expedientes específicos e devidamente destacados no processo, caracterizando a motivação do Administrador para a prática dos atos; [...]." BRASIL. Tribunal de Contas da União. Processo nº TC-008.551/2003-8. Acórdão nº 1.656/2003 - Plenário. Relator: Ministro Walton Alencar Rodrigues. **Diário Oficial [da] União**, Brasília, DF, 13 nov. 2003. **No mesmo sentido**: Processo nº 724.031/94-4, Acórdão nº 28/1997 - Plenário e Processo nº 016.224/2001-2, Acórdão nº 100/2003.

1284 BRASIL. Tribunal de Contas da União. Processo nº TC-825.028/95-7. Decisão nº 35/1996 – 1ª Câmara. Ministro Relator: Humberto Souto. **Diário Oficial [da] República Federativa do Brasil**, Brasília, DF, 18 mar. 1996, Seção 1, p.4574.

1285 a) As compras de bens cujo valor exceda em mais de 20% ao do maior preço praticado pelos órgãos integrantes do SISG, serão automaticamente bloqueados pelo sistema. O desbloqueio de aquisição, fica condicionado à justificativa. BRASIL. Ministério de Orçamento e Gestão. Instrução Normativa nº 04, de 08 de abril de 1999. Dispõe sobre procedimentos a serem adotados para compras de bens, no âmbito do Sistema de Serviços Gerais - SIASG. **Diário Oficial [da] República Federativa do Brasil**, Brasília, DF, 09 abr. 1999. Seção 1.

b) Em alguns casos de dispensa ainda é necessário elaborar previamente a planilha de custos. Nesse sentido: BRASIL. Tribunal de Contas da União. Processo nº TC-013.992/96-1. Decisão nº 103/1998 - Plenário. Nos casos de inexigibilidade deve ser observada a Decisão nº 819/2005 - Plenário: Processo nº 019.378/2003-9. Relator: Ministro Marcos Bemquerer. **Diário Oficial da União [da] República Federativa do Brasil**, Brasília, DF, 30 jun. 2005. Seção 1.

c) Como ocorre na licitação, o gestor tem o dever de escolher a proposta mais vantajosa para a Administração e de justificar devidamente os preços contratados, como obriga o parágrafo único do art. 26 da Lei nº 8.666/1993. BRASIL. Tribunal de Contas da União. Processo nº 017.789/1996-6. Acórdão nº 212/2003 - Plenário. Relator: Ministro Ubiratan Aguiar. **Diário Oficial da União [da] República Federativa do Brasil**, Brasília, DF, 7 abr. 2003.

1286 O TCU recomendou: "[...] restrinja a subjetividade nos processos de dispensa e inexigibilidade de licitação, incluindo nas justificativas para contratação, documentos e/ou estudos técnicos que deem suporte à escolha da empresa e ao preço avençado [...]." BRASIL. Tribunal de Contas da União. Processo nº TC-007.307/2003-4. Acórdão nº 837/2004 - Plenário. Relator: Ministro Ubiratan Aguiar. **Diário Oficial [da] República Federativa do Brasil**, Brasília, DF, 8 jul. 2004. Seção 1.

h) publicação da decisão ratificadora, conforme art. 26, *caput*;[1288]

i) assinatura do termo do contrato ou retirada do instrumento equivalente, conforme art. 38, inc. X;[1289]

j) execução do contrato, com rigoroso acompanhamento[1290] do respectivo gestor do contrato, conforme art. 67 e parágrafos;

k) recebimento do objeto, com observância das formalidades previstas nos arts. 73 e 15, § 8º;

l) pagamento das faturas com observância do que prescreve o art. 5º, § 3º e 40, inciso XIV, alínea "a", entre outras normas.[1291]

m) ressalte-se que a Lei nº 9.784/1999,[1292] que trata do processo administrativo na Administração Federal, estabelece prazos para a

---

[1287] a) A propósito o Tribunal de Contas do Rio Grande do Norte sumulou: "[...] é imprescindível a edição do ato administrativo dispensando ou reconhecendo a inexigibilidade de licitação. [...]." RIO GRANDE DO NORTE. Tribunal de Contas. Súmula nº 07. Disponível em http: //www.tce.rn.gov.br.

b) BRASIL. Tribunal de Contas da União. Processo nº TC-017.789/1996-6. Acórdão nº 212/2003 - Plenário. Relator: Ministro Ubiratan Aguiar. **Diário Oficial da União [da] República Federativa do Brasil**, Brasília, DF, 7 abr. 2003. Seção 1; e Ofício - Circular/ CAORI/CISET/MT nº 90/94, de 30 set. 1994.

[1288] Neste sentido, obrigando a publicação: BRASIL. Tribunal de Contas da União. Processo nº TC-550.217/1996-7. Decisão nº 234/1998 - Plenário. Relator: Ministro Adhemar Paladini Ghisi. **Diário Oficial [da] República Federativa do Brasil**, Brasília, DF, 20 maio 1998. Seção 1, p. 20. Não é, contudo, obrigatória a publicação quando a contratação direta também enquadrar-se no art. 24 inciso I ou II da Lei nº 8.666/1993, observando o respectivo parágrafo único. Neste sentido: BRASIL. Tribunal de Contas da União. Processo nº TC-019.967/2005-4. Acórdão nº 1336/2006 - Plenário. Relator: Ministro Ubiratan Aguiar. **Diário Oficial da União [da] República Federativa do Brasil**, Brasília, DF, 7 ago. 2006. Seção 1.

[1289] Sustenta o eminente Professor Leon Frejda Szklarowski, em nosso entendimento com absoluto acerto, que é dispensável a publicação do contrato quando decorrente de dispensa ou inexigibilidade de licitação, em face à expressa ressalva do art. 61, parágrafo único, da Lei nº 8.666/1993.

[1290] a) TCU orientou: "[...] 9.3.22 - formalize os processos de dispensa de licitação anteriormente à realização das despesas, bem como atente para as demais exigências contidas no art. 26 da Lei nº 8.666/1993, quando da contratação de fornecimento de bens e/ou serviços nas situações ali previstas [...]." BRASIL. Tribunal de Contas da União. Processo nº TC-010.610/2002-0. Acórdão nº 1044/2006 - 2ª Câmara. **Diário Oficial [da] União**, Brasília, DF, 5 maio 2006, p. 88.

b) O TCU recomendou a observação de cláusula de contrato, no sentido de proceder a uma melhor fiscalização no controle do número de cópias e a frequência e objeto das manutenções prestadas pela empresa contratada. BRASIL. Tribunal de Contas da União. Processo nº TC-800.051/1998-0. Acórdão nº 188/1999 - 1ª Câmara. Relator: Ministro Humberto Guimarães Souto. **Diário Oficial [da] República Federativa do Brasil**, Brasília, DF, de 02 jun. 1999. Seção 1, p. 16.

[1291] a) BRASIL. Tribunal de Contas da União. Processo nº TC-004.426/2004-0. Acórdão nº 888/2004 - Plenário. Relator: Ministro Adilson Motta. **Diário Oficial da União [da] República Federativa do Brasil**, Brasília, DF, 16 jul. 2004.

b) TCU orientou: "[...] discrimine, nos futuros processos de dispensa de licitação, a vinculação orçamentária das despesas em análise [...]." BRASIL. Tribunal de Contas da União. Processo nº 002.603/2005-5. Acórdão nº 965/2006 - 2ª Câmara. **Diário Oficial da União [da] República Federativa do Brasil**, Brasília, DF, 28 abr. 2006, seção 1, p. 160.

[1292] Publicada no Diário Oficial [da] República Federativa do Brasil, Brasília, DF, 01 fev. 1999. Seção 1, p. 1. Neste ponto, embora os processos licitatórios sigam regras próprias, por força do art. 69 desse mesmo diploma legal, a regra transcrita sobre parecer pode ser aplicada por analogia. De qualquer modo, embora no mérito de parecer técnico não possa a autoridade administrativa interferir, na definição de prazos, pode.

emissão de pareceres e responsabiliza aqueles que se omitirem do dever funcional.[1293]

A seguir examinam-se os principais elementos do processo de interesse do tema em questão:

1. da dispensa ou inexigibilidade;
2. da escolha do fornecedor;
3. do preço contratado;
4. da comunicação à autoridade superior;
5. da ratificação da dispensa ou inexigibilidade; e
6. da publicação da decisão.

4. A instrução do processo

No *caput* do art. 26, combinado com o respectivo parágrafo único, vislumbra-se que a instrução do procedimento de dispensa e inexigibilidade de licitação deve ser elaborada com a justificativa da situação que a ensejou, da escolha do fornecedor e do preço contratado.[1294]

Em princípio, a instrução do processo compete à autoridade que normalmente autoriza a contratação e à sua equipe, podendo, ainda, tal tarefa contar com a participação do órgão técnico ou jurídico da unidade.

A lei não esclarece qual é o órgão competente para instruir o processo de dispensa ou inexigibilidade, nem qual é a autoridade competente para a ratificação do ato, contentando-se em exigir parecer técnico ou jurídico no inc. VI do art. 38. A única vez em que a lei enfrentou a questão de definir a autoridade para a prática de um ato foi no art. 87, § 3º, quando se referiu ao agente capaz para aplicação da penalidade de declaração de inidoneidade. Em

---

[1293] Pela clareza do texto legal, optaremos, aqui, pela transcrição do mesmo: "Art. 42. Quando deva ser obrigatoriamente um órgão consultivo, o parecer deverá ser emitido no prazo máximo de quinze dias, salvo norma especial ou comprovada necessidade de maior prazo. § 1º Se um parecer obrigatório e vinculante deixar de ser emitido no prazo fixado, o processo não terá seguimento até a respectiva apresentação, responsabilizando-se quem der causa ao atraso. § 2º Se um parecer obrigatório e não vinculante deixar de ser emitido no prazo fixado, o processo poderá ter prosseguimento e ser decidido com sua dispensa, sem prejuízo da responsabilidade de quem se omitiu no atendimento." BRASIL. Lei nº 9.784, de 29 de janeiro de 1999. Regula o processo administrativo no âmbito da Administração Pública Federal. **Diário Oficial [da] República Federativa do Brasil**, Brasília, DF, 1º fev. 1999 e republicado em 11 mar. 1999.

[1294] a) O TCDF, rejeitando recurso do Ministério Público que pretendia que na contratação direta fosse exigido o cumprimento dos artigos 27 a 31, só precisa atender o disposto no art. 26. DISTRITO FEDERAL. Tribunal de Contas. Processo nº 2996/96. Decisão nº 7.243/1997.

b) O TCDF está certo. Além disso, determinou que se exigisse previamente das contratadas a comprovação de quitação com a Seguridade Social e o FGTS, em consonância com o previsto nos art.s 195, § 3º, da Constituição Federal.

todos os demais casos, a questão deve ser resolvida mediante consulta aos regulamentos dos órgãos; se omissos, recomenda-se que a decisão seja adotada pela autoridade responsável pela definição dos procedimentos licitatórios e, na ausência de estruturação de órgão próprio para essa atividade, pelo responsável pela assinatura dos contratos. A autoridade para ratificação da decisão de dispensa ou inexigibilidade de licitação é a imediatamente superior.

4.1. formalidades

Iniciando-se o processo com a manifestação de um órgão no sentido de promover alguma contratação, os autos seguirão para obter a autorização para o desencadeamento do processo de contratação com a descrição sucinta do objeto, da estimativa de preço e da declaração pelo órgão orçamentário-financeiro da existência de recursos.[1295]

Procedendo-se desse modo, várias e difíceis situações serão obviadas no decurso do processo, além de representar o pontual acatamento da lei.

Na descrição do objeto, pela área técnica que o necessita, poderá ser incluída característica restritiva da competitividade, vedada pelo art. 3º, § 1º, da Lei nº 8.666/1993, fato que será apreciado e coibido pela autoridade encarregada de decidir ou, então, justificado em parecer.

É recomendável, porém, que esse documento, pela extrema importância de que se reveste, conte com a participação do corpo técnico que pretende induzir a contratação direta, além de merecer a oitiva da unidade jurídica respectiva.

[1295] a) Uma boa solução para que a Administração não perca tempo até o recebimento dos recursos é realização da pré-qualificação. Neste sentido já pronunciou-se o TRF da 5ª Região: tratando de licitação de grande vulto, nada existe em contrário de se expedir, de modo isolado, o edital de pré-qualificação e, logo a seguir, o edital geral. BRASIL. Tribunal Regional Federal da 5ª Região. Processo AMS nº 526296 - 2ª Turma. Relator: Juiz José Delgado. **Diário da Justiça [da] República Federativa do Brasil**, Brasília, DF, 30 set. 1993.

b) Admite-se como regular também a indicação de que os recursos foram inseridos na proposta orçamentária quando esta ainda não estava aprovada.

c) Restou comprovado que o TST utilizou recursos destinados a outros programas, para realizar despesas com as obras do edifício-sede do Tribunal, contrariando normas legais. O TCU firmou o entendimento de que a aplicação indevida de dotações orçamentárias constitui grave irregularidade administrativa, sujeitando o responsável às penalidades previstas na Lei nº 8.443/92, sem prejuízo de adoção das demais medidas cabíveis ao caso (art. 315 do Código Penal). Não aplicou multa. BRASIL. Tribunal de Contas da União. Processo nº TC-925.718/98-0. Decisão nº 412/1999 - Plenário. Relator: Ministro Adhemar Paladini Ghisi. **Diário Oficial da União [da] República Federativa do Brasil**, Brasília, DF, de 19 jul. 1999. Seção 1, p. 50.

d) Pela Lei de Responsabilidade Fiscal (art. 16, inciso II, c/c § 4º da Lei Complementar nº 101, de 04 maio 2000) é imprescindível a declaração do ordenador de despesa de que a despesa tem adequação orçamentária e financeira com a Lei Orçamentária Anual e compatibilidade com o Plano Plurianual e Lei de Diretrizes Orçamentárias.

Em se tratando de obras e serviços deve ser formalizado em um projeto básico. Abre-se exceção somente para:

a) treinamento aberto, porque o objeto é definido pelo futuro contratado;
b) contratações emergenciais em que seja impossível o gasto de tempo para elaboração do projeto sem que ocorra o agravamento do dano. Exemplo disso foi a contratação de escoras para impedir a queda de uma caixa d'água que durante a noite sofreu inclinação acentuada para o lado, em razão de recalque do solo.

Nos estritos termos legais, a interpretação mais rigorosa demonstra ser necessário apenas um ou outro para subsidiar a deliberação pela contratação direta. Obter os dois, ou fazer registro da manifestação do corpo técnico, ratificando ou embasando a decisão pela contratação direta, constituem cautelas que o dirigente do órgão pode adotar, aliás, em seu próprio benefício.

As peças dos autos que justificam a contratação direta, como as demais do processo, são numeradas e rubricadas e, quando viável, inseridas nos autos mediante "termo de juntada".[1296]

Por várias vezes o TCU tem determinado, de modo abrangente a organização dos documentos da instrução, sendo elucidativo este acórdão:

> "cumpra, nas aquisições de bens ou serviços, os mandamentos da Lei n.º 8.666/93, em especial art. 7º, inciso I, art. 14, art. 26, parágrafo único, incisos II e III, e art. 29, incisos III e IV, art. 54, § 2º, *in fine*, cuidando para que os processos de dispensa de licitação contenham os seguintes elementos: 9.5.1.1. projeto básico para o serviço a ser executado; 9.5.1.2. indicação dos recursos necessários à cobertura das despesas; 9.5.1.3. razão da escolha do fornecedor ou executante; 9.5.1.4. justificativa do preço contratado; 9.5.1.5. prova, por parte do contratado, de regularidade relativa a tributos federais, à Seguridade Social e ao Fundo de Garantia por Tempo de Serviço (FGTS), demonstrando situação regular no cumprimento dos encargos sociais instituídos por lei". (Acordão nº 2545/2008 – TCU – 1ª câmara Processo TC 015.394/2006-9.)

[1296] O Tribunal de Contas da União, no Processo nº TC-450.056/95-3 que gerou a Decisão nº 208/1995 - Plenário, faz recomendação sobre a necessidade de numeração de folhas e autuação do processo. **No mesmo sentido**: Processo nº TC-003.261/2002-7. Acórdão nº 2.582/2005 - 1º Câmara. Relator: Ministro Augusto Nardes. **Diário Oficial da União [da] República Federativa do Brasil**, Brasília, DF, 28 out. 2005. Seção 1.

4.1.1. formalidades e controle

É o atendimento das formalidades previstas em lei para a contratação direta que faz o processo merecer o veredito da regularidade quando submetido a auditoria do controle interno ou do Tribunal de Contas.

Os órgãos de controle atuam nesse tipo de processo mediante iniciativa própria, ou *ex officio*, selecionando por amostragem o processo. A seleção da amostragem pode ser por simples sorteio ou matriz de risco.[1297] A atuação pode ocorrer, porém, de provocação externa, como denúncia.

O resultado desse exame pode ter consequências:

a) meramente administrativas – como a decisão pela regularidade, pela irregularidade e aplicação de multa, ou a ordem para instaurar Tomada de Contas Especial - TCE;[1298]

b) administrativas e políticas – além das referidas anteriormente, pode o fato, se praticado com a participação direta do titular do poder, implicar a irregularidade das contas com parecer pela rejeição e até a inelegibilidade;[1299]

c) criminais – na forma do art. 89 da Lei nº 8.666/1993.

Pode ocorrer ainda o reflexo positivo nas demais esferas. Em princípio, as instâncias administrativa e penal são independentes, e, por isso, o exame das contas pelo Tribunal de Contas "não obsta a persecução penal".[1300] Há, porém, decisões divergentes, em que o próprio STJ, decidiu por trancar ação penal na

---

[1297] Para saber mais sobre matriz de risco consulte:

CROUHY, Michel; GALAI, Dan & MARK, Robert. **Gerenciamento de Risco: Abordagem Conceitual e Prática: Uma Visão Integrada dos Riscos de Crédito, Operacional e de Mercado**. Rio de Janeiro: Qualitymark, São Paulo: SERASA, 2004

BAHIA. Tribunal de Contas dos Municípios do Estado da Bahia – TCM/BA. **Matriz de Risco como fonte estratégica na auditoria de municípios Disponível em:** www.tcm.ba.gov.br/docs/**matrizrisco**.ppt. Acesso em: 26 jan. 2011.

[1298] Para saber mais sobre TCE, consulte: JACOBY FERNANDES, Jorge Ulisses. **Tomada de Contas Especial**: Processo e Procedimento na Administração Pública e nos Tribunais de Contas. 4ª ed., rev., atual., e ampl. Belo Horizonte: Fórum, 2009.

[1299] BRASIL. Lei Complementar nº 64, de 18 de maio de 1990. Estabelece, de acordo com o art. 14, § 9º da Constituição Federal, casos de inelegibilidade, prazos de cessação, e determina outras providências. **Diário Oficial [da] República Federativa do Brasil**, Brasília, DF, 21 maio 1990. "Art. 1º São inelegíveis: I - para qualquer cargo: [...] g) os que tiverem suas contas relativas ao exercício de cargos ou funções públicas rejeitadas por irregularidade insanável que configure ato doloso de improbidade administrativa, e por decisão irrecorrível do órgão competente, salvo se esta houver sido suspensa ou anulada pelo Poder Judiciário, para as eleições que se realizarem nos 8 (oito) anos seguintes, contados a partir da data da decisão, aplicando-se o disposto no inciso II do art. 71 da Constituição Federal, a todos os ordenadores de despesa, sem exclusão de mandatários que houverem agido nessa condição;" (Redação dada pela Lei Complementar nº 135, de 2010)

[1300] BRASIL. Superior Tribunal de Justiça. Processo HC 34506/RS. Relatora: Ministra Laurita Vaz. **Diário da Justiça [da] República Federativa do Brasil**, Brasília, DF, 30 ago. 2004.

hipótese de análise específica de operação licitatória cujas contas foram aprovadas pelo Tribunal de Contas.[1301]

4.2. conteúdo

Em que consistem as justificativas a que a Lei nº 8.666/1993, nos arts. 26, *caput* e respectivos incisos, e 38, inciso VI, se refere?

É um documento em que a Administração explicita as razões da contratação direta, demonstrando a ocorrência de todos os requisitos exigidos pela lei para que o órgão possa contratar diretamente, além de evidenciar os motivos da escolha do fornecedor ou executante e explicitar a justificativa do preço contratado.

Assim, o conteúdo varia conforme o caso em que se fundamenta, ficando sempre demonstrada a ocorrência de todos, sempre todos, os requisitos legais. Mais do que isso, deve o administrador evidenciar, demonstrar que foi diligente no trato do erário e está atento ao interesse público, porque a licitação, tradicionalmente, é o procedimento por meio do qual a Administração busca selecionar o interessado que apresente a proposta mais vantajosa para o futuro contrato de seu interesse. Como a "proposta mais vantajosa" é o objetivo da licitação, quando o administrador decide deixar de realizar a licitação, atrai para si a presunção *juris tantum* de que abandonou a busca da proposta mais vantajosa. Caber-lhe-á, portanto, demonstrar cabalmente contra a presunção legal para atender ao ônus da prova.[1302]

4.3. parecer técnico ou jurídico

A lei define que o processo de dispensa ou inexigibilidade deve ser instruído com parecer técnico ou jurídico. A regra impõe alternativamente os pareceres e não é possível a qualquer órgão de controle exigir que constem ambos do processo. No entanto, a autoridade que decidirá pela contratação direta deve conhecer as vantagens de ter ambas manifestações técnicas.

Quais as funções dos pareceres técnicos e do jurídico?

O parecer técnico volta-se à definição do objeto, análise do mercado ofertante e custo ou preço da futura contratação; o jurídico é, normalmente,

[1301] BRASIL. Superior Tribunal de Justiça. Processo HC 88370/RS. Relator: Ministro Napoleão Maia. **Diário da Justiça [da] República Federativa do Brasil,** Brasília, DF, 28 out. 2008.

[1302] Quando os autos não têm os documentos exigidos no parágrafo único do art. 26, a praxe no TCDF é pedi-los ao órgão de origem, ao invés de punir. DISTRITO FEDERAL. Tribunal de Contas. Processo nº 6.547/1994. Decisão nº 3.234/1995, de 04 abril de 1998. Disponível em: http://www.tc.df.gov.br. Acesso em 26 jan. 2011.

verificador dos elementos dos autos para analisar a aderência dos fatos à norma. Eis porque são complementares.

Indaga-se, com frequência, o motivo que levou o legislador a inserir a alternância se numa visão mais ampla do *inter* processual vislumbra-se a complementaridade? É que o processo de contratação direta, como qualquer processo, é um meio em relação ao fim – no caso idêntico à licitação – obter a proposta mais vantajosa. Por esse motivo, só no caso concreto, avaliado discricionariamente pelo gestor, em função da complexidade do caso, volume de recursos envolvidos, é que será definido qual o melhor parecer para instruir os autos. Não é raro que o princípio da economicidade na ação do controle tão bem definido no art. 14 do Decreto-Lei nº 200/67 seja olvidado, passando-se a impor um custo de instrução processual superior a vantagem da aquisição.

Diante do caso concreto, cabe à autoridade que decidirá pela contratação se definir pela existência de um só parecer – técnico ou jurídico – devendo, na fundamentação de sua decisão, complementar com os elementos do parecer faltante.

4.3.1. parecer técnico

A função do parecer técnico é:

a) em relação ao objeto:
   - justificar as características restritivas à competição;
   - evidenciar a necessidade da contratação.

b) em relação ao fornecedor ou prestador do serviço:
   - justificar os motivos que restringem a competição, de forma impessoal.

c) em relação ao preço, justificar a compatibilidade com os praticados no âmbito dos órgãos e entidades da Administração Pública, e, se for exigido pelo dispositivo – art. 24, VIII, por exemplo – a compatibilidade com o mercado.

Em cada um dos casos de contratação direta admitidos pela Lei tratados neste livro foi destacado um subtítulo com os *requisitos* que amparam a dispensa ou a inexigibilidade. Caberá ao parecer técnico demonstrar o fiel atendimento dos requisitos.

4.3.2. parecer jurídico

Em preliminar, é de todo conveniente que o parecer jurídico circunstancie os limites do exame que procede, ressalvando expressamente as searas técnicas e econômicas da manifestação.

Como dito, caberá ao parecer jurídico indicar a norma, verificar a existência dos documentos que fundamentam os autos e indicar doutrina e jurisprudência, se houver, para assegurar a razoabilidade da tese que abraça. No âmbito da estrita legalidade e da inversão da presunção de legitimidade que o art. 113 da Lei nº 8666/1993 impôs aos que operam licitação e contratos, o parecer jurídico constrói o alicerce jurídico da motivação.

A jurisprudência do TCU tem entendido que se o parecer jurídico:

a) tese inaugurada com brilhante voto do Ministro Ivan Luz sustenta que, quando o administrador age com base em parecer jurídico bem fundamentado que adota tese juridicamente razoável, em princípio, não pode ser condenado;
b) a liberdade de gestão não está fora da ação do controle, que deve guiar-se também pelo princípio da razoabilidade. Em relação, por exemplo, a acordo judicial submetido a exame do TCU, concluiu este que ficou demonstrada a pouca possibilidade de êxito, ensejando, pois, julgamento pela regularidade. Asseverou, no caso, o relator, que a avaliação jurídica realizada à época apontava reduzidas possibilidades de sucesso dos recursos interpostos pela Companhia, em virtude de decisões pretéritas similares, prolatadas pelo Poder Judiciário;
c) mesmo quando se trata de parecer encomendado pela Administração Pública, os órgãos de controle procedem ao exame da tese sustentada, em respeito à possibilidade de interpretações divergentes. Por outro lado, os órgãos de controle não estão obrigados a acolher a tese, mesmo que subscrita por nomes de expressão;
d) o Tribunal de Contas da União tem por regra não penalizar o agente quando adota, em questão ainda não definida em sua jurisprudência, tese juridicamente *razoável*.

Em coerência com a jurisprudência, o Ministro Walton Alencar, ao analisar a regularidade de contratos em prestação de contas, discordando da unidade técnica, entendeu que não cabe a responsabilização do Chefe do Departamento Jurídico, uma vez que as situações apresentadas àquele dirigente justificavam o uso da dispensa de licitação:

> A respeito desse item, não cabe a responsabilização do chefe do Departamento Jurídico da [...]. As situações apresentadas a ele de fato justificavam o uso da dispensa de licitação. Ainda que o excessivo número de contratos firmados com dispensa de licitação sob a justificativa de contratação emergencial fosse indicativo de que havia falhas no

> planejamento da empresa, podendo o parecerista alertar sobre o problema, tal omissão não é suficientemente grave a ponto de culminar em sua responsabilização pela falha ocorrida. O mesmo raciocínio é válido para o Superintende da [...]. Embora lhe coubesse decidir sobre a oportunidade e a conveniência das contrações diretas, por meio de delegação de competência do presidente da empresa, não há informações nos autos de que teria responsabilidade sobre as falhas de planejamento que acabaram por resultar na contração emergencial com ausência de licitação. Cabe, contudo, determinação corretiva à [...] para que inicie os procedimentos licitatórios em tempo hábil para a substituição tempestiva dos contratos vincendos, de forma a evitar as contratações emergenciais com dispensa de licitação [...].[1303]

Contudo, o Supremo Tribunal Federal, em sentido contrário, decidiu que o Tribunal de Contas da União não tem competência para responsabilizar, solidariamente com o administrador, advogados de empresas públicas por atos praticados no regular exercício de sua atividade, porquanto os pareceres técnico-jurídicos não constituem atos decisórios. Com esse entendimento, o Tribunal deferiu mandado de segurança contra ato do Tribunal de Contas da União que, realizando inspeção na Petrobrás, determinara a inclusão dos impetrantes, advogados, como responsáveis solidários dos administradores em virtude da emissão de parecer favorável à contratação direta, sem licitação, de empresa de consultoria internacional.[1304]

Mesmo havendo dúvidas sobre a extensão do limite dessa responsabilidade, alguns contornos podem ser melhor definidos:

a) a aprovação do edital, nos termos do art. 38, parágrafo único, da Lei nº 8.666/1993 é ato decisório; implica em corresponsabilidade e agravamento da infração;
b) o parecer sobre dispensa e inexigibilidade, nos termos do art. 38, inc. VI, e ato técnico opinativo e gera corresponsabilidade;

1303 BRASIL. Tribunal de Contas da União. Processo nº TC-013.359/2005-2. Acórdão nº 7070/2010 - 1ª Câmara. Relator: Ministro Walton Alencar Rodrigues. Brasília, DF, 26 de out. de 2010. **Diário Oficial da União [da] República Federativa do Brasil,** Brasília, DF, 4 nov. 2010. Seção 1.

1304 BRASIL. Supremo Tribunal Federal. Processo MS nº 24073-DF - Plenário. Relator: Ministro Carlos Velloso. **Diário da Justiça [da] República Federativa do Brasil**, Brasília, DF, 31 out. 2003.

c) os órgãos de controle externo não podem imputar responsabilidade a quem defende tese juridicamente razoável[1305];

d) o órgão jurídico não pode sustentar ato contra expressa disposição de Lei.[1306]

Por fim, cabe lembrar que, se a autoridade divergir dos pareceres técnicos e jurídicos, a motivação deve ser inserida nos autos.[1307]

5. Justificativa da contratação direta

No *caput* do art. 26, estabelece a Lei nº 8.666/1993 que "as dispensas previstas nos §§ 2º e 4º do art. 17 e inciso III e seguintes do art. 24,[1308] as situações de inexigibilidades referidas no art. 25, necessariamente justificadas, [...]".

É a efetivação normativa do princípio da motivação dos atos administrativos que dia a dia se firma no Direito Administrativo, como norma que há muito era reclamada pela doutrina.

Também a Lei nº 9.784/1998, que trata do Processo Administrativo, na esfera federal, estabelece, no art. 50, inciso IV, que os atos administrativos

---

[1305] Sobre esse assunto consulte: JACOBY FERNANDES, Jorge Ulisses. **Tribunais de Contas do Brasil:** Jurisdição e Competência. 2 ed. Belo Horizonte: Fórum, 2008

[1306] TCU verificou: "[...] Os responsáveis alegaram que com fulcro no art. 18 da Lei nº 5.194/66, entendem que a revisão e a atualização do projeto somente poderia ser realizada pelo autor do projeto original, com vistas a garantir o direito autoral e a responsabilidade técnica do autor pelo trabalho; além disso, o autor do projeto seria o mais capacitado para proceder às alterações no trabalho original. [...] Como bem demonstra a unidade técnica, esse argumento é insustentável. O próprio Estatuto da Advocacia, citado pelos procuradores, regula, em seu art. 34, as infrações disciplinares que podem ser cometidas pelos advogados, entre as quais estão 'IV - advogar contra literal disposição de lei [...];' e 'XIV - deturpar o teor de dispositivo de lei, de citação doutrinária ou de julgado [...]'. [...] TCU julgou irregular: Quanto ao primeiro ponto, a Lei 8.666/93 dispõe, expressamente, no art. 111, que 'a Administração só poderá contratar, pagar, premiar ou receber projeto [...] desde que o autor ceda os direitos patrimoniais a ele relativos [...].' O autor é terminantemente obrigado a ceder os direitos do projeto à Administração, que, tendo necessidade de alterá-lo, está autorizada a contratar com terceiro, hipótese em que este passa a ser responsável pelas alterações introduzidas, como bem e logicamente expôs a unidade técnica. [...] Obedecidos os demais requisitos legais, como o prazo de vigência do contrato, poder-se-ia admitir a contratação do autor do projeto original, para realizar-lhe a atualização, no caso de o seu valor não ultrapassar 25% do valor do contrato original, conforme dispõe o art. 65, §§ 1º e 2º, da Lei 8.666/93. No entanto, sendo o valor da atualização muito maior do que o valor do contrato original, a lei não admite tal hipótese. Não há, portanto, base legal e é inteiramente improcedente o argumento do DNER. [...]." BRASIL. Tribunal de Contas da União. Processo nº TC-009.580/1999-9. Acórdão nº 190/2001 - Plenário. Relator: Ministro Walton Alencar Rodrigues. **Diário Oficial [da] República Federativa do Brasil**, Brasília, DF, 5 set. 2001, Seção 1.

[1307] Nesse sentido: BRASIL. Tribunal de Contas da União. Processo nº TC- 012.201/2006-0. Acórdão 128/2009 - 2ª Câmara. Relator: Ministro Marcos Bemquerer Costa. **Diário Oficial da União [da] República Federativa do Brasil**, Brasília, DF, 06 fev. 2009, seção 1.

[1308] Redação dada pela Lei nº 11.107/2005, que dispõe sobre as normas gerais de contratação de consórcios públicos e dá outras providências.

deverão ser motivados, com indicação dos fatos e dos fundamentos jurídicos, quando dispensem ou declarem a inexigibilidade de processo licitatório.[1309]

Hely Lopes Meirelles, amparado em Bielsa, esclarece que:

> por princípio, as decisões administrativas devem ser motivadas formalmente, vale dizer que a parte dispositiva deve vir precedida de uma explicação ou exposição dos fundamentos de fato (motivos-pressupostos) e de direito (motivos-determinantes da lei).[1310]

A "transparência"[1311] que a sociedade reclama do processo decisório administrativo[1312] é traduzida juridicamente como o dever de fundamentar as decisões, demonstrando o elo que une a prática do ato ao interesse público mediato ou imediato. Quando a finalidade do ato não se encontra nos parâmetros precitados, impõe-se sua anulação por desvio de finalidade, que é a outra face da motivação.

O próprio STF manifestou-se sobre a importância da justificativa da contratação quando um município procedeu à terceirização de serviços sem o competente processo licitatório e sem justificar o ato. Entendeu que a lesividade ao erário público decorre da própria ilegalidade do ato praticado.[1313]

A justificativa é elemento essencial à prática dos atos, não se restringindo aos casos citados expressamente no *caput* do art. 26.[1314]

Quando a descrição do objeto for relevante para definir a contratação direta, deverá ainda ser registrado que as características restritivas da licitação são necessárias e indispensáveis ao atendimento do interesse público.[1315]

1309 A propósito, já foi suscitado que essa norma teria generalizado o comando do art. 26 da Lei nº 8.666/1993 passando a exigir motivação em todos os casos de contratação direta. Tal interpretação pode ser considerada se for coordenada com os princípios gerais do Direito Administrativo, entre os quais o da economicidade, da razoabilidade e da eficiência. Assim, é compatível com esses princípios a interpretação que exige do agente uma motivação, singela, abreviada, expedita, tópica; é, contudo, incompatível com esses mesmos princípios a interpretação que exige motivação detalhada, circunstanciada ou acompanhada de provas onerosas, volumosas ou de lenta produção.

1310 MEIRELLES, Hely Lopes. **Direito Administrativo Brasileiro**. 32ª ed. atualizada. São Paulo: Malheiros, 2006, p. 100.

1311 Vide http://www.portaldatranparencia.gov.br.

1312 A propósito, consulte: FIGUEIREDO, Lúcia Valle. **Direito dos Licitantes**. São Paulo: Revista dos Tribunais, ano 1991, p. 93.

1313 BRASIL. Supremo Tribunal Federal. Processo RE nº 160381/SP. Relator: Ministro Marco Aurélio. **Diário da Justiça [da] República Federativa do Brasil**, Brasília, DF, 12 ago. 1994. Seção 1, p. 20052.

1314 Consulte a propósito o subtítulo 7.3 a seguir, para os incisos I e II do art. 24.

1315 Neste sentido, dispõe a Lei de Licitações, no art. 3º, pois, na medida em que veda restrições à competitividade, impõe à Administração o ônus da prova da legalidade, na forma do art. 113.

Além das razões, devem integrar a justificativa os documentos em que o administrador se baseou para firmar sua convicção e, se já integrantes dos autos, fazer referência às páginas onde se encontram.

Nos comentários deste livro, as diversas hipóteses de dispensa e inexigibilidade de licitação foram examinadas em tópico separado, bem como os requisitos que caracterizam a possibilidade de regular a contratação direta. É, pois, imperioso que a justificativa evidencie todos os requisitos necessários à caracterização da situação que o legislador erigiu como condição *sine qua non* à contratação direta.

Cabe asserir que o *caput* do art. 26 estabelece o comando geral, no sentido de que as dispensas elencadas nos arts. 17, §§ 2º e 4º, 24, incisos III em diante, e as inexigibilidades do art. 25 sejam necessariamente justificadas e, no inciso I do parágrafo único do art. 26, manda instruir os processos com a "caracterização da situação emergencial ou calamitosa que justifique a dispensa, quando for o caso", levando os mais apressados intérpretes à ideia de que se trata de repetição do comando anterior inserido no *caput* do artigo.

Não é, porém, o que ocorre. O legislador enfatizou parcialmente os requisitos do inciso IV do art. 24 pela necessidade de que sejam evidenciados também os fatos que normalmente ficam como notórios em uma comunidade, mas, com o tempo ou num amplo contexto, deixam de ser perceptíveis. Mesmo numa situação emergencial, deve o administrador evidenciar os motivos do seu convencimento pela necessidade da contratação direta, não podendo limitar-se à declaração de que há uma emergência ou calamidade, devendo caracterizá-la. Aliás, como visto, a lei não se satisfaz com a demonstração dos elementos apontados no inciso I do parágrafo único do art. 26 da Lei nº 8.666/1993, pois há outros requisitos inafastáveis a serem observados.[1316]

6. Justificativa da escolha do contratado

No inciso II do parágrafo único do art. 26, estabeleceu o legislador que o processo de dispensa ou inexigibilidade deve ser instruído com a razão da escolha do fornecedor ou executante.[1317]

[1316] Vide capítulo 5, subtítulo 5, em que é comentado o disposto no art. 24, inciso IV, da Lei nº 8.666/93.

[1317] Eis alguns parâmetros orientadores colhidos da jurisprudência:

a) confirmando a literalidade da norma, exigindo a justificativa. BRASIL. Tribunal de Contas da União. Processo nº TC-825.125/96-0. Acórdão nº 584/1997 – 1ª Câmara. Relator: Ministro Marcos Vinicios Vilaça. **Diário Oficial [da] República Federativa do Brasil**, Brasília, DF, 12 dez. 1997. Seção 1, p. 29852. **No mesmo sentido**: Processo nº 525.127/1996-8. Decisão nº 820/1997 - Plenário e Processo nº 010.037/2002-0. Decisão nº 1.140/2002 - Plenário.

Haverá casos em que a licitação será dispensada ou inexigível, em razão direta da pessoa do contratado como sói acontecer nos casos referidos nos incisos VIII, X, XI, XIII, XVI, XX, XXII, XXIII e XXIV do art. 24, quando é a peculiar condição do agente que autoriza a contratação direta, desde que atendidos os demais requisitos da lei. Nessa hipótese, haverá íntima relação entre a justificativa da situação geradora da dispensa ou inexigibilidade de licitação e o atendimento da instrução, explicitando as razões de escolha do fornecedor.

Em outras hipóteses, porém, evidenciada a situação que autoriza a contratação direta, mostrar-se-á ainda imperioso que sejam explicitadas as razões que levaram a contratar determinado profissional ou empresa. Assim ocorre, *v.g.*, nas hipóteses III, IV, V, VI, VII, IX, XII e XVIII do art. 24 e 25 inciso II, em que, mesmo caracterizada a situação de dispensa ou inexigibilidade de licitação, restará certa margem de subjetivismo para o administrador escolher quem contratar. É justamente nessa justificativa que se pode avaliar a correção do procedimento do agente público, seu discernimento elevado, sua aptidão para gerir interesses públicos.

Para essas justificativas são admissíveis motivos ou razões que, se incluídas em um ato convocatório, ensejariam sua nulidade. É o caso, por exemplo, da justificativa para escolha do fornecedor que se faz pela proximidade do mesmo com a comunidade afetada pela emergência. Enquanto em condições normais não poderia o administrador pautar-se pela localidade da sede do estabelecimento do contratado para promover a contratação, ou mesmo incluir essa condição para a habilitação no processo licitatório, ou decisão, em caso de empate, aqui ela pode ser erigida como critério para escolha de um entre vários possíveis fornecedores para a contratação direta, desde que a localização geográfica possa contribuir para a rapidez no atendimento das pessoas em situação de risco ou minorar-lhes o sofrimento.

Pode, também, prevalecer o interesse em diversificar os vendedores, no caso de aquisição de hortifrutigranjeiros prevista no inciso XII, para

---

b) considerando ilegal o ato da dispensa, pela ausência dessa justificativa. BRASIL. Tribunal de Contas da União. Processo nº TC-825.028/95-7. Decisão nº 35/1996 - 1º Câmara. Relator: Ministro Umberto Guimarães Souto. **Diário Oficial [da] República Federativa do Brasil**, Brasília, DF, 18 mar. 1996, p. 4574.

c) multando gestor que escolhe empresa punida por inadimplência. BRASIL. Tribunal de Contas da União. Processo nº TC-006.340/2000-0. Acórdão nº 1.170/2004 - Plenário. Relator: Ministro Guilherme Palmeira. **Diário Oficial da União [da] República Federativa do Brasil**, Brasília, DF, 20 ago. 2004. Seção 1.

d) recomendando que restrinja a subjetividade da escolha. BRASIL. Tribunal de Contas da União. Processo nº TC-007.307/2003-4. Acórdão nº 837/2004 - Plenário. Relator: Ministro Ubiratan Aguiar. **Diário Oficial da União [da] República Federativa do Brasil**, Brasília, DF, 8 jul. 2004. Seção 1.

preservação do princípio da isonomia entre os feirantes, fato também não permitido em atos convocatórios.

Outra hipótese interessante vislumbra-se no caso referido no inciso XIX do art. 24, em que pode estar subjacente o interesse de repartições militares federais em capacitar indústrias nacionais para eventual esforço de guerra, na medida em que desenvolvem o projeto de um veículo blindado, por exemplo, e o encomendam a uma indústria do Rio Grande do Sul, outra de Minas Gerais, outra de Cuiabá, outra de Rondônia, outra de Fortaleza, criando, em vários pontos do território nacional, unidades de apoio logístico para mobilização nacional. Esse é um caso em que a justificativa da escolha do fornecedor ou executante se sobrepõe à justificativa de preço, vez que, na verdade, estará subsidiando a indústria nacional para a defesa e equipagem das forças militares.

O atendimento dessa exigência, por exemplo, constitui ponto angular da declaração de inexigibilidade, com supedâneo no art. 25, incisos I, II e III, da Lei nº 8.666/1993.

A possibilidade de dispensar a licitação não autoriza a contratação do licitante fora do seu ramo de atividade. Nesse sentido, o TCU recomenda que se "verifique, tanto nas licitações como em suas dispensas e inexigibilidades, se o ramo da atividade da empresa licitante ou se a finalidade da instituição sem fins lucrativos é compatível com o objeto a ser contratado".[1318]

Como regra, ainda, deve ser observado que a escolha não pode ser realizada:

a) com ofensa ao princípio da moralidade administrativa;
b) com inobservância do disposto no art. 9º da Lei nº 8.666/1993;
c) no caso dos órgãos do Poder Judiciário devem ser observadas as vedações da Resolução nº 7 do Conselho Nacional de Justiça.

Quando, porém, o mercado fornecedor é restrito, o princípio da impessoalidade pode ceder espaço ao princípio da continuidade do serviço público, tal como ocorre em que um município distante de outros só tem um posto de gasolina, cujo proprietário é o próprio prefeito.[1319]

[1318] BRASIL. Tribunal de Contas da União. Processo nº TC-010.055/2003-7. Acórdão nº 2505/2006 - 2ª Câmara. **Diário Oficial da União [da] República Federativa do Brasil**, Brasília, DF, 8 set. 2006, p. 119.

[1319] Vide comentário sobre mercados restritos e contratação de parente de Prefeito nos comentários ao art. 24, II, capítulo 5, subtítulo 3.4.

7. Justificativa do preço

É sempre importante notar que todas as contratações devem apresentar a justificativa de preço do contrato.[1320]

Sendo a base nas licitações a busca da proposta mais vantajosa e o tipo,[1321] como regra geral, o menor preço, se o administrador elencar no processo os preços encontrados e contratar o menor, será dispensável justificar a razão da escolha do contratado.

7.1. planilha de custos

Antes de proceder a qualquer contratação, a Administração deverá conhecer o preço[1322] por estimativa a fim de separar os recursos orçamentários necessários à execução.

O prévio conhecimento do valor a ser despendido constitui dever inafastável, há muito tempo consagrado na legislação pátria e reiterado em vários dispositivos da Lei nº 8.666/1993.[1323]

[1320] a) independentemente do valor é obrigatória a justificativa, a ratificação e a publicação, conforme art. 26 da Lei nº 8.666/93. Mensagem CONED/STN nº 586.147, de 07 de julho de 1994 - dispensa inexigibilidade de licitação - publicidade. Interessado: ADR Cuiabá/MT.

b) no processo nº 7.904/1996 perante o Tribunal de Contas do Distrito Federal, em sede de recurso, propusemos que aquela Corte firmasse entendimento no sentido de que não era obrigatório juntar três propostas para justificar preço no caso de inexigibilidade.

c) às vezes, é fato, o custo da publicação supera o valor da contratação. Por isso, temos envidado esforços no sentido de que a Lei nº 8.666/93 seja alterada para determinar a publicação da contratação direta sem licitação apenas em valor superior ao do inciso II do art. 24. Até que tal ocorra, é obrigatória a publicação sob as penas do art. 89, da Lei nº 8.666/1993.

[1321] Vide arts. 45, § 1º, e 46, *caput*, da Lei nº 8.666/1993. Diferentemente, porém, se a contratação direta puder ser enquadrada nos incisos I ou II e em outros incisos do art. 24 ou no art. 25, a jurisprudência em conformidade, com as lições desta obra, firmou-se por dispensar a publicação. Neste sentido: BRASIL. Tribunal de Contas da União. Processo nº TC-019.967/2005-4. Acórdão nº 1336/2006 - Plenário. Relator: Ministro Ubiratan Aguiar. **Diário Oficial da União [da] República Federativa do Brasil**, Brasília, DF, 7 ago. 2006. Seção 1.

[1322] a) O TCU recomendou, quando da realização de licitações, ou mesmo nos casos de dispensa e de inexigibilidade, a apresentação de orçamentos detalhados em planilhas que expressem a composição dos custos unitários de cada item do objeto. BRASIL. Tribunal de Contas da União. Processo nº TC-657.088/97-6. Decisão nº 518/1997 - Plenário. Relator: Ministro Carlos Átila Álvares da Silva. **Diário Oficial [da] República Federativa do Brasil**, Brasília, DF, 01 set. 97. Seção 1, p. 19074

b) Em outro processo recomendou fazer prévio levantamento de preços de mercado - art. 15, III e V - mas não exigiu planilha de custos para compras. Anulou a licitação e o contrato superfaturado e multou os servidores. BRASIL. Tribunal de Contas da União. Processo nº TC-004.882/95-4. Acórdão nº 99/1995 - Plenário. Relator: Ministro Homero dos Santos. **Diário Oficial [da] República Federativa do Brasil**, Brasília, DF, 04 set. 1995. Seção 1, p. 13638.

[1323] A pesquisa de preço antes da realização de qualquer certame mostra-se imprescindível, uma vez que é o meio pelo qual se pode conseguir dados capazes de subsidiar uma avaliação eficaz das propostas a serem apreciadas, e, consequentemente, o atingimento daquele fim. Excerto do Parecer nº 1.429/97, da Dra. Elvira

Alude o precitado diploma legal de modo explícito a essa exigência, de forma direta, em nada menos que três dispositivos, nos seguintes termos:

1. para obras e serviços, como condição indispensável e antecedente à realização da licitação, dispõem os incisos II e III, do § 2º, do art. 7º.[1324]

Por expressa disposição da lei, esse procedimento aplica-se aos casos de dispensa e inexigibilidade.[1325] Mais recentemente, porém, um sentido mais prático vem sensibilizando o controle, distinguindo a dificuldade que é para o gestor público tentar elaborar planilha de custos para serviços de altíssima complexidade como os que são singulares e exigem, para sua execução, notórios especialistas. Por exemplo, ocorre essa dificuldade quando o fornecedor atua em monopólio de fato, sendo único detentor de conhecimento do processo produtivo.

Assim, reflete a evolução do entendimento do controle exigir da Administração a planilha de custos ou estimativa de preços para licitar e do futuro contratado para os casos de contratação direta.

O seguinte excerto de acórdão elucida em conformidade com o exposto:

> [...] 9.4.1. nos certamos que promover exija das licitantes, ou das empresas contratadas, no caso de inexigibilidade ou dispensa, a apresentação de orçamento detalhado em

Samara Pereira de Oliveira, Procuradora do MPTCE/PB, Processo nº 3.137/97. Informativo do MPTC/PB, nº 05, p. 04.

1324 a) *In verbis*: "Art. 7º As licitações para execução de obras e para a prestação de serviços obedecerão ao disposto neste artigo e, em particular, à seguinte sequência: [...] § 2º As obras e os serviços somente poderão ser licitados quando: [...] II - existir orçamento detalhado em planilhas que expressem a composição de todos os seus custos unitários; III - houver previsão de recursos orçamentários que assegurem o pagamento das obrigações decorrentes de obras ou serviços a serem executadas no exercício financeiro em curso, de acordo com o respectivo cronograma; [...]." BRASIL. **Lei nº 8.666/93 (Versão Bolso).** Organização dos textos e índice por J. U. JACOBY FERNANDES. 12. ed. amp., rev. e atual. Belo Horizonte: Fórum, 2010.

b) O TCU anulou concorrência realizada sem a definição precisa da quantidade de material a ser fornecida para a execução do objeto licitado. Foram beneficiadas as empresas que, havendo se comprometido a utilizar menos material, apresentaram menor preço global, não obstante cotassem preços unitários superiores às demais licitantes. BRASIL. Tribunal de Contas da União. Processo nº TC-000.988/99-5. Decisão nº 621/1999 - Plenário. **Diário Oficial [da] República Federativa do Brasil**, Brasília, DF, 20 set. 1999. Seção 1, p. 50/51.

c) O TCU vem determinando que se faça constar, obrigatória e expressamente, no Edital o cronograma de desembolso máximo por período, em conformidade com a disponibilidade de recursos financeiros. BRASIL. Tribunal de Contas da União. Processo nº TC-825.056/97-7. Decisão nº 289/1999 - Plenário. Relator: Ministro Benjamin Zymler. **Diário Oficial [da] República Federativa do Brasil**, Brasília, DF, 14 jun. 1999. Seção 1, p. 74.

d) Pela Lei de Responsabilidade Fiscal é imprescindível a declaração do ordenador de despesa de que a despesa tem adequação orçamentária e financeira com a Lei Orçamentária Anual e compatibilidade com o Plano Plurianual e Lei de Diretrizes Orçamentárias. Art. 16, inciso II, c/c § 4º.

1325 BRASIL. **Lei nº 8.666/93 (Versão Bolso).** Organização dos textos e índice por J. U. JACOBY FERNANDES. 12. ed. amp., rev. e atual. Belo Horizonte: Fórum, 2010. Vide art. 7º, § 9º.

planilhas que expressem a composição de todos os seus custos unitários[1326].

2. para os contratos de compras existe igual dispositivo no art. 14, *caput*, que exige sejam indicados os recursos orçamentários para o seu pagamento, o que só poderá ocorrer se a Administração tiver razoável estimativa dos preços praticados no mercado;
3. genericamente, igual preceito foi estabelecido no *caput* do art. 38, ao impor que o processo licitatório inicia-se com uma série de elementos, entre os quais a indicação da existência dos recursos próprios para a realização da despesa, que, de igual modo ao exposto no parágrafo precedente, faz pressupor estudo prévio de estimativa do valor a ser despendido.

Quando se trata de licitação, a ausência de planilha de custos, anexa ao edital, vinha sendo considerada uma irregularidade grave, conforme sentenciou o TCU.[1327]

No mesmo sentido, o Poder Judiciário considerou que a "ausência dos preços unitários no demonstrativo do orçamento estimado na planilha de quantitativos e preços unitários, no edital de tomada de preços caracteriza ilegalidade, a teor do art. 40, § 2º, II, da Lei nº 8.666/1993, reparável via mandado de segurança.[1328]

Algumas críticas têm sido formuladas ao disposto no art. 40, § 2º, inciso II, da Lei nº 8.666/1993, que determina a juntada da planilha de custos como anexo obrigatório do edital. Sustentam uns que, quando os licitantes tomam conhecimento do preço orçado pela Administração, dificilmente ofertarão preços inferiores; outros afirmam que essa prática resultará nos mesmos problemas que o tipo de licitação preço-base trazia para a Administração, pois o custo previsto será o limite mínimo das cotações.[1329]

[1326] BRASIL. Tribunal de Contas da União. Processo nº TC-015.817/2006-7. Acórdão nº 197/2010 - Plenário. Relator: Ministro-Substituto Marcos Bemquerer Costa. **Diário Oficial da União [da] República Federativa do Brasil**, Brasília, DF, 12 fev. 2010, Seção 1, p. 115.

[1327] Em sentido contrário, admitindo que quando a divulgação de preços implicar em direcionamento do mercado para elevação de preços a Administração pode deixar de divulgar: BRASIL. Tribunal de Contas da União. Processo nº TC-500.117/96-9. Acórdão nº 97/1997 - Plenário. Relator: Ministro Bento José Bugarin. **Diário Oficial [da] República Federativa do Brasil**, Brasília, DF, 8 abr. 1997. Seção 1, p. 6811.

[1328] MARANHÃO. Tribunal de Justiça do Estado. Apelação Cível nº 5.194/94 (Mandado de Segurança) - 2ª Câmara Cível. Relator: Desembargador Almeida e Silva. **Boletim de Licitações e Contratos** - BLC, nº 01/97. São Paulo: Ed. NDJ, p. 37-8.

[1329] Para o TCU, o importante é elaborar a planilha, não sendo indispensável sua publicação. BRASIL. Tribunal de Contas da União. Processo nº TC-500.117/96-9. Decisão nº 97/1997 - Plenário. Ministro Relator: Bento José Bugarin. **Diário Oficial [da] República Federativa do Brasil**, Brasília, DF, de 08 abr. 1997, p. 6849.

Tais críticas parecem olvidar que a Administração, no plano legislativo, sempre teve que ter tais elementos em mãos para proceder ao processo licitatório, e às vezes até utilizá-los para desclassificar propostas com preços abusivos ou inexequíveis, constituindo relevante dado no processo decisório. O que a nova Lei de Licitações fez foi obrigar a Administração a evidenciar os critérios que utilizou para estimar o preço da contratação e, mais tarde, o julgamento do valor das propostas.[1330]

Esse conjunto de preceitos restaria vazio de significado se fosse inaplicável aos casos de dispensa e inexigibilidade de licitação, vez que, como dito, também os processos de contratação direta iniciam-se com a descrição do objeto e estimativa de custo para que, no seu desenvolvimento, numa etapa posterior, seja declarada a desnecessidade ou impossibilidade de adoção do processo seletivo.

Assim, em regra de boa técnica administrativa, quando a autoridade vai deliberar sobre a dispensa ou inexigibilidade de licitação, já consta dos autos a estimativa de preços.[1331]

Essa estimativa pode até, dependendo das circunstâncias, ser um documento singelo, informando sumariamente as lojas consultadas, o vendedor contatado e o preço ofertado, podendo inclusive ser feita por telefone ou fac-símile, com registro do número nesse documento, seguindo-se uma apuração da média do valor, por exemplo.[1332]

[1330] a) "[...] Não é nula a decisão com fundamentação sucinta, mas a que carece de motivação, essencial ao processo democrático [...]." Com base nessa manifestação do STJ, o Juiz Presidente do TRF da 1ª Região, Desembargador Federal Leite Soares, indeferiu recurso especial manifestado contra acórdão que considerava legal a publicação de sucinto relatório de julgamento. BRASIL. Tribunal Regional Federal da 1ª Região. Processo MAS nº 95.01.23296-4/DF (Resp). **Diário da Justiça [da] República Federativa do Brasil**, de 09 ago. 1996. Seção 2, p. 55875.

b) a decisão quanto ao julgamento das propostas não foi publicada, implicando infração ao art. 109, I, b e § 2º da Lei nº 8.666/93 e impossibilitando o exercício das prerrogativas dos licitantes. Não restou configurado prejuízo ao Erário. BRASIL. Tribunal de Contas da União. Processo nº TC-001.646/96-6. Acórdão nº 130/1999 - Plenário. Relator: Ministro Walton Alencar Rodrigues. **Diário Oficial [da] República Federativa do Brasil**, Brasília, DF, 13 ago. 1999. Seção 1, p. 120.

[1331] a) A justificativa do preço que está sendo contratado deve constar dos autos. BRASIL. Tribunal de Contas da União. Processo nº TC-009.796/97. Decisão nº 575/1998 - Plenário. **Diário Oficial [da] República Federativa do Brasil**, Brasília, DF, 04 set. 1998. Seção 1.

b) é obrigatória, nos termos do art. 7º, § 9º da Lei nº 8.666/93.

[1332] TCU decidiu: "[...] Temos recomendado que a pesquisa procure identificar se o possível fornecedor ou prestador de serviço está com sua situação regularizada com a seguridade social, para que o preço de mercado reflita o que pode ser contratado pela Administração. Nesse 'documento singelo', a que nos referimos, seria observado que a empresa não está em dia com suas obrigações. [...]." BRASIL. Tribunal de Contas da União. Processo nº TC-015.769/2003-3. Acórdão nº 1.110/2004 - Plenário. **Diário Oficial da União [da] República Federativa do Brasil**, Brasília, DF, 16 ago. 2004. Seção 1.

O universo a ser pesquisado não precisa ser amplo, podendo-se restringir a consulta a poucas empresas, de acordo com o mercado.[1333] Já quando se faz necessária a planilha de custos, deverá haver descrição de cada item que compõe o serviço ou obra, a ser utilizado e o respectivo preço encontrado; enquanto se admite menor formalismo na obtenção dos preços médios ou praticados no mercado, o maior esforço técnico reside precisamente na elaboração dos itens da própria planilha que, dependendo do objeto pretendido, poderá ser um dos documentos mais complexos do processo de licitação e contratação. Todo o empenho dedicado pelos órgãos técnicos na sua elaboração reverterá em benefício da própria Administração e dos futuros contratados, que terão mais um indicativo para precisar a sua proposta[1334] e definir com clareza o que o contratante pretende.

Expendidas essas breves considerações tópicas sobre a planilha de custo, cabe obtemperar que, se a Administração tiver procedido à sua elaboração, a justificativa de preço poderá ser uma reiteração dos seus termos ou uma explicação dos motivos pelos quais foram obtidos preços superiores, vez que, em alguns casos de dispensa, busca-se o critério de vantagem, mais amplo, com a tutela de outros valores jurídicos além do menor preço, como ocorre com o disposto nos incisos XIII e XIV do art. 24, por exemplo.

A regra inafastável que precisa ficar definida é que a Administração não pode justificar o preço com a mera declaração de que, em virtude da inexigibilidade da licitação verificada na espécie, contratou com o preço cotado pelo único fornecedor, ou único possível contratado. Justificar o preço não é, em absoluto, informar que a Administração se sujeitou ao preço imposto pelo contratado. O sentido do termo é muito mais amplo: justificar o preço é declarar, conforme o que for determinado em cada inciso ou parágrafo do artigo que autoriza a contratação direta, se o valor contratado é compatível com o de mercado, ou se é o preço justo, certo, que uma avaliação técnica encontraria. Afinal, a norma seria inútil se fosse suficiente informar que esse foi o preço cotado pelo fornecedor ou executor e é elementar, em

---

[1333] Sobre a necessidade de pesquisa de preços no mercado, consulte: BRASIL. Tribunal de Contas da União. Processo nº TC-625.334/96-5. Decisão nº 370/1997 - Plenário. Relator: Ministro Paulo Affonso Martins de Oliveira. **Diário Oficial [da] República Federativa do Brasil**, Brasília, DF, 07 jul. 1997. Seção 1, p. 14240; Processo nº TC-724.031/94-4. Acórdão nº 28/1997 - Plenário. Relator: Ministro-Substituto José Antonio Barreto de Macedo. **Diário Oficial [da] República Federativa do Brasil**, Brasília, DF, 11 mar. 1997. Seção 1, p. 4771.

[1334] O TCU analisou os protótipos do reclamante e concluiu que havia várias divergências entre as quais: tonalidade de cor, rigidez da espuma de poliuretano excessiva, divergências de design. Considerou correta a desclassificação. BRASIL. Tribunal de Contas da União. Processo nº TC-006.004/98-9. Decisão nº 438/1999 - Plenário. Relator: Ministro Walton Alencar Rodrigues. **Diário Oficial [da] República Federativa do Brasil**, Brasília, DF, de 22 jul. 1999. Seção 1, p. 54.

hermenêutica, que a lei não contém palavras supérfluas. Uma antiga parêmia latina recomendava: *Commodissimum est, id accipi, quo res de qua agitur, magis valeat quam pereat* significando em vernáculo que se deve preferir a inteligência dos textos que torne viável o seu objetivo, em vez da que os reduza à inutilidade.[1335]

A responsabilidade pelo eficiente emprego de recursos públicos deve ser uma meta do Administrador diligente, pois o Brasil é um país de carências e com uma grande dívida social a resgatar. Além disso, só há legitimidade no emprego dos recursos, que são compulsoriamente "extraídos do bolso do contribuinte", se ficar evidenciado em cada passo o zelo. Jamais a submissão da Administração encarregada da realização do interesse público ao interesse de um particular no lucro abusivo pode justificar o preço da contratação.

7.2. para inviabilidade de competição e preço

A inviabilidade de competição presente nos casos de inexigibilidade de licitação e, em alguns casos, a singularidade do objeto pretendido,[1336] tem levado muitos órgãos a desconsiderar os preceitos dos arts. 25, § 2º, e 26, inciso III, da Lei nº 8.666/1993.

Dispõem esses normativos, de forma categórica, que a Administração contratante deve estabelecer os valores dos preços, que não poderão ser superfaturados. Mais do que isso, impõem esses normativos que será necessário justificar os preços contratados, não havendo qualquer exceção para os casos de singularidade do objeto ou inviabilidade de competição.[1337]

Há um ponto não equacionado pela norma concernente à comprovação da inviabilidade da competição nas contratações efetuadas com base no *caput* do art. 25.

No âmbito do Distrito Federal, o TCDF normatizou o assunto com a edição da Decisão Normativa nº 003/1994,[1338] esclarecendo que é admissível a

---

1335 MAXIMILIANO, Carlos. **Hermenêutica e Aplicação do Direito**. Rio de Janeiro: Forense, 1988, p. 423, verbete 305.

1336 A Prefeitura contratou hotel para evento relativo à cultura de candomblé com base no art. 25, *caput*, alegando localização do hotel no centro da cidade, com fácil acesso a transporte coletivo e próximo a vários terreiros de candomblé. O TCU julgou irregular. BRASIL. Tribunal de Contas da União. Processo nº TC-250.070/97-9. Decisão nº 232/1998 - 1ª Câmara. Relator: Ministro Marcos Vinicios Vilaça. **Diário Oficial [da] República Federativa do Brasil**, Brasília, DF, 03 ago. 1998. Seção 1, p. 98 a 101. **No mesmo sentido:** Processo nº TC-012.260/2002-9. Acórdão nº 705/2005 - 1ª Câmara. Relator: Ministro Marcos Bemquerer. **Diário Oficial [da] República Federativa do Brasil**, Brasília, DF, 28 maio 2005. Seção 1.

1337 Para maiores detalhes, consulte os comentários ao art. 26, III, no capítulo seguinte.

1338 Republicada no **Diário Oficial do Distrito Federal**, Brasília, DF, 01 mar. 1995, p. 51. Disponível em http//www.tc.df.gov.br.

inexigibilidade de licitação embasada no *caput* do artigo 25 da Lei nº 8.666/1993, para a contratação de serviços não exemplificados nos incisos do referido artigo, quando houver inviabilidade de competição, devendo a comprovação de exclusividade ser feita por meio de atestado fornecido pelo órgão de registro do comércio do local em que se realizaria a licitação pelo sindicato, Federação ou Confederação Patronal.

Pode merecer censura a edição da norma por órgão de controle, mas é fato incontestável que com essa deliberação o Tribunal consolidou-se como seguro órgão orientador da Administração em matérias da sua competência. A força do precedente, guiando os julgamentos futuros, deu significativa contribuição à pacificação do tema frente ao dissenso instalado na ocasião.

A inexigibilidade pode também ser verificada no campo técnico, quando a inviabilidade de competição vier fundamentada na impossibilidade de coexistência de equipamentos de mais de um fornecedor. Nesse caso, impõe-se, no campo jurídico, o reconhecimento da inexigibilidade de licitação, conforme parecer da AGU.[1339]

É comum que determinadas contratações que recaem sobre objetos singulares encontrem nessa justificativa declarações evasivas. Mesmo os objetos de natureza singular têm um preço estimado no âmbito da razoabilidade, e, para ilustrar, basta lembrar que os leilões para objetos de arte iniciam-se com uma avaliação prévia e fixação de um lance mínimo. Todos os bens e atividades humanas possuem um valor que pode ser traduzido em moeda, pois, se não tiverem valor econômico, não podem ser objeto de contrato.[1340]

Um possível parâmetro é verificar o preço que o notório especialista cobra de outros órgãos para realizar idêntico ou assemelhado. Essa verificação pode ser feita pelas publicações no Diário Oficial de inexigibilidade ou pelas cópias de recibo fornecidas pelo agente a ser contratado.[1341]

[1339] BRASIL. Advocacia Geral da União. Processo nº 00001.009097/95-41. Parecer GQ nº 89. **Diário Oficial [da] República Federativa do Brasil**, Brasília, DF, 17 nov. 1995. Seção 1, p. 18465.

[1340] Sobre critérios de aceitabilidade de preços, v. trabalho da professora Alice Gonzales Borges, no Boletim de Licitações e Contratos - BLC, nº 8/94. São Paulo: Ed. NDJ, p. 361.

[1341] Neste sentido o TCU deliberou: "[...] quando contratar a realização de cursos, palestras apresentações, shows, espetáculos ou eventos similares, demonstre, a título de justificativa de preços, que o fornecedor cobra igual ou similar preço de outros com quem contrata para evento de mesmo porte, ou apresente as devidas justificativas, de forma a atender ao inciso III do parágrafo único do art. 26 da Lei nº 8.666/93. [...]." BRASIL. Tribunal de Contas da União. Processo nº TC-019.378/2003-9. Acórdão nº 819/2005 - Plenário. Relator. Ministro Marcos Bemquerer. **Diário Oficial da União [da] República Federativa do Brasil**, Brasília, DF, 30 jun. 2005. Seção 1.

É a regra de ouro que consta do art. 15, inciso V, da Lei nº 8.666/1993, aplicável tanto a compras como por analogia a obras e serviços.

7.3. para os incisos I e II do art. 24

Como o dispositivo legal que exige a justificativa - inciso III do parágrafo único do art. 26 - está regido pelo comando do *caput* deste artigo que não se refere aos incisos I e II do art. 24, muitos têm entendido que, nessas duas hipóteses, não é obrigatório justificar o preço.

Não é correta essa conclusão, pois tanto por tradições históricas - Decreto nº 449/1992, art. 3º,[1342] quanto atuais - Lei nº 8.666/1993, art. 113 - compete aos agentes da Administração Pública demonstrarem no processo a regularidade dos atos que praticarem.

Se possível, deve ser juntada a pesquisa pertinente ou outro instrumento que indique a razoabilidade do preço, como, por exemplo, quadro de preços de julgamento de licitação de outro órgão.[1343]

7.4. para os incisos do art. 17

O argumento citado anteriormente - que o administrador deve justificar o preço em todos os casos, por força do art. 113 da Lei nº 8.666/1993 - também serve para as alienações realizadas na forma do art. 17 do mesmo diploma.

Observe que, nesse caso, a Administração estará buscando a alienação de bens, mas não necessariamente a proposta mais vantajosa - escopo do processo

---

[1342] Revogado pelo Decreto nº 2.743/1998, o qual por sua vez também foi revogado pelo Decreto nº 3.931, de 19 de setembro de 2001, que regulamenta o Sistema de Registro de Preços previsto no art. 15 da Lei nº 8.666, de 21 de junho de 1993, e dá outras providências. **Diário Oficial da União [da] República Federativa do Brasil**, Brasília, DF, 20 set. 2001.

[1343] Na esteira desse entendimento também pronunciou-se o ilustre Professor Wellington Cabral Saraiva, que, em artigo, deixou assentado: "[...] Nada obstante o silêncio da lei quanto à necessidade de justificação, comunicação, ratificação e publicação das dispensas dos arts 17, I e 24, I e II, é recomendável que o administrador adote também, nesses casos, o procedimento do art. 26. É que elas não diferem, na essência, das do art. 24, podendo, em tese, ser realizada a concorrência com base nelas. Trata-se de decisão discricionária, que deve fundar-se no interesse público. Como são exceção à obrigatoriedade de licitação, nada mais salutar do que o administrador registrar a justificativa para dispensa, publicando-a, em extrato, ante o princípio da publicidade. Embora não esteja expressamente obrigado, igualmente não está proibido de fazê-lo, sendo, por outro lado, recomendável que assim aja, pelos motivos expostos. [...] Mesmo nos casos a que não se aplicar o art. 26, porém, o administrador estará obrigado a, pelo menos, motivar a dispensa da licitação, pois, atuando sobre norma permissiva, com poder discricionário, deve justificar o não realizar da disputa, uma vez que a motivação é mais relevante precisamente nos chamados atos discricionários (Oswaldo Aranha Bandeira de Mello). Por isso, Américo Servídeo, com razão, assevera que a dispensa depende de manifestação da autoridade, com motivo fundado e real, legalmente enquadrado, sem o que se poderá caracterizar desvio de poder. [...]." Matéria publicada no Correio Brasiliense, caderno Direito e Justiça, de 21 de outubro de 1996.

licitatório - motivo pelo qual é suficiente que o preço não seja inferior ao da avaliação.[1344]

Exemplificando: na alienação de imóveis, com fundamento no art. 17, I, "f", a Administração estará vendendo, concedendo direito real de uso, permitindo o uso ou alugando, mas seu interesse não será a busca de proposta mais vantajosa; será a concretização dos objetivos do programa habitacional de interesse social.

Com exceção das hipóteses elencadas no art. 17, incisos I, "f" e II, "a", em nenhuma outra possibilidade, a alienação pode ocorrer por preço ou valor correspondente ao mínimo constante da avaliação, que é obrigatória e prévia. Mesmo nos dispositivos excepcionados, a avaliação também é obrigatória pela força genérica do *caput* do art. 17.

7.5. parâmetro de preço

O preço de mercado pode ser a justificativa do preço, quando forem atendidos os demais requisitos que autorizam a contratação direta,[1345] ou quando a lei determina a sua observância, como no caso dos incisos VIII, X, XII, XX e XXIII do art. 24 da Lei de Licitações e no caso do inc. II do § 2º do art. 8º da Lei nº 11.652/2008.[1346]

Ocorre que a indicação de que o objeto foi contratado pelo preço de mercado pode não ser suficiente. Muitas vezes, a justificativa do preço é que definirá a escolha entre vários possíveis fornecedores ou executores do serviço ou obra. É o que pode ocorrer, por exemplo, com a contratação realizada em

---

[1344] A avaliação é obrigatória em todos os casos do art. 17 da Lei nº 8.666/1993. A propósito, dispõe a Lei nº 9.636/1998, em seu art. 23: "A alienação de bens imóveis da União dependerá de autorização, mediante ato do Presidente da República e será sempre precedida de parecer da SPU quanto à sua oportunidade e conveniência." BRASIL. Lei nº 9.636, de 15 de maio de 1998. Dispõe sobre a regularização, administração, aforamento e alienação de bens imóveis de domínio da União, altera dispositivos dos Decretos-Leis nºs 9.760, de 5 de setembro de 1946, e 2.398, de 21 de dezembro de 1987, regulamenta o § 2º do art. 49 do Ato das Disposições Constitucionais Transitórias, e dá outras providências. **Diário Oficial [da] República Federativa do Brasil**, Brasília, DF, 18 maio 1998.

[1345] O TCU julgou irregular compra por emergência, quando foi feita pelo segundo menor preço pesquisado. BRASIL. Tribunal de Contas da União. Processo nº TC-018.992/96-0. Acórdão nº 356/1998 - 2ª Câmara. Relator: Ministro Adhemar Paladini Ghisi. **Diário Oficial [da] República Federativa do Brasil**, Brasília, DF, 14 out. 1998. Seção 1, p. 74-5.

[1346] BRASIL. Lei nº 11.652/2008. Institui os princípios e objetivos dos serviços de radiodifusão pública explorados pelo Poder Executivo ou outorgados a entidades de sua administração indireta; autoriza o Poder Executivo a constituir a Empresa Brasil de Comunicação – EBC; altera a Lei nº 5.070, de 7 de julho de 1966; e dá outras providências. **Diário Oficial [da] República Federativa do Brasil**, Brasília, DF, 8 abr. 2004. "Art. 8º [...] § 2º É dispensada a licitação para: [...] II – contratação da EBC por órgãos e entidades da administração pública, com vistas na realização de atividades relacionadas ao seu objeto, desde que o preço contratado seja compatível com o de mercado."

caráter emergencial ou na compra de gêneros perecíveis, e ainda no caso do inciso XIV, em que há alusão a condições manifestamente vantajosas, entre as quais poderá estar o preço.

Cabe comentar, ainda, problema que vem apresentando dificuldades entre os agentes da Administração, sobre a justificativa de preço de equipamento adquirido junto à fornecedor exclusivo. O *caput* do artigo 26 estabelece que é necessário fazer a justificativa de preço. A contratação com fulcro no art. 25, inciso I - inviabilidade de competição - por si só já comprova que não existem no mercado outros possíveis fornecedores. Nesse caso, os autos do processo podem ser instruídos com a tabela de preços praticada pelo fornecedor, ou demonstração de que o preço praticado é condizente com o produto, à vista de outros similares de igual complexidade técnica. Inexistindo características de ordem técnica que individualizem os bens similares, a inviabilidade de competição não estará caracterizada, em tese.

No art. 15, da Lei nº 8.666/1993, há dois incisos que interessam a esse tema, com conteúdo aparentemente diverso:

> Art. 15. As compras, sempre que possível deverão:
>
> [...]
>
> III - submeter-se as condições de aquisição e pagamento semelhantes as do setor privado;
>
> [...]
>
> V - balizar-se pelos **preços** praticados no âmbito dos órgãos e entidades da Administração Pública.[1347]

O preço a ser pesquisado, portanto, não é propriamente o de mercado[1348], mas o que pode ser praticado no âmbito da Administração.

[1347] a) Grifo nosso.

b) Em relação a justificativa de preço para treinamento, o TCU decidiu: "[...] 9.1.3. quando contratar a realização de cursos, palestras, apresentações, shows, espetáculos ou eventos similares, demonstre, a título de justificativa de preços, que o fornecedor cobra igual ou similar preço de outros com quem contrata para evento de mesmo porte, ou apresente as devidas justificativas, de forma a atender ao inc. III do parágrafo único do art. 26 da Lei 8.666/1993; [...]." BRASIL. Tribunal de Contas da União. Processo nº TC-019.378/2003-9. Decisão nº 819/2005 - Plenário. Relator: Ministro Marcos Bemquerer Costa. **Diário Oficial da União [da] República Federativa do Brasil**, Brasília, DF, 22 jun. 2005, Seção 1.

[1348] Reiteradamente o TCU tem determinado: "[...] 9.2.4. faça constar nos processos de licitação e de contratações diretas a documentação relativa à verificação da compatibilidade de preços com o mercado. [...]." BRASIL. Tribunal de Contas da União. Processo nº TC-008.417/2006-5. Acórdão nº 93/2008 - Plenário. **Diário Oficial da União [da] República Federativa do Brasil**, Brasília, DF, 1º fev. 2008, Seção 1.

Deve ser entendido que o parâmetro é o preço de mercado legal e público somente pode considerar válido os preços daqueles que negociam conforme a lei e estão em situação regular perante o fisco e a previdência; público porque é a regra do art. 15, inc V de Lei 8666/1993 considerar os preços praticados no âmbito da Administração Pública.

O tratamento isonômico entre os fornecedores exige que a Administração verifique a regularidade com alguns tributos e contribuições parafiscais compulsórias, fato que acarreta diferenças no preço final dos produtos entre as contratações da Administração e do setor privado.

Em relação à contratação de pessoas físicas, por exemplo, a prova de regularidade com a seguridade social, era dispensável, considerando que a Constituição Federal somente a exige para a contratação de pessoa jurídica[1349] e que a Lei de Licitações autorizava sua dispensa,[1350] assim como a legislação previdenciária.[1351] No entanto, com o advento da reforma previdenciária, também as pessoas físicas devem estar com sua situação regular junto à previdência social, podendo inclusive a própria Administração providenciar a matrícula do mesmo.

Também há os que não aceitam pagamento por notas de empenho e cobram preços diferentes no pagamento à vista.

Por esses motivos, mostra-se inconveniente a consulta aos possíveis futuros contratos em pesquisas. O procedimento mais apropriado é considerar o disposto no inciso V do art. 15 da Lei nº 8.666/1993, balizando os preços estimados pelos já praticados no âmbito dos órgãos e entidades da Administração Pública.

Essa referência de preços responde com segurança a maioria das situações ocorrentes na prática e apresenta ainda as seguintes vantagens:[1352]

a) os preços contratados pelos órgãos da administração são limitados aos fornecedores e prestadores de serviços que apresentam-se em situação regular perante a seguridade social e ao fisco;
b) são preços exequíveis;
c) evita-se o contato com os fornecedores e a transferência de informações privilegiadas para o grupo pesquisado.

A melhor jurisprudência inclina-se por abandonar a pretensão de considerar o preço praticado na iniciativa privada, passando a ter em linha diretiva os preços praticados nos órgãos públicos:

1349 BRASIL. **Constituição da República Federativa do Brasil**. Organização dos textos e índice por J. U. JACOBY FERNANDES. 1. ed. atualizada até abril de 2007. Belo Horizonte: Fórum, 2007. Vide art. 195, § 3º.

1350 BRASIL. **Lei nº 8.666/93 (Versão Bolso).** Organização dos textos e índice por J. U. JACOBY FERNANDES. 12. ed. amp., rev. e atual. Belo Horizonte: Fórum, 2010. Vide art. 32, § 1º.

1351 BRASIL. Decreto nº 3.048 de 6 de maio de 1999. Aprova o regulamento da Previdência Social e dá outras providências. **Diário Oficial [da] República Federativa do Brasil**, Brasília, DF, 7 maio 1999. Confira o art. 257, § 11º.

1352 Esses preços estão disponíveis em vários sistemas (Comprasnet, Sispp, SINAPI, SICRO2 etc.).

a) é necessária a referência de preços

a.1. "De se ressaltar que os argumentos oferecidos na defesa buscam apenas legitimar a dispensa de licitação na contratação em questão, cujo mérito não foi questionado pelo Relatório de Auditoria, tendo em vista que nela se encontram as condições necessárias à aplicação do inciso XVI do art. 24 da Lei nº 8.666/1993 para a contratação direta. Não trazem aos autos, no entanto, novos elementos para explicar as razões pelas quais não se encontra no processo de contratação a justificativa para os preços praticados, no entanto, prescrita no inciso III do parágrafo único do art. 26 da Lei nº 8.666/1993";[1353]

a.2. Contrataram o CESPE sem licitação e por preço superior ao que seria cobrado por outro órgão.[1354]

b) o preço adequado é o praticado no âmbito dos órgãos públicos

b.1. "[...] faça constar dos processos referentes a contratações por inexigibilidade de licitação a justificativa do preço exigida pelo art. 26, parágrafo único, inciso III, da Lei nº 8.666/1993, inclusive com consulta a outros órgãos, de modo a verificar o preço praticado no âmbito da Administração Pública para o mesmo produto ou serviço;"[1355]

b.2. O TCU entendeu que houve superfaturamento revelado por contrato posterior, firmado em melhores condições, permitindo

---

[1353] BRASIL. Tribunal de Contas da União. Processo nº TC-012.000/2003-8. Acórdão nº 216/2004 - Plenário. Relator: Ministro Marcos Vinicios Vilaça. **Diário Oficial da União [da] República Federativa do Brasil**, Brasília, DF, 22 mar. 2004. Seção 1.

[1354] Afastando a alegação de superfaturamento o TRF-1ª R. decidiu: "[...] considerando que a abrangência do certame realizado pela FUB, o número de provas e de questões, bem como a existência de questões discursivas, de prova oral e do programa de capacitação demonstram a ausência de razoabilidade na comparação dos custos dele com as despesas do concurso tomado como paradigma, em que o número de provas e de questões objetivas era menor, bem como no qual não houve provas discursivas, prova oral nem programa de capacitação, e que foi realizado em dois (2) dias, em contraposição àquele, realizado em oito (8) dias. [...] Assim, e embora o certame em questão tenha exigido o dispêndio de recursos da ordem de R$ 1.200.000,00 (um milhão e duzentos mil reais), relativos aos recursos próprios da CAESB, é um preço pequeno a ser pago pela sociedade em decorrência da observância do princípio constitucional moralizador da acessibilidade aos cargos públicos por meio de um instrumento que garante a isonomia e a lisura na contratação de pessoal, ou seja, o concurso público (Carta Magna, art. 37, I e II). [...]." BRASIL. Tribunal Regional Federal da 1ª Região. Processo AC nº 1998.01.00.084552-3. 3ª Turma Supl. **Diário da Justiça [da] República Federativa do Brasil**, 30 out. 2003, p. 104.

[1355] BRASIL. Tribunal de Contas da União. Processo nº TC-005.561/2002-2. Acórdão nº 2.960/2003 - 1ª Câmara. Relator: Ministro-Substituto Lincoln Magalhães da Rocha. **Diário Oficial da União [da] República Federativa do Brasil**, Brasília, DF, 3 dez. 2003. Seção 1.

inferir, ao lado da ausência de documentos que demonstravam a existência de negociação dos custos do contrato, que os valores apresentados pela contratada teriam sido acolhidos pela contratante sem maiores discussões;[1356]

b.3. "[...] anexe aos processos de licitação a impressão da relação dos preços praticados para o bem pretendido, extraída do módulo gerencial do Comprasnet/Siasg - Consulta Preços Praticados, de modo a atender o que determina o art. 2º, parágrafo único, da IN/SEAP nº 04/1999 c/c os artigos 15, inciso V, e 43, inciso IV, da Lei nº 8.666/93[...]";[1357]

b.4. O TCDF firmou entendimento no sentido de não ser necessária pesquisa de preços junto aos fornecedores e prestadora de serviços, devendo prevalecer o balizamento de preços entre os praticado no âmbito dos órgãos e entidades da Administração;[1358]

b.5. O TCU considerou regular adotar como paradigma o preço praticado no âmbito da Administração;[1359]

b.6. "Vale como paradigma de compatibilidade de preços o praticado nas compras pelo próprio TCU na aquisição de revistas;"[1360]

b.7. Preços diferentes prevalece o praticado perante a Administração Pública. O TCU entendeu que, embora como regra deva prevalecer o preço praticado no âmbito da Administração Pública, é preciso considerar que eventual diferença de objeto e regras de pagamento podem justificar preços diferentes;[1361]

[1356] BRASIL. Tribunal de Contas da União. Processo nº TC-008.357/1999-4. Acórdão nº 31/2002 - Plenário. Relator: Ministro Ubiratan Aguiar. **Diário Oficial da União [da] República Federativa do Brasil**, Brasília, DF, 19 mar. 2002. Seção 1.

[1357] BRASIL. Tribunal de Contas da União. Processo nº TC-012.045/2003-0. Acórdão nº 222/2004 - 1ª Câmara. Relação 10/2004. Relator: Ministro Marcos Bemquerer. **Diário Oficial da União [da] República Federativa do Brasil**, Brasília, DF, 3 mar. 2004. Seção 1.

[1358] DISTRITO FEDERAL. Tribunal de Contas. Processo nº 16.230/05. Decisão nº 5123/2005 e Processo nº 26.022/05. Decisão nº 5.195/2005. Disponíveis em: http://www.tc.df.gov.br.

[1359] BRASIL. Tribunal de Contas da União. Processo nº TC-004.860/95-0. Decisão nº 184/1998 - Plenário. Relator: Ministro Carlos Átila Alves da Silva. **Diário Oficial [da] República Federativa do Brasil**, Brasília, DF, 5 maio 1998. Seção 1, p. 62.

[1360] BRASIL. Tribunal de Contas da União. Processo nº TC-013.567/95-0. Decisão nº 287/1998 - 2ª Câmara. Relator: Ministro Adhemar Paladini Ghisi. **Diário Oficial [da] República Federativa do Brasil**, Brasília, DF, 12 nov. 1998.

[1361] BRASIL. Tribunal de Contas da União. Processo nº TC-013.567/95-0. Decisão nº 681/1995 - Plenário. Relator: Auditor José Antonio B. de Macedo. **Diário Oficial [da] República Federativa do Brasil**, Brasília, DF, 18 dez. 1995. Seção 1, p. 22566.

b.8. O TCU usou, para avaliar superfaturamento, preço praticado em outro órgão e em outro subsequente contrato com o mesmo órgão;[1362]

7.6. registro de preços

Instrumento auxiliar valioso representará a médio prazo as licitações pelo sistema de registro de preços,[1363] porque conterá, nos termos da legislação pertinente, a relação dos preços praticados no âmbito da Administração Pública.[1364]

Os preços registrados servem de referência para as contratações diretas,[1365] mas dever-se-á considerar as circunstâncias de cada caso. Assim, por exemplo, a compra de determinado produto por emergência, feita em determinado município, poderá até ter preço superior ao constante do COMPRASNET ou registro de preço do governo federal - que abrange a esfera federal - dependendo do mercado abastecedor e da sazonalidade do produto.[1366]

[1362] BRASIL. Tribunal de Contas da União. Processo nº TC-275.454/96-7. Decisão nº 374/1998 - Plenário. Relator: Ministro-Substituto Lincoln Magalhães da Rocha. **Diário Oficial da União [da] República Federativa do Brasil**, Brasília, DF, 2 jul. 1998. Seção 1, p. 39.

[1363] Sobre o tema consulte o livro: JACOBY FERNANDES, Jorge Ulisses. **Sistema de Registro de Preços e Pregão Presencial e Eletrônico**, 3ª edição, Belo Horizonte, Editora Fórum, 2009

[1364] a) Dispõe a Instrução Normativa nº 08, do antigo MARE, que, quando o órgão ou entidade usuária do SISG optar pela licitação específica para compra, e desse procedimento resultar preço igual ou superior ao registrado, deverá a Administração revogá-la no interesse público e processar a aquisição por intermédio da Ata de Registro de Preço. Disponível em: http://www.comprasnet.gov.br. Acesso em 5 jan. 2011.

b) Nessa mesma linha, a Instrução Normativa nº 04, de 08 de abril de 1999, do Ministério do Orçamento e Gestão, estabelece que a cada processo de compra, o gestor deverá verificar a relação dos preços praticados e disponibilizada no módulo gerencial de COMPRASNET/SIASG. **Diário Oficial [da] União**, Brasília, DF, 09 abr. 1999.

[1365] TCU determinou: "[...] 9.6.14 realize ampla pesquisa de preços no mercado e consulta a sistema de registro de preços, a fim de (a) estimar o custo do objeto a ser adquirido em planilhas de quantitativos e preços unitários; (b) definir os recursos orçamentários suficientes para a cobertura das despesas contratuais e (c) servir de balizamento para a análise das propostas dos licitantes, em harmonia com os arts. 7º, § 2º, 15, 40, § 2º, 43, incisos IV e V, todos da Lei 8.666/1993. [...]." BRASIL. Tribunal de Contas da União. Processo nº TC-009.667/2004-6. Acórdão nº 428/2010 – 2ª Câmara. Relator: Ministro Aroldo Cedraz. **Diário Oficial da União [da] República Federativa do Brasil**, Brasília, DF, 12 fev. 2010, Seção 1, p. 2339:

[1366] Também não se deve olvidar que a *homepage* http://www.contaspublicas.gov.br, por força da Lei nº 9.755/1999, deve publicar: "Art. 1º [...] VI - as relações mensais de todas as compras feitas pela Administração direta ou indireta (art. 16 da Lei nº 8.666, de 1993)." Embora não criada com essa finalidade, constituirá em grande auxílio na verificação de preços do mercado legal.

7.7. superfaturamento[1367]

Do mesmo modo que, no ato de julgamento da licitação deverá a autoridade responsável atestar que o preço da proposta vencedora é compatível com os de mercado,[1368] na justificativa do preço, exigida pelo art. 26, parágrafo único, inciso III, deverão ficar evidenciadas todas as justificativas do preço para a contratação.

Como as dispensas e inexigibilidades de licitação têm a publicidade em menor extensão, o legislador, no art. 25, § 2º, estabeleceu regra fixando o liame da solidariedade entre o agente responsável pela contratação e a pessoa, física ou jurídica, contratada.[1369]

Obviamente, para tal fim, considera-se autoridade responsável pela contratação,[1370] não só a que delibera sobre a contratação direta, como também a que a homologa.[1371]

1367 O TCU entendeu válido anular licitação em decorrência de elevado preço. BRASIL. Tribunal de Contas da União. Processo nº TC-625.199/95-1. Decisão nº 132/1996 - Plenário. Relator: Ministro-Substituto Lincoln Magalhães da Rocha. **Diário Oficial [da] República Federativa do Brasil**, Brasília, DF, 15 abr. 1996. Seção 1, p. 6283.

1368 BRASIL. **Lei nº 8.666/93 (Versão Bolso).** Organização dos textos e índice por J. U. JACOBY FERNANDES. 12. ed. amp., rev. e atual. Belo Horizonte: Fórum, 2010. Vide art. 43, IV.

1369 A Administração pode e deve, na obrigação de zelar pelo equilíbrio do contrato (art. 65, II, d) obrigar o particular a rever os preços de um contrato que, depois de iniciado, percebem-se superfaturados.

1370 a) Havendo licitação, o TCU, em caso de superfaturamento, cita o ordenador de despesa e a CPL. BRASIL. Tribunal de Contas da União. Processo nº TC-275.206/97-1. Decisão nº 287/1998 - 2ª Câmara. Relator: Ministro Adhemar Paladini Ghisi. **Diário Oficial [da] República Federativa do Brasil**, Brasília, DF, 24 nov. 98. Seção 1, p. 81-2.

b) O TCU decidiu que responde solidariamente o gestor e o contratado se forem ultrapassados os limites máximos de pagamento de vigilância previstos na Portaria MARE 3.194/1996. BRASIL. Tribunal de Contas da União. Processo nº TC-775.050/98-9. Decisão nº 540/1999 - Plenário. Relator: Ministro Humberto Guimarães Souto. **Diário Oficial [da] República Federativa do Brasil**, Brasília, DF, 02 set. 1999. Seção 1, p. 39 a 40.

c) Preço - superfaturamento: de início, lembramos que o percentual de 27,2%, segundo a jurisprudência do TCU, não configura percentual suficiente para indicar a existência de sobrepreço, de acordo com as Decisões 291/2000 e 6/2000, ambas do Plenário. Além disso, entendemos que a verificação da compatibilidade de preços da dispensa de licitação em análise deva ser feita, preferencialmente, tomando por base os preços praticados no mercado à época da contratação dos serviços. Devemos também balizarmo-nos pelos preços praticados no âmbito dos órgãos e entidades da Administração Pública, conforme dispõe o inciso V do art. 15 do Estatuto de Licitações e Contratos. BRASIL. Tribunal de Contas da União. Processo nº TC-004.906/2003-6. Acórdão nº 592/2003 - Plenário. Relator: Ministro Adylson Motta. **Diário Oficial da União [da] República Federativa do Brasil,** Brasília, DF, 10 jun. 2003. Seção 1.

d) Preços superfaturados - avaliados a partir do praticado perante a Administração Pública: O TCU adotou como parâmetro de preço para fundamentar o superfaturamento, o preço obtido em licitação posterior (água mineral). Determinou o pagamento de valores superfaturados (apenas da diferença). BRASIL. Tribunal de Contas da União. Processo nº TC-275.454/96-7. Decisão nº 374/1998 - Plenário. Relator: Ministro-Substituto Lincoln Magalhães da Rocha. **Diário Oficial [da] República Federativa do Brasil**, Brasília, DF, 2 jul. 1998. Seção 1, p. 39.

1371 Ao homologar o procedimento, a autoridade homologante passou a responder por todos os atos nele praticados, objeto de sua expressa aprovação. Isso, entretanto, não excluiu a responsabilidade dos demais servidores que atuaram no feito, os quais continuam a responder, plenamente por suas ações e omissões. TCU.

Deve ser lembrado que a penalidade imposta pelo precitado dispositivo abrange todos os casos de licitação dispensada e dispensável, além dos inexigíveis, inclusive os incisos I e II do art. 24 da Lei de Licitações.

O exame da conduta do agente público e a responsabilidade poderão ser apurados:

a) no próprio órgão, em processo administrativo. Na esfera federal, os servidores vinculados ao regime jurídico único, instituído pela Lei nº 8.112/1990, responderão a processo administrativo,[1372] com garantia de ampla defesa, nos termos do art. 143 do precitado diploma legal. A apuração de responsabilidade constitui um dever para os superiores hierárquicos, nos termos desse mesmo dispositivo;

b) pelas Cortes de Contas, em processo de tomada de contas especial,[1373] que é um tipo de procedimento administrativo de natureza peculiar instituído para apurar responsabilidades que, em decorrência da conduta de agentes públicos, tenham gerado prejuízo ao erário;[1374]

É interessante notar que o art. 8º da Lei Orgânica do Tribunal de Contas da União - Lei nº 8.443/1992 - pouco conhecido dos que não têm contato direto com os Tribunais de Contas, estabelece que, diante da ocorrência de qualquer ato ilegal, ilegítimo ou antieconômico, de que resulte prejuízo ao erário, sob pena de responsabilidade solidária, a autoridade administrativa competente

---

Processo nº TC-004.882/95-4. Acórdão nº 199/1995 - Plenário. Relator: Ministro Iram Saraiva. **Diário Oficial [da] República Federativa do Brasil**, Brasília, DF, 18 dez. 1996. Seção 1, p. 27426/28.

1372 Sobre o tema consulte: ALVES, Léo da Silva. **Questões Relevantes da Sindicância e do Processo Disciplinar**. Brasília: Brasília Jurídica, 1999; **As Teses de Defesa na Sindicância e no Processo Disciplinar.** Brasília: Brasília Jurídica, 1999 e **Interrogatório e Confissão no Processo Disciplinar**. Brasília: Brasília Jurídica, 2000; e ainda: OCTAVIANO, Ernomar. **Sindicância e Processo Administrativo**. São Paulo: Ceud, 1995; RAIMUNDI, Loreni João. **Regime Disciplinar**. Porto Alegre: AFERGS, 1994; LESSA, Sebastião José. **Do Processo Administrativo Disciplinar**. Brasília: Brasília Jurídica, 1994; COSTA José Armando. **Teoria e Prática do Processo Administrativo Disciplinar**. Brasília: Brasília jurídica, 1996.

1373 Sobre Tomada de Contas Especial, consulte o art. 8º da Lei nº 8.443/1992; a Resolução nº 155/2002, que dispõe sobre o Regimento Interno do TCU, art. 262; e o livro: JACOBY FERNANDES, Jorge Ulisses. **Tomada de Contas Especial:** Processo e Procedimento nos Tribunais de Contas e na Administração Pública. 4 ed. Belo Horizonte: Fórum, 2009.

1374 a) A instauração de TCE em decorrência de superfaturamento de preços terá como valor de ressarcimento o valor da despesa ilegal (pago pela Administração). O ressarcimento em si corresponde à diferença entre o preço de mercado e o preço pago pela Administração.

b) Superfaturamento de 9% não justifica Tomada de Contas Especial. Processo nº TC-007.191/94-4. Acórdão nº 136/1995 - Plenário. Relator: Ministro Adhemar Paladini Ghisi. **Diário Oficial [da] República Federativa do Brasil**, Brasília, DF, 10 jun. 94. Seção 1, p. 83-4.

c) O TCU utilizou como parâmetros de verificação do superfaturamento contrato anterior mantido com o órgão e contrato firmado pela mesma firma com outro órgão público. BRASIL. Tribunal de Contas da União. Processo nº TC-275.206/96-3. Decisão nº 101/1997 - Plenário. Relator: Ministro-Substituto Lincoln Magalhães da Rocha. **Diário Oficial [da] República Federativa do Brasil**, Brasília, DF, 08 abr. 1997. Seção 1, p. 6854-7.

deverá adotar providências, com vistas à instauração de tomada de contas especial. Esse processo, cuja tramitação é semelhante ao processo administrativo comum, do qual é uma espécie, tem a característica peculiar, entre outras, de ser instaurado pela Administração e julgado, privativamente, pelo Tribunal de Contas.[1375] Ao ensejo, é dever salientar que vários Tribunais de Contas Estaduais repetiram esse dispositivo em suas Leis Orgânicas.

c) em ação civil pública ou popular[1376], no âmbito judicial, sendo que ficarão responsáveis, então, pelo ônus da prova do superfaturamento a Administração ou o Ministério Público.

Insta salientar que o ressarcimento poderá ser efetivado na via administrativa:

- por iniciativa do próprio interessado, diretamente no órgão em que foi apurada[1377] a irregularidade, ou no momento da citação em processo de tomada de contas especial, no âmbito dos Tribunais de Contas;[1378]
- ainda, por iniciativa do interessado, quando da condenação pelas Cortes de Contas;[1379]
- em processo cível de execução de dívida, em razão do acórdão condenatório do Tribunal de Contas, o qual, a propósito, tem força de título executivo.[1380]

Do mesmo modo, no âmbito judicial, valendo salientar que o pagamento ou o pedido de parcelamento da dívida equivale à confissão e é irretratável.

[1375] Veja o livro: JACOBY FERNANDES, Jorge Ulisses. **Tomada de Contas Especial:** Processo e Procedimento nos Tribunais de Contas e na Administração Pública. 4 ed. Belo Horizonte: Fórum, 2009.

[1376] A Prefeitura Municipal do Rio de Janeiro, em espetáculo promovido em homenagem a Tom Jobim, contratou diversos artistas pagando preços diferenciados e superfaturados. Propuseram ação popular. Matéria publicada no jornal Correio Braziliense, de 15 de janeiro de 1996, p. 11.

[1377] Preço superfaturado, o ônus da prova é do corpo técnico dos Tribunais de Contas. BRASIL. Tribunal de Contas da União. Processo nº TC-015.669/92-0 (Recurso de Reconsideração). Acórdão nº 72/1996 - 1ª Câmara. Relator: Ministro Humberto Guimarães Souto. **Diário Oficial [da] República Federativa do Brasil**, Brasília, DF, 16 set. 96. Seção 1, p. 18394.

[1378] BRASIL. Supremo Tribunal Federal. Processo MS nº 24544/DF - Pleno. Relator: Ministro Marco Aurélio. **Diário da Justiça [da] República Federativa do Brasil**, 18 ago. 2004.

[1379] Dispõe a Súmula nº 128 do Tribunal de Contas da União: Mesmo na hipótese de já se ter verificado recolhimento parcial, o acórdão de condenação expressará o total da dívida, abatendo, na execução, o valor já satisfeito, sem a incidência da correção monetária e dos juros de mora sobre a quantia já ressarcida, e a partir da data de cada pagamento.

[1380] BRASIL. **Constituição da República Federativa do Brasil**. Organização dos textos e índice por J. U. JACOBY FERNANDES. 1. ed. atualizada até abril de 2007. Belo Horizonte: Fórum, 2008. Vide art. 71, § 3º, c/c o art. 75.

8. Validade da proposta

A lei estabelece no art. 64, § 3º, que "Decorridos 60 (sessenta) dias da data da entrega das propostas, sem convocação para a contratação, ficam os licitantes liberados dos compromissos assumidos."[1381]

Não há referência à possibilidade de aplicar essa regra às contratações diretas, havendo duas interpretações possíveis:

a) entende-se que a palavra "licitante" tem sentido próprio e, portanto, aplica-se à regra do art. 428 do Código Civil, que estabelece não ser obrigatória a proposta se, feita sem prazo a uma pessoa presente, não foi imediatamente aceita ou se, feita sem prazo a pessoa ausente, tiver decorrido tempo suficiente para chegar a resposta ao conhecimento do proponente;

b) entende-se que, na omissão da regra, deve-se adotar por analogia o prazo do art. 64, § 3º, da própria Lei nº 8.666/1993, estendendo o conteúdo da expressão "licitante".

Parece-nos mais correta a segunda porque a Lei de Licitações deve ser interpretada no campo do Direito Público, não sendo recomendável sua integração por norma do Direito Privado.[1382]

9. Comunicação à autoridade superior

Nos cursos de que temos participado, adotamos como procedimento recomendar que as autoridades responsáveis sejam as diretamente vinculadas ao processo decisório, pois não raro submetem-se algumas dessas deliberações, por exemplo, ao Prefeito, autoridade por demais sobrecarregada com inúmeros afazeres, o qual não terá condições e capacidade técnica de ficar reexaminando esses atos, conseguindo-se, no máximo, atrair para tal agente político a

---

[1381] a) O STJ se posicionou contra o Ministério dos Transportes, que anulou licitação por ter vencido o prazo de validade da proposta. Entendeu o STJ que o prazo de validade é a favor do licitante. BRASIL. Superior Tribunal de Justiça. Processo MS nº 86/DF - 1ª Seção. Registro nº 1989/0007478-4. Relator: Ministro Geraldo Sobral. **Diário da Justiça [da] República Federativa do Brasil**, Brasília, DF, 18 dez. 1989.

b) A proposta estava com a validade vencida no momento da conclusão do procedimento licitatório. Contrataram com reequilíbrio de preços. TCU julgou irregular. BRASIL. Tribunal de Contas da União. Processo nº TC-018.874/96-7. Decisão nº 586/1998 - Plenário. Relator: Ministro Adhemar Paladini Ghisi. **Diário Oficial [da] República Federativa do Brasil**, Brasília, DF, 15 set. 1998. Seção 1.

[1382] Em relação à invocação de preceitos do Código Civil e Código de Processo Civil em procedimentos licitatórios, pelos órgãos de Auditoria implantados em cada um dos TRT's, o TCU recomendou sua supressão, tendo em vista que existe lei em vigor que trata especificamente da matéria. Determinou ainda que se levasse ao conhecimento da Secretaria Federal de Controle, para que informasse a todas as CISET's. BRASIL. Tribunal de Contas da União. Processo nº TC-001.025/98-8. Acórdão nº 45/1999 - Plenário. Relator: Ministro Adhemar Paladini Ghisi. **Diário Oficial [da] República Federativa do Brasil**, Brasília, DF, 19 maio 1999. Seção 1, p. 23.

responsabilidade por um ato que praticou por mera formalidade, no arcabouço de uma emperrada máquina burocrática centralizadora.

A respeito, o Decreto-Lei nº 200/1967 pragmaticamente estabeleceu como linha diretiva que a administração casuística, assim entendida a decisão de casos individuais, compete, a nível de execução, em princípio, especialmente aos serviços de natureza local, que estão em contato com os fatos e com o público.[1383]

Não raro, ex-autoridades da Administração são surpreendidas por citação em processos de tomada de contas especial, perante os Tribunais de Contas, por terem assinado um daqueles inúmeros papéis, no afogadilho do turbilhão de despachos, sem exame de mérito. Já sustentou-se, alhures, que a grande maioria erra por ignorância, e uma pequena minoria movida por interesses escusos.[1384]

A efetiva descentralização do processo decisório, incluindo-se a responsabilidade pela ratificação da deliberação pela contratação direta, incumbindo tais misteres aos que possuem domínio técnico para enfrentar o tema, liberará as autoridades políticas para suas precípuas atividades e para aperfeiçoar o controle sobre as atividades, exonerando-as, pelo menos em princípio, da responsabilidade por assunto de alta indagação jurídica e técnica.

Alguns órgãos, coerentemente com o exposto, passaram a definir valores de alçada para a deliberação. Com esse procedimento elevam para as instâncias superiores só casos de valor muito elevado ou grande complexidade, mantendo o poder decisório em níveis operacionais.[1385]

Firmado o entendimento de que não há, na Lei nº 8.666/1993, dispositivo definindo qual é a autoridade a ser comunicada, ficando a sua definição para o regulamento interno do órgão e, na omissão deste, o dirigente ao qual estiver subordinada a comissão de licitação ou o responsável pela declaração de que a licitação é dispensada ou inexigível.

[1383] BRASIL. Decreto-Lei nº 200, de 25 de fevereiro de 1967. Dispõe sôbre a organização da Administração Federal, estabelece diretrizes para a Reforma Administrativa e dá outras providências. **Diário Oficial [da] República Federativa do Brasil**, Brasília, DF, 27 fev. 1967 (complemento). Art. 10, § 3º.

[1384] Sobre defesa nos Tribunais de Contas, consulte o livro: JACOBY FERNANDES, Jorge Ulisses. **Tribunais de Contas do Brasil:** Jurisdição e Competência. 2 ed. Belo Horizonte: Fórum, 2008.

[1385] Nesse sentido: BRASIL. Ministério da Saúde. Instrução Normativa nº 12, de 12 de novembro de 2010. Fixa as alçadas decisórias e define as diretrizes para descentralização de decisões no âmbito da competência da Agência Nacional de Vigilância Sanitária - ANVISA, relativas à aquisição, alienação e locação de bens, e contratação de obras e serviços, decorrentes do processo licitação e dos processos de dispensa ou inexigibilidade de licitação. **Diário Oficial da União [da] República Federativa do Brasil**, Brasília, DF, 16 nov. 2010, Seção 1, p. 41-42.

A comunicação referida deve efetivar-se por despacho fundamentado, acompanhado das justificativas da caracterização dos requisitos estabelecidos no inciso/artigo para a dispensa ou inexigibilidade, além da motivação da escolha do fornecedor e a justificativa do preço.

Formalmente, essa comunicação é uma peça do próprio processo de aquisição, permitindo que a autoridade superior, à vista de todos os elementos do processo, possa examiná-lo na sua inteireza, se necessário.

Estabelece o *caput* do art. 26 que a comunicação deve efetivar-se no prazo de três dias, cuja contagem se processa nos termos do art. 110 da Lei nº 8.666/1993, excluindo-se o dia do início e incluindo-se o dia do vencimento. Do mesmo modo, aproveitando-se a regra insculpida no parágrafo do mesmo artigo, os prazos só se iniciam e vencem no dia em que houver expediente no órgão ou entidade. Exemplificando: uma deliberação pela contratação direta, adotada numa sexta-feira, em um órgão municipal que não tenha expediente no sábado e no domingo, terá o seu primeiro dia, na contagem dos três, iniciado na segunda-feira, porque não se inclui na contagem o dia do início (sexta-feira) e a contagem não se inicia se não houver expediente no órgão, razão pela qual o prazo para comunicação vence na quarta-feira. Considera-se comunicada a autoridade superior no momento em que o processo é entregue no respectivo órgão.

Obviamente, como os contratos não têm eficácia enquanto não ratificados, todos os órgãos deverão empenhar-se no cumprimento dos prazos, especialmente se houver urgência na contratação. Em caso concreto, o órgão deixara de proceder à ratificação, alegando que a assinatura de contrato subsequente suprira tal omissão. O TCU rejeitou a alegação e determinou observar o que dispõe o art. 26 da Lei nº 8.666/1993.[1386]

10. Decisão da autoridade superior

A lei refere-se à necessidade de ratificação do ato que declara inexigível ou dispensável a licitação, mas é evidente que a autoridade superior pode também não ratificá-lo ou requerer novos esclarecimentos.

De fato, não se obriga à ratificação, ficando esta condicionada ao exame do processo. Recebendo-o, essa autoridade terá as seguintes alternativas:

[1386] BRASIL. Tribunal de Contas da União. Processo nº TC-625.177/94-0. Decisão nº 752/1998 - Plenário. Relator: Ministro Carlos Átila Álvares da Silva. **Diário Oficial [da] República Federativa do Brasil**, Brasília, DF, 16 nov. 1998. Seção 1, p. 46 a 49.

a) reconhecendo que ocorrem os pressupostos para a contratação direta, ratificará o ato e, dentro do prazo de cinco dias, efetivará a sua publicação na imprensa;[1387]
b) verificando não estarem preenchidos os requisitos que autorizam a dispensa ou inexigibilidade da licitação, poderá, de plano, não o ratificando, anular a decisão do órgão inferior e, se for o caso, determinar a apuração de responsabilidade. É desnecessária a publicação da não ratificação, mas recomendável que a não ratificação seja adotada no quinquídio legal;
c) entendendo que a instrução está incompleta, fazendo-se necessário outros esclarecimentos, no mesmo prazo devolverá os autos à origem para que seja completado com as informações que requerer.

Ao ratificar um ato sem amparo na lei e, portanto, ilícito, a autoridade superior atrai para si a responsabilidade solidária pelos prejuízos que dele advier ou pela simples infração legal, quando não ficar evidenciado dano ao erário, podendo ser também penalizada com multa aplicada pelos Tribunais de Contas, nesse último caso.[1388]

Três orientações dos órgãos de controle interno merecem ainda ser lembradas:

1. não pode a autoridade ratificar seu próprio ato;[1389]
2. não pode a autoridade ratificar ato de agente que atuou por delegação sua, pois o delegante não pode ratificar o ato do agente delegado;[1390]
3. a delegação deve ser precedida de ato formal e obedecida a legislação vigente.[1391]

11. Publicação

A publicação só se impõe se o ato for ratificado pela autoridade superior, sendo o prazo conjunto para o ato de ratificar e para a publicação.[1392]

[1387] Em decisão proferida pelo TCU foi ordenado à administração que: "[...] promova a inclusão, nos processos em que for inexigível a licitação dos comprovantes de exclusividade do fornecedor, bem como da ratificação da situação de inexigibilidade pela autoridade superior e sua publicação na imprensa oficial. [...]."BRASIL. Tribunal de Contas da União. Processo nº TC-004.724/95-0. Decisão nº 301/1997 - 2ª Câmara. Relator: Ministro-Substituto Lincoln Magalhães da Rocha. **Diário Oficial [da] República Federativa do Brasil**, Brasília, DF, 25 nov. 1997, p. 27553.

[1388] Vide art. 71, VIII, da CF/1988; art. 19 da Lei nº 8.443/1992, Lei Orgânica do TCU; e art. 154, parágrafo único, do Regimento Interno do TCU.

[1389] BRASIL. Secretaria do Tesouro Nacional. Mensagem CONED/STN nº 539495, de 01 de junho de 1994.

[1390] BRASIL. Secretaria do Tesouro Nacional. Mensagem DINOR/CONED nº 326, de 09 de agosto de 1994.

[1391] BRASIL. Tribunal de Contas da União. Prestação de Contas relativas ao exercício de 1991. Disponível em: http://www.tcu.gov.br.

A eficácia dos contratos fica condicionada à publicação do ato de dispensa ou inexigibilidade na imprensa oficial, no prazo de cinco dias contados de sua ratificação pela autoridade superior.[1393]

Vale ressaltar que, não havendo a publicação dos atos de dispensa ou inexigibilidade de licitação, os contratos daqueles derivados não terão eficácia.[1394]

Como estabelecido no *caput* do art. 26, a publicação deverá ocorrer na imprensa oficial[1395] do órgão, que poderá ser o Diário Oficial do Município, do Estado, do Distrito Federal ou da União, de acordo com a esfera de governo ao qual estiver vinculado o órgão. Nos Poderes Legislativo e Judiciário, se o órgão oficial de publicação definido por lei for o Diário do Legislativo ou de Justiça, é admissível que aí sejam publicados os despachos de ratificação.

[1392] O comprovante da publicação deve ser juntado nos autos. BRASIL. Tribunal de Contas da União. Processo nº TC-600.089/95-9. Acórdão nº 62/1998 - Plenário. **Diário Oficial [da] República Federativa do Brasil**, Brasília, DF, 20 maio 1998. Seção 1, p. 20.

[1393] a) O TCU determinou a observação do prazo de 5 dias para publicar a justificativa de preço exigida pelo art. 26 da Lei nº 8.666/1993. BRASIL. Tribunal de Contas da União. Processo nº TC-700.197/1994-0. Decisão nº 401/1994 - Plenário. Relator: Ministro Carlos Átila Alves da Silva. **Diário Oficial [da] República Federativa do Brasil**, Brasília, DF, 6 jul. 1994. Seção 1, p. 10188. **No mesmo sentido**: Processo nº TC-005.235/2001-8. Acórdão nº 206/2002 - 2ª Câmara e Processo nº TC-009.5532003-7. Acórdão nº 1.662/2003 - 2ª Câmara.

b) "[...] Mesmo que fosse permitida a contratação direta, a eficácia do ato de dispensa de licitação estava condicionada à sua publicação, na imprensa oficial, no prazo de cinco dias, por disposição expressa do art. 26, *caput*, da Lei nº 8.666/1993, que também não foi observado [...] apontou a ausência de publicidade, de onde se conclui que a Administração suprimiu os instrumentos de informação que permitiriam o controle social sobre o gasto." BRASIL. Tribunal de Contas da União. Processo nº 929.331/1998-2. Acórdão nº 1137/2005 - 1ª Câmara. Relator: Ministro Marcos Bemquerer. **Diário Oficial da União [da] República Federativa do Brasil**, Brasília, DF, 22 jun. 2005. Seção 1.

c) A publicação é formalidade essencial e não deve ser olvidada. Nesse sentido o TCU recomendou: "[...] providencie a formalização adequada dos atos referentes às aquisições de imóveis destinados às suas atividades precípuas, inclusive a publicação na imprensa oficial, conforme estabelecido no art. 26 da Lei nº 8.666/1993 [...]." BRASIL. Tribunal de Contas da União. Processo nº TC-010.666/2004-1. Acórdão nº 992/2006 - 2ª Câmara. **Diário Oficial da União [da] República Federativa do Brasil**, Brasília, DF, 28 abr. 2006, p. 165.

d) Sobre a economicidade e a publicação, o TCU decidiu que as dispensas que possam ser enquadradas nos incs. I e II do art. 24 e concomitantemente em outros dispositivos do art. 24 ou 25 da Lei nº 8.666/1993 dispensam a publicação. BRASIL. Tribunal de Contas da União. Processo nº TC-019.967/2005-4. Acórdão nº 1336/2006 - Plenário. Relator: Ministro Ubiratan Aguiar. **Diário Oficial da União [da] República Federativa do Brasil**, Brasília, DF, 18 abr. 2006.

[1394] O TCDF determinou ao DETRAN que promova a publicação dos atos de dispensa ou inexigibilidade de licitação a que se refere o art. 26 da Lei nº 8.666/1993, assinados desde a vigência desse diploma legal, para conceder-lhes eficácia. DISTRITO FEDERAL. Tribunal de Contas. Processo nº 1.306/1994. Decisão nº 3.204/1995, de 04 abr. 1995. Disponível em: http://www.tc.df.gov.br. Acesso em 26 jan. 2011. **No mesmo sentido**: BRASIL. Tribunal de Contas da União. Processo nº TC-550.217/96-7. Decisão nº 234/1998 - Plenário. Relator: Ministro Adhemar Paladini Ghisi. **Diário Oficial [da] República Federativa do Brasil**, Brasília, DF, 20 maio 1998. Seção 1, p. 20.

[1395] Confronto dos dispositivos feito por Leon Frejda concluiu no sentido de que a publicação tratada no art. 16, nas remissões dos arts. 26 e 61, dispensa a publicação na imprensa oficial. SZKLAROWSKY, Leon Frejda. Algumas observações em face da Lei nº 8.883/1994 e da Medida Provisória nº 681/1994.

Observe-se que, enquanto para o art. 21 - que trata da publicação de editais de licitação - a publicação no Diário Oficial do Município não tem valor, mas para os despachos de ratificação são plenamente válidos.

Inadmite-se a publicação em boletins dos órgãos, quadro de avisos, por mais ampla que seja a sua distribuição, pois a lei exige a publicação na imprensa oficial,[1396] exatamente para permitir o melhor acompanhamento pelos órgãos de controle.[1397]

Mesmo após essa orientação, vários órgãos continuam publicando na íntegra o despacho da autoridade que decide pela contratação direta e da autoridade que ratifica a decisão.

Em todos os casos, inclusive aqueles tratados na precitada mensagem, parece possível reduzir os espaços na imprensa e padronizá-los com a indicação sucinta dos seguintes elementos:

- órgão contratante;
- contratado: (nome);
- fundamento legal da dispensa ou inexigibilidade;
- objeto do contrato;
- autoridade ratificadora: nome e cargo;
- nº do contrato (se houver);
- data, valor e prazo de duração;

[1396] a) A auditoria do TCU apontou como irregular a ausência de publicação, na contratação direta por inexigibilidade (25, I), por notória especialização. BRASIL. Tribunal de Contas da União. Processo nº TC-450.056/95-3. Decisão nº 207/1995 - Plenário. Relator: Ministro Paulo Affonso Martins de Oliveira. **Diário Oficial [da] República Federativa do Brasil**, Brasília, DF, de 05 jun. 1995. Seção 1, p. 8.032.

b) O TCU determinou a ratificação e publicação na imprensa oficial dos respectivos atos de dispensa, bem como das situações de inexigibilidade de licitações, conforme dispõe o art. 26 da Lei nº 8.666/1993. BRASIL. Tribunal de Contas da União. Processo nº TC-550.217/96-7. Decisão nº 234/1998 - Plenário. **Diário Oficial [da] República Federativa do Brasil**, Brasília, DF, 20 maio 1998. Seção 1, p. 20.

c) O TCU decidiu aplicar multa por reincidência quanto a não publicação de ratificações das dispensas e ou das inexigibilidades de licitações, descumprindo o princípio da publicidade previsto no art. 37 da Constituição Federal. BRASIL. Tribunal de Contas da União. Processo nº TC-004.932/2002-8. Acórdão nº 478/2002 - Plenário. **Diário Oficial da União [da] República Federativa do Brasil**, Brasília, DF, 7 jan. 2003. Seção 1.

[1397] Parece oportuno registrar que a Secretaria do Tesouro Nacional, orientando os órgãos a ela vinculados, expediu a Mensagem CONED/STN nº 360.830, de 24 de janeiro de 1994, com o seguinte teor, cuja reprodução parece conveniente, até porque é bastante elucidativa: com o objetivo de racionalizar procedimentos e reduzir custos, recomendamos orientar as unidades sob sua jurisdição no sentido de se publicar o reconhecimento/ratificação da inexigibilidade de licitação nos casos de fornecimento de energia elétrica, telefone, água e esgoto, e gás canalizado, em um único expediente, com um mínimo de informações, quais sejam: Nº do processo; Contratado; Objeto; Nº do contrato (se houver); Data; Valor; Nº do empenho; Elemento de despesa; Data e Valor. Importante ressaltar que à época, energia elétrica e telefone eram executados em regime de monopólio.

- publicação, em acatamento aos arts. 26 e 61, parágrafo único, da Lei nº 8.666/1993.[1398]

A relação das compras, obras e serviços, efetuados pela Administração podem também ser publicados em forma de tabela, reduzindo-se ainda mais o espaço na imprensa. Basta a utilização de 06 colunas, sendo a primeira destinada ao número da nota de empenho,[1399] a segunda, à discriminação do objeto (compra, obra, serviço); a terceira, ao preço unitário; a quarta, ao valor total; a quinta, ao fornecedor e a sexta, ao fundamento legal.

Ex.:

NE	BENS/OBRAS/ SERVIÇOS	VALOR UN.	VALOR TOTAL	FORNE- CEDOR	FUNDA- MENTO LEGAL
	Dispensa de Licitação				
322	Locação de imóvel SHIN Quadra CA 07 Lote 27 Bloco A -1 Lojas 14 e 28 - Sede da RAXVIII	-	2.933,40	Construcen - Empresa Imobiliária Ltda.	Art. 24 da Lei nº 8.666/1993.
	Inexigibilidade				
327	Boletim Jurídico Fórum Administrativo	-	1.980,00	Editora Fórum	Art. 25 da Lei nº 8.666/1993.

A partir da Lei nº 9.755/1998, o Tribunal de Contas da União foi incumbido de criar uma *homepage* na rede mundial de computadores, com o título contas públicas. Nessa página deverá publicar, além de várias outras informações, as relações mensais de todas as compras feitas pela Administração direta ou indireta até o último dia do segundo mês seguinte

[1398] Lembramos que, conforme sustenta, em nosso entendimento com absoluto acerto, o eminente Professor Leon Frejda Szklarowsky, é dispensável a publicação do contrato quando decorrente de dispensa ou inexigibilidade de licitação, em face da expressa ressalva do art. 61, p.ú., da Lei nº 8.666/1993.

[1399] As notas de empenho, relativas a compra de bens ou contratação de obras ou serviços, a serem emitidas, deverão, preliminarmente, ser informadas no COMPRASNET, sob pena de inviabilização das compras ou contratações delas decorrentes, qualquer que seja a sua natureza. Conforme Instrução Normativa nº 03, de 31 de março de 1999. **Diário Oficial [da] República Federativa do Brasil**, Brasília, DF, 01 abr. 1999.

àquele a que se referirem. Desse modo, os órgãos da Administração deverão encaminhar ao TCU suas relações mensais de compras, em tempo hábil para sua disponibilização no prazo legal.[1400]

12. Observações sobre o contrato decorrente

Algumas questões merecem registro concernente a peculiaridades afetas às contratações sem prévio procedimento licitatório.

12.1. direitos de quem seria o futuro contratado

Em regra, os atos de execução do objeto só podem ocorrer, tanto por parte da Administração quanto do contratado, após a publicação do contrato, que é o fato jurídico que dá exequibilidade ao ajuste, nos termos do parágrafo único do art. 61 da Lei nº 8.666/1993.

Como será visto, a seguir, não se publicam os contratos que decorrem de licitação inexigível, dispensável ou dispensada. Por esse motivo, nos casos de contratação direta, os atos de execução iniciam-se tão logo publicado o ato de contratação direta e assinado o ajuste, ou sendo diferida a vigência, a partir dessa data.

Se como regra geral - e no plano teórico - a questão é de fácil equacionamento em termos práticos, muitas vezes a questão é tormentosa.

De fato, a separação entre as tratativas para a contratação direta e a concretização do ajuste muitas vezes pode não ser definida. Cite-se, por exemplo, o conserto de um telhado de um edifício, contratado por emergência; a compra de equipamento pelo inciso II do art. 24. Pode nesses casos o prestador de serviços ou o fornecedor, respectivamente, desde a efetiva comunicação de que serão contratados, já comprarem os produtos para o reparo ou a quantidade que falta no estoque para atender a demanda.

Para sinalizar com segurança eventual direito à indenização, caso a contratação direta não venha a se confirmar, pode-se assentar a seguinte fórmula esquemática:

- que tenha havido efetiva e inequívoca manifestação de vontade da Administração e do particular na certeza entre ambos;
- que em razão dessa manifestação, tenha o "futuro" contratado efetuado despesas;

[1400] Nos termos da Instrução Normativa/TCU nº 28, de 05 de maio de 1999, os prazos foram estabelecidos para Estados, Distrito Federal e Municípios, variável, segundo a natureza das informações.

- que essas despesas sejam comprováveis e quantificáveis;
- que seja formado processo para comprovação dos fatos e que o pagamento observe as regras ordinárias do Direito Financeiro.

O fundamento dessa possibilidade de indenização não estaria no art. 49 § 4º - porque este cuida da indenização decorrente da revogação[1401] ou anulação da licitação[1402] - mas no art. 59 - que cuida da anulação do contrato. Esse "pré-contrato" referido na alínea "a" supra, na verdade, é nulo, mas tem efeitos jurídicos - no caso, possibilidade de indenização - preservados. Nessa restrita hipótese, deve o Direito socorrer o "contratado" de boa-fé. Observe que tal proposição lastreia-se ainda no art. 54 da Lei nº 8.666/1993 e art. 186 do Código Civil.

12.2. é necessário formalizar o ajuste mediante contrato?

Nos termos do art. 62, § 4º, há várias hipóteses em que é dispensável a formalização do ajuste mediante contrato. Não é possível dispensar o contrato quando:

- independente do valor, o ajuste implicar obrigação futura, inclusive assistência técnica, e
- sendo a contratação de valor superior ao convite, o objeto não for para entrega imediata e integral.

[1401] a) anulação ou revogação de processo licitatório deve ser precedida de oportunidade de defesa, exigindo-se plena justificação, sob pena de ferimento às garantias constitucionais da ampla defesa e do contraditório. BRASIL. Superior Tribunal de Justiça. Processo ROMS nº 9738 - 1ª Turma. Relator: Ministro Garcia Vieira. **Diário da Justiça [da] República Federativa do Brasil**, 07 jun. 1999. Seção 1, p. 42.

b) BRASIL. **Lei nº 8.666/93 (Versão Bolso).** Organização dos textos e índice por J. U. JACOBY FERNANDES. 12. ed. amp., rev. e atual. Belo Horizonte: Fórum, 2010: "Art. 49. A autoridade competente para a aprovação do procedimento somente poderá revogar a licitação por razões de interesse público decorrente de fato superveniente devidamente comprovado, pertinente e suficiente para justificar tal conduta, devendo anulá-la por ilegalidade, de ofício ou por provocação de terceiros, mediante parecer escrito e devidamente fundamentado. [...] § 4º O disposto neste artigo e seus respectivos parágrafos aplica-se aos atos do procedimento de dispensa e de inexigibilidade."

[1402] O TCU entendeu: "[...] A nosso ver, a regra de que os atos devem ser anulados por ilegalidade - sumulada pelo STF (nº 473) - não é absoluta. No caso de licitações, deve-se verificar se as falhas encontradas são meramente formais ou se, em decorrência delas, foram feridos princípios basilares como a isonomia, a economicidade, a moralidade e a publicidade. [...]." BRASIL. Tribunal de Contas da União. Processo nº TC-300.147/98-8. Decisão nº 640/1999 - Plenário. Relator: Ministro José Antônio Barreto de Macedo. **Diário Oficial [da] República Federativa do Brasil**, Brasília, DF, 28 set. 1999. Seção 1, p. 232/34.

12.3. é obrigatório publicar o contrato ou substitutivo?

A resposta é negativa.[1403]

Ensina o Professor Leon Frejda Szklarowsky que a lei expressamente dispensou a publicação dos contratos quando os atos referentes a dispensa ou inexigibilidade tiverem sido publicados na forma do art. 26.

Na dicção estruturada do parágrafo único do art. 61, é obrigatória a publicação do instrumento de contrato, ressalvados os casos regulados pelo art. 26 da Lei nº 8.666/1993.

É um comando legal de profundas raízes lógicas, pois o controle social, escopo da publicação dos atos administrativos, encontra na publicação realizada na forma do art. 26, precitado, todos os elementos fundamentais para sua concretização.

12.4. alterabilidade dos contratos decorrentes de contratação direta

A Lei nº 8.666/1993 estabeleceu[1404] restrições à alteração do contrato,[1405] de modo a preservar a integridade do objeto licitado, pois foi sobre ele que ocorreu a competição e a proposta mais vantajosa.

A teoria geral sobre alteração dos contratos administrativos submete-se a maiores restrições quando o contrato não foi antecedido de licitação. Um exemplo ilustrará melhor a questão: um advogado, notório especialista, é contratado para defender uma ação singular e substabelece a causa para o trabalho da contestação. O fato descaracteriza a singularidade, sendo

---

[1403] a) Se ao dispensar ou inexigir a licitação informa-se o objeto que será contratado, o valor e o preço da contratação, não há porque repetir os mesmos dados com publicação do extrato do contrato, a exemplo do que foi sugerido no subtítulo 11.: publicação, precedente.

b) Também em sentido contrário: "[...] deve a Administração Pública publicar resumidamente os termos de contrato, inclusive aqueles que podem ser substituídos por outros instrumentos, conforme prevê o art. 62 e seu § 4º excetuando-se aqueles cujo procedimento licitatório está dispensado em face do valor, nos termos do art. 24, incisos I e II, da Lei nº 8.666/93." Consulta nº 489.571 da Fundação Centro Tecnológico de Minas Gerais. Revista do TCMG nº 4. Belo Horizonte, ano 1998, p. 261.

c) Há uma decisão do TCU, em sentido contrário ao exposto: BRASIL. Tribunal de Contas da União. Processo nº TC-004.724/95-0. Decisão nº 301/1997 - 2ª Câmara. Relator: Ministro-Substituto Lincoln Magalhães da Rocha. **Diário Oficial [da] República Federativa do Brasil**, Brasília, DF, 25 nov. 1997. Seção 1, p. 27553.

[1404] BRASIL. **Lei nº 8.666/93 (Versão Bolso).** Organização dos textos e índice por J. U. JACOBY FERNANDES. 12. ed. amp., rev. e atual. Belo Horizonte: Fórum, 2010. Vide arts. 57, § 1º; 65 e 78, VI, e.

[1405] O TCU determinou que não se admita a sub-rogação de contrato administrativo, por meio da qual a contratada cede ou transfere a terceiro sua posição, quer relativa à totalidade, quer à parte do objeto, sem que estejam atendidas as exigências legais além de fundamentada a demonstração do relevante interesse público. BRASIL. Tribunal de Contas da União. Processo nº TC-003.839/98-2. Decisão nº 284/1999 - Plenário. Relator: Ministro Humberto Guimarães Souto. **Diário Oficial [da] República Federativa do Brasil**, Brasília, DF, 14 jun. 1999. Seção 1, p. 71.

inconcebível a subcontratação, pois se o fundamento da inexigibilidade da licitação foi a singularidade do serviço e a notoriedade do especialista, este de forma alguma poderá transferir a execução do serviço a outro profissional, ainda que também notório. O mesmo já não ocorreria se vários advogados tivessem se submetido ao processo licitatório.

Para sistematizar a interpretação da legislação e fornecer um roteiro seguro, seguem breves comentários acerca dos limites à alteração dos contratos decorrentes de inexigibilidade, licitação dispensável e dispensada.

a) alteração do objeto

A regra geral está colocada nos arts. 57 e 65.

A mudança do objeto, contratado diretamente sem licitação, não pode afrontar o que consta do processo referente à justificativa. Como por exemplo:

a.1. art. 25 - a alteração do objeto, de modo que viabilize a competição, descaracteriza o enquadramento legal;

a.2. art. 24 - a alteração do objeto que descaracterize o requisito da contratação:

- incisos I e II - contratar o objeto com fracionamento de despesa;
- inciso IV - contratar objeto que não guarde pertinência com urgência de atendimento;
- inciso V - alterar o objeto ou os requisitos para habilitação que constavam do ato convocatório;
- inciso VIII - o objeto alterado não é produzido ou, no caso de serviço, o mesmo não é prestado por órgão ou entidade da Administração Pública. É importante notar que a subcontratação pode existir nos limites pactuados previamente e desde que seja elemento não fundamental do objeto.

O mesmo comentário vale para os incisos XIII, XVI, XX, XXIII e XIV.

A propósito é elucidativo o seguinte acórdão da lavra do Ministro Raimundo Carreiro Silva:

> [...] 2.3.6. Observe o disposto no art. 65 da Lei n.º 8.666/93 ao proceder alterações contratuais e, caso pretenda promover acréscimo de itens em relação ao contrato original em contratos decorrentes de licitação por inexigibilidade, demonstre também o enquadramento destes nas condições

de inexigibilidade equivalentes (item 4.2.2.1 do Rel. de Aud. n.º 190161).[1406]

b) alteração do preço

A regra geral está colocada no art. 65 inciso I, "b", e II, "d".

No primeiro caso altera-se o preço, em decorrência da modificação da quantidade contratada (art. 65, I, "b"); no segundo, em razão da qualidade (65, II),[1407] devendo em ambos os casos ser observada a regra do § 2º do art. 65.

Mesmo compreendido no limite de 25% de acréscimo, se a contratação direta estiver no art. 24, incisos I e II e o aditamento ultrapassar os valores referidos nesses incisos, respectivamente, poderá ser considerado irregular quando evidenciado o propósito de fracionar a despesa.

A hipótese do art. 65, inciso II, "d", não pode ser validamente aplicada em curto espaço de tempo[1408] após a assinatura do contrato, nos casos do art. 24, incisos V, VIII e XI, sob pena de descaracterizar a própria razão jurídica do afastamento do processo licitatório.

c) alteração do prazo

Os contratos decorrentes de dispensa e inexigibilidade de licitação seguem as mesmas regras gerais dos demais, exceto quanto:

c.1. a prorrogação de prazo dos contratos decorrentes de situação emergencial ou calamitosa, cuja licitação foi dispensada com base no art. 24, inc. IV, da Lei nº 8.666/1993;[1409]

1406 BRASIL. Tribunal de Contas da União. Processo nº TC-019.235/2007-9. Acórdão nº 2809/2008 - 2ª Câmara. Relator: Ministro Adhemar Ghisi. **Diário Oficial [da] República Federativa do Brasil**, Brasília, DF, 15 ago. 2008, Seção 1, p. 122.

1407 O TCU admitiu alteração qualitativa, em resposta a consulta, estabelecendo requisitos entre os quais: fato superveniente, vantagem para Administração e suportabilidade para o contratado. BRASIL. Tribunal de Contas da União. Processo nº TC-930.039/98-0. Decisão nº 215/1999 - Plenário. Relator: Ministro José Antônio B. de Macedo. **Diário Oficial [da] República Federativa do Brasil**, Brasília, DF, 21 maio 1999.

1408 O reequilíbrio econômico foi aplicado para assinatura do contrato, por estar a proposta vencida. Irregularidade. BRASIL. Tribunal de Contas da União. Processo nº TC-018.874/96-7. Decisão nº 586/1998 - Plenário. Relator: Ministro Adhemar Ghisi. **Diário Oficial [da] República Federativa do Brasil**, Brasília, DF, 15 set. 1998.

1409 Vide capítulo 5, título 5. Em sentido contrário decidiu o TCU, admitindo a prorrogação de contrato emergencial:

a) não houve prorrogação irregular de contrato emergencial, mas novo contrato, o que está de acordo com relevante doutrina. BRASIL. Tribunal de Contas da União. Processo nº TC-625.189/97-3. Decisão nº 822/1997 - Plenário. Relator: Ministro Humberto Guimarães Souto. **Diário Oficial [da] República Federativa do Brasil**, Brasília, DF, 12 dez. 1997.

c.2. a prorrogação de prazo dos contratos decorrentes de licitação dispensada em razão do valor, porque a prorrogação pode acarretar fracionamento da despesa.[1410]

d) alteração da forma de pagamento

A regra geral está colocada no art. 65, inciso II, "c".

Não pode ser alterada a forma de pagamento nas contratações amparadas nos incisos V, VII e XI, porque integrante do conjunto de condições oferecidas aos licitantes ou contratados anteriormente.

12.5. subcontratação na contratação direta

A regra é que o licitante execute diretamente o serviço ou obra;[1411] no caso de compras, que seja o fornecedor do produto.

A questão, em termos práticos, oferece dificuldades, notadamente em razão da evolução de institutos como terceirização de obras e serviços, incentivo constitucional e governamental a cooperativas,[1412] parcerias com órgãos públicos.

Observa-se na iniciativa privada que não é o volume da contratação que descaracteriza o objeto. Exemplificando com a indústria automobilística que compra praticamente todas as peças e "monta" um automóvel, mas, sem dúvida, se qualquer industrial for aos mesmos fornecedores e comprar todas as peças, não poderá, sob o aspecto legal e físico, criar outra indústria FIAT ou GM. Logo, devemos limitar o objeto por exclusão.

---

b) em contratação emergencial decorrente de licitação que foi revogada por apresentar preços superfaturados, o TCU julgou regular novo ajuste por emergência, tendo em vista a superveniência de liminar contra o novo processo licitatório.

c) o órgão manteve contrato emergencial até o ano 2000, mesmo tendo o TCU determinado a não renovação do contrato emergencial em 1996. BRASIL. Tribunal de Contas da União. Processo nº 425.027/95-3 Acórdão nº 1.401/2003 - Plenário. Relator: Ministro Walton Alencar Rodrigues. **Diário Oficial da União [da] República Federativa do Brasil,** Brasília, DF, 3 out. 2003. Seção 1.

d) o TCU decidiu reconhecer a subsistência da avença, pelo tempo necessário para realização de novo certame, ainda que constatada a prática de atos viciados: apresentação de balanço patrimonial falso e inobservância das regras fixadas no edital pela comissão de licitação. BRASIL. Tribunal de Contas da União. Processo nº TC-000.100/95. Decisão nº 735/1996 - Plenário. Relator: Ministro Affonso Martins de Oliveira. **Diário Oficial da União [da] República Federativa do Brasil,** Brasília, DF, 2 dez. 2003. Seção 1.

[1410] Vide capítulo 5, títulos 2 e 3.

[1411] Consulte a respeito das alterações contratuais, decorrentes de sub-rogação, fusão, cisão ou incorporação, a Orientação Normativa SEAP nº 02 de 25 de agosto de 1999. BITTENCOURT, Sidney. Direito Administrativo: Legislação completa. Rio de Janeiro: Temas & Ideias Editora, 2000, p. 446.

[1412] BRASIL. Lei nº 9.867, de 10 de novembro de 1999. Dispõe sobre a criação e o funcionamento de cooperativas sociais, visando a integração social dos cidadãos, conforme especifica. **Diário Oficial [da] República Federativa do Brasil**, Brasília, DF, 11 nov. 9199. Seção 1, p. 01.

Não pode ser subcontratado, terceirizado ou transferido para outro a parte essencial do objeto - a "alma do objeto" - não definível por quantidade, preço ou qualidade - ou permitir-se que o órgão público, no caso, funcione como mero intermediário do negócio. Assim, também as subcontratações devem ser precedidas de licitação.[1413]

12.6. deveres do proponente

Dúvidas têm sido suscitadas sobre a possibilidade da desistência por parte daquela empresa ou profissional consultado pela Administração, com vistas à dispensa e à inexigibilidade de licitação.

A questão se resolve pela aplicação das seguintes regras:

a) a Lei de Licitações quando omissa pode ser integrada pelas regras do Código Civil Brasileiro;

b) esse Código tem por princípio que a proposta obriga o proponente, nos termos e condições que indica;[1414]

c) como a Lei de Licitações somente regulou a situação de adjudicatário e licitante, é indispensável que ao requerer a proposta a Administração indique as penalidades aplicáveis ao caso em futura desistência, após a aceitação. A comunicação, no caso, é meio idôneo para sustentar a aplicação de penalidade.

13. Contratado sem licitação

A licitação é princípio constitucional, vetor da ação da Administração Pública que garante aos administrados-licitantes a possibilidade de, em condições e tratamentos isonômicos, disputarem entre si a participação nas obras, serviços, compras, alienações, concessões, locações e demais negócios que os órgãos e entidades da Administração Pública pretendam efetuar.

É instrumento de moralidade administrativa no processo de escolha da proposta que esta se revele mais vantajosa e conveniente para o Poder Público, devendo, pois, ser respeitada em nome do interesse público. Entretanto, como todas as regras de Direito, não tem valor absoluto. O princípio da licitação deve ser coordenado com os outros princípios do mundo jurídico para que a harmonia prevaleça no sistema.

[1413] BRASIL. Tribunal de Contas da União. Processo nº TC-013.258/97-4. Decisão nº 34/1999 - Plenário. Relator: Ministro-Substituto Lincoln Magalhães da Rocha. **Diário Oficial [da] República Federativa do Brasil**, Brasília, DF, 05 mar. 1999. Seção 1, p. 30/31.

[1414] BRASIL. Lei 10.406, de 10 de janeiro de 2002. Institui o Código Civil. **Diário Oficial [da] República Federativa do Brasil**, Brasília, DF, 11 jan. 2002. Q. cfr. art. 427 a 434.

Assim, em alguns casos previamente estabelecidos pelo legislador, o princípio da licitação cede espaço, por exemplo, ao princípio da economicidade ou ao primado da segurança nacional, ou ainda para garantir o interesse público maior, concernente à necessidade de o Estado intervir na economia ou manter atividade ou serviço essencial.

A contratação direta sem licitação é uma permissão especial concedida pelo legislador à Administração, tendo sido recomendado pelo Tribunal de Contas da União que se constituísse sempre em exceção, a fim de que a regra prevalecesse.[1415]

Ao permitir que a Administração deixasse de realizar o processo licitatório, o legislador, elencou, nos artigos 17, 24 e 25 da Lei nº 8.666/1993, as hipóteses de licitação dispensada, dispensável e inexigível.

Importa notar que, mesmo nos casos de contratação sem licitação, o contratado tem direitos que devem ser respeitados pela Administração.

13.1. a visão do contratado

Para o Administrador Público há um elenco relativamente longo de opções que, pela ausência de uma estruturação sistêmica e exigência de uma série de requisitos a serem atendidos, vem gerando temor na aplicação, fato agravado pela ausência de sensibilidade das autoridades governamentais para a valorização do treinamento, como aliás de recursos humanos como um todo. Parece importante registrar, porém, que a doutrina vem sedimentando em passos largos uma base de conhecimentos, visando subsidiar o processo decisório.

No outro lado da relação contratual, visualizada no ângulo do contratado, a questão está ainda a exigir uma melhor reflexão pela ausência de sensibilidade, no sentido de fornecer uma orientação segura a todos aqueles que convocados sem a precedência do procedimento licitatório são chamados a colaborar com o interesse público.[1416]

Algumas considerações devem ser expendidas.

[1415] BRASIL. Tribunal de Contas da União. Parecer prévio sobre as contas anuais do Governo. **Diário Oficial [da] República Federativa do Brasil**, Brasília, DF, 24 set. 1996. Seção 1.

[1416] A Revista Licitações e Contratos, da Editora Consulex, criou, sob os auspícios do eminente Professor Leon Frejda Szklarowsky, a coluna destinada a orientar o fornecedor licitante.

13.2. colaborador/contratado

A primeira e talvez mais importante reflexão a ser feita é que o contratado é, por tradição vinculada às raízes do nosso Direito, um colaborador. Mesmo reconhecido seu legítimo direito na busca do lucro, o Direito francês[1417] não deixa de reconhecer essa visão de colaborador. Foi essa matiz que adornou a imagem jurídica da relação administrativa erigindo direitos em favor do contratado para equilibrar a relação contratual e permitir a possibilidade da Administração alterar unilateralmente o contrato para melhor defender o interesse público. Se no Direito Civil o princípio da *pacta sunt servanda* - dever das partes de se submeterem ao que pactuaram, contrataram - é fundamental e caracterizador do contrato, no Direito Administrativo sofre justos temperamentos.

Como o Direito deve manter a harmonia interna das relações que tutela, a Administração tem o dever de assegurar, no desenvolvimento da relação, o equilíbrio econômico-financeiro do contrato ou, como no Brasil ficou constitucionalmente consagrado, da proposta. Aqueles que são chamados a contratar com a Administração iniciam sua relação com um direito menor dos que aqueles que são contratados por particulares, na medida em que não têm segurança do fiel cumprimento do que foi ajustado. Podem, por exemplo, serem obrigados a submeter o objeto da avença às chamadas alterações regulamentares ou de serviço, estabelecidas pela Administração[1418] no curso do contrato.

13.2.1. preço do contrato

Para os casos de contratos firmados sem licitação, o legislador estabeleceu regra própria que tem por pressuposto a relação entre os agentes da Administração Pública e o contratado.

Estabelece o art. 25, ao tratar de inexigibilidade de licitação, que:

> § 2º Na hipótese deste artigo e em qualquer dos casos de dispensa, se comprovado superfaturamento, respondem solidariamente pelo dano causado à Fazenda Pública o fornecedor ou o prestador de serviços e o agente público responsável, sem prejuízo de outras sanções legais cabíveis.

Se o contratado, mediante procedimento licitatório, ao cobrar preço que vem a ser considerado superfaturado, responde inclusive sob o aspecto penal,

---

[1417] Na feliz dicção de Laubadère.

[1418] Sempre justificadas à luz do interesse público e formalizadas por escrito, conforme art. 65 da Lei nº 8.666/1993.

quem é contratado diretamente está, ainda, sujeito a devolução dos valores, em solidariedade ao agente público.

Sobre essa norma, é importante registrar dois aspectos:

a) o primeiro, pertine ao fato que em tais circunstâncias muitas vezes há alegação, feita pelos próprios agentes da Administração Pública, de que o produto é de qualidade diferenciada, superior aos demais do mercado, o que justificaria o acréscimo do preço. Quando essas alegações são feitas sem prova, têm sido rejeitadas. Releva ressaltar que a prova de qualidade, numa cultura de poucos parâmetros, é reconhecidamente difícil;
b) o segundo aspecto diz respeito à defesa do contrato, já que no âmbito dos Tribunais de Contas - onde parte das demandas envolvendo a aplicação do art. 25, § 2º, da Lei nº 8.666/1993 é julgada - o contratado não é chamado a se pronunciar, sendo porém admitido seu ingresso no processo, quando formula o pedido,[1419] manifestando seu interesse.

Acerca desse segundo aspecto, é importante registrar que se trata de uma evolução patrocinada pelo Tribunal de Contas da União, o qual vem reconhecendo que se o terceiro é afetado por decisão sua, tem direito, inclusive, a recorrer, efetivando com isso a garantia constitucional da ampla defesa e do contraditório.[1420]

Trata-se de uma evolução, como dito, porque, como regra, cinge-se aquela Corte ao julgamento dos agentes da Administração Pública e daqueles que gerenciam recursos públicos, sendo, portanto, incomum a apreciação de pleitos de particulares, sem vínculo direto com esses dois liames geradores da competência .

É forçoso reconhecer, porém, que se por determinação legal, na particular hipótese de contratação direta, na qual foi verificado o "superfaturamento", o contratado responde solidariamente, só haverá a plenitude da garantia do contraditório se ele for citado, desde o início do processo, para apresentar as defesas que entenda necessárias. Não só porque é esse o escopo do devido processo legal, mas também, porque a tradição de cultura em nosso País tem ensejado a defesas fracas ou revelias processuais, notadamente quando a

[1419] BRASIL. Tribunal de Contas da União. Processo nº TC-650.012/95-0. Decisão nº 340/1995 - Plenário. Relator: Ministro Olavo Drummond. **Diário Oficial [da] República Federativa do Brasil**, Brasília, DF, 7 ago. 1995. Seção 1, p. 11815.

[1420] BRASIL. **Constituição da República Federativa do Brasil**. Organização dos textos e índice por J. U. JACOBY FERNANDES. 1. ed. atualizada até abril de 2007. Belo Horizonte: Fórum, 2007. Vide art. 5º, LV.

alternância na cúpula da Administração Pública se faz entre partidos de oposição, sofrendo com isso o contratado.

É importante observar que quando houver citação as Cortes de Contas devem indicar com clareza o valor do superfaturamento e as respectivas provas. Sem a precisa correlação entre a alegação e a prova haverá nulidade, ensejando nova citação.

Também haverá risco de nulidade se, após a defesa, a condenação servir-se de fatos novos sobre os quais não garantiu o direito ao contraditório.

Para que ocorra a solidariedade na responsabilização é preciso ainda que a citação para a defesa e a notificação para acompanhamento desde o início do processo sejam válidas. Porém se o contratado intervier em fase posterior e lhe for permitida a ampla defesa, não haverá irregularidade.

Intervindo o contratado na fase recursal, esponte própria, poderá pleitear a anulação do julgamento, ficando caracterizado o cerceamento do seu legítimo direito de defesa.[1421]

[1421] a) em São Paulo, o Tribunal de Contas decidiu não conhecer de recurso de empresa que teve a licitação anulada, havendo o Poder Judiciário anulado a decisão dessa Corte. Publicado na Gazeta Mercantil de 27 de julho de 1994, seção legislação, p. 29.

b) o TCU reconheceu o direito de recorrer de decisão do próprio Tribunal ao terceiro que venceu a licitação (Processo nº TC-650.012/1995-0, Acórdão nº 350/1995 – Plenário). Em outro acórdão o TCU deu provimento a recurso e declarou a nulidade de Acórdão em que assinou prazo para a nulidade de licitação, eis que não oportunizou o exercício do contraditório à Empresa estatal contratante. BRASIL. Tribunal de Contas da União. Processo nº TC-001.789/2003-4. Acórdão nº 288/2005 - 1ª Câmara. Relator: Ministro Marcos Vinicios Vilaça. **Diário Oficial da União [da] República Federativa do Brasil,** Brasília, DF, 9 mar. 2005. Seção 1.

c) o TCU entendeu ser necessária a prévia audiência do contratado, antes de determinar a revisão. BRASIL. Tribunal de Contas da União. Processo nº TC-011.588/1999-3. Acórdão nº 882/2003 - Plenário. **Diário Oficial da União [da] República Federativa do Brasil,** Brasília, DF, 24 jul. 2003. Seção 1.

d) STF decidiu: "[...] O Tribunal de Contas da União - embora não tenha poder para anular ou sustar contratos administrativos - tem competência, conforme o art. 71, IX, para determinar à autoridade administrativa que promova a anulação do contrato e, se for o caso, da licitação de que se originou. [...] II - Tribunal de Contas: processo de representação fundado em invalidade de contrato administrativo: incidência das garantias do devido processo legal e do contraditório e ampla defesa, que impõem assegurar aos interessados, a começar do particular contratante, a ciência de sua instauração e as intervenções cabíveis. [...] - Decisão pelo TCU de um processo de representação, do que resultou injunção à autarquia para anular licitação e o contrato já celebrado e em começo de execução com a licitante vencedora, sem que a essa sequer se desse ciência de sua instauração: nulidade. [...] - Os mais elementares corolários da garantia constitucional do contraditório e da ampla defesa são a ciência dada ao interessado da instauração do processo e a oportunidade de se manifestar e produzir ou requerer a produção de provas: de outro lado, se se impõe a garantia do devido processo legal aos procedimentos administrativos comuns, a *fortiori,* é irrecusável que a ela há de submeter-se o desempenho de todas as funções de controle do Tribunal de Contas, de colorido quase - jurisdicional. [...] - A incidência imediata das garantias constitucionais referidas dispensariam previsão legal expressa de audiência dos interessados; de qualquer modo, nada exclui os procedimentos do Tribunal de Contas da aplicação subsidiária da lei geral de processo administrativo federal (L. 9.784/1999), que assegura aos administrados, entre outros, o direito a "ter ciência da tramitação dos processos administrativos em que tenha a condição de interessado, ter vista dos autos (art. 3º, II), formular alegações e apresentar documentos antes da decisão, os quais serão objeto de consideração pelo órgão competente". [...] - A oportunidade de defesa assegurada ao interessado há de ser

Nem sempre, porém, isso será suficiente para a recomposição de sua imagem institucional, porque eventual veiculação de superfaturamento de preços pela imprensa oficiosa poderá comprometê-la irremediavelmente.

O "superfaturamento" é o principal termo, que cotidianamente se vê nas várias denúncias veiculadas pela imprensa. Mas, afinal o que é o preço justo na contratação direta?

Há três regras fundamentais, que podem guiar com segurança a Administração Pública e os contratados, na hipótese de contratação sem licitação:

a) a primeira está definida no art. 26, parágrafo único, inc. III, da Lei nº 8.666/1993, que obriga a autoridade responsável pela contratação direta a justificar nos autos do processo[1422] o preço contratado. Não há no Brasil, ainda, parâmetro definitivo para essa manifestação, mas seguramente o silêncio da autoridade nesse particular, além de violar o dever legal, é indicativo de irregularidade;

b) a segunda, é o reconhecimento de que o preço praticado no mercado "livre" é diferente do preço praticado no mercado "legal". A extensa exigência de documentos e a necessidade de pagar impostos, todos e regularmente, além da seguridade social, têm real repercussão no preço. O art. 15 da Lei nº 8.666/1993, também aplicável a serviços,[1423] possui dois parâmetros balizadores da ação administrativa, que muito bem podem guiar as partes. No inciso III, foi indicado que a Administração Pública deve considerar as condições de aquisição e pagamentos semelhantes as do setor privado e, no inciso V, que deve ser levado em conta o preço praticado no âmbito da Administração Pública e, agora aqui, a lei não mais se refere a mercado;

c) finalmente, nos casos de continuidade de contrato, em economia com baixa taxa de inflação, parece correto o entendimento de que o preço não pode ser superior ao que vinha sendo cobrado pelo contratado inicial. Nas hipóteses do art. 24, inc. IV e XI - emergência e continuação de contrato rescindido - salvo justificativa relevante de inexequibilidade de preço anterior, por exemplo, não se pode

prévia à decisão, não lhe suprindo a falta a admissibilidade de recurso, mormente quando o único admissível é o reexame pelo mesmo plenário do TCU, de que emanou a decisão." BRASIL. Supremo Tribunal Federal. Processo MS nº 23550-1/DF. **Diário da Justiça [da] República Federativa do Brasil**, Brasília, 31 out. 2001; Revista Fórum Administrativo - Direito Público. vol. 11. ano 2. jan. 2002.

[1422] Neste sentido também dispõe o art. 113 da Lei nº 8.666/1993.

[1423] Admitindo a aplicação de partes desse artigo também para serviços, existem várias decisões do TCU.

conceber a ideia de alterar valor, admitindo-se, porém, a atualização de preços para assegurar a manutenção das condições efetivas da proposta, tendo por base a data do orçamento a que essa se referir.[1424] Tal justificativa deverá ser amplamente comprovada[1425] e mesmo assim poderá revelar, implicitamente, o erro da Administração no julgamento da licitação precedente, já que não pode a Comissão de Licitação, no julgamento das propostas, classificar preços inexequíveis.[1426]

13.2.2. manutenção do equilíbrio econômico financeiro

O Direito, preservando a harmonia que lhe é implícita como sistema, ao retirar do contratado a garantia da *pacta sunt servanda*, erigiu outra, juridicamente equivalente, que valoriza a participação do contratado-colaborador, ao lhe garantir a manutenção do equilíbrio econômico-financeiro do contrato.

No Brasil, inovadoramente, a Constituição Federal de 1988 assegurou ao contratado a manutenção das condições efetivas da proposta e a Medida Provisória nº 1.820,[1427] de 05 de abril de 1999, estabeleceu que são nulas de pleno direito a estipulações usurárias estabelecidas em situação de vulnerabilidade da parte, garantindo-se ao contratado o restabelecimento do equilíbrio da relação contratual, isso para qualquer contrato que não seja disciplinado pelas legislações comercial e de defesa do consumidor, devendo a parte requerer a adequação do contrato ao judiciário.

Em particular, o ordenamento jurídico vem consagrando, por meio de uma série de instrumentos normativos, a garantia das condições efetivas da proposta, conforme a Constituição Federal, art. 37, XXI, valendo recordar:

a) o edital deve prever critério de reajuste, tendo por *dies a quo* a data prevista para a apresentação da proposta ou do orçamento a que esta se referir;[1428]

[1424] Conforme Lei nº 8.666/1993, art. 24, inc. XI, *in fine*, c/c Medida Provisória nº 1950-18, convertida na Lei nº 10.192 , de 14 de fevereiro de 2001, que dispõe sobre as medidas complementares ao plano Real e dá outras providências. **Diário Oficial [da] República Federativa do Brasil**, Brasília, DF, 16 fev. 2001.

[1425] BRASIL. **Lei nº 8.666/93 (Versão Bolso).** Organização dos textos e índice por J. U. JACOBY FERNANDES. 12. ed. amp., rev. e atual. Belo Horizonte: Fórum, 2010. Vide art. 113.

[1426] Ibidem, art. 43, inc. IV, e 48, II e § 3º.

[1427] Reeditada com o número 1965-18, de 25 de agosto de 2000 e convertida na Lei nº 10.192, de 14 de fevereiro de 2001, que dispõe sobre as medidas complementares ao Plano Real. **Diário Oficial [da] República Federativa do Brasil**, Brasília, DF, 16 fev. 2001.

[1428] a) Art. 40, XI da Lei nº 8.666/1993 e art. 3º da Lei 10.192/2001.

b) o contrato, precedido ou não de licitação, deve assegurar a manutenção das cláusulas econômico-financeiras e sua inalterabilidade por ato unilateral da Administração;[1429]

c) o contrato pode ser alterado para reequilíbrio econômico-financeiro;[1430]

d) a alteração da carga tributária obriga a revisão do contrato quando houver comprovada repercussão no preço;[1431]

---

b) Neste sentido, o TCU determinou ao TRT/RS abster-se de admitir o reajuste contratual com base em critério que não retrate a variação efetiva do custo de produção ou corresponda a índice específico ou setorial, conforme art. 40, inciso XI da Lei 8.666/1993, observando Lei 9.069/1995. BRASIL. Tribunal de Contas da União. Processo nº TC-625.362/1995-0. Decisão nº 337/1998 - 1ª Câmara. Relator: Ministro Carlos Átila Álvares da Silva. **Diário Oficial [da] República Federativa do Brasil**, Brasília, DF, 19 nov. 1998. Seção 1, p. 78.

c) o critério de reajuste deve vir indicado no edital. BRASIL. Tribunal de Contas da União. Processo nº TC-625.068/95-5. Acórdão nº 395/1995 - 2ª Câmara. Relator: Ministro Iram Saraiva. **Diário Oficial [da] República Federativa do Brasil**, Brasília, DF, 13 dez. 1995. Seção 1, p. 20842.

d) o TCU admite, implicitamente, a regularidade em se ajustar o contrato pela variação dos preços dos insumos. BRASIL. Tribunal de Contas da União. Processo nº TC-700.054/96-0. Decisão nº 376/1996 - Plenário. Relator: Ministro Iram Saraiva. **Diário Oficial [da] República Federativa do Brasil**, Brasília, DF, 18 jul. 1996. Seção 1, p. 13339/13341.

e) o TCU decidiu que pode se "[...] considerar legal, com base no art. 40, inc. XI, da Lei 8.666/93 e no art. 28 da Lei nº 9.069/95, a inclusão em contratos administrativos, de cláusula de reajuste de preços que inclua o coeficiente denominado fator k. [...]." BRASIL. Tribunal de Contas da União. Processo nº TC-700.184/94-5. Decisão nº 602/1995 - Plenário. Relator: Ministro Carlos Átila Alves da Silva. **Diário Oficial [da] República Federativa do Brasil**, Brasília, DF, 22 abr. 1996. Seção 1, p. 6811/6813.

f) não podem ser aplicados índices gerais, como o IGP, para atualização de obrigações pecuniárias advindas dos contratos. Mensagem CONED/STN nº 656262, de 26 de agosto de 1994. Assunto: aplicação de índices gerais - reajuste de contratos. Interessado: DFC/MS.

1429 BRASIL. **Lei nº 8.666/93 (Versão Bolso).** Organização dos textos e índice por J. U. JACOBY FERNANDES. 12. ed. amp., rev. e atual. Belo Horizonte: Fórum, 2010. Vide art. 58, § 1º e 2º.

1430 a) nos termos do art. 65, II, "d".

b) o TCDF acolhendo representação deste autor, quando no cumprimento das funções do Ministério Público, entendeu que o reajuste deve ser feito, observando-se a periodicidade mínima anual, enquanto que para reequilíbrio não há prazo mínimo. Processo nº 4992/1997. Representação 0010/1997-JUJF.

c) o preço poderá ser reajustado, com periodicidade anual, em função do custo de produção ou da variação. Mensagem CONED/STN nº 656262, de 26 de agosto de 1994. Assunto: aplicação de índices gerais - reajustes de contratos. Interessado: DFC/MS.

1431 a) BRASIL. **Lei nº 8.666/93 (Versão Bolso).** Organização dos textos e índice por J. U. JACOBY FERNANDES. 12. ed. amp., rev. e atual. Belo Horizonte: Fórum, 2010. Vide art. 65, § 5º.

b) vedação a reajuste com prazo inferior a um ano. BRASIL. Tribunal de Contas da União. Processo nº TC-009.970/95-9. Decisão nº 457/1995 - Plenário. Relator: Ministro Carlos Átila Álvares da Silva. Essa decisão foi alterada pela Decisão nº 1563/2004 do Processo nº TC-001.912/2004-8, cujo Relator foi o Ministro Augusto Sherman Cavalcanti, aplicável aos casos de repactuação em decorrência de dissídio coletivo. Ambas estão disponíveis no sítio http://www.tcu.gov.br.

c) não há direito a reequilíbrio, oriundo da aplicação da Lei nº 9.430/1996, cujo art. 64 determinou que os pagamentos efetuados por órgãos da Administração Pública Federal, estão sujeitos à incidência, na fonte, do IR e Contribuição Social - COFINS PIS/PASEP. BRASIL. Tribunal de Contas da União. Processo nº TC-001.025/98-8. Acórdão nº 45/1999 - Plenário. Relator: Ministro Adhemar Paladini Ghisi. **Diário Oficial [da] República Federativa do Brasil**, Brasília, DF, 19 maio 1999. Seção 1, p. 23.

e) a legislação, que estabilizou o poder aquisitivo da moeda nacional, definiu como *dies a quo*, para o período de reajuste, a data da apresentação da proposta ou do orçamento a que esta se referir;[1432]

f) o pagamento deve ser realizado seguindo rigorosa ordem cronológica de sua exigibilidade - art. 5º - sob pena de tipificar crime - art. 92, *in fine* - e atualizado.[1433]

Essa breve relação de cautelas e direitos, que possuem aqueles que são contratados sem licitação, é exposta para revelar, ainda que singelamente, a força do Direito na busca do equilíbrio das relações jurídicas, notadamente quando subjacentes ou superiores interesses da coletividade, consistentes em uma Administração Pública eficiente.

[1432] a) art. 3º da MP nº 1950-18, convertida na Lei nº 10.192, de 14 de fevereiro de 2001, que dispõe sobre as medidas complementares ao Plano Real e dá outras providências. **Diário Oficial [da] República Federativa do Brasil**, Brasília, DF, 16 fev. 2001.

b) Mesmo com a implantação do Plano Real, a SFC entende ser ainda possível conceder o reequilíbrio do contrato, se não houver previsão de reajuste, no que diz respeito aos contratos de prestação de serviço contínuo, de acordo com a Lei nº 8.666/1993. Parecer nº 003 CAORI. Boletim CONED, outubro/1995.

[1433] O TCDF exigiu o cumprimento da ordem de pagamento prevista no art. 5º da Lei nº 8.666/1993 e, ainda, recomendou que a justificativa pela inobservância da regra deva ser prévia e não posterior. DISTRITO FEDERAL. Tribunal de Contas. Processo nº 1584/2002. Decisão nº 1050/2003. Disponível em: http://www.tc.df.gov.br. Acesso em 26 jan. 2011.

Índice de Assuntos

A

C

F

H

U

V

Esta obra foi composta em fonte Times New Roman, capa dura, miolo em papel AP 63g, impressa pela Edelbra Gráfica Ltda. 1.000 exemplares. Erechim/RS, em agosto de 2014